中華民國史檔案資料滙編

中國第二歷史檔案館編

第三輯 教育

鳳凰出版傳媒集團
鳳凰出版社

图书在版编目（CIP）数据

中华民国史档案资料汇编. 第3辑. 教育 / 中国第二历史档案馆编. -- 南京：凤凰出版社，1991.6（2025.3重印）
ISBN 978-7-80519-306-9

Ⅰ. ①中… Ⅱ. ①中… Ⅲ. ①档案资料－汇编－中国－民国②教育史－档案资料－汇编－中国－民国 Ⅳ. ①K258.063

中国版本图书馆CIP数据核字(2010)第085911号

书　　　名	中华民国史档案资料汇编 第三辑　教育
编　　　者	中国第二历史档案馆
责 任 编 辑	俞允尧
责 任 监 制	程明娇
出 版 发 行	凤凰出版社（原江苏古籍出版社） 发行部电话 025-83223462
出版社地址	江苏省南京市中央路165号，邮编：210009
印　　　刷	上海世纪嘉晋数字信息技术有限公司 上海市汇金路899号，邮编：201700
开　　　本	850毫米×1168毫米　1/32
印　　　张	30.125
字　　　数	756千字
版　　　次	1991年6月第1版
印　　　次	2025年3月第7次印刷
标 准 书 号	ISBN 978-7-80519-306-9
定　　　价	340.00元

（本书凡印装错误可向承印厂调换，电话：021-69214197）

北洋政府教育部档案卷宗

廿七日晚发。

上海时事新报转伍昭扆先生鉴，教育部组织伊始，专门司长敛以奉屈先生务请承诺请速命驾并先电复。学禘垂盼蔡元培沁

为急苏州都督府黄韧之先生鬓骨电未荷复遑念普通司长如江先生必不肯就则非公自任不可务乞承诺即候

电复蔡元培

1912年4月，蔡元培为延揽人才所发的电。

1916年8月，周树人对教育纲要的签注。

黄炎培君调查美国教育报告 邵飘萍笔记

鄙人於教育一事經驗甚少今歲上半年隨實業團赴美時曾觀前總長馮先生委託調查美國教育狀況至調查之目的不外兩種一爲職業教育之狀況一爲職業教育與普通教育聯絡問題夫在美國調查此種教育盡爲相宜竊以爲鄙君曾經留學美國者甚多如普通教育一層將來恐十分詳盡今承有不到之處仍希大家料正此次游美凡經二十六省又在舊金山居住一月他人調查工廠鄙人則獨在教育館調查教育據鄙人意見美國教育之發達較之中國實不可以道里計西其尤注重者爲職業教育此著美國辦教育者研究之結果曰職業教育之科目不外四大端卽工農商業與家政。是此職業教育之施行查在中等以下之學校博覽會中所列近十年來中等以下學校受職業教育之學生數一千九百零四年爲十七萬六千零八十八人至一千九百十四年卽當三十四萬六千七百六十人所謂中等以下學校受職業教育之學生卽農工商家政之四種學生是此四種學生十年之內已加一倍可謂發達然美國辦教育者仍力謀擴充至美政府補助此種學校之經費據其國會議案自一千九百十六年起至一千九百二十四年止其經費分爲三部分一部分爲養成教員之用一部分爲

说　明

为了适应中国近现代史的科学研究和教学工作的需要，我们就馆中具有一定史料价值的档案，在原副馆长王可风生前主持编辑的《中国现代政治史资料汇编》（1919—1949年）初稿的基础上，加以修订，并补充1919年五四运动以前的档案资料，编辑成一套《中华民国史档案资料汇编》（1912年—1949年），供史学工作者和有关部门参考使用。

《中华民国史档案资料汇编》，第一辑为《辛亥革命》（1911年）；第二辑为《南京临时政府》（1912年）；第三辑开始，按北洋政府、广州国民政府和南京国民政府等不同政权，分为若干辑编辑出版。

本辑为第三辑北洋政府，由唐彪、王涛主编，分政治、军事、外交、财政经济、文化、教育等若干分册。本册是《北洋政府时期教育》（1912年—1928年），共选辑档案资料229件，并附图片四帧。其主要内容有：北洋政府的教育机构、教育方针政策、学校教育（包括高等、中等、初等、职业、华侨、蒙回教育）、社会教育、国外教育、捐资兴学、教育会议、教育团体、教科书、教育统计，以及教育家如蔡元培、鲁迅、陶行知、黄炎培、熊希龄等人的讲话、论著、书信手稿等珍贵史料。

本册编者为沙兰芳。限于编者的水平，在选材、标点、编排等方面，缺点和错误在所难免，谨望读者批评指正。

编 例

一、本汇编所选资料，为保存原貌，一般原文照录。其中有内容重复及与主题无关部分，则略加删节。

二、本汇编所选资料，按类项并依形成时间先后顺序排列。凡属综合性或追述性的资料，按其内容，酌加调整。

三、本汇编所选资料，一般以一件为一题。凡同属一事彼此间又有直接联系的成组资料，以一事为一题。

四、本汇编所选资料，一般由编者另拟标题并加标点。沿用原标题、原标点者，加注说明。

五、本汇编所选资料，在排印时一般用简体字，遇有可能引起义义歧异之处，保留原有的繁体字。

六、本汇编所选资料，遇有缺漏损坏或字迹不清者，以□号代之。错字、别字和衍文的校勘以及其他简单注释，均加在正文之内，以〔 〕号标明。较长的注释列在正文页下。增补的字以【 】号标明。全段删节者以………号标明，段内部分删节者以……号标明。

北洋政府时期
教 育

目 录

〔一〕教育行政机构沿革

1. 光绪三十一年至民国十一年中央教育机构设置及编制的演变
   (1922年)……………………………………(1)
2. 教育总长蔡元培延揽人才充任官属文电
   (1912年)……………………………………(7)
3. 教育部议以内务部官制礼教司移入教育部案
   (1912年)……………………………………(11)
4. 大总统公布县教育局规程令
   (1923年8月29日)…………………………(12)
5. 大总统颁布特别市教育局规程令
   (1923年8月29日)…………………………(14)

〔二〕教育方针政策

1. 蔡元培关于教育方针之意见
   (1912年4月)………………………………(16)
2. 教育部公布教育宗旨令

(1912年9月2日)……………………………………(22)
3. 教育部颁布视学规程令
　　　(1913年1月19日)…………………………………(23)
4. 袁世凯颁定教育宗旨令
　　　(1915年1月1日)……………………………………(25)
5. 袁世凯特定教育纲要
　　　(1915年2月)…………………………………………(35)
6. 教育部周树人等对《教育纲要》的签注
　　　(1916年8月)…………………………………………(46)
7. 教育部公布《全国教育计划书》
　　　(1919年3月)…………………………………………(52)
8. 教育部公布学制会议章程
　　　(1922年7月1日)……………………………………(57)

〔三〕学校教育

(一) 学校教育法令

1. 教育部公布学校管理规程令
　　　(1912年9月2日)……………………………………(58)
2. 教育部公布学校系统令
　　　(1912年9月3日)……………………………………(59)
3. 教育部公布学校制服规程令
　　　(1912年9月3日)……………………………………(61)
4. 教育部公布学校仪式规程令
　　　(1912年9月3日)……………………………………(62)
5. 教育部公布学校学年学期及休业日期规程令
　　　(1912年9月13日)……………………………………(63)
6. 教育部公布学校征收学费规程令

(1912年9月29日)……………………………………(64)
7. 教育部公布学年操行成绩考查规程令
　　　(1912年10月25日)…………………………………(66)
8. 教育部公布学生学业成绩考查规程令
　　　(1912年10月25日)…………………………………(67)
9. 教育部拟订地方学事通则草案呈暨大总统黎批令
　　　(1915年8月6日)……………………………………(70)
10. 大总统关于官吏不得兼充学校校长及限制兼任
　　 教员办法批令
　　　(1915年12月)………………………………………(72)
11. 教育部公布地方兴学人员考成条例令
　　　(1916年1月8日)……………………………………(75)
12. 教育部公布奖章条例呈
　　　(1916年4月10日)……………………………………(76)
13. 教育部公布在校学生不得应各项考试通令
　　　(1916年5月11日)……………………………………(78)
14. 教育部公布废止预备学校令
　　　(1916年10月9日)……………………………………(79)
15. 教育部公布省视学规程令
　　　(1918年4月30日)……………………………………(79)
16. 教育部公布县视学规程令
　　　(1918年4月30日)……………………………………(81)
17. 教育部公布学校系统改革案
　　　(1922年9月29日)……………………………………(83)
18. 大总统公布学校系统令
　　　(1922年11月1日)……………………………………(102)
19. 教育部公布部直辖国立各学校公文程式条例令
　　　(1924年2月28日)……………………………………(106)

3

(二) 高等教育
(1) 高等教育法令
  1. 教育部公布专门学校令
     (1912年10月22日)……………………………………(107)
  2. 教育部公布大学令
     (1912年10月24日)……………………………………(108)
  3. 教育部公布法政专门学校准暂设别科停止令
     (1912年10月25日)……………………………………(110)
  4. 教育部公布法政专门学校规程令
     (1912年11月2日)……………………………………(111)
  5. 教育部公布大学规程令
     (1913年1月12日)……………………………………(114)
  6. 教育部公布私立大学规程令
     (1913年1月16日)……………………………………(141)
  7. 教育部公布高等师范学校规程令
     (1913年2月24日)……………………………………(143)
  8. 教育部公布高等师范学校课程标准令
     (1913年3月19日)……………………………………(148)
  9. 教育部公布私立专门以上学校认可条例令
     (1915年7月20日)……………………………………(163)
  10. 教育部公布大学分科外国学生入学规程令
     (1916年)………………………………………………(164)
  11. 教育部公布国立大学职员任用及薪俸规程令
     (1917年5月8日)……………………………………(165)
  12. 教育部公布修正大学令
     (1917年9月27日)……………………………………(167)
  13. 教育部公布修正专门以上学校职员任用章程令

(1917年)……………………………………………(169)
14. 教育部公布女子高等师范规程令
　　(1919年8月12日)……………………………(170)
15. 教育部公布国立大学校条例令
　　(1924年2月23日)……………………………(173)
（2）高等教育概况
16. 教育部公布全国大学概况
　　(1918年)………………………………………(176)
17. 教育部公布全国高等师范学校概况
　　(1918年)………………………………………(191)
18. 陶知行论新学制与师范教育
　　(1922年)………………………………………(192)
19. 教育部公布全国公立私立专门以上学校一览表
　　(1926年7月)…………………………………(199)
（3）北京大学
20. 教育部关于并北京大学北洋大学为国立大学训令
　　(1914年2月3日)……………………………(204)
21. 国立北京大学沿革
　　(1918年)………………………………………(208)
22. 北京大学缮送全国专门以上学校联合会章程函
　　(1919年1月6日)……………………………(213)
23. 王光宇关于查报北京大学开始实行男女同校情形呈
　　(1920年4月27日)……………………………(217)
24. 北京大学附设国史编纂处简章
　　(1922年6月)…………………………………(218)
25. 国立京师大学要览
　　(1927年9月14日—9月28日)………………(219)
26. 国立京师大学校文科沿革略

　　　　(1928年3月)……………………………………………(227)
  27. 国立京师大学校医科沿革略
　　　　(1928年3月)……………………………………………(229)
  28. 国立北京大学助学金及奖学金条例
　　　　(1928年)………………………………………………(231)
（4）国立自治学院
  29. 国立自治学院缘起
　　　　(1923年7月)……………………………………………(232)
  30. 国立自治学院章程
　　　　(1923年9月)……………………………………………(237)
  31. 国立自治学院董事年限表
　　　　(1923年12月18日)………………………………………(245)
  32. 国立自治学院董事会规则
　　　　(1923年12月18日)………………………………………(247)
  33. 国立自治学院发起及创办经过的报告
　　　　(1923年12月28日)………………………………………(247)
（5）东南大学
  34. 国立东南大学与南高师教授会章程
　　　　(1922年4月)……………………………………………(249)
  35. 陶知行与东南大学商讨续办科学教员暑期研究会函
　　　　(1924年8月11日)…………………………………………(250)
  36. 国立东南大学组织大纲修正稿
　　　　(1926年8月1日)…………………………………………(251)
  37. 国立东南大学研究院简章
　　　　(1926年11月18日)………………………………………(256)
（6）成都高等师范
  38. 成都高等师范学校沿革
　　　　(1919年)………………………………………………(258)

（7）中国大学
　　39.中国大学沿革
　　　　（1922年6月）……………………………………（259）
　　40.中国大学董事录
　　　　（1922年6月）……………………………………（259）
（8）民国大学
　　41.蔡元培请准予民国大学改组呈
　　　　（1923年3月30日）………………………………（261）
（9）私立东吴大学
　　42.私立东吴大学校史概略
　　　　（1928年）…………………………………………（271）
　　43.私立东吴大学法学院概况及大事记
　　　　（1930年）…………………………………………（274）
（10）私立金陵大学
　　44.私立金陵大学大事记
　　　　（1928年）…………………………………………（278）
　　45.私立金陵大学历年毕业生数目比较表
　　　　（1928年）…………………………………………（280）

（三）中等教育

（1）中学教育法令
　　1.教育部公布中学校令
　　　　（1912年9月28日）………………………………（282）
　　2.教育部公布中学校课程标准令
　　　　（1913年3月19日）………………………………（284）
（2）中学校概况
　　3.教育总长汤化龙关于中学教育之谈片
　　　　（1914年9月28日）………………………………（288）

7

4. 教育部公布全国中学校概况
    (1918年)……………………………………………………(293)
5. 成都高等师范学校附属中学校沿革略
    (1919年)……………………………………………………(296)
6. 国立京师大学附设中学校沿革略
    (1927年11月)………………………………………………(296)
7. 私立东吴大学第三中学校沿革
    (1930年)……………………………………………………(299)

(3) 师范教育法令
8. 教育部公布师范学校规程令
    (1912年12月10日)…………………………………………(300)
9. 教育部公布师范学校课程标准令
    (1913年3月19日)…………………………………………(316)
10. 教育部公布修正师范学校规程以拟订各学校令
    与大总统批令
    (1916年1月8日)……………………………………………(324)

(4) 师范教育概况
11. 教育部公布全国师范学校概况
    (1918年)……………………………………………………(340)
12. 教育部公布全国师范学校一览表
    (1919年)……………………………………………………(348)

(5) 实业教育
13. 教育部公布实业学校令
    (1913年8月4日)……………………………………………(372)
14. 教育部公布实业学校规程令
    (1913年8月4日)……………………………………………(373)
15. 张謇要求派人留学纺织函
    (1915年4月3日)……………………………………………(384)

16. 黄炎培调查美国教育报告
    (1916年1月15—17日) ……………………………………(385)
17. 教育部公布全国实业学校概况
    (1918年) …………………………………………………(403)
18. 教育部公布全国实业学校分省一览表
    (1919年) …………………………………………………(415)
19. 教育部公布全国实业学校比较表
    (1919年) …………………………………………………(426)
20. 教育部公布全国实业学校一览总表
    (1919年) …………………………………………………(427)
21. 教育部公布全国甲种实业学校一览表
    (1919年) …………………………………………………(428)
22. 教育部公布全国女子职业学校一览表
    (1919年) …………………………………………………(439)

(四) 小学教育

(1) 小学教育法令

1. 教育部公布小学校令
    (1912年9月28日) ………………………………………(441)
2. 教育部公布小学校教则及课程表
    (1912年) …………………………………………………(447)
3. 教育部公布高等小学校令
    (1915年7月31日) ………………………………………(457)
4. 教育部公布国民学校令
    (1915年7月31日) ………………………………………(460)
5. 教育部关于义务教育施行程序呈暨大总统批令
    (1915年4月13日) ………………………………………(466)
6. 教育部公布高等小学校令施行细则令

(1916年1月8日)……………………………………(469)
　7．教育部公布国民学校令施行细则令
　　　(1916年1月8日)……………………………………(478)
　8．教育部公布修正五年一月八日公布高等小学校
　　　施行细则令
　　　(1916年10月9日)……………………………………(493)
　9．教育部公布小学教员俸给规程令
　　　(1917年2月6日)……………………………………(493)
　10．教育部公布小学教员褒奖规程令
　　　(1917年2月6日)……………………………………(495)
（2）小学教育概况
　11．教育部公布全国初等教育概况
　　　(1918年)………………………………………………(496)
　12．国立京师大学附设小学校沿革要略
　　　(1927年11月)…………………………………………(517)

（五）蒙回教育与侨民教育

　1．教育部公布全国蒙回教育概况
　　　(1918年)………………………………………………(520)
　2．教育部公布侨民子弟回国就学规程令
　　　(1914年2月6日)……………………………………(522)
　3．南洋各岛埠递年创办学校一览表
　　　(1917年)………………………………………………(523)
　4．教育部公布全国华侨教育概况
　　　(1918年)………………………………………………(537)

〔四〕社会教育

(一) 社会教育法令

　教育部公布半日学校规程令
　　(1914年2月19日)……………………………………(547)

(二) 社会教育概况

　1. 教育部公布通俗教育研究会会员录
　　(1915年11月)……………………………………(549)
　2. 蔡鹤卿在通俗教育研究会上演说词
　　(1916年12月27日)………………………………(555)
　3. 教育部公布全国各种通俗讲演所概况
　　(1918年)……………………………………………(559)
　4. 教育部公布全国各省通俗教育会概况
　　(1918年)……………………………………………(566)
　5. 教育部公布一九一六至一九一八年全国通俗
　　教育各项学校概况
　　(1918年)……………………………………………(568)
　6. 教育部公布通俗教育研究会会员录
　　(1924年1月)………………………………………(573)

〔五〕国外教育

(一) 派遣留学生法令

　1. 教育部公布经理欧洲学生事务暂行规程令
　　(1913年8月20日)…………………………………(577)
　2. 教育部公布留欧官费学生规约令
　　(1913年12月27日)…………………………………(579)
　3. 教育部公布管理留学日本自费生暂行规程令

11

(1914年1月17日)……………………………………(581)
  4. 教育部公布经理留学日本学生事务暂行规程令
   (1914年1月17日)……………………………………(584)
  5. 教育部公布改留日学生经理员为监督呈及大总统批令
   (1914年12月24日)…………………………………(588)
  6. 教育部公布管理留欧学生事务规程
   (1915年8月26日)…………………………………(593)
  7. 教育部公布管理留美学生事务规程
   (1916年3月8日)……………………………………(595)
  8. 教育部公布选派留学外国学生规程令
   (1916年10月18日)…………………………………(598)
  9. 教育部公布留学外国学生医药费发给规程令
   (1917年6月30日)…………………………………(603)
  10. 教育部公布修正管理留日学生事务规程令
   (1920年11月2日)…………………………………(605)

 (二) 全国留学生概况

  1. 教育部公布1913年至1914年留学日本官费学生统计表
   (1914年7月)………………………………………(609)
  2. 教育部公布1913年至1914年留欧各国官费学生统计表
   (1914年7月)………………………………………(610)
  3. 教育部公布1916年至1918年全国留学生概况
   (1918年)……………………………………………(612)

〔六〕 捐资兴学

(一) 捐资兴学法令

  1. 教育部公布捐资兴学褒奖条例令

12

(1913年7月17日)……(616)
2.教育部公布重修捐资兴学褒奖条例呈
　　　(1918年7月3日)……(619)
3.教育部公布捐资学生旅行修学或津贴学费者均给奖令
　　　(1919年3月6日)……(623)

〔七〕教育会议暨教育团体

（一）教育会议

（1）临时教育会议
　1.教育总长蔡元培关于召开临时教育会议咨
　　　(1912年6月12日)……(624)
　2.蔡元培在全国临时教育会议上开会词
　　　(1912年7月10日)……(626)
（2）地方教育会议
　3.教育部公布地方教育会议组织法草案
　　　(1912年8月10日)……(630)
（3）教育行政会议
　4.各省都督汇报教育情况函
　　　(1915年11—12月)……(633)
　5.教育部公布教育行政讨论会规程令
　　　(1916年)……(639)
　6.江苏省教育司在全国教育行政会议上关于近五年间教育概况汇报
　　　(1916年11月1日)……(640)
　7.教育部公布全国教育行政会议记略
　　　(1916年11月20日)……(654)
（4）全国师范校长会议

8. 教育部采录全国师范校长会议案八条
   (1916年3月21日)..(702)
9. 教育部关于组织全国高等师范学校联合会咨询案
   (1918年6月)..(711)

(5) 全国教育联合会议
10. 第六次全国教育会联合会关于拟请教育经费独立等
    九提案
    (1920年)..(713)
11. 全国教育联合会拟改三学期为二学期案
    (1922年)..(720)

(二) 教育团体

(1) 中央学会
1. 教育部公布中央学会法令
   (1912年11月29日)..(722)
2. 教育部公布中央学会互选细则令
   (1913年)..(723)
3. 教育部关于中央学会法应停止施行呈
   (1914年1月10日)..(725)

(2) 教育会
4. 教育部公布教育会规程令
   (1912年9月6日)..(726)

(3) 教授要目编纂会
5. 教育部公布教授要目编纂会规程令
   (1914年5月25日)..(728)

(4) 学术审定会
6. 教育部公布学术审定会条例令
   (1918年3月29日)..(730)

（5）教育调查会
　　7．教育部公布教育调查会规程令
　　　　（1918年12月30日）……………………………(732)
（6）北京留法俭学会
　　8．京师警察厅呈报华林组织北京留法俭学会函
　　　　（1917年5月11日）………………………………(733)
　　9．向警予为解决留法勤工俭学学生经济困难给
　　　　朱淑雅熊希龄中法协会的信
　　　　（1922年3月）……………………………………(738)
　　10．蔡元培等关于要求补助留法俭学学生经济困难给
　　　　熊希龄的信
　　　　（1923年）…………………………………………(744)
（7）华法教育会与华法教育分会
　　11．京师警察厅为报蔡元培等在京设立华法教育会呈
　　　　（1917年5月20日）………………………………(748)
　　12．京师警察厅呈报陈涛等在京设立陕西华法教育分会函
　　　　（1919年10月3日）………………………………(760)
　　13．内务部转咨陈涛等关于设立陕西华法教育分会函
　　　　（1919年10月11日）………………………………(765)
　　14．京师警察厅为陕西省在京所设华法教育分会
　　　　自行取消呈
　　　　（1920年6月28日）………………………………(765)
（8）全国教育会联合会
　　15．全国教育会联合会会章
　　　　（1916年）…………………………………………(766)
（9）读音统一会
　　16．教育部公布读音统一会章程令
　　　　（1912年12月2日）………………………………(767)

15

17. 全国教育会联合会第三届会议请定国语标准
    推行注音字母提案
    （1917年10月17日）……………………………………（769）
18. 教育部公布注音字母令
    （1918年11月23日）……………………………………（770）
19. 教育部公布国语统一筹备会规程令
    （1918年12月28日）……………………………………（772）
20. 教育部公布注音字母次序令
    （1919年4月16日）……………………………………（773）

(10) 中华职业教育社

21. 中华职业教育社宣言书与社章
    （1917年）………………………………………………（775）
22. 中华职业教育社社务报告
    （1920年4月30日）……………………………………（783）
23. 中华职业教育社第四年度征求社员办法
    （1920年2月）…………………………………………（785）
24. 中华职业教育社创设职业指导部宣言
    （1920年3月）…………………………………………（790）
25. 黄任之致中华职业教育社函
    （1921年8月12日）……………………………………（792）
26. 黄炎培南游募捐情形的报告
    （1921年6月16日）……………………………………（793）
27. 中华职业教育社第五年度征求社员通启稿
    （1922年5月）…………………………………………（794）
28. 中华职业教育社第五年度征求社员办法草案
    （1922年5月）…………………………………………（796）

(11) 中华教育改进社

29. 中华教育改进社董事名誉董事名单

(1922年)……(799)
30.中华教育改进社委员会规程
　　(1922年10月18日)……(799)
31.中华教育改进社平民教育委员会简章
　　(1923年12月23日)……(800)
32.熊希龄关于中华教育改进社两周岁的报告
　　(1923年12月23日)……(801)
33.中华教育改进社社务统计
　　(1923年12月23日)……(803)
34.中华教育改进社民国十年至十二年社员历届增加
　　数目表
　　(1923年12月23日)……(805)
35.中华教育改进社社员性质表
　　(1923年12月23日)……(806)
36.中华教育改进社创办二年来举办事业一览表
　　(1923年12月23日)……(807)
37.中华教育改进社与东南大学商订优待蒙古学生办法函
　　(1925年4月21日)……(810)

(12) 中华平民教育促进会总会
38.中华平民教育促进会在京开成立大会函
　　(1923年8月)……(811)
39.中华平民教育促进会总会执行董事一览表
　　(1923年12月23日)……(814)
40.中华平民教育促进会总会各省区董事一览表
　　(1923年12月23日)……(814)

(13) 中华教育文化基金董事会
41.中华教育基金委员会条例及教育基金案等呈函
　　(1923年)……(815)

17

42. 全国教育联合会庚款事宜委员会关于庚款分配
标准等事给东南大学函
(1925年1月19日)…………………………………………(822)
43. 中华教育文化基金董事会分配款项原则
(1925年6月6日)……………………………………………(825)
44. 中华教育文化基金董事会分配款项之补充原则
(1926年2月)…………………………………………………(827)
45. 中华教育文化基金董事会发给补助费通则
(1926年2月)…………………………………………………(828)
46. 中华教育文化基金董事会接受请款书通则
(1926年2月)…………………………………………………(829)
47. 京师大学全体教职员声明俄款仍旧拨付各科部并
无协助军费致全国教育界通电
(1928年2月19日)……………………………………………(830)

(14) 中华新教育共进社

48. 郭秉文等发起组织中华新教育共进社致南京高等师范函
(1919年10月21日)…………………………………………(831)
49. 中华新教育共进社成立记
(1919年10月)………………………………………………(832)
50. 新教育共进社董事姓名录
(1920年10月2日)……………………………………………(834)
51. 新教育共进社第二届常会议事录
(1920年10月2日)……………………………………………(834)
52. 新教育共进社第二年度第一次董事会议录
(1920年10月4日)……………………………………………(839)
53. 新教育共进社董事会细则
(1920年10月4日)……………………………………………(839)

(15) 体育会及体育有关文件

54. 孟锡绶等为北京体育总会请立案呈
   (1912年5月) ……………………………………………(840)
55. 北京体育总会关于报送修正章程呈
   (1912年12月4日) …………………………………………(842)
56. 教育部关于各学校应于体操正科外兼作有益运动训令
   (1912年12月18日) …………………………………………(848)
57. 江苏省巡按使公署关于各校应于体操正课外
   兼作课外运动饬
   (1915年10月27日) …………………………………………(848)
58. 基督教中华女青年会关于在沪试办女子体育
   师范学校报告
   (1916年) ……………………………………………………(850)
59. 教育部关于各省区办运动会咨
   (1919年4月14日) …………………………………………(852)
60. 教育部关于国立高等师范学校均设体育专修科
   与体育讲习会训令
   (1919年4月14日) …………………………………………(853)
61. 教育部关于采录推广体育计划案咨
   (1919年4月14日) …………………………………………(854)
62. 教育部关于采录体育咨询案办法咨
   (1919年4月16日) …………………………………………(856)
63. 教育部关于提倡中学校练习武术咨
   (1919年4月17日) …………………………………………(859)
64. 国务院关于捐助远东运动会经费函
   (1921年3月11日) …………………………………………(860)
65. 江苏省体育会关于推选参加远东运动会筹备委员
   名单及会议记录等有关文件
   (1921年2月—5月) …………………………………………(861)

19

66. 中华全国武术运动大会呈报组织及开会情形函
   (1923年3月20日)……(865)
67. 张伯苓关于组织中华全国体育协进会请立案呈
   (1925年10月)……(871)

〔八〕教 科 书

1. 教育部公布各省图书审查会规程令
   (1912年9月18日)……(875)
2. 教育部关于教科书由校长就部定图书内选用令
   (1914年1月23日)……(877)
3. 教育部公布修正审定教科用图书规程令
   (1914年1月28日)……(877)
4. 教育部公布教科书编纂纲要审查会规程令
   (1914年5月25日)……(879)
5. 教育部公布修正审定教科书规程草案
   (1916年4月28日)……(881)
6. 教育部公布修正审查教科书规程令
   (1916年12月21日)……(883)

〔九〕教 育 统 计

1. 教育部公布全国各省学务统计表
   (1915年12月)……(884)
2. 外国人在江苏省设立学校调查总表
   (1916年)……(906)
3. 外国人在吉林省吉林等县设立学校调查表
   (1917年)……(907)
4. 外国人在浙江省设立学校调查表
   (1917年)……(910)

5. 教育部公布第三四次全国学务及五六次部分学务
   统计总表
   （1917年4月—1918年7月）……………………………(915)
6. 外国人在陕西省设校调查表
   （1918年）………………………………………………(925)
7. 中华教育改进社公布中国教育统计
   （1923年12月23日）……………………………………(926)
8. 教育部公布统计事项历年比较表
   （1916年7月）……………………………………………(930)
9. 中华平民教育促进会公布中等以上学校学生等数目表
   （1924年—1926年）……………………………………(931)

（一）教育行政机构沿革

1. 光绪三十一年至民国十一年中央教育机构设置及编制的演变
（1922年）

机关名称	学　部	教　育　部
年间	光绪三十一年至宣统三年	民国元年至现今
职掌	掌全国教育行政事务	管理教育学艺及历象事务监督全国学校及所辖各官署
组织	总务司 专门司 普通司 实业司 会计司 司务厅	总务厅 普通教育司 专门教育司 社会教育司
员额	尚书一人 宣统三年改称学务大臣。 左右侍郎各一人 宣统三年改为副大臣一人	总长一人 次长一人

1

续表

机关名称	学部	教育部
员额	左右丞各一人 左右参议各一人 参事官四人 郎中五人 宣统元年定额十六。 员外郎十二人 宣统元年定额十六。 主事十五人 宣统元年定额十八人。 司务二人 一二三等书记官无定额 小京官无定额 视学官无定额，约十二人以内，宣统元年改官为差 咨议无定额，约十二人以内	参事四人，民国二年官制定额二人，三年定额三人，十年定额四人。 司长三人 秘书四人 十一年增为八人 佥事员额，总务厅及每司均不得逾八人，民国二年官制副额十八人，三年定额二十四人。 主事员额不得逾八人，民国二年官制定额四十二人。 视学十六人 技正二人 民国二年官制定额一人 技士八人 民国二年官制定额二人
官等	管理学务大臣 秩正一品 尚书 秩从一品 侍郎 秩正二品 左右丞 秩正三品	总长 特任 次长 简任二等至一等 参事 简任 五年由荐任升改仍叙四等至二等，依十一年中央文官叙补行官等。

续表

机关名称	学部		教育部/商部	
官等	左右参议	秩正四品	司长	初任自三等始，得累进至二等。
	郎中	秩正五品	简任	五年由荐任升改，仍叙四等至三等暂行章程，依十一年中央文官薪津新准章程，初任自三等始，得累进至二等。
	参事官	秩正五品		
	员外郎	秩正五品		
	主事	秩正六品	秘书 荐任	五等至三等
	司务	秩正八品	佥事 荐任	五等至四等
	书记官	分一二三等，秩正七品	主学官 委任	九等至六等
	小京官	秩正七品	视学官 荐任	五等至四等
	视学官	秩正五品	技正 荐任	五等至三等
	咨议官	分一二三四等，秩正三品至正六品	技士 委任	九等至六等
官俸	尚书	食一品俸，每年支养廉银一万两	总长	支特任职俸
	侍郎	食二品俸，每年支养廉银八千两	次长	二等二级至一等
	左右丞	食三品俸，每年各支养廉银五千两	参事	原叙四等三级至三等一级，依十一年中央文官薪津暂行章程，初任自三等始，得累进至二等一级
	左右参议	食四品俸，每年各支养廉银四千两		

续表

机关名称		学 部	教 育 部	
官	参事官	食五品俸,每年支养廉银三千六百两	司 长	原教四等三级至一等一级,依十一年中央官文官新律章程,初任自三等始,得累进至一等一级
	郎 中	食五品俸,每年支养廉银三千六百两	秘 书	五等七级至三等一级
	员外郎	食五品俸,每年支养廉银三千二百两	佥 事	五等七级至四等三级
俸	主 事	食六品俸,每年支养廉银二千四百两	主 事	九等十二级至六等一级
	司 务	食八品俸,每年支养廉银九百六十两	视 察 官	五等七级至四等三级
			技 正	支技正第十二级至第一级俸
			技 士	支技士第十四级至第一级俸
隶属机关	国子监		编审处	
	北京大学堂		京师学务局	
	法政学堂		中央观象台	
	优级师范学堂		北京大学堂	
	筹边高等学堂		北京高等师范学校	
	女子师范学堂		北京高等女子师范学校	
	京师督学局		北京法政专门学校	

4

续表

机关名称	学　　部	教　　育　　部
隶属机关	编译图书馆 学制调查局 教育研究所	北京医学专门学校 北京工业专门学校 北京农业专门学校 北京美术学校 武昌高等师范学校 武昌商业专门师范学校 沈阳高等师范学校 青岛特别高等专门学校，民国七年停办。 中央公园图书阅览所 经理欧洲留学生事务所，民国四年后改为留美留欧学生监督。 经理日本留学生事务所，民国四年后改为留日学生监督。 京师模范讲演所 京师图书馆 京师通俗图书馆

5

续表

机关名称	学　　部	教　育　部
隶属机关		历史博物馆 通俗教育研究会 国语讲习所
备　考	一、郎中员外郎主事小京官等，除实缺人员外，尚有额外候补人员在相当品级上行走。 一、部中编审处以佐定教科书或出版物为职务，其编审员无定额，由部随时聘委，不在官制之内。 一、视学官一职原无定额，于宣统元年改缺为差，遇有视察学务时，即在部中实派，或候补郎中、员外郎人员中酌量委派。 一、咨议官一职，分为奏派、部派两种，亦不作实缺不限常川到部。 一、国子监归学部以后，其官制均由部重新厘订，凡国子丞以下各职员皆由部酌量奏补。	

说　明：

前清光绪三十二年停止岁科，设立学部，参仿外商警各部，分曹隶事之法，分设五司十二科。视诸事之繁简，为员额之多寡，实事求是期无旷职。宣统建元以后，中央筹备立宪，图国民教育之普及，学校日益推广，部务日益繁多，所有原设额缺，不敷支配，分曹治事，颇形竭蹶。部员增加势所必至。于是遂将原定视学官一职，改为差使。即以原设之十二缺，分设郎中、员外郎、主事各缺，以期劳逸相均，事无旷误。虽各司之员缺有增，而官职之总数仍旧，其中增减变通之处，亦颇费经营矣。

教育部，民国元年官制，其职员额缺，除依据官制通则所规定之外，所特置之职员，仅视学官、技正、技士三者。其他参事、佥事、主事等缺，得于通则所规定范围之内，以部令增减其员额。而二年修正官制所规定之职员，则较元年大减其数，三年修正官制所规定之职员，虽较二年增加其数，而较元年仍属减少，即近今之现行官制是也。

注：此件系国务院编译冯农、窦学先、岳诵先、盛德镕、方时翻编。

〔国务院档案〕

2.教育总长蔡元培延揽人才充任官属文电

（1912年）

（1）蔡元培致范静生等电　（4月22日）

民立报馆转范静生、夏穗卿、袁观澜、钟宪鬯、蒋竹庄、许季茀、周豫才、谢仁冰、汤爱理、王云五、杨焕芝、胡梓芳、曹子谷、钱轶裴、高妹钦、陈墨涛、马振吾、林冰骨、赵幼梅、胡孟乐、张鼎荃、杨乃康、张燮和、顾养吾、许季上诸先生鉴：昨日国务院成立,教育部亟须组织，请即日北来为盼。教育部蔡元培。养。

(2) 蔡元培致黄任之电 （4月22日）

苏州都督府黄任之先生鉴：来电悉，江君被选，然教育部普通司司长需人至亟，仍请江君任部务，而提议以次补员任江苏参议员，谅可通过。如江君必不能来，则非公自任本部司长不可。并请速来。以全国与一省较，轻重悬殊，务请承诺。鹄候复电。教育部蔡元培。

(3) 蔡元培致伍仲文等电 （4月23日）

上海民立报转伍仲文、伍博纯、王懋镕先生鉴：本部亟须组织，请即日北来为盼。教育部蔡元培。漾。

(4) 蔡元培致冀贡泉电 （4月24日）

上海民立报转冀贡泉先生鉴：本部亟须组织，请即日北来为盼。教育部蔡元培。敬。

(5) 蔡元培致胡玉缙函 （4月24日）

绥之①先生大鉴：于报端得读大著孔学商榷篇，无任钦佩，深愿得一朝夕奉教之机缘。适有接收典礼院一事，似与先生所精研之孔学不无关系，故以奉烦。无论专制、共和，一涉官吏，便不能免俗，曰谕曰派，皆弟所戁然不安者。以冗故未遑议改，承政厅因袭用之。奉惠书后即传示厅员，彼等有所答辩，附一览，字句小疵，想通人必不介蒂。民国初立，教育界除旧布新之事所欲请教者是多，尚祈惠然肯来相与，尽力于未来之事业。敬为全国同胞固以请，并维起居安善为祝。

蔡元培　敬启

---

① 胡玉缙字。

（6）蔡元培致白作霖等谕示稿　（4月24日）

本部未成立以前，须先派员接收学部所管事务，以便重行组织。兹派白作霖、赵允元接收总务司事务；陈应忠、刘唐邵接收专门司事务；陈清震、王章祜接收普通司事务；路孝植、王家驹接收实业司事务；陈问咸、柯兴昌接收会计司事务；崇贵、陈琦接收司务厅事务；彦德、刘宝和、祝椿年、李春泽接收督学局事务；高步瀛接收图书局事务；常福元接收名词馆事务。定于本月二十六日上午十钟办理接收。该员等自接收之日起，即应按日到署各司其责，俟本部组织成立，再候本总长分别委任职务可也。此谕。

（7）蔡元培复江翰函　（4月24日）

复江翰书

叔海先生执事：书累幅备至佩仰。元培行能无似，滥尸教育，处非其据，深用祗惧。若荷明达，时时督教以所不及，可胜忻幸。诸所建伟议，谨待体察，次第举行。区区之愚，唯有竭诚奉国，以报嘉爱耳。春暄唯兴居万福。

（8）蔡元培致王少泉函　（4月24日）

致王少泉君书

少泉先生惠鉴：两寄函电，未蒙赐复，引领津桥，可胜企盼。此间接手伊始，百端待举，对于京师北洋大学，更须待商执事，即本部专门学务一项，尤盼从者惠临，主持一切，教育前途之光荣也，岂仅鄙人承教受益已耶。此书达左右后，敢请执事即日命驾莅京，来部赐教，不胜切急企盼之至。临风怀望，不尽胸臆，祗请道安，诸祈亮察。

（9）蔡元培致北洋大学王教务长电　（4月24日）

天津北洋大学王教务长鉴：有要事奉商，请即来京，到铁子胡同教育部办公处晤谈至盼。蔡元培。敬。

（10）蔡元培致伍昭扆电　（4月27日）①

上海时事新报转伍昭扆先生鉴：教育部组织伊始，专门司长敬以奉屈先生，务请承诺，请速命驾，并先电复，至祷至盼。蔡元培。沁。

（11）蔡元培致黄任之电　（4月27日）②

万急。苏州都督府黄任之先生鉴：前电未荷复，至念。普通司长如江先生必不肯就，则非公自任不可，务乞承诺，即候电复。蔡元培。

（12）蔡元培致夏穗卿电　（4月27日）③

上海斜桥路十五号夏穗卿先生鉴：教育部待公来始得完全组织，请速命驾。又专门司长拟请伍昭扆先生担任，请转商能即日偕来尤感。蔡元培。

（13）蔡元培致张菊生电稿　（4月27日）

上海商务印书馆张菊生先生鉴：教育部专门司长，拟请伍昭扆先生担任，请转恳并请其速临。蔡元培。

（14）蔡元培致王少泉函稿（4月）

少泉先生大鉴：在津得聆雅教，忻幸奚似。本部组织伊始，百端待理，专门学务尤关重要。执事于专门教育富有经验，夙所

---

①②③　三件是同一日发出的电，可能因此而前一件有代日，而省略了后二件的代日。

钦佩。深望不我遐弃，相助为理。执事所主持之北洋大学教务，求得学望夙孚可以代公者，诚难其人，然本部专门学务关系更大，苟得执事综理一切，俾全国专门教育日臻完善，是不仅北洋大学受其福，即全国专门学校亦均拜执事之赐矣。务恳早日惠临，面领教益，无任企祷。敬候示复，祗请道安。

(15) 蔡元培与江叔海函稿

叔海先生有道：前后笺计得达。中央图书馆，各国皆视为重要之计划，必得硕儒宏彦主持其间。况此间图书馆自改革以来，不无散亡凌乱，尤必有起而赫然振董之。夙维我公耆年硕望，士林同钦。馆长一席，非公莫属。斯文未丧，吾道不孤。敬伫德音，无任神遡。

〔北洋政府教育部档案〕

3.教育部议以内务部官制礼教司移入教育部案
（1912年）

议以内务部官制之礼教司移入教育部案

宗教为国民精神界之事，占社会教育之一大部分，故欧洲各国间有名文部为宗教及教育部者。礼俗所含之分子亦多隶于宗教，二者皆教育之事也。宪法公例有信仰自由，谓国民信仰何教，一任自由，政府不加干与，非谓宗教范围以内举非政令之所及也。我国宗教至为复杂，国民对于宗教之观念尤为朦混。如相承儒教、道教云云者，率以种种妄诞鄙陋之事，淆杂其间，于宗教之本旨实相刺谬。至于礼俗，不今不古，非中非西，尤有不合于共和时代者，使不为之厘订，以与各种教育界之设施互相因应，则其为教育前途之阻力势必至巨。在内务部本以维持秩序，保障治安为专责，对于礼教一门，即不立专司，而于其妨治安破秩序之事，可以警政司干涉之。至改良内容，别择良措，则虽立专司，而亦无从措手。何则，内务部之权限固如此也。在教育部则不掌礼教，而教育之业遂生种种窒碍。业于国务院会议时提议以礼教事项由内务部移入教育部，经内务部总长及总理、各部总长赞同。奚请修改内务部及教育部官制条文如左：

（一）于内务部官制第一条删"宗教礼俗"四字，而于教育部官制第一条增此四字。

（二）于内务部官制第三条删"礼教司"三字，而移其第八条所列各事项于教育部之第七条。

〔北洋政府教育部档案〕

4. 大总统公布县教育局规程令
（1923年3月29日）

大总统令

兹制定县教育局规程公布之。此令。

大总统盖印　　国务总理张绍曾　　教育总长彭允彝

中华民国十二年三月二十九日

教令第九号

县教育局规程

第一条　县设教育局，以局长一人、视学及事务员若干人组织之。前项视学、事务员名额，视该县教育事务之繁简酌定之。

第二条　县教育局长商承县知事主持全县教育行政事宜，并督促指导属于该县之市、乡教育事务。

第三条　县教育局长，以合于左列资格之一者充之：

一、毕业于大学教育科、师范大学或高等师范学校者。

二、毕业于师范学校，并曾任教育职务三年以上者。

三、毕业于专门以上学校,并曾任教育职务二年以上者。
四、曾任中等学校校长或小学校校长三年以上者。
五、曾任教育行政职务五年以上,著有成绩者。

第四条　县教育局长,由县知事就具有前条资格者推荐三人,呈请该省区教育行政长官选任,并报教育部备案。

第五条　县教育局设董事会,董事定额为五人,但视地方教育发达情形,得增至七人或九人。

第六条　董事会董事,除由县知事遴派县视学一人外,其余由县参事会依左列标准选举之:

一、办理教育著有成绩者二人。
二、从事实业或办理地方公益著有声誉者一人。
三、县参事会参事一人。

前项第一第二两款之董事,县参事会参事不得兼任。董事定额增至七人时,合于第一项第一款资格者,得选举三人;合于第一项第二款资格者,得选举二人。如增至九人时,合于第一项第一、第二款资格者,均得选举三人;合于第一项第三款资格者,得选举二人。各县在未成立自治团体以前,县教育局董事会董事,除由县知事遴派县视学一人外,其余由教育局长依本条第一项第一、第二两款规定之资格加倍推荐,呈请县知事选任。

第七条　县参事会选出之董事,其任期为三年,但县参事会参事,应以其参事任期为任期。

依前条第三项推选之董事,其任期亦为三年。

第八条　董事会之职权如左:

一、审议县教育之方针及计划。
二、筹划县教育经费及保管县教育财产。
三、审核县教育之预算决算。
四、议决县教育局长交议事件。
五、提议关于县教育事项。

第九条 董事均为名誉职，但开会时得由县教育局酌给赴会旅费。

第十条 董事会开会时，县教育局长得出席会议，但不加入表决之数。

第十一条 全县市乡应由县教育局酌划学区，每区设教育委员一人，受县教育局长指挥，办理本学区教育事务。

第十二条 市乡学区教育委员，由县教育局长就素有教育学识经验者，选任之。

附则

第十三条 本规程颁布后，劝学所规程应即废止。

第十四条 各县遇有特别情形，得酌量变通办理，但须呈请教育总长核准。

第十五条 本规程自公布日施行。

〔北洋政府教育部档案〕

5. 大总统颁布特别市教育局规程令
（1923年3月29日）

大总统令

兹制定特别市教育局规程公布之。此令。

大总统盖印　　国务总理张绍曾　　教育总长彭允彝

中华民国十二年三月二十九日

教令第十号

特别市教育局规程

第一条 特别市教育局，以局长一人、视学及事务员若干人组织之。

前项视学、事务员名额，视该市教育事务之繁简酌定之。

第二条　特别市教育局长，商承市长主持全市教育行政事宜。

第三条　特别市教育局长，由市长遴选三人，呈请该省区教育行政长官选任，并呈报教育部备案。

京都市教育局长，由市长遴选三人，呈请教育总长选任。

第四条　特别市教育局长之资格，准用县教育局规程第三条第一、二、三三款之规定。

第五条　特别市教育局设董事会，董事定额九人，除由市长遴派市视学一人外，其余由市参事会依左列标准选举之：

一、办理教育著有成绩者三人。

二、从事实业或办理地方公益著有声誉者三人。

三、市参事会名誉参事员二人。

第六条　市参事会选出之董事，除市参事会名誉参事员以参事员任期为任期外，其他均以三年为任期。

第七条　董事会之职权如左：

一、审议市教育之方针及计划。

二、筹划市教育经费及保管市教育财产。

三、审核市教育之预算、决算。

四、议决市教育局长交议事件。

五、提议关于市教育事项。

第八条　县教育规程第九条及第十条之规定，本规程均适用之。

第九条　特别市应由市教育局酌划学区，每学区设教育委员一人，受市教育局长之指挥办理本学区教育事务。

第十条　特别市教育委员，由市教育局长就素有教育学识经验者，选任之。

第十一条　本规程自公布日施行。

〔北洋政府教育部档案〕

〔二〕教育方针政策

1. 蔡元培关于教育方针之意见
（1912年4月）①

近日在教育部与诸同人新草学校法令，以为征集高等教育会议之预备，颇承同志饷以谠论。顾关于教育方针者殊寡，辄先述鄙见以为嚆引，幸海内教育家是正之。

教育有二大别：曰隶属于政治者；曰超乎政治者。专制时代（兼立宪而含专制性质者言之），教育家循政府之方针以标准教育，常为纯粹之隶属政治者。共和时代，教育家得立于人民之地位以定标准，乃得有超轶政治之教育。清之季世，隶属政治之教育，腾于教育家之口者，曰军国民教育。夫军国民教育者，与社会主义舛驰，在他国已有道消之兆。然在我国则强邻交逼，亟图自卫，而历年丧失之国权，非凭借武力，势难恢复。且军人革命以后，难保无军人执政之一时期，非行举国皆兵之制，将使军人社会，永为全国中特别之阶级，而无以平均其势力。则如所谓军国民教育者，诚今日所不能不采者也。

虽然，今之世界所恃以竞争者，不仅在武力，而尤在财力。且武力之半，亦由财力而孳乱。于是有第二之隶属政治者，曰实例主义之教育，以人民生计为普通教育之中坚。其主张最力者，至以普通学术，悉寓于树艺、烹饪、裁缝及金、木、土工之中。此其说创于美洲，而近亦盛行于欧陆。我国地宝不发，实业界之

---

① 此件时间编者依《东方杂志》记载所加。

组织尚幼稚，人民失业者至多，而国甚贫，实利主义之教育，固亦当务之急者也。

是二者，所谓强兵富国之主义也。顾兵可强也，然或溢而为私斗，为侵略，则奈何？国可富也，然或不免知欺愚，强欺弱，而演贫富悬绝，资本家与劳动家血战之惨剧，则奈何？曰教之以公民道德。何谓公民道德？曰法兰西之革命也，所标揭者，曰自由、平等、亲爱。道德之要旨，尽于是矣。孔子曰，匹夫不可夺志。孟子曰，大丈夫者，富贵不能淫，贫贱不能移，威武不能屈。自由之谓也。古者盖谓之义。孔子曰，己所不欲，勿施于人。子贡曰，我不欲人之加诸我也，吾亦欲毋加诸人。礼大学记曰，所恶于前，毋以先后；所恶于后，毋以从前；所恶于右，毋以交于左；所恶于左，毋以交于右。平等之谓也。古者盖谓之恕。自由者，就主观而言之也。然我欲自由，则亦当尊人之自由，故通于客观。平等者，就客观而言之也。然我不以不平等遇人，则亦不容人之以不平等遇我，故通于主观。二者相对而实相成，要皆由消极一方面言之。苟不进之以积极之道德，则夫吾同胞中，固有因生禀之不齐，境遇之所迫，企自由而不遂，求与人平等而不能者。将一切恝置之，而所谓自由若平等之量，仍不能无缺陷。孟子曰，鳏寡孤独，天下之穷民而无告者也。张子曰，凡天下疲癃残疾茕独鳏寡，皆吾兄弟之颠连而无告者也。禹思天下有溺者，由己溺之。稷思天下有饥者，由己饥之。伊尹思天下之人，匹夫匹妇有不与被尧舜之泽者，若己推而纳之沟中。孔子曰，己欲立而立人，己欲达而达人。亲爱之谓也。古者盖谓之仁。三者诚一切道德之根源，而公民道德教育之所有事者也。

教育而至于公民道德，宜若可为最终之鹄的矣。曰，未也。公民道德之教育，犹未能超轶乎政治者也。世所谓最良政治者，不外乎以最大多数之最大幸福为鹄的。最大多数者，积最少数之一人而成者也。一人之幸福，丰衣足食也，无灾无害也，不外乎现世之幸福。积一人幸福而为最大多数,其鹄的犹是。立法部之所评议,行政部之所执行,司法部之所保护,如是而已矣。即进而达礼运之所谓大道为公,社会主义家所谓未来之黄金时代,人各尽所能,而各得其所需要,要亦不外乎现世之幸福。盖政治之鹄的,如是而已矣。一切隶属政治之教育,充其量亦如是而已矣。

虽然,人不能有生而无死。现世之幸福,临死而消灭。人而仅仅以临死消灭之幸福为鹄的,则所谓人生者有何等价值乎?国不能有存而无亡,世界不能有成而无毁,全国之民,全世界之人类,世世相传,以此不能不消灭之幸福为鹄的,则所谓国民若人类者,有何等价值乎?且如是,则就一人而言之,杀身成仁也,舍生取义也,舍己而为群也,有何等意义乎?就一社会而言之,与我以自由乎,否则与我以死,争一民族之自由,不至沥全民族最后之一滴血不已,不至全国为一大冢不已,有何等意义乎?且人既无一死生破利害之观念,则必无冒险之精神,无远大之计划,见小利,急近功,则又能保其不为失节堕行身败名裂之人乎?彦曰,当局者迷,旁观者清。非有出世间之思想者,不能善处世间事,吾人即仅仅以现世幸福为鹄的,犹不可无超轶现世之观念,况鹄的不止于此者乎?

以现世幸福为鹄的者,政治家也,教育家则否。盖世界有二方面,如一纸之有表里,一为现象,一为实体。现象世界之事为政治,故以造成现世幸福为鹄的;实体世界之事为宗教,故以摆脱现世幸福为作用。而教育者,则立于现象世界,而有事于实体世界者也。故以实体世界之观念为其究竟之大目的,而以现象世界之幸福为其达于实体观念之作用。

然则现象世界与实体世界之区别何在耶?曰,前者相对,而后者绝对;前者范围于因果律,而后者超轶乎因果律;前者与空间时间有不可离之关系,而后者无空间时间之可言;前者可以经验，而后者全恃直观。故实体世界者，不可名言者也。然而既以是为观念之一种矣，则不得不强为之名，是以或谓之道，或谓之太极，或谓之神，或谓之黑暗之意识，或谓之无识之意志。其名可以万殊，而观念则一。虽哲学之流派不同，宗教家之仪式不同，而其所到达之最高观念皆如是（最浅薄之唯物论哲学，及最幼稚之宗教祈长生求福利者，不在此例）。

然则教育家何以不结合于宗教，而必以现象世界之幸福为作用？曰，世固有厌世派之宗教若哲学，以提撕实体世界观念之故，而排斥现象世界。因以现象世界之文明为罪恶之源，而一切排斥之者。吾以不然。现象实体，仅一世界之两方面，非截然为互相冲突之两世界。吾人之感觉，既托于现象世界，则所谓实体者，即在现象之中，而非必灭乙而后生甲。其现象世界间所以为实体世界之障碍者，不外二种意识：一、人我之差别，二、幸福之营求是也。人以自卫力不平等而生强弱，人以自存力不平等而生贫富。有强弱贫富，而彼我差别之意识起。弱者贫者，苦于幸福之不足，而营求之意识起。有人我，则于现象中有种种之界划，而与实体违。有营求则当其未遂，为无已之苦痛。及其既遂，为过量之要索。循环于现象之中，而与实体隔。能剂其平，则肉体之享受，纯任自然，而意识界之营求泯，人我之见亦化。合现象世界各别之意识为浑同，而得与实体吻合焉。故现世幸福，为不幸福之人类到达于实体世界之一种作用，盖无可疑者。军国民、实利两主义，所以补自卫自存之力之不足。道德教育，则所以使之互相卫互相存，皆所以泯营求而忘人我者也。由是而进以提撕实体观念之教育。

提撕实体观念之方法如何？曰消极方面，使对于现象世界无厌弃而亦无执著；积极方面，使对于实体世界非常渴慕而渐进于领悟。循思想自由言论自由之公例，不以一流派之哲学一宗门之教义梏其心，而惟时时悬一无方体无始终之世界观以为鹄。如是之教育，吾无以名之，名之曰"世界观教育"。

虽然世界观教育，非可以旦旦而聒之也，且其与现象世界之关系，又非可以枯高单简之言说袭而取之也。然则何道之由？曰美感之教育。美感者，合美丽与尊严而言之，介乎现象世界与实体世界之间而为津梁。此为康德所创造，而嗣后哲学家未有反对之者也。在现象世界，凡人皆有爱恶惊惧喜怒悲乐之情，随离合生死祸福利害之现象而流转。至美术则即以此等现象为资料，而能使对之者，自美感以外，一无杂念。例如采莲煮豆，饮食之事也，而一入诗歌则别成兴趣。火山赤舌，大风破舟，可骇可怖之景也，而一入图画则转堪展玩。是则对于现象世界，无厌弃而亦无执著也。人既脱离一切现象世界相对之感情，而为浑然之美感，则即所谓与造物为友，而已接触于实体世界之观念矣。故教育家欲由现象世界而引以到达于实体世界之观念，不可不用美感之教育。

五者，皆今日之教育所不可偏废者也。军国民主义、实利主义、德育主义三者，为隶属于政治之教育（吾国古代之道德教育，则间有兼涉世界观者，当分别论之）。世界观、美育主义二者，为超轶政治之教育。

以中国古代之教育证之。虞之时，夔典乐而教胄子以九德，德育与美育之教育也。周官以卿三物教万民，六德六行，德育也；六艺之射御，军国民主义也；书数，实利主义也。礼为德育，而乐为美育。以西洋之教育证之，希腊人之教育为体操与美术，即军国民主义与美育也；欧洲近世教育家，如海尔巴脱氏纯持美育主义；今日美洲之杜威派，则纯持实利主义者也。

以心理学各方面衡之，军国民主义毗于意志，实利主义毗于知识，德育兼意志、情感二方面，美育毗于情感，而世界观则统三者而一之。

以教育界之分言三育者衡之，军国民主义为体育，实利主义为智育，公民道德及美育皆毗于德育，而世界观则统三者而一之。

以教育家之方法衡之，军国民主义、世界观、美育皆为形式主义，实利主义为实质主义，德育则二者兼之。

譬之人身：军国民主义者，筋骨也，用以自卫；实利主义者，胃肠也，用以营养；公民道德者，呼吸循环机也，周贯全体；美育者，神经系也，所以传导；世界观者，心理作用也，附丽于神经系，而无迹象之可求。此即五者不可偏废之理也。

本此五主义而分配于各教科，则视各教科性质之不同，而各主义所占之分数亦随之而异。国语国文之形式，其依准文法者属于实利，而依准美词学者，属于美感。其内容则军国民主义当占百分之十，实利主义当占其四十，德育当占其二十，美育当占其二十五，而世界观则占其五。

修身，德育也，而以美育及世界观参之。

历史、地理，实利主义也。其所叙述，得并存各主义。历史之英雄，地理之险要及战绩，军国民主义也；记美术家及美术沿革，写各地风景及所出美术品，美育也；记圣贤，述风俗，德育也。因历史之有时期，而推之于无终始；因地理之有涯涘，而推之于无方体；及夫烈士、哲人、宗教家之故事及遗迹，皆可以为世界观之导线也。

算学，实利主义也，而数为纯然抽象者。希腊哲人毕达哥拉士以数为万物之原，是亦世界观之一方面；而几何学各种线体，可以资美育。

物理化学，实利主义也。原子电子，小莫能破，爱耐而几（Energy），范围万有，而莫知其所由来，莫穷其所究竟，皆世界观之导线也；视官听官之所触，可以资美感者尤多。

博物学，在应用一方面，为实利主义，而在观感一方面多为美感。研究进化之阶段可以养道德，体验造物之万能可以导世界观。

图画，美育也，而其内容得包含各种主义。如实物画之于实利主义，历史画之于德育是也。其至美丽至尊严之对象，则可以得世界观。

唱歌，美育也，而其内容亦可以包含种种主义。

手工，实利主义也，亦可以兴美感。

游戏，美育也；兵式体操，军国民主义也；普通体操，则兼美育与军国民主义二者。

上之所著，仅具荦较，神而明之，在心知其意者。

满清时代有所谓钦定教育宗旨者，曰忠君，曰尊孔，曰尚公，曰尚武，曰尚实。忠君与共和政体不合，尊孔与信教自由相违（孔子之学术，与后世所谓儒教、孔教当分别论之。嗣后教育界何以处孔子，及何以处孔教，当特别讨论之，兹不赘），可以不论。尚武即军国民主义也。尚实，即实利主义也。尚公与吾所谓公民道德，其范围或不免有广狭之异，而要为同意。惟世界观及美育，则为彼所不道，而鄙人尤所注重，故特疏通而证明之，以质于当代教育家，幸教育家平心而讨论焉。

〔北洋政府教育部档案〕

2. 教育部公布教育宗旨令
（1912年9月2日）

教育部部令

兹定教育宗旨特公布之。此令。

注重道德教育，以实利教育、军国民教育辅之；更以美感教育完成其道德。

中华民国元年九月初二日部令第二号。

〔北洋教育部档案〕

3. 教育部颁布视学规程令

(1913年1月19日)

教育部令第四号

视学规程

第一条 全国视学区域划分为八：

一、直隶、奉天、吉林、黑龙江。

二、山东、山西、河南。

三、江苏、安徽、浙江。

四、湖北、湖南、江西。

五、陕西、四川。

六、甘肃、新疆。

七、福建、广东、广西。

八、云南、贵州。

蒙古、西藏暂作为特别视学区域，其规程别定之。

第二条 每区域派视学二人，视察该区域之普通教育及社会教育，并得酌派部员协同视察。

第三条 各区域视察，分定期及临时二种。定期视察每年自八月下旬起，至次年六月上旬止。临时视察，依教育总长特别命令行之。

第四条 视学每年视察之区域，由教育总长临时指定。

第五条 有荐任文官资格而合于左列各项之一者，得任用为视学：

一、毕业于本国、外国大学或高等师范学校，任学务职一年以上者。

二、曾任师范学校、中学校校长或教员三年以上者。

三、曾任教育行政职务三年以上者。

第六条 视学应视察之事项如左：
一、教育行政状况。
二、学校教育状况。
三、学校经济状况。
四、学校卫生状况。
五、关系学务各职员执务状况。
六、社会教育及其设施状况。
七、教育总长特命视察事项。

第七条 前条第一款至第六款事项，视学应于出发之前公同研究，酌拟办法呈教育总长核定。

第八条 视学遇左列各事项，得就主管者表示意见。
一、与教育法令抵触事项。
二、部议决定事项。
三、学校教授管理事项。
四、社会教育设施事项。
五、教育总长特命指示事项。

第九条 视学于所至各地方，应先与地方长官，省视学及国立学校校长等接洽讨论，藉知该地方学务已往之历史，现在之实况及将来之计划。

第十条 视学至各地方视察学校，毋庸向该校预期通知。

第十一条 视学遇必要时得变更教授之时间。

第十二条 视学遇必要时得试验学生之成绩。

第十三条 视学遇必要时得调阅各项簿册。

第十四条 专门学校及其他特别事项，教育总长得派临时视学，或命该区域之视学兼司其事。

第十五条 第十条至第十三条，临时视学皆适用之。

第十六条 视学应依第六条第一款至第六款切实调查随时报告，至视察完毕。除面陈概要外，应提出本年度之总报告书。

第十七条　本规程自公布日施行。

中华民国二年一月十九日

教育总长　范源廉

〔北洋政府教育部档案〕

4.袁世凯颁定教育宗旨令

(1915年1月1日)

大总统申令

　　凡一国之盛衰强弱，视民德、民智、民力之进退为衡，而欲此三者程度日增，则必注重于国民教育。盖在闭关之世，帝王专制愚民之术，未尝不可为天下雄。乃者万国交通，文明日启，举一切政教艺术乃至琐琐日用之微，无不由科学发明分功并进，举全国之心思才力奔凑于一途。纵言之，则自家庭教育以至学校教育，层递而日新；衡言之，则自社会教育以至世界教育，周流而无极。无人不学，无时不学，无地不学。故能合群进化，蔚为大观。若以蒙昧柔靡之民，当生存竞争之世，其亦殆矣。

　　吾国开化最先，钟毓独厚，远溯成周学制，人人有士君子之行，渺矣不可复追。秦汉以后二千余年，未与外国文明相接触，新知莫启，旧学又荒，过渡时期，方针不定。本大总统在前清从政，即以废科举设学校为先。蓝缕初开，设施未竟，形式或是，精神则非。重以政体革新，神州云扰。民国成立，荏苒三年，财政困难，未遑兴作，根本大计，缺焉莫修。顾念治国犹治家，然家虽贫，子孙愈不可以不读书；国虽弱，人民愈不可以不求学。东西各国，专门纪述，著作如林，识字人民十得八九。返观吾国，则出版之书大都稗贩专利之品，寥若晨星，甚至高才无升学之途，童草鲜求师之地，固由公家竭蹶，补助无资。然中养不中，才养不才，微独处高明之地者宜然，凡为公民皆与有责焉者也。

本大总统既以兴学为立国要图，今兵气渐销，邦基初定，提倡斯旨，岂容踌躇。矩矱本诸先民，智慧求诸世界。使中华民族为大仁、大智、大勇之国民，则必于忠孝节义植其基，于智识技能求其阙，尚武以备军人资格，务实以儆末俗虚浮，矢其忠诚，以爱国为前提，苦其心志，以猎官为大戒，厚于责己，耻不若人，严则如将领之部其弁兵，亲则如父兄之爱其子弟。此本大总统对于学校之精神教育，尤兢兢于变化气质，而后种种学业乃有所施也。

文明各邦皆历行义务教育制度，其学区分配，即就各区内学龄儿童人数分担其延师设学之资。吾国亦定初等小学四年为义务教育年限。但国民罕知义务，往往放弃其青年可贵之光阴。今将以教育普及为期，必使人人有自治之精神而去其依赖之性质。即私家学塾但能合乎教授管理之法，亦当与各学校受同一之制裁。而入手办法则有二端：即师范者中小学所从出，宜极力整顿以造就良师；课本者各学校所通行，宜从速编订以划一学制。著教育部切实筹办，并将义务教育原理分投演说，俟物力稍有余裕，即将各级学校依次扩充。《记》曰："学然后知不足，知不足然后能自反也。"创巨痛深之后，宜有坚苦卓绝之儒。凡我士民，当效阳明、夏峰、习斋、刚主之身体力行，而兼以各国理化博物等名家之深思好学。精神所至，金石为开。痛惩虚憍自大之风，以不学无术为深耻。庶几胜残去杀，礼让彬彬，利国福民，跂予望之。此令。

中华民国四年一月一日

           国务卿　徐世昌

爱国诚心爱国勿破坏

国藉人而成立，人藉国而保护，未有国能无人而强，人能离国而立者。乃近观吾国人之心理，之行为，若有与此原则不甚相合者。破坏之说，虽不如往时之冲口而出，而遇有一事刺激其脑筋，关系其利害，则必凭其气意，极图抵抗，逞一时之热度。思潮所及，有奔突，无控止，有进发，无回旋，有私愤，无公理，健者躁进，儒者盲从，黠者鼓吹，愚者附和。若必将当前之秩序，一切之机关，尽行摧毁而破坏之，而后乃快其心，此则是非之不明，利害之不辨，实爱国心之薄弱有以致之也。尝谓破坏之派别有二：一为有形之破坏，一为无形之破坏。兹先言其有形者。赣宁乱后，各省暴徒乘机起事，谋覆祖国，扰害治安，不绝于耳。若辈亡命，以其穷无复之身，迫而为铤而走险之举，残凶狠毒固无足怪。而一般青年，被其诱引，供其指使蹈汤赴火，甘之如饴。彼独非中国之人乎，殊令人百思而不得其解也。夫不破坏不建设，此前数年之语，积重难返之世，诚非有一度之廓清，莫能获百年之平治。今非其时矣！民国肇造，百度刷新，举向所祷祀以求者，悉已如愿以偿，方且拱获之不遑，何忍卤莽与一掷。乃若建树，则利济之道亦多端矣，果其蒿目时艰，立志济物，不存苟安之心，不为无用之学，研求政术，探讨艺数，或朋侪讲习，或传诸其人，下开士民之风气，上备国家之任使，藏器待用，何患无时。即使不乐仕进，而出其才智保安乡里，为郑司农，为田子春，于人有济，即于国有裨，岂必铁血始为事功，岂必牺牲始谓志士耶。至于无形之破坏，则防不胜防，御无可御，社会乃成为习惯，个人乃仗为长技，此尤可为痛哭流涕长太息者也。举一事于己不利益，则多方掣肘冀其无成，闻一议非己之意见，则故意刁难使归消灭。或托之舆论，或假之他人，武器运以和平，戎机伏于谈笑，言举斯心，充类至尽，足以为乱贼而有余，陷国家于破灭。夫国基新造，群擎众举，或冀奠安，一或乖离，危险曷极。譬彼哺婴，方须呴噢，譬彼种树，方待溉滋，春蘖新萌，黄瓜屡摘，倘有知虑，独能无惕于心乎？故当今日时局，惟以万众一心，全体一致，激发天良，真诚爱国，为第一义。富于财者，爱之以金钱；饶于才者，爱之以学问。有形之破坏，凡一切邪说暴行，足以启作乱之渐者，拒之勿听，避之若浼，恶之若鹰鹯之逐鸟雀。无形之破坏，凡一切私心恶习，足以贻赎事之咎者，有则改之，无则加勉，视之如饥渴之于饮食。内外同心，上下同力，中华民国庶有赖乎？人之处室也，欲蔽风雨，御盗贼，则必高其栋宇，厚其垣墉，以为非如此不足以相卫。国者卫身家之栋宇垣墉也，而乃任其飘摇，加之荡析，宁非悖乱，宁非大愚。传曰：皮之不存，毛将焉傅？愿我国人仔细思之。

尚　武

国何以强？强于民，民何以强？强于民之身，民之身何以强？强于尚武。尚武之道分之为二：曰卫身，曰卫国，合之为一，卫身即卫国，卫国即卫身也。何谓卫身？风寒暑湿有时为病，莫不求医，然医于既病之后，毋宁医于未病之先，未病而医，莫若尚武。今有壮健之夫，与一文弱之士，同处于酷暑或严寒之地，披烈风，冒甚雨，蒙犯霜雪，其感受一也，而文弱者必病，甚至于死，壮健者纵病而不为灾，且未必病。何也？虽间由禀赋使然，实则尚武与不尚武之别也。故今之言国民教育者，于德育者智育外，并重体育。使幼稚从事游戏，活泼其精神，稍长进习兵操，锻炼其体格，极至掷球角力，习为常课，运动竞走，时开大会，凡所以图国民之发育者无所不至。此民之所以能卫其身也。何谓卫国？吾国古者寓兵于农，有事为兵，无事为农，蒐苗狝狩，乘农隙以讲武事，已隐寓全国皆兵之意。近世东西各国，尤通行征兵之制，凡为国民皆应服当兵之义务，平时按年充役，年满退伍，各自营业，战时召集以御外侮。无民不兵，无兵非民，风气所树，遍国中莫不以充兵为乐，战死为荣。推原其故，因其幼在学校，已习闻忠勇爱国之训；长入社会，又养成坚忍耐劳之风，所谓少成若天性，习惯成自然，非一朝一夕之故，其由来者渐。此民之所以能卫其国也。要之国必有民，民各有身，己身之性命财产，即国家之性命财产也。民未有不思卫其性命财产者，欲卫性命财产，必先卫国。国者，凡民性命财产之总寄也。欲卫国必各卫身，身者，一国性命财产之分寄也。故曰卫国即卫身，卫身即卫国也。卫身卫国，罔不本乎尚武。凡我国民，其可以奋而兴矣。或曰好武之民不靖，不靖则乱。不知尚武云者，乃练其坚实之体格，非逞其血气之作用也，乃驱之勇于公义，非纵之习于私斗也。是又不可不辨。

崇　实

医之为道，空者实之，治国亦然。吾今实业衰颓，财政匮乏，军备单弱，一切之病在空。顾此乃空之现象，非空之根本患处。穷究根本患处之所在，莫甚于学术不实。世界列强，实业由衰颓而发达，财政由匮乏而整理，军备由单弱而扩充，凡今所见为衰颓者、匮乏者、单弱者，英、美、俄、法、德、日数十年前殆亦同此现象。彼何以治，我何以不治？盖学术为之也。吾国学术，推孔孟为极，则细绎其书，体国经野之道，无非布帛菽粟之言。末流递降，汉尚训诂，晋尚老庄，唐尚词章，宋尚性理，明清尚帖括，愈变愈空，由支离破碎以至于浅薄虚浮，治身犹病不足，何以治国？科举既废，学校代兴，此为以实易空之转机，而又有蹈袭皮毛之弊。默察世界学术之趋势，而求与为平进，不得不唤起全国人民之自觉心，相率趋于崇实之一途。崇实之道，分两项言之。一曰物质之实，若数学科、理化科等，皆国民知识技能必需之学科也。不得徒事纸上之研究，必验之实际，以为利用厚生之道。一曰精神之实，若政治学、法律学、教育学等，皆立国之大本大原也，不得徒为理论之竞争，必体察国俗民情以定实地施行之准则。不特此也，世界之进化，实物质与精神互为鼓荡推移。瓦特之汽机，就物质上发明之学也，百折不回，必成一器，以尽汽机之用，则由精神锻炼而出也。达尔文之进化论，就精神学上推演之学也，即物穷理，必举一例，以明进化之原则，由物质经验而来也。自今以往，讲物质之学，必寄以精神，讲精神之学，必本于物质。以真挚之心理，倡为朴茂之学风，以朴茂之学风，蒸为纯厚之俗尚。浮华既去，贞固不挠，由是职务安而实业兴，物产丰而财政裕，经费充而军备足，合民族之实心，结成国家之实力，斯与列强并驾齐驱而无可乘虚抵隙之处。富强之道，具在于是，期共勉之。

法 孔 孟

吾国人诵法儒言，盖无不知孔子之为圣矣。而圣学之传，颜曾子思而外，厥惟孟子。吾人去圣既远，舍诵法其言外，殆无以想见其人。孔孟之言，载于论语及七篇者，至赅且备，其于近世治世修身之要，引信致用，亦未尝不与西哲相合，而厘然有当于人人之心。今观论语五十八章中，凡言仁者一百有八，而孟子则言仁必兼言义。宋儒以仁为心德，义为事宜，盖自修齐以至治平，悉为此二者之所贯注。今之言群学者，以爱为合群之大力，而凡国家之所谓治法，社会之所谓秩序，一切上下兴革，乃至处世程轨，皆须视时势所需要而为之，是有其宜与不宜又可知也。仁义二字，大言之则其量无穷，其用无极，小言之则一匹夫之存心，一日用之处事，皆足自尽。故孔子曰，博施而济众，尧舜其犹病诸。又曰，我欲仁，斯仁至矣。孟子亦以为能充实端，足保四海，苟不充之，不足以事父母。是则我国民所当自奋者也。且孔子身当衰周之时，虽心怀用世，而其言则曰不仁者不可以久处约，不可以长处乐，又以不好犯上作乱为仁之本；又曰君子思不出其位。是知心存利济，随在皆足以自施，所谓天下之事虽匹夫与有责者。此真共和国民之真精神也。至孟子生当战国，其时处士横议，生民倒悬，尤甚于春秋，故专言仁不足以救其失，而必兼言义。其言曰：仁，人心也，义，人路也。又曰：仁，人之安宅也，义，人之正路也。其称孔子则曰：进以礼，退以义。其教人则曰：君子以仁存心，以礼存心。言义又兼言礼者，古时礼本谓法，即指当代之一切典章法律言。故周官经世之书，而称之曰，周礼。至于节文仪式之事，今世所名为礼者，古但曰仪。故十七篇冠昏丧祭之节，则曰仪礼。是知以礼即守法，存心以仁，处事以义，而又必申之以守法，斯又法治国民之真模范也。吾国民诵习孔孟之言，苟于其所谓居仁由义而求得共和法，治国为人之真谛，将见朝野一心，共图上理。由是扬国粹而跻富强，其道又奚待外求哉。

重　自　治

今人皆知地方自治，不知地方者，受治之客体，其主体仍在乎人，未有人人不能自治而地方可以自治者。欲求人之能自治，必先求人人各有自治力。其力维何，一曰自营，一曰自助，要莫不皆由教育养成之。北美合众国，共和之新兴而最强盛者也。其国民之能独立自营，久为世界所推许。原其所以致此之故，亦以美为盎格鲁索克逊民族，其风习得于祖国之英人为多。近世法儒狄慕兰论英美民族优胜之理，详哉言之，其书具在，可覆按也。盖英人以爱自由而又重保守之精神，故本之为学，则尚思考而戒空谈，以之处事，则尊秩序而谋进步。论其教育制度，国家之有成文规律颁布，迄今尚未称完备。而其教育事业之由历史的发达者，下自小学，上至大学，悉以私立学校居其多数。试据其联合王国之教育统计表而观，每岁支出之全国教育费数，几与国防费之额相等。要其五千六百余万镑中，其出于私费者盖已三千二百万有奇，不可不谓其地方自治力之雄厚而热心教育者之多也。更考其教育宗旨，第就小学教育言，必先涵养其读书求学之趣味，使各自努力，以为其发达智识之基。不特陶冶品性，即训练道德，除秩序勤勉服从诸项外，更以养成节俭为先。是可知蒙养始基，即为后此伟大国民之本，而凡百事业乃由此群力而兴。夫所谓自营者，非谓徇私忘公为肥家润身之计，所谓自助，亦非离群独立无汎爱济众之心也。盖人人有资生之能，不必依赖而自活，斯遇事有强立之力，不待督责而自兴。惟其然，故程效益宏，而所受之教育，益足以见诸事实。以是因果相生，蒸为国力，斯诚足树自治之极轨，宏强国之远谟矣。吾国民苟能以英为范本，其重思考爱秩序之心，群趋于戒空言求进步之实，行见生聚教训，起而自谋，因以富国强民。教育事业之发达，岂必俟诸十年以后哉。

戒贪争

人有竞争，方可向上；国有竞争，始能进步；学问因竞争而益修明；艺术因竞争而愈发达。是竞争者，国家进化必由之道也。虽然，有责任之竞争，固可使国家进化，无责任之竞争，反足使国家退化。何以言之：譬如为农夫者，各治其田，不惜勤劳，不惮寒暑，分别土性，选择谷种，日夜孜孜以求，将来收获盛者，此农夫之竞争于野也。为工商者，各治其业，精制器物，熟练技艺，计物价之涨落，供社会之需求，以逐什一之利者，此工商之竞争于市也。官吏则鞠躬尽瘁，思称其职，以竞争于仕途。军人则服从命令，奋不顾身，以竞争于战事。政客竞争于政策，而以社会国家为前提。士人竞争于精勤，而以道德学术为标准。他如女子则勉为贤妻良母，以竞争于家政。诸如此类竞争，皆为有责任竞争，谓之文明竞争。国家有此文明竞争，而后国家日趋于进化。其或为农者不知土性，不辨谷种，恶劳好逸，肥料不储，而乃舍其田以芸他人之田。为工商者，拙于技艺，昧于市情，不计需用之缓急，不察本利之盈虚，而惟作伪欺人，以希意外之利。官吏则热心爵禄，奋力钻营。军人则怯于公战，勇于私斗。一般政客，排斥异己，假公济私。凡属士人，竞尚虚名，分党立派。至女子，更舍家政而谈国政，徒事纷扰，无补治安。诸如此类竞争，皆为无责任竞争。此无责任竞争，名之曰贪争。国家有此贪争，而后国家日趋于退化。由是言之，国家进化退化，全凭国民竞争结果如何。苟竞争而出于国民责任心也，则竞争愈烈，国家愈安如泰山；苟竞争而不出于国民责任心也，则竞争愈烈，国家愈危如累卵。远溯美国离英独立，因竞争得成功；近观墨西哥革命维新，因竞争反遭失败。成败之机，间不容发。一言蔽之，亦视国民之竞争有无责任心而已。我民国自成立以来，国民竞争心异常发展，其能尽本职负责任，从事文明竞争以促国家进化者固不乏人；而不尽本职，不负责任，妄冀非分，流于贪争，以速国家退化者亦复不少。自今以后，深愿我政界学界军界农工商界以及女界诸国民，须为利己利人利社会国家计，其各尽心责任，切戒贪争。

戒躁进

我国自共和改进以还，人心之趋向，事业之缔造，非失于幻想，即涉及诸躁进，微独实鲜有济，衡诸理亦靡通。于是社会陵夷，倾复迭遭，穷源竟委，谁司其咎。粤稽周官，司徒掌邦教，敷五典，扰兆民。扰者驯也，驯兆民，使从容渐渍，复其自然之性，故能熙熙皞皞，比隆唐虞。比者一般国民，醉溺共和之美名，莫识自由之真相。士鲜力学，俗耻安贫。普通之常识尚缺；骤跻专门，贾竖之旧染未除，滥膺民社。秩序荡然，等威莫辨。

今欲求救济之方，首在涤除躁进之污俗，而以渐进主义树之标的，使国人知所向往。兹约分两端言之：一、国家政治，宜渐进而不宜躁进也。夫政治自有政治上之常轨，而躁进则或逸出于轨道之外。越之沼吴，十年生聚，十年教训。日本维新垂五十年。欧美列强之建国，其间明主贤相之经营惨澹，远者百年，近亦数十年。可知富强非旦夕可期，文化必百年而后成。惟土耳基之青年陆军，不忍忿忿之心，轻启外衅，而疆土日削。墨西哥以革党之躁动，政府与人民屡相冲突，而国势日即于危亡。此则国家政治上躁进之险象，尤愿我国民互相警惕而引以为殷鉴者也。二、个人学术与出处宜渐进而不宜躁进也。学记曰：比年入学，中年考校，一年视离经辨志，三年视敬业乐群，五年视博习亲师，七年视论学取友，谓之小成；九年知类通达，强立而不反，谓之大成。近年学校制度科目微有不同，而限定学成之年则古今如一。是学业自有一定之阶级而不可轻躁从事也。太公望勤身苦志，八十相周，九十治齐。孔子言忠信，行笃敬，而屈于委吏乘田。老聃以道德著闻，而终其身于柱下。诸葛以管乐自期，而躬耕于畎亩。以上数子者，其心志苦，其筋骨劳，其体肤或不免于冻馁困乏，其所立者若德、若言、若功，因以不朽。彼屈子之忠，贾生之才，非不著也。而或议其量浅才疏，致莫展其用。此则关于个人之学业与出处，其一进一退不可以轻躁出之者也。推之农不服先畴之畎亩，而助长以望有秋；商不循族世之所鬻，而株守以求利；工不用高曾之规矩，而率尔以操觚，是犹南辕北辙，未知其可。由是观之，躁进之念，中于个人，必失其业而丧其身；中于国家，必复其邦而倾其族，可慎欤。而今而后，冀我国民勿造次以将事，勿因循而失机。度德而处，勿强不知以为知。量力而行，勿强不能以为能。莘莘学子，四民表率，尤宜同履法度，勿躐等以求名。凡百有司，允宜揣摩社会习惯，勿肆意妄行而削足适履，勿徒骛虚声而刻舟求剑。行见贵贱明，等列辨，少长顺。

不待序爵序事序齿以纳之轨物之中，而自然同出于渐进之一途，国家其庶有豸乎。

〔北洋政府教育部档案〕

5.袁世凯特定教育纲要①

甲 总 纲

一、施行义务教育，宜规划分年筹备办法，务使克期成功以谋教育之普及。

说明 义务教育，顷已明颁命令，各省应即遵照施行。惟以全国幅员之广，人口之众，风气未开，民力未逮，倘无一变通而有标准循序渐进之办法，遽欲全国学龄儿童同时就学，势固甚难；即绳以功令，亦恐难以遍喻。如听其自然进步，则于义务之旨不符。使煌煌命令等诸具文，尤非国家兴教劝学之本意。计惟有用分年筹备之法，筹备应以若干年为期，由教育部详细筹划妥定办法，年定进程，分期筹备，举凡学龄之调查（调查学龄儿童，易起乡民之误会，近日浙江已见风潮。应由地方官委任自治团体，于调查户口时，注意于每户及岁儿童有无入学，另立表格填注，即不惹乡民之疑义，并可为统计之根基），入学之督促，学校之设置，师资之造就，经费之筹集，无不按期备办，依限观成。另定官吏及自治机关办学考成法，以寓奖劝，统由教育部规定妥协后呈候施行。

二、兴学由造就师范编辑教科书入手,应由教育部通行各省，按照各地方所需教员之数分期造就，并由部编辑小学中学教科书，以确定全国教育之基础。

---

① 此体系用原标题。

说明　按义务教育规制颁行之后,全国小学入学人数骤增,所需教员甚伙;非预为造就,必致因师资缺乏,以不合格之教员充数,灰向学之心,阻学务之进步。应由教育部咨行各省巡按使,按照各地方历年所需教员人数,分期造就,管理教授,一切务须完善。至教科书系达教育目的之要具,如与教育宗旨不相呼应,即不能达到目的。应就现在部设之编审处,按照学生迅速编辑中小学教科书。其教科书内容,务与国家教育宗旨相合。其参考各书,为学校所需而坊间所不备者,亦应一并编辑以为改良教育之准备。

三、申明教育宗旨,注重道德、实利、尚武,并运之以实用以命令颁布。

说明　现时教育最大之缺点有四:一不重道德,二不重实利,三无尚武精神,四不切实用。教育部前颁教育宗旨,注重道德、实利、军国民、美感各教育,惟未标明实用主义。且部令虽颁,国内并未奉行,教育迄今无一定趋向。是宜重加规定,以道德教育为经,以实利教育、尚武教育为纬;以道德实利尚武教育为体,以实用主义为用(实用教育,以各学校注重理、化、博物等实科之实验为始;尚武教育,以自初等小学注重体育卫生,加以军队束伍进退之法为始)。特下命令,颁布宗旨。更由教育部派视学随时至各地方视察,实际能否履行,据以考定成绩;庶几教育有一定之趋向,不致纷歧错误。

四、改革小学中学学制,改初等小学校为二种:一名国民学校以符义务教育之义,一名预备学校专为升学之预备。中学校分为文科、实科,以期专精深造。

说明　按中国普通教育,采日本单一之制,小学只有一种。在只求识字之平民子弟与有志深造之士族子弟,受同式之教育,于人情既有未顺,于教育实际亦多违碍。如施行义务教育规制以后,小学难以遍求完善,尤必因此横生阻力。是宜取法德制,分小学为二种：一国民学校，即现在之初等小学，分为多级、单级、半日各种，四年毕业，为纯受义务教育者而设，办理可以简便。一预备学校，与初小相似，四年毕业，为志在升学者而设，办理须求完备，较之现行单一制颇为便利。又现行中学校学制，各科并重，自初小、高小以至中学课程，迭次圆周，既嫌复汛，而于造就社会中坚之人物与高等教育之预备，均有不能独到之处。现宜取法德制，分为文科、实科二种，或分校，或一校兼备二科，视生徒之志愿以入学，不特适于天性，且学科有所偏重，造诣自有专长，将来毕业后出任事业，能力较优，自足为社会之中坚人物，即升入专门大学亦易深造，较现制实为便利。

五、各地方固有学款，宜分别保存，不得移作他用，并将国家、地方税项查明厘定，确定学款支出范围，以防混淆。在两税未分以前，暂照各地方习惯，以部款、省款、县款三种支配之。

说明　按各国办学经费，向视学校之种类性质，有国税支出、地方税支出之别。改革以来，各地方固有学款，半充他项行政之用，固由财政紊乱竭蹶，两税不分，致遭侵夺，亦由前此办学所用经费，不分国家、地方税项，一并开支，界限既淆，自易摇动。现在财政既有统一之望，其旧有学款属于地方税范围者，应即保存，不得移作他项行政经费之用，由教育部与各省巡按使妥商办理，另由财政部将国家地方两税查明厘定，俟税则划分后，按其行政性质分别支出，彼此不相侵夺。其学校经费，应由国家支出或补助者，由教育部与财政部随时商订办理。两税未分以前，仍听各省按照习惯办法，划定部款、省款、县款之范围，以为将来划分支出之准备。惟在部款支出范围，有愿以省款支办，及在省款范围愿以县款支办者，悉听其便。

乙　教育要言

一、各学校均应崇奉古圣贤以为师法，宜遵孔以端其基，尚孟以致其用。

说明　学堂崇奉圣贤，非为宗教之信仰，实以为师法之极则。孔子道大，无所不包。孟子开端即言义利之辨，因战国时人人竞利，乃反复言义以约之，正与今日人心知有权利，不知有义务责任，后先一辙。故遵孔并应尚孟，以其时代俗尚相近。读孟子一书，实不啻为学生现身说法，不仅为道统所关也。且孔孟当道德横流之际，皇皇言仁义，百折不挠，绝无利己之见存，其爱国热诚，允足风示万世，学校生徒，尤当识此崇奉之意旨。

二、中小学教员宜研究性理，崇习陆、王之学，导生徒以实践。教科书宜采辑学案，以明尊孔尚孟之渊源。

说明　乙项首条，既明示尊孔尚孟之主旨。然欲明尊孔尚孟之历史，则道统源流，不可不知。宋明学案等书，于师传之系统，学说之异同，言之綦详。其中学派歧出，求其适用于今之时势，莫如宋陆象山，明王阳明两先生，其学近于孟子，主张力行致知之说，务实务用。当今学子义利之辨不明，为世道隐忧，允当力崇陆学，奉为圭臬。阳明专以致良知为主，令学者自求创解，不落窠臼，尤属哲学家特识，观其功业炳蔚，足证学有实用。日本王学最盛，东乡大将谓一生得力于王学，洵非虚语，可见王学确有可崇可佩之价值。中小学教员，虽不足语于性理精深之学，但既职普通教育，不可不于知行之说稍稍讲求，以指导受学之国民而励之于实践。至教科书如历史国文等科，亦宜将宋明学案选择，编为课目，以明道统之源流。讲求心性之学，实教育国民必不可少之趋旨也。

三、道德教育，以高尚涵养德性之法，宜师英美；以严重锻炼德行之法，宜师德国，以期其调和发达。

说明　欧美教育道德之方法，随种性而各异。英美民族高尚优美，故其教德利用感化主义。德国民性浑朴，故其教德利用严格主义。以中国现时社会人心论：教德之方，宜取法于德；以民性论，仍宜兼师英美，两派互用，庶可调和发达。

四、中学小学修身科国文科，应将诚心、爱国、尽责任、重阅历之积极行为，与勿破坏、勿躁进、勿贪争之消极行为，编入德目，重量教授。一面准此以为训练，俾在受学时期养成其意志与惯性，以资涉世处事时之应用。

说明 诚心、爱国、尽责任、重阅历、勿破坏、勿躁进、勿贪争诸端，均系处世必需之志行，必须在学校中平素养成。应将以上各项定为德目，编入修身国文教科书中。一面注重教授，确定其意志，一面照此训练，使其志行合一，实于日后处世关系甚巨。

五、各学校教员宜注意学生之个性陶冶，奖掖其良知良能，并养成其自动力暨共同习惯。

说明 不问学生之性质如何，惟施以同一之教法；不策励学生之自勤自勉，惟以注入教授养成其依赖性；不在学校中养成共同之习惯，使为将来处世共业之先例。此皆近日学校教育之缺点，害及身心而后日殊费矫正者也。司教职者，一方宜用注入教育，造成为器使之人物；一方又宜用自然教育，陶冶其个人之特性；是在教职员平日研究生理心理各学及各教育家学说而应用之，自得其道。又学生在学时，固在教育之善诱善导，使其有迎刃而解之领悟。尤宜励其自动力，为将来自进深求之先机，故养成自动力，亦属教育要道。又国内社会旧习，于共同作业之一切美行，均甚缺乏，故共同事业之进行，动生障碍，学校亟宜养成其共同习惯，以树其基础。以上三端，均由教育部切饬励行随时考察。

六、明示教育趋向，使人人知求学系造就本身能力，用以开发社会无穷事业，非仅供官吏一部分之用。凡从前入学专以干禄之恶习，切宜破除，以养成国民独立之精神。各学校均用此著为校训。

说明 此项由教育部通饬各省学校，著为校训，令职教员举其事实理由，时时为学生讲演，并由教育部严定限制学校职教员及毕业生服官之法以助达其目的。

丙 教 科 书

一、中小学教科书于一定期限内编定颁发，国定制与审定制并行。

说明 前清学部编有教科书，以编订之员并非师范出身，多半不适于用，转不如商务文明两局之易于风行；故纯用国定制，亦有流弊，必兼采审定制为善。

二、中小学校均加读经一科，按照经书及学校程度分别讲读，由教育部编入课程，并妥拟讲读之法，通咨京外转饬施行。各学校应读之经如下：

小学校：初等小学，《孟子》；高等小学，《论语》。

说明：按小学课程，向有修身一科以教德行。惟为教授及训练时间所限，教科书不能多编课目，实际不能收德育之效。《论语》、《孟子》，于家庭社会国家之道德行为无不具备。故国民小学应于修身一科外，另设读经一科以补其不足。惟经义深奥，《论语》又较《孟子》义理稍深，初等小学学生在七八岁时颇难理解，应在第三四学年讲读《孟子》。其年龄在九岁以上者，仍应于第一二学年讲读，由教育部规定二种课程，听各地方酌量情形办理。高等小学学生知识稍增，自第一学年起即读《论语》。但各校不得借口读经，锐减各科教授时刻。现在小学校因课程时间少，颇失社会信用，既加读经一科，可将他科时刻略减，而另加读经时刻。其读经时刻多少，以毕业时读完《论》《孟》两书为准。

中学校：《礼记》节读，如《曲礼》、《少仪》、《大学》、《中庸》、《儒行》、《礼运》、《檀弓》等篇，必须选读，余由教育部选定；《左氏春秋》节读，其读经时刻多少，如上同一规定。

说明：按中小学读经一事，久为今时新旧学者主张之争点。以儿童心理及教材排列与夫道德实用而论，经书诚有不能原本逐读之理由；但为道德教育计，为保存民族立国精神计，经书亦有宜读之理由。现在删经编经之事既不能行，惟有仿照外国宗教科办法，列为专科。《论语》、《孟子》仍读原本，《礼记》、《左传》可以节读。其讲授之法亦应参考外国教授宗教之法，曲为解释，以期与现今事实上不生冲突。而数千年固有道德之良将及沦丧之时，要可借此重与发明，以维持于不敝。应由教育部妥拟教授读经之法，总期得教德与保存民族精神之益，而救济以上所指之困难，以免徒增赘疣，毫无实益。

三、中小学校国文教科书除编定者外，应读《国语》、《国策》，并选读《尚书》，以期养成政治知识。

说明 处今列强竞争之世界，为国民者，不可不具政治之智识，尤不可不具通权达变之政治思想。中小学国文一科，实为输入此种知识之捷径。《尚书》、《国语》、《国策》，不特文词古朴精微，可为文范；而经权正诡，无所不具，尤足发达思想。应由教育部通饬，中小学校于编定国文教科书外，多读《国语》、《国策》，并选读《尚书》。中学以上，并应于每日学科之暇，多阅史鉴，以增其政治之知识。所谓良教育，系造成有机的国民，非造就器械的国民也。

丁 建 设

一、各县暂就原有区域划分为若干学区，于一定期限内，必须设置若干初等高等小学校。

二、各县两等小学均令就地筹款开办。但向由省款或县款支给早经成立，暨体察情形必须由官款补助者，不在此限。

三、私塾取奖进主义，得就其程度高下，受两等小学同一之待遇，期于同化于学校。

四、自中学以至大学均就目前财力可及与国内所需要，酌量设校。其区划如左：

中学校　应就现时已设之校，每县或数县一所，由省款及县款支出。

说明　旧制一府一直隶州必有中学一所，间有州县设立者。现在府直隶州区域消灭，旧制组合上颇生摇动；且小学发达后，入中学者多，旧制办法，诸事未便。现在以县为中学学区，每县设中学一所。其一县入学人少者，可由各省酌量情形，联合数县设立一所，逐渐扩充。

师范学校　每道各设一所，或两道合设一所，由省款支出。

说明　师范学校为造就小学教员之所，与中学校、师范学校、中等实业学校均属于普通教育，应归地方筹款设置。现已规定义务教育之制，小学需用教员必多，各地方亟应酌计所需教员人数及早筹设。查各省除直隶、江苏等省师范学校均在四校以上，平均每道有一校以上。其余各省并无标准办法，设校甚少，成绩亦逊，不足为扩充小学之准备。现应暂以道为师范学区，每区设师范一所，辖县较多者亦可增设。其西北、东北省分，丁口及小学稀少之处，可令两道合设一所。

女子师范学校　注重女子职业，并保持严肃之风纪。京师设一所，由部款支出；每省设一所，由省款支出。

高等师范学校　应由教育部统筹全国定为六师范区，于其区内就适宜地点各建一校，其经费由部款支出。

说明　高等师范学校为造就师范学校、中学校教员之所，属于高等教育，业由教育部划归国立。前经拟定全国划为五学区，每区设校一所，地点为北京、江宁、武昌、成都、广州五处。现除北京、武昌二校先后成立外，其成都、江宁、广州三处应就原有省校即速筹办。惟五校尚觉不敷，可在西北或东北省分各增一学区，多设一校，应由教育部择定。

实业师范学校　每省一所，省款支出。如有繁盛商埠财力易集者，得酌量添设。

说明　中等实行〔业〕学校所需教员，与中学校不同，高等师范及专门实业毕业者，未必尽合教员之选。现拟提倡实业教育，自宜先从造就师范入手，应由各省先设实业师范一所。其繁盛商埠财力充裕者，并得酌量添设。其设科以能补工业专门、农业专门学校所不及者为主。

中等实业学校　每县或数县一所，省款及县款支出。其设科以克应本地方需要为主。

说明　一国实业之用途，需要高等技艺之处少，需要中等技艺之处多，故实业目的上之经营，中等急于高等学校，其一端也。实业学校分甲乙二种，又分农业、工业、商业、实业补习、蚕业、森林、兽医、水产、艺徒、女子职业各种类，均属职业教育。为振兴普通实业之主要准备，亟宜即速设立。应由各省酌量各地方财政，分别甲乙两种，一县或数县设校一所。甲种者至少每道必设一所，其设科种类不必求全，以本地方物产制造之所宜及所需要为主。

专门农工商医学校　除京师仍旧办理外，其各省省会及商会繁盛之区，得按照地方需要酌量添设，由部款或省款支出，并奖励地方公立或私立。

说明　以上四种专门学校均与民生有关，自应按照地方需要广为设立。现在各省所办专门学校及其设科，于上列四种是否与地方需要相应，及有无轻重失宜之弊，应由教育部派员切实查明，通盘筹划，设法整理。其为地方所切需而并未设置学校者，应由部设，或咨行各该省巡按使设立。其地方公团及私团，有愿设立上列四种学校者，亦应力为提倡，暂勿过量干涉。惟于资格关系，宜严认定之法，以防幸取。

大学校　全国定为四区，就适宜地点建设，由部款支出。

说明　大学为最高教育机关，除法商大学外，如文理工医农大学，均应由国家设置。现拟将全国划为四大学区，每区设大学一所，每校分科暂不必六科皆备，以互相辅益为主。六科之中，应以理工医农为先，文商次之，法又次之。

法政学校 每省设一所，由省立或地方公立，以养成自治人才为主，科目偏重自治，程度略逊专门。教授理论之外，兼以多知事实为主。毕业后，不得与以预高等文官考试及充当律师之资格。其各省旧有之专门法政学校，暂勿扩充班次。京师现设之法政专门学校，一仍其旧。

说明 法政教育，原以造就官治与自治两项之人才。乃改革以来，举国法政学子不务他业，仍趋重仕宦一途，至于自治事业咸以为艰苦，不肯担任。故仕途则日见拥挤，政治受不良之影响，自治则人才缺乏，毫无着手之方。时弊如斯，故法政教育亟应偏重造就自治人才，而并严其入宦之途，一以促自治事业之发展，一以防仕途之嚣杂。应由教育部妥定办法，通咨各省施行。

五、经学院宜于大学校外独立建设，按经分科，并佐以京师图书馆，以期发明经学之精微。

说明 经学与各种科学不同，教授法亦异，如在大学校内文科大学添设一类，管理教授殊难与各科大学一致进行。故经学院必须独立建设，专以阐明经义发扬国学为主，按照各经种类，分立科门。其通习课程，参照文科大学办理，并将京师所设图书馆大加扩充以资参考，由教育部详拟办法呈候核办。

六、国立文科大学宜注重研究中国文学、哲学、史学，并佐以考古院，以发扬国学之精神。

说明 按中国经史百家以及历代性理各籍，多属于文学、哲学、史学三科范围。此种属于精神科学，于表彰固有之文化，发扬民族之精神，均有密切关系。近日学子，厌弃旧学，丧失独立之精神，足为人心世道之忧，亟应极力提倡古学，发展固有文化，始足维持独立之精神，奠国基于不敝。查北京大学校中文科大学，向有中国文学、哲学、历史学三类，所以研究国学阐扬旧文化，应由教育部督饬该科大学学长延聘中外通儒，将以上三类学术发幽阐微，表显其科学之价值。关于设备调查之事，不妨宽筹经费切实办理，一面在京师组织考古院，凡关于考古之资料广为搜集，勿使散失。一经用科学研究法研究之后，中国数十纪之文化或可借此表彰，其于保存国粹，发明国学精神，所关匪细。

七、提倡各省各处设立经学会，以为讲求经学之所，并冀以养成中小学校经学教员及升入经学院之预备，由教育部通咨办理。

八、各省公立私立各学校，宜严加取缔，除中小学校外，凡办理不得法者，得改设或撤废之。就其固有基金提充上列各校建设之用，由教育部通咨办理。

九、高等专门以上学校招班，宜严定考试入学之法，不得随意变通招考，致紊学系，由教育部通咨各省转饬遵照。

戊　学位奖励

一、学位除国立大学毕业，应按照所习学科给与学士、硕士、技士各字样外，另行组织博士会，作为审授博士学位之机关，由部定博士会及审授学位章程暂行试办。

说明　按学位所以证明学问之成就，与科举出身视为授官之阶梯者，性质微有不同。故各国惟专门大学方有学位。其普通学校只认为有普通之知识技能，不足以言学问，故不与以学位。现在国立大学已有学士学位之规定。其高等专门毕业取法日本制，不授学位，倘与事实相合。惟博士学位尚未规定，现宜仿照东西各国成法制定博士会章程，并组织博士会（此与学术评定会办法不同）作为审查学术及授与学位之机关，以期奖进高等之学术。

二、学位规定后，政府应颁布学位章服，以表彰其学迹。

〔《教育公报》第九册〕

6. 教育部周树人等对《教育纲要》的签注

(1916年8月)①

(1)教育部参事室说帖(8月8日)

敬陈者：窃查《教育纲要》一册，系民国四年一月承准前政事堂片交到部，内开各条，于政系学制颇多障碍，其业经施行而事实上发现种种困难者，则有如左列各款：

一、中小学学制问题　总纲第四条。
二、各校读经问题　教科书第二款。
三、经学问题　建设第三〔五〕款。

以上三款，均经明令公布（一二两款见之于国民学校令及施行细则、预备学校令，第三款见之于批令），为厘订学制、确定方针起见，似应设法修改或即予废止，惟关于修正或废止之手续程序，不能不审慎从事。兹经参事等详晰讨论，谨列举于下：

甲、根本上取消《纲要》。

（理由）此《纲要》产生于酝酿政变时代，所载各款多与教育原理不合，建设一类，现时亦不能定为标准。如以明文取消，则学制上、行政上各种障碍可以一律排除，且免教育界因沿奉行，日滋歧误。

乙、取消已经施行各款。

（理由）政事堂片交之件，虽有奉行之责任，然与明令公布之件不同，《纲要》所载多理论而少事实，此时但须就前述各款已明令者为之分别修改或废止，至于理论上及计划上并未施行之款，此后另定办法，不再依照原议，即已无形废弃。准此而论，似无明文取消《纲要》之必要。

---

① 此件时间为教育部参事室发稿时间。

丙、《纲要》与学制各为一事，应分别施行。

（理由）《教育纲要》虽经发布，实则不过行政首领对于教育上之一种政见，本与法令不同，不能与明令公布之学制合为一事。此时政制既变，关于《纲要》者似可由本部审订事类，芟剔繁芜，另定适合现状之一种教育主旨及行政方针，别以手续表示，或即列入阁员大政方针之内。至关于学制者，自可采用一说，由本部就前述三款列举，应行修改及废止之理由，具为意见书，提出国务会议公决后，再以明令发表。

以上三说，均有所见，拟请酌定后再行依照办理。再，关于本案之修改、废止，尚有左列意见：

甲、主缓议者，其理有二：

一、法令随政局变更，易失遵守信仰之力。

二、新旧之见未融，改革过骤，恐滋反动。

乙、主速定者，其理由有三：

一、《纲要》中尚有多款，如不速定，是否依照计划。

二、学制、读经等问题，尚未完全安定，如不改革，是否继续进行。

三、事实上种种障碍，非速定无以对外之批答。

以上两种，参事等共同研究，拟俟核定前述办法后，即行提议从速修改，以免教育前途诸多歧误。是否有当，伏俟酌夺施行。

参事室　八月三日

（2）普通教育司签注（8月11日）

奉交参事室说帖一件，遵即分发各科，详加讨论，征集意见。佥以《教育纲要》，确系一种政见，公布学制，乃为国家法令，未能合为一事，理应分别施行。对于丙种办法，均表赞同，并无异见。故未分别签注，合并陈明，谨此呈复，敬候酌核。

普通教育司　谨注十一日

(3) 周树人签注 (8月)①

案《教育纲要》，虽不过行政首领对于教育之政见，然所列三项均已现为事实，见于明令。此后分别修改，其余另定办法。在理论上言之，固已无形废弃，然此惟在通都大邑明达者多，始能有此结果。而乡曲教师，于此种手续关系多不能十分明瞭，《纲要》所列又多与旧式思想相合，世人乐于保持；其他无业游民亦可借此结合团体（如托名研究经学，聚众立社之类），妨碍教育。是《纲要》虽若消灭，而在一部份人之心目中隐然实尚存留，倘非根本取消，恐难杜绝歧见。故窃谓此种《纲要》，应以明文废止，使无论何人，均不能发生依附之见，始于学制上、行政上无所妨害。至于法令随政局而屡更，虽易失遵守之信仰，然为正本清源计，此次不得不尔，凡明白之国民，当无不共喻此意。一俟宗旨确定，发号施令均出一辙，则一二年中信仰自然恢复，所失者小，而所得则甚大也。

周树人注

(4) 张宗祥签注 (8月)

查《教育纲要》原非法令，其未经根据《纲要》见之命令各款。嗣后本部另定教育主旨之后，教育主旨必须另定，此项《纲要》当然不生效力。至一二三各款，业经明令公布，似宜具为意见书，由国务会议公决。抑宗祥更有陈者，当时因《纲要》中有法政学校不再扩充班次一语，本部遂发生添设法政讲习科一事，其规程大致仿照前清讲习科办理。现在各省已设者固多，未设及

---

① 此件按参事室的要求及普通教育司签注文件的排列，系集体签注，故拟为在8月。

咨请缓设者亦属不少。查法政讲习科，前清末年已加限止，入民国后，本部对于法政别科亦复一再布告，不准再招新生，今乃重准设置讲习科，实嫌宽滥。宗祥之意，拟请由部从速提出国务会议，废止此项讲习科。一面通咨各省区，未办者缓办，已办者暂缓添招新生，将来如果废止，所有旧生即行归入各省法校，重行甄别一次，合格者作为预科，以期结束。

视学张宗祥　谨签

（5）许丹签注（8月）

《教育纲要》，窃谓宜从根本取消，由部将必应废止之理由，提出国务会议议决，通行知照。以《纲要》虽云与学制不同，政局既更，如后此不再引据，即等废弃。而吾国各地方人民程度不齐，新旧意见亦不甚融，《纲要》内种种理论计划，大抵为科举余习之所发生，一二辟固之区，未必不甚相崇。倘如今尚无明令废止，仍恐视听不一，速误横滋。其已经施行各款，自可俟明令取消后，分别修正废止。至第三说之所谓另定一种教育主旨及行政方针，以手续表示，窃谓与第一说可以并行不悖。教育宗旨近年受政变之影响，已甚为晦涩，此时不能不有所郑重声明，使全国晓然于施教之本旨，而知所依循。庶旧迹既除，而新谟亦立，其于教育之进行当甚有裨益也。

许　丹　谨注

（6）戴克让签注（8月）

谨按原议对于《教育纲要》内开各条之修正或废止之手续程序，列甲、乙、丙三说绎读一过，窃谓三说似并行不悖。其理由如左：

甲说固为根本之计划，然乙说不行，则甲说且将成具文。丙说则于取消旧制之后，更谋有所建设，必有此而后，甲说乃能实行，亦必要之办法也。又按原议所列关于本案之修改、废止主缓议者，其理由有二，窃谓原议所列之理由似可无庸顾虑，其理由如左：

一、《教育纲要》之性质，初不过对于教育设施有所建议，诚如原议所谓多理论而少事实者，且未尝明言与政局变更有何等关系，似无法令随政局变更之虑。

二、《教育纲要》所列各款，原议所列已经施行者仅三款，其余皆未施行，及今取消尚无改革之迹，似不至有改革过骤之虑。

戴克让　谨注

（7）朱颐锐签注（8月）

查《教育纲要》产生于政变时代，以当日情形言之。本部所讨论者只限于《纲要》所定之范围以内，妥定各项细目，并无特别商榷发抒己见之余地。《纲要》所定，多与教育原理不合，当日固已知其窒碍难行，特无力可以挽回。今欲取消已经施行各款，非根本上取消《纲要》，仍无以扫除教育上各种障碍。且公布之国民学校令及预备学校令，与元年所公布之学校系统令精神，已不联属。当上年公布各该学制时，其于元年所定之学制又未明言其所以应行变更之理由，各省已属怀疑莫释。今忽取消施行各款，而不取消施行各款所根据之《教育纲要》，则是本部无端变更学制、无端取消学制，局外人莫知底蕴，必以朝令夕更，至失信仰遵行之力。又取消已经施行各款，其余《纲要》中所定款目是否可以因沿奉行，亦属晻昧莫明。诚以此项《纲要》业已公布，其未宣布者特本部未经妥定之细目。至云《纲要》与学制各为一事，此系法律上、论理上之解释，殊未可以求诸普通人民之知识。况事实上业经发布，其应明白取消，更无庸迟疑者也。故关于取消全案之程序及手续，所有意见，谨列于左：

甲、取消《纲要》，废止明令公布之件，宜并行之。

乙、取消《纲要》及公布之件为一事，本部新定教育主旨又为一事。其取消前案之理由，本部具列意见书，提出国务会议公决，以明令发布。至于本部主旨及行政方针，或列入阁员大政方针内，或别以手续表示均可。

丙、取消《纲要》及废止已经施行各款，原为排除教育上之障碍起见，应以速定为妥。

朱颐锐　谨注

（8）吴文洁签注（8月）

窃于原案丙项办法，极表赞同。《教育纲要》本属前大总统一时之教育政策，初非永久确立之方针，因时势之推移，归无形之消灭，明文废止，殆非必要。至根据《纲要》所产生之各项法令，如关于中小学制、各校读经各问题，现既经发见其于学制上、行政上有实施之障碍，自可按照寻常修正法律手续，于该法令内容为部分之变更，以期完善而利进行。是否有当，仍候酌夺。

吴文洁　签注

（9）朱文熊签注（8月）

（1）共和国既不畏帝国，而公然建设国家，则共和所当为之教育，当然取消，不能讳疾忌医。

（2）有法令价值之法令，谓之法令。无法令价值在，即不庚更，问谁遵守之？问谁信仰之？

（3）主张全废《教育纲要》，另行规划共和国之教育，即世界文明各国最新之教育。

朱文熊

（10）朱文熊签注（8月）

甲说甚善,愿谋真教育者,非取消野心家之教育《纲要》不可。不主张不取消或缓行取消者,必不为。前任总统之废此《纲要》,即为帝制预备了一种手续。今既为共和国,万无存在之必要。

朱文熊

(11) 王第祺签注（8月）

案乙丙两说,理由似为充足。《纲要》不过一种政见,与公布法令必须遵守者不同,采用、废止,斟酌损益,本部具有权衡。如欲根本取消,反有滞碍。如《纲要》第五条,各地方固有学款,宜分别保存,不得移作他用等语。四年六月,甘肃教育会电称,财厅提学校基金购买公债,本部即援据《纲要》电阻保存,并通咨各省遵照在案。取消则前咨失其效力,各省旧有学款难免不提作他用,此地方办学关系至重之事,似宜留意者也。

王第祺　谨注
〔北洋政府教育部档案〕

7. 教育部公布《全国教育计划书》
(1919年3月)①

全国教育计划书

教育为立国根本,关系重要,无待缕述。际兹欧战告终,世界各国咸尊重公法公理,以企图世界之永久和平。但和平方法虽不一端,要以国无不教之民为最要原素。我中国将与世界文明各帮致力于和平事业,必以求教育之猛进为入手办法。唯是教育之发展,必赖有大宗经费,以济其用。吾国农工商业方在幼稚,国

---

① 此件时间依《中国近七十年来教育记事》记载所加。

家岁入本属不丰，益以民国缔造，地方秩序未能一律安谧，后继续前清之一切债权，遂令司农仰屋，日不暇给。缘经济之拮据，至教育之停顿，瞻顾靡骋，无可讳言。现在图内国之治安以求统一之效，应世界之趋势以固和平之基，振兴教育，缓无可缓。爰举中央教育行政上之重要设施，列举于左。计关于普通教育者八项，关于专门教育者十项，关于社会教育者九项。冀与热心教育诸君子一相商榷，果能筹集款项，纲举目张，则各地方教育之策进，即不啻操券求之矣。

甲、属于普通教育者：

一、国库补助各省区初等教育费　义务教育急应分年计划进行，以期十年以后渐图普及。除督促各省区酌量地方情形逐渐推广小学外，本部曾采国库补助方针，迭次提列预算，以冀实行。卒因库款维艰，概从删削。然本部仍认为此后必不可缓之举，拟每年由国库指拨常款列入预算，以作补助之用；或筹有大宗的款，仿照各国教育基金办法，即以其子金所入为补助赀。至其补助用途，则定为各省区小学教员年功加俸费，小学教员退隐及遗族恤金，优良小学及私立小学奖励费补助费是也。

二、各省区实业教育补助费　实业学校开办及经常等费，均比普通各校为巨，是以各地设立此项学校均苦于设备不能完全，非予以补助不足以策进行。本部历年所列预算迄未实行，然欲谋实业教育之发展，以后必须筹款补助，庶收实效。

三、各省区师范学校补助费　义务教育渐将实行，培养师资诚为急务。惟察各省区师范学校多因经费奇绌，一切设备诸多缺点，亟应择各省师范教育应行整理之处，由国家量予补助，俾促进行。

四、整理添设国立高等师范学校　本部统筹全国设立高等师范学校七所：北京、武昌、沈阳三所，由部直接开办；南京、广东、成都三所，由省筹办，多因开办未久，设备简陋；陕西一所尚未开办，亟应筹集巨款扩充、增设。所有建筑校舍及一切购置等需费尤多。

　　五、筹设女子高等师范学校　女子高等师范学校迄今尚未设立一所，现各省在女子中学毕业而希望升入此项学校藉资深造者，颇不乏人。现定先在北京成立一校，以应时势之要需，再就各省择要增设。

　　六、边疆教育补助费　边疆各地多属贫瘠，教育经费不能由地方担负，应由国家分别设法补助，俾资兴办。

　　七、统一国语　欲期教育普及，自以统一国语为先务。现已颁定注音字母为统一国语之基本，并将编定普通语法为言文一致之预备。以后应就各省地方设立国语讲习所，藉广推行，此项经费应由中央支给。

　　八、中学校理科设备补助费　理科教育为一切制造之基础。吾国小学理科教授，类多有讲解无试验，中学校亦往往因设备不完，不能唤起学生研究之兴味。应由国库颁发巨款，俾中学校理科设备得以完全。

　　乙、属于专门教育者：

　　一、整理、增加大学及专门学校　吾国现有之北京、北洋、山西三大学，国立、公立农工商医各专校设备科目未完全，非筹款补充难资整理。又国立大学皆偏在北方，不便学子就学，且以三大学收容全国学子，亦断不敷，亟宜增设。即专门学校，亦多有畸轻畸重之处，宜于旧校之外，择相当地点增设新校，以资调剂。如在南京、武昌、广州等处添设分科完备之大学，再以次推广。并视各省适宜情形，增设农工商医等专门学校是也。

　　二、遣派研究高深学术之教员、学生留学外国　迩来国内大学及专门学校之教员及毕业学生，请求留学作高深之研究者颇不乏人，以中央及各省官费有限，致多向隅。以后应加增留学费额，使得研究专精。

三、设立中央评定学术授与学位之机关　本属全国专门以上学校校长会议，已有高等学会之建议。此项机关亟宜筹设，用昭宏奖。

四、奖励学术上确有价值之著作及发明　发挥一国之文化及增进一国之物质文明者，著作家及发明者实与有力，亟宜筹定专款以资奖励。

五、设立翻译外国高深学术书籍之常设机关　输入学术上最新之学说及发明，俾国内学子得资研究。

六、补助各种学术会　研究学术之私人团体，每苦资力不足，由公家拨款补助，用观厥成。亦当务之急也。

七、扩充中央观象室　吾国观象室之设备殊属简略，应购备各种仪器，并酌量分设测候所于各省，以期测候完备精确，与各国观象室遥相联络。

八、设立化验所　此项事业其范围不仅属于本部，然一切教育品及理科应用品制造或成分上之检查，殆不可缺。除北京先行筹设外，并酌择地点分设数所。

九、提倡教育品之制造　吾国教育品制造事业极为幼稚，且以维持无术，遂致停歇。宜仿各国成例予以提倡补助，冀于学术有所裨益。

十、注音字母通行后关于辞典之编辑　如外国地名、人名及学术上不能意译之名词，亟应有一定之拼法及书写，此项辞典之编辑非公家任之不可。

丙、属于社会教育者：

一、图书馆　图书馆之启尊学术，其功用等于学校。现在国立图书馆规模简陋，不能购储各国典籍，亟应大加整理扩充，并拟择国中交通便利、文化兴盛之地，分别建设，以资观览。

二、建设博物馆　中国文化流传最久，历代留遗之古器，足资学术之参考、文化之表征者，不胜缕举。兹拟就高等师范区域内筹设是项博物馆，收集有关学术文化之物品，以供庋设而资研求。并酌各地方情形添设各种特殊博物馆。

三、通俗讲演所之扩充及补助　讲演所所以输入一般国民之普通知识，收效极宏。拟就京师原有之讲演所加以扩充，于各省区之讲演所予以补助。

四、筹设美术馆　美感教育极关重要，中国美术馆尚付阙如，亟宜筹款设立，并办理提倡美术事宜。

五、筹设教育动植物园　各国动植物园之设，予国民以直接观察之知识，吾国尚付阙如，亟宜筹款设置。

六、提倡文艺音乐、演剧　普通社会不予以高尚之娱乐，则无以增高其思想，陶采其品性。文艺、音乐、演剧皆人民娱乐之所寄，惟宜力趋于高尚者，故是项事业亟宜提倡或补助之。

七、提倡公众体育　吾国讲求体育只限于学校，未免偏枯。宜仿各国成例，筹设公众体育场所，以图国民体育之发展。

八、制造通俗教育用具　幻灯活动影片，于启导社会有最良之功用，其他如图画、玩具及通俗教育用器械、标本等。其需款较巨者，应由国家筹款设立制造所；如私人设立，并酌量补助之。

九、译印东西文书籍　于学术文艺二类中，择其必要者译印，以供校外教育之用。

以上普通、专门、社会教育三端，征诸各国之先例，考诸吾国之现情；均属根本要图，亟待举办。至普通教育项下，补助初等教育，以期教育之普及，尤属根本中之根本，不容稍缓者。敬具概略，惟热心教育之君子幸察鉴之。

〔北洋政府教育部档案〕

8. 教育部公布学制会议章程

(1922年7月1日)

学制会议章程　中华民国十一年七月一日公布

第一条　学制会议由教育总长招集之。
第二条　学制会议应议事项如左：
　　一、学校系统。
　　二、地方教育行政机关。
　　三、其他教育总长交议事件。
第三条　学制会议由左列人员组织之：
　　一、由各省，特别区教育行政机关各选派一人。
　　二、由各省及特别区教育会各推选一人。
　　三、国立专门以上学校校长。
　　四、内务部民治司长。
　　五、教育部参事司长。
　　六、教育总长延聘或指派者。
第四条　学制会议设主席一人、副主席一人，由会员互选之。
第五条　学制会议设干事长一人，干事四人，由教育总长派充，整理一切事务。
第六条　学制会议开会、闭会日期，由教育总长酌定之。
第七条　学制会议议决事项，由主席报告于教育总长。
第八条　学制会议议事细则，由教育部另定之。
第九条　学制会议闭会后，即行解散。
第十条　本章程于闭会后即行废止。

〔北洋政府教育部档案〕

〔三〕学校教育

（一）学校教育法令

1. 教育部公布学校管理规程令
（1912年9月2日）

教育部部令

兹订定学校管理规程十条，特公布之。此令。

右令　京师学务局
本部直辖学校
各省教育司

学校管理规程

第一条　本规程为各学校管理学生之准则。

第二条　凡关于养成学生品格之各项管理规则，学生应遵守之。

第三条　校长、教员及学监负训育学生之责任，其对于学生所施之劝告，学生应服从之。

第四条　校长应按照学校种类状况，订定管理细则。

前项应订之细则，凡教室、自习室、操场、食堂、寝室等，及其他关于应守之规约，须分条规定之。

管理细则在国立学校，应呈报教育总长；在地方立及私立学校，应呈报本地方监督官厅。

第五条　学生在校,得于课余设游艺、体育、音乐等有益身心之会,但须得校长之允许,并由职员督率之。

第六条　学生对于教授上及校务事宜,如确有意见,得上书或面陈于本校职员听候采择,但不得固执己见,藉端要挟以致妨碍学业。

第七条　学生行为有违背学校规则者,校长应分别轻重予以相当之儆戒。

第八条　学生有因犯校规退学者,非实已悛改有正确之确保,不得再入他校。

第九条　本规程适用于各种学校,但小学校规则应由各校长用浅近文字规定,并以话言训导之。

第十条　本规程自公布日施行。

中华民国元年九月初二日部令第三号

〔北洋政府教育部档案〕

2.教育部公布学校系统令

（1912年9月3日）

教育部部令:

兹定学校系统特公布之。此令。

小学校四年毕业为义务教育,毕业后得入高等小学校或实业学校。

高等小学校三年毕业,毕业后得入中学校或师范学校,或实业学校。小学校及高等小学校设补习科,为毕业生欲升入他校者补修学科,兼为职业上之预备,均二年毕业。

中学校四年毕业,毕业后得入大学或专门学校,或高等师范学校。

学校系统表

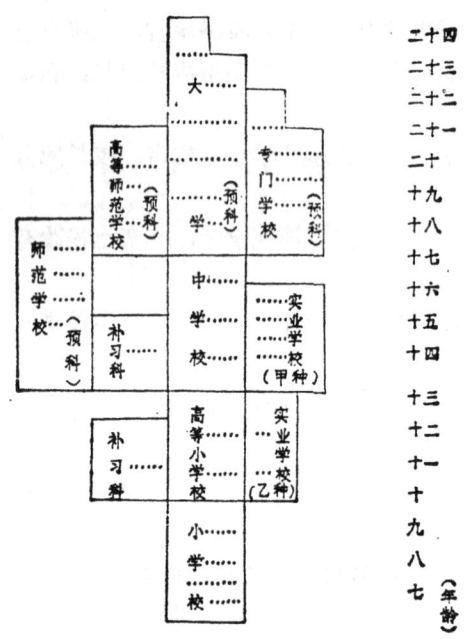

大学本科三年或四年毕业，预科三年。

师范学校本科四年毕业，预科一年；高等师范学校本科三年毕业，预科一年。

实业学校分甲乙二种，各三年毕业。

专门学校本科三年或四年毕业，预科一年。

明表所注年龄，系略示标准，非限定某年龄入某种学校。

各学校修业期限有随宜增减者，详见各学校令及规程。

中华民国元年九月初三日部令第七号

〔北洋政府教育部档案〕

3. 教育部公布学校制服规程令

(1912年9月3日)

教育部部令

兹订定学校制服规程五条,特公布之。此令。

右令 京师学务局
本部直辖学校
各省教育司

学校制服规程

第一条 男学生制服

甲、男学生制服形式,与通用之操服同。

乙、寒季制服用黑色或蓝色。

丙、暑季制服用白色或灰色。

前二项制服,一校中不得用两色。

丁、制帽形式与通用之操帽同,寒季用黑色,暑季顶加白套,或用本国制草帽;靴鞋亦用本国制造品。

前项制帽、靴鞋,一校中不得用两色。

戊、各学校得特制帽章,颁给学生缀于帽前,以为徽识。

己、大学生制帽,得由各大学特定形式,但须呈报教育总长。

第二条 女生制服

甲、女学生即以常服为制服。

乙、寒季用黑色或蓝色。

丙、暑季用白色或蓝色。

前项制服,一校中不得用两色。

丁、女学生自中等学校以上著裙,裙用黑色。

戊、女学校可特制襟章，颁给学生佩于襟前，以为徽识。

第三条　制服质料，以本国制造品之坚固朴素者为主。

第四条　高等小学以上各项学校学生，均应遵照本规程一律著制服，但依地方情形，不能即时遵行者，暂准变通办理。

第五条　本规程自公布日施行。

中华民国元年九月初二日部令第四号

〔北洋政府教育部档案〕

4.教育部公布学校仪式规程令

（1912年9月3日）

教育部部令

兹订定学校仪式规程八条，特公布之。此令。

右令　京师学务局
本部直辖学校
各省教育司

学校仪式规程

第一条　元旦及民国纪念日，行祝贺式；学年开始日，行始业式；学生毕业时，行毕业式；各种纪念日（如孔子诞日、本校成立日等）行纪念会式。

第二条　祝贺式：立国旗于礼堂，职员学生以次向国旗正立，奏乐，唱国歌；职员学生行三鞠躬礼，校长致训词；复奏乐、唱国歌，毕退。

第三条　始业式：职员学生齐集礼堂，学生向职员行一鞠躬礼，职员答礼；校长、教员致训词，毕退。

第四条　毕业式：职员学生齐集礼堂（可兼设教育长官及来宾席），学生向职员行一鞠躬礼，职员答礼毕，就坐；校长依次授与毕业证书，学生趋前受领，一鞠躬，退就坐；授讫，校长、教育长官、教员依次致训词；来宾演说，既毕；学生一人代表答谢，行一鞠躬礼，毕退。

第五条 纪念会式：得由各校校长自定，但拜跪及其他宗教仪式不适用之。

第六条 学校举行仪式时，职员服礼服，学生均服学校制服，惟小学校不以此条为限。

第七条 本规程详细节目，均由各校校长临时定之。

第八条 本规程自公布日施行。

中华民国元年九月初三日部令第五号

〔北洋政府教育部档案〕

5.教育部公布学校学年学期及休业日期规程令
(1912年9月13日)

教育部部令

兹订定学校学年学期及休业日期规程五条，特公布之。此令。

右令 京师学务局
　　　本部直属学校
　　　各省教育司

学校学年学期及休业日期规程

第一条 各学校以八月一日为学年之始，以翌年七月三十一日为学年之终。

学校有因特别情事，须另定学生入校始期者，或经部令规定或由本校声明理由，经教育总长许可，得变通办理。

第二条 一学年分为三学期。

元月一日起至三月三十一日为一学期。

四月一日起至七月三十一日为一学期。

八月一日起至十二月三十一日为一学期。

第三条 暑假休业日定为三十日以上、五十日以下，其起止日期观地方气候由各校自定之。但高等专门及大学，得再延长二十日或三十日。

年假休业定为七日以上、十四日以下。

春假休业定为七日，自四月一日起至七日止。

乡立小学校得依习惯放麦假、秋假，而缩短年假、暑假、春假之日期，惟在暑假期内仍应减少授课时间。

在气候严寒地方之各种学校，得酌放寒假而缩短年假、暑假、春假之日期。

第四条 纪念日、日曜日，均休业一日。

前项纪念日为民国纪念日、孔子诞日、地方纪念日、本校纪念日等。

第五条 本规程自公布日施行。

中华民国元年九月初三日部令第六号

〔北洋政府教育部档案〕

6．教育部公布学校征收学费规程令

（1912年9月29日）

教育部部令

兹订定学校征收学费规程十六条，特公布之。此令。

右令 京师学务局
　　　本部直辖学校
　　　各省教育司

学校征收学费规程

第一条　初等小学校应免征收学费，但照小学校令第三十九条第二项办理，每月得收学费银圆三角以下。

第二条　高等小学校征收学费，每月至多不得过银圆一元；补习科至多不得过银圆六角。

第三条　乙种实业学校征收学费，每月至多不得过银圆六角。

第四条　中学校征收学费，每月银圆自一元至二元。

第五条　甲种实业学校征收学费，每月自银圆八角至一元五角。

第六条　高等专门学校征收学费，每月银圆二元至二元五角。

第七条　大学征收学费，每月银圆三元。

第八条　师范学校、高等师范学校均免征收学费；但于入学时征收保证金一次，以银圆十元为限，除中途自请退学外，毕业日仍照原数发还。

第九条　初等小学校、高等小学校及乙种实业学校征收学费，每月一次，于入学前及每月初五日以前缴清。

第十条　中学校、甲种实业学校、高等专门学校、大学征收学费，每学期一次，于入学前缴清。

第十一条　征收学费之初等小学校，有学生无力缴费者，仍应酌核轻减或竟免除之。

第十二条　乙种实业学校、高等小学校及补习科学生，有无力缴费者，得呈请校长酌减其学费之一部分。

第十三条　各学校为鼓励学生起见，得于成绩最优者分别减免学费。

前项减免学费章程，得由校长定之；但须呈经管辖官厅认可。

第十四条　公立学校遇有特别情形须变通办理者，应由省行政长官声明理由,报经教育总长认可。

第十五条 私立学校不以本规程所定为限。

第十六条 本规程自公布日施行。

中华民国元年九月二十九日部令第十五号。

〔北洋政府教育部档案〕

7. 教育部公布学生操行成绩考查规程令
(1912年10月25日)

教育部部令

兹订定学生操行成绩考查规程八条,特公布之。此令。

右令　京师学务局
　　　　本部直辖学校
　　　　各省教育司

学生操行成绩考查规程

第一条 各学校校长、教员或学监,应随时审察学生之操行,默记于册。

第二条 各学级主任教员及学监,于每学期内以平时审察所得注于操行一览表。其他教员并以所审察者,告于学级主任教员汇注于表,送校长核定。

第三条 学生操行之成绩,以甲乙丙丁四等评定之。

第四条 学生每学年之操行成绩列丙等以上者为及格,列甲等者,校长得给以褒奖状。

第五条 学生升级及毕业时,应以操行成绩与学业成绩参酌定之。凡学业成绩未及格,其分数相差不及十分之一,而操行成绩列乙等以上者,得升级或毕业。学业成绩仅能及格而操行成绩列丁等者,得停止其升级或毕业,但须经教员会之评议,由校长决定之。

第六条 考查操行之要点如左：

关于心性者，为气质、智力、感情、意志等项。

关于行为者，为容仪、动作、言语等项。

以上各项条目，由校长规定之。

第七条 专门以上学校，其考查操行规程，得由校长酌察本校情形，特别规定之。

第八条 本规程自公布日施行。

中华民国元年十月二十五日部令第十八号

〔北洋政府教育部档案〕

8. 教育部公布学生学业成绩考查规程令
（1912年10月25日）

教育部部令

兹订定学生学业成绩考查规程二十条，特公布之。此令。

右令　京师学务局

本部直辖学校

各省教育司

学生学业成绩考查规程

第一条　学生学业之成绩，分为平时成绩、试验成绩。

第二条　平时成绩，由教员查察学生勤惰与其学业之优劣，随时判定。

第三条　试验，分学期试验、学年试验、毕业试验三种。

前项三种试验外，又有入学及编级试验，于招募学生及收受转学学生时行之。

第四条　学期试验，于学期终行之；但自一月至三月之一学期，得免试验。专门以上学校得免学期试验。

第五条　学年试验，于每学年终行之；但届毕业时得免除学年试验。

第六条　毕业试验，于修业最后之学年终行之；但在未届毕业以前，遇有一科目教授完竣时，得先行试验，届毕业时，即以所试验之分数为该科目之毕业试验分数。

第七条　评定成绩，分甲乙丙丁四等：

甲　八十分以上　　　乙　七十分以上
丙　六十分以上　　　丁　不满六十分

前项丙等以上为及格，丁为不及格。

及格者毕业或升级，不及格者留级；留级两次仍不及格者，命其退学。

第八条　学期成绩之评定法如左：

一、本学期每学科之试验成绩，参合平时成绩判定分数，为每学科之学期成绩。

二、本学期各学科判定之总分数，以学科数除之，得平均数为总学科之学期成绩。

第九条　学年成绩之评定法如左：

一、本学年每学科之试验成绩，参合平时成绩，判定分数，为每学科之学年成绩。

在施行学期试验之学校，以学期成绩分数相加以二除之，为每学科之学年成绩；但内有一学科或数学科为学期试验所不及者，得照前款办理。

二、本学年各学科之学年成绩总分数，以学科数除之得平均数，为总学科之学年成绩。

第十条　毕业成绩评定法如左：

一、最后学年每学科试验成绩，参合平时成绩，判定分数，为本学年每学科成绩分数，又与前各学年每学科成绩分数相加，以学年数除之，为各学科毕业成绩分数。

在施行学期试验之学校，先以学期成绩分数相加以二除之，得每学科学年成绩，再依前法得毕业成绩分数。

二、各学科毕业成绩之总分数，以学科数除之得平均数，为毕业总平均分数。

依第六条先经试验者，应免除试验。

第十一条 各项试验，由各教员评记分数，校长核定之。

关于升级毕业事项，有应协议者，经教员会议后，由校长决定之。

第十二条 学业成绩有应与操行成绩参酌者，适用操行成绩考查规程第五条。

第十三条 初等小学校、高等小学校，即以平时成绩评定学业成绩，不施行试验；但遇必要时，亦得施行适宜之试验。

专门以上学校，得视特别情形，只以试验成绩评定学业成绩。

前项外其他学校，遇有平时成绩无可参合时，得以试验成绩为准。

第十四条 专门以上学校之学年试验或毕业试验，其主要科目有一学科分数不及丙等者，不得升级或毕业。

第十五条 学生因不得已事故不能与学期或学年试验者，得请求补试。

中等学校得酌量情形，以平时成绩评定学业成绩，免其补行试验；但分数须减十分之三。

第十六条 学生缺席时间逾授课时间三分之一者，不得与学期或学年试验。

第十七条 各项试验规则，由各学校定之。

学生违背试验规则者，其试验成绩作为无效，或酌减其分数。

第十八条 学生缺席在一学年内至四十小时者，应减学业成绩总平均一分多；多于四十小时者，每逾二十小时递减半分，不满二十小时者免减。

第十九条 学校有实地练习者，其练习分数除特别规定外，应占学业成绩五分之一至五分之二。

第二十条 本规程自公布日施行。

中华民国元年十月二十五日部令第十九号

〔北洋政府教育部档案〕

9.教育部拟订地方学事通则草案呈暨大总统黎批令

(1915年8月6日)

教育部拟订地方学事通则草案请核定公布呈

呈为拟订地方学事通则恭缮草案呈请核定公布仰祈钧鉴事：伏查义务教育施行程序内列第一期应办事项第二款拟订地方学事通则，系由部拟具草案，呈请核定布公，自应遵照拟订，以立地方兴学之始基。迭经化龙督率部员详加研究，酌拟地方学事通则草案十三条，谨撮举概要为我大总统缕晰陈之：一为规定自治区为办学之主体：谨按地方自治区试行条例，本区教育事项，为自治事宜之一，斯自治区有负担本区教育之义务，立法精神至为允当。吾国兴学十余年，小学教育未臻普及。揆厥原由，实因地方团体不知教育之良苦即一国荣悴之所关；而国家对于地方教育之设施，亦悉听其自由，办学既少专责，成效自属无多，自非明定责成，仍难期有进步。至若划分学区、设立机关、筹集经费，亦当以本区公民肩其职务，此则地方办学之主体，不可不早为规定者也。一为规定地方办学之基金：窃维地方办学，首重经费。查东西各国对于地方教育事业，莫不筹给巨款作为基本财产，故国内政费虽如何拮据，而教育一项决不蒙其影响。日本于明治二十八年，将吾国赔款拨给一千万元，作为小学基金，自后国民教育之发达，几有一日千里之势。吾国自前清兴学以来，地方学务恒因经费竭蹶，中途废弛。嗣经公布官产处分条例，而各省学田、官荒悉入官产范围，其向充教育经费者，均应提解数成以充国库，于是地方教育经费更形支绌。幸我大总统以兴学为怀，殷殷注意于义务教育，地方小学赖以维持。伏读奉交教育纲要内开：各地方固有学款，应分别保存，不得移作他用等因。内外行政官吏，自应恪遵办理。谨本斯旨特为规定，使基础不为动摇，于教育始有实效，此则教育经费之担负，以及关于教育之财产等事项，不可不详为规定者也。除本通则之施行、细则另行拟订呈请核定外，谨将草案另折缮陈。所有拟订地方学事通则草案呈请核定公布各缘由，是否有当，理合连同清折具呈大总统钧鉴，并乞俯赐核定公布施行。谨呈。

中华民国四年八月六日奉

批令：应照修正案，由该部通行遵照办理，原件并发。此批。

地方学事通则

第一条　自治区按照地方自治试行条例及关于教育之法令规程，办理地方教育事务。

第二条　自治区为办理教育事务，得就各该区画分学区。

第三条　自治区为办理教育事务，应于各该区组织学务委员会。

第四条　自治区依地方情形，得联合二区以上设立学校，及办理其他教育事务。

前项联合事项，由县知事召集各关系自治区之自治职员协议定之，其有纷议者，由县知事决定之。

本条联合事宜遇解散时，其因财产上之关系而生纷议者，适用前项之规定。

第五条　自治区依国民学校令第七条第二项之规定，应受邻近自治区之委托处理教育事务时，因偿付经费及其他必要事项而生纷议者，适用前条第二项之规定。

第六条　自治区内原有学款及从前关于教育之公款公产，应一律定为该区教育基金。

前项原有学款，经行政官提作他用者，应由县知事详明该管长官定期拨还，或另筹他款抵补。

第七条　自治区内教育经费，因追加或不足时，依照地方自治试行条例第二十七条第二项之规定，得增收公益捐。

第八条　自治区为办理教育事务，得置基本财产及积存款项。前项基本财产及积存款项之管理处分，由自治会议或区董决定之，但须经县知事核准。

第九条　学校及关于教育设施所收之学费，使用费或补助、捐助费，均得作为基本财产或积存款项。

第十条　本通则施行细则由教育总长定之。

　　附则

本通则所规定之各事项，在自治区未成立地方，由县知事督率劝学所处理之。

京师地方及未设县治之行政区域，关于地方教育事务之处理，适用国民学校令第五十三第五十四条之规定。

本通则自公布日施行。

〔北洋政府教育部档案〕

10. 大总统关于官吏不得兼充学校校长及限制兼任教员办法批令
(1915年12月)

委字一百二十五号

总务厅为移付事：准教育部咨开：本部呈遵照官吏不得兼充学校校长，及限制兼任教员办法一案，于十一月二十二日奉大总统批令：准如所拟分别办理，即由该部通行遵照。此批。奉此，相应抄录原呈，咨行贵部饬、属遵照办理。等因。相应照印原呈付知贵会，一律遵照可也。此付
币制委员会

附原呈

呈为遵照官吏不得兼充学校校长及限制兼任教员办法恭呈，仰祈钧鉴事：案准政事堂十一月二日交片，奉大总统谕：京师各学校校长、教员，有以行政、司法各官兼充者，殊与本职职务、教授时间两有妨碍。校长责任重要，断非现任官吏所能兼理，应由该部查明更换，毋稍迁就。教员向有专任、兼任之分，兼任教员系按钟点计算，所费较省，在校中为撙节经费起见，亦具苦心。而一校之中，兼任多于专任，究非良法。应由该部督饬各校长酌量办理，除教授勤恳、生徒翕服，及为学科必需者仍准延订外，余由校长慎选专员，一律更易，以重课程，是为至要。等因。此交到部，仰见大总统整饬学风，实事求是之至意。一麟自莅任一月以来，连日往专门以上各校参观、听讲。其教员临时缺席者，所在多有，全级学生同时停课。推原其故，大都以官吏兼任者为多。在校长利用兼任之官吏，以敷衍人情；在学生亦欢迎官吏之教员，以为毕业后终南捷径。由授教者言之，是谓无责任心；由受教者言之，是谓有虚荣心。诚如钧谕：本职职务，教授时间两有妨碍。顾其中亦有少数教员所辖学科在国内几如凤毛麟角，自应准其延订，特予变通。俟东西洋毕业回国之人足敷各科教员之选，再行停止。当经会同次长，召集本部参事、司长、秘书各员暨各校校长，第次详加讨论办法，除京师国立法政专门学校校长现派法制局参事饶孟任接充，业经函达该局暂停本职外，

其余国立、公立各学校校长现无官吏兼任，均请毋庸置疑。其私立各学校校长，如有现任官吏，应遵令更推非官吏之校长主任校务，俾专责成。其因关系校中历史，沿用校长名称，并不常川驻校者，拟由部饬知该校一律改名总理，不相混淆。惟参政院参政为咨询机关，虽系简任人员，与行政性质究有区别，即听其兼任，于事实并无妨碍。至教员之勤惰，关于学校课程、学生成绩，均属极为重要，而学科必需之教员遇缺乏时又不得不遴员兼任，自应妥订办法，以利推行。拟请嗣后行政、司法各官吏，在办公时间以内，均不得兼充教员。其有教授勤恳，生徒翕服及为学科所必需者，虽准兼充教员，要以所定教授时间必须在办公时间之外为限。并应将兼任时间报经本管长官认可，各该校长亦应将各该教员所任学科，及教授时间，现为何署职员，随时报明教育部，以昭核实。此项兼充教员之官吏遇有因公出差时，尤应委托代理教员，不得任令缺席，致误课程。倘官吏兼任教员者，由该校查有缺席、旷课等事，即为妨碍教授时间之明证，各校校长应随时辞退，另选专员，以副迭次申令敬事戒偷之本旨。其近年留学毕业归国学生经政事堂考取，奉令分部任用各员，如在所分各部未有重要职务者，其本职薪俸甚微，应暂准作为例外，于各部所定办公时间之内，亦得兼充各校教员。一俟各部派有重要专职，即一律加以限制，庶于本职职务，教授时间两无妨碍，抑一麟更有请者：一国学术之进步必优待教员之地位，而其道始尊。目前东西各国游学毕业专科，先后相望，一为官吏则学术易荒，相隔数年则学工科者忘其应用之名词，学农科者失其习劳之美德。惟有担任教授为教学相长之事，如专任一校教员，殚精研究或出其著述，饷遗校外之生徒，或精力过人酌兼他校之功课，其所得当不弱于官吏，无庸别筹生计，更足以高尚人格，养成人才，此尤于限制之中寓裁成之意者也。所有拟订办法各节，如蒙批准，即由本部通行各部及京师各学校，于下一学期开始实行。

是否有当,理合具呈,谨乞大总统钧鉴训示。谨呈。

〔北洋政府财政部档案〕

11.教育部公布地方兴学人员考成条例令
(1916年1月8日)

地方兴学人员考成条例　五年一月八日申令

第一条　左列地方兴学人员之考成,依本条例行之:

一、劝学所所长及劝学员。　　二、自治职员。

三、学务委员。

第二条　地方兴学人员之考成,定为奖励及惩戒。

第三条　奖励依左列各款行之:

一、奖给匾额。　　二、给与金色或银色奖章。

三、给与褒状。

第四条　惩戒处分以左列各款行之:

一、停职。　　二、减薪。

三、训戒。

第五条　应受褒状之奖励或训戒处分者,由县知事详列事实详请该管长官行之。

第六条　应受奖章之奖励及停职减薪之处分者,由县知事详请该管地方最高级行政长官行之,并咨陈教育部。

第七条　应受匾额之奖励者,由地方最高级行政长官咨陈教育总长行之。

第八条　地方最高级行政长官认为兴学人员成绩最著者,得咨由教育总长呈请颁给勋章。

第九条　本条例施行细则,由教育总长定之。

第十条　本条例自公布日施行。

〔北洋政府教育部档案〕

12. 教育部公布奖章条例呈

（1916年4月10日）

教育部奖章条例　五年四月十日呈准

第一条　凡办理教育行政或学校教育、社会教育成绩卓著者，得依本条例之规定，给予教育部奖章。

第二条　教育部奖章定式如左图：

说明：案章式取周易贲象，艮上离下，山火文明，化成天下之义。章质用银，山色蓝绿，火色赤中著金色，铎形用表本部徽识，铎上复著贲挂，以申其意。

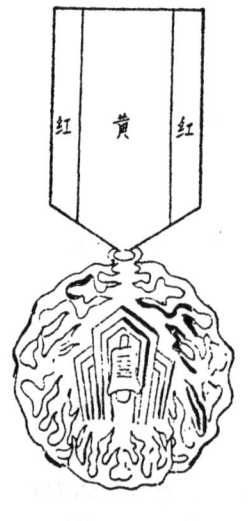

奖章等第镌列背面

第三条　教育部奖章分为四等，以绶色及形式之大小区别之。

一、一等奖章直径为营造尺一寸八分，襟绶黄色红缘。
二、二等奖章直径为营造尺一寸六分，襟绶蓝色红缘。
三、三等奖章直径为营造尺一寸四分，襟绶白色红缘。
四、四等奖章直径为营造尺一寸二分，襟绶绿色红缘。

第四条　凡应授教育部奖章者，由部填给执照，连同奖章一并发给，其执照式如左：

```
教育部奖章执照
  兹查有        成绩卓著合于教育部奖章第一条之
规定由部    给与    等奖章应填给执照以资证明
       年   月   日教育总长
              字第        号
```

第五条　教育总长，查有合于本条例第一条之规定者，得分别给予教育部奖章。

第六条　各省区最高级行政长官，查有合于本条例第一条之规定者，得咨陈教育总长核给教育部奖章。

准前项之规定，请给教育部奖章时，应开具履历、姓名、年限、成绩并拟给奖章等第，咨陈核准给发，但教育总长认为不相当时，得减等或否认之。

前二项之规定，京师学务局均适用之。

第七条　凡应受一二等教育部奖章者，由教育总长呈明给与，应受三四等教育部奖章者，由教育总长核定给予，并登政府公报宣示之。

第八条　凡领受教育部奖章者，应按照左列等级，分别缴纳公费：

一、一等奖章，应缴公费十元。
二、二等奖章，应缴公费八元。

三、三等奖章,应缴公费六元。

四、四等奖章,应缴公费四元。

前项规定之公费,于曾受奖章者晋给较高等级之奖章时,应将旧章缴回,并得减除其应缴公费。

第九条　凡经教育总长特许者,得免纳前条所规定之公费。

第十条　教育部奖章,应于著礼服或制服时佩于上衣左襟;但遇特别情形,亦得于便服上佩带之。

曾受勋章者,应将奖章佩带于勋章之右或其下,又曾受他项奖章者依受领之先后佩带之。

第十一条　凡受领教育部奖章者,如遇有因刑事处分受褫夺公权之宣告时,应于裁判确定后,将所得奖章执照一并追缴。

第十二条　本条例自呈准公布日起。

〔北洋政府教育部档案〕

13.教育部公布在校学生不得应各项考试通令

(1916年5月11日)

通令在校学生不得应各项考试文　五年令第一号

为通令事:学生在校,以致力学问为当然之职分,若驰心外务,于课业既一暴而十寒,其结果将事倍而功半,殊与求学之旨有妨。近自各项考试令颁布以来,各校就学学生不乏与法定资格相当之人,闻多纷纷前往报名投考。在该生等无非欲以一日之长希图幸进,而废时失业,影响于校课者甚大。此风一开,将来举行考试之时,中等以上学校,势必因此取舍进退骤多缺额,以致班次参差,教程凌乱,于教育前途殊多窒碍,亟宜切实禁止,以杜流弊而重学业。嗣后在校就学学生,一概不准应各项考试,如有托故请假潜往应考者,以违背学校规则论;至师范毕业生,在服务期限之内,照章不得就教育以外之事业,亦应一体停止应考,以示限制而重师资。此令。
中华民国五年五月十一日

〔北洋政府教育部档案〕

14.教育部公布废止预备学校令
(1916年10月9日)

教育部令第十八号
　　民国四年十一月七日大总统教令公布之预备学校令，兹经本部呈准废止。此令。
中华民国五年十月九日

教育总长　范源廉

〔北洋政府教育部档案〕

15.教育部公布省视学规程令
(1918年4月30日)

教育部令第三十八号
兹订定省视学规程，特公布之。此令。
中华民国七年四月三十日部令

教育总长　傅增湘

省视学规程

　　第一条　各省设省视学四人至六人，承省教育行政长官之命，视察全省教育事宜。
　　第二条　省视学由省教育行政长官委任，省视学不得兼任他职。
　　第三条　有左列资格之一者，得任用为省视学：

一、大学文科或高等师范学校毕业者。

二、师范学校本科毕业曾任学务职五年以上著有成绩者。

三、曾任师范学校、中学校校长或教员二年以上著有成绩者。

遇有特别情形，经教育总长核准暂行任用者，不在此限。

第四条　省视学应视察之事项如左：

一、地方教育行政及经济状况。

二、中等以下学校教育状况。

三、社会教育及其设施状况。

四、幼儿教育及特殊教育设施状况。

五、学务职员执务状况。

六、主管长官特命视察事项。

七、部视学嘱托视察事项。

第五条　省视学关于左列各事项，得就办学者指导之：

一、地方教育行政设施事项。

二、学校教育设施事项。

三、社会教育设施事项。

四、幼儿教育及特殊教育设施事项。

五、教育法令上规定之事项。

六、省教育行政机关决定之事项。

七、主管长官特命指示之事项。

第六条　省视学应于出发前，就第四条、第五条所列各款，公同研究翻具意见书，呈请长官核定。

第七条　省视学至各地方视察学校，毋庸向该校预期通知。

第八条　省视学于视察时，得调阅各项簿册。

第九条　省视学遇必要时，得试验学生之成绩或变更教授之时间。

第十条　关于专门学校及其他特别事项，省教育行政长官得派临时视察员视察之,但亦得命省视学兼司其事。

第七条至第九条之规定临时视察员皆适用之。

第十一条　省视学关于第四条及第五条视察或指导之事项,应详细报告于省教育行政长官。

第十二条　省视学遇部视学莅省视察时,应报告该省教育情形。

第十三条　省视学视察区域及期间与其任务之分配,由省教育行政长官定之。

第十四条　省视学处务细则及俸给、旅费,由省教育行政长官定之。

第十五条　省教育行政长官关于省视学之任用及第十三条至第十五条规定事项,须报经教育总长核准备案。

第十六条　省教育行政长官应将省视学报告摘要汇送教育部。

第十七条　各省所定省视学暂行规程,应自本令施行之日起即行废止。

第十八条　本规程于各特别区域亦准用之。

第十九条　本规程自公布日施行。

〔北洋政府教育部档案〕

16. 教育部公布县视学规程令
(1918年4月30日)

教育部令第三十九号

兹订定县视学规程,特公布之。此令。

中华民国七年四月三十日部印

教育总长　傅增湘

县视学规程

第一条　各省设县视学，每县一人至三人，秉承县知事视察全县教育事宜。

第二条　县视学由县知事呈请省教育行政长官委任，但遇必要时，得由省教育行政长官直接任用。

前项县视学之任用，须报经教育部备案。

第三条　县视学不得兼任他职，但因特别情形经省教育行政长官许可，暂由劝学所长兼任者不在此限。

第四条　有左列资格之一者，得任用为县视学。

一、师范学校本科毕业，任学务职一年以上者。

二、中学校或二年以上简易师范科毕业，任学务职二年以上著有成绩者。

三、曾任高等小学校校长或本科正教员二年以上，经省教育行政长官认为确有成绩者。

遇有特别情形，经省教育行政长官许可，暂行任用者，不在此限。

第五条　县视学之职务如左：

一、督察各区对于教育法令施行事项。

二、督察各区对于学务计划进行事项。

三、查核各区教育经费及学校经济之实况。

四、查核各区学龄儿童之就学及出席实况。

五、视察各学校设备编制及管理之状况。

六、视察各学校课程教授及学业成绩之状况。

七、视察各学校训育学风及操行成绩之状况。

八、视察各学校卫生体育及生徒健康之状况。

九、视察社会教育及其设施状况。

十、视察幼儿教育及特殊教育设施状况。

十一、视察学务职员执务状况。

十二、视察主管长官或省视学所指定之事项。

十三、宣达主管长官指示之事项。

第六条 县视学对于县属学务职员，得适宜指导之。

第七条 县视学于视察时得调阅各项簿册。

第八条 县视学遇必要时，得试验生徒之成绩或变更教授之时间。

第九条 县视学应将执行职务情形详细报告于县知事，但遇必要时，亦得直接报告于省教育行政长官。

第十条 县视学遇部、省视学莅县视察时，应报告该县教育情形。

第十一条 县知事应将县视学报告摘要呈报省教育行政长官。

第十二条 县视学处务细则，由县知事拟订，呈请省教育行政长官核定。

县视学俸给、旅费之标准，由省教育行政长官定之。

第十三条 省教育行政长官应随时考核县视学之成绩，并须增进其教育上之学识。

第十四条 各省所定县视学暂行规程，应自本令施行之日起即行废止。

第十五条 本规程于特别区域亦准用之，其未设县治地方，关于学务视察事宜，由地方官酌定办法，报经教育总长查核备案。

第十六条 本规程自公布日施行。

〔北洋政府教育部档案〕

17. 教育部公布学校系统改革案

(1922年9月29日)

部交议案 中华民国十一年九月二十九日公布

〈一〉学校系统改革案

查现行学校系统，系民国元年临时教育会议议决，经本部采择公布施行以来，已历十载。兹以时势变迁，不无应行修改之处，爰依次列标准拟定学校系统改革案如左：

标准

（一）根据教育原理，参酌世界趋势，以图教育之进化。

（二）适应地方实际情形，使教育易于普及。

（三）多留伸缩余地，以便各地方酌量举办。

（四）顾及旧制，使改革易于着手。

学校系统图

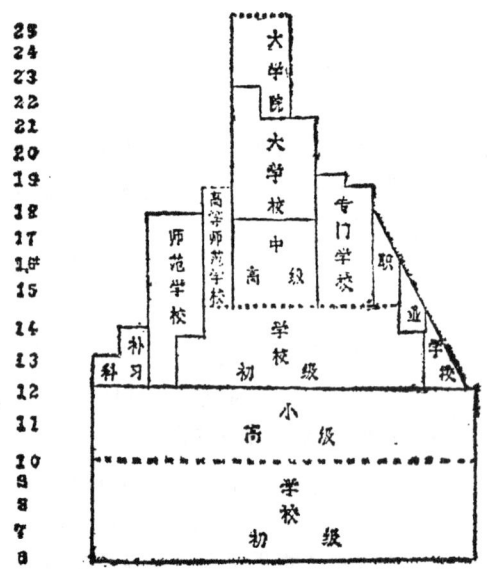

说明

（一）小学校修业年限六年，分初高两级。初级修业年限四年，高级修业年限二年。但依地方情形得单设初级。

(二) 义务教育年限定为六年，但依地方情形，得暂以初级修业年限为义务教育年限。

(三) 小学校得斟酌地方情形，为初级毕业生增置职业准备之教育。

(四) 小学校应兼设一年或二年之补习科，以备高级毕业生之补习。

(五) 各地方应酌设蒙养园，收受满三岁至六岁之儿童。

(六) 职业学校学科及期限，得酌量各地方实际需要情形随时订定之。现有之乙种实业学校，得改为职业学校。

(七) 中学校修业年限六年，初级中学四年，高级中学二年。

(八) 中学校得依地方情形单设初级，其前二学年得并设于小学校。

(九) 高级中学应与初级中学并设，但于不得已时得单独设立。

(十) 初级中学施行普通教育，高级中学除设普通科外，得分设农、工、商、师范、家事等科。

(十一) 高级中学得单设一科或兼设数科。现有之甲种实业学校，得改为高级中学农工商等科。

(十二) 师范学校修业年限六年，其四年级以上应酌行分科制。

(十三) 专门学校修业年限四年或五年，初级中学毕业者入之。

(十四) 高等师范学校修业年限四年，初级中学毕业者入之。

(十五) 大学校修业年限四年或五年。

(十六) 大学校合设数科或单设一科均可，其单设一科者，称某科大学校。

专门学校如提高程度，改收高级中学毕业生，其修业年限定为四年或五年者，得改为单科大学校。

高等师范学校如提高程度，改收高级中学毕业生，其修业年限定为四年者，得改为师范大学校。

（十七）专门学校与单科大学校，高等师范学校与师范大学校，均得并设于一校。

（十八）大学院为大学毕业生及具有同等程度者研究之所，年限无定。

〈二〉县市乡教育行政机关组织大纲案

查地方教育，本属地方自治事务之范围，特以其关系较为繁重，不可无专司机关以策进行。惟设置此项机关，当顾及地方自治团体之权限，务求于自治有协助之精神，于教育获专责之效益，庶易推行。爰本此义，并参酌现行自治法规，拟定县、市、乡教育行政机关组织大纲如左：

（甲）县教育行政机关

（一）县设教育局，以局长一人，县视学一人至三人，科员三人至六人组织之。

（二）县教育局长协助县知事处理县教育行政事宜，并考核各普通市自治区及乡自治区教育事务。

（三）县教育局长由县知事就具有左列资格之一者，推荐三人，呈请教育厅选任。

（1）毕业于高等师范学校或专门以上学校本科，并任教育职务一年以上者。

（2）曾任中等以上学校校长三年以上，或小学校长五年以上者。

（3）曾任教育行政职务五年以上者。

（四）县教育局设董事会，董事定额九人，其选任方法如左：

(1) 县知事就县视学中遴派一人。

(2) 县参事会依左列标准选举八人：

一、办理教育著有成绩者三人。

二、从事实业著有声誉者三人。

三、县参事会参事二人。

(五) 选举董事任期，除县参事会参事以参事任期为任期外，其他选举董事均以三年为任期，每年各改选三分之一。

(六) 董事会之董事均为名誉职，但得酌给赴会旅费。

(七) 董事会有参议县教育之权，其参议事项如左：

一、本县教育之设施及其改进方针。

二、县教育之预算。

三、县教育经费之筹划及教育财产保管处置方法。

四、县教育局长所提交事件。

(八) 董事会开会时，教育局长得出席预议，但不加入表决之数。

(乙) 特别市教育行政机关

(一) 特别市设教育局，以局长一人，视学二人或三人，科员三人至六人组织之。

(二) 教育局长协助市长处理市教育行政事宜。

(三) 教育局长由市长遴选三人，呈请教育厅选定，转呈省长委任。

京都市教育局长由市长遴选三人，呈请教育部选任。

(四) 教育局长之资格，准用县教育局长之规定。

(五) 特别市教育局设董事会，董事定额九人，其选任方法如左：

(1) 由市长就市视学中遴派一人。

(2) 市参事会依左列标准选举八人：

一、办理教育著有成绩者三人。
二、从事实业著有声誉者三人。
三、市参事会名誉参事员二人。
（六）选举董事任期，除市参事会名誉参事员以参事员任期为任期外，其他选举董事，均以三年为任期，每年各改选三分之一。
（七）董事会之董事均为名誉职。
（八）董事会有参议市教育之权，其参议事项，准用县董事会之规定。
（九）董事会开会时，教育局长得出席预议，但不加入表决之数。
（十）特别市应由教育局酌划学区，每学区设教育委员一人或二人，受教育局长之指挥，办理本学区教育事务。
（十一）特别市教育委员，由教育局长就素有教育学识经验者选派之。
（丙）市乡教育行政机关
（一）凡普通市自治区域或乡自治区域，得就本区域划分学区，每学区设教育委员一人或二人。
（二）教育委员辅助市长或乡长，办理本学区内教育事务。
（三）市乡教育委员由市乡自治会就具有左列资格之一者选任之。
（1）曾在师范学校或中等以上学校毕业者。
（2）曾任小学以上教员三年以上者。
（四）普通市教育委员应组织市教育委员会，乡教育委员应组织乡教育委员会，筹议本市乡教育事宜。
（五）市乡教育委员会会议时，市长或乡长均得列席预议。
（六）市乡之教育委员，因员数过少不能组织委员会时，其应行会议事项，由市乡长及教育委员协议之。

〈三〉省区教育行政机关设立参议会案

（一）参议会隶属于省区教育行政机关，协议地方教育事宜。

（二）参议会参议名额定为七人。

（三）合下列资格之一者，得选为参议会参议：

甲、办理教育著有成绩者。

乙、有专门学识者。

（四）参议会参议依下列标准推选之：

甲、由教育会推选二人。

乙、由公私立中等以上学校团体推选二人。

以上甲乙两项，照原额加倍推选，由教育厅长呈请省长选任之。

丙、由教育厅长推荐三人，呈请省长聘任之。

（五）参议会参议之任期定为四年，每二年改选半数。厅长推荐之参议，以厅长之任期为任期。

（六）参议会之职权如左：

（1）讨论本省区教育进行之方针。

（2）审议本省区教育之预算决算。

（3）评判县市乡教育之争执事项。

（4）讨论教育厅长交议事件及其他关于教育之重要事项。

七、参议会参议均为名誉职，但得开支赴会旅费。

八、参议会参议开会时，由参议中互推一人为主席。

九、参议会参议议决事项，由教育厅长核定施行。

十、参议会议事规则，由参议会自定之。

附建议案

学校系统改革案

标准

（一）适应社会进化之需要。

（二）发挥平民教育精神。

（三）谋个性之发展。

（四）注意国民经济力。

（五）注重生活教育。

（六）使教育易于普及。

（七）多留各地方伸缩余地。

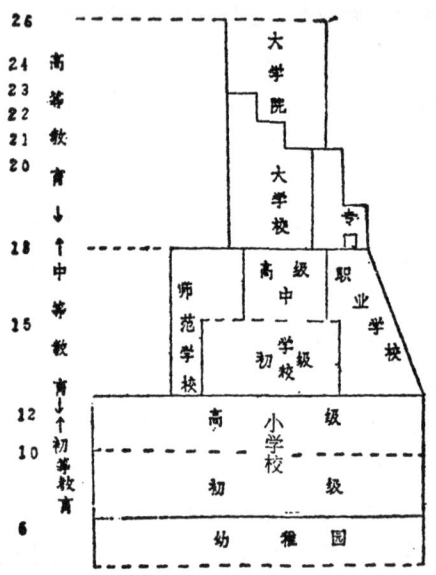

本图左行之年龄，表示各级学生入学之标准；但实施时，仍以其智力与成绩或其他关系分别定之。

说明：

一、初等教育

（1）小学校修业年限六年。

（附注一）依地方情形得暂展长一年。

（2）小学校得分初、高两级，前四年为初级，得单设之。

（3）义务教育年限暂以四年为准，各地方至适当时期得延长之。

义务教育入学年龄，各省区得依地方情形自定之。

（4）小学课程，得于较高年级斟酌地方情形增置职业准备之教育。

（5）初级小学修了后，得予以相当年期之补习教育。

（6）幼稚园收受六岁以下之儿童。

（7）对于年长失学者，宜设补习学校。

二、中等教育

（8）中学校修业年限六年，分为初、高两级，初级三年，高级三年，但依设科性质，得定为初级四年，高级二年，或初级二年，高级四年。

（9）初级中学得单设之。

（10）高级中学应与初级中学并设，但有特别情形时，得单设之。

（11）初级中学施行普通教育，但得视地方需要兼设各种职业科。

（12）高级中学分普通、农工、商、师范、家事等科，但得酌量地方情形，单设一科或兼设数科。

（附注二）依旧制设立之甲种实业学校，酌改为职业学校，或高级中学农、工、商等科。

（13）中等教育得用选科制。

（14）各地方得设中等程度之补习学校或补习科，其补习之种类及年限视地方情形定之。

（15）职业学校之期限及程度，得酌量各地方实际需要情形定之。

（附注三）依旧制设立之乙种实业学校，酌改为职业学校，收受高级小学毕业生，但依地方情形，亦得收受相当年龄之修了初级小学学生。

(16) 为推广职业教育计，得于相当学校内酌设职业教员养成科。

(17) 师范学校修业年限六年。

(18) 师范学校得单设，后二年或后三年收受初级中学毕业生。

(19) 师范学校后三年，得酌行分组选修制。

(20) 为补充初级小学教员之不足，得酌设相当年期之师范学校或师范讲习科。

三、高等教育

(21) 大学校设数科或一科均可，其单设一科者称某科大学校，如医科大学校、法科大学校之类。

(22) 大学校修业年限四年至六年（各科得按其性质之繁简，于此限度内斟酌定之）。医科大学校及法科大学校修业年限至少五年，师范大学校修业年限四年。

(附注四) 依旧制设立之高等师范学校，应于相当时期内提高程度，收受高级中学毕业生，修业年限四年，称为师范大学校。

(23) 大学校用选科制。

(24) 因学科及地方特别情形，得设专门学校，高级中学毕业生入之，修业年限三年以上。年限与大学校同者，待遇亦同。

(附注五) 依旧制设立之专门学校，应于相当时期内提高程度，收受高级中学毕业生。

(25) 大学校及专门学校，得附设专修科，修业年限不等。（凡志愿修习某种学术或职业而有相当程度者入之。）

(26) 为补充初级中学教员之不足，得设二年之师范专修科，附设于大学校教育科或师范大学校，亦得设于师范学校或高级中学，收受师范学校及高级中学毕业生。

(27) 大学院为大学毕业及具有同等程度者研究之所，年限无定。

〈四〉附　则

(28) 注重天才教育，得变通年期及教程，使优异之智能尽量发展。

(29) 对于精神上或身体上有缺陷者，应施以相当之特种教育。

县教育行政机关组织大纲案

（一）县设教育局，以局长一人，指导员、科员若干人组织之（视事务之繁简酌定员额）。

（二）县教育局长商承县知事主持全县教育事务，并督促指导市乡教育事宜。

（三）教育局长以合于左列资格之一者充之：

甲、毕业于大学教育科或高等师范学校者。

乙、毕业于师范学校本科，并任教育职务二年以上者。

丙、毕业专门以上学校，并任教育职务二年以上者。

丁、曾任中等学校及小学校长三年以上者。

戊、曾任教育行政职务三年以上者。

丁、戊两项必须于二年之内，在曾经备案之教育讲习会或暑期学校，研究教育行政得有成绩证明书者，或对于教育有著作者。

（四）县教育局长由县知事就具有法定资格者，推荐三人，呈请省区教育行政长官选任。

（五）县教育局设董事会，董事定额分为五人、七人、九人三种，其资格如左：

一、研究学术有成绩者。

二、办理社会事业有成绩者。

三、有筹划经济之能力者。

（六）董事选任方法，由教育局长照定额加倍提出，请县知事选聘，呈请省区教育行政长官备案。

其施行自治地方，此项董事由教育局长加倍推选，经县知事照原额选定后征求县参事会同意。

（七）董事以三年为任期，五人者每年改选一人或二人，七人者每年改选二人或三人，九人者，每年改选三人。第一次董事任期于开会时签定之。

（八）董事均为名誉职，但开会时得酌给赴会旅费。

（九）董事会之职权如左：

甲、审议县教育之方针及计划。

乙、筹划及保管县教育经费。

丙、提议关于教育事项。

丁、议决县教育局长所提交事件。

（十）董事会开会时，教育局长及有关系之职员，均得出席预议，但不加入表决之数。

（十一）全县市乡，应由教育局酌划学区，每区设教育委员一人，受教育局长之指挥，办理本学区教育事务。

（十二）市乡学区教育委员，由教育局长就素有教育学识经验者选任之。

附　条

一万以下之县，得联络邻县合设教育局，但须经省区教育行政长官之核定，其联合手续由省区教育行政长官定之。

特别市教育行政机关组织大纲案

（一）特别市设教育局，以局长一人，指导员、科员若干人组织之。

（二）教育局长商承市长主持市教育行政事宜。

(三)教育局长由市长遴选三人,呈请省区教育行政长官选任。京都市教育局长由市长遴选三人,呈请教育部选任。

(四)教育局长之资格,准用县教育局长之规定。

(五)特别市教育局设董事会董事,定额分为五人、七人、九人三种,其资格如左:

一、研究学术有成绩者。

二、办理社会事业有成绩者。

三、有筹划经济之能力者。

(六)董事选任方法,由教育局长加倍推选,经市长照原额选定,征求市参事会同意聘任之。

呈请省区教育行政长官备案。

其京都市呈请教育部备案。

(七)董事会以三年为任期,五人者每年改选一人或二人,七人者每年改选二人或三人;九人者每年改选三人。第一次董事任期于开会时签定之。

(八)董事均为名誉职,但开会时得酌给赴会旅费。

(九)董事会之职权如左:

一、审议市教育之方针及计划。

二、筹划及保管市教育经费。

三、提议关于教育事项。

四、议决市教育局长所提交事件。

(十)董事会开会时,教育局长及有关系之职员得出席预议,但不加入表决之数。

(十一)特别市应由教育局酌划学区,每学区设教育委员一人,受教育局长之指挥,办理本区教育事务。

(十二)特别市教育委员,由教育局长就素有教育学识经验者选任之。

县市乡地方教育行政组织大纲审查意见书

部交县市乡地方教育行政大纲案，本会公同议决分为县与特别市两案。其市乡教育行政，即附入于县教育之中，因特别市为都市教育，市乡则属于乡村教育，因乡村教育非由县提纲挈领以举督促指导之实，实无普及进步之望也。惟地方教育与地方自治相表里，自治施行之时，地方教育有应注意者数端，应请教育部与内务协商者，兹胪举如左：

（一）教育经费已经确定者不能移用，未经筹定者应日图扩充。已有之教育经费，皆有确定之用途，若自治施行时有所移动，则是自治兴而学校闭，尚复成何政体。且教育为进步事业，学校日求增加，斯经济必应日求发展，此亦一定之理也。

（二）教育经费应由教育局董事会筹划及保管。教育固为自治之一种事业，然既有教育费不能移用之规定，则教育经费与其他自治经费截然成为两事，此项经费不如即归教育局董事会筹划及保管。盖董事须经参事会通过，已为自治认定之机关，专理教育经费，当然与自治之义无背。至董事会之筹划保管，应受县知事及市长之监督，此自不待言也。

（三）推广特别市之认定。现制特别市由内务部认定，本有伸张之余地，惟认定无确定标准，实无以巩固都市教育之进行。今折衷各国成例，拟定特别市为两级，十万人以上聚居一处者为第一级特别市，五万人至十万人聚居一处者为第二级特别市，五万人以下、一万人以上聚居一处者为普通市。聚居一处之人口不及万人为乡镇，散居者为村。如此明白规定，既便于教育之筹划，尤便于自治之推行。

（四）市乡教育委员由县教育局长委员〔任〕学校之整顿，视乎人材教育之发展期于齐一。我国市乡素有漠视教育之习惯，断难选任相当之教育行政人材。且彼此各自为谋，一县之中更无由定教育之明确计划。我国旧制之劝学员（即规定之教育委员），本由劝学所长选任,现行之市乡自治制亦无教育人员由市乡自行选任之规定,则此项委员由县教育局长委任,自属正当之办法也。

省区教育行政机关设立参议会案

(一)参议会隶属于省区教育行政机关,协议地方教育事宜。

(二)参议会参议名额由省区教育行政长官规定,但至多不得过九人。

(三)参议之资格如左:

甲 办理或研究下列各种教育之一,著有成绩者:

1.教育行政　　　　　2.小学教育
3.中学教育　　　　　4.师范教育
5.职业教育　　　　　6.高等教育

乙、有专门学识及经验者。

(四)参议会参议由省区教育行政长官照上列资格推荐,呈请省区行政长官聘任,转咨教育部备案。

(五)参议会参议之任期定为三年,每年递行改选。

(六)参议会之职权如左:

(1)审议本省区教育进行之方针及计划。

(2)审议本省区教育之预算决算。

(3)讨论本省区教育行政长官交议事件。

(4)提议关于教育事件。

(七)参议会参议均为名誉职,但得开支赴会旅费。

(八)参议会参议开会时,由参议中互推一人为主席。

(九)参议会参议议决事项,由省区教育行政长官核定施行。

(十)参议会议事规则,由参议会自定之。

本会议决关于地方行政教育机关各案,遇有特别情形,得酌予变通建议案。

主文　各省区教育行政机关设立参议会，及特别市教育行政机关组织大纲两案所规定之参议与局长、董事之选任方法及其他事项，遇因地方特别情形有变通之必要时，得由本省区教育行政长官陈请最高行政长官核定办法，咨经教育总长认可施行。

理由　我国幅员广大，各省区情形不同，施以统一办法，恐稍有扞格之处，即于教育实际推行不无妨碍，故拟请设此例外，以利推行。

兴办蒙藏教育办法案

说明

查蒙藏接邻强国，兴办教育最关重要。今者西北边防，日悉蒙藏一再独立。俄人近且以其过激主义改建蒙古政府，欲使草昧之众，一跃而成最新式之国家，所以开发而诱导之者不遗余力。无论俄国逐强，蒙古政府势必与之同化，即幸能完全收复，而过激主义之传播，已足以扰乱蒙众，使边陲永无宁日。盖以世界最不开化之民族，骤使之走入极端，未有不引起绝大纷扰者。外蒙既乱，内蒙势必同入旋涡，而西藏之交涉，近且益加危迫。西北藩篱既撤，中国前途将不可问。今为对外保存国权计，唯有速兴蒙藏教育，取未开化之民而授以正当之知识，庶使知五族一家之利，坚其团结之力，绝其外向之心。蒙藏日渐开明，自易引而内向，故蒙藏教育在今日已成刻不容缓之图。且蒙藏人民时为外人利用，几不知自身为何国国民。追溯原因，实由于蒙藏人民未受国家统一教育。反观内地，虽因军阀宰割，南北分裂，而人民之统一如故。无他，人民受有统一之教育故也。然则为对内全国统一计，亦不能不兴办蒙藏教育。但此等蒙藏地方，非纯恃普通教育行政机关可以行使其职权。兹拟定特别兴办蒙藏教育办法如左：

1.教育部设蒙藏教育委员会。

2. 西北沿边省区适宜之地方，分设教育局。
3. 就相当省区设蒙藏师范学校，筹备师资。
4. 对于办理蒙藏教育人员，规定最优奖励。
5. 由蒙藏院责成各王公札萨克令子弟就学，并定王公办学奖惩办法。
6. 教育部应筹特别经费列入预算，兴办蒙藏教育。

现任劝学所长、校长暂停议会选举权建议案

查现制办学人员，如劝学所长、校长等，均有议会选举权及被选举权。每当办理选举之际，办学人员参加在内，奔走运动，于教育之进行良有妨碍。况劝学所长办理全县学务，校长主持全校校务，责任綦重，乃存议员之希望以纷其心，争选举之运动以旷其职，贻误教育尤非浅鲜。补救之法，惟有将现任劝学所长、校长等，比照现任官吏，暂停议会选举权，庶足以杜流弊而维教育。此本建议案提出之理由也。

扩充省视学员额建议案

查教育行政，视学职务最为重要。诚以各属学校之设备、组织、管教情状，非由视学实地观察，教育行政官厅无以真知灼见，非真知灼见亦无以革新改进；且视学职务犹不止于消极方面之视察报告已也，更有其积极方面。在教学方法日新月异，各校中各科教学能否运用新法，增进效率，端赖视学有以指导而诱发之。西洋视学职务，本有分为二者，一种专司视察，一种专司指导。今虽不能骤然采用此制，然必力矫向来偏重视察之失，应于指导方面特加注重。各视学应于学校之一般设施，负视察之责任外，更于特种科目之教学员〔负〕指导之责任。惟依此办法，一人祇能视察一科，多亦不过二三科，决不能以一人遍视各科，亦不能以一人遍察各校。且如农工商医森林水产等科，苟非专门研究

者，直无从视察，更何论指导。故欲使分科视学制之成效昭著，非增加视学员额不可。现制省视学设四人至六人，实际因困于经费，往往祇设四五人，即设六人亦不足以尽各种学校之科目。大抵中学、师范之学科约之至简亦须五六人。益以甲种实业学校之专科，至少须有八人，方能勉强分配。兹拟定省视学员额为八人至十人。至员额扩充之后，经费自当量为增加。盖设官所以理务，不能纯从节省经费着想。增加省视学员额，俾克举视察指导之职，斯诚事有实效，款不虚糜者也。

请教育部组织教材要目编审会建议案

理由（一）表见改革真意 学校系统仅以支配各段年限，究竟何段应置何种学科，何科应至何种程度，应即详为规定。例如新制改专门为大学，原为提高程度，如未确定程度标准，仅将名目变换，反不如切实整理原有专门学校之为便。又如新制定小学为六年，其中实含有将旧制七年课程并在六年内教授完毕之意。盖以国文改为国语，可减少讲习时间。如仍照旧日编配教材，不啻减少小学程度。凡此诸端，皆须有教材要目以为之限制。

（二）确定各级学校之标准 各种学校各自有其设施之目的，应如何而后能达预定目的，全在确定教材之标准。有某甲种实业学校教者，即以平日在高等专门学校所习之讲义，一律灌输，不问学生之能否领受。有某专门学校采用外国中等学校所用教本，惟以原文讲授，即谓为已与甲实不同。考其设施情况，均与部令无甚抵触，而或失之高或失之低，是则由于未有确定之要目俾资遵循。

（三）齐一同级学校之程度 旧制各级学校亦已分别列有学科课程标准及课程表，惟皆略举大纲。程度浅深，内容广狭，全凭教本与教员以为伸缩。或甲校用书甚详，乙校用书极简，或甲校教员极严，乙校教员甚宽，虽课业与教授时间都能适合，而毕业之程度有相差甚远者。即如僻远县份学生升学于都会学校，多数不能及格。此固于办理人员有关系，而无切实之教材以为限制，循例毕业，要为其中之一大原因也。

（四）便于自由选课　学制各段年限，不过示以时期之标准。为求适应个性与社会之需要，小学一段以上之学校，除分科外，自当采用学科制及选科制，高材生无妨分门提早毕业，低能生必须分门延期肄习，决不能再如旧日所行之进级、留级各办法。此中标准全视学生已否习毕某门规定之要目为转移，如教材要目未为规定，必多以意为出入。

（五）便于分别补修　学制各段学龄之划分，虽大致按身心发达时期为根据，然亦不过示以时期之步骤。若为求发展平民教育精神，并注意国民之经济力起见，则除义务教育外，应多准备自由补习之机会。有全在校外习得某级程度者，有半工半读不论年限而能习毕某级程度者，有在甲校习毕此科，而后又在乙校习毕他科，已适合某级之程度者。对于此种升学或毕业，均当有同一之待遇。而考核此种学生之程度，则在根据于各级应习之教材要目。假使仅定教科大纲，必难甄别的当。盖毕业期限得以伸缩，所以应国民之能力，而课程所以达社会之需要，不可迁就也。

（六）便于办学者之通力合作　因地制宜，易于举办。各地方自以设立单科中学为适宜。盖责成一校办理完全，多难做到，惟有一学区中之同等学校协定互相联络之办法，实行分别设置之计划。因此学生在甲校肄习此项，亦何尝不可在乙校肄习他项。此中既给学生以多有转学之机会，则凡习某科须先有何项之基本知能始可衔接，而不致发生养成畸形的人才之弊害，是亦全在有互相联贯之教材，以为之规范。

（七）或以为课程过于呆滞，殊无伸缩余地，不如各地自选教材较为适宜。窃以为讨论教材，当分两点：其一为适应各地情形之教材，是为补充教材，自应具有伸缩余地；其二为适合各级学校主要目的所需要之教材,是为基本教材,决不容藉词变通,以紊乱应具之程度,亦不能仅恃学科标准中所列之抽象各语,即谓为可以确定程度。

办法一、学校系统议定以后,由部通知结果于各地方,便照议定系统拟具教材要目。

二、同时由部组织教材要目编审会,延员草编要目,并审核各省送交要目。

三、编审员应就学校性质、学科种类分别延聘。

四、编审应限制时期,俾便速成。

五、编审期中,除由各省限期具送要目外,并由编审会发交问题纸于各地方征求意见。

六、编审既毕,由部令行各省查照要目自行编辑教本,并参加补充教材。

〔北洋政府教育部档案〕

18. 大总统公布学校系统令
(1922年11月1日)

大总统令

兹制定学校系统改革案公布之。此令。

大总统盖印　　国务总理王宠惠　教育总长汤尔和

中华民国十一年十一月一日

教令第二十三号

学校系统改革案

标准

(一) 适应社会进化之需要。

(二) 发挥平民教育精神。

（三）谋个性之发展。
（四）注意国民经济力。
（五）注意生活教育。
（六）使教育易于普及。
（七）多留各地方伸缩余地。

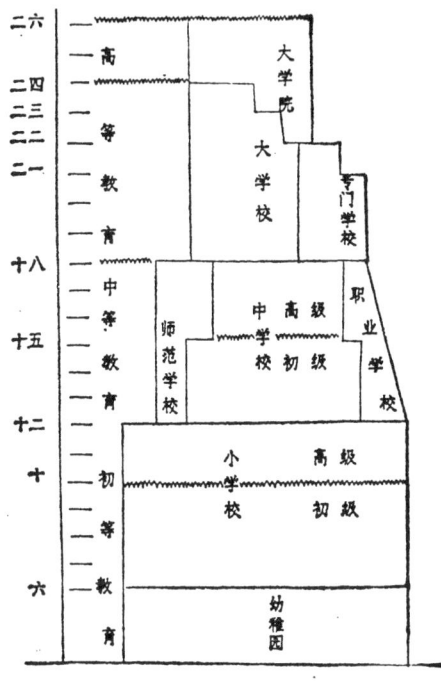

本图左行之年龄表示各级学生入学之标准，但实施时，仍以其智力与成绩或其他关系分别定之。

说明：

一、初等教育

（一）小学校修业年限六年。

（附注一）依地方情形，得暂展长一年。

（二）小学校得分初、高两级，前四年为初级，得单设之。

（三）义务教育年限暂以四年为准，但各地方至适当时期，得延长之。义务教育入学年龄，各省区得依地方情形自定之。

（四）小学课程，得于较高年级斟酌地方情形，增置职业准备之教育。

（五）初级小学修了后，得予以相当年期之补习教育。

（六）幼稚园收受六岁以下之儿童。

（七）对于年长失学者，宜设补习学校。

二、中等教育

（八）中学校修业年限六年，分为初、高两级。初级三年，高级三年，但依设科性质，得定为初级四年，高级二年，或初级二年，高级四年。

（九）初级中学得单设之。

（十）高级中学应与初级中学业并设，但有特别情形时，得单设之。

（十一）初级中学施行普通教育，但得视地方需要兼设各种职业科。

（十二）高级中学分普通、农、工、商、师范、家事等科，但得酌量地方情形，单设一科或兼设数科。

（附注二）依旧制设立之甲种实业学校，酌改为职业学校或高级中学农工商等科。

（十三）中等教育得用选科制。

（十四）各地方得设中等程度之补习学校或补习科，其补习之种类及年限，视地方情形定之。

（十五）职业学校之期限及程度，得酌量各地方实际需要情形定之。

（附注三）依旧制设立之乙种实业学校，酌改为职业学校，收受高级小学毕业生，但依地方情形，亦得收受相当年龄之修了初级小学学生。

（十六）为推广职业教育计，得于相当学校内酌设职业教员养成科。

（十七）师范学校修业年限六年。

（十八）师范学校得单设，后二年或后三年收受初级中学毕业生。

（十九）师范学校后三年，得酌行分组选修制。

（二十）为补充初级小学教员之不足，得酌设相当年期之师范学校或师范讲习科。

三、高等教育

（二十一）大学校设数科或一科均可，其单设一科者，称某科大学校。如医科大学校、法科大学校之类。

（二十二）大学校修业年限四年至六年（各科得按其性质之繁简，于此限度内斟酌定之）。医科大学校及法科大学校修业年限至少五年。师范大学校修业年限四年。

（附注四）依旧制设立之高等师范学校，应于相当时期内提高程度，收受高级中学毕业生，修业年限四年，称为师范大学校。

（二十三）大学校用选科制。

（二十四）因学科及地方特别情形，得设专门学校，高级中学毕业生入之，修业年限三年以上。年限与大学校同者，待遇亦同。

（附注五）依旧制设立之专门学校，应于相当时期内提高程度，收受高级中学毕业生。

（二十五）大学校及专门学校，得附设专修科，修业年限不等。（凡志愿修习某种学术或职业，而有相当程度者入之。）

（二十六）为补充初级中学教员之不足，得设二年之师范专修科，附设于大学校教育科或师范大学校，亦得设于师范学校或高级中学，收受师范学校及高级中学毕业生。

（二十七）大学院为大学毕业及具有同等程度者研究之所，年限无定。

四、附则

（二十八）注重天才教育，得变通年期及教程，使优异之智能尽量发展。

（二十九）对于精神上或身体上有缺陷者，应施以相当之特种教育。

〔北洋政府教育部档案〕

19.教育部公布部直辖国立各学校公文程式条例令
（1924年2月28日）

教育部部令第二十五号

兹订定，教育部直辖国立各学校公文程式条例公布之。此令。

教育部直辖国立各学校公文程式条例

第一条　教育部通行或分行各直辖学校之公文，以训令行之。

第二条　直辖各学校对于教育部陈报事项，用呈。

第三条　教育部对于直辖各学校呈请事项，以指令行之。

第四条　教育部对于直辖各学校之聘任校长、咨询事项，以公函行之。

第五条　本条例自公布日施行。

中华民国十三年二月二十八日

教育总长　张国淦

〔北洋政府教育部档案〕

(二) 高等教育

(1) 高等教育法令

1. 教育部公布专门学校令
(1912年10月22日)

教育部部令
兹订定专门学校令十二条，特公布之。此令。

右令 本部直辖学校
　　　各省教育司

专门学校令

第一条　专门学校以教授高等学术，养成专门人才为宗旨。

第二条　专门学校之种类，为法政专门学校、医学专门学校、药学专门学校、农业专门学校、工业专门学校、商业专门学校、美术专门学校、音乐专门学校、商船专门学校、外国语专门学校等。

第三条　国立专门学校，统由教育部管辖。

第四条　各地方于应设学校外，确有余款，依本令之规定设立专门学校，为公立专门学校。

第五条　凡私人或私法人筹集经费，依本令之规定设立专门学校，为私立专门学校。

第六条　公立、私立专门学校之设立、变更、废止，均须呈报教育总长得其认可。

第七条　专门学校学生入学之资格，须在中学校毕业或经试验有同等学力者。

第八条 专门学校得设预科及研究科。

第九条 专门学校之修业年限、学科科目，别以规程定之。

第十条 公立、私立专门学校教员之资格，别以规程定之。

第十一条 凡公立、私立学校不合本令所规定者，不得称为专门学校。

第十二条 本令自公布日施行。

中华民国元年十月二十二日部令第十六号

〔北洋政府教育部档案〕

2.教育部公布大学令

（1912年10月24日）

教育部部令

兹订定大学令二十二条，特公布之。此令。

大 学 令

第一条 大学以教授高深学术，养成硕学闳材，应国家需要为宗旨。

第二条 大学分为文科、理科、法科、商科、医科、农科、工科。

第三条 大学以文理二科为主，须合于左列各款之一，方得名为大学。

一、文理二科并设者。

二、文科兼法商二科者。

三、理科兼医农工三科或二科、一科者。

第四条 大学设预科，其学生入学资格，须在中学校毕业，或经试验有同等学力者。

第五条　大学各科学生入学资格，须在预科毕业，或经验有同等学力者。

第六条　大学为研究学术之蕴奥，设大学院。

第七条　大学院生入院之资格，为各科毕业生，或经试验有同等学力者。

第八条　大学各科之修业年限三年或四年，预科三年，大学院不设年限。

第九条　大学预科生修业期满，试验及格，授以毕业证书，升入本科。

第十条　大学各科学生修业期满，试验及格，授以毕业证书，得称学士。

第十一条　大学院生在院研究有新发明之学理或重要之著述，经大学评议会及该生所属某科之教授会认为合格者，得遵照学位令授以学位。

第十二条　大学设校长一人，总辖大学全部事务，各科设学长一人，主持一科事务。

第十三条　大学设教授、助教授。

第十四条　大学遇必要时，得延聘讲师。

第十五条　大学各科设讲座，由教授担任之。教授不足时，得使助教授或讲师担任讲座。

第十六条　大学设评议会，以各科学长及各科教授互选若干人为会员，大学校长可随时召集评议会，自为议长。

第十七条　评议会审议左列诸事项：

一、各学科之设置及废止。

二、讲座之种类。

三、大学内部规则。

四、审查大学院生成绩及请授学位者之合格与否。

五、教育总长及大学校长咨询事件。

凡关于高等教育事项，评议会如有意见，得建议于教育总长。

第十八条　大学各科各设教授会，以教授为会员，学长可随时召集教授会，自为议长。

第十九条　教授会审议左列诸事项：

一、学科课程。

二、学生试验事项。

三、审查大学院生属于该科之成绩。

四、审查提出论文请授学位者之合格与否。

五、教育总长、大学校长咨询事件。

第二十条　大学预科须附设于大学，不得独立。

第二十一条　私人或私法人亦得设立大学，除本令第六条、第十一条、第十七条第四款、第十九条第三款、第四款外，均适用之。

第二十二条　本令自公布日施行。

中华民国元年十月二十四日部令第十七号

〔北洋政府教育部档案〕

3.教育部公布法政专门学校准暂设别科停止令

（1912年10月25日）

教育部部令

专门学校令，现经公布。查旧设法政学堂多于本科、预科之外设立别科，并有不设本科而专设别科者，按之专门学校性质，殊属不合。此次专门学校令，已将别科删去，惟现时民国肇建，法政人才需用孔亟，自应量为变通，准于法政专门学校暂设法律别科、政治经济别科，考取年在二十五岁以上具有国学根柢者入校肄习，三年毕业。其学科科目，得由校长按照本科酌量减少。

此项考取别科学生事宜,至民国四年七月三十一日一律停止,此令。

中华民国元年十月二十五日部令第二十号

〔北洋政府教育部档案〕

4．教育部公布法政专门学校规程令
(1912年11月2日)

教育部部令

兹订定法政专门学校规程十条,特公布之。此令。

右令 本部直辖学校
各省教育司

法政专门学校规程

第一条　法政专门学校以养成法政专门人才为宗旨。

第二条　法政专门学校之修业年限,本科三年,预科一年。

第三条　法政专门学校得为本科毕业生设研究科,其年限为一年以上。

第四条　法政专门学校预科之科目如左:

一、法学通论　　　　　二、经济原论

三、心理学　　　　　　四、论理学

五、伦理学　　　　　　六、国文

七、外国语英、德、法、日本语择一种

第五条　法政专门学校分为三科:

一、法律科　　　　　　二、政治科

三、经济科

前项政治、经济二科不分设者,得别设政治经济科。

法律科之科目:

一、宪法　　　　　　　二、行政法
三、罗马法　　　　　　四、刑法
五、民法　　　　　　　六、商法
七、破产法　　　　　　八、刑事诉讼法
九、民事诉讼法　　　　十、国际公法
十一、国际私法　　　　十二、外国语
以下各种科目得选择一种以上习之：
一、刑事政策　　　　　二、法制史
三、比较法制史　　　　四、财政学
五、法理学
政治科之科目：
一、宪法　　　　　　　二、行政法
三、政治学　　　　　　四、国家学
五、国法学　　　　　　六、政治史
七、政治地理　　　　　八、国际公法
九、外交史　　　　　　十、刑法总论
十一、民法概论　　　　十二、商法概论
十三、货币银行论　　　十四、财政学
十五、统计学　　　　　十六、社会学
十七、外国语
以下各种科目得选择一种以上习之：
一、农业政策　　　　　二、工业政策
三、商业政策　　　　　四、交通政策
五、殖民政策　　　　　六、政党史
经济科之科目：
一、宪法　　　　　　　二、行政法
三、经济史　　　　　　四、货币论
五、银行论　　　　　　六、财政学

七、财政史　　　　　　　八、农业政策
九、工业政策　　　　　　十、商业政策
十一、交通政策　　　　　十二、殖民政策
十三、统计学　　　　　　十四、保险学
十五、簿记学　　　　　　十六、民法概论
十七、商法　　　　　　　十八、外国语

以下各种科目得择选一种以上习之：
一、商业史　　　　　　　二、商业地理
三、国际公法　　　　　　四、刑法总论
五、政治学　　　　　　　六、交易市场论
七、仓库及税关论

政治经济科之科目：
一、宪法　　　　　　　　二、行政法
三、政治学　　　　　　　四、刑法总论
五、国际公法　　　　　　六、民法概论
七、商法概论　　　　　　八、货币银行论
九、农业政策　　　　　　十、工业政策
十一、商业政策　　　　　十二、交通政策
十三、殖民政策　　　　　十四、财政学
十五、统计学　　　　　　十六、簿记学
十七、外国语

以下各种科目得选择一种以上习之：
一、国法学　　　　　　　二、政治史
三、外交史　　　　　　　四、经济史
五、商业史　　　　　　　六、保险学

第六条　以上各学科由校长酌量设置，呈报教育总长认可。

第七条　法政专门学校各科目授业时间，由校长订定，呈报教育总长。

第八条 法政专门学校，应就各科设置各项图书及供参考之标品等。

第九条 凡公立私立法政专门学校，除遵照专门学校令及公立私立专门学校规程外，概依本规程办理。

第十条 本规程自公布日施行。

中华民国元年十一月初二日部令第二十二号

〔北洋政府教育部档案〕

5.教育部公布大学规程令
（1913年1月）

教育部令第一号

大　学　规　程

第一章　通　则

第一条　大学依大学令第二条之规定，分为文科、理科、法科、商科、医科、农科、工科。

第二条　大学之文科分为哲学、文学、历史学、地理学四门。

理科分为数学、星学、理论物理学、实验物理学、化学、动物学、植物学、地质学、矿物学九门。

法科分为法律学、政治学、经济学三门。

商科分为银行学、保险学、外国贸易学、领事学、税关仓库学、交通学六门。

医科分为医学、药学二门。

农科分为农学、农艺化学、林学、兽医学四门。

工科分为土木工学、机械工学、船用机关学、造船学、造兵学、电气工学、建筑学、应用化学、火药学、采矿学、冶金学十一门。

第三条　大学之修业年限，文科、理科、商科、农科、工科及医科之药学门为三年，法科及医科之医学门为四年。

第四条　大学学生入学之资格，须在预科毕业或经试验有同等学力者。

前项预科或与预科相当之学校，非遵照本规程办理者，其毕业生应行入学试验。

第五条　大学毕业生欲更入他科修业者，得免除入学试验；但欲列在二年级以上，须经试验合格方许编入。

第六条　学生因不得已事故自请退学，在二年以内，仍请入原级修业，得免除试验；但欲列在原级以上，须经试验合格方许编入。

第二章　学科及科目

第七条　大学文科之科目如左：

（一）哲学门分为左之二类：

中国哲学类

一、中国哲学（周易、毛诗、仪礼、礼记、春秋、公谷传、论语、孟子、周秦诸子、宋理学）

二、中国哲学史　　　　三、宗教学
四、心理学　　　　　　五、伦理学
六、论理学　　　　　　七、认识论
八、社会学　　　　　　九、西洋哲学概论
十、印度哲学概论　　　十一、教育学
十二、美学及美术史　　十三、生物学
十四、人类及人种学　　十五、精神病学
十六、言语学概论

西洋哲学类

一、西洋哲学　　　　　二、西洋哲学史
三、宗教学　　　　　　四、心理学
五、伦理学　　　　　　六、论理学

七、认识论　　　　　　　　八、社会学
九、中国哲学概论　　　　　十、印度哲学概论
十一、教育学　　　　　　　十二、美学及美术史
十三、生物学　　　　　　　十四、人类及人种学
十五、精神病学　　　　　　十六、言语学概论

（二）文学门分为左之八类：

国文学类

一、文学研究法　　　　　　二、说文解字及音韵学
三、尔雅学　　　　　　　　四、词章学
五、中国文学史　　　　　　六、中国史
七、希腊罗马文学史　　　　八、近世欧洲文学史
九、言语学概论　　　　　　十、哲学概论
十一、美学概论　　　　　　十二、论理学概论
十三、世界史

梵文学类

一、梵语及梵文学　　　　　二、印度哲学
三、宗教学　　　　　　　　四、因明学
五、中国哲学概论　　　　　六、西洋哲学概论
七、文学概论　　　　　　　八、言语学概论
九、论理学概论　　　　　　十、伦理学概论
十一、中国文学史

英文学类

一、英国文学　　　　　　　二、英国文学史
三、英国史　　　　　　　　四、文学概论
五、中国文学史　　　　　　六、希腊文学史
七、罗马文学史　　　　　　八、近世欧洲文学史
九、言语学概论　　　　　　十、哲学概论
十一、美学概论

法文学类
一、法国文学　　　　　　二、法国文学史
三、法国史　　　　　　　四、文学概论
五、中国文学史　　　　　六、希腊文学史
七、罗马文学史　　　　　八、近世欧洲文学史
九、言语学概论　　　　　十、哲学概论
十一、美学概论

德文学类
一、德国文学　　　　　　二、德国文学史
三、德国史　　　　　　　四、文学概论
五、中国文学史　　　　　六、希腊文学史
七、罗马文学史　　　　　八、近世欧洲文学史
九、言语学概论　　　　　十、哲学概论
十一、美学概论

俄文学类
一、俄国文学　　　　　　二、俄国文学史
三、俄国史　　　　　　　四、文学概论
五、中国文学史　　　　　六、希腊文学史
七、罗马文学史　　　　　八、近世欧洲文学史
九、言语学概论　　　　　十、哲学概论
十一、美学概论

意大利文学类
一、意大利文学　　　　　二、意大利文学史
三、意大利史　　　　　　四、文学概论
五、中国文学史　　　　　六、希腊文学史
七、罗马文学史　　　　　八、近世欧洲文学史
九、言语学概论　　　　　十、哲学概论
十一、美学概论

言语学类
- 一、国语学
- 二、人类学
- 三、音声学
- 四、社会学原理
- 五、史学概论
- 六、文学概论
- 七、哲学概论
- 八、美学概论
- 九、希腊语学
- 十、拉丁语学
- 十一、西洋近世语概论
- 十二、东洋近世语概论

（三）历史学门分为左之二类：

中国史及东洋史学类
- 一、史学研究法
- 二、中国史（尚书、春秋左氏传，秦汉以后各史）
- 三、塞外民族史
- 四、东方各国史
- 五、南洋各岛史
- 六、西洋史概论
- 七、历史地理学
- 八、考古学
- 九、年代学
- 十、经济史
- 十一、法制史（周礼、各史志、通典、通考、通志等）
- 十二、外交史
- 十三、宗教史
- 十四、美术史
- 十五、人类及人种学

西洋史学类
- 一、史学研究法
- 二、西洋各国史
- 三、中国史概论
- 四、历史地理学
- 五、考古学
- 六、年代学
- 七、经济史
- 八、法制史
- 九、外交史
- 十、宗教史
- 十一、美术史
- 十二、人类及人种学

（四）地理学门：

一、地理研究法　　　　　　二、中国地理
三、世界各国地理　　　　　四、历史地理学
五、海洋学　　　　　　　　六、博物学
七、殖民学及殖民史　　　　八、人类及人种学
九、统计学　　　　　　　　十、测地绘图法
十一、地文学概论　　　　　十二、地质学
十三、史学概论

第八条　大学理科之科目如左：

（一）数学门：

一、微分积分学　　　　　　二、微分方程式
三、函数论　　　　　　　　四、近世代数学
五、近世几何学　　　　　　六、平面及立体解析几何学
七、四原（或诸原）　　　　八、概率学及最小二乘法
九、代数解析及方程式论　　十、变分学
十一、整数论　　　　　　　十二、积分方程式论
十三、理论物理学　　　　　十四、星学
十五、物理学实验　　　　　十六、数学演习

（二）星学门：

一、天体物理学　　　　　　二、天体力学
三、理论星学　　　　　　　四、实地星学
五、微分积分学　　　　　　六、近世几何学及演习
七、概率学及最小二乘法　　八、一般函数及椭圆函数论
九、高等微分方程式　　　　十、应用微分方程式
十一、气象学　　　　　　　十二、理论物理学
十三、力学　　　　　　　　十四、光学
十五、物理化学　　　　　　十六、结晶学
十七、地质学概论　　　　　十八、大地测量学
十九、星学实验　　　　　　二十、制图术

（三）理论物理学门：

一、理论物理学　　　　　　　二、力学
三、气体动力学　　　　　　　四、热力学
五、光学　　　　　　　　　　六、电学
七、应用电学　　　　　　　　八、物理化学
九、微分积分学　　　　　　　十、高等微分方程式
十一、几何学　　　　　　　　十二、星学及最小二乘法
十三、物理学实验　　　　　　十四、理论物理演习

（四）实验物理学门：

一、力学通论　　　　　　　　二、应用力学
三、热学　　　　　　　　　　四、光学
五、电学　　　　　　　　　　六、应用电学
七、物理化学　　　　　　　　八、微分积分学
九、星学及最小二乘法　　　　十、物理学实验
十一、物理化学实验　　　　　十二、化学实验
十三、星学实验　　　　　　　十四、理论物理学演习

（五）化学门：

一、无机化学　　　　　　　　二、有机化学
三、物理化学　　　　　　　　四、分析化学
五、应用化学　　　　　　　　六、卫生化学
七、数学　　　　　　　　　　八、物理学
九、矿物学　　　　　　　　　十、结晶学
十一、化学史　　　　　　　　十二、物理学实验
十三、化学实验（定性分析、容量分析、重量分析、物理化学、气体分析、有机分析、显微镜分析）

（六）动物学门：

一、动物学总论　　　　　　　二、脊椎动物学
三、无脊椎动物学　　　　　　四、骨骼学

五、动物发生学　　　　　　六、动物学实验
七、动物发生学实验　　　　八、比较组织学及讲习
九、植物学　　　　　　　　十、植物学实验
十一、地质学及实验　　　　十二、矿物学及实验
十三、地理学　　　　　　　十四、生理学
十五、水产学　　　　　　　十六、人类学
十七、古生物学　　　　　　十八、生物进化论
十九、动物学山野演习　　　二十、临海实验
二十一、实地研究

（七）植物学门：
一、植物分类学　　　　　　二、植物形态学
三、植物生理学　　　　　　四、植物生态学
五、应用植物学　　　　　　六、植物分类学实验
七、植物解剖学实验　　　　八、植物生理学实验
九、细菌学实验　　　　　　十、动物学
十一、动物学实验　　　　　十二、地质学及实验
十三、矿物学及实验　　　　十四、地理学
十五、生理学　　　　　　　十六、水产学
十七、古生物学　　　　　　十八、生物进化论
十九、植物学山野演习　　　二十、临海实验
二十一、实地研究

（八）地质学门：
一、地质学　　　　　　　　二、应用地质学
三、地质学实验　　　　　　四、岩石学
五、岩石学实验　　　　　　六、矿物学
七、矿床学　　　　　　　　八、矿物学实验
九、结晶光学　　　　　　　十、化学实验
十一、古生物学　　　　　　十二、古生物学实验

十三、动物学及实验　　　　十四、植物学及实验
十五、地理学　　　　　　　十六、测量学及实习
十七、测地学　　　　　　　十八、人类学
十九、制图术　　　　　　　二十、地质巡验
二十一、实地研究

（九）矿物学门：
一、矿物学　　　　　　　　二、应用矿物学
三、矿物学实验　　　　　　四、矿床学
五、采矿学　　　　　　　　六、地质学
七、地质学实验　　　　　　八、岩石学
九、岩石学实验　　　　　　十、结晶光学
十一、化学　　　　　　　　十二、化学实验
十三、古生物学　　　　　　十四、古生物学实验
十五、动物学及实验　　　　十六、植物学及实验
十七、地理学　　　　　　　十八、冶金学大意
十九、制图术　　　　　　　二十、测量学及实习
二十一、矿物巡验　　　　　二十二、实地研究

第九条　大学法科之科目如左：

（一）法律学门：
一、宪法　　　　　　　　　二、行政法
三、刑法　　　　　　　　　四、民法
五、商法　　　　　　　　　六、破产法
七、刑事诉讼法　　　　　　八、民事诉讼法
九、国际公法　　　　　　　十、国际私法
十一、罗马法　　　　　　　十二、法制史
十三、法理学　　　　　　　十四、经济学
十五、英吉利法、德意志法、法兰西法（选择一种）

十六、比较法制史* 十七、刑事政策*
十八、国法学* 十九、财政学*
（二）政治学门：
一、宪法 二、行政法
三、国家法 四、国法学
五、政治学 六、政治学史
七、政治史 八、政治地理
九、国际公法 十、外交史
十一、刑法总论 十二、民法
十三、商法 十四、经济学
十五、财政学 十六、统计学
十七、社会学 十八、法理学*
十九、农业政策* 二十、工业政策*
二十一、商业政策* 二十二、社会政策*
二十三、交通政策* 二十四、殖民政策*
二十五、国际公法（各论）* 二十六、政党史*
二十七、国际私法*
（三）经济学门：
一、经济学 二、经济学史
三、经济史 四、经济地理
五、财政学 六、财政史
七、货币论 八、银行论
九、农政学 十、林政学
十一、工业经济 十二、商业经济
十三、社会政策 十四、交通政策
十五、殖民政策 十六、保险学

注：*为选择科目之符号，后不另注。

十七、统计学　　　　　　　　十八、宪法
十九、民法　　　　　　　　　二十、商法
二十一、经济行政法　　　　　二十二、政治学*
二十三、行政法*　　　　　　二十四、刑法总论*
二十五、国际公法*　　　　　二十六、国际私法*

第十条　大学商科之科目如左：

（一）银行学门：

一、经济原论　　　　　　　　二、经济史
三、商业数学　　　　　　　　四、商业史
五、商业地理　　　　　　　　六、商品学
七、商业簿记学　　　　　　　八、商业通论
九、商业各论　　　　　　　　十、商业经济学
十一、财政原理　　　　　　　十二、应用财政学
十三、银行论　　　　　　　　十四、银行史
十五、银行政策　　　　　　　十六、金融论
十七、外国汇兑及金融论　　　十八、货币论
十九、交易所论　　　　　　　二十、银行实务
二十一、银行簿记学　　　　　二十二、商业政策
二十三、统计学　　　　　　　二十四、民法概论
二十五、商法　　　　　　　　二十六、破产法
二十七、国际公法　　　　　　二十八、国际私法
二十九、会计学　　　　　　　三十、英语
三十一、第二外国语（德、　　三十二、实地研究
　　　　法、俄、日之一）

（二）保险学门：

一、经济原论　　　　　　　　二、商业数学
三、商业史　　　　　　　　　四、商业地理
五、商品学　　　　　　　　　六、商业簿记学

七、商业通论　　　　　　　　八、商业各论
九、商业经济学　　　　　　　十、财政原论
十一、保险通论　　　　　　　十二、生命保险
十三、损害保险　　　　　　　十四、决疑数学
十五、商业政策　　　　　　　十六、统计学
十七、民法概论　　　　　　　十八、商法
十九、破产法　　　　　　　　二十、国际公法
二十一、国际私法　　　　　　二十二、会计学
二十三、应用统计学　　　　　二十四、英语
二十五、第二外国语（德、　　二十六、实地研究
　　　　法、俄、日之一）

（三）外国贸易学门：
一、经济原论　　　　　　　　二、经济史
三、商业数学　　　　　　　　四、商业史
五、商业地理　　　　　　　　六、商品学
七、商业簿记学　　　　　　　八、商业通论
九、商业各论　　　　　　　　十、商业经济学
十一、财政原理　　　　　　　十二、贸易论
十三、外国汇兑及金融论　　　十四、交易所论
十五、关税学　　　　　　　　十六、运输论
十七、银行论　　　　　　　　十八、商业经营法
十九、商品鉴识法　　　　　　二十、外国贸易论
二十一、商业政策　　　　　　二十二、工业政策
二十三、工业学　　　　　　　二十四、统计学
二十五、民法概论　　　　　　二十六、商法
二十七、破产法　　　　　　　二十八、国际公法
二十九、国际私法　　　　　　三十、英语
三十一、第二外国语（德、　　三十二、实地研究

　　　　法、俄、日之一）

（四）领事学门：

一、经济原论　　　　　　二、商业数学
三、商业史　　　　　　　四、商业地理
五、商品学　　　　　　　六、商业簿记学
七、商业通论　　　　　　八、商业各论
九、商业经济学　　　　　十、财政原论
十一、外国贸易论　　　　十二、商业政策
十三、外交史　　　　　　十四、关税学
十五、殖民政策　　　　　十六、通商条约
十七、统计学　　　　　　十八、民法概论
十九、商法　　　　　　　二十、比较民法及比较商法
二十一、破产法　　　　　二十二、商事行政法
二十三、国际公法　　　　二十四、国际私法
二十五、英语　　　　　　二十六、第二外国语（德、
二十七、实地研究　　　　　　　　法、俄、日之一）

（五）税关仓库学门：

一、经济原论　　　　　　二、商业史
三、商业地理　　　　　　四、商品学
五、商业簿记学　　　　　六、商业通论
七、商业各论　　　　　　八、商业经济学
九、财政原论　　　　　　十、外国贸易论
十一、商业政策　　　　　十二、统计学
十三、海关制度　　　　　十四、税率论
十五、仓库制度　　　　　十六、仓库证券论
十七、各国度量衡论　　　十八、通商条约
十九、民法概论　　　　　二十、商法
二十一、破产法　　　　　二十二、国际公法

二十三、国际私法　　　　　　二十四、会计学
二十五、工业学　　　　　　　二十六、英语
二十七、第二外国语（德、　　二十八、实地研究
　　　　法、俄、日之一）
（六）交通学门：
一、经济原论　　　　　　　　二、商业史
三、商业地理　　　　　　　　四、商品学
五、商业簿记学　　　　　　　六、商业通论
七、商业各论　　　　　　　　八、商业经济学
九、财政原论　　　　　　　　十、外国贸易论
十一、商业政策　　　　　　　十二、工业政策
十三、商事行政法　　　　　　十四、统计学
十五、交通政策　　　　　　　十六、铁道经济学
十七、陆运论　　　　　　　　十八、水运论
十九、铁道管理法　　　　　　二十、商船管理法
二十一、邮电行政论　　　　　二十二、邮便贮金论
二十三、民法概论　　　　　　二十四、商法
二十五、破产法　　　　　　　二十六、国际公法
二十七、国际私法　　　　　　二十八、工业学
二十九、英语　　　　　　　　三十、第二外国语（德、法、
　　　　　　　　　　　　　　　　　俄、日之一）
三十一、实地研究

第十一条　大学医科之科目如左：
（一）医学门：
一、解剖学　　　　　　　　　二、组织学
三、生理学　　　　　　　　　四、医化学
五、胎生学　　　　　　　　　六、局部解剖学
七、药物学　　　　　　　　　八、病理学
九、病理解剖学　　　　　　　十、诊断学

十一、内科学　　　　　　　　十二、外科学
十三、眼科学　　　　　　　　十四、妇科学
十五、产科学　　　　　　　　十六、卫生学
十七、皮肤病学及花柳病学　　十八、耳鼻咽喉科学
十九、儿科学　　　　　　　　二十、精神病学
二十一、裁判医学　　　　　　二十二、解剖学实习
二十三、组织学实习　　　　　二十四、生理学实习
二十五、医化学实习　　　　　二十六、药物学实习
二十七、病理解剖学实习　　　二十八、病理组织学实习
二十九、病理解剖学标本说明　三十、绷带学实习
三十一、诊断学实习　　　　　三十二、内科临床讲义
三十三、内科外来病人临床讲义　三十四、外科临床讲义
三十五、外科外来病人临床讲义　三十六、检眼镜实习
三十七、眼科临床讲义　　　　三十八、眼科外来病人临床讲义
三十九、产科模型实习　　　　四十、产科妇人科临床讲义
四十一、产科妇人科外来病人临床讲义　四十二、微生物学实习
四十三、皮肤病及花柳病临床讲义　四十四、皮肤病及花柳病外来病人临床讲义
四十五、精神病学临床讲义　　四十六、外科手术实习
四十七、儿科临床讲义　　　　四十八、儿科外来病人临床讲义
四十九、耳鼻咽喉科临床讲义　五十、耳鼻咽喉科外来病人临床讲义

五十一、整形外科学临床讲义

（二）药学门：

一、无机药化学	二、有机药化学
三、药用植物学	四、植物解剖学
五、制药化学	六、卫生化学
七、裁判化学	八、生药学
九、细菌学	十、药制学
十一、药制比较学	十二、制剂学
十三、定性分析化学及实习	十四、定量分析化学及实习
十五、工业分析及实习	十六、植物学实习并显微镜用法
十七、无机药化学实习	十八、有机药化学实习
十九、制药化学实习	二十、卫生化学实习
二十一、裁判化学实习	二十二、生药学显微镜实习
二十三、细菌学实习	二十四、药制化学药品试验法实习
二十五、药制生药药品试验法实习	二十六、制剂学实习（以上为通习科目）
二十七、植物化学	二十八、内国生药学
二十九、外国生药学	三十、粉末生药学
三十一、植物化学实习	三十二、内国生药学实习
三十三、外国生药学实习	三十四、粉末生药学实习（以上为修生药学者之专习科目）
三十五、卫生化学	三十六、裁判化学
三十七、细菌学	三十八、卫生化学实习
三十九、裁判化学实习	四十、细菌学实习（以上为

　　　　　　　　　　　　　　修卫生裁判化学者之
　　　　　　　　　　　　　　专习科目)

四十一、动植物成分研究法　　四十二、动植物成分研究法
　　　　讲义　　　　　　　　　　　　实习
四十三、元素分析分子量测　　四十四、有机体构造研究法
　　　　定法实习　　　　　　　　　　实习
四十五、新药合成法实习　　　四十六、药品工业学
　　　　(以上为修药化学
　　　　者之专习科目)
四十七、无机性药品制造法　　四十八、有机性药品制造法
　　　　实习　　　　　　　　　　　　实习
四十九、化学工艺品制造法　　五十、药剂制造法实习
　　　　实习
五十一、药品赋形术实习　　　五十二、工场计划及制图
　　　　　　　　　　　　　　　　　　(以上为修药化学
　　　　　　　　　　　　　　　　　　者之专习科目)

第十二条　大学农科之科目如左：
(一)农学门：
一、地质学　　　　　　　　　二、农艺物理学
三、气象学　　　　　　　　　四、植物生理学
五、动物生理学　　　　　　　六、法学通论
七、经济学　　　　　　　　　八、农学总论
九、土壤学　　　　　　　　　十、农业土木学
十一、农业机械学　　　　　　十二、植物病理学
十三、肥料学　　　　　　　　十四、作物学
十五、园艺学　　　　　　　　十六、畜产学
十七、养蚕学　　　　　　　　十八、家畜饲养论
十九、酪农论　　　　　　　　二十、农产制造学

二十一、昆虫学　　　　　　二十二、害虫学
二十三、细菌学　　　　　　二十四、生理化学
二十五、农政学　　　　　　二十六、农业经济学
二十七、殖民学　　　　　　二十八、植物学实验
二十九、动物学实验　　　　三十、农艺化学实验
三十一、农学实验　　　　　三十二、农业经济学演习
三十三、农场实习　　　　　三十四、林学通论*
三十五、兽医学通论*　　　三十六、水产学通论*

（二）农艺化学门：
一、地质学　　　　　　　　二、农艺物理学
三、气象学　　　　　　　　四、农学总论
五、植物生理学　　　　　　六、动物生理学
七、经济学　　　　　　　　八、有机化学
九、分析化学　　　　　　　十、农业土木学
十一、农业机械学　　　　　十二、土壤学
十三、肥料学　　　　　　　十四、作物学
十五、细菌学　　　　　　　十六、生理化学
十七、家畜饲养论　　　　　十八、酪农论
十九、畜产学　　　　　　　二十、发酵化学
二十一、化学原论　　　　　二十二、农产制造学
二十三、食物及嗜好品论　　二十四、农业经济学
二十五、地质学实验　　　　二十六、细菌学实验
二十七、农艺化学实验　　　二十八、园艺学*
二十九、养蚕学*　　　　　三十、农政学*

（三）林学门：
一、地质及土壤学　　　　　二、农学总论
三、法学通论　　　　　　　四、气象学
五、经济学　　　　　　　　六、财政学

七、植物生理学　　　　　　　八、森林物理学
九、森林植物学　　　　　　　十、森林动物学
十一、最小二乘法及力学　　　十二、测树学
十三、林价算法及森林较利　　十四、森林测量学
　　　学
十五、造林学　　　　　　　　十六、森林保护学
十七、森林工学　　　　　　　十八、森林利用学
十九、森林化学　　　　　　　二十、林产制造学
二十一、树病学　　　　　　　二十二、森林经理学
二十三、森林管理学及会计　　二十四、森林理水及砂防工
　　　　法　　　　　　　　　　　　学
二十五、林政学　　　　　　　二十六、森林法律学
二十七、制图学　　　　　　　二十八、殖民学
二十九、地质学实习　　　　　三十、森林植物学实验
三十一、森林动物学实验　　　三十二、森林测量实习
三十三、造林学实习　　　　　三十四、森林工学实习
三十五、森林利用学实习　　　三十六、森林化学实验
三十七、制图实习　　　　　　三十八、实地演习
三十九、林产制造实习　　　　四十、狩猎论*
四十一、养鱼论*

（四）兽医学门：
一、解剖学　　　　　　　　　二、组织学
三、生理学　　　　　　　　　四、胎生学
五、病理通论　　　　　　　　六、寄生动物学
七、细菌学　　　　　　　　　八、病体组织学
九、病体解剖学　　　　　　　十、蹄铁学及蹄病论
十一、药物学及调剂法　　　　十二、内科学
十三、外科学　　　　　　　　十四、外科手术

十五、眼科学	十六、产科学
十七、动物疫论	十八、皮肤病学
十九、卫生学	二十、法医学
二十一、畜产学	二十二、畜产制造学
二十三、马学	二十四、家畜饲养论
二十五、乳肉检查法	二十六、牧政学
二十七、牧草论	二十八、兽医警察法
二十九、解剖学实习	三十、组织学实验
三十一、细菌学实验	三十二、蹄铁法及蹄病实习
三十三、调剂实习	三十四、外科手术实习
三十五、病体解剖实习	三十六、乳肉检查实习
三十七、畜产制造实习	三十八、病舍实习
三十九、法学通论*	四十、农学总论*

第十三条　大学工科之科目如左：

（一）土木工学门：

一、数学	二、力学
三、应用力学	四、水力学
五、图法力学及演习	六、地质学
七、热机关学	八、水力机学
九、机械制造学	十、冶金制器学
十一、测量学	十二、测地学
十三、建筑材料学	十四、铁筋混合土构造法
十五、石工学	十六、桥梁学
十七、铁道学	十八、道路学
十九、河海工学	二十、市街铁道学
二十一、房屋构造学	二十二、土木行政法
二十三、电气工学大意	二十四、卫生工学
二十五、工业经济学	二十六、计划及制图

二十七、测量实习　　　　　　二十八、实地练习
（二）机械工学门：
一、数学　　　　　　　　　　二、力学
三、应用力学　　　　　　　　四、水力学
五、图法力学及演习　　　　　六、热力学
七、热机关学　　　　　　　　八、水力机学
九、机械制造法　　　　　　　十、冶金制器学
十一、机械学　　　　　　　　十二、机械运动及力学
十三、机关车学　　　　　　　十四、船用机关学
十五、纺织机械学　　　　　　十六、制造用机械学
十七、电气工学大意　　　　　十八、房屋构造学
十九、工业经济学　　　　　　二十、计划制图及实习
二十一、电气工学实验　　　　二十二、实地练习
（三）船用机关学门：
一、数学　　　　　　　　　　二、力学
三、应用力学　　　　　　　　四、水力学
五、图法力学及演习　　　　　六、热力学
七、热机关学　　　　　　　　八、水力机学
九、机械制造法　　　　　　　十、冶金制器法
十一、机械学　　　　　　　　十二、机械运动及力学
十三、船用机关学　　　　　　十四、造船学大意
十五、电气工学大意　　　　　十六、工厂建筑法
十七、工业经济学　　　　　　十八、计划制图及实习
十九、造船计划及制图　　　　二十、电气工学实验
二十一、实地练习
（四）造船学门：
一、数学　　　　　　　　　　二、力学
三、应用力学　　　　　　　　四、水力学

五、图法力学及演习　　六、热力学
七、热机关学　　　　　八、水力机学
九、机械制造法　　　　十、冶铁学
十一、机械学　　　　　十二、造船学
十三、军舰制造法　　　十四、船用机关学
十五、电气工学大意　　十六、船坞海港建筑法
十七、工业经济法　　　十八、计划制图及实习
十九、船用机关计划及　二十、实地练习
　　　制图

（五）造兵学门：
一、数学　　　　　　　二、力学
三、应用力学　　　　　四、水力学
五、图法力学及演习　　六、热力学
七、热机关学　　　　　八、水力机学
九、机械制造法　　　　十、冶金制器法
十一、冶金学　　　　　十二、冶铁学
十三、机械学　　　　　十四、枪炮学
十五、弹丸学　　　　　十六、炮外弹道学
十七、炮架及车辆学　　十八、水雷学
十九、火药学　　　　　二十、造船学大意
二十一、射击表编制法　二十二、电气工学大意
二十三、工业经济学　　二十四、计划及制图
二十五、机械制图　　　二十六、化学实验
二十七、实地练习

（六）电气工学门：
一、数学　　　　　　　二、力学
三、应用力学　　　　　四、水力学
五、热力学　　　　　　六、热机械学

七、水力机学　　　　　　　八、机械制造法
九、冶金制器法　　　　　　十、机械学
十一、电气及磁气学　　　　十二、电气磁气测定法
十三、电报及电话学　　　　十四、电灯电车及电力
　　　　　　　　　　　　　　　　传送法
十五、发电机电动机及变压　十六、直流及交流理论
　　　器论
十七、电气化学　　　　　　十八、房屋构造学
十九、工业经济学　　　　　二十、计划及制图
二十一、机械制图　　　　　二十二、电气工学实验
二十三、电气及磁气实验　　二十四、电气化学实验
二十五、实地练习

（七）建筑学门：
一、数学　　　　　　　　　二、力学
三、应用力学　　　　　　　四、水力学
五、图法力学及演习　　　　六、地质学
七、热机关学　　　　　　　八、冶金制器法
九、测量学及实习　　　　　十、建筑材料学
十一、中国建筑构造法　　　十二、建筑意匠学
十三、建筑史　　　　　　　十四、房屋构造学
十五、铁筋混合土构造法　　十六、配景法
十七、装饰法　　　　　　　十八、美学
十九、施工法　　　　　　　二十、卫生工学
二十一、建筑法规　　　　　二十二、工业经济学
二十三、自在画　　　　　　二十四、装饰画
二十五、计划及制图　　　　二十六、制图及配景法
　　　　　　　　　　　　　　　　实习

二十七、实地练习

(八)应用化学门：
一、应用力学　　　　　　二、水力学
三、热机关学　　　　　　四、冶金制器法
五、机械学　　　　　　　六、无机化学
七、有机化学　　　　　　八、矿物学及矿物识别
九、物理化学　　　　　　十、电气化学
十一、冶金学　　　　　　十二、试金术
十三、应用化学　　　　　十四、火药学大意
十五、电气工学大意　　　十六、房屋构造学
十七、工业经济学　　　　十八、计划及制图
十九、化学分析及实验　　二十、工业分析及实验
二十一、应用化学实习　　二十二、试金实验
二十三、实地练习

(九)火药学门：
一、数学　　　　　　　　二、力学
三、应用力学　　　　　　四、水力学
五、热机关学　　　　　　六、冶金制器学
七、机械学　　　　　　　八、无机化学
九、有机化学　　　　　　十、制造化学
十一、火药学　　　　　　十二、枪炮学
十三、弹丸学　　　　　　十四、水雷学
十五、炮外弹道学　　　　十六、炮架及车辆学
十七、电气工学大意　　　十八、房屋构造学
十九、工业经济学　　　　二十、计划及制图
二十一、机械制图　　　　二十二、火药实验
二十三、化学分析及实验　二十四、工业分析及实验
二十五、实地练习

(十)采矿学门：

一、数学　　　　　　　　　　二、应用力学
三、水力学　　　　　　　　　四、热机关学
五、机械制造法　　　　　　　六、冶金制器法
七、机械学　　　　　　　　　八、地质学
九、矿物学　　　　　　　　　十、岩石学
十一、测量及矿山测量　　　　十二、采矿学
十三、矿床学　　　　　　　　十四、选矿学
十五、矿物及岩石识别　　　　十六、冶金学大意
十七、试金术　　　　　　　　十八、矿山机械学
十九、材料运搬法　　　　　　二十、土木工学大意
二十一、电气工学大意　　　　二十二、房屋构造学
二十三、工业经济学　　　　　二十四、矿山法规
二十五、采矿计画　　　　　　二十六、机械计画及制图
二十七、测量实习　　　　　　二十八、选矿实习
二十九、试金实验　　　　　　三十、化学分析及实验
三十一、吹管分析及实验　　　三十二、实地练习

（十一）冶金学门：

一、数学　　　　　　　　　　二、应用力学
三、水力学　　　　　　　　　四、热机关学
五、机械制造法　　　　　　　六、冶金制器法
七、机械学　　　　　　　　　八、矿物学
九、矿物识别　　　　　　　　十、采矿学
十一、选矿学　　　　　　　　十二、冶金学
十三、冶铁学　　　　　　　　十四、试金术
十五、冶金机械学　　　　　　十六、燃料及耐火材料论
十七、电气冶金学　　　　　　十八、热度测定法
十九、化学分析及实验　　　　二十、气体分析
二十一、电气工学大意　　　　二十二、房屋构造学

二十三、工业经济学　　　　二十四、矿山法规
二十五、冶金计画　　　　　二十六、冶铁计画
二十七、机械计画及制图　　二十八、冶金及电气冶
　　　　　　　　　　　　　　　　金实习
二十九、冶铁实验　　　　　三十、试金实验
三十一、吹管分析及实验　　三十二、实地练习

第十四条　大学讲座之种类及数目，由校长提出评议会决定呈请教育总长认可。

第十五条　大学各科目授业时间及学生应选修之科目，由校长订定呈报教育总长。

第三章　预　科

第十六条　预科学生入学之资格，须在中学校毕业及经试验有同等学力者。

中学校毕业生如超过定额时应行竞争试验。

第十七条　预科分为三部：

第一部为志愿入文科、法科、商科者设之。

第二部为志愿入理科、工科、农科并医科之药学门者设之。

第三部为志愿入医科之医学门者设之。

第十八条　第一部之科目为外国语、国文、历史、伦理、论理及心理、法学通论。

在志愿入文科者，于前项科目之外加课经济通论。

在志愿入文科之哲学门者，于前二项科目中缺伦理及心理，加课数学、物理。

外国语除继续中学校所习外，并须选习英、德、法之一种为第二外国语。

在志愿入法科者，于第一项科目之外，得加拉丁语为随意科。

第十九条　第二部之科目为外国语、国文、数学、物理、化

学、地质学及矿物学、图画。

在志愿入农科及医科之药学门、理科之动物学门、植物学门、地质学门者，于前项科目之外，加课动物学及植物学。

在志愿入工科之土木学门、机械学门、电气工学门、采矿学门、冶金学门、造船学门、建筑学门、理科之数学门、物理学门、星学门，农科之农学门、农艺化学门、林学门者，并加课测量学。

外国语之选习与第一部同，但志愿入农科之林学门及工科之电气工学门、应用化学门、造兵学门、采矿学门、冶金学门及医科之药学门者，应习德语。

在志愿入医科之药学门，理科之动物学门、植物学门、地质学门、矿物学门，并农科之兽医学门者，得加拉丁语为随意科。

第二十条 第三部之科目为外国语、国文、拉丁语、数学、物理、化学、动物学及植物学。

外国语之选习与第一部同，但应以德语为主。

第四章 大学院

第二十一条 大学院为大学教授与学生极深研几〔究〕之所。

大学院之区分为哲学院、史学院、植物学院等，各以其所研究之专门学名之。

第二十二条 大学院以本门主任教授为院长，由院长延其他教授或聘绩学之士为导师。

第二十三条 大学院不设讲座，由导师分任，各类于每学期之始提出条目，令学生分条研究，定期讲演讨论。

第二十四条 大学院之讲演讨论，应记录保存之。

第二十五条 大学院生经院长许可，得在大学内出席担任讲授或实验。

第二十六条 大学院生自认研究完毕欲受学位者，得就其研究事项提出论文，请求院长及导师审定，由教授会议决遵照学位令授以学位。

第二十七条　大学院生如有新发明之学理或重要之著述,得由大学评议会议决,遵照学位令授以学位。

第二十八条　本规程自公布日施行。

中华民国二年一月十二日教育总长范源廉

〔北洋政府教育部〕

6. 教育部公布私立大学规程令

(1913年1月16日)

教育部令第三号

私立大学规程

第一条　私人或私法人设立大学,除遵照大学令第三条及第二十一条所规定外,应开具左列事项,呈请教育总长认可:

一、目的;

二、名称;

三、位置;

四、学则;

五、学生定额;

六、地基房舍之所有者及其平面图;

七、经费及维持之方法;

八、开校年月。

在设置医科者,并须开具临床实习用病院之平面图及临床实习用病人之定额,解剖用尸体之预定数目。

本条第一项第六款及第二项之平面图①,应备载面积、地质及附近状况,并附饮用水之分析表。

----

① 原文如此。

本条第一项第一款至第七款及第二项所载事项，如有变更时，应呈请教育总长认可。

第二条　私立大学呈请教育总长认可时，除依前条规定外，并须开具代表人之履历。代表人对于该校应负完全责任。

私立大学如系一人设立者，即以设立者为代表人；如系二人以上设立者，应推举一人为代表人，其他非负完全责任之发起人及赞成人，均不在代表之列。

代表人如有变更之时，应详具理由及继任者之履历，呈请教育总长认可。

第三条　私立大学呈请教育总长认可时，其呈请书中未经代表人签名盖印者，概不收受。

第四条　私立大学于校地、校舍、校具及其他需要者，均须完全设备。

第五条　校地须有宽广之面积，并须于道德及卫生上均无妨害。

第六条　校舍除各种教室及事务室外，应备设图书室、实习室、实验室、器械标本室、药品室、制炼室等，以供实地研究。

在文科，并应设历史博物室、人类模型室、美术室等。

在理科，并应设附属气象台、植物园、动物园、临海实验所等。

在商科，并应设商品陈列所、商业实践室等。

在医科，并应设附属病院。

在农科，并应设农事试验场、演习林、家畜病院等。

在工科，并应设各种实习工场。

第七条　校具除教授上必须具备者外，并应采集本国天产物，自制标本模型器械等。

第八条　凡具有左列各款资格之一者，得充私立大学教员，具有左列各款资格之一，且曾充大学教员一年以上者得充校长。

一、在外国大学毕业者。

二、在国立大学或经教育部认可之私立大学毕业,并积有研究者。

三、有精深之著述,经中央学会评定者。

如校长教员一时难得合格时,得延聘相当之人充之,但须呈请教育总长认可。

第九条 私立大学之学则,应规定之事项如左:

一、入学资格、修业年限、科学、学科目、学科程度等。

二、学年、学期、休业日等。

三、入学、退学、升级、毕业等。

四、惩戒事项。

五、学费事项。

第十条 私立大学之学科目,应遵照大学规程第七条至第十三条所规定。

第十一条 私立大学各科之授业时间及学生应选修之科目,由校长订定呈报教育总长。

第十二条 校长认为教育上有重要关系时,得依学校管理规程第七条施惩戒于学生,或命其退学。

第十三条 私立大学因事废止,须详具理由并处置学生之法,呈请教育总长认可。

第十四条 本规程自公布日施行。

中华民国二年一月十六日教育总长范源廉

〔北洋政府教育部档案〕

7.教育部公布高等师范学校规程令

(1913年2月24日)

教育部令第六号

高等师范学校规程

第一章 学　科

第一条　高等师范学校分预科、本科、研究科。

第二条　本科分国文部、英语部、历史地理部、数学物理部、物理化学部、博物部。

第三条　预科之科目为伦理学、国文、英语、数学、论理学、图画、乐歌、体操。

第四条　本科各部通习之科目为伦理学、心理学、教育学、英语、体操。

第五条　本科各部分习之科目如左：

国文部：国文及国文学、历史、哲学、美学、言语学。

英语部：英语及英文学、国文及国文学、历史、哲学、美学、言语学。

历史地理部：历史、地理、法制、经济、国文、考古学、人类学。

数学物理部：数学、物理学、化学、天文学、气象学、图画、手工。

物理化学部：物理学、化学、数学、天文学、气象学、图画、手工。

博物部：植物学、动物学、生理及卫生学、矿物及地质学、农学、化学、图画。

各部可加授世界语、德语、乐歌为随意科。英语部可加授法语。

第六条　预科及本科各科目授业时间，由校长订定呈报教育总长。

第七条　研究科就本科各部择二、三科目研究之。

第八条　高等师范学校得设专修科。

前项专【修】科于师范学校及中学校某科教员缺乏时设之。

第九条 专修科之科目及授业时间，由校长订定，呈请教育总长认可。

第十条 高等师范学校得设选科。

前项选科为愿充师范学校及中学校教员者设之，其科目得选习本科及专修科中之一科目或数科目，但伦理及教育学均须兼习。

第二章 学额及修业年限

第十一条 预科、本科学生之总额，须在六百人以下，研究科及专修科无定额。

预科学生之定额一百五十人，本科每学级之定额：国文部、英语部、历史地理部各三十人；数学物理部、物理化学部、博物部各二十人；研究科专修科之额数由校长酌定，呈请教育总长认可。

第十二条 高等师范学校之修业年限：预科一年，本科三年，研究科一年或二年，专修科二年或三年，选科二年以上三年以下。

第十三条 本科第三年级学生，应令在附属中学校、小学校实地练习，专修科、选科生最后学年亦如之。

第三章 入学退学及惩戒

第十四条 预科及专修科入学资格，须身体健全，品行端正，在师范学校、中学校毕业或与有同等学力者，由省行政长官保送，并由妥实之保证人具保证书，送校长试验收录。

前项保送之人，非由师范学校及中学校毕业者，其试验科目之程度，应以师范学校、中学校毕业为标准，并加口答试验。

第十五条 预科每年招生一次，专修科临时招生，其日期及额数由校长酌定，先期通告。

第十六条 预科均为公费生，但得酌量情形收录自费生。

第十七条 本科由预科毕业生升入。

第十八条 研究科公费生，由校长在本科及专修科毕业生中选取之。在本国或外国专门学校毕业及从事教育有相当之学识经验者，经校长认可得以自费入学。

第十九条　专修科生及选科生之入学规则，由校长订定，呈请教育总长认可。

第二十条　学生犯左列各项之一，校长得命其退学。

一、身体羸弱难望成就者；二、成绩过劣者；三、性质不良不宜于教职者。

第二十一条　学生非有不得已事故经校长许可，不得任意退学。

第二十二条　学生违背校规，校长得施以儆戒。

第四章　学　费

第二十三条　公费生免纳学费，并由本学校给以膳费及杂费。

前项费额由校长预算，呈请教育总长核定。

自费生之人数及费额，由校长酌定，呈请教育总长认可。

第二十四条　专修科生、选科生俱为自费，但专修科生亦得视特别情形给与公费。

第二十五条　学生因第二十条及第二十二条事故退学或任意告退者，在公费生应令偿还学费及给予各费，在自费生应令偿还学费，但得酌量情形免其一部或全免之。

前项偿还学费之数以专门学校学费为标准。

第五章　服　务

第二十六条　本科公费生之服务期，自受毕业证书之日起，以六年为限；但经教育总长特别指定职务及服务于边远之地者，得减至四年。

第二十七条　专修科公费生之服务期，自受毕业证书之日起，以四年为限；但经教育总长特别指定职务及服务于边远地者，得减至三年。

第二十八条　本科、专修科之自费生，其服务期限均视公费生减半。

第二十九条　本科及专修科毕业生，遇有特别情事不能依规定期限服务者，教育总长得酌量暂缓或免除之。

第三十条　本科及专修科毕业生在服务期内，有左列情事之一，在公费生应令偿还学费及给予各费，在自费生应令偿还学费，但得酌量情形免其一部或全免之：

一、无正当事由而不尽第二十六、第二十七、第二十八条之义务者。二、因惩戒免职者。三、教员许可状被褫夺者。四、依第二十九条情事免服务者。

第三十一条　在服务期内愿入大学或高等师范学校研究科者，得呈请教育总长认可。

第三十二条　本科毕业生依第二十九条暂缓服务期限，及第三十一条入大学或研究科之在学时期，均不得算入义务年限。

第六章　附属学校

第三十三条　高等师范学校，应设附属中学校及小学校。

第三十四条　附属中学校，应遵照中学校施行规则办理，但每学级之学生数须在四十人以下。

附属初等小学校，应分设单级编制之学级，二学年以上合编之复式学级及一学年编制之单式学级，并酌用二部教授法。

附属高等小学校，得仅设一学年编制之单式学级。

第七章　附　则

第三十五条　本规程自公布日施行。

中华民国二年二月二十四日

　　　　　　　　　　　　　教育总长　刘冠雄
　　　　　　　　　　　　　〔北洋政府教育部档案〕

教育部部令第二十七号

8. 教育部公布高等师范学校课程标准令

(1913年8月19日)

高等师范学校课程标准

第一表 预科

学期\学目	第一学期	每周时数	第二学期	每周时数	第三学期
伦理学	人伦道德之要旨	一	同上	一	同上
国文	讲读 文法 作文	四	同上	四	同上
英语	讲读 文法 作文 会话 翻译 默写	十二	同上	十二	同上
数学	算术 几何	四	代数 几何 三角法	四	同上
论理学	演绎法	二	归纳法	二	方法学
图画	临画 写生画	二	投影画法要略 透视画法要略 墨板画练习	二	水彩画
乐歌	声乐练习及理论	二	同上	二	同上
体操	普通体操及游戏 兵式训练	三	同上	三	同上
合计		三〇		三〇	
国文部及英语之预科，每周宜减他科目二时，教授文学概论。					

第二表　本科国文部

学年\学期	第一学年 第一学期每周时数	第二学期每周时数	第二学年 第一学期每周时数	第二学期每周时数	第三学期每周时数	第三学年 第一学期每周时数	第二学期
伦理学	二	同上	西洋伦理学史 二	同上 二	同上 二	中国伦理学史 二	同上
心理学及教育学	二	同上	教育学 三	同上 三	教育史 三	教育史教授法 五	教育史教授法学校卫生教育法令

第三表　本科英语部

学年\学期	第一学年 第一学期每周时数	第二学期每周时数	第二学年 第一学期每周时数	第二学期每周时数	第三学期每周时数	第三学年 第一学期每周时数	第二学期
伦理学	二	同上	西洋伦理学史 二	同上 二	同上 二	中国伦理学史 二	同　上

学年\学期 科目	第一学年 第一学期	每周时数	第一学年 第二学期	每周时数	第一学年 第三学期	每周时数	第二学年 第一学期	每周时数	第二学年 第二学期	每周时数	第二学年 第三学期	每周时数	第三学年 第一学期	每周时数	第三学年 第二学期	每周时数
心理学及教育学	心理学	二	同上	二	同上	二	教育学	三	同上	三	教育史	三	教育史教授法	五	教育史教授法学校卫生教育法令	五
英语及英文学	讲读文法作文会话	四	同上	四	同上	四	讲读作文	四	同上	四	同上	四	讲读作文文学史	三	同 上	三
国文及国文学	讲读文法作文小学	四	同上	四	同上	四	讲读作文文学史	二	同上	二	同上	二				
历史	西洋史	二	同上	二	同上	二	西洋史	二	同上	二	同上	二				
哲学													哲学概要	二	同上	二
美学													美学概要	二	同上	二
言语学							言语学音声学	二	同上	二	同上	二				

续表

学年\学期\科目	第一学年 第一学期 每周时数	第一学年 第二学期 每周时数	第一学年 第三学期 每周时数	第二学年 第一学期 每周时数	第二学年 第二学期 每周时数	第二学年 第三学期 每周时数	第三学年 第一学期 每周时数	第三学年 第二学期
体操	普通体操及游戏兵式训练 三	同上 三	同上 三	普通体操及游戏兵式训练 三	同上 三	同上 三	普通体操及游戏兵式训练 三	同上
合计	二七	二七	二八	二六	二六	二七	二七	

第三学年第三学期实地教授。随意科目为乐歌、德文、法文。

151

第四表　本科历史地理部

学科目 \ 学年学期	第一学年 第一学期	每周时数	第二学期	每周时数	第三学期	每周时数	第二学年 第一学期	每周时数	第二学期	每周时数	第三学期	每周时数	第三学年 第一学期	每周时数	第二学期
伦理学	伦理学	二	同上	二	同上	二	西洋伦理学	二	同上	二	同上	二	中国伦理学	二	同上
心理学及教育学	心理学	二	同上	二	同上	二	教育学	三	同上	三	教育史	三	教育史教授法	五	教育史教授法学校卫生教育法令
历史	中国史 亚东各国史 西洋史	八	同上	八	同上	八	中国史 亚东各国史 西洋史	九	同上	九	同上	九	中国史 西洋史 史学研究法	九	同上
地理	地理通论 中国地志 中国人文地志	五	同上	五	同上	五	地理通论 亚洲志 海洋志 实验(一)	五 实验(一)	地理通论 欧洲志 实验(一)	五 实验(一)	地理通论 欧洲志 实验(一)	五 实验(一)	欧洲志 美洲志 实验(一)	四 实验(一)	美洲志 非洲志

续表

学年\学期\科目	第一学年 第一学期 每周时数	第一学年 第二学期 每周时数	第一学年 第三学期 每周时数	第二学年 第一学期 每周时数	第二学年 第二学期 每周时数	第二学年 第三学期 每周时数	第三学年 第一学期 每周时数	第三学年 第二学期 每周时数	第三学年 第三学期
法制经济				法制总论 公法经济总论 三	公法 生计 三	私法通论 私法交易 三	私法 分配 消费 三		国际法 财政
国文	讲读 四	同上 四	同上 三						
英语	讲读 五	五	同上	三	三	同上	三	三	
考古学 人类学							考古学概要 三		人类学概要
体操	普通体操及游戏兵式训练 三	同上 三	同上 三	普通体操及游戏兵式训练 三	同上 三	同上 三	普通体操及游戏兵式训练 三	三	同上
合计	二九	二九	二九	二八 实验(一)	二八 实验(一)	二八 实验(一)	二九 实验(一)	二九 实验(一)	

第三学年第三学期课实地教授。随意科目为乐歌、德文，
后不另注。一至七表均照原表所录〕（（*)为次数之符号，

第五表　本科数学物理部

学科目	第一学年 第一学期 每周时数	第一学年 第二学期 每周时数	第一学年 第三学期 每周时数	第二学年 第一学期 每周时数	第二学年 第二学期 每周时数	第二学年 第三学期 每周时数	第三学年 第一学期 每周时数	第三学年 第二学期
伦理学	伦理学 一	同上 一	同上 一	伦理学 一	西洋伦理学史 一	同上 一	西洋伦理学史 中国伦理学史 一	中国伦理学史
心理学及教育学	心理学 三	同上 三	同上 三	教育学 三	同上 三	教育史 三	教育史 教授法 五	教育史 教授法 学校卫生 教育法令
数学	代数学 几何学 三角法 六	同上 六	同上 六	代数学 几何学 解析几何学 演习六(二)	代数学 解析几何学 演习六(二)	演习六(二)	微分积分 演习六(二)	同上
物理学	实验四(一) 力学(一)	实验四(一) 物性学(一)	实验四(一) 物性学(一)	实验四(二) 音学 物性学(二)	实验四(二) 热学 光学(二)	实验四(二) 热学 光学(二)	实验五(二) 热学 光学 静电学	实验 磁学 动电学

学科目	第一学年 第一学期 每周时数	第一学年 第二学期 每周时数	第一学年 第三学期 每周时数	第二学年 第一学期 每周时数	第二学年 第二学期 每周时数	第二学年 第三学期 每周时数	第三学年 第一学期 每周时数	第三学年 第二学期
化学	无机化学 五 实验(一)四	同上 五 实验(一)四	同上 实验(一)四	有机化学概要 二	同上 二	同上 二		
天文学 气象学							天文学 二	气象学
英语	讲读 五	同上 五	同上 五	讲读 三	同上 三	同上 三		
图画及手工	写生画 投影画法 透视画法 二	水彩画 图案及各种画法 二	手工理论 二	竹工 二	金工 二	金工 二	木工 金纸粘土 石膏等细工 二	同上
体操	普通体操及游戏 兵式训练 三	同上 三	同上 三	普通体操及游戏 兵式训练 三	同上 三	同上 三	普通体操及游戏 兵式训练 三	同上
合计	二七 实验(二)	二七 实验(二)	二七 实验(二)	二四 实验演习(四)	二四 实验演习(四)	二四 实验演习(四)	二四 实验演习(四)	

第三学年第三学期课实地教授，随意科目为乐歌、德文。

第六表　本科物理化学部

学年 学期 学科目	第一学年 第一学期 每周时数	第一学年 第二学期 每周时数	第一学年 第三学期 每周时数	第二学年 第一学期 每周时数	第二学年 第二学期 每周时数	第二学年 第三学期 每周时数	第三学年 第一学期 每周时数	第三学年 第二学期
伦理学	伦理学 1	同上 1	同上 1	伦理学 1	西洋伦理学史 1	同上 1	西洋伦理学史 中国伦理学史 1	中国伦理学史
心理学及教育学	心理学 二	同上 二	同上 二	教育学 三	同上 三	教育史 三	教育史教授法 五	教育史 教授法 学校卫生 教育法令
物理学	实验力学（一）四	实验力学（一）四	实验物性学（一）四	实验物性学（二）四	实验热学光学静电（二）四	实验热学光学静电（二）五	实验热学光学静电（二）五	磁学 动电学
化学	实验无机化学（一）四	实验（一）四	实验（一）四	无机化学矿物概要（二）四	实验（二）四	同上 实验（二）四	实验理论及理化学（三）四	同上

156

续表

学年学期科目	第 一 学 年			第 二 学 年			第 三 学 年		
	每周时数	第一学期每周时数	第二学期每周时数	第三学期每周时数	第一学期每周时数	第二学期每周时数	第三学期每周时数	第一学期每周时数	第二学期每周时数
国文及国文学	五	讲读 文法 作文 小学 二二一一	同上 五	同上 一二	讲读 文法 作文 文学史 一二	同上 一二	同上 一二	讲读 文学史 一〇	同上 一〇
英 语	三	讲读 五	五	三	讲读 三	三	三		
历 史	三	中国史 三	三	三	中国史 三	东亚各国史 三	同上 三		
哲 学								哲学概要 三	二
美 学					美学概要 二	二	二	美学概要 二	二
言语学					言语学 音声学 二	同上 二	同上 二		
体 操	普通体操及游戏兵式训练 三	普通体操及游戏兵式训练 三	同上 三	同上 三	普通体操及游戏兵式训练 三	同上 三	同上 三	普通体操及游戏兵式训练 三	同上 三

续表

学年学期\科目	第一学年 第一学期 每周时数	第二学期 每周时数	第三学期 每周时数	第二学年 第一学期 每周时数	第二学期 每周时数	第三学期 每周时数	第三学年 第一学期 每周时数	第二学期
合 计	二七	二七	二七	二八	二八	二八	二四	二四
数 学	代数 五 几何 三角	同上 五	同上 五	解析 三 几何 微分 积分	同上 三	同上 三		
天文学气象学							天文 三	气象学
英 语	讲读 五	同上 五	同上 五	讲读 三	同上 三	同上 三		

第三学年第三学期课，实地教授。随意科目为乐歌、德文。

续表

学年\学期\科目	第一学年 第一学期 每周时数	第一学年 第二学期 每周时数	第一学年 第三学期 每周时数	第二学年 第一学期 每周时数	第二学年 第二学期 每周时数	第二学年 第三学期 每周时数	第三学年 第一学期 每周时数	第三学年 第二学期
图画及手工	写生画 投影画法 透视画法 二	水彩画 图案及各种画法 二	手工理论 二	竹木工 二	同上 金工 二	金工 二	木金纸土粘膏等细工 二	同上
体操	普通体操及游戏兵式训练 三	同上 三	同上 三	普通体操及游戏兵式训练 三	同上 三	同上 三	普通体操及游戏兵式训练 三	同上
合计	二六 实验(二)	二六 实验(二)	二六 实验(二)	二三 实验(四)	二三 实验(四)	二三 实验(五)	二三 实验(五)	

第三学年第三学期课实地教授。随意科目为乐歌、德文。

第七表

学年学科目	第一学年			第二学年			第三学年	
	第一学期每周时数	第二学期每周时数	第三学期每周时数	第一学期每周时数	第二学期每周时数	第三学期每周时数	第一学期每周时数	第二学期每周时数
伦理学	伦理学 一	同上 一	同上 一	伦理学 一	西洋伦理学史 一	同上 一	西洋伦理学史 中国伦理学史 一	中国伦理学史 一
心理学及教育学	心理学 三	同上 三	同上 三	教育学 三	教育学 三	教育史 三	教育史教授法 五	教育史教授法学校卫生教育法令 五
植物学	实验四 外部形态学(二)	实验四 内部形态学(二)	实验四 分类学(二)	实验四 分类学(一)	实验四 同上(一)	实验四 同上(二)	实验四 生理学(二)	同上
动物学	实验三 通论各论(二)	实验三 同上(一)	实验三 同上(一)	实验四 通论各论(二)	实验四 同上(二)	实验四 同上(二)	实验四 发生学进化(二)	同上
生理及卫生学	实验三 人身生理卫生(一)	实验三 同上(一)	实验三 同上(一)					

续表

学年/科目	第一学年 第一学期每周时数	第一学年 第二学期每周时数	第一学年 第三学期每周时数	第二学年 第一学期每周时数	第二学年 第二学期每周时数	第二学年 第三学期每周时数	第三学年 第一学期每周时数	第三学年 第二学期每周时数
矿物及地质学	矿物学 实验二(一)	实验二(一)	同上	地质学 实验二(一)	实验二(一)	同上	地质学 实验四(一)	同上
农学				实验作物论 三(一) 土壤及肥料论 二	实验三(一)	同上	农业经济论二(一) 畜牧及养蚕论	同上
化学				无机化学概要 三 有机化学概要 三	有机化学概要 三	同上		
英语	讲读 五	五	五	讲读 三	三	三		
图画	写生画 二	水彩画 二	各种画法 二					

续表

学年\学期\科目	第一学年 第一学期 每周时数	第一学年 第二学期 每周时数	第一学年 第三学期 每周时数	第二学年 第一学期 每周时数	第二学年 第二学期 每周时数	第二学年 第三学期 每周时数	第三学年 第一学期 每周时数	第三学年 第二学期
体操	普通体操及游戏兵式训练 三	同上 三	同上 三	普通体操及游戏兵式训练 三	同上 三	同上 三	普通体操及游戏兵式训练 三	同上
合计	二四 实验(五)	二四 实验(五)	二五 实验(五)	二五 实验(五)	二五 实验(五)	二五 实验(五)	三三 实验(六)	

第三学年第三学期课实地教授。随意科目为乐歌、德文。

〔北洋教育部档案〕

9. 教育部公布私立专门以上学校认可条例令

(1915年7月20日)

教育部令第一〇八号

兹制定私立专门以上学校认可条例公布之。此令。

私立专门以上学校认可条例

第一条 私立专门以上学校,遵照私立大学规程及公立、私立专门学校规程呈请教育总长认可时,应遵照本条例办理。

第二条 私立专门以上学校于开办前,应遵照私立大学规程第一条、第二条、第三条,或公立、私立专门学校规程第二条、第三条、第四条详具事项表册,呈请教育总长核办。

第三条 私立专门以上学校依前条之规定,呈请教育总长核办时,应遵照私立专门以上学校及学会请求注册费征求条例,随文缴纳注册费。

第四条 私立专门以上学校应于开学后三个月内,将办理情形详具表册呈报教育总长。经派员视察后,认为校址、校舍、学则、学科分配、职教员资格、学生资格、经济状况及各项设备均无不合者,由部批准试办,以三年为试办期。

第五条 批准试办之私立专门以上学校,应于**每学年开始**后,遵照部章将校内各项详细情形呈报教育总长。

第六条 批准试办之私立专门以上学校,在试办期间内,教育总长认为办理不合者,得令其停止试办。

第七条 批准试办之私立专门以上学校,确系参照国立大学校条例,或遵照专门学校令及各专门学校规程办理,并于试办期满后,具备左列各项条件者,由教育总长正式认可之。

一、有自置之相当校舍。

二、有确定之基金在五万元以上。
三、经部派员考试，学生成绩优良。
第八条　本条例自公布日施行。
中华民国四年七月二十日

〔北洋政府教育部档案〕

10. 教育部公布大学分科外国学生入学规程令
（1916年）

大学分科外国学生入学规程　五年部令第十三号

第一条　大学分科得许外国学生入学。其全修分科某门科目或选修一门或数门中之数科目，均听入学生之便。

第二条　外国学生全修分科某门应修科目，修业期满试验及格者，得授以毕业证书；选修数目者，给以各该科目之修业证书。

第三条　外国学生之领有毕业证书者，得与本国本科生一律称学士。

第四条　外国学生欲入学者，须于学年开始以前，请由其本国公使函送本部，经部指令欲入学之校考验合格，始得入校肄业。其选修数科目者，得于各该科目之始期行之，但经一次考验入学，欲续选本门之他科目时，得免考验。

第五条　外国学生入学时，须考验之事如左：

（一）开具学历书，并呈明所得之学业证书。
（二）作中文一篇，或以中文译成其本国文。
（三）笔记中国语讲义一段。
（四）试某门题一道或数道，得以其本国文答之。

第六条　学费、膳宿费与本国学生一律收受，不愿膳宿者听。

第七条　外国学生自愿退学时，须由其本国公使函致本部证明,方准退学。

第八条 外国学生于大学本国学生应守之规程命令,未经校长特许解免者,及特为外国学生施行之规程,均须遵守。

第九条 凡经本部立案之私立大学,除第三条外,均适用之。

第十条 本规程自公布日施行。

〔北洋政府教育部档案〕

11.教育部公布国立大学职员任用及薪俸规程令
(1917年5月3日)

国立大学职员任用及薪俸规程 六年部令第三十号

一、国立大学职员如下:

校长、学长、正教授、预科教授、助教、讲师、外国教员、图书馆主任、庶务主任、校医、事务员。

二、校长,由大总统任命之。

三、学长,由校长呈请教育总长任用之,并呈报大总统。

四、正教授、教授、讲师、外国教员、图书馆主任、庶务主任、校医,均由校长聘任之,并呈报教育总长。

正教授、助教延聘以一年为试教时期,期满若双方同意,得订立长期契约。

五、助教、事务员,均由校长延用之,并汇报教育总长。

六、职员除讲师外,不得兼他处职务。

七、职员俸薪等级列表如下:

第一表

	校　长	学　长	图书馆主任 庶务主任 校　　医	一等事务员	二等事务员
第一级	600	450	200	100	60
第二级	500	400	180	90	50
第三级	400	350	160	80	40
第四级		300	140	70	30
第五级			120		

独立一分科之校长，其薪俸按照学长级支给；但其最高级得进至五百元。

第二表

	正教授	本科教授	预科教授	助　教	讲　师	外国教员
第一级	400	280	240	120	每小时二元至五元	薪数别以契约定之
第二级	380	260	220	100		
第三级	360	240	200	80		
第四级	340	220	180	70		
第五级	320	200	160	60		
第六级	300	180	140	50		

八、初任职者，非有特别情形，应各支最低级之薪俸。

九、校长、学长、非连续任职二年,不能进一级。

十、正教授、教授、助教、图书馆主任、庶务主任、校医、事务员,非连续任职一年,不能进一级。

十一、第一表学长以下职员之进级与否,由校长考查其办事成绩及勤惰定之。

十二、第二表职员进级与否,由校长参酌左列各项情形定之。

(甲)教授成绩,(乙)每年实授课时间之多寡,(丙)所担任学科之性质,(丁)著述及发明,(戊)在社会之声望。

十三、凡校长、学长、教授每连续任职五年以上,得赴外国考查一次,以一年为限,除仍支原薪外,并酌支往返川资。

十四、职员在本校前后任职满若干年,若因病废或年满六十岁自请退职者,给予终身恤金。如其退职时所支薪数百分之若干分。其支给自退职之翌月起,至死之月止。

满十年者,	支百分之十分。
满十五年者,	支百分之二十分。
满二十年者,	支百分之三十分。
满二十五年者,	支百分之四十分。
满三十年或三十年以上者,	支百分之五十分。

十五、本规程自公布日施行。

三年七月所颁布之本部直辖专门以上学校职员任务暂行规程、薪俸暂行规程任用暂行规程内,关于大学校职员教员之各项规定均应废止。

中华民国六年五月三日

〔北洋政府教育部档案〕

12.教育部公布修正大学令

(1917年9月27日)

教育部令第六四号

兹修正大学令特公布之。此令。

中华民国六年九月二十七日　部印

教育总长　范源廉

大　学　令

第一条　大学以教授高深学术，养成硕学闳材，应国家需要为宗旨。

第二条　大学分为文科、理科、法科、商科、医科、农科、工科。

第三条　设二科以上者，得称为大学；其但设一科者，称为某科大学。

第四条　大学设预科,其学生入学资格,须在中学校毕业或经中学毕业同等学力试验，得有及格证书者，但入学时应受选拔试验。

第五条　大学本科学生入学资格，须在预科毕业或经预科毕业同等学力试验及格者。

第六条　大学为研究学术之蕴奥，设大学院。

第七条　大学院生入院之资格，为大学本科毕业生。

第八条　大学本科之修业年限四年，预科二年。

第九条　大学预科生修业期满、试验及格，受以毕业证书。

第十条　大学本科学生修业期满、试验及格，授以毕业证书，称某科学士。

第十一条　大学设校长一人，总辖大学全部事务；各科设学长一人，主持一科事务。其独立一科之大学不设学长。

第十二条　大学设正教授、教授、助教授。

第十三条　大学遇必要时，得延聘讲师。

第十四条　大学设评议会，以各科学长、正教授及教授互选若干人为会员。大学校长可随时召集评议会，自为议长，遇必要时，得分科议事。

第十五条　评议会审议左列诸事项：

一、各学科之设立、废止。

二、学科课程。

三、大学内部规则。

四、学生试验事项。

五、学生风纪事项。

六、教育总长及校长咨询事件。

前列事项如仅涉及一科或数科者，得由各该科评议员自行议决。

第十六条　大学预科须附设于大学，不得独立。

第十七条　私人或私法人亦得设立大学，除本令第六条、第七条外均适用之。

第十八条　本令自公布日施行。

〔北洋政府教育部档案〕

13.教育部公布修正专门以上学校职员任用章程令
（1917年）

修正专门以上学校职员任用章程第十条　　六年部令第八十九号

第十条　凡直辖学校教员，以专门以上学校毕业或于某门学问具有专长者充之。

学监、主任，以专门以上学校毕业，或曾任中学以上学校职员三年以上者充之。

〔北洋政府教育部档案〕

14. 教育部公布女子高等师范规程令

（1919年3月12日）

部令公布女子高等师范学校规程　　八年部令第二十六号

兹订定女子高等师范学校规程特公布之。此令。

中华民国八年三月十二日

女子高等师范学校规程

第一章　学　科

第一条　女子高等师范学校设预科、本科。

前项预科、本科外，得设选科、专修科、研究科。

第二条　本科分文科、理科、家事科。

第三条　预科之学科目及教授时数，由校长订定，呈请教育总长认可。

第四条　本科之学科目如左：

文科：

伦理、教育、国文、外国语、历史、地理、家事、乐歌、体操。

理科：

伦理、教育、国文、数学、物理、化学、植物、动物、生理及卫生、矿物及地质、外国语、家事、图画、乐歌、体操。

家事科

伦理、教育、国文、家事、应用理科、缝纫、手艺、手工、园艺、图画、外国语、乐歌、体操。

文科、理科、家事科之学科目，得分数部学习。

前各项之学科目，校长认为必要时，经教育总长之许可，得增减之。

第五条　本科课程及教授时数，由校长订定，呈请教育总长认可。

第六条　专修科之学科目，由校长视所需要临时订定，呈请教育总长认可。

第七条　研究科就本科各部之一科目或数科目专攻之。

第八条　选科除伦理教育必须修习外，得选习本科或专修科之一科目或数科目。

第二章　学额及修业年限

第九条　预科、本科学生之总额，须在六百名以下，选科、专修科及研究科名额，由校长定之。

第十条　修业年限，预科一年、本科三年、研究科一年或二年，专修科、选科二年或三年。

第十一条　本科第三年级学生，应令在附属学校及蒙养园实地练习，专修科、选科生最后学年亦如之。

第三章　入学退学及休学

第十二条　预科及专修科入学资格，须身体健全、品行端洁，在女子师范学校或中学校毕业者，由各省区长官送校试验收录。

除前项外，校长遇必要时，得另订试验条件，经教育总长认可，招收学生。

第十三条　预科每年招生一次，专修科临时招生，其日期、额数，由校长酌定，先期通告。

第十四条　本科由预科毕业生升入。

第十五条　研究科由本科毕业生入之；但有相当学力者，经试验后亦得入学。

第十六条　选科生入学资格，由校长定之，呈报教育总长。

第十七条　预科、本科及研究科均为公费生；但得酌量情形收录自费生。

第十八条　专修科、选科均为自费生；但专修科生亦得视特别情形酌给公费。

第十九条　新招学生，应使试习四月，察其品行学力合格者，方得继续肄业。

第二十条　学生有成绩过劣、身体羸弱及性质不宜于教职者，校长得命其退学。

第二十一条　学生非有不得已事故经校长认可者，不得退学。

第二十二条　学生于一学年中因疾病或事故旷课至百日以上者，得命其休学，其休学期限由校长定之。

校长认为必须休学时，虽未旷课至百日以上，亦得依本条办理。

第二十三条　休学学生于休学期满时，应插入后一学年之学级。

第四章　学　费

第二十四条　公费生免纳学费，并由本校支给膳费及杂费。

第二十五条　自费生应缴费额，由校长酌定呈报教育总长。

第五章　惩　戒

第二十六条　学生违背校规，校长得加以惩戒。

第二十七条　学生因违背校规而斥退或任意告退者，在公费生应令偿还学费；但得酌量情形免其一部或全免之。

前项偿还学费之数，以专门学校学费为标准。

第六章　服　务

第二十八条　本科公费生之服务期，自受毕业证书之日起，以四年为限；但经教育总长特别指定职务及服务于边远之地者，得减至三年。

第二十九条　专修科公费生之服务期，自受毕业证书之日起，以三年为限；但经教育总长特别指定职务及服务于边远之地者，得减至二年。

第三十条　本科、专修科之自费生，其服务期限均二年，但经教育总长许可亦得减为一年。

第三十一条　本科及专修科毕业生，遇有特别情事不能依规定期限服务者，教育总长得酌量展缓或解除之。

第三十二条　本科及专修科毕业生在服务期内有左列事项之一者，在公费生应令偿还学费及所给各费；在自费生应令偿还学费，但得酌量情形免其一部或全免之。

一、无正当事由不尽第二十八、第二十九、第三十条之义务者。

二、因惩戒免职者。

三、依第三十一条情事解除服务者。

第三十三条　在服务期内有愿入研究科者，得呈请教育总长认可。

第三十四条　本科毕业生依第三十一条展缓服务期限及第三十三条入研究科之在学时期，均不得算入服务年限。

第三十五条　本规程自公布日施行。

〔北洋政府教育部档案〕

15. 教育部公布国立大学校条例令
(1924年2月23日)

教育部部令第二十三号

兹制定国立大学校条例公布之。此令。

国立大学校条例

第一条　国立大学校以教授高深学术，养成硕学闳才，应国家需要为宗旨。

第二条　国立大学校分科为文、理、法、医、农、工、商等科。

第三条　国立大学校得设数科或单设一科。

第四条　国立大学校各科分设各学系。

第五条　国立大学校收受高级中学校毕业生或具有同等资格者。国立大学校录取学生，以其入学试验之成绩定之。

第六条　国立大学校修业年限，四年至六年，其课程得用选科制。

第七条　国立大学校学生修业完毕试验及格者，授以毕业证书，称某科学士。

第八条　国立大学校设大学院，大学校毕业生及具有同等程度者入之。大学院生研究有成绩者，得依照学位规程给予学位。

学位规程另订之。

第九条　国立大学校设图书馆、观测所、实习场、试验室等。

第十条　国立大学校得附设各项专修科及学校推广部。

第十一条　国立大学校设校长一人，总辖校务，由教育总长聘任之。

第十二条　国立大学校设正教授、教授由校长延聘之。国立大学校得延聘讲师。

第十三条　国立大学校得设董事会，审议学校进行计划及预算、决算暨其他重要事项，以左列人员组织之：

（甲）例任董事，校长。

（乙）部派董事，由教育总长就部员中指派者。

（丙）聘任董事，由董事会推选呈请教育总长聘任者。第一届董事由教〔育〕总长直接聘任。

国立大学校董事会议决事项，应由校长呈请教育总长核准施行。

第十四条　国立大学校设评议会，评议学校内部组织及各项章程暨其他重要事项，以校长及正教授、教授互选若干人组织之。

第十五条　国立大学校各科、各学系及大学院，各设主任一人，由正教授或教授兼任之。国立大学校遇必要时，得设教务长一人，由正教授或教授兼任之。

第十六条　国立大学校设教务会议，审议学则及关于全校教学、训育事项，由各科各学系及大学院之主任组织之。

第十七条　国立大学校各科、各学系及大学院，各设教授会，规划课程及其进行事宜，各以本科本学系及大学院之正教授、教授组织之。各科系规划课程时，讲师并应列席。

第十八条　国立大学校图书馆、观测所、实习场、试验室等各设主任一人，以正教授或教授兼任之。

第十九条　国立大学校得分设事务各课，办理各项事宜。

第二十条　本条例自公布日施行。

附则

第一条　高级中学校未遍设以前，国立大学校得暂设预科，收受旧制中学及初级中学校毕业生，其修业年限在四年制毕业者二年；在三年制毕业者三年。

第二条　私立大学校应参照本条例办理。

第三条　大学令、大学规程自本条例施行日起废止之。

中华民国十三年二月二十三日

教育总长　张国淦

〔北洋政府教育部档案〕

（2）高等教育概况

16．教育部公布全国大学概况

(1918年)

⟨1⟩国立大学概说

国立大学在北京者，名北京大学，现设文理法工四科。六年间曾设商科，旋因设置未能完备，暂改为商业学门，隶于法科。并议定工科学生毕业后不再招新生，专归北洋大学办理。在直隶天津者，名北洋大学，现设法工两科。其法科学生毕业后，即不再招新生，以后专办工科。在山西太原者，名山西大学，现设文法工三科。北洋、山西两大学原系省立，自民国七年度起，经费由国库支给，乃改为国立。又六年九月部颁修正大学令，改定预科二年毕业，本科四年毕业。现为北京大学招收新生已依此办理。兹将各大学概况列表如左：

校　名	科　　目		班数	现有生数	毕业生数	经　　费	开办年月
北京大学	文科	哲学门	3	57	228	676,800圆（七年度预算数。	清光绪二十四年
		国文门	3	78			
		英文门	3	40			
		法文门	1	15			
		史学门	2	42			

续表

校名	科	目		班数	现有生数	毕业生数	经 费	开办年月
	理科	数学门		2	13	39		
		物理学门		2	14			
		化学门		3	72			
		地质门		3	16			
		数学物理门		1	19			
	法科	法律门		4	182	209		
		政治门		4	60			
		经济门		4	94			
		商业门		1	67			
	工科	土木工学门		1	29	120		
		采矿冶金门		1	31			
	预科	文科	英文班	8	203	551		
			德文班	2	18			
			法文班	3	57			
			俄文班	1	13			
		理科		11	347			
		法科	英文班	9	355			
			法文班	3	44			
			德文班	3	77			

续表

校名	科目		班数	现有生数	毕业生数	经费	开办年月
	农科				43		
	商科				29		
北洋大学	法科 法律学门		1	23	86	226,041圆	清光绪二十一年
	工科	土木工学门	3	72	212		
		探矿冶金学门	3	84			
	预科	第一部	1	15	193		
		第二部	3	124			
山西大学	文科 文学门		2	60		100,000圆	清光绪二十八年
	法科 法律学门		3	93	39		
	工科	土木工学门	2	30	216		
		采矿冶金学门	3	27			
	预科	第一部	5	283	409		
		第二部	6	128			
	理科				1		

（备考）北京大学本科各班，附有选科生七十五名。

〈2〉私立大学概说

私立大学前经认可者计共五校。在北京者四校：一朝阳大学，原名民国大学，五年改称今名。二中华大学，六年八月因款绌停办。其大学预科毕业生一百八十一名，专门部政治经济别科毕业生二百二十名，法律别科毕业生四百三十三名，至未毕业之学生则并入北京大学及中国大学，赓续肄业。三明德大学，五年五月因款绌暂行停办。其大学预科毕业生九名，专门部政治经济别科毕业生二十七名，商科毕业生二十六名。四中国大学，原名中国公学大学部，六年三月改称今名。原与该校合并之吴淞中国公学，五年以后未招新生，其专门部法律科毕业生八十五名，政治经济科毕业生八十五名，商科毕业生三十三名。在武昌者一校，即武昌中华大学。兹将现存各私立大学概况列表如左：

校名	科目		班数	现有生数	毕业生数	经费	开办及认可年月
北京私立朝阳大学	大学部	法科	1	12		基本金六万，不动产四万，常年经费二千七百元。	民国二年九月开办，三年五月认可。
		商科	1	11			
		预科	1	30	57		
	专门部	法科	3	79	123		
		法律别科		5			
		预科	1	145	86		
北京私立中国大学	大学部	法律科	1	24		基金八万，常年经费二万八千四百六十五圆。	民国二年四月开办。三年五月认可。
		政治科	1	56			
		经济科	1	19			
		商科	5	58	24		
		法预科	9	219			
		文预科	3	101	298		
		商预科	7	41			

续表

校 名	科 目		班数	现有生数	毕业生数	经 费	开办及认可年月
	专门部	政治经济科	5	76	117		
		商科	9	146	20		
		法律科	12	188	239		
		法律别科			685		
		政治经济别科			198		
		预科	6	263			
	附中学班		12	143			
武昌私立中华大学	大学部	文科哲学门	1	21	12	22,000圆	民国元年九月开办，四年三月认可。
		法科经济学门	1	28			
		商科	1	38			
		预科	3	90	108		
	专门部	法律科	1	10			
		法律别科			297		
		政治经济别科			246		
		预科	2	128			
	附中学班		7	409	43		

〈3〉专门学校概况：

1.直辖专门学校概说：

直辖专门学校设立在北京者四所，历年以来仍旧办理。民国五年增设武昌商业专门学校一所。兹将各校现有学生及毕业生人数列左：

校　名	科　目	现有生数	毕业生数	开办年月	经费数	备考
北京法政专门学校	法　律 政治经济 经　济	658	本科 192 别科1012	民国元年	101,500	
北京农业专门学校	农　学 林　学	174	107	民国三年 二　月	91,200	
北京工业专门学校	机械　应化 电机　机织	268	177	民国元年	126,360	
北京医学专门学校	医　学	243	64	民国二年	103,000	
武昌商业专门学校	商　学	224		民国五年 二　月	42,168	

2. 公立专门学校概说：

各省区公立专门学校：民国四年以后，直隶增设医学专门学校，奉天增设外国语专门学校、湖南增设商业专门学校各一所。其他各省区旧有法政专门学校二十二所，农工商医外国语各专门学校二十三所，惟奉天法政专校改办外国语学校，热河法政专校改办师范学校，余均继续办理。兹将法政专校及农工商医外国语各专校，分别两表如左：

公立法政专门学校概况表

校 名	科 目	现有学生数 本科	现有学生数 别科	毕业学生数 本科	毕业学生数 别科	开办及认可年月	各该校近年报部之经费数
直隶法政专门学校	法律 政治 商政治经济	512		214	982	光绪三十一年开办，又北洋、保定两校于民国二年并入该校，四年认可。	67650
奉天法政专门学校	法律经济 政治			68	852	民国元年由该学堂及高等学校改办，四年经部认可。	改办外国语学校
黑龙江法政专门学校	法律	117		29	101	宣统二年开办，民国四年经部核准与中等学校并办。	18264
吉林法政专门学校	法律经济 政治	93		142	168	光绪三十二年开办，民国四年经部认可。	14730
河南法政专门学校	法律 政治经济	508		281	933	民国元年开办，四年经部认可。	57100
山东法政专门学校	法律 法讲习班	208		161	710	民国元年由第一第二两校合并办理，四年经部认可。	36009
山西法政专门学校	法律	164		221	405	光绪三十二年开办，民国四年经部认可。	27500
浙江法政专门学校	法律	194		91	961	光绪三十三年开办，民国四年经部认可。	17593

续表

校 名	科 目	现有学生数 本科	现有学生数 别科	毕业学生数 本科	毕业学生数 别科	开办及认可年月	各该校报近年报部之经费数
江苏法政专门学校	法律 政治经济	131		189	42	民国元年开办，四年经部认可。	33250
安徽法政专门学校	法律 政治经济	88		40	668	宣统元年开办，民国后改安徽私立大学，嗣改安徽公法，四年经部认可。	24334
江西法政专门学校	法律 政治经济 法律讲习班	180		316	104	光绪三十四年开办，民国四年经部认可。	23008
湖北法政专门学校	法律 政治经济	465		225	703	光绪三十四年开办，民国四年经部认可。	30084
湖南法政专门学校	法律 法律讲习班	270		139	1169	光绪三十四年开办，民国后改称公立第一、第二，三年合并，四年认可。	16342
广东政法专门学校	法律 法律讲习班	270		322	815	光绪三十二年开办，民国四年经部认可。	31337
广西法政专门学校	法律	192			696	光绪三十四年开办，民国四年经部认可。	7872
四川法政专门学校	法律 政治	431		217	710	光绪三十二年开办，民国四年经部认可。	30847

续表

校　名	科　目	现有学生数 本科	现有学生数 别科	毕业学生数 本科	毕业学生数 别科	开办及认可年月	各该校报近年部之经费数
陕西法政专门学校	法律 法政讲习班	139			445	宣统元年开办，民国后并为西北大学，嗣改私法，四年经部核放公法。	26736
云南法政专门学校	附设商业本科	32			327	光绪三十二年开办，民国四年经部认可。	14325
贵州法政专门学校	政治 政治经济 法政讲习班	281		65	140	民国元年开办，四年经部认可。	13000
福建法政专门学校	法律 法政讲习班	168		84	732	光绪三十三年开办，民国四年经部认可。	34430
甘肃法政专门学校	政治经济	71		33	91	宣统元年开办，民国四年经部认可。	28800

公立农工商医外国语各项专门学校概况表

校　名	科　目	现有生数	毕业生数	开办年月	各该校近年报部之经费数	备　考
直隶农业专门学校	农学	40	80	前清光绪三十八年	25904	该校附设甲种班、讲习班学生数见普通教育。
山东农业专门学校	农学 蚕丝	74	48	前清光绪三十二年	45808	该校附设甲种班讲习班学生数见普通教育。

续表

校 名	科 目	现有生数	毕业生数	开办年月	各该校近年报部之经费数	备 考
山西农业专门学校	农学	176	63	前清光绪二十八年	66000	该校附设甲种讲习班,学生数见普通教育。
河南农业专门学校	农学蚕学	168	116	民国三年五月	32734	
江西农业专门学校	林学农学	70	49	前清光绪三十四年	18002	该校附设讲习班甲种班,学生数见普通教育。
四川农业专门学校	林学农学蚕学	72	7	前清光绪三十二年	73852	同上
直隶工业专门学校	机械应用化	222	150	前清光绪二十九年	75388	同上
奉天工业专门学校	机械	15	18	前清光绪三十二年	39047	同上
山东工业专门学校	色染机织	81	46	民国元年	50000	同上
福建工业专门学校	机械窑业	80	16	前清光绪三十三年	31865	同上
四川工业专门学校	机械应用化学采矿冶金	50	60	前清光绪三十四年	60000	该校五年毕业生共九十七名,内有三十五名本部认为合格,其余六十二名认为甲种,上列之数系六七两年毕业者。
湖南工业专门学校	机械采矿冶金	281	56	前清光绪二十八年	83721	
上海工业专门学校	土木电机	152	169	前清光绪三十一年	156450	

续表

校 名	科 目	现有生数	毕业生数	开办年月	各该校近年报部之经费数	备 考
唐山工业专门学校	土木	165	117	前清光绪三十一年	110216	
山东商业专门学校	商	76	94	民国元年九月	18485	该校附设甲种班学生数，见普通教育。
四川商业专门学校	商	319	10	民国元年一月	29642	同 上
湖南商业专门学校	商	79		民国五年八月	32823	该校附设甲种班、讲习班学生数，见普通教育。
山西商业专门学校	商	76	70	民国元年	28620	同 上
浙江医药专门学校	医学 药学	255	78	民国六年	60982	同 上
江苏医学专门学校	医学	109	48	民国元年六月	76967	
广东医学专门学校	医学	12	37	民国元年六月	17028	
直隶医学专门学校	医学	102		民国五年	该校经费由直隶高等师范学校分拨	
湖北外国语专门学校	英语 德语	235	83	民国元年八月	22340	
奉天外国语专门学校	英语 俄语 日语	129		民国六年四月	29052	

续表

校 名	科 目	现有生数	毕业生数	开办年月	各该校近年报部之经费数	备 考
四川外国语专门学校	英语	150		民国元年三月	16000	
外交部俄文专修馆	俄语	154	69	民国元年	35000	

3. 私立专门学校概说

各项私立专门学校，当民国四年时，计有法政专校二十一所，及至七年，除停办或改办外，仍存十三所。此外有商业专门学校一所，医学专校三所。其适合本部六年四月所定专门以上同等学校待遇法，经部核准备案者，则有南通纺织专门学校一所，杭州广济医学专门学校一所，又吴淞同济医工专门学校原为德国人所设立，嗣因战事发生，乃由华董事会接收管理，报经本部备案，并由部筹济款项以资维持。兹将各校概况分别两表如左：

私立法政专门学校概况表

校 名	科 目	现有学生数		毕业学生数		处 理 年 月	备 考
		本科	别科	本科	别科		
北京石桥专门法政学校	法律商	80		137		民国四年正式认可。	改办甲种商业学校。

续表

校 名	科 目	现有学生数 本科	现有学生数 别科	毕业学生数 本科	毕业学生数 别科	处 理 年 月	备 考
北京中央法政专门学校	法律	387		119	136	民国四年正式认可。	
浙江法政专门学校	法律	21		91	888	民国三年正式认可。	
福建法政专门学校	法律	249		145	239	民国三年正式认可。	
广州法政专门学校	法律	99			47	民国三年正式认可。	
直隶法政专门学校	政治经济法律附中	155		38	240	民国四年正式认可。	
江西法政专门学校	法律	123			610	民国三年准予备案。	
豫章法政专门学校	法律	254		65	207	民国三年准予备案。	
湖南达材法政专门学校	法律	153		42	694	原名湖南第二法政学校，后改称今名，民国三年准予备案。	
湖南群治法政专门学校	法律	135		66	245	民国三年准予备案。	
湖北法政专门学校	法律	353		152	324	民国三年准予备案。	校址原在平湖门，后移贡院内。

续表

校名	科目	现有学生数 本科	现有学生数 别科	毕业学生数 本科	毕业学生数 别科	处理年月	备考
四川志城法政专门学校	政治经济	61		84	120	民国三年准予备案。	
四川益都法政专门学校				67	148	民国三年准予备案。	停办。
四川岷江法政专门学校	政治经济	119		21	248	民国三年准予备案。	
贵州法政专门学校					235	民国四年正式认可。	停办。
湖北法政专门学校					255	民国三年经部核准办至原有各生毕业为止。	校址原在贡院内，停办。
江汉法政专门学校					148	民国三年经部核准办至原有各生毕业为止。	停办。
湖南会通法政专门学校					452	民国四年经部核准办至原有学生毕业为止。	停办。
湖南爱国法政专门学校				34	100	民国四年经部核准办至原有学生毕业为止。	停办。
湖湘法政专门学校					128	民国四年经部核准办至原有学生毕业为止。	停办。
神州法政专门学校	法律	169		48	347	民国元年一月开办，三年九月核准备案，四年三月正式认可。	

私立工商医各项专门学校概况表

校　名	科　目	现有生数	毕业生数	处　理　年　月	备　考
私立新华商业专门学校	商	41	5	民国三年三月开办。	
私立奉天医学专门学校	医	65	20	民国元年一月开办。	
私立广东公医专门学校	同	757		宣统元年开办。	
私立协和医学专门学校	同	69	69	光绪三十二年开办，民国元年准由本部发给毕业证书。	
私立南通纺织专门学校	纺织	82	51	民国元年四月开办，六年九月核准立案。	
私立同济医工专门学校	工（木土机械） 医 德文	482	48	光绪三十三年德人在沪创办，民国六年三月由校董接（接）管。	
私立广济医学专门学校	医				

〔北洋政府教育部档案〕

17. 教育部公布全国高等师范学校概况

（1918年）

高等师范学校概况

民国元年，本部定高等师范学校为国立，并规定地点酌设六校，除北京、武昌两校已经成立外，其余四校尚未能完全设置，然此项学校为全国师资之根本。故历经本部竭力经营，虽按诸原来计划未竟厥功，而推行之程序及经过之情形固厓然可考，兹列其概要如左：

（甲）处理省立高等师范学校事项：

（一）应行收束者，如山东、河南、湖南、江西各省旧有之校，办法参差，难期实效，且不在规定地点之内，已经部令一律停止。

（二）应行维持者，如南京、成都、广州各校，均在规定地点之内，仍准由省费继续办理，俟国库稍裕再为接收。至直隶一校，本应停办，近查该省中学尚缺乏文史各科教员，故亦暂准开办此项专修科。

（乙）整顿高等师范学校事项：

（一）改订北京高等师范课程标准。该校学科共分六部：曰国文部，曰英语部，曰历史地理部，曰数学物理部，曰物理化学部，曰博物部。而各部所设之本科及预科其教授之时间及教材之分量，按照原定课程标准，有应行酌减者，有宜提前加授者，故特视其科目权其重轻，分别订定，以期适宜。

（二）变通武昌高等师范分部规程。该校学科原分六部，继因附近各省中学教育多未发达，中学教员往往不患所任学科之不专，而患所任学科之不多，特改历史地理部为国文、史地部；改数学物理部为数学理化部；改博物部为博物地学部，藉合地方之情势以养成适用之人材。

（三）令各高等师范学校联合赴美考察教育状况。按美国教育自由活拨〔泼〕尤合民国教育之精神，故本部特令行各高等师范学校，利用暑假时期，联合赴美调查状况，以备将来改进之资。

（丙）筹备高等师范学校事项：

（一）陕西高等师范学校亟须早日成立，以为西北学子升学之地。曾于六年派员察看校址，并勘定省城西北隅陆军测量局及毗连之习武园，地势爽垲最合建设之用，正筹办间，因该省军事倏扰暂行停滞。

（二）我国女子高等师范学校尚未设立，近来各省女子中等毕业人数逐渐增多，希望升入此项学校以资深造者颇不乏人。本部因于六年就北京女子师范学校开办国文教育专修科一班，七年开办手工图画专修科各一班，以为将来改建女子高等师范学校之基础。

（丁）增设高等师范学校事项：

奉天省分原不在规定地点之内，因东三省地居边要，具有特别情形，应行增设，以储师资。遂就奉天两级师范旧址改建一校，定名为沈阳高等师范学校，于七年十二月成立。

以上各项，皆本部近年办理高师范学校之大概情形也。

〔北洋政府教育部档案〕

18.陶知行论新学制与师范教育
（1922年）

新学制与师范教育

陶知行

新学制草案里所规定之师范教育有六种；一是三年普通科三

年师范科的六年师范教育，二是招收初级中学毕业生学习之三年师范教育，三是四年的高等师范，四是大学的师范科，五是相当年期的师范讲习所，六是高级中学职业科里附设的职业教员养成科。高等师范和师范讲习所大概依照旧制。第一和第二两种是依据一三制的办法定的，中学校得兼办师范科是适应本年中学校设立师范组的趋势定的，大学师范科是适应近年大学设立教育科的趋势定的，职业教员养成科是适应近年职业教育的需要定的，这几点都可受我们的欢迎。但就全部看起来，新学制草案中之师范教育段很有几个缺点，可以商榷。我先提出几条普通原则和师范教育的现状来讨论，然后再看师范教育段的缺点究竟是那里几种，并应该如何去修正。

（一）教育界要什么人才就该培养什么人才。教育界所需要的人才可分四种：一是教育行政人员，二是各种指导员，三是各种学校校长和职员，四是各种教员。吾国自办师范教育以来，无论高等师范、初级师范，只顾到第四项，只是以造就教员为目的，对于教育行政人员、指导员、校长和职员的训练都没有相当的注意。虽师范学校里面有管理法，教育法令一类的功课，但是很不完备。那开通的省区有时也为办学人员开短期的讲习会，但无系统的研究，无相当的材料，无继续的机会，故不能使他们得充分的修养。大家都以为这种种职务可以不学而能，人人会干，无须特别的训练，更无须科学的研究，结果只好把他们交付给土绅士和小政客去办理。中国学务不发达的原因固多，但是教育行政办学指导人员之不得相当培养，也是个很重要的原因。所以我主张凡教育界需要的人才，都应当受相当的培养。我们教育界需要什么人才即须造就什么人才。我们应当有广义的师范教育——虽所培养的人以教员为大多数，但目的方法并不以培养教员为限。

再进一步就培养师资而论，现在师范教育的功效也是迁就的，片面的。

试看国内的高等师范，他们对于培养中学校和师范学校的教员毫无分别。难道师范学校里所要的各科教员可以和中学校一样的吗？这是高等师范最迁就的一点。

初级师范大多数设在都市里面，毕业生所受的教育既不能应济乡村的特别需要，而他们饱尝都市幸福的滋味，薰染都市生活的习气，非到必不得已时决不愿到乡下去服务，于是乡村学校的师资最感缺乏了。补救这种缺乏的方法就是所谓之师范讲习所。但是这种师范讲习所我们既不以正式学校看待他，所以因陋就简，办理不能适当。总之就中国现在所办的师范教育而论，城里的人叨便宜，乡下的人吃大亏。我们要乡村教员就应培养乡村教员，以应济乡村的特别需要。

再进一步就培养都市教员而论，现在的初级师范教育也有应该斟酌的地方。初级师范毕业生的心理是很愿意做高等小学的教员，他们在国民小学里做教员，似乎是不得已的。初级师范对于初等小学和高等小学教员的养成很少分别，目的不分明，所以办法也很笼统，高等小学和初等小学都不免有所迁就。近来师范学校内也有采分组制的，这是为高等小学应济需要的一种办法。山西于民国八年设立大规模的国民师范学校，专以培养国民小学教员为目的。由这两种趋势看来，高等小学教员与初等小学教员的养成似乎应该有些分别。

总之，教育界要什么人才就该培养什么人才。教员之外，教育界还要什么人才就该培养什么人才。教员的种类有因学校等级分的，有因市乡情形分的，也有因学科性质分的，我们要什么教员就须培养什么教员。

（二）教育界各种人才要什么，就该教他什么，要多少时候教得了，就该教他多少时候。如果因为种种情形一时教不了，就该把那必不可少的先教他，以后再找机会继续的教他；到了困难渐渐的解除之后，就该渐渐的看那必不可少的学识技能之外，还缺什么就教他什么，遂缺多少就教他多少，时期的长短都依这种情形酌量伸缩。这条很显明，可无须举例。最难的是进一步的分析的工夫。究竟一位县教育局长、市教育局长、中学校长、初级师范国文指导员、高级中学理化指导员，小学校长，前四年的小学教育、幼稚园教员应当学的是什么？要多少时候学了？如果一时不能学了，究有什么可以缓学？可以缓学的究须多少时间才能补足？我以为这种分析的手续没有办到之先，若想定各种人员养成的时期总是勉强的。我们最需要这种分析的手续，但不能立刻办到，我姑且提出来做为继续共同研究的起点。

（三）谁在那里教就教谁。若想把教育办有成效，必须依据实际情形。我们试把眼睛打开一看，实际上究竟有那里几种人在那里从事教育了？大学堂的毕业生，专门学校的毕业生，高等师范的毕业生，中学校的毕业生，初级师范的毕业生，实业学校的毕业生，甚至从高等小学出来的科举出身的先生，都是实际上在那里操教育权。除开高等和初级师范的学生外，其余的几乎是完全没有受过特别训练的。他们既在那里实施教育，自有受训练的必要。论到教师所能受的训练学校出身与科举出身的教师，当然不能一致。

科举出身的教师现在还是很多，恐怕十年之内他们的数目不能大减。南京现有私塾五百六十余所，广州私塾千余所，塾师多由科举出身，在他们势力下的学生各以万计。我以为既有这许多科举出身之人实际上在那里操纵儿童的教育，我们决不能不设法使他们得些相当的训练。因为谁在那里教，就该教谁。塾师在那里教，就该教塾师，一天有塾师即一天要训练塾师如何改良。

论到未受训练的学校出身的教师，我姑且把那些从专门和实业学校里出来的除开，专论从大学、中学、高等小学出来的教师。

大学校出来的毕业生或学生（包括国立教会立私立），除入政界、商界、实业界服务或留学外，多到中等学校里去充当教员。这些人当他在大学肄业的时候，有好多已经发现充当教员的动机了，如果学校里乘他们未毕业之前，给他们些关于教育上的训练，必定是很有效力的。

中学校的毕业生除升学的和闲在家里的外，大多数是在那里做教员，我信中学毕业生充当教员的当不下三分之一。这两年来我曾提议在中学里设师范科，现在已有几处在那里试办。有人说，中学里没有相当的环境、设备和附属小学，若设师范科，恐怕将来出来的毕业生一定没有师范学校里出来的好。这或者是不错的，但就事实论，我们不能拿师范学校的毕业生来和中学师范科的毕业比，我们所应该比较的是未受训练的中学毕业生和中学师范科的毕业生。总之，中学毕业生是不是在那里教人？是。受过训练没有？没有。要不要训练？要。好，设师范科。

高等小学出来的学生，有好多在那里做国民小学教员，开通的地方少些，越到内地去越多。我不但主张在中学里设师范科，我并曾主张高等小学末年亦得设师范课程。也有人反对说，现在师范毕业生程度已嫌太低，我们何能教十三岁左右的高等小学毕业生去做教员？我也请大家只须在事实上着想：第一，实际上高等小学的毕业生要去做教员的并不止十三岁；第二，我们要看实际上有没有高等小学毕业生在那里做教员？如果没有或是太少，当然无须；如果有的，当然要训练。相当的训练是有益无损的，是断断乎有胜于无的。我再举一例，假使一个人家有两个孩子，大的在高等小学里做学生，小的在家里没有人教，左近〔右〕也没有国民学校可进，在这种情形之下我们应当怎样？还是任小的孩子失学呢，还是叫大的孩子每天放学回家时教他？大的孩子能不能教？能。如果高等小学里曾经教他怎样教人的法子，这大的孩子是不是更会教些？当然更加会教。这大的孩子受过训练后有没有初级师范毕业生教得好？当然没有。那么怎样不请初级师范毕业生来教？请不起，这样经济得多。我并不是主张个个地方都要教高等小学程度的学生去做教员，也不是主张一个地方是永远应该如此的。大概教员的程度应当取渐进主义，本地各种情形进步到什么地位，师范教育的程度亦宜提高到什么地位。时候未到而不肯降低，和时候到了而不知提高，是一样的错误。

总之，实际上在那里从事教育的人的种类，是师范教育一个很重要的指南针。这些人一来要求办师范教育的人给他们补充学识的机会，二来暗示办师范教育的人说：象我们这一类的人后来陆续出来做教员的还不在少数。你们应该预先去培养他们。

照上面所提的普通原则看起来，新学制草案之师范教育段有下列应当注意之点：

一、师范教育段，是不敷学制的需要的。师范教育段只有高等师范学校（与大学师范科同）和师范学校（毕业期限与高级中学等）两等，学制上所规定之学校有小学、初级中学、高级中学等级，故师范教育段不敷学制上各学校对于人才之需要。

二、高等师范规定四年，师范学校规定六年毕业，觉得太呆板并没有逐渐提高的机会。如果把教育界各种人才所需要的学识技能分析之后再来规定年限，我觉得那时规定的年限决不象这样一致。

三、最低的师范教育要十二年毕业。依中国现在的情形看来，十省有九省够不上这个标准，就最开通的省分当也有好多区域是够不上这个标准的。若专靠师范讲习所来救济，那既不以正式学校看待他，结果必不能圆满。所以我觉得现在的师范教育，有低下一格的必要。

四、高等师范入学之资格、毕业之程度，既与大学同似，宜以单科大学看待他。因为这种机关不止培养师资，简直就称他为教育科大学，那设在综合的大学里面的就叫他为大学教育科。

五、师范讲习所的目的应该订得清楚。既是辅取（助）义务教育的临时办法，他的宗旨就宜以训练未受学校教育人员充当教员为限。那受过学校教育的人要做教员，就叫依据程度去进相当之师范学校。

六、职业教师之培养，专在高级中学职业科里面规定也觉得呆板。

七、学问是进化不已的，从事教育的人应当有继续研究的机会，故师范补习教育亦应占一位置。

依据上面所说的我对于学制草案中之师范教育段要提出意见如下：

一、初级师范以培养小学前四年之教员为目的，招收六年的小学毕业同等学力的来校学习，修业年限二年以上。初级中学能设师范科者听。

二、中级师范以培养六年的小学的后二年与高等小学（如高等小学不完全取消）教师为目的，但同时得培养小学办学人员，招收六年的小学毕业同等学力的来校学习，修业年限四年以上。前期为普通科，后期为师范科。

三、中级师范学校得办完全科或专招初级中学毕业同等学力的学子，教以相当时期之师范教育。高级中学得设中级师范科。

四、兼办初级、中级师范的学校，称为初中两级师范学校。

五、高级师范以培养地方教育行政人员、初级中学同等程度之办学人员、指导员、教师为目的，招收高级中学毕业同等学力的来校学习，修业年限三年以下。

六、教育科大学以培养教育学者、教育行政人员、学校行政人员及高级中学同等程度之指导员，教师为目的，修业年限四年以上（现在高等师范学校最宜改良的是内容和方法，增加年限而不改良内容和方法是无益的，如能改良内容和方法就不增加年限，也无妨先去改良内容和方法，有余力时再图增加年限，似是解决这问题的顺序）。

七、大学得设教育科及高级师范。

八、教育研究院修业年限一年以上，招收大学毕业生研究。

九、幼稚师范学校可独立设置，或附设在其他师范学校内。

十、师范讲习所以训练非学校毕业人员充当教师，并继续补充他们的学识技能为目的，期限不定。

十一、各种师范学校得设师范补习学校，以继续补充学校出身之教师之学识技能为目的，期限不定。

十二、为推行职业教育计，大学实科及高级中学之职业科内得附设职业教员养成科。但教育科大学、高级师范和中级师范内能培养职业师范的听。

总之，学制是要依据社会个人的需要能力和生活事业本体的需要定的。师范教育一面是为学制上各种教育准备人才故要顾到学制上的需要，一面是一种事业自然又要顾到他自己本体上的需要。上面对于各种师范教育所拟的年限虽是很可活动的，但还是假定的办法。我很希望研究师范教育的同志，早些把教育界各种职务所需之学识、技能，详细分析，再会合起来，看他们究竟要几多时候可以学得会，学得好。如果社会的财力人力和个人的境遇一时不能使我们透达圆满的目的，我们也可依据所分析的结果，拣那可缓的留到后来陆续补充，以后再随社会个人能力的增进，逐渐的去谋提高和改良。

〔中央大学档案〕

19.教育部公布全国公立私立专门以上学校一览表

(1926年7月)

国立专门以上学校一览

校名	校长姓名	校址
北京大学	蔡元培	后门内汉花园（第一院）

	蒋梦麟代	景山东街（第二院）
		东安门北河沿（第三院）
北京师范大学	张贻惠	宣外琉璃厂
北京女子大学	胡敦复	教育部街
北京女子师范大学		宣内石驸马大街
北京法政大学	屠孝实代	宣内李阁老胡同
北京农业大学	许 璇	阜成门外罗道庄
北京工业大学	马君武	西城祖家街
北京医科大学	孙柳溪	前门外后孙公园
北京艺术专门学校	林风眠	西城中京畿道
山西大学	王禄勋	山西太原首义门街
东南大学		南京城内北极阁前
东南大学分设上海商科大学		上海法租界霞飞路
暨南学校	姜 琦	上海西乡真茹（男子部）
		南京薛家巷（女子部）
西北大学	李 协	西安城东木头市
武昌大学	张继煦	武昌城内造币厂间壁
武昌商科大学	郭泰祺	武昌城内三道街
同济大学	阮尚介	上海吴淞镇
政治大学	张嘉森	上海吴淞商埠局旧址
成都高等师范学校	张 澜	成都旧皇城内
北洋大学	刘振华	天津西沽村

公立专门以上学校

北京交通大学	朱我农	北京李阁老胡同
交通部南洋大学	凌鸿勋	上海徐家汇
交通部唐山大学		唐山县

全国水利局河海工科大学	杨孝述	上海法租界辣斐德路南京中正街
中法工业专门学校	朱　炎 薛　藩	上海辣斐德路
外交部清华学校	曹云祥	西直门外清华园
河北大学		保定西关灵雨寺
江苏法政大学	王汝圻	南京城内红纸廊
湖北医科大学	陈雨苍	武昌城内两湖书院 豫科在南湖制革厂
江苏医科大学	吴济时	苏州沧浪亭 吴县阊门外留园马路
外交部俄文法政专门学校		北京前门内西城根
蒙藏院蒙藏专门学校	金永昌	北京石虎胡同
财政部财政专门学校	李景铭	北京石驸马大街
湖北公立外国语专门学校	胡钧和	武昌南楼前
四川公立外国语专门学校	李思纯	成都总府街
安徽公立法政专门学校	光　昇	省城北门外百子桥
河南公立法政专门学校	张登云	省城北三圣庙街
湖北公立法政专门学校	罗兆鸿	省城大贡院前
吉林公立法政专门学校	刘风竹	省城德胜门外财神庙胡同
广东公立法政专门学校	黎庆恩	省城天官里后街
甘肃公立法政专门学校	施国桢	省城旧贡院内
江西公立法政专门学校	胡　薰	省城德胜门
福建公立法政专门学校	周　翰	省城贡院前
山西公立法政专门学校	冀贡泉	省城首义街上官巷
浙江公立法政专门学校	凌士钧	省城清泰门内马坡巷
山东公立法政专门学校	孙　堪	省城杆石桥
黑龙江公立法政专门学校	果常穆	省城西酒楼胡同

四川公立法政专门学校	周敬凉	省城五世同堂街
湖南公立法政专门学校	李希贤	省城毁子桥
广西公立法政专门学校	廖 鸥	桂林城内瞽门大街大市口
河南公立农业专门学校	郭须静	省城南关外繁塔寺
山东公立农业专门学校	郭葆琳	省城东关外全福庄七里堡
山西公立农业专门学校	刘逵九	省城上马街东口
江西公立农业专门学校	熊世绩	省城进贤门外关口
直隶公立工业专门学校	杨育平	天津河北黄纬路
山西公立工业专门学校	李尚仁	省城内西羊市街
山东公立工业专门学校	许衍灼	省城南开正觉寺街西首
福建公立工业专门学校	何畏祺	省城南台铺前顶
四川公立工业专门学校	何 摛	省城学道街
苏州公立工业专门学校	刘勋麟	苏州三元坊
江西公立工业专门学校	胡 飞	南昌城内书院街
山西公立商业专门学校	严慎修	省城内新成街七十一号（新满城）
山东公立商业专门学校	朱正均	省城皇华馆
四川公立商业专门学校	何文鑫	成都
浙江公立医药专门学校	吴 梓	省垣众安桥河下
山东公立医学专门学校	马骥良	省城北园白鹤庄
江西公立医学专门学校	何焕奎	省城贡院前
山东公立矿业专门学校	王 镇	济南东关山水沟路南

附注　凡近年无案报部及暂准备案者均不列表

私立专门以上学校

校　　名	校长姓名	校　　址
北京华北大学	恩 华	西安门大街
北京朝阳大学	汪有龄	汪家胡同东首海运仓旧址

北京中国大学	王正廷	皮库胡同郑王府旧址
北京民国大学	雷殷	太平湖醇王府
北京平民大学	汪大燮	德胜门大街石虎胡同
协和医科大学	胡恒德	北京东单帅府园
金陵大学农科	包文	南京鼓楼西坡
南开大学	张百苓	天津城西南开
大同大学	胡敦复	上海沪杭车站北首
心远大学	熊育锡	江西省城三道桥
武昌中华大学	陈时	武昌旧粮道署
明德大学	胡元倓	汉口福中里八号
复旦大学	李登辉	上海江湾
中国公学大学部	代表王敬芳	吴淞炮台湾
中法大学	李煜瀛	北京东皇城根三十九号
		后门外皇城根二十二号
南通医学专门学校	张謇	南通县城南门外
南通纺织专门学校	张謇	南通县唐关市
江西预章法政专门学校	邱玺	南昌县城
湖南群治法政专门学校	罗杰	长沙城内连升街
湖南达材法政专门学校	马续常	长沙城内福星街
江西法政专门学校	龙钦海	南昌城内高升巷
福建法政专门学校	刘以分	省城白水井
湖北法政专门学校	何奇阳	省城大贡院东首
四川志成法政专门学校	董鸿诗	成都县城

附注　凡只准试办及近年无案报部者均不列入表内

〔北洋政府教育部档案〕

（3）北京大学

20. 教育部关于并北京大学北洋大学为国立大学训令
（1914年2月3日）

令北京、北洋大学抄送筹划国立大学说帖仰即遵办文　三年训令第三十七号

　　查本部前以北京、北洋两大学并立于京津咫尺之地，于学区分划既嫌不符，而应合应分尤须筹划。当经委本部专门教育司长汤中会同参事王振先、许寿裳，秘书杨彦洁详细规划，呈候核夺。兹据该司长等缮具说帖条拟办法，尚属妥适，业经批令按照所陈各节分别进行，以期尽善在案。兹将原拟说帖录送该校，仰即遵照办理。此令。

中华民国三年二月三日

　　附汤中等呈及说帖

　　汤中、王振先、许寿裳、杨彦洁为呈复事：十一月十七日，接奉委任令开：委任专门教育司长汤中会同参事王振先、许寿裳，秘书杨彦洁筹划国立大学事宜。等因。奉此，中等遵即会同讨论，业已集议数次，条拟办法，特具说帖呈请鉴核。谨呈。

　　世界各国大学之数，无虑数百。其组织之内容，各因其校之历史及其时与地之需要而设置互殊，繁简绝异，然约举之可分为二大派。一曰英国式，即纯粹分立制，合各个独立之专科学校而成一大学丛者是也。我国从前大学制度仿于日本，论其组织，属于大陆式。北京大学创于学制颁布之前，实为前清光绪二十三年，其后几经变迁，至宣统二年始有分科之计划。北洋大学创于

光绪二十九年，美人丁家立实其事，至三十二年，始以本国人监督之。两大学皆有其经过之历史，独立之精神，全国具瞻不能磨灭。惟是大学者为一国最高之学府，海内人才于是焉出，而我国创立大学且十余年，其所成就尤未能餍国人之望，时论病之，遂有以办理未善而主张改造者，亦有以地点关系而主张合并者。二说虽各有其主张之理由，而两大学之所以未能完全进行者。实由于前清学制之弊。盖前清办学，其施行之程序颇似逆进，大学成立之时，中等教育未有基础。其时高等学堂尚无资格相当之学子，故大学自不能不益有所迁就，致其成绩不能与东西诸先进比肩。迩年以来，中学渐盛，毕业生日多，高等教育亦渐发达。今为国家植材计，似宜将两大学详行规划，以应时代之要求，明予区分，以收经营之实效。爰谨稽之学理，参以事实，分别条举胪于左方，以备采择。

（一）采综合制之适否

综合制为德、奥、意、日本诸国盛行之大学制度，北京与北洋两大学之现制，亦皆有综合制之性质者也。近今学者咸称此制便于大学之组织，盖经费以可节省，区划择其便宜。分科易于适当也。顾全国学生未臻发达，设学距离或甚接近，则综合制亦不尽可行。何则？既同取综合制，而各设若干类之分科大学，设学倍多，而学生转以分而见寡，有虚縻经费之嫌。甚或以学生缺乏之故，乃滥收不合格者藉以充数，弊尤不鲜。今北京与北洋两大学相距甚近，又同取综合制，以事理论之，殊不利于两存；然欲偏废其一，则又有两大学能合并为一之先决问题。但揆诸各情形，合并问题似未能遽行办到，则所谓完全综合者，恐难见诸实行也。

（二）采纯粹分立制之适否

纯粹分立制为英吉利盛行之大学制度，例如牛津大学，其组织系由多数专科学校集合而成，自校长、职员以及财产之管理，皆不相统属，惟直隶于大学之图书馆、博物馆等，得使全体学生使用而已。英国大学采取斯制，由于历史之关系，绝无特别之理由。今其国之大学改革派方感其组织之不便，而有改从大陆式之运动，则斯制之不适用，已可概见。吾国教育限于经费，设施诸未完全，谓能筹一巨资，以办各国独立之单科大学，于势于理均有所轩格而不能行。即按诸两大学成立以来之沿革，亦断不能尽破其旧有之规划，而遽从此支离之制度也。

（三）折衷办法及两大学应行规划之点

以上二者，均以学理及各国先例言之，而按之事实，其未可仿行者如彼。今欲两大学同时存在，而仍无碍根本计划者，其惟用相对的分立制乎。若用相对的分立制，则北京大学与北洋大学距离虽近，而可免前举之流弊。何则？北京、北洋两大学可同立于一大学系统之下，悉改称为第一国立大学，而使两校分科明定区别。凡甲校应设之科为乙校所已设者，从部中规定移并甲校，或停招新生。其在乙校应设之科为甲校已设者，亦当一律办理。如此则不但区划明晰，经费节省，且于两校根本上不致过形牵动，此其便利之点一也。两校照新规定后，甲校设某科者，称为第一国立大学某某分科。乙校设某科者，亦称第一国立大学某某分科。如此，则大学系统不致混淆，而第二、第三国立大学仍可次第推广，此其便利之点又一也。由是言之，相对的分立制既收大陆式综合之利，而无英国式破碎之弊，加新计划于旧学校，似以此为最适宜焉，试循此制而拟两大学分科之大略。

（甲）北京大学可规设文、法、理、医四分科。试言其理由：文科为一国思想之中心，各种学术之枢纽，允宜创置于首都，为国人文艺之先导。法科则无论为法律、为政治经济，所习皆经世之术，即将来皆从政之材。北京为政法之渊海，不仅教材易得，即观摩之益亦十倍他方，自有设立法科之必要。理科所授大抵实验之科学。理化、地质各科，固有待于校内设备之完善。而如天文学科，尤必附近有完备之观象台；动植物学科，必附近有巨大之动植物园、水族馆之类，始足供其实地之研究，将来此科设置，北京必居首位。则理科大学，自宜设于北京可无疑义。医科为输入新学之先驱，强健国民之要业，各国咸重视之。我国从来轻视卫生，致国民体质流于羸弱，亟宜取法先进，设医科大学于北京，以正四方之视听。且医科与文法诸科颇有密切之关系，如精神病学之于文科，法医学之于法科，化学生理学等之于理科，皆有联络研究之益，此亦并设之一由也。

（乙）北洋大学可规设工科，而渐加扩充。此其故，则以北洋大学所在地为国内大商埠之一，当水陆交通之冲，品物辐辏于此，建置各种工场最为相宜。且校地近海，则便于增设造船科、海塘、河堤、铁道、船埠种种工程，无不具备，则便于设土木科、建筑科近矿则便于采矿、冶金科之实习，近制造局则便于造兵科之研究。而且外货充斥，则借镜多而观感较切，于以养成学术上竞争之性质，以地点论，宜规设工科者一也。北洋大学原设有土木、采矿两科，开办有年，成效渐著。就已成之局而扩充之，事半功倍，以设学便论，宜规设工科者二也。

北京、北洋两大学，既明定其分科之区划，则对于现在两大学之组织，不能不略有整理。今更据前列之规制，而拟一处置两大学之方。查北京大学原设有文、法、理、工、农五分科。工科既为北洋大学应设之科，则北京大学所设之工科应照规定停办，而移并于北洋大学，或停止续招新生，以办至本年新班学生毕业为止。农科仅有实科之学生，可就原用校舍改设农业专门学校，以养成应用之人才，俟经费稍裕、学生稍众，择定地址再行筹设。更筹设医科，以符规设文、法、理、医四分科之制。至北洋大学原设法、工两分科，应将法科停办，移并于北京大学，或截止续招法科新生，而尽力于工科大学中应行增设之各科。以上办法，既不悖设学育才之意，而于两大学之同时存在亦无妨碍，似属简易可行也。

谨案近世科学大昌，人以学战，自昆虫草木之微至体国经野之大，新理日出，应用无方。先进诸国群惧其文化之后人，争致力于人才之教育，集其国内秀民穷极研究，冀有倡获，卒至学术蔚兴，富强坐致。我国兴学十余年，而所谓人才教育者，仅此北京大学与北洋大学之两校，犹且以经费之支绌，而规模不能大备，学生之缺乏，而教授未竟全功。正宜及时整顿，尽力维持，藉提挈之有方，收保滋之后效。所有关于北京与北洋两大学规划方法，均就管见所及，粗陈概略。当否敬候钧裁。

〔北洋政府教育部档案〕

21.国立北京大学沿革
（1918年）

大学之设，创始于前清光绪二十四年。其先，康有为以公车上书请变法立学堂，梁启超为侍郎李端棻草疏请立大学于京师，御史王鹏运亦疏请兴学，得旨允行而未果。及至是年朝廷锐意变法，迭奉严旨，促拟大学堂章程。五月由军机处及总理衙门拟具章程八十余条，陈请开办。乃命孙家鼐为管学大臣，许景澄继之，大学堂遂由兹成立。二十六年，义和团肇变，捣毁校舍、焚烧书籍，士子纷纷避散，学校停办者近两年。翌年张百熙在西安行，在痛心时事，复力请兴学，遂被命为管学大臣，重议大学办法。先设高等学堂为大学之预备，并设速成科，分仕学、师范两馆，其京外各学堂亦皆直隶于大学。后仕学馆归并进士馆，而管学大臣则改为学务大臣，大学堂特设总监督，专办师范、预备科。宣统元年，两科次第毕业，乃停办师范，开设分科，预科仍继续兼办。民国以来沿而未改，办法虽稍有差异，而大旨则同。计自创设至今，凡二十年，其中事故之变更，程序之递进，因革损益非止一端。庚子以前，简编散佚，未由征诸。壬寅而后，稽考卷册，约略可纪，搜辑旧闻，未来者考古之资也。爰为编次沿革大要，庶知吾国大学之造端云尔。

清光绪二十四年五月，设立大学堂，派孙家鼐为管学大臣。派奕劻、许应骙办理建设大学堂工程事务。六月订定大学堂章程八条：一立仕学院，二筹出路，三中西学分门，四严定出身，五慎译书，六设西学总教习，七优给教习薪金，八停给膏火，拨马神庙四公主府为大学校址，修葺开学。

二十六年五月，义和团起事，校舍被毁，遂停学。

二十七年十二月，续办京师大学堂，以外务部之同文馆归并，派张百熙为管学大臣。

二十八年正月，订定大学堂办法五条：一、厘学科。拟暂不设专门，先立高等学校为大学之预备科。其功课分为政、艺两项，并于预科外置速成科，分为仕学、师范两馆。二、拓讲舍。购学堂东西南三面民居增建学舍。三、附设译局。就隶设之官书局置译局一所，并在上海分设东文译局，审订名字，编辑课本。四、购书器。调取或购入各省书籍，又先向上海、日本购办仪器。五、筹经费。由户部存放华俄银行银两拨息应用，并由各直省分别大中小省分筹摊，按年拨解。以吴汝纶为总教习，以张鹤龄为副总教习，于式枚为正总办，李家驹、赵从蕃为副总办。以宗室觉罗八旗等官学改设小学、中学，归入大学堂办理。七月，订定大学堂章程并考选入学章程颁行。九月筹设预备科。十一月行开学礼，先办速成一科，考取仕学馆生五十七名，师范馆生七十九名。购城西瓦窑村地基一千三百余亩另建斋舍。改同文馆为翻译科，以曾广铨充总办。

二十九年正月，设进士馆，令新进士皆入馆肄业。三月，就校附近之北河沿添造房屋设译学馆，将原翻译科归并。赁太平洋街民房设置医学实业馆，招练习生数十人，授以中西医学。闰五月，派张之洞会同张百熙、荣庆商订现办大学堂章程一切事宜。

十一月，资遣学生三十一名前往日本留学。张之洞等会同订定学堂章程并管理通则颁行。改管学大臣为学务大臣，统辖全国学务，另设总监督专管大学事宜。十二月，以张亨嘉为大学堂总监督。

三十年二月，就校西旷地添置斋舍，以仕学馆归并进士馆。三月，资遣学生十五名前往英、法、德、俄留学。

七月，重订进士馆章程颁行。十月，以张亨嘉兼进士馆监督。十一月，招取各直省学生，送京考选入预备科、师范馆各一班。

三十一年正月，借拨内务府所辖沙滩旷地，东西三十九丈，南北二十一丈余，改建操场。二月，医学实业馆改建为医学馆。就前门外孙公园地筑造房屋三座，与施医局合并。开办预备科，并添招师范科生。十月，筹设分科大学，查照原定大学章程分列八科，内先设法政、文学、格致、工学四科，以备大学预科及高等学堂学生考升入学。并择德胜门外旧操场东西四百八十丈，南北四百十四丈，建设分科大学。其先购瓦窑村地方，作为专设农科之用。

三十二年正月，张亨嘉辞职，以李家驹充大学堂总监督。四月，添建会议室一所。七月，置优级师范及大学预备两科监督，以江瀚署优级师范监督，张祖廉署大学预备科监督。变通进士馆办法，分别资遣毕业学生赴日本留学游历，将原有堂舍改设法学堂。八月，开办附属高等小学堂，调内务府三旗高等小学生来校，作为新旧两班优级师范生，实事练习。十二月，师范科旧班学生一百四名毕业。

三十三年二月，举行师范科旧班学生毕业礼式。资遣师范毕业生孙昌烜等八名赴英、法、美国留学。六月，改大学堂总监督为实缺。八月，李家驹辞职，以朱益藩充大学堂总监督，筹建大学预备科及优级师范两处讲堂。九月，附设博物实习科，略分制造、标本、模型及图画三类，分为完全、简易两科，先设简易科。十二月，朱益藩辞职，以刘廷琛充大学堂总监督。

三十四年三月，大学五年期满，奖励教员、管理员等。七月，学部派何燏时、商衍瀛前往日本考查大学制度及一切建筑设备事宜。十月，就校内设立筹办分科处及分科工程处。筹办分科大学，建筑费由度支部筹银二百万两，分四年拨给。十二月，预备科学生一百三十二名毕业，师范科学生二百六名毕业。

宣统元年闰二月，以柯劭忞充经科大学监督，林棨充法科大学监督，孙雄充文科大学监督，屈永秋充医科大学监督，汪凤藻充格致科大学监督，罗振玉充农科大学监督，何燏时充工科大学监督，权量充商科大学监督。三月，续办大学预备科，改名为京师高等学堂，以商衍瀛充监督。四月，罗振玉、孙雄前往日本，分别调查农科、文科大学事宜，咨由各省选送举人暨优拔贡考入经科大学肄业。九月，附设博物实习科简易班，四学期满，展习一年。另赁民房，酌改讲堂斋舍。预算，宣统二年，分科大学临时、经常岁出共银五十五万四千八百三十余两，附设高等及博物实习科银七万一千九百三十余两。十二月，马神庙东南隅操场建讲堂斋舍十二橦，计一百七十八间。

宣统二年二月，举行分科大学开学礼式。六月，变通农科办法，先设补习科，分甲、乙两班，暂不开设分科预算。宣统三年，分科大学临时、经常岁出共银三十五万七千三百余两，高等科银十一万八千零五十余两。七月，以分科大学开办经费余存银百五十万两改作六年匀拨。八月，刘廷琛请假，以柯劭忞暂署大学堂总监督。十一月，附设博物实习科简易班，展限期满毕业。

宣统三年三月，给奖博物实习科毕业学生与中等工业学堂同学。七月，预算明年经费，共需银三十六万一千四百余万两。十月，以劳乃宣充大学堂总监督，十二月，劳乃宣病请开缺，暂以刘经绎代理总监督。

民国元年二月（壬子年正月，下均阳历），令严复暂管京师大学堂总监督事务，以叶可梁管理农科监督事务。借华俄道胜银行银七万两，筹办开学。五月，改称京师大学堂为北京大学，总监督为大学校长。分科大学监督为分科大学学长，其校长由分科大学学长中荐一人任之。以严复改任文科大学学长，署理校长。以夏元瑮为理科、工科学长，兼二科教务长。重行开学，催各省本校肄业生迅行来校。经科归并文科，暂设经学一门。七月，教育部以军兴旷课，令各学校展长一学期。以文科学长兼署校长事务较繁，仍设文科教务长，以姚永概充任，将预科教务长裁撤。将财政学校中等班学生并入大学预科，特开新班赓续授课。以金绍城充商科大学学长兼教务长。预科学生一百二十八名毕业。十月，严复辞职，任命马良代理北京大学校长。十一月，农科新校落成。十二月，马良辞职，任命何燏时署北京大学校长。以商科归并法科兼理。

二年正月，以胡仁源为预科学长。二月，以余棨昌为法商科大学学长。三月，预科在北京、汉口、上海招考，录取学生二百余人。五月，预科学生五十七名毕业。六月，文理法商农工各科学生二百三十五名毕业。九月，分科、预科在北京、上海、汉口三处招考，分科录取一百二十余人，预科录取一百六十余人。以胡仁源改任工科学长，沈步洲为预科学长。十一月，分科行毕业礼。文科教务长裁撤。何燏时辞职，以工科学长胡仁源兼代校长事宜。分科第二次招考，录取学生百二十余人。十二月，预科学生十名毕业。

三年正月，任命胡仁源署北京大学校长。余棨昌辞职，以大理院推事林行规兼任法商科大学学长。沈步洲辞职，以徐崇钦为预科学长。农科大学改为农业专门学校。三月，预科学生四十八名毕业。四月，预科行毕业礼。六月，预科学生十三名毕业。七月，分科、预科在北京、上海两处招考新生，分科录取一百六十二名，预科录取一百八十九名。八月，夏锡祺为文科大学学长。九月，分科续招新生三十七名，预科续招新生一百零二名。

四年四月，教育部拨款三万元，兴修理工科楼房一座，计教室八间，图画室三间，地质矿物教室二间，于九月二十日落成。六月，预科学生八名毕业。七月，分科、预科在北京、上海两处招考新生，分科录取一百十四名，预科录取一百六十七名。十一月，林行规辞职，以王建祖为法科大学学长。

五年六月，借比国仪品公司款二十万元，建造预科寄宿舍。六月，分科学生六十六名，预科学生一百八十九名毕业。十二月，任命蔡元培为北京大学校长。

六年一月，教育部派工科学长胡仁源前往美国考察实业教育，工科学长事务由理科学长夏元瑮兼代。以陈独秀为文科大学学长。二月，预科添设主任教员三人。三月，改订学制案议决，大学评议会成立。

〔中央大学档案〕

22. 北京大学缮送全国专门以上学校联合会章程函
（1919年1月6日）

径启者：同人等前拟组织全国专门以上学校联合会，并经拟定章程，由本校呈请教育部备案。兹奉部令内开：呈悉，该校等筹设全国专门以上学校联合会，于专门教育前途具有裨益，所送章程准予备案，此令。等因。相应将原呈及部令各缮一份，送请贵校查照，专此敬颂公安。

北京大学启
一月六日

附（一） 原呈

呈为缮送全国专门以上学校联合会章程，请予鉴核备案事：窃惟教育之道，必须群策群力，始能收宏远之效。此在普通教育犹然，何况专门教育。查吾国专门以上学校，现在已有七十余所，然因向鲜联络，欲谋进行，殊多滞碍。元培等现拟组织一全国专门以上学校联合会，每遇有专门教育上共同事业，即可交会讨论，既免隔阂之弊，复收协进之功，于专门教育前途似属不无裨益。所有会中一切经费，悉由联合各校自行担任，无须另筹致妨预算。兹拟具会章一分，理合送请钧部鉴核备案，指示施行。

谨呈教育总长

国立北京大学校长	蔡元培
国立北洋大学校长	赵天麟
公立山西大学校长	王录勋
北京私立中国大学校长	姚憾
北京私立朝阳大学校长	汪有龄
国立北京法政专门学校校长	吴家驹
河南公立法政专门学校校长	吴鼎彝
山西公立法政专门学校校长	冀贡泉
江苏公立法政专门学校校长	钟福庆
广东公立法政专门学校校长	区北庆
湖南公立法政专门学校校长	徐光模
山东公立法政专门学校校长	孙毓坦
浙江公立法政专门学校校长	张翅
江西公立法政专门学校校长	胡薰
直隶公立法政专门学校校长	李志敏
湖北公立法政专门学校校长	罗兆鸿
安徽公立专门法政学校校长	张铭
私立中央政法专门学校校长	陈荣镜
湖北私立法政专门学校校长	何奇阳
湖南私立达材法政专门学校校长	戴真铨
湖南私立群治法政专门学校校长	郑芳

直隶私立法政专门学校校长	齐树楷
福建私立法政专门学校校长	刘以芬
国立北京医学专门学校校长	汤尔和
直隶公立医学专门学校校长	马鉴澄
江苏公立医学专门学校校长	蔡文淼
浙江公立医药专门学校校长	钱崇润
浙江私立广济医学校校长	朱孝兰
国立北京农业专门学校校长	金邦正
直隶公立农业专门学校校长	郝元溥
山东公立农业专门学校校长	周秉琨
广东公立农业专门学校校长	麦应端
山西公立农业专门学校校长	刘遄九
河南高等专门农业学校校长	陶怀琳
江西公立农业专门学校校长	吴　恺
国立北京工业专门学校校长	洪　镕
直隶公立工业专门学校校长	杨育平
湖南公立工业专门学校校长	宾步程
福建公立工业专门学校校长	梁志和
山东公立工业专门学校校长	许衍灼
交通部唐山工业专门学校校长	章宗元
国立武昌商业专门学校校长	汪济舟
山西公立商业专门学校校长	萧增秀
山东公立商业专门学校校长	叶春墀
北京私立新华商业专门学校校长	杨霞华
外交部俄文专修馆校校长	陆是元
河海工程专门学校校长	许肇南
南通纺织专门学校校长	马鸿翰
湖北公立外国语专门学校校长	金宗鼎

附（二）　章程一分

第一条　本会以联络感情，讨论教育上共同事业为宗旨。

第二条　本会以大部认可之京内外各专门以上学校组织之。凡如前项新设之学校，当然加入于本会。

第三条　本会事务所设置于北京大学。

第四条　联合各校之校长、学长、教务主任，皆为本会会员。会员中有退其校职者，其继任人员即为本会会员。新加入各校之会员亦如前定。

第五条　各会员之姓名、别号、年籍、学历及在校之职任，由各校通知本会事务所。

第六条　本会经费由联合各校，每年每校担任拾元，交由本会事务所负收支之责。

第七条　本会事务所设主任一人，以北京大学校长充之。有需要时，得由主任于会员中指定若干人为临时干事。

第八条　本会每二年于四月中旬常会一次，每次开会地点，于前一次大会决定之。每开常会时，每校至少须有一人到会。

第九条　凡非关于各校教育上共同的密切直接之事项，均为各校之单独行为，不视为本会之行动。

第十条　本会为传达各校情状及教育上贡献，得编行年报，其章程另定之。

第十一条　本章程于各校集合时，得联合之各校数四分之三以上之同意，得提议修正。

附（三）　教育部指令第一五八三号

令北京大学筹校呈一件，送全国专门以上学校联合会章程请核备由，呈悉。该校等筹设全国专门以上学校联合会，于专门教育前途具有裨益，所送章程准予备案。此令。

中华民国七年十二月十九日

教育总长　傅增湘

〔中央大学档案〕

23. 王光宇关于查报北京大学开始实行男女同校情形呈

(1920年4月27日)

呈为呈复事。窃于四月十五日奉手谕内开：告王光宇查男女同校者有几名女生访明等因。奉此。遵派侦察员吴象谦前往调查，兹据报称：查北京大学分为文、法、理三科，内分九十余班。又查该大学当男女合校之议倡出，首由天津第一女子师范两教员弃职来京，次有北京高等女子师范暨协和女子大学学生相继报名，共计十有余名。经蔡校长从事甄别，除去不合格者数名，录取者作为本校旁听生，俟暑假再行甄别，酌补班次。至查在校女生名额，闻诸该校第二、第三两院学生云，本校男女合校，为互相砥砺功课起见，女生各照本人程度分插听讲，并无男女之分，名次亦系杂列，有云八九名者，有云九十名者，彼此猜计莫衷一是，详查细察真相，仍属不明。是以探询该学校夫役云，各讲堂内并未见有标明女生榜示。最后设法调查始悉，该校文科有王兰、查晓圆、奚桢等十名，理科一名，其余姓名难以侦悉。并闻暑假后，拟正式招考女生，仍有建设女寄宿舍之说。又闻该校女生均回私宅住宿，并无同舍寄宿情事。蔡校长对于男女合校极为注意，深恐有伤名誉致碍女学前途，且前奉教育部训令，亦令注重此节。现在校规尤觉森严等情，报告前来。侦察长为慎重起见，又派侦察员殷达源再行复查，以昭核实。据报前来，尚属相符。理合缮单呈请宪鉴。谨呈

步军统领王

侦察长　王光宇

中华民国九年四月十七日　　呈

〔北洋政府步军统领衙门档案〕

24. 北京大学附设国史编纂处简章
(1922年6月)

第一条　本处隶属于北京大学文科中国史学门。

第二条　本处分纂辑及征集二股。

第三条　纂辑股兼纂辑民国史及历代通史。

第四条　征集股掌征集关于史之一切材料。

第五条　本处设处长一人，纂辑股及征集股主任各一人，纂辑员若干人，事务员若干人，书记若干人。

第六条　处长总理本处事务，以北京大学校长兼任之。

第七条　纂辑股主任协助处长规定纂辑条例及鉴定史稿，以文科学长兼任之。

第八条　纂辑员若干人分任纂辑，以中国史学门教员兼任之，史学门教员人数不足时，得由处长延聘他校教员，或校外专门学者分任之，为特别纂辑员。

第九条　征集股主任商承处长规定征集条例，并督率事务员处理之。

第十条　事务员若干人承处长及征集股主任之命，分任征集事务。

第十一条　书记若干人分任纂辑、征集两股缮写事务。

第十二条　处长及纂辑股主任不支俸给。

第十三条　本校教员兼任本处纂辑员者，其俸给之总额不得超过本校教授俸给之最高限。

第十四条　非本校教员任本处纂辑员者，其俸给多寡以所任之繁简为比例，亦不得超过本校教授俸给之最高限。

第十五条　征集股主任之俸给视本校图书馆主任、其事务员及书记之俸给视本校事务员及书记。

〔中央大学档案〕

25. 国立京师大学要览
（1927年9月14日—9月28日）

国立京师大学校组织总纲①

第一条　国立京师大学校以教授高深学术，养成硕学宏材为宗旨。

第二条　国立京师大学校分设下列各科部：

一、文科　　　　　　　　二、理科
三、法科　　　　　　　　四、医科
五、农科　　　　　　　　六、工科
七、师范部　　　　　　　八、女子第一部
九、女子第二部　　　　　十、商业专门部
十一、美术专门部

第三条　国立京师大学校之各科部得兼设预科。

第四条　国立京师大学校收受高级中学毕业生或具有同等资格者。预科及专门部收受四年制初级中学之毕业生或具有同等资格者。录取学生以其入学试验之成绩定之。

第五条　国立京师大学校文科、理科、法科、医科、农科、工科、师范部、女子第一部、第二部之修业年限为四年，其预科为二年；商业专门部、美术专门部之修业年限为三年，其预科为一年。

第六条　国立京师大学校学生所属各科部修业完毕试验及格

① 此件沿用原标题。

者，授以毕业证书。毕业后应予学位，另以条例定之。

第七条　国立京师大学校置校长一人，总辖校务，由教育总长聘任之。

第八条　国立京师大学校各科部各设学长一人，商承校长分掌科部之教务及事务，由教育总长聘任之。

第九条　国立京师大学校各科部各置教授若干人，分任教课。由本科部学长商承校长聘任之，并呈报教育部备案。各科部遇必要时，得商承校长延请讲师及助教。

第十条　国立京师大学校设校务会议，议定关于全校之重要事务，由校长及学长组织之，开会时以校长为主席。校务会议之规程另订之。

第十一条　国立京师大学校设教务会议，审议关于全校之学则及教学训育事项，由校长、学长及各科之主任教授组织之。会议时以校长为主席。教务会议之规程另订之。

第十二条　国立京师大学校设校长办公处，其规程另订之。

第十三条　国立京师大学校各科部设学长办公室，其办事规程由校务会议订定，报部备案。

第十四条　国立京师大学校各科部酌设注册、文书、会计、庶务、图书、仪器及其他各课，置主任及事务员若干人分任职务，由学长延用之，并函陈校长核准，报部备案。

第十五条　国立京师大学校各科部设教授会议，规划课程并审议关于各科部之学则及教学、训育事宜，以本科部之学长及教授组织之。会议时以学长为主席。

第十六条　国立京师大学校各科部各项规则由各科部自行规定，并函陈校长核准，报部备案。

第十七条　本总纲自公布日施行并呈明备案。

中华民国十六年八月三十一日部令第一三八号

国立京师大学校校务会议规程

第一条　国立京师大学校校务会议，以校长及各科部学长组织之。

第二条　校务会议议定左列各事项：

一、各科部之教育计划　　二、各科部之组织

三、各科部之预算　　　　四、各科部教授之聘任

五、各科部公共事项　　　六、其他有关全校之重要事项

第三条　校务会议议定事项关系重大者，应由校长呈请教育部核定之。

第四条　校务会议每星期举行一次，其日期及时间由校长定之，但遇有特别事项得随时召集之。

第五条　校务会议开会时，以校长为主席。

第六条　学长因故不能出席时得指定主任教授一人代表出席。

第七条　本规程自公布日施行。

中华民国十六年九月十四日部令第一四二号

国立京师大学校校长办公处规程（略）

国立京师大学校附设中小学校及蒙养园组织纲要

第一条　京师大学校为树普通教育之模范，研究教学训练之方法，并便师范教育之实习，特附设中小学校及蒙养园。

第二条　附设学校类别如下：

甲、中学校　　　　　　乙、女子中学校

丙、小学校　　　　　　丁、蒙养园

第三条　附设学校及蒙养园各设主任一人，教员或保姆若干人，事务员书记若干人。

第四条　职员之薪俸数目列左：

第一表　中学校适用之

	第一级	第二级	第三级	第四级	第五级	第六级	第七级
主　　　任	180	170	160	150	140	120	100
事　务　员	70	65	60	50	40	30	25

中学教员按授课时间给薪，教授高级者每小时二元，初级者每小时一元五角，其兼学级主任者每月加给薪俸分二级，甲十五元；乙十元。其进级标准，由主任呈请校长按其年资成绩定之。

第二表　小学校及蒙养园适用之

	第一级	第二级	第三级	第四级	第五级	第六级	第七级
主　　　任	120	110	100	90	80	70	60
教员或保姆	70	65	60	55	50	45	40
事　务　员	50	45	40	35	30	25	20

中小学及蒙养园之职教员任职之始，由校长指定等级，其进级细则另定之。

第五条　中小学事务员之组织，得分为教务、庶务、会计、图书、仪器等课。其有学生寄宿舍者，得另设舍监，但须陈请校长核定。

第六条　中学分为初高两级，以四二制为原则，其设三三制者应声明理由，陈请校长核定。其高级分科者亦如之。

小学校分单式、复式两种，其教学、训练方法之研究亦如之。

第七条　附设学校及蒙养园之主任，由校长委任。

第八条　附设学校之任免教职员，应由主任提出，经校长核定，再由主任聘任或辞退之。

第九条　附设学校及蒙养园于学年之终，应定下学年之预算及教育计划，由主任呈送校长审核，每月终并须造送决算书。

第十条　附设学校征收学费，高级中学每学年二十五元；初级中学每学年十八元；小学及蒙养园每学年十二元。

第十一条　附设学校主任或教员，应承校长之分配，协同指导本校师范生之实习。

第十二条　附设学校及蒙养园之主任，关于中等以下教育重要事件得出席校务会议，陈述意见。

第十三条　附设学校及蒙养园之办事细则，应由主任拟定后呈请校长核准施行，并报部备案。

第十四条　本组织纲要自公布日施行。

中华民国十六年九月十四日部令第一四三号

国立京师大学校职员薪俸规程

第一条　国立京师大学校职员如下：

校长、学长、教授、预科教授、助教、讲师、外国教员、校医、事务员。

第二条　职员薪俸等级列表如下：

级别＼职别	校　长	学　长	教　授	预科教授	助　教	事务员
第一级	600	400	300	260	120	120
第二级		300	280	240	100	100
第三级			260	220	80	80
第四级			240	200	70	70
第五级			220	180	60	60
第六级			200	160	50	50
第七级			180	140	40	40
第八级			160	120	30	30

第三条　专门部之学长支第二级俸，其他各科部学长支第一级俸。

第四条　教授、预科教授及助教，初任职者最高自第六级俸起，但曾在其他大学任同等职务满二年者得支第五级俸，满四年以上者得支第四级俸。

第五条　教授、预科教授及助教，在本校任职满二年者得进一级。

第六条　教授授课钟点每周至少十二时，至多十八时。

教授授课钟点不足十二时者，应按照讲师支薪。

第七条　教授得在他科部兼授功课，按照讲师支薪，但以八时为限。

第八条　事务员初任职者，自第八级起，但在他处曾任相当职务满二年者得支第七级俸，满四年者得支第六级俸，满六年者得支第五级俸，满八年以上者得支第四级俸。其具有专门以上毕业之资格者得再进一级，但仍以四级为限。

第九条 事务员在本校任职满二年者得进一级。

第十条 教授兼任系主任者，得加给四十元以内之津贴。

第十一条 助教及事务员兼任课主任者，得加给二十元之津贴。

第十二条 讲师之薪俸本科三元至四元，预科及专门部二元至三元，各按授课钟点计算。

第十三条 校医及外国教员之薪俸另以契约定之。

第十四条 本规程自公布日施行。

中华民国十六年九月二十日

国立京师大学校国学研究馆规程

第一条 国立京师大学校为整理及阐扬国学并指导研究生研究高深国学起见，特设国学研究馆。

第二条 国学研究馆之组织列表如左：

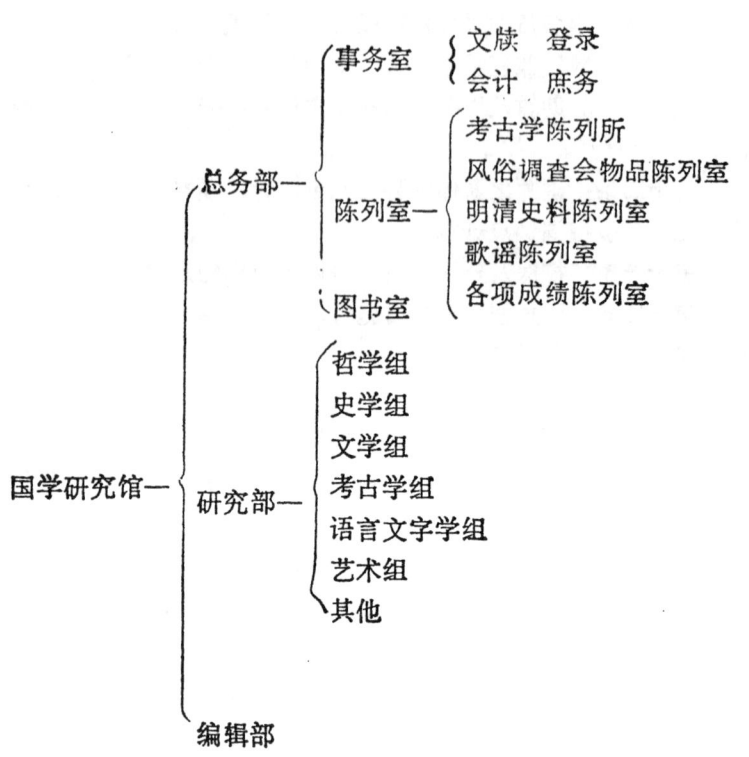

第三条　国学研究馆设馆长一人，由教育总长聘任主持本馆一切事务。

第四条　国学研究馆得于各部内酌设主任及事务员若干人，但研究部得设导师、助教、通讯员，均由馆长延用并函陈校长报部备案。

第五条　国学研究馆遇必要时，得酌设学术委员会、各项会议及各种学会。

第六条　国学研究馆得聘请专门学者为名誉导师。

第七条　研究生之资格如左：

一、本校毕业生有研究国学之志愿及学力者。

二、国内外大学毕业生有研究国学之志愿及学力者。

三、未经学校毕业而于国学有高深研究，其著作经本馆审查合格者。

第八条 国学研究馆之经费，由国立京师大学校校长依照预算数目按月发给，其职员薪俸等级应比照本校职员薪俸规程办理。

第九条 国学研究馆各项研究规则及办事细则，由馆长另定之。

第十条 本规程自公布日施行。

中华民国十六年九月二十八日

〔北洋政府教育部档案〕

26. 国立京师大学校文科沿革略①

（1928年3月）②

创始年月及地点并创办人姓名

清光绪二十四年五月，创办京师大学堂，命孙家鼐为管学大臣，许景澄继之。以景山下马神庙四公主府（即今之理科）为大学基址。

创办时之组织概要

先置仕学院，令举人、进士出身之各京曹入院学习。二十六年，义和团肇变，学校停办。二十七年十二月，续办大学，以外务部之同文馆归并本校。二十八年十一月，考取仕学馆生五十七名，师范馆生七十九名，改同文馆为翻译科。二十九年，就北河

---

① 此件沿用原标题。

② 此件时间按封面上"民国十七年三月份"字样所加。

沿添设译学馆（即今之法科二院），将原有翻译科归并，改管学大臣为学务大臣，统辖全国学务，另设总监督，专管大学事宜。三十年，以仕学馆归并进士馆，招取各直省学生送京考选，分入预备科、师范馆肄业。三十一年，借内务部所辖沙滩旷地改建操场（即今之东斋宿舍），开办预备科，并添招师范科生。三十四年，以新旧师范科及预备科先后毕业，添招预备科，筹办分科，设经、法、文、医格致、农、工、商八科。宣统元年，派定各分科监督。宣统二年二月，举行分科大学开学式，是为大学分科成立之始。

某年某月改任校长何人及有何重要事项

清光绪二十七年十二月，续办京师大学堂，派张百熙为管学大臣。二十八年正月，订定大学堂办法五条，十一月考取仕学馆、师范馆学生共百余人，行开学礼。二十九年，以张亨嘉为大学堂总监督。三十年，资遣学生十五名前往英、法、德、俄留学。三十一年，开办预备科，添招师范科。三十二年，张亨嘉辞职，以李家驹充大学堂监督。十二月，师范科旧班学生一百四名毕业。三十三年，资遣师范毕业生八名，赴英、法、美等国工学。八月李家驹辞职，派朱益藩为大学堂总监督。于二月，朱益藩辞职，派刘廷琛为总监督，改大学堂总监督为实缺。三十四年十月，设分科筹办处及分科工程处。十二月，预备科学生一百三十二名，师范科学生二百六名毕业。宣统元年，派定各分科监督，以孙雄充文科大学监督，并派孙雄往日本调查文科大学事宜。二年二月，举行分科大学开学礼式，八月刘廷琛请假，以柯劭忞暂署总监督。三年十月，以劳乃宣充总监督。十二月，劳乃宣病请开缺，暂以刘经绎代理总监督。民国元年，令严复暂管京师大学堂总监督事务。五月，改称京师大学堂为北京大学校，总监督为大学校长，分科大学监督为分科大学学长。以严复改任文科大学学长，署理校长。催各省本校肄业生迅行来校，重行开学。将经科归并文科,暂设经学一门。教育部以军兴旷课,令各校展长一学期。十月,严复辞职,任命马良代理北京大学校长。十二月,马良辞职,任命何燏时署北京大学校长。二年正月,以胡仁源为预科学长,六月文、理、法、商、农、工各分科学生二百三十五名毕业。二年四月,以胡仁源改任工科学长,沈步洲为预科学长,何燏时辞职,以工科学长胡仁源兼代校长事宜。三年正月,任命胡仁源署理北京大学校长。八月,以夏锡祺为文科大学学长。五年十二月,任命蔡元培为北京大学校长。六年一月,以陈独秀为文科学长。教育部改订学制,大学预科二年毕业,分科四年毕业。以民国五年借款建筑之寄宿舍落成,不合寄宿之用,改为文、法科教室(即今之文科)。八年采用选科制,废去分科名目,改用分系。五月蔡校长出京,旋于九月回校,九年夏,始收女生,八月,本校授班乐卫、儒班两氏名誉博士学位。十月,蔡校长为筹划里昂大学事赴法,呈部请委蒋梦麟为代理校长。十年三月,国立八校因积欠经费过多,教职员罢课请愿,本校因而停顿。九月,经费问题解决,重行开学,蔡校长回校。十二年一月,蔡元培请假游欧,由蒋梦麟代理校务。十六年六月,教育部改组国立九校,总称国立京师大学校,本科系各科部之一,校长由教育总长刘哲兼任,聘胡仁源为本科学长。本年二月,胡学长辞职,改聘江瀚继任。

〔北洋政府教育部档案〕

27. 国立京师大学校医科沿革略①
(1928年3月)②

元年九月,教育部电招浙江汤尔和入京,筹议设立医学专门

---

①② 同前页注。

学校于京师，即于八角琉璃井地方原有房屋开办，是为本校医科之创始。十月教育部令，以汤尔和为北京医学专门学校校长。

十月二十六日，教育部颁发校章，即定是日为成立纪念日。

二年一月，所招本科学生一班上课。学校组织决议，专办本科。十二月，附设诊察所批准。

三年二月，购彰仪门外菜户营村空地一方，备瘗尸体之用。

四年二月，教育部价买毗连之前清施医总局为校舍。五月，迁诊察所于施医总局。至是内、外、耳、眼、皮肤、花柳、产妇各科次第举办病院，规模成立。六月，八角琉璃井校门废止，改从后孙公园出入。十二月，汤校长辞职，外科教授葛成勋为校长。

五年八月，葛校长辞职，汤校长复任。十一月，购八角琉璃井刘姓房屋数间为校舍。

六年十一月，购西南园段姓房屋数间为校舍。

七年二月，购西南圆倪姓房屋十五间为校舍。六月，购八角琉璃井赵姓洋楼二座为校舍。一座充解剖学教室，一座充卫生学教室。十一月，购西南园董姓房屋六间为校舍。

八年八月，续购彰仪门外菜户营村空地一方，掩埋尸体。

九年十一月，汤校长出洋考察，眼科教授张黻卿代理校务。

十年四月，购京师姚家井地方隙地百余亩，以备另筑校舍。

十一年二月，汤校长回国。四月，汤校长辞职，生理教授周颂声为校长。

十二年十二月，周校长辞职照准。

十三年一月，部令改北京医学专门学校为北京医科大学校，病理教授洪式闾为校长。七月，洪校长辞职照准，眼科教授张黻卿为校长。

十四年十一月，张校长辞职。

十五年一月，张校长辞职照准，耳鼻咽喉科教授孙柳溪为校长。

十六年八月，部令改组大学，更名为京师大学校医科，孙柳溪为学长。

〔北洋政府教育部档案〕

28．国立北京大学助学金及奖学金条例
（1928年）

国立北京大学助学金及奖学金条例

一、本校为辅助毕业生继续求学起见，设助学金额；为奖励毕业生学术上的贡献起见，设奖学金额。

二、助学金额每名每年得国币二百元，分四次给与之；奖学金额每名每年得五百元，分四次给与之。

三、助学金之给与，限于贫苦之学生，而无职业者；奖学金之给与，以成绩为标准，不限于经济的状况。

四、本校研究所每门设助学金额六个，奖学金额两个，皆以研究所各门之名称称之。例如"研究所国学门助学金额"，"研究所自然科学门奖学金额"。有时为特别提倡某种学科起见，得由研究所委员会指定一部分的金额为某种学科的助学金，例如研究所国学门得有一个"中国古物学助学金额"，或一个"中国科学史助学金额"……。奖学金额不立学科名称，但每年的授与应按照每研究所内所包学科的种类，略采均匀轮递之意（例如今年奖中国文学及哲学的研究生，明年轮奖中国古史及美术史的研究生；如美术史缺人，则轮奖科学史的研究生）。

五、除本校设立之奖学助学金额之外，各研究所均得收受校外私人或法人捐助的助学或奖学金额，其每人每年应得金数，由捐款人定之。此项捐助的金额，即以捐款人的姓名名之，例如"张□□先生中国古物学助学金额。"

六、凡欲得助学金者须填请愿书，附加成绩、证书及著作

物，于每年五月一日以前送至研究所所长办公室，由所长于五月内召集研究所委员会审查决定之，审查之结果皆于六月一日大学日刊上发表。审查合格者，于下学年九月一日、十二月一日、三月一日、六月一日，到会计课领取助学金。

七、奖学金之授与，由研究所委员会根据本年研究生的成绩，以四分之三以上的表决，拟定应得奖学金之研究生姓名，附加著作物，于每年六月一日以前，函请所长决定发表。发表之后，应得奖学金者，于下学年九月一日、十二月一日、三月一日、六月一日，到会计课领取奖学金。

八、助学金额与奖学金额，如本年不得相当之人，则宁阙无滥。此项阙人之金额存储会计课，其用途或留为下学年之特别金额，或供研究所购书之用，另由研究所委员会决定之。

九、凡本年得奖学金或助学金之研究生姓名，皆刊于本年大学一览之末。

十、本条例经评议会通过后施行。

附则

本条例俟本校全部预算通过后实行。

〔教育系统档案〕

（4）国立自治学院

29．国立自治学院缘起①
（1923年7月）②

国之治乱，人为之耶？法为之耶？人存政举，人亡政息，此

---

① 此件沿用原标题。
② 此件时间按封面上"中华民国十二年七月"字样所加。

人治之说也，任法而不任人，此法治之说也。如前者之言，政术听诸其人之贤不肖，而治乱为不可必之数；如后者之言，贤者不能斁法以为治，不肖者不能斁法以为乱，以法立信，则治平可以长保。此儒法两家之言，数千年来固有试行之者；然但取其一而舍其他，则人法有两穷之日，当其既穷，乱亡不旋踵而至，于是治乱循环，视为天然定数，此国人政治之思路，至今鲜能自拔者也。中外互通以来，见夫西方之治，有所谓宪法，有所谓预算，与法家之言颇相类，乃亦以法治名之。然事实果如是耶？财用出入，悉遵预算，官吏进退，赖法保障，乃至统治权之行使，悉以法文为准绳，西方之不能离法为治明矣。然国民教育普及，故国中有正确之舆论，此因国民智识之提高，而民治乃有以善其用，则其所以赖乎人者一也；内阁因舆论而进退，甲去而乙代兴，故怨府不积于一人，而甲乙可因时发挥所长，此所以保全人才者又一也；其政治家之行已立身，以政见为旨归，平日在学校社会，既养之有素，而前后辈互相衔接，规随之中，能有所创作施为，此则政治家之培植有方，而因收得人之效者又一也。此种种者，可以见西方政治之注重人的方面为何如，岂徒法为治，而能致今日之效哉？

　　自逊清之末以至今日，国人误信法治之说，若条文早颁，则治效夕致，今民治之法令已蔚为全书，而实际效果如何，国人共见，何也？无撑持之人故也。大多数之国民，虽居主人之地，然民意表示之选举漠然焉，谓选举能影响于国政者几何？可谓绝无而已。而况开国之杰，既无华盛顿之诚意，妄抱拿破仑之野心，以法律为戏，恣意蹂躏民德，盖国号共和，而共和之人的元素，上自政府，下至人民，其缺焉不具，未有若吾国者也！此十余年政局，其教训国人至深且切者，则人与法相须为用，不可缺一而已。**诚有人矣，无法不能图治；诚有法矣，无人则法为具文。人法二者之兼筹并顾，乃今后图治第一要义也。**所以养成人才者如何乎？曰自治而已，所以确立法制者如何乎？曰自治而已。专制之国，一人高拱于上，而其下则臣妾耳，奴仆耳，举国嗷嗷，日以国泰民安，坐待诸不世出之圣君贤相。欧美共和之国反是，人人为治者，人人为治于人者，彼此迭代，以治其国，故为政善恶之责，乃在国民之双肩；行政有内阁，立法有国会，二者皆以定期选举，随民意以进退；乃至司法之陪审，地方之自治，亦无非此精神之表现而已！彼西方人民，岂不知委心任运，坐享升平之为逸乐，顾乃于权利争之惟恐不力，于义务尽之惟恐不至者：盖以一国人而自理其国，乃事理之当然，自立法而自守之，自行政而自受之，必如是然后为真正之自由人民，而此顶天立地之身乃为充竭其量耳！同为人类，未有不乐自由而恶专制者，乃有其名则是，而其实则非者：国民之政治知识、政治道德不足以济之也。大多数之人民，对于政策善恶，有无识别之能，对于议员去取有无进退之力，皆民治消长之关键也。若夫议员之职，政府之冲，二者政令之所出，名位之所集，人人争趋之也，亦固其所。然使其争之之道，以政策与国人共见，而所以主张之者，发乎良心之自动，昌言奔走之勤，虽历数年或数十年而不倦，则其出处已合乎用行舍藏之义，而自无相倾相轧之可言，两造各听裁判于公论，虽知欺诈之足以集事，然社会既有所不容，而扪心则又有所不忍。其于敌党也，各守公平竞争之原则，而不至以险诈之技倾陷他人，故各党揖让于庙堂之上，而国治矣。若是者谓之为自治之民，反是者，桀黠者窃据高位，挟名利奔走天下，为政客者立身且无人格，又安有所谓政策？虽利用人民弱点，以遂一己之私，一时功成，而日后终致覆亡，何也？无健全之人民，斯无健全之国家矣。

所谓以自治之旨，适用于养成人才者此也。国之所立于大地者，道亦多矣：有单一国，有联邦国。单一者，除中央而外，为郡县市乡；联邦者，中央与郡县市乡之间，别有所谓邦。联邦国中如美、德、瑞士，皆邦先立而后国起，故权限划分之法，在邦为余权之积汇，在国则政权以明文限制，与单一国之地方权力多寡，听中央处置者，适得其反矣。自国体之性质言之，联邦与单一，绝然二物，不可同日而语。然自其所以为治之精神言之，则一而已。单一国之郡县市乡，皆自知团体也，必谓郡县市乡能自治，而郡县之上级之邦或省，不许其自治，且不许其自治权定诸宪法之中，诚不解其所据之为何种理论也。国之所以贵乎自治者，为发达人民政治能力也，为使官僚政治之丛脞恶习，不至普遍化也，为地方自立法自行政而收因地制宜之效也，此三者既为郡县以下所以自治之理由。推而上之，以达于邦或省，又何不可通之有！且自消极方面言之，使省与中央，各属于一系统，则内阁虽倒，而不致牵及二十二省之政局。中央之事，政策多而实际行政次之，一省之中，实际行政多而政策次之。中央有所谓外交，有所谓军备，有所谓商业政策，甲是乙非，利害相依，而所以适不适，则四围环境为之，各人之见仁见智为之，因而问题既生，常致议论纷纭，政潮突起。以言地方，教育也，水利也，实业也，办一事则收一事实效，利害较然，故少争执。此又省与中央政务之不同，故不如扩各省事权，而各善其事之为愈也。虽然，此联省分权之制，与夫下级自治之整顿，乃国政之大改革也，非旦夕所能奏功也。先之以言论，继之以调查，待耳目濡染既久，则法意自为人所共认，而可循序以进矣。所谓以自治之旨，适用于法制之确立者此也。

本院于人法二者，所欲培植而祈其有实现之日者如是，而教授方针，可得而言焉。曰生活之熏陶，欧美大学教育，如欧陆式，学生勒名学籍，自择科目，按时登堂；为师者独立演台，口授所学，钟鸣课罢，师生如路人，鲜有相识者。学生平日行动，非学校所过问，三年业终，则携文凭敲门砖。若夫英国之牛津、剑桥异是，学生入某院，食宿于此，择傅一人，彼此之相处，有宴会之往还，游戏之共乐，政谈之练习，所以使其讲习乎从容揖让之仪，而发达其公共道德心者，无微不至。故其育才之方，非徒学者焉，实英国政治家之产地焉。吾人于欧陆英国之制，不敢妄有所轩轾。然窃以为政治教育之地，若徒以书册为止境，而忽视同学相互间之起居动作，则学生所长，占毕呫唔耳，学理虽谙，而与团体生活，每扞格而不相入；如是，而期其入世之后，既能尊己，而同时复能承认他人之人格，得乎！故本院之所自勉者，在注意学生生活之本末巨细，以潜移默化其气质一也。曰自动之启发：先圣教人，有隅反之戒，有大叩小叩之说，言乎学生自反之可贵也。盖学生之来，本为听受，然为师者，但据书籍或以己意传之学生，而学生之能否受用，不加审察，则注入式之教育而已！近年欧美教育家力矫斯弊；其教授也，设为问题以待学生之自答，其开发学生学问上之兴趣也，则多辟门径以待学生之自择；关于约束学生之法，则授权于学生，使之设为自治会，学校中既有种种团体，学生中乐于活动者，得发挥所长，则他日之领袖人才，因以养成。凡此智识上之自反，行为上之自强自立，实为教育上之根本原则，亦即政治人才养成之不二法门。此本院之所欲自勉者二也。曰事实之考验：政法生计诸学，以其学之性质言之为理论的，以其与人事之关系言之则又为实际的；此理论与实际之沟通，自一方言之，在以学理验之事实，自他方言之又在以事实证理论之正确，或从而订正之。学政治者，以议事规则，施之国会实习；学社会服务者，本其所学，验之社会共乐之所（此即西方所谓Social centre），此以学理验之事实之说也。研究社会问题者，身入劳动群众中，与之相处，而因以调查其生活；研究财政者，先知财用出入之况，而后以其原理施诸一地预算之改良，此以事实辅助学理之说也。学校之中，平日所以教导学生者既如是，则所学自不至流于空虚，而为闭门之车辙。此本院之所欲自勉者三也。曰研究工夫之提倡：大学职志虽在教育学生，抑亦学术阐发之地也。政治生计社会上种种问题，采集其材料，根据学理为之解答，则国人晓然于利害之别；且调查既确，预备有素，一反手间，可易为立法之方案，而布为法令；其有好为学理之研求者，则于众象纷纭之中，求得一二原则，为学问上之贡献。如是，庶几学界有独创之风，不至以随人俯仰为尽学者之能事。此又本院之所欲自勉者四也。此四端者，教授之法术也，所以达乎人法二者之目标者也。目标因法术而显其用，法术因目标而有归宿之所，故二者结合，而本院之为政治教育机关之性质，于是乎在非徒曰讲求学理已焉，实在养成人才，探讨法制，以改造吾国家而已。抑更有进者，一国文化鼎革之交，其由旧而新，由晦蒙而光明，常发先乎心理之微，心理既变，而后政治随之。至所以移易人心者，则赖乎学说之传授，与夫师表之行为。学记曰："君子如欲化民成俗，其必由学乎，"正谓是也。此本院之根本信仰，所欲勉力追随，以求合于古人设学立教之旨者也。

〔中央大学档案〕

80. 国立自治学院章程

（1923年9月）

第一章 总　纲

第一条　本学院定名为国立自治学院。

第二条　本学院以发达人民之政治品格及自治行政之智识为宗旨。

第三条　本学院设预科、本科、研究科。本科分四种：

子　省政科　　　　丑　市政科
寅　乡政科　　　　卯　社会科

第四条　本学院修业年限预科一年，本科三年，期满试验合格者授予毕业证书；本科毕业后得入研究科，满一年后提出论文审定合格者，授予学士学位。

第二章 组 织

第五条 本学院设董事会，由董事组织之。

第六条 本学院设院长一人，总理全院校务教务；总务长、教务长各一人，分掌校务教务。院长由省长咨请中央聘任。

在筹备时期内，先由省长聘任，分咨内务部、教育部备案。

第七条 本学院教授，由院长得评议会之同意聘任之，在评议会未成立前，由院长聘任之。特别讲师、讲师、助教由院长聘任之。

第八条 本学院得设政制调查，或学术研究，或出版物编译委员会。

第九条 本学院设评议会，为本学院议事机关，除院长、总务长、教务长为当然会员外，由全体教职员互选六人充之。

第十条 评议会以院长为主席，院长缺席时由代理人主席。

第十一条 评议会会员任期一年，连举得连任。

第十二条 评议会设秘书一人，由会员互选之。

第十三条 评议会得分设各项委员会。

第十四条 评议会之职权如下：

子 院内各项规则之订定。

丑 预算之编制。

寅 关于本学院行政上兴革事项。

第十五条 评议会细则另定之。

第三章 总 务 处

第十六条 本学院设总务处，管理本学院校务行政事项，由总务长主持之；总务长由院长在教授中聘任之。

第十七条 总务处得设职员、书记若干人，其职务之分配另定之。

第十八条　教授兼任总务长时，得减少其授课时间。

第四章　教　务　处

第十九条　本学院设教务处，管理本学院教务，由教务长主持之；教务长由院长在教授中聘任之。

第二十条　教务处设教务会议，以全体教员为会员，以教务长为主席。

第二十一条　教务会议每月一次，由教务长召集之，遇有必要时得召集临时会议。

第二十二条　教务处得设职员、书记若干人，其职务之分配另定之。

第二十三条　教授兼任教务长时，得减少其授课时间。

第五章　学　科

第二十四条　本学院各科科目及每周授课时间如下：

预科每周二十小时：

论理学	三（一学期）
哲学概论	三（一学期）
法律通论	二
政治学	三
经济学	三
近代史	三
外国文	四
国文	二

本科一年级每周二十小时。社会科科目另定之：

伦理学	一
心理学	二
社会学	二
宪法原理及比较宪法	三
宪法史	二

近百年史	三
财政学	三
簿　记	二
辩论学	一
公文程式及公牍	一

本科二年级，每周二十小时。除社会科外，共同必修科目十四小时，分科必修科目二小时，余为选修科目。共同必修科目如下：

政治思想史	二
行政法	二
中国财政	三
货币银行	二
统计学	二
市政论	二
选举法	一一学期
议院法与议会实习	一一学期
分科必修科目	
省政科	
比较联邦宪法	二
市政科	
土木行政	一一学期
都市设计	一一学期
卫生行政	一一学期
家宅问题	一一学期
乡政科	
农业概论	二

本科三年级每周二十小时，除社会科外，共同必修科目十三小时，分科必修科目二小时，余为选修科目。共同必修科目如下：

社会运动史	二
教育原理及教育制度	二
预算学	二（一学期）
户籍法	二（一学期）
政党论	二
中国行政组织	二
现代历史	二
警察学	一（一学期）
民团制度论	一（一学期）

分科必修科目

省政科

| 比较地方财政 | 二 |

市政科

| 公营事业 | 一 |
| 比较各国市政现况 | 一 |

乡政科

| 农村经济学 | 一 |
| 水利土木行政 | 一 |

社会科本科一年级每周二十小时：

伦理学	一
西洋哲学	二
心理学	二
社会学	三
国　文	二
外国文学	二
近百年史	三
财政学	二（一学期）
货币银行	二（一学期）

| 辨论学 | 二 |
| 社会实测 | 一 |

社会科本科二年级每周二十小时，必修科目八小时，余为选修科目；选修科目另行规定，临时公布。必修科目如下：

社会思想史或政治思想史	二
社会伦理学	二（一学期）
优生学	一（一学期）
卫生及公众卫生学	三（一学期）
统计学	二
社会实测	一

社会科本科三年级每周二十小时，必修科目九小时，余为选修科目；选修科目另行规定，临时公布必修科目如下：

社会运动史	二
西洋社会事业研究与实习	二
犯罪学	二（一学期）
贫乏问题	二（一学期）
名著选读	二
社会实测	一

　　研究科科目

本院本科毕业生愿入研究科者，经教务长及主任教授之同意，择定科目研究之，研究科目暂拟定如下：

　　甲　政　治

单一国与联邦国

中央地方权限问题

美德瑞加（加拿大）四国之邦宪比较

省宪问题

总统制与内阁制

政党政治之利害

职业代表制之研究
社会主义之国家论
各国地方制度之研究
省之文官制度
选民调查之方法与格式
选举法改良问题
比例选举法问题
妇女参政问题
各国选举实况
国际联盟
国民军制问题
各国市制之比较
美国二三十年来市制之革新运动
吾国市制草案
乡村改良运动
古代乡约之研究
政治学最近之趋势
宪法学最近之趋势
中国政治思想之发展
中国政治之变迁

  乙 经 济

中央地方财政之划分
裁厘加税问题
地方税问题
累进所得税问题
地价差增税问题
地方公款之调查
预算编制

经界问题
田赋问题
币制统一问题
单一发行银行制与联合准备制
中国人口问题
经济学最近之趋势
丙 社 会
社会改良
劳资调剂问题
劳动组合
工厂法
童工与女工
工业自治
大工业社会所有
各国社会运动近况
俄国革命之因果
德国革命之因果
社会主义之趋势
个人主义与社会主义
物质文明之利害
工业发达后之城市与乡村
大家族与小家族
民治与教育
乡村教育
义务教育
移民殖边问题

第二十五条 各科学生除必修科目外,其选修科目须经教务长许可。

第二十六条　体育为全体学生必修科目,在规定授课时间之外。

第二十七条　各科科目,经教务长提出,教务会议通过,得订正之,其他应行添设之科目,由教务会议议决之。

第七章　入　学

第二十八条　凡中学毕业生经试验合格入本学院预科,每年招生名额,由评议会议决之。

第二十九条　欲受入学试验者,须交报名费两元,并填写履历书,连同毕业文凭及最近半身相片,提交报名处。试验合格者,须填写入学愿书及保证书,一并提交教务处。

第八章　学　费

第三十条　本学院学费,每期二十五元,讲义费五元,图书费二元(一学年分为两学期),于每学期始业前交纳。

除本院规定之招生名额外,其有由各省遣送大批学生来校者,关于学费及其他条件另定之。

第九章　附　则

第三十一条　本章程应增损处,由院长提出于董事会修改之。

第三十二条　本章程由省长咨部备案施行。

〔中央大学档案〕

31.国立自治学院董事年限表①

(1923年12月18日)

张季直先生	六年
范静生先生	二年

---

① 董事会规则第四条规定,第一任董事分二年、四年、六年,于第一次开会时抽签定之。

张伯苓先生	二年
袁观澜先生	六年
黄任之先生	二年
沈信卿先生	二年
沙武僧先生	四年
王甸伯先生	四年
严孟繁先生	六年
蔡子民先生	四年
汪精卫先生	四年
段少沧先生	四年
黄伯雨先生	四年
姚子让先生	六年
冷御秋先生	四年
郭鸿声先生	六年
张仲仁先生	二年
蒋竹庄先生	二年
冯幼伟先生	六年
蒋抑卮先生	四年
钱新之先生	六年
谈丹崖先生	二年
袁述之先生	二年
史量才先生	六年
周作民先生	四年

〔中央大学档案〕

32.国立自治学院董事会规则
(1923年12月18日)

第一条　董事会根据院章第五条设立之。

第二条　董事会之职权如左：

甲　推荐院长　　　　　　乙　审核预算决算

丙　决定本院进行计划　　丁　修改院章

第三条　董事名额定为三十人，本院初开办时由省长聘任之，董事会成立后，由会公推请省长聘任之，院长为当然董事。

第四条　董事任期六年，每二年改选三分之一，其第一任董事分二年、四年、六年三类，于第一次开会时抽签定之。

第五条　董事中选举三人为常务董事，任期二年，期满后改选之；但得连选连任。

第六条　董事会每年二月、七月各开会一次，由院长或常务董事定期通知，遇必要时得开临时会。

第七条　董事会主席，开会时临时推定。

第八条　凡热心本院事业与精神上物质上之援助者，推为名誉董事。

第九条　本规则自通过日施行。

〔中央大学档案〕

33.国立自治学院发起及创办经过的报告①
(1923年12月28日)

(衔略)省长所委托报告者，为本院发起及创办经过。查最

---

① 此文是吴邦珍代表省长韩国钧在第一次董事会上的报告。

先提议创办本院者，为江苏国会议员姚文楠君等。渠等曾于六月间致书省长，叙述创办本院之需要与迫切，同时江苏省教育会会长袁观澜君，亦有同类书函致省长。省长因对于现在政治备感苦痛，觉欲促进民治，发扬法治，养成自治人才实为首要，故对于创设本院，根本上十分赞同，惟论及如何办法，则颇费踌躇。以国会议员与教育会诸君来信，对于办法即有不同之点，国会议员主张特设，教育会主张附设于东南大学。后经九月二十二日开会，请"东大"校长郭秉文君、省教育会袁观澜君、黄任之君、教育厅长蒋竹庄君、法专校长王甸伯君、政务厅长傅雪丞君等讨论，皆认为附设"东大"有许多困难之点，因决定特设。遂一面由省长电京请张君劢先生回省主持；一面饬财厅筹划本年度经费，故即谓九月二十二日，为自治学院成立之纪念日，亦无不可。九月末，张君回省以后，各事进行非常迅速，十月十九日送到缘起，二十日送到理由书，十一月十日即将全部章程送到，为时不过一月，而成效如此，实属难得。嗣以款既提用，国库势不得不咨请财部提出阁议，故遂于十一月二十日正式咨请财部提出阁议，通过本院七万九千二百元之本年度预算。讵十二月十七日接财部来咨，以为此项学院既系为养成地方自治人才而设，所有应需经费，自应由该省地方预算内自行设法筹款开支云云，此咨殊出意外。业已复咨财部说明所以提用国库之理由，大意谓自治为立国根本原则，若运用自治人才，不及时准备，将来不免有临渴掘井之虑，故国家为巩固根本计，似不能不为此项人才之储植，犹之义务教育，性质完全为县市乡行政，而各国通例，国家恒负巨大之补助，其旨一也。此次苏省筹设该院，系应时势要求，将来所收效果既不限于一省一时，即所需经费亦断非省地方所能荷负云云。财部复文现尚未到，究竟如何，不得而知。至于校址问题，张院长曾至苏、常寻觅，以现有房屋均无适当者作罢。后由张季直先生提议，转让吴淞中国公学大学部，并自捐地价若干元；督军、省长均赞其议，并合捐一万五千元，将来新校舍地址亦遂以决定。至于经费，本年度定为七万九千二百元，已领四万元。此数本不敷用，惟总希能照此开支。至明年经费或与财政委员会按九年度预算开支之方针抵触，其实委员会此种原则殊不适合，凡事应以需要为标准，不可以一概论，况本院现已开办，断无中止之理。故省长以无论省中经费如何艰难，本院经费必力予维持，省长深信张君劢先生必能以最经济之经费，办最伟大之事业云云。

〔中央大学档案〕

（5）东 南 大 学

34. 国立东南大学与南高师教授会章程
（1922年4月）

第一条　教授会以校长暨各科系主任及教授组织之。

第二条　教授会会议时，以校长或其他代表人为主席。

第三条　教授会之职权如左：

一、建议系与科之增设、废止或变更于评议会。

二、赠与名誉学位之决议。

三、规定学生成绩之标准。

四、关于其他教务上公共事项。

第四条　凡关于教务之公共章程或规则，概须在教授会提出通过，方为有效。

第五条　凡教务问题之涉及两系以上者，得在教授会解决之。

第六条　本校免费生或得受津贴之研究生，由教授会派定之，惟另有特别规定者，不在此例。

第七条　教授会于每学期开常会二次，惟有教授五人以上之提议，或有特别待议之事项发生，亦得召集临时会。

第八条　教授会由校长召集之。

第九条　教授会会员，皆可在教授会提出议案。

第十条　凡议案非一时可决，或认为有研究之必要者，得推定委员若干人从事审查，俟下次开会时报告大会。委员之人数及推定方法，由众公决。

第十一条　教授会必须有会员过半数之列席，方可开会。议案表决，必须有到会会员过半数之赞成方为通过。

附则

一、教授会常会，各于开学后、与寒暑假期前一月内举行。

二、每次会议议事日程，应于开会前一日分送会员。

三、凡重要议案，应先期送校长办公处油印，与议事日程一同分送，以便于开会前研究。

四、本章程如有未尽事宜，得随时提议，由多数表决变更之。

〔中央大学档案〕

35.陶知行与东南大学商讨续办科学教员暑期研究会函
(1924年8月11日)

迳启者：本年暑期，清华学校、洛氏驻华医社及本社，曾合办一科学教员暑期研究会，研究内容分物理、化学、生物三种，各分中、英文两组。每天课程：每日课讨论一小时，实验三小时，教材、教具、教学法讨论一小时；晚间则演讲近年科学之进步。共聘指导员十二人，与会研究教员占十六省区都一百二十余人，大学教员占三分之一，中学教员占三分之二，为时共四星期。最后一星期，知行亲往观察，并征求各方意见，缺点固所不免，而成效亦殊可乐观。最难得者，会员与指导员一致承认此举为极有价值，下年必须继续办理，续办地点，希望在扬子江流域，而尤以贵校为最适当。合组机关：以贵校及中国科学社、洛氏驻华医社与本社为最相宜。需要经费，本年共用五千元左右；下年续办，照本年经验，指导员以一人指导八人计，约须添聘一倍预算，得七千元可以敷用。洛氏驻华医社有继续担任五千元之可能，本社亦可勉筹一千元，余一千元希望中国科学社担任。倘贵校能酌量担任预备费若干，以备不虞，更为妥当；万一本年预算核减过多，不能多任，则数目可不拘多寡，因房屋、设备、人力之赞助，其贡献已非浅鲜也。（设备不敷之处，尚有他处可借。）开办之前，须由合组机关各推代表一人或二人，组织董事部，主持一切。以上意见如蒙贵校赞同，请即推定董事，定期在宁开会，从速着手筹备。知行深信此举于改良我国科学教学前途影响巨大，甚望贵校一致合力进行，并于两星期内赐一确实答复，是为至幸。专此即颂公绥。

陶知行 谨启
〔中央大学档案〕

36. 国立东南大学组织大纲修正稿

（1926年8月1日）

第一章 名　称

第一条　本校定名为国立东南大学。

第二章 宗　旨

第二条　本大学以研究学术、发扬文化、培养通材，以应社会需要为宗旨。

第三章 学　制

第三条　本大学现设预科、本科，分为文科、理科、教育科、农科、商科。

第四条　本大学各科现设下列各系：

文科：一、国文系　二、外国语文系　三、哲国〔学〕系　四、历史系　五、政治系　六、经济系

理科：一、数学系　二、物理系　三、化学系　四、地学系　五、心理系　六、植物系　七、动物系

教育科：一、教育系　二、心理系　三、乡村教育系　四、体育系

农科：一、植物系　二、动物系　三、农艺系　四、园艺系　五、畜牧系　六、蚕桑系　七、病虫害系

商科：一、普通商业系　二、会计系　三、工商管理系　四、银行理财系　五、国际贸易系　六、保险系　七、交通运输系

第五条　本大学为研究高深学术起见，得增设研究院。

第六条　本大学为推广教育起见，得设暑期学校及各种专修科。

第七条　本大学为研究中、小学教育起见，设附属中学、附属小学。

第四章　学　位

第八条　本大学本科毕业生，称为学士。

第五章　行政组织

一、校长

第九条　本大学设校长一人，总理校务，由教务会投票选举，呈请教育部聘任之。

第十条　校长选举法另订之。

二、总务处

第十一条　本大学总务处设主任一人，协助校长执行校务，由校长于教授中聘任之。

第十二条　总务处设下列各部：

（一）教务部；（二）群育部，附斋务股及医药卫生股；（三）图书部；（四）文牍部；（五）事务部，附工程股；（六）会计部。

第十三条　各部设主任一人，职员若干人，由校长延聘之。

三、各科系

第十四条　本大学各科各设主任一人　由校长于教授中聘任之。

第十五条　本大学各系主任一人，由校长于教授中聘任之。

第十六条　各科系得设正教授、教授、讲师、教员、助理，由校长聘任之。

第十七条　各科行政事宜，由科主任商承校长处理之。

第十八条　各系行政事宜，由各系主任会商科主任处理之。

第六章　会　议

一、评议会

第十九条　本大学设评议会，其职权如左：

一、议决本校教育方针。

二、提议科与系之变更。

三、议决行政各部之增设、废止或变更。

四、议决重要之建筑及设备事项。

五、审查经费出纳事项。

六、审订本校通则。

七、议决本校训育事项。

八、议决本校其他对内对外重要事项。

第二十条　评议会为商榷校务便利起见，得设各种委员会。

第二十一条　各委员设主任一人，委员若干人，由主席于教授中指任之。

第二十二条　评议会以下列各人组织之：

一、校长。

二、总务处主任。

三、各科主任。

四、教授会推选五人。

五、科教授会各推选一人。

以上会员，除校长、总务主任及各科主任外，其余会员任期均为一年，但连选得连任。

第二十三条 评议会开会时，以校长为主席，校长因故缺席时，由总务处主任代理之。

第二十四条 评议会遇有不能解决之重要问题，得提出于教授会议决之。

第二十五条 评议会议事〔细〕则另订之。

　　二、教授会

第二十六条 本大学设教授会，其职权如下：

一、选举校长。

二、议决评议会提议事项。

三、议决教务上一切公共事项。

四、议决其他重大事项。

第二十七条 教授会以校长、总务处主任、教务部主任、图〔书〕部主任、群育部主任，暨各科、各系之主任及教授组织之。

第二十八条 教授会开会时，以校长为主席，校长因故缺席时，由总务处主任代理之。

第二十九条 教授会得设各种临时委员会。

第三十条 各种临时委员会设主任一人，委员若干人，由主席于教授中指任之。

第三十一条 教授会议事细则另订之。

　　三、科教授会

第三十二条 本大学各科，设科教授会，其职权如下：

一、议决本科教育方针。

二、规划本科发展事业。

三、建议本科各系预算于校长

四、建议本科各系之变更于评

五、编订本科之课程及其他规

六、审定本科学生毕业资格。

七、决定给予免费学生额。

八、协助群育部处理训育事宜

九、建议赠予名誉学位于教授

十、其他关于本科之重要事项。

第三十三条　科教授会，以本科主任及教授组织之。

第三十四条　科教授会议，以科主任或其代表人为主席。

第三十五条　科教授会议事细则另订之。

　　四、预算委员会

第三十六条　本大学设预算委员会，审定全校预算。

第三十七条　预算委员会，以下〔列〕各人组织之：

一、校长。

二、教授会推选三人。

三、科教授会各推选一人。

以上会员除校长外，任期均为一年，但连选得连任。

第三十八条　预算委员会，细则另订之。

　　五、聘任委员会

第三十九条　本大学设聘任委员会，审查教职员资格及规定聘任条件。

第四十条　聘任委员会以下列各人组织之：

一、校长

二、总务主任

三、各科主任

四、教授会推选五人，任期一年，但连选得连任。

第四十一条　聘任委员会细则另订之。

　　六、行政会

第四十二条　本大学设行政会，其职权如下：

一、规划全校行政各部事务。

二、审查行政各部事务。

三、执行评议会及教授会之议决案。

四、执行临时发生之各种事务。

第四十三条　行政会以下列各人组织之：

一、校长。

二、总务处主任。

三、各科部主任。

第四十四条　行政会以校长为主席，校长缺席时，以总务处主任代理之。

第四十五条　行政会议事细则另订之。

　　　　第七章　附　　则

第四十六条　本大纲如有应行修改之处，得由校长或教授五人提出建议案，经教授会总人数过半数之出席，并经出席人数四分之三通过随时修正，呈报教育部备案。

〔中央大学档案〕

37. 国立东南大学研究院简章
(1926年11月18日)

（一）本大学根据本校组织大纲第五条设研究院。

（二）研究院设高等学位委员会，委员为七人，先由各科教授会各举二人为候选员，再由全体教授会于候选员中选出七人，每科至少须有一人。任期三年，每年改选三分之一，第一、二年，每年改选二人，第三年改选三人，七人中互选一人为主席，其职权如下：

（甲）总持研究院行政事务，每年汇报各系研究生之应得学位者于校长，以便授与学位。

（乙）聘定各系所推举之研究指导员。

（丙）聘定各科研究生之考试委员。

（丁）审查研究生入学及毕业之资格。

（三）本大学本科毕业生或其他大学毕业生，经本校系教授会推荐，及高等学位委员会认可者，方得为本院研究生。

（四）研究生除国文必须通畅外，兼须能以英、德、法或他国文字之一种，作通畅之论文，但英、德、法三国文字以外，须委员会认可。

（五）研究生必须在院继续从事二学期以上之研究。

（六）研究生每学期除研究学科外，必须修习九学分本系或副系课程。

（七）研究生须将其研究所得，作一优良之论文，表明其有独立研究之能力，而与学术上有确实之贡献。

（八）研究生除所选十八学分课程与所作论文外，必须经一度口试，有必要时可再加笔试。各研究生之考试委员会，除该生之研究指导员外，再由高等学位委员会委定同数之教授组织之。

（九）研究生成绩不及格，得继续研究一学期或二学期，再经考试倘仍不及格，应令退学。

（十）研究院学费与本科同，实验考查等费由各系规定之。

（十一）研究生成绩及格者，得分别称为文科、理科、教育科、农科，或商科硕士。

（十二）研究生须遵守本校一切普通规则。

（十三）关于博士学位之规程另定之。

〔中央大学档案〕

（6）成都高等师范

38．成都高等师范学校沿革
（1919年）

民国三年，教育部咨川巡抚使开办本校，先称四川高等师范学校，校舍以成都盐道街前清旧盐署充用，盖因前四川高等师范学校之旧。查前四川高等师范学校，原始于前清光绪三十一年，川督锡清弼设立之四川中央师范学堂，校舍由皇城东南隅成府试院改建，旋改称四川通省师范学堂，校舍落成立办，迄宣统初年设备粗具。至宣统三年十月，军政府设于皇城，校舍未经指定，租佃民房以作黉舍，迁移数四。迄民国二年，始由都督兼民政长胡景伊拨盐道街旧道署及盐政公所作校舍。然历经播迁，向有之仪器图籍纷纷失殆尽矣。是年冬，以部令停办。次年夏，就其地筹办今校，九月开学。初招国文、英语、数理三部预科生三班。四年三月，省署委托开办图画、手工、音乐、体操专修科二班，是后每年招收预科学生。民国五年，添招博物部预科，校舍渐形不敷。六年，拟租用高等学校校舍，事为省议会否决，佥谓皇城地址适宜。时部视察员吴思训在川视察学务，知本校前此校地狭隘，据实陈部，亦以用旧皇城为言。七年三月，教育部乃咨四川省署拨皇城旧址，以供本校扩张之用。时附属中学已于六年八月租指挥街民房开办。迁移校址之望益急。七年八月，兼省长熊克武拨款就必需应用之处培修，先成附属小学校舍暨预科教室、自习室、寝室，至是得开办附属小学。初招高小、国民复式共二班。预科亦于开学之初，在今校舍授课。入冬，省署财政拮据，致修葺各房舍于本年三月，始稍有可观。而本校各部暨附属中学乃悉迁入今校舍，冀谋积极之整理。

〔北洋教育部档案〕

（7）中国大学

39．中国大学沿革
（1922年6月）

本校创于民国元年，由宋教仁先生呈准政府开办，推定宋先生为校长，彭允彝先生为筹备员。二年春组织就绪，定名国民大学。四月开学，推黄兴先生为校长，彭先生代行校务，先设大学部文、法、商各预科，专门部法、商各预科及法政别科、中学科，呈奉教育部备案。是年十二月，与上海中国公学合并，改名为中国公学大学部，推黄云鹏先生为校长。三年五月，经教育部派员考查，正式认可。是年推林长民先生为校长。四年冬林先生辞职，推王印川先生为校长。五年三月经农商部备案，四月经司法部备案，又呈奉教育部核准，设置大学政商本科及专门部各本科。十月王先生辞职，由董事会改选姚憾先生为校长。六年三月，上海中国公学停办，呈奉教育部核准与之分离，更名曰中国大学，七年九月，添设大学法律本科。八年九月，添设大学文科本科哲学系。九年九月，添设文科本科英文学系。十年五月，姚先生辞职，董事会推举王正廷先生为校长，并请陈容先生为校务主任，代行校务。此本校沿革之大略也。

〔中央大学档案〕

40．中国大学董事录
（1922年6月）

姓　名	别号	姓　名	别号
熊希龄	秉三	姚雨平	

沈钧儒	衡山	王善荃	仲芗
丁世峄	佛言	王宠惠	亮畴
朱 经	经农	罗佩金	轩举
王之瑞	云五	沈宝昌	蕴石
周兆沅	芷航	慕学勋	元甫
光 升	明甫	徐 谦	季龙
骆继汉	墨荪	梁善济	伯强
王正廷	儒堂	江 庸	翊云
温宗尧	钦甫	于右任	伯循
张 继	溥泉	孙 文	中山
尹昌衡		赵炳麟	竺垣
陈锦涛	澜生	柏文蔚	烈武
钮永建	惕生	马安良	
田 桐	梓琴	徐绍桢	固卿
魏宸组	注东	殷汝骊	铸夫
孙洪伊	伯澜	伍廷芳	秩庸
唐文治	蔚芝	洪 逵	茭船
汪大燮	伯棠	贺嗣章	赐湖
王桐龄	峄山	谢家鸿	叔骞
胡翔林	海帆	韩玉辰	达斋
高仲和	重源	丁道津	佩瑜
胡仁源	次珊	袁家普	雪庵
谭延闿	组庵	胡汉民	展堂
吴景濂	廉白	褚辅成	惠生
莫永贞	以明	马君武	
李肇甫	伯申	马邻翼	振五
杨光湛	兰生	聂 权	荣冈
谷钟秀	九峰	吴 瑞	应图

张跃曾	溶西	蒋邦彦	俊英
周珏	志成	王印川	月波
汤漪	裴予	陆定	健三
刘彦	式南	贾晋	菩生
伍朝枢	梯云	邹鲁	海滨
姚憾	恨吾	戴修瓒	君亮
李垣	谦六	唐绍仪	少川
马瀚文	郁生	许世英	俊仁
林长民	宗孟	陆鸿逵	咏霓
彭允彝	静仁	欧阳振声	骏民
李烈钧	协和	吴汝澄	守一
彭昌继	子良	沈其昌	怀仲
毕惠康	斗山		
王芝祥	铁珊	王家襄	幼山

〔中央大学档案〕

（8）民国大学

41. 蔡元培请准予民国大学改组呈

（1923年3月30日）

呈为呈请准予认可事：窃敝校于民国五年成立，六年四月正式开学。九年九月复行改组，由董事公举元培为校长，张一麐为总董，主持一切。所有改组以后办理情形，业经前后呈报教育、农商、司法各部，并奉教育部十一年六月十七日　第三零一号批令内开：该校办理尚属认真，应即准予备案。等因。奉农商部十一年八月二十五日第一零五七号批令内开：据呈已悉，查该校所设银行、经济等科目，于商、工业自有关系，成立既已多年，业经教育部查明，办理尚属认真，准予备案在案。所请认可一节，自应照准。等因。奉司法部十一年十一月二十二日第一四七三号批令内开：呈悉，应准备案。等因。在案。而敝校又系专办经济科，凡关于银行经济等科目，均极注重，按与钧部主旨，实属相符。理合将敝校实在情形呈报钧部，请援案准予认可。俾敝校基础益加巩固，实为公便。谨呈财政总长刘

附呈北京民国大学规程一册

北京民国大学校长蔡元培　私章

北京民国大学规程

（一）本校略历

本校遵照民国元年教育部第十七号大学令第二十一条，于民国五年设立于北京。复于九年九月改组，由董事会公举蔡元培为本校校长，张一麐为本校总董，主持一切。十一年六月十八日，本校奉到教育部三〇一号部令，谓本校办理认真，准予备案。现设有文、法二科，除旧有文科中国文学门、法科法律门各班悉照旧制办理，并不再招新班外，本校此后专办经济科，按照新制办理。

（二）新制大纲

第一条　本校以养成下列二项专门实用人材为宗旨。

（甲）具有经济学及其他社会科学根底，而对于中国现在经济问题之一种或数种确有研究者。

（乙）具有经济学及其他社会科学根底，而对于中国现在社会问题之一种或数种确有研究者。

第二条　本校修业期间，预科二年；本科以四年为最少限度。修业期间所习之课程大旨如左：

预科二年…………预备外国文，兼习自然科学及社会科学之大意。

本科四年 { 前二年………以研究经济学及其他社会科学之原理为主。
后二年………以研究中国现在之经济及社会问题为主。

第三条 因欲达第一条之目的，本科之教授法注重学生自动，以指导学生读书、讲释、讨论及调查为主，以讲授为辅。

第四条 本校考验学生，以其平日关于读书、讲释、讨论、调查及著述等之成绩为定。

第五条 在本校修业期满之学生，应提出关于中国现在经济或社会问题之论文，经教务会评定认为合格后，得领毕业证书。是项论文至少不得在五万字以下。经教务会评定认为合格后，得领毕业证书。

第六条 学生平时之研究及毕业论文经教务会认定有价值时，得由本校出版发行之。

第七条 本校预科全部及本科一二年，行年级制；自本科第三年起，行选科制，学生得自由选择研究。

第八条 本校注意学生之自修研究及调查，故特设图书室，专搜罗关于经济及社会之图书及报告，以供应用。

（三）新制课程

第九条 本校除运动一科为各学年所必修外，兹将其他科目分配如下：

预科第一学年

科　目	每周时数
（1）英文	十五小时
文法	四小时
翻译	一小时
读书	十小时（其中五小时用经济书为教材，五小时用文法为教

（2）国文　　　　　　五小时（以中国历代关于经济或社会状况之论文为教材）
　　（3）日文　　　　　　四小时
　　　　　　　　　　　　共二十四小时

预科第三学年
　　科　目　　　　　　　每周时数
　　（1）英文　　　　　　八小时
　　　　作文　　　　　　三小时
　　　　读书　　　　　　五小时（以经济书为教材）
　　（2）论理学　　　　　二小时
　　（3）自然科学概论　　四小时
　　（4）簿记学　　　　　四小时
　　（5）国文　　　　　　三小时
　　（6）日文　　　　　　四小时
　　　　　　　　　　　　共二十五小时

本科第一学年（用英文教本）
　　科　目　　　　　　　每周时数
　　（1）经济学原理　　　四小时
　　（2）政治经济学原理　三小时
　　（3）社会学原理　　　三小时
　　（4）法学通论　　　　三小时
　　（5）经济史　　　　　三小时
　　（6）统计学原理　　　二小时
　　　　　　　　　　　　共十八小时

本科第二学年　（用英文教本）
　　科　目　　　　　　　**每周时数**
　　（1）现代经济问题　　二小时

（2）现代社会问题	二小时
（3）财政学总论	四小时
（4）货币论	二小时
（5）银行论	二小时
（6）经济学史	二小时
（7）宪法	二小时
（8）高级统计学	二小时
	共十八小时

本科第三四学年

学生于第二学年之末，须就下列各项问题中认定一种或数种，报告本校。并于第三、四学年自行研究，以备毕业前提出论文。设学生于下列问题外，提出其他问题亦可，但须得本门主任之同意。

第一项 财政问题

（1）中国关税问题　　　（2）中国盐税问题
（3）中国田赋问题　　　（4）中国国债问题
（5）中国税制问题　　　（6）中国币制问题

第二项 经济问题

（1）中国银行问题　　　（2）中国农业经济问题
（3）中国产业问题　　　（4）中国铁道问题
（5）中国女子经济问题　（6）中国对外贸易问题

第三项 社会问题

（1）中国劳动问题　　　（2）中国家庭问题
（3）中国人口问题　　　（4）中国都市问题
（5）中国贫民救济问题

学生于认定问题后，应就下列各科目选习数种；但每年所选习者在十二小时以上，并对研究之问题须每月作报告一次。

（一）研究第一项问题者之选修科目及每目时数：

（1）租税论　　　　　　　三小时
　　（2）地方财政学　　　　　二小时
　　（3）财务行政　　　　　　二小时
　　（4）中国财政史　　　　　三小时
　　（5）战时财政　　　　　　二小时
　　（6）英美财政史　　　　　三小时
　　（7）中国通商史　　　　　二小时
　　（8）审计学　　　　　　　二小时
（二）研究第二项问题者之选修科目及每目时数：
　　（1）商法　　　　　　　　四小时
　　（2）中外银行史　　　　　三小时
　　（3）银行实践　　　　　　二小时
　　（4）银行会计　　　　　　二小时
　　（5）农林政策　　　　　　二小时
　　（6）商业政策　　　　　　二小时
　　（7）工业政策　　　　　　二小时
　　（8）铁道经济　　　　　　二小时
　　（9）公司理财　　　　　　四小时
　　（10）战时经济　　　　　　二小时
　　（11）国际金融　　　　　　二小时
　　（12）中国通商史　　　　　二小时
　　（13）交易所论　　　　　　二小时
　　（14）会计学　　　　　　　四小时
　　（15）经济地理　　　　　　二小时
　　（16）近代社会及政治史　　四小时
（三）研究第三问题者之选修科目及每目时数：
　　（1）心理学　　　　　　　三小时
　　（2）伦理学　　　　　　　三小时

（3）社会心理学　　　　　二小时
（4）社会主义史　　　　　二小时
（5）社会主义与社会运动　二小时
（6）劳动问题　　　　　　二小时
（7）劳动立法　　　　　　二小时
（8）社会统计学　　　　　二小时
（9）社会保险学　　　　　二小时
(10)　会计学　　　　　　四小时
(11)　妇女问题　　　　　二小时
(12)　社会政策　　　　　二小时
(13)　都市经济　　　　　二小时
(14)　民法要论　　　　　四小时
(15)　近代社会及政治史　四小时

（四）旧制课程：

法科法律门之科目及每目时数：

（1）民法总则　　　　　　四小时
（2）刑法总则　　　　　　三小时
（3）宪法　　　　　　　　四小时
（4）民事诉讼法　　　　　四小时
（5）民法债权总论　　　　三小时
（6）行政法总论　　　　　三小时
（7）民法物权　　　　　　二小时
（8）刑法分则　　　　　　二小时
（9）民法债权各论　　　　二小时
(10)　民法亲属　　　　　三小时
(11)　民法继承　　　　　三小时
(12)　法商（商人通则）　三小时
　　　（公司条例）

(13)	平时国际公法	二小时
(14)	刑事诉讼法	二小时
(15)	行政法各论	二小时
(16)	破产法	二小时
(17)	商法（商事通例）（票据船舶）	三小时
(18)	战时国际法	三小时
(19)	国际私法	三小时
(20)	法律哲学	二小时
(21)	中国法制史	三小时
(22)	监狱学	二小时
(23)	诉讼实习	四小时

以上系必修科目

(24)	罗马法	三小时
(25)	法院编制法	一小时
(26)	刑事政策	一小时
(27)	经济学原理	四小时
(28)	政治学原理	三小时
(29)	财政学总论	四小时
(30)	社会学原理	三小时

以上系选修科目

文科中国文学门之科目及每目时数：

（1）	文学概要	四小时
（2）	中国诗文名著选	四小时
（3）	中国文学史要略	三小时
（4）	中国古籍校读法	一小时
（5）	欧洲文学史	三小时
（6）	文字学	九小时

(7)诗词	十一小时
(8)戏曲	七小时
(9)语言学概要	三小时
(10)小说史	一小时
(11)近代文学史	三小时
(12)经学通论	六小时
(13)中文选读	六小时

以上系必修科目

(14)论理学概论	二小时
(15)社会学原理	三小时
(16)科学概论	三小时
(17)美学概论	三小时
(18)哲学史大纲	三小时

以上系选修科目

(五)学年学期及放假：

(1)学年自每年九月一日始，至翌年八月三十日终。

(2)一学年分为二学期，九月十一日至一月三十一日，为第一学期；二月二十二至六月三十日，为第二学期。第一学期百四十三日，第二学期百二十九日。

(3)暑假七十二日，自七月一日至九月十日；寒假二十一日，自二月一日至二十一日。

(4)除暑假寒假外，日曜日及左列各日放假：

1.国庆日（十月十日）

2.孔子诞日（阴历八月二十七日）。

3.春夏秋冬四节日（即阴历元旦端午中秋冬至）。

(六)入学休学及退学：

(1)每年于九月开学前收入新生一次。

(2)本校预科毕业生，得升入本科第一年级。

（3）各年级如有缺额时，凡有相当资格经本校试验及格者，亦许入学。

（4）升学生应于六月三十日以前，填具愿书呈递校长。

（5）受入学许可者，应填具志愿书及由保证人提出保证书，呈递校长。前项保证人为该生之父兄或居住北京之亲友而有资产者，保证人于该学生在校中一切事件均须负责。

（6）保证人死亡或丧失其资格时应即呈报，速以他人代之。并依第五项之规定提出保证书，若经过三个月该生尚不呈报，查明后即令其停学。

（7）学生自愿退学者，须连同保证人呈递退学愿书。

（8）学生品行不修，学业荒废，本校得谴责之，或命其停学或退学。

（9）各科学生因疾病或其他不得已事故，预料三个月以上不能就学者，经校长许可得休学。

（10）受休学许可及受停学处分之学生，于次学年开始时，得编入原门原级，毋庸试验，惟以该班有缺额时为限。

（七）优待华侨学生规则：

（1）已在中学毕业之华侨学生，如有该地华侨商会、教育会、中华会馆或旅京华侨学会之证明，并经本校审查合格，得于每学年开始时升入本校，预科肄业，免受入学试验。

（2）请求入本校预科华侨学生，如同时有二十人以上，本校得酌量形情，为其特开补习班，补习考入本校预科必习之功课。

（3）补习班生应纳之学费及讲义费，届时酌定。至膳宿各费及所守之规则，概与正科生同。

（八）旁听生规则：

（1）本校所受各科目，均招收旁听生，听其选习。

（2）凡愿在本校旁听者，须填写详细履历，经校长许可，并面试合格后方能入校。

（3）旁听生每年旁听费四十元，二期缴纳；又体育费一元，与第一期学费同时缴纳之。各费缴纳后，由本校发给旁听证，旁听生上课时须持此证。

（4）旁听生对于某种科目考试及格，得领该科目考试及格证书，如经济门所有科目均考试及格，得领本校特种毕业书。

（5）旁听生平时与正科生受同一待遇。

（6）旁听生所守之规则与正科生同。

（下略……………）

〔北洋财政部档案〕

（9）私立东吴大学

42. 私立东吴大学校史概略

（1928年）

校 史 概 略

本校系前清光绪二十七年创办，迄今已有二十九载。考其渊源，甚为久远，兹略述之。

溯道光二十八年，美国基督教监理公会派遣来华最先之教士戴勒查利（Charles Taylor），设小学二所于上海，此为监理公会创办学校于中国之嚆矢。厥后教会常以兴学为要图，今日之东吴大学，即将畴昔所办教育之成绩，统一而改弦更张之也。其间消长情形足资记述者，大抵视左列三校之兴替以为断：

一、博习书院　同治九年，监理公会华人中之前辈曹公子实，创小学一所于苏州十全街。光绪二年，潘公慎文方自美国抵华襄理学务，是年始纳寄宿生。五年又迁于天赐庄，定校名为存养书院。十年规模扩充更名博习（Buffington Institute），盖所以纪念捐资最巨之第一人也。潘公竭二十年惨淡经营之力，在风气未开之内地，以中国语文教授算学及自然科学于有志向学之子弟，兼以基督教精神培养切实有用之人材，毕业后服务各界，多能有所建树焉。

二、上海中西书院 光绪八年，林公乐知创设中西书院于上海，其本旨为介绍西方高等学术于中国。时我国对于西学之研求尚未启其端倪，故开办十余年，仅为一般谋职业上准备之青年聊尽供献耳，其课程只能随来学者之志愿，注意英文。

三、宫巷中西书院 中国自经甲午之役以后，朝野竞求振刷，知非采取西士学术，无以图治。孙公乐文亦以吴中子弟崇尚新学，遂于光绪二十二年设校于苏州之宫巷。来学者众，且皆思想程度已臻上乘之士，曩昔林公所怀之硕划，至是始流露其试行之可能性，按各地教会筹设大学之举，即于是时发起。

光绪二十五年，为扩充教会在苏州所办事业计，乃迁博习于上海与中西合并，潘公已于三年前调驻上海，翌年教会决议改宫巷中西书院为大学，就天赐庄博习旧址开办。是年阳历五月，美国监理公会之国外宣教部正式核准，为立案于美国第纳西州之州政府，并议设东吴大学校董会。

是年冬季，校董会组织就绪，推孙公乐文为大学校长，二十七年三月开学，更得地方官厅赞许，就校后添购基地，其费大都由校董孙公乐文向苏州、常熟、南浔、上海、无锡各地士绅募集。十二月今文理学院第一座学舍开始建筑落成，后颜曰：林堂。

孙公乐文经营缔造，乃于宣统三年三月十六日积劳逝世，其时第二座学舍正值建筑中，其费为美国佛吉尼亚州林企堡城之Court Street教堂同人所乐助，并以志孙公之勋绩，颜曰：孙堂。公任职十年之内，学生宿舍、膳厅、自流井、蓄水台，以及教员住宅九所，次第兴建，基金项下之上海地产开始经营，藉固基础。学生毕业，计有五届。大学与附属中学（后称第一中学）

之范围厘定清楚，提倡自然科学为文理科之特点，有教授祁天锡先生主其事。

潘公掌上海中西书院，至光绪三十年退职，葛赉恩博士继任，力谋改善，迎合时代精神，多所发展。

惟是苏沪两地二校并设，为免除人才经济不敷支配起见，早有并合之议，适孙公作古，校董会推葛博士就大学校长职，于是移教职员学生至苏州，实行归并。是以博习之与中西中〔书〕西〔院〕之与东吴皆同源合流，一气贯注，凡肄业于二校者，均为我东吴同门之先后校友，饮水思源，实为东吴同学会会员之老前辈也。

葛博士在职十一年励精图治，举凡学校基址、设备、课程、学生及教职员，靡不大有增进，基金方面生息渐裕。民国四年设法科于上海，监理公会各教区之小学，隶属于分设苏州、上海、湖州之三中学，而三中学更衔接于大学，连成一系。此外设圣经学校于松江，与金陵神学〔院〕合办神学科。

中华民国十一年，葛赉恩博士坚辞校长职，校董会推文乃史博士为校长，旋复推选杨永清为副校长，以服务外交界辞职未准，不果来校，赵紫宸先生同时被选为教务长。是年校董会改组，大学与附属第一中学行政上重加革新，设实业中学于无锡。十二年为法科别设校舍，扩充本校发电所。十一年至十四年图书馆逐渐扩充，组织亦见进步。十一至十三年建筑第三座学舍，专为研究科学并实验之用，内部布置力谋完备，颜曰：葛堂，盖以纪念葛校长之尊人也。十三年至十四年设生物学材料供应所，此外扩充体育系，与中华基督教青年会全国协会合办体育专修科。

去年春间，法科更名法律学院，四月校董会议决延聘吴经熊博士为院长，盛振为博士为教务长，文理科改称文理学院。夏间无锡实业中学因欲谋经费人才之集中，宣布停办，其学生并入附属第一中学；同时松江圣经学校亦另行改组焉。

先是三月初,文博士鉴于时局趋势,力促校董会速即进行选举本国人为校长,同时先行辞职。三月三十日西国教职员因南京事件之影响,全体离校赴沪,由华教职员合力维持校务,继由校董会推潘教授慎明为代理校长。后校董会几经讨论,乃于夏间延聘一九零九年毕业生杨君永清(惠庆)为正式第一任华校长。

杨校长于十月二十八日到校,是日全体师生开热烈之欢迎会,表吾校前途之庆得有焉。旋于中华建国十六年十二月三日举行校长受职典礼,实开全国基督教教会学校之新纪元。至于国民政府注册立案业已批准,校内自行政方面改组以来,正在规划物质上之扩张及精神上之充实,务期能达到本校校训所标示"为社会造就完人"之目的,邦人君子,尚祈教之。

〔国民政府教育部档案〕

43.私立东吴大学法学院概况及大事记
(1930年)

光阴荏苒,岁月不居,溯自本院成立迄今,忽忽已十数寒暑矣。在此十数年中,毕业凡十二届,人数仅百七十一人耳。而吾法学院声誉鹊起,名重海内外者何哉,皆以吾院师生之合作,与夫毕业生在社会上俱能使人敬仰,及服务之成绩,有以致之。综计毕业生中从事司法界及律师事业者,占大多数。良以今日吾国司法尚未能达于完善之域。法必因人而后治,人必因法而始跻其平,法治人治,两不可废。本校有鉴于此,爰于民十六年接任之始,一方面扩充学额,一方面又严教授之选择。是年秋各方之负笈来学者日增,至十八年秋季,计本科三级学生总额达二百三十二人,破已往之记录;另硕士班十七人,又肄业本科,国外留学归国得有学位者四人。毕业国内著名大学已得有学士学位者六十五人。已有职业者，占总数半数以上，可谓盛矣。吾院既进展灿烂若此，前途企望，正无限量也。爰将本年度本院之大事，摘其要者，述之如下：

一、立案：本院于民国十三年，经由前北京政府教育部允准试办后，翌年即得正式批准立案。自前年国民政府成立后，前大学院通令全国各大学，须重行立案，以资统一全国教育事业，当即着手将本院组织沿革、行政系统、校舍、经费、教职员及现肄业学生已毕业同学及图书馆概况等项，详细拟具表册、备文呈请前大学院立案。去年六月，教部马次长暨朱经农先生莅校视察，经一度将校内情形实地考查明确后，认为满意。当于同年七月奉正式部令，批准立案。

二、吴院长赴美讲学：本院院长吴经熊博士，志行高洁，法学洪深，久为世所钦慕。前年博士名著法学丛书问世后，一时引为巨观，各国学者咸争诵之，景仰益深。于是有美国哈佛大学及西北大学，先后电请博士赴该二校掌教讲学，博士当以校务纷繁，婉辞却之。及兼任上海租界临时法院及上诉院院长后，该二校复函电纷来，频加敦促，博士以谊不可却，且更拟藉此发扬吾国文化，乃允之，遂于去年十二月辞代理临时法院及上诉院院长职，并向本校校董会告假一学期后，于是月二十八日趁克里夫兰总统号邮船放洋。学生等以久聆謦欬，立雪情深，半载小别，去思依依，故是日全体齐集码头，欢送上轮，校董会董事长江长川先生暨本院教职员等，亦均上轮送别，届时鞭炮声里，微波荡漾，气笛一鸣，吾吴院长遂扬巾分袂矣。旋于本年十一月十四日接博士来电，谓顷已安抵新大陆矣。按美国哈佛大学，系世界最著名学府之一，校中教授遴选綦严，被聘者皆视为无上荣誉，博士此行，实系吾国第一人也。又西北大学由美人罗森泰先生捐赠巨额基金，延聘各国著名学者讲演，闻第一人系英国剑桥大学霍尔斯侯教授，次为国际法院波特门推事，吴博士则为第三人也。

三、预科迁苏：查本院于民国四年创办时，仅设本科三级，而无预科之设置，十二年秋，迁入今址后，即应时要为别设特别班一级，入后复添设一级。十六年秋，本院由华人接办，为便利学子起见，于是更扩为三级，冀使原有本科与旧制或新制中学最高级间，得相衔接，聘名教授胡适之、徐志摩、林语堂、张慰慈、潘光旦诸先生掌教。二年来秉本院固有之精神，赖各教授一心一德，其成绩竟有可观。如学生由二三十递增至百四五人，其先后毕业之肄业于本科者，亦在在见其优异，本院方幸此短时期内，得如许成绩，来日当发扬有自此，则抚今追昔，实堪告慰。乃去年秋（十八年秋）竟以迁苏闻。外界谂既往之成绩，惊本院此举，谓与创办初旨，私相刺谬，殊不知有不得已之要因二也。愿为诸君子一言之：（一）本院校舍总计占地无多，而教室仅及五分之一，其狭小自可知。以原有学生百四五人，已见不敷之势，谓复继续招添，而更无较多之教室以容纳之，则殊未见其可，且环顾校内既无余地可辟，邻近校外，更鲜适当房屋，可以租赁，实有不得不尔者。况苏州本校之精神，犹为上海本院之精神，且以彼巍巍大厦，更不难庇我多士也。（二）本院学生之家居本地者固有，外来者究多，而本院宿舍至多仅可居七八十人，以本科而论，不敷久矣。常拟拓地建屋，而学校四周，邻舍栉比，更无隙地扩展。夫以年有增加之学子，临此难辟一廛之宿舍，识者早知其非计，所以迁苏之议以决。缅彼天赐庄边，层楼杰构，所在而有，况佳景清气，可以怡心神，摄清芬，又非若局促沪滨，危楼一角，如本院者可比也。本院盱衡未来之发达，返观校舍之狭小，实既乐且忧，筹维再四，实别无良策，迁苏之举，要因基此。

四、名人讲演：本院为砥砺学术起见，常请各国名学者莅校讲演，如去年夏，美国哈佛大学国际公法教授韦尔逊博士来华游历，当在上海时，应本院之请，莅校讲演，题为国际公法之趋势，凡题中应有之人，莫不详为阐发，予吾人以认识者实多。又去年秋，菲律宾大学法科教务长卜科博博士，来华考察司法状况，慕本院名，便道来校参观，本院当以演讲请于博士，蒙首肯焉。演词大致为菲律宾与中国民族上之关系，次及菲岛法制概况，若民刑亲属继承债权诸篇，皆有简要之叙述，最后由菲岛政治上之独立问题，涉及吾国司法独立问题，于领事裁判权之撤销，尤多勖勉。又去年十二月，美国华盛顿大学法科教务长马丁博士，偕夫人来华，亦蒙莅本院参观，并允讲演焉。大意谓验既往人才之辈出，贵校确系中国有数之法律学校，而诸君异日皆中国司法界之栋梁也。最后并谓诸君毕业后，如赴该校肄业，彼必极表欢迎云。

五、开硕士班：前年本院曾办硕士班一级，继即中断，以致本院卒业而欲于国内再事研究高深法学者，实无此相当学术机关。本院屡经毕业生请求，审时势之需要，乃于十八年秋季起，开办硕士班一级，规定主要科目一种，次要科目两种，计先后入学者凡十七人，于本院吴院长未出国之前，硕士班学员，除在本院按照所选定之科目受课外，并于每星期二晚间，至吴院长书斋听讲，孜孜矻矻，益以明师之熏陶，他日造就，诚无限量也。

六、留学生入学增多：国外留学生之肄业于本校者，凡四人。大都来自美国，曰康乃尔大学，曰密希根大学，曰纽约大学，曰科劳鲁劳大学。自十九年秋季起，新生入学者又多哈佛大学一人，密希根大学二人，综计国外留学生之肄业本院者，先后已有七人，有习工程者，有习文学及商科者，亦有尝习法律者，彼等除在本院课读外，并在他处担任职务。

以上均为本院一年中之校事，荦荦大者，特述之于右，藉为他日之参考云尔。

〔国民党政府教育部档案〕

（10）私立金陵大学

44. 私立金陵大学大事记

(1928年)

本校大事记

民国前二十四年　由美以美会傅罗生先生创办汇文书院于南京乾河沿，今之中学部，当时共有学生十五人，后由福开森先生任院长，仅设文科一科。

民国前二十一年　基督会在鼓楼附近创设学校一所，称基督书院，推美在中先生为院长。

民国前十八年　北长老会在户部街设立学校一所，名益智书院，推贺子春先生为院长，后由文怀恩先生继任。

民国前十六年　汇文书院增设医科。

民国前十五年　汇文书院院长福开森先生；以受聘为南洋公学监院去职，由师图尔先生继任。

民国前五年　基督益智两书院合并，改称宏育书院，由美在中先生任院长，文怀恩先生副之。

民国前四年　汇文宏育两书院有合并之议。

民国前三年　医科停办。

民国前二年二月　两院合并改称今名金陵大学，推包文先生为校长，文怀恩先生为副校长。

民国元年三月　举行本校合并后第一届毕业典礼。

本校裴义理教授发动中华民国首任临时大总统孙中山先生及伍廷芳、王宠惠等领衔发起华洋义赈会。

本校经美国纽约省教育局局长暨纽约大学校长正式承认，本校为完全大学，学士文凭改由纽约大学校董会检发。

东方医科大学开始与本校合作。

九月添设师范专修科，以蒲洛克为科长。

前汇文书院院长师图尔病逝沪滨。

十月创设华言科以钦嘉乐为科长。

民国三年　购置小陶园。

元月东方医科大学正式合并于本校，为本校本科之一，以谢尔德为科长。

本校斐义理教授举办北方垦殖事宜，因感农林人才缺乏，开设农科。

民国四年　请夏伟师为文科科长，添设林科，由裴义理任农林科长。

民国五年　鼓楼西坡新校舍一部分完工，大学部即迁入。上二旧址改为中学部校舍，农林两科合并为农林科。

民国六年　接受博医会之合作办法，将医科停办，但仍设有医学先修科，并继续办理鼓楼医院。

民国七年　本校荣获华东四大学英文辩会锦标。

民国八年　本校又获华东四大学英文辩会锦标。

民国十年　改文科为文理科，学生之以理科为主系者，毕业后得称理学士。新学制颁布大学本科定为四年，中学六年，惟本校因情形特殊，暂设预科一年，俾旧制中学毕业后藉此机会得以衔接。

本校得同学会与美国波斯顿大学宁友社之赞助，添设商业专科。

民国十一年　于农林科下添设农业专修科。

民国十二年　美国对华赈款委员会指定美金七十万元为防灾基金，本校得用其息金作为防灾计划之研究。

商一科停办。

师范科归并教育学系。

民国十五年　于文理科下增设国文专修科，文理科科长夏伟师返美，陈裕光先生继任文理科长。

民国十六年　时局变动前，校长包文因病返国修养，副校长文怀恩以身殉校，其他美籍教员纷纷返国。校内行政由校务委员会临时负责，互推过探先、陈裕光两先生为正副主席，着手组织新校董会，并改旧校董会为创设人代表大会。

新校董会于十一月三十日成立，并正式推举陈裕光先生为校长，本校开始收女生。

〔北洋政府金陵大学档案〕

45. 私立金陵大学历年毕业生数目比较表
（1928年）

历年毕业生数目比较表

年限		文学院	理学院	农学院		医科	宗教科	总计	人数
国历	西历	文科	理科	农科	林科				
光绪二十二年	1896	3				2	2	7	
光绪二十三年	1897	1						1	
光绪二十五年	1899	5						5	
光绪二十六年	1900	2						2	
光绪二十八年	1902	3				1		4	
光绪二十九年	1903	4						4	
光绪三十年	1904	4				8	3	15	
光绪三十一年	1905	3					2	5	
光绪三十二年	1906	1					4	5	
光绪三十三年	1907	9						9	
光绪三十四年	1908	13				1		14	
宣统元年	1909	8				1		9	
宣统三年	1911	1				3		4	
民国元年	1912	2						2	

年限		文学院	理学院	农学院		医科	宗教科	总计	人数
国历	西历	文科	理科	农科	林科				
民国二年	1913	6							6
民国三年	1914	10				10			20
民国四年	1915	7							7
民国五年	1916	9							9
民国六年	1917	1				12			13
民国七年	1918	6		6					12
民国八年	1919	13		4	13				30
民国九年	1920	19		11	8				38
民国十年	1921	10	1	4	1				16
民国十一年	1922	16	1	5	2		1		25
民国十二年	1923	21	1	5	4				31
民国十三年	1924	24	2	14	10		3		53
民国十四年	1925	14	10	4	6		4		38
民国十五年	1926	26	5	5	3		6		45
民国十六年	1927	42	5	6	2				55
总计人数		191	25	64	49		14		393

〔金陵大学档案〕

（三）中等教育

（1）中学教育法令

1. 教育部公布中学校令

（1912年9月28日）

教育部部令
兹订定中学校令十六条，特公布之。此令。

京师学务局
右令 本部直辖学校
各省教育司

中 学 校 令

第一条　中学校以完足普通教育，造成健全国民为宗旨。

第二条　专教女子之中学校，称女子中学校。

第三条　中学校定为省立，由省行政长官规定地点及校数，报告教育总长。教育总长认为必要时，得命各该省增设中学校。

第四条　省立中学校经费，以省经费支给之。

第五条　各县于设立法令所定应设学校外，尚有余力时，得依本令之规定，或一县或联合数县设立中学校，为县立中学校。

第六条　私人或私法人，得依本令之规定设立中学校，为私立中学校。

第七条　中学校之设立、变更、废止，须经教育总长认可。

第八条　中学校修业年限定为四年。

第九条　中学校之学科目与其程度及教科书之采用，别以规程定之。

第十条　中学校之编制及设备事项，别以规程定之。

第十一条　中学校学生入学资格及关于转学退学事项，别以规程定之。

第十二条　中学校教员，以经检定委员会认为合格者充之。

第十三条　中学校校长、教员之俸给，依部订规程之标准，由省行政长官定之。

第十四条　中学校征收学费额，依部订规程之标准，由校长定之；其有因特别理由免收或减收学费，必经省行政长官许可。

私立中学校征收学费额，由设立人定之，报告于省行政长官。

第十五条　本令第四条、第十二条、第十三条之施行期，别以部令定之。

第十六条　本令自公布日施行。

中华民国元年九月二十八日部令第十三号

〔北洋政府教育部档案〕

2. 教育部公布中学校课程标准令

（1913年3月19日）

教育部令第十六号

中学校课程标准

学年\科目	第一学年	每周时数	第二学年	每周时数	第三学年	每周时数	第四学年	每周时数
修 身	持躬处世待人之道	一	对国家之责务 对社会之责务	一	对家族及自己之责务 对人类及万有之责务	一	伦理学大要 本国道德之特色	一
国 文	讲读 作文 楷书 习字 行书	七	作文 字源流 习字 同前学年	七	讲读 作文 文法要略 同前学年 习字	五	讲读 作文 文法 中国文学史 习字 行书 草书	五
外国语	发音 拼字 读法 译解 会话 默写 文法 习字	男七 女六	读法 译解 默写 男八 造句 会话 文法 女六	男八 女六	读法 译解 会话 男八 作文 文法 女六	男八 女六	读法 译解 会话 作文 文法 文学要略	男八 女六
历 史	本国史 上古 中古 近古	二	本国史 近世现代	二	东亚各国史 西洋史	二	西洋史	二

续表

学年科目	第一学年	每周时数	第二学年	每周时数	第三学年	每周时数	第四学年	每周时数
地理	地理概要 本国地理	二	本国地理 外国地理	二	外国地理	二	自然地理概论 人文地理概论	二
数学	算术 代数	男五 女四	代数 平面几何	男五 女三	代数 平面几何	男五 女三	平面 几何 立体 平面三角大要	男四 女三
(备考) 女子中学校缺三角法，其余学科程度比照学期时数酌定，许得展长算术教授时数至学期以内，而减少代数几何之时数。									
博物	植物 普通植物之形态 分类解剖生理 态分布应用等之 大要 动物 普通动物之形态习 分类解剖生理习 性分布应用等之 大要	三	动物 同前学年 生理及卫生 人身之构造 个人卫生 公众卫生	三	矿物 普通矿物及岩 石之概要 地质学之大要	二		

续表

科目 \ 学年	第一学年	每周时数	第二学年	每周时数	第三学年	每周时数	第四学年	每周时数
物理化学					物理力学 热学 光学 电学 物性学 音学 磁学	四	化学 无机化学 有机化学大要	四
法制经济							法制大要 经济大要	二
图画	自在画 临画 写生画	一	同前学年	一	自在画 临画 用器画 几何画	写生画	自在画 意匠画 用器画 几何画	男二 女一
手工	竹工 木工	一	木工 粘土细工	一	粘土石膏细工 金工	一	同前学年 工业大意	一
（备考）女子手工授编物刺绣摘绵造花等，照所定时数分配。								
家事		女二	家事整理 家事卫生 饮食物之调理 实习（洗灌烹饪等）	女二	育儿 传病 经理家计 家计簿记 实习（洗灌烹饪 救急疗法等）	女二	同学年 实习（烹饪救急疗法等）	女二

续表

学年\科目	第一学年	每周时数	第二学年	每周时数	第三学年	每周时数	第四学年	每周时数
园艺			蔬果花木等之培养法 庭园构造法 实习	女二	同前学年 实习	女二	同前学年 实习	女二
缝纫	初步技术之练习 普通衣服之缝法 裁法补缀法	女二	同前学年	女二	同前学年	女二	同前学年	女二
乐歌	基本练习 歌曲	1	同前学年 乐典	1	同前学年	1	基本练习 歌曲 乐器	1
体操	兵式训练 普通体操	男三 女二	同前学年	男三 女二	同前学年	男三 女二	同前学年	男三 女二
(备考) 女子中学校免课兵式体操，可代以舞蹈游戏，照所定时数分配。								
合计		男三三 女三三		男三四 女三三		男三五 女三四		男三五 女三四

中华民国二年三月十九日

教育总长 刘冠雄

[北洋政府教育部档案]

（2）中学校概况

3. 教育总长汤化龙关于中学教育之谈片
（1914年9月28日）

教育总长关于中学教育之谈片　　　寿堃笔述

教育部汤总长于本月七号、八号、九号等日，躬历本京各中学校视察既毕，旋于二十日传集各中学职教员，于京师学务局开谈话会一次，由汤总长叙述关于中学校教育之要旨及此次视察所得，前后讲演历四小时之久。不佞是日适以事与会，爰就纪录所及，诠次于左，不甚具也。

　　　　　　　　　　　　　　　三年九月二十八日

予（汤总长自谓，后同）此次偕同部员视察各中学校，为时约一星期，已将逐日查视所及，另具通告书，即此册（指案上通告书一册）所述是也。凡予所见各校，互有优劣之点，亦有共同之优点，共同之劣点，通告书内业经逐条指出，兹不具及。予于今日所甚愿与诸君讨论者，则今后对于中学教育之方针也。

吾国设学几二十余年，而学校教育宗旨迄未明瞭，其流弊之显而易见者，主管行政之人往往以科举之眼光办学校，而一般社会之对于学校教育也，亦莫不以科举之眼光观察之。此种流行病，二十年来未尝消除，而其毒之中于中等教育者为最大。我辈今日研究中学校教育之方针，非于此处施以根本治疗不可，今请举其病源。

国家之设科举也，美其目的物之名曰人才。然而就应科举者一方言之，其惟一之目的物则官吏也。官吏不可必得，乃退而求其荣宠权利之似于官吏，与其资格之可以为官吏预约券者。于是乃有所谓举贡、生监，乃有所谓绅若士。是故科举时代之社会，截然自成为三种阶级：上则官吏，下则人民，中则为举贡生监与所谓绅若士。凡处于中等阶级者，脱离人民之本位，不能自侪于农商贩庸赁力作之列，而又进之又不得官吏，由是毕其生无所事事，凡社会上所称为举贡生监与所谓绅若士者，不过种种之代名词，其实质则游民也。此种游民之原料及其地位，与今日之中学校生徒，纯然成为对照。由今日之教育而不变，其结果与科举何异。而现在所有与未来之中学校，将成为一种特别游民制造场，此又可断言者也。

以上所云，固属理论上推究之词，然由今以往，苟非确定中等教育之方针，恐此种流弊无时可免。今就中学校设立之旨趣而言，一为高等专门学校之预备，一以养成各级社会之中坚。二者虽属并列，然就教育之本体而言，尤以养成社会之中坚，为中学校教育之要旨。吾国之中学校教育，往往适得其反，而汲汲以预备高等专门学校之选为重。此种观念，殆由科举时代胎胚而来，而此种教育之结果，将使全国之中等社会，无复独立之生活能力。进而言之，将使全国各种社会，无一中坚之人物，以为人民则愚，以为官吏则不肖，此无他，以科举之眼光视教育，而不以社会之眼光视教育，其流弊固必至于此也。

更有一事，足以证吾言者，当予开始视察各校之时，偶阅日本某杂志，载有一题，为涩泽男爵之中国视察谈。其言曰：中国有上流社会、下流社会，而无中流社会，最为可危云云。阅其言，触为数种之感觉：（一）吾国何以无中流社会。（二）彼所谓中流社会者若何。（三）无中流社会，何以最为可危。缘此数种感想一一推求，因以断其所谓中流社会者，必其可以为各种社会之中坚，而其智识能力又能独立各种社会之中自为活动者是也。此种社会，必非天然生产，其所恃以为造成之具者，将必一一惟教育是赖，因以断其所云，吾国无中流社会者。质而言之，直谓吾国但有上等官吏教育，与下等人民教育，而绝无中等社会教育而已。今举全国社会恃为中坚之人，驱而置诸不能自为生活之地，使之进而为官吏不得者，乃不能不退而自侪于游民。此其影响于全国社会者若何，而得不谓之危乎。

由上述各方而言，将欲铸造吾国之未来社会，非刷新现时之中学校教育不可，而其刷新之方法可别为二：其一、由中学校教育求之，其一、由中学校之教育者求之。

中学校教育为普通学术之发展时期，其教程应注重科学，而科学应注重实用，自不待言。然而现时之中学教育，然终不免空疏腐败之结果，何以故，凡现时所云实用科学者，全无系统故也。吾人将欲举全国之中学校生徒，造成为一种有系统之学术社会，在法首当认定中学校设立之要旨，实为养成社会之中坚人物起见，凡关于生徒之品性智识能力，当在促起其注意，令其陶冶变化，日趋于中坚之地位。复次则在刷新生徒之脑部，令其常有世界学术上之兴味，然后容纳科学教育之际，绰有条理部署之地。复次则凡关于世界社会之趋势，与吾国社会之现状，均为之斠（ㄐㄧㄠ）其所以然之故，因以促进生徒对于社会上之责任心，而养其充实不可以已之觉悟力，然后现时教育上之所容纳者，投之未来社会，若政治事业、经济事业，均无格格不入之虞。审此数者，而中学教育之系统，秩然具矣。

中学教育有亟应注意者二事：其一则生徒之自动力是也。中学生徒，大抵当智力体力同时发达之时期，亦即生徒自动力逐渐滋长之时期。凡生徒之自动力强者，其所吸受之教育，常事半而功倍，而他日投之社会者，亦即无在不具有独立进取之精神与真实弥满之力量，是故引起生徒之自动力，令其不依器机的作用以为生活，此为现时教育要素，亦即他日解决吾国社会问题之一大关键，不可不注意者也。又其一则养成生徒共同生活之习惯是也。中学生徒毕业之后，半皆投身于社会事业，予见有青年子弟，脱离学生时代无所主，皇皇然无立足之地，因学校所得不足供社会职业之取给，甚且无用也，乃弃其所学而固化于时流社会。职是之故，学校生徒与社会人物截然为二，而不良之中学校教育，其所造成之生徒，不能转移社会，适为社会所转移，其关系有如此者。欲救此弊，在法当于学校时期内，注意生徒之公同动作，善为引导，加以训练，使之常有人群社会之观念，与社会共同生活之必要，而于共同道德共同秩序尤为不可稍忽。凡吾国现社会所有凌乱、浮动、放纵、疲敝、不耐久、不规则之种种习染，将由各生徒入于普通社会时，一一矫正而涤荡之。以故学校教育，必先有以养成生徒共同生活之习惯，此亦最应注意者也。

校外及课余之补充教育，为学校最不可少之事，精神修养、学术实践均当于此求之。今举一事而言，世界国民之阅报，已如衣食住之不可阙，中学生徒，即宜养成此种习惯。其尤应注意者，则选定报纸之种类。如时下各报登载花评戏谈，连篇累牍，此种败坏社会之媒介物，于青年修养最有妨害，于购阅时应分别去取。又凡生徒所阅之日报及杂志等类，校中所有不敷分阅，生徒之力不能遍购，应令生徒公同购备，交换传观，各种参考书亦然。予此次所查各校，于参考书均属缺乏，学生用之参考书如时务通考、策论大全、四书义之类，于脑力目力殊多妨损，此种科举册子在学校最不适用，参考愈多科学愈无进步，应时时检查，加以干涉。至于一校之中，应由生徒自行组合者，如校友会、游艺会、阅书报会、共同储蓄会之类，均足以发展生徒之自动力，而养成其共同生活之习惯，不可不为引起。又如校外旅行、实地讲演，以及展览运动等会，亦宜酌量举行。盖中学生徒，当性力、体力、智力同时发育之期，必有各方之精神教育之相应，乃足以活泼其志气，整齐其动作。而此类教育断非仅仅课授所能毕事，甚望诸君注意及此也。

各学校职教员为担任一校教育之人，所谓教育者是也。教育者之精神不能贯注于教育，则被教育者之所吸收，因之有限，且多迹象上之讲授，而无情志上之结合，近今教育之不进化，其弊往往由此。尤有甚者，职教员视学校如传舍，视教授如贩鬻，除讲授时间之外，教育者与被教育者泛泛若不相识，更何精神之言。予此次查视各校，所见职教员类多勤勤恳恳，忠于所事，于上述诸弊自可信其必无。我辈居今日之教育界，无论所任职务若何，所处地位若何，均当以全副责任心处之，其责任心愈重，其皴被于精神教育者愈深，生徒之禽受者愈厚，而学校之信用亦因之愈著。凡此均无形之感召，亦教育上自然之趋势，全国教育者苟能共体兹义，全国教育断未有不进步者。

职教员课余讲演会及谈话会断不可少，此种结合非独联络感情交换智识而已。凡研究全校教育之改进及对于生徒课授、管理、训练之商榷，均当于此求之。又凡职教员对于一校以内，依于职务范围，事事均须注意，推之洒扫堂宇、位置木石、捡料器具、指挥杂役等事，亦不可忽。予此次所见各校职教员，并能留意及此，各校公共物及纪念品，均能保存爱护，至为可喜。间有一二校生徒于墙上涂抹者，应请加意禁止之，此虽细故，然于生徒之公共的观念、纯洁的美感，并有妨害也。

各种教授大致完备，其中最应注意者，当求各科之联络，使生徒触类旁通，易为理解。至于国文教法，应从科学实用及叙事之文着手，不可泛泛教以论说等文，尤不可令其读作不可思议及滑稽玄妙之论说，如某校以"中立而不倚"命题作论，又如某校所读钱神论之类，均属无益。总之现时国文之弊，在于蹈空驾虚，但有空论而无实质，此事影响于学术者甚大，不可不切戒也。此外各种教授利弊，并详通告书内，兹不具及，凡所利弊非好指摘，徒事批评，实因教育为人类进化之一大事业，吾国现时教育直可谓之开始时代，事事求其踏实，究其结果，乃有进步可言。近日观察教育者，多因经费缩减以为政府不甚注重教育，以致现象颓落，至为可虞；予意不然，政府困于经济，教育事业不能扩张，不过一时不得已之举，实则教育一事，以政府之力经营者范围之少，根本所托必在地方。故政府不注重教育不足忧，社会不信赖教育乃可虑。社会不信赖教育，不在一时，亦不在一事，由今思昔，办学二十余年，设学数千万所，而无成效，我辈已不可自解，而以教育上不良之影响，致使学校与社会成为对峙，互相扞格，尚何信赖之可言。是故我辈今日最大之责任在于尽瘁教育，以至诚之力收最后之效，引起社会上对于教育之信赖，不可使学校得罪于社会，尤在开发社会积其信赖之力，使社会上有一种非学校不足以自存之感想，教育自然发达。此则予与诸君之责也。

〔北洋政府教育部档案〕

4. 教育部公布全国中学校概况①

(1918年)②

全国中学校事项

全国中学校仍遵照现行学制办理，民国四年一月，前政事堂颁订教育纲要，拟于中学校加读经一科；五年九月，由国务会议议决撤销教育纲要，故中学校读经科目亦未增加。五年十一月，本部据全国商会联合会呈请添授簿记，因通令男子中学校于第一学年数学时间内，分出一小时专授簿记，以备实用。又是年十一月，全国教育会联合会建议中学校自第三学年始，得就地方情形酌授职业教科，本部因订中学校第二部办法，征求各省区中学校意见，以各校赞否各半，故延未实行。惟直隶、江苏等省中学校

---

① 此件沿用原标题。
② 此件时间按封面上"民国七年"字样所加。

间有附设商科或农科者，本部均准予试办，俾不求升学之学生得以肄习，裨益生计之知识技能。又以高等小学毕业生日多，故本部核定各中学校新生资格较前数年为严，凡未经高小毕业者，均严令甄别，以齐程度。现江苏一省已明定规则，专收高小毕业学生至中学毕业生，三年之中由部核准毕业者，共计六千五百四十人，而西南诸省之延未报部者，尚不与焉。又女子中学校，京师及苏、闽、鄂、黑等省于四年以前业经设立，三年间皆逐渐扩充，此全国中学校事项之大概也。

兹附表于后，以资比较。

全国中学一览表

省区别	校数	学生数	毕业生数	经费数
京　　师	13	2612	302	130505
京　　兆	5	441	167	33703
奉　　天	18	2185	550	182745
吉　　林	9	1007	74	74714
黑　龙　江	4	704	78	46274
直　　隶	30	6706	430	372076
山　　东	21	3443	365	129695
山　　西	20	3234	424	126356
陕　　西	6	1804		79766
河　　南	16	3203	210	148231
江　　苏	27	4016	428	259563
安　　徽	12	1577	388	93454

续表

省区别	校数	学生数	毕业生数	经费数
江　西	17	3542	353	113415
湖　北	33	3304	252	186874
湖　南	46	8383	1,079	236323
浙　江	23	4543	770	212776
福　建	22	3272	369	159714
四　川	56	8192		195683
广　东	56	7518		371704
广　西	24	2334	42	150010
云　南	17	2041		101364
贵　州	6	1749	194	40215
甘　肃	4	804	65	41467
热　河	2	329		10818
绥　远	1	49		10000
察哈尔	1	129		9538
总　计	484	77621	6,540	3516984

〔北洋政府教育部档案〕

5. 成都高等师范学校附属中学校沿革略
(1919年) ①

本校附属中学校系民国六年秋季创办，以师范部第一届本科学生毕业期近，急需实习，故就师校侧近指挥街，租佃民房开办。校舍极不适用，兼以经费无出，所有校具均系借用，颇多缺点，维时学生仅招一班，尚能容纳。迨民国七年八月，续招第二班学生，复借用文庙西街前高等学堂附设中学校舍，距师校约二里许，凡课手工及兵式操，则令学生到师校教练。是年秋，本校拨得皇城校地，因于今春迁设其中，中学校地乃定。然皇城两经兵燹，所有房舍、门窗、户壁残毁无余，就必需堂室重加修葺，于春秋两季各招学生一班仅足供用。

〔北洋政府教育部档案〕

6. 国立京师大学附设中学校沿革略
(1927年11月) ②

中华民国元年五月，教育部令改琉璃厂厂甸优级师范学堂为国立北京高等师范学校，任陈宝泉为校长。六月，改琉璃厂厂甸五城中学堂为国立北京高等师范学校附属中学校，派韩振华为主任。八月，拟具招生简章及收纳五城中学堂旧生办法。考取学生，成立四班，规定学生学费每年十元。拟定学校简章。二十三日开始授课，定为学校纪念日。

二年六月，保送四年级学生一班八名，入北京大学预科。八

---

① 此件时间系封面上时间。
② 此件时间按封面上"中华民国十六年十一月"字样所加。

月,举行入学及编级试验,分新旧学生为五班。

三年八月,举行入学及编级试验,分新旧学生为七班,增收新生学费十元,每年计二十元。

四年七月,举行第一次毕业式,毕业学生四名。八月,举行入学及编级试验,新旧学生为八班。

五年四月,派张鸿来赴日本考查教育。五月,建筑理科用室八间。七月,举行第二次毕业式,毕业学生四十一名。建筑操场西墙。八月,设立补习科,补习期限一年,每年学费十元。举行入学及编级试验,分新旧学生为九班。十月,设运动员浴室。重订学校简章。

六年一月,主任韩振华随校长陈宝泉赴菲律宾考查教育。五月,教育部令主任韩振华任职已满五年,确有成绩,加给全年津贴四百元。六月,举行第三次毕业式,毕业学生五十五名。八月,举行入学及编级试验,分新旧学生为九班。分学校办公处,为主任室、教务室、庶务室、会计室、图书室。添授二十分钟体操。成立童子军。九月设立理科试验室,添设助手。

七年七月,举行第四次毕业式,毕业学生五十一名。八月,举行入学及编级试验,分新旧学生为九班。编制校务规程,于教务课、庶务课外,添置训育课,每课设主任,并增设学级主任、学科主任。十二月,本校操场围墙由高等师范学校购价,代向琉璃窑公柜买定。二月,收用琉璃窑公柜地基,扩充操场。六月,举行第五次毕业式,毕业学生四十六人。八月,举行入学及编级试验,分新旧学生为十班。派赵乃传为代理主任。九月,手工科添设木工助手。设图书馆。

九年一月,派程时煃为主任。五月,成立教职员读书会。六月,举行第六次毕业式,毕业学生四十二名。七月,开设校役补习班。八月,补习科停止设立,试行选修科。增设特别班,每年学费六十元。举行入学及编级试验,分新旧学生为十一班。

十年一月，本校学生组织平民学校。三月租赁民房为学生设寄宿舍。五月，主任程时煃辞职，派张鸿来为代理主任。七月，举行第七次毕业式，毕业学生四十三名。八月，寄宿舍停止设立，添设女子部。举行入学及编级试验，分新旧学生为十一班。

十一年二月，组织新学制讨论会。五月，派王鹤清、方永蒸赴江浙等省参观各学校新学制实施情形。七月，举行第八次毕业式，毕业学生六十一名。新学制讨论会终结，制定三三制新学则。八月，举行入学及编级试验，分新旧学生为十一班。派林砺儒为主任。施行三三新学制。印刷室添设石印部。

十二年四月，成立校友会。六月，规定毕业学生报考北京师范大学本校免试标准。举行第九次毕业式，毕业学生五十七名。七月，建筑西院教员住室十二间。八月，改名国立北京师范大学校附属中学校。举行入学及编级试验，分新旧学生为十二班。添设高级班，每年学费三十元。设置校医。十二月，核准北京师范大学附设小学校毕业学生，报考附属中学免试标准。

十三年五月，校门外建筑砖牌坊一座。六月，举行第十次毕业式，旧制八十八名，新制初级部男生二十七名，女生十八名。八月举行入学及编级试验，分新旧学生为十三班。

十四年一月，举行第十一次毕业式，初级部男生二十七名。五月，添建图书馆二间。六月，举行第十二次毕业式，旧制男生三十名，女生十八名，新制初级部男生三十名。八月，举行入学及编级试验，分新旧学生为十五班。增收学费，初级每年六元，合二十六元，高级每年六元，合三十六元。十月，用特别班学费在操场西端建筑教室二所，计七间，命名特成斋，勒石志其事。

十五年一月，举行第十三次毕业式，初级部男生三十一名。六月，举行第十四次毕业式，高级部第二部男生十一名，初级部男生二十五名，女生二十四名。八月，举行入学及编级试验，分新旧学生为十五班。增收学费,初级每年十四元,合四十元。高级每年十四元,合五十元①。

十六年六月,举行第十五次毕业式,高级第二部男生十三名,高级师范科女生九名,初级部男生七十二名,女生二十一名。七月,主任林砺儒请假回籍,派张鸿来为代理主任。八月,举行入学及编级试验,分新旧学生为十五班。教育部令改为国立京师大学校附设中学校。九月,裁撤校医。十月,派张鸿来为主任。

〔北洋政府教育部档案〕

7. 私立东吴大学第三中学校沿革
(1930年)

本校创立于光绪二十六年,初名华英学堂,校址在湖州城内马军巷。光绪二十九年迁到天宁巷。光绪三十一年始迁到海岛的南面,旧府学的西面,改名中西学堂。其后再迁移了两三次。到了宣统元年,由美国募到了捐款,在海岛建筑了固定的校舍,遂名海岛中学,校址在北门内飞英塔前,三面环山,北临太湖,很清静,很幽雅,是宜于读书的地方。历届毕业的人才辈出,极受社会的赞许。到了民国四年,上海昆山路中西书院隶属于东吴大学,改名东吴大学第二中学,同时本校也隶属东吴大学,改名东吴大学第三中学,一切学科编制和设施,都遵照东吴大学规定的制度,毕业本校的就可径入东吴大学本科。历年学生都在百名以上,后增到二百多。在民国九年添建三层楼校舍一所,可容三百多人。民国十二年,采取新学制,改为初高中三三制,到今已届七年。民国十六年秋季以前,校长都系美国籍,那年秋季起,始由华人接办,一切力求扩充,趋重实际。十七年春季学期起,除

---

① 原文如此。

普通必修科外，再设选修科目，一切遵照国民政府颁布的教育新章办理。立案一事，经现任校长几度与浙江教育厅接洽，已有眉目，所以立案只是时间问题，没有什么困难。

〔国民政府教育部档案〕

（3）师范教育法令

8. 教育部公布师范学校规程令

（1912年12月10日）

教育部令第三十四号

师范学校规程

第一章 教养学生之要旨

第一条 师范学校宜遵师范教育令之本旨，注意左列事项，以教养学生：

一、健全之精神宿于健全之身体，故宜使学生谨于摄生，勤于体育。

二、陶冶情性、锻炼意志，为充任教员者之要务，故宜使学生富于美感，勇于德行。

三、爱国家、尊法宪，为充任教员者之要务，故宜使学生明建国之本原，践国民之职分。

四、独立、博爱，为充任教员者之要务，故宜使学生尊品格而重自治，爱人道而尚大公。

五、世界观与人生观为精神教育之本，故宜使学生究心哲理而具高尚之志趣。

六、教授时常宜注意于教授法，务使学生于受业之际，悟施教之方。

七、教授上一切资料务切于学生将来之实用，以克副小学校令及其施行规则之旨趣。

八、为学之道不宜专恃教授，务使学生锐意研究，养成自动之能力。

第二章 预科及本科

第一节 学科及程度

第二条 本科分为第一部、第二部，但第二部视地方情形，可以不设。

第三条 预科为欲入本科第一部者，施必需之教育。

第四条 预科修业年限为一年。

本科第一部修业年限为四年。本科第二部修业年限为一年。

第五条 预科之学科目为修身、国文、习字、英语、数学、图画、乐歌、体操，女子师范学校加课缝纫。

第六条 本科第一部之学科目为修身、教育、国文、习字、英语、历史、地理、数学、博物、物理、化学、法制、经济、图画、手工、农业、乐歌、体操。

视地方情形得缺农业或以世界语代英语。

视地方情形，得加课商业，其兼课农业、商业者，令学生选习之。

第七条 女子师范学校本科第一部之学科目为修身、教育、国文、习字、历史、地理、数学、博物、物理、化学、法制、经济、图画、手工、家事、园艺、缝纫、乐歌、体操。

视地方情形，得加英语或世界语为随意科。家事、园艺科之园艺得缺之。

第八条 修身要旨在养成道德上之思想情操，勉以躬行实践，具为师表之品格，并解悟小学校修身教授法。

修身首宜采取嘉言懿行，就学生平日行为指示道德要领，渐及对国家、社会、家族之责务，兼授伦理学大要及教授法，与演习礼仪法。

第九条 教育要旨在授以教育上之普通知识，尤当详于小学教育之旨趣、方法，习其技能，并修养教育家之精神。

教育首宜授以心理学、伦理学之要略，进授教育理论、哲学发凡、教授法、保育法、近世教育史、教育制度、学校管理法、学校卫生及教育实习。

第十条　国文要旨在通解普通语言文字，能自由发表思想，兼涵养文学之兴趣，以启发智德，并解悟小学校国文教授法。

国文首宜授以近世文，渐及于近古文，并文字源流、文法要略及文学史之大概，使熟练语言，作实用简易之文，兼课教授法。

第十一条　习字要旨在练习书写，具端正敏捷之能力，并解悟小学校习字教授法。

习字宜授以端正姿势及执笔运笔之法，习楷书、行书及草书，并练习记录与黑板写法，兼课教授法。

第十二条　英语要旨在习得普通英语、英文以增进智识，并解悟高等小学校英语教授法。

英语首宜授以发音、拼字，渐及简易文章之读法、书法、译解、默写，进授普通文章及文法要略、会话、作文，兼课教授法。

第十三条　历史要旨在知历史上重要事迹，明于民族之进化，社会之变迁，邦国之盛衰，尤宜注意于政体之沿革，与民国建立之本，并解悟高等小学校历史教授法。

历史分本国历史、外国历史。本国历史宜授以历代政治文化递演之现象与其重要事迹；外国历史宜授以世界大势之变迁，著名诸国之兴亡，人文之发展及与本国有关系之事迹，兼课教授法。

第十四条　地理要旨在知地球之形状运动及地球表面与人类生活之状态，本国外国之国势，并解悟高等小学校地理教授法。

地理宜授以世界地理之概要，本国地理及有重要关系之外国地理，并略授地文学、人文地理，兼课教授法。

第十五条 数学要旨在明数量之关系，熟习计算，兼使思虑精确，并解悟小学校算术教授法。

数学宜授以算术、代数、几何、簿记要略及教授法。

第十六条 博物要旨在习得天然物之知识，领会其中相互关系及对于人生之关系，并解悟高等小学校理科教授法。

博物宜授以重要植、动、矿物及标本之采集、制作法、人身生理卫生之大要，并教授法与教授时必需之实验。

第十七条 物理、化学要旨，在习得自然现象之知识，领会其中法则及对于人生之关系，并解悟高等小学校理科教授法。

物理、化学宜授以重要现象及定律，并器械之构造作用，元素化合物之性质，并教授法与教授时必要之实验。

第十八条 法制经济要旨在养成公民观念及生活上必需之知识。法制经济，宜授以现行法规及经济之大要。

第十九条 图画要旨在详审物体，能自由绘画，练习意匠，涵养美感，并解悟小学校图画教授法。

图画以写生画为主，兼授临画、想像画、用器画及美术史之大要，并练习黑板画，兼课教授法。前项美术史得暂缺之。

第二十条 手工要旨在具物体正确之观念，制作简易物品，以养成工作之趣味，勤劳之习惯，并解悟小学校手工教授法。

手工宜授以天然物之模造及日用器具各种细工，并示以材料之性质，工具之保存法，兼课教授法。女子师范学校手工，应兼授编物、刺绣、摘绵、造花等。

第二十一条 农业要旨在习得农业之知识技能，以养成农作之趣味，勤劳之习惯，并解悟高等小学校农业教授法。农业宜授以土壤、水利、肥料、农具、耕耘、栽培及蚕桑、畜牧、森林、农产制造、农业经济等事并教授法。

视地方情形可加授水产。

第二十二条　家事、园艺要旨在习得理家及治圃之智识，养成勤俭整洁之习惯。

家事园艺宜授以衣食住及侍病育儿，经理家产、家计簿记及栽培莳养等事，兼得实习烹饪。

第二十三条　缝纫要旨在习得缝纫之知识技能，养成节俭利用之习惯，并解悟高等小学校缝纫教授法。

缝纫宜授以普通衣服之缝法、裁法、补缀法及教授法。

第二十四条　乐歌要旨在习得音乐之知识技能，以涵养德性及美感，并解悟小学校唱歌教授法。

乐歌宜先授单音，次授复音及乐器，用法，并教授法。

第二十五条　体操要旨在使身体各部平均发育，强健体质，活泼精神，兼养成守规律，尚协同之习惯，并解悟小学校体操教授法。

体操宜授以普通体操、游戏及兵式体操，并教授法。女子师范学校免课兵式体操。

第二十六条　商业要旨在习得商业之知识，并解悟高等小学校商业教授法。

商业宜授以商事要项、商业簿记、商业算术、商业地理及本地重要之商品并教授法。

第二十七条　预科及本科第一部各学科目，每周教授时数，师范学校依第一表，女子师范学校依第二表，但遇不得已时，校长得通计各科历年教授时数，就各学年变通增减，每周至少须满三十小时，至多不得过三十六小时。

第一表

学科目＼学年	预科	本科第一部			
		第一学年	第二学年	第三学年	第四学年
修身	2	1	1	1	1
教育			4	4	实习 $\genfrac{}{}{0pt}{}{2}{9}$ ⎫11
国文	10	5	4	3	2
习字	2	2	1		
英语	4	5	5	4	3
历史			2	2	2
地理			2	2	2
数学	6	4	3	2	2
博物		3	2	2	
物理化学			3	3	2
法制经济					2
图画	2			美术史1	美术史1
手工		3	3	4	4
农业				3	3
乐歌	2	2	1	1	1
体操	4	4	4	4	4
总计	32	33	35	35	35
缺农业者，酌增他科目时数					

第二表

学科目＼学年	预科	本科第一部			
		第一学年	第二学年	第三学年	第四学年
修　身	2	1	1	1	1
教　育			4	4	实习 2/9 〉11
国　文	10	6	3	3	2
习　字	2	2	1		
历　史			2	2	2
地　理			2	2	2
数　学	5	3	3	2	2
博　物		3	2	2	
物理化学			2	3	3
法制经济					2
国　画	2	2	2	美术史1	美术史1
手　工		2	2	3	4
家事园艺				3	3
缝　纫	4	4	4	4	2
乐　歌	2	2	2	1	1
体　操	3	3	3	3	2
英　语	(3)	(3)	(3)	(3)	(3)
总　计	30(33)	32(35)	33(36)	33(36)	33(36)

第二十八条　本科第二部学科目,为修身、教育、国文、数学、博物、物理化学、图画、手工、农业、乐歌、体操。

第二十九条　女子师范学校本科第二部学科目,为修身、教育、国文、数学、博物、物理化学、图画、手工、缝纫、乐歌、体操。

第三十条　修身依第八条教以道德要领,并演习礼仪法及教授法。

第三十一条　教育依第九条兼课历史、地理教授法。

第三十二条　国文依第十条以近世文为主,又令熟练语言作实用简易之文,兼课教授法。

第三十三条　数学依第十五条,授算术及簿记要略,兼课教授法。

第三十四条　博物依第十六条,就天然物补习已得之知识,并授标本采集制作法,及教授法与教授时必需之实验。

第三十五条　物理化学依第十七条,就自然现象补习已得之知识,兼课教授法与教授时必需之实验。

第三十六条　图画依第十九条补习已得之知识技能,并练习黑板画,兼课教授法。

第三十七条　缝纫依第二十三条补习已得之知识技能,兼课教授法。

第三十八条　手工、农业、乐歌、体操依第二十、第二十一、第二十四、第二十五条,兼课教授法。

第三十九条　本科第二部各学科目,每周教授时数,师范学校依第一表,女子师范学校依第二表,但遇不得已时,得依第二十七条所规定,变通增减其时数。

第一表

学年学科目	第一学年	
修　身	1	
教　育	实习 7 8 } 15	
国　文	2	
数　学	2	
博　物	3	
物理化学		
国　画	3	
手　工		
农　业	4	
乐　歌	2	
体　操	3	
合　计	35	

第二表

学年\学科目	第一学年	
修　身	1	
教　育	实习 7/8 } 15	
国　文	3	
数　学	2	
博　物	3	
物理化学		
国　画	3	
手　工		
缝　纫	2	
乐　歌	2	
体　操	3	
合　计	34	

第四十条　师范学校教科用图书，由各省图书审查会选定之。

第二节　学年学期休业日教授日数及典礼日

第四十一条　学年学期及休业日别以规程定之。

第四十二条　每学年教授日数，须在二百二十日以上，但因第四十三条情事，特别休业者不在此限。

试验及修学、旅行不计入前项教授日数中。

第四十三条　遇有传染病、非常灾变及其他特别情事，得临时休业，但须呈由省行政长官报告教育总长。

第四十四条　典礼日之仪式，依仪式规程行之。

第三节　编制

第四十五条　师范学校学生之定额，须在四百人以下。学级应以同学年之学生编制之。

一学级之学生数，须在四十人以下。

第四十六条　修身、缝纫、乐歌、体操得合异学年或异学级之学生，同时教授。

英语、法制、经济、农业或商业亦得合异学级学生同时教授，但其人数不得超过前条第三项之制限。

第四节　入学退学及惩戒

第四十七条　预科及本科入学之资格，须身体健全，品行端正，并具有左列各项学力之一者。

在高等小学校毕业，或年在十四岁以上与有同等学力者，得入预科。

在预科毕业，或年在十五岁以上与有同等学力者，得入本科第一部。

在中学校毕业，或年在十七岁以上与有同等学力者，得入本科第二部。

第四十八条　凡志愿入学者须由县行政长官保送，并由妥实之保证人具保证书送校长试验收录；其在高等小学校毕业者，并呈验毕业证书。

前项试验科目，在高等小学校毕业生，试国文、算术二科；非由高等小学校毕业者，试国文、算术、历史、地理、理科等，以高等小学校毕业程度为标准。

入学后，须试习四个月以内。

第四十九条　学生有缺额时，得以资格相当者补之，但须施行入学试验，并试习四个月以内。

前项规定，在二学年以上者，不适用之。

第五十条　本科生修毕四学年课程试验合格者,应授以毕业证书。

第五十一条　学生犯左列各款之一,校长得命其退学。

一、身体羸弱难望成就者。

二、成绩过劣者。

三、性质不良不宜于教职者。

第五十二条　学生不得任意退学,但因特别事故经校长许可者,不在此限。

第五十三条　校长认为教育上不得已时,得儆戒学生。

第五节　学费

第五十四条　公费生免纳学费,并由本学校给以膳费及杂费。

前项费额,由校长预算,呈请省行政长官核定;其杂费,由省行政长官预定标准。

各地方得酌量情形,减给前项费额之半数。

第五十五条　师范学校得收自费生,其人数、费额由省行政长官核定之。

第五十六条　学生因第五十一条及第五十三条事故退学,或自行告退,在公费者应令偿还学费及给予各费;在自费者应令偿还学费,但得酌量情形,免其一部或全免之。

前项偿还学费之数,以中学校学费为标准。

第六节　服务

第五十七条　本科毕业生应在本省小学校服务,其期限,自受毕业证书之日起算。

第一部公费生七年,　　　半费生五年,

自费生三年;　　　　　　第二部生二年。

女子师范学校本科毕业生,应行服务之期限:

公费生五年,　　　　　　半费生四年,

自费生三年； 第二部生二年。

第五十八条 本科毕业生有因特别情事，经省行政长官认可者，亦得就职于他省或华侨所居地，但以教育事业为限。

第五十九条 在服务期限内，欲入国立学校更求深造者，省行政长官得允许之。

在前项学校修业时，得展缓其服务期限，如毕业时，该校有应尽义务，而其年限相当者，得免除本校之义务。

第六十条 本科毕业生有特别情事不能服务者，省行政长官得酌量减免之。

第六十一条 本科毕业生在服务期限中，有左列各款之一，在公费者应令偿还学费及给予各费；在自费者应令偿还学费，但得酌量情形免其一部或全免之。

一、无正当事由而不尽第五十七第五十八条之义务者。

二、因惩戒免职者。

三、依小学校令之规定，其许可状已失效力或受褫夺者。

四、依前条情事免服务者。

前项偿还学费之数，依第五十六条第二项。

第三章 讲习科

第六十二条 小学教员讲习课，为既得小学教员许可状要求讲习者设之。

遇特别情形，亦可为欲任初等小学校教员者设讲习科。

第六十三条 前条第二项讲习科，分为副教员讲习科、正教员讲习科。副教员讲习科入学之资格，须身体健全、品行端正，在高等小学校毕业或与有同等学力者，讲习期一年以上。正教员讲习科入学之资格，须身体健全、品行端正，有初等小学校副教员许可状或与有同等学力者，讲习期二年以上。

第六十四条 蒙养园保姆讲习科，为欲任保姆者设之。

第六十五条 讲习科之规程，由省行政长官定之。

第四章　附属小学校与附属蒙养园

第六十六条　师范学校应设附属小学校。

女子师范学校并应设附属蒙养园。

地方长官得酌量情形，于一定期限内以公立小学校代附属小学校，或以公立、私立之蒙养园代附属蒙养园。

第六十七条　附属初等小学校应并设单级编制之学级，二学年以上合编之复式学级，及一学年编制之单式学级。

附属高等小学校应编制相当之学级，不适用前项规定。

第六十八条　附属小学校应行二部教授，但视地方情形得暂缺之。

第六十九条　附属小学校教员须有正教员之许可状。

第七十条　附属小学校之学费，应以征收学费规程为标准；附属蒙养园之保育费，由校长酌定。

第七十一条　师范学校校地须具有相当之面积，并须于道德及卫生上均无妨害。

设农业科者须有农事实习场，女子师范学校须有艺圃。

第七十二条　师范学校应设学校园，但视地方情形得暂缺之。

第七十三条　校舍宜朴雅坚固，并与教授管理卫生适合。

第七十四条　师范学校应备各室如左：

一、普通教室。

二、博物物理、化学、图书等特别教室。博物物理、化学之特别教室，得便宜兼用。

三、礼堂。

四、图书室、器械标本室。

五、事务室、教员预备室、学生休息所、自修室、寝室、学监室、浴室、疗养室及其他必要诸室。

第七十五条　体操场分屋内、屋外二处。

屋内体操场视地方情形，得暂缺之。

第七十六条　校具须备图书、器械、标本、模型及其他用品。

第七十七条　师范学校应设左列各表簿：

一、关于师范教育之法令。

二、学校日记簿。

三、学则、课程表、教科用图书分配表、校医诊察表。

四、职员名簿、履历簿、考勤簿、担任学科及时间表。

五、学生学籍簿、出席簿、请假簿、身体检查表、操行考查簿。

六、试验问题簿、学业成绩表、实习教授〔批〕评案。

七、资产簿、器物簿、消耗品簿、银钱出纳簿、经费之预算决算簿、图书器械标本模型等簿。

八、往来文件簿。

第七十八条　师范学校学则应规定之事项如左：

一、学科课程，教授时数。

二、修业毕业事项。

三、学年学期及休业日。

四、学生入学退学及徽戒事项。

五、学费及其他杂费事项。

六、管理学生事项。

七、寄宿舍事项。

八、讲习科事项。

九、附属小学校及附属蒙养园事项。

十、其他必要事项。

第七十九条　视地方情形，得设校长、教员、学监等住宅。

第八十条　校地如须变迁，应由省行政长官核定报告教育总长。

第六章　职　　员

第八十一条　省立师范学校校长，由省行政长官任用；教员由校长任用，但须呈报省行政长官。

县立师范学校校长，由县行政长官呈请省行政长官任用；教员由校长任用，但须呈由县行政长官转报省行政长官。

私立师范学校校长教员，由设立人任用，但须呈报省行政长官。

第八十二条　凡四学级之学校，应有教员十人以上，如学级增多，则每增一学级，平均应加一人半以上。

第七章　设立变更及废止

第八十三条　设立师范学校，依师范教育令呈请教育总长认可时，应开具事项如左：

一、名称。

二、位置。

三、学则。

四、学生定额。其有附属蒙养园者，并开具幼儿之定额。

五、学级之编制。其有附属蒙养园者，并开具幼儿之级数。

六、开校年月。

七、经费。

八、校长、教员之姓名及履历。

前项第二款位置，应加具图说，列载校地面积、地质、校舍及各场所区域面积，并附近状况，饮用水之性质。

第八十四条　师范学校变更或废止，须经省行政长官认可，并转报教育总长。

第八十五条　师范学校报告教育总长时，在省立者由省行政长官报告；在县立或私立者，由县行政长官呈由省行政长官报告。

第八章　附　　则

第八十六条　本规程自公布日施行。

中华民国元年十二月初十日

教育总长　范源廉

〔北洋政府教育部档案〕

9. 教育部公布师范学校课程标准令
（1913年8月19日）

教育部令第十五号

师范学校课程标准

第一表

学年\科目	预科		本科第一部							
	每周时数	科项	第一学年	每周时数	第二学年	每周时数	第三学年	每周时数	第四学年	每周时数
修身	2	持躬处世待人之道	对国家之责务 对社会之责务	1	对家族及自己之责务 对人类及万有之责务 演习礼仪法	1	伦理学大要 教授方法 演习礼仪法	1	伦理学大要 本国道德之特色	1
教育					普通心理学 论理学大要	4	教育学原理 教授法 保育法	4	教育史 教育制度 学校管理 学校卫生 教授实习	11 〔2 9〕
国文	10	讲读 作文	讲读 文字源流 作文	5	讲读 文法要略 作文	4	讲读 中国文学史 教授方法	3	讲读 中国文学史 作文	2
习字	2	楷行书	楷行书	2	行书 黑板写法 教授方法	1	作文 草书			

续表

学年学科	预科 每周时数	预科 科	本科 第一学年 每周时数	本科 第一学年	第二学年 每周时数	第二学年	第三学年 每周时数	第三学年	第四学年 每周时数	第四学年
英语	4	发音法 读默写习字 拼字 译解 会话	5	读法 写默 会话 译解 句造 文法	5	读法 会话 译解 作文 文法	4	读法 会话 文法 译解 作文 教授方法	3	读法 会话 文法 译解 作文 文学要略
历史			2	本国史 上古中古近古	2	本国史近现代 外国史东亚各国古代史西洋古代史	2	外国史 西洋近世史 西洋现世史 教授方法		
地理			2	地理概论 本国地理	2	本国地理 外国地理 亚洲欧洲非洲	2	外国地理 美洲大洋洲 自然地理人文地理概论 教授方法		
数学	6	算术	4	算术 代数 簿记	3	代数 平面几何	2	代数 平面几何 教授方法	2	立体几何 平面三角大要
博物			3	植物 普通植物分类形态解剖生理生态分布应用等大要 动物 普通动物之	2	动物生理卫生同前学年 人身之构造 个人卫生 公众卫生	2	矿物 普通矿物及岩石之概要 地质学之大要 教授方法		

续表

学年\科目	预科 每周时数	预科 第一学年	本科 每周时数	本科 第一学年	本科 每周时数	本科 第二学年	本科 每周时数	本科 第三学年	本科 每周时数	本科 第四学年
博物				形态分类 解剖生理 习性分布应用等之大要						
物理化学			3		3	物理 力学 热学 物性	3	物理 音学 磁学 光学 电学 无机化学	2	无机化学大要 有机化学大要
法制经济									2	法制大要 经济大要
图画	2	写生画 临画 意匠画	3	写生画 临画 意匠画 几何画 黑板画练习		同前学年	4	写生画 意匠画 几何画 黑板画练习 教授方法 美术史	4	写生画 意匠画 黑板画练习 美术史
手工			8	竹细工 木工	8	粘土石膏细工 木工		小学校各种细工 教授方法		粘土石膏细工 金工
农业或商业							3	栽培总论及各土壤 肥料 农具	3	蚕桑 森林 农产制造

续表

学年\学科目	预科		本科							
	科	每周时数	第一学年	每周时数	第二学年	每周时数	第三学年	每周时数	第四学年	每周时数
乐 歌	基本练习 歌曲	2	同前学年 乐典	1	同前学年 乐器	1	教授方法	1	乐典 乐器 歌曲	1
体 操	普通体操 游戏 兵式训练	4	同前学年	4	同前学年	4	普通体操 游戏 兵式训练 教授方法	4	普通体操 游戏 兵式训练	4
合 计		32		33		35		35		35

第三学年栏另列：农业经济、商业簿记、商业算术、商业地理、商品、教授方法

第四学年栏：农业经济、商业簿记、商业地理、商品

第二表

学科\学年	预科		本科					
		每周时数	第一学年	每周时数	第二学年	每周时数	第三学年	每周时数	第四学年	每周时数

学科 \ 学年	预科		本科 第一部						
		每周时数	第一学年	每周时数	第二学年	每周时数	第三学年	每周时数	第四学年	每周时数
修身	持躬处世 待人之道	2	对国家之责务 对社会之责务	1	对家族及自己之责务 对人类及万有之责务 演习礼仪法	1	伦理学大要 教授方法 演习礼仪法	1	伦理学大要 本国道德之特色	1
教育					普通心理学 论理学大要	4	教育理论 哲学发凡 教授法 保育法	4	教育史 教育制度 学校管理 学校卫生 教授实习	11 }2
国文	讲读 作文	10	讲读 作文 文字源流	6	讲读 作文 文法要略	3	讲读 中国文学史 教授法	3	讲读 中国文学史 作文	2
习字	楷行 书书	2	楷行 书书	2	行书 黑板写法 草书 教授方法	1				
历史			本国史 上古中古 近古	2	本国史 外国史 东亚各国史 西洋古代史	2	外国史 西洋近世史 西洋现世史 教授方法	2		

续表

学科＼学年	预科 每周时数	本科 第一学年	每周时数	第二学年	每周时数	第三学年	每周时数	第四学年
地理		地理概论 本国地理	2	本国地理 外国地理 亚洲 非洲 欧洲	2	外国地理美洲海洋洲 自然地理概论 人文地理概论 教授方法	2	
数学	算术 5	代数	3	代数 平面几何	3	代数 平面几何 教授方法	2	平面几何 立体几何
博物		植物 普通植物之分类 形态剖解生理 生态分布应用等之大要 动物 普通动物之分类 形态剖解生理 习性分布应用等之大要	3	动物 同前学年 生理及卫生 人身之构造 个人卫生 公众卫生	2	矿物 普通矿物及 岩石之概要 地质学之大要 教授方法	2	
物理化学				物理 力学 热学	2	物理 音学 光学 磁学 电学 无机化学	3	无机化学大要 有机化学大要

续表

学年\学科	预科		本科						第一部	
	每周时数	第一学年	每周时数	第一学年	每周时数	第二学年	每周时数	第三学年	每周时数	第四学年
法制经济									2	法制大要 经济大要
图画	2	写生画 临画 意匠画	2	写生画 临画 意匠画 几何画 黑板画练习	3	同前学年	3	写生画 临画 几何 意匠画 黑板画 教授方法 练习 美术史	4	写生画 意匠画 黑板画练习 美术史
手工			2	竹细工 编物 造花	2	编物造花刺绣 粘土膏细工 小学校各种细工		刺绣摘绵等 简单之木金细工 教授方法		刺绣摘绵等 简单之木金细工
家事							3	家事整理 家事卫生 饮食物之调理 实习(洗濯烹饪等)	3	待病 育儿 家庭家产 经理簿记 计算(洗濯烹饪等) 急疗法等)
园艺								蔬果花木等之 庭园构造法 教授方法 实习		同前学年 实习

续表

学科\学年	预科		本科						第四学年	每周时数
		每周时数	第一学年	每周时数	第二学年	每周时数	第三学年	每周时数		
缝纫	初步技术之练习 普通布衣类之缝法裁法补缀法	4	同前学年	4	普通布衣类之缝法裁法补缀法	4	普通丝衣类之缝法裁法补缀法教授方法	4	普通丝衣类之缝法裁法补缀法	2
乐歌	基本练习 歌曲	2	同前学年 乐典	2	同前学年 乐器	2	同前学年 教授方法	1	乐典 乐器	歌曲 1
体操	普通体操 游戏	3	同前学年	3	同前学年	3	同前学年 教授方法	3	普通体操 游戏	2
英语	发音 拼字 读法 译解 歌写 会话 习字	(3)	读法 译解 歌写 造句 会话 文法	(3)	读法 译解 会话 作文 文法	(3)	读法 译解 会话 作文 文法 教授方法	(3)	读法 译解 会话 作文 文法	(3)
合计		30 (33)		32 (35)		33 (36)		33 (36)		33 (36)

(备考)手工科之造花、摘绵、刺绣,视地方情形得缺之。

中华民国二年三月十九日　　　　教育总长　刘冠雄

〔北洋政府教育部档案〕

10. 教育部公布修正师范学校规程及拟订各学校令与大总统批令
（1916年1月8日）

教育部呈修正师范学校规程并拟订各学校令，请核定公布文并批令。

为修正规程，拟订细则，分别缮具草案恭呈，仰祈睿鉴事：窃查呈准义务教育施行程序内开第一期应办事项，先经本部拟具国民学校令、高等小学校令及地方学事通则等项草案，呈蒙核定，先后公布，并由部通行在案。窃惟师范为教育之母，与小学关系至为密切，小学制度既经变更，现行师范学校规程自应同时修正。至关于国民学校令、高等小学校令及地方学事通则之施行细则，具列施行程序之内，同为第一期内应办事项，并应分别拟订。再查本期内应拟之地方官吏及兴学人员考成法，所以督促官绅认真兴学，关系至为重要。关于县知事兴学考成，径于本年二月间奉教令公布，惟地方兴学人员考成办法未奉颁示，似不足以资鼓励而专责成。现经拟具条例，凡关于县属兴学人员之奖惩，均经逐一规定，连同修正之师范学校规程及各种细则，共为五项，均经再三讨论，苟于事实未能适合者，宽以时期，理尚圆融，词求明显，不为高论，俾可施行，谨分别拟具草案，另缮清摺。呈请俯赐核定公布。其规程一项，细则三项，并候核示交下再行由部通行办理，是否有当，理合恭呈，伏乞睿鉴训示施行
谨呈

洪宪元年一月八日奉
批令准如所拟办理，即由该部通行遵照。此令。

修正师范学校规程
第一章　教养学生之要旨

第一条 师范学校宜遵师范教育令之本旨，注意左列事项以教养学生：

一、健全之精神、宿于健全之身体，故宜使学生谨于摄生，勤于体育。

二、陶冶情性、锻炼意志，为充任教员者之要务，故宜使学生富于美感，勇于德行。

三、爱国家、尊法宪，为充任教员者之要务，故宜使学生明建国之本原，践国民之职分。

四、独立、博爱为充任教员者之要务，故宜使学生尊品格而重自治，爱人道而尚大公。

五、国民教育趋重实际，宜使学生明现今之大势，察社会之情状，实事求是，为生利之人，而勿为分利之人。

六、世界观与人生观，为精神教育之本，故宜使学生究心哲理，而具高尚之志趣。

七、教授时常宜注意于教授法，务使学生于受业之际，悟施教之方。

八、教授上一切资料，务切于学生将来之实用，以克服高等小学校令暨国民学校令，并其施行规则之旨趣。

九、为学之道，不宜专恃教授，务使学生锐意研究，养成自动之能力。

第二章 预科及本科

第一节 学科及程度

第二条 本科分为第一部、第二部，但第二部视地方情形可以不设。

第三条 预科为欲入本科第一部者，施必需之教育。

第四条 预科修业年限为一年。

本科第一部修业年限为四年。

本科第二部修业年限为一年。

第五条　预科之学科目，为修身、读经、国文、习字、外国语、数学、图画、乐歌、体操。女子师范学校加课缝纫。

第六条　本科第一部之学科目，为修身、读经、教育、国文、习字、外国语、历史、地理、数学、博物、物理化学、法制经济、图画、手工、农业、乐歌、体操。

前项科目外，得加课商业，其兼课商业、农业者，令学生选习之，视地方情形得缺农业。

第七条　女子师范学校本科第一部之学科目，为修身、读经、教育、国文、习字、历史、地理、数学、博物、物理、化学、法制经济、图画、手工、家事、园艺、缝纫、乐歌、体操。

视地方情形，得加外国语为随意科。家事、园艺科之园艺得缺之。

第八条　修身要旨在养成道德上之思想情操，勉以躬行实践，具为师表之品格，并解悟高等小学校及国民学校修身教授法。修身首宜采取嘉言懿行，就学生平日行为指示道德要领，渐及对国家、社会、家族之责务，兼授伦理学大要及教授法与演习礼仪法。

第九条　讲经要旨在讲明吾国古先圣哲相传人伦道德之要，尤宜注意于家庭、社会、国家之关系，以期本经常之道，适应时世之需。

讲经宜先就论语、孟子全文中之合于儿童心理及其学年程度简明诠释，次即节取礼记中之曲礼、少仪、内则、大学、儒行、檀弓等篇，春秋左氏传中之大事记载，撮要讲解。并宜研究高等小学校及国民学校读经教授法，不得沿袭旧日强为注入之习（女子师范学校春秋左传可略）。

第十条　教育要旨在授以教育上之普通知识，尤当详于高等小学校及国民学校教育之旨趣、方法，习其技能，并修养教育家之精神。

教育首宜授以心理学、论理学之要略，进授教育、理论、哲学发凡教授法、保育法、近世教育史、教育制度、学校管理法、学校卫生及教育实习。

教育实习时，除各科教授外，凡关于管理等事项均应随时指导。

第十一条　国文要旨在通解普通语言文字，能自由发表思想，兼涵养文学之兴趣，以启发智德，并解悟高等小学校及国民学校国文教授法。国文首宜授以近世文，渐及于近古文，并文字源流，文法要略及文学史之大概，使熟练语言，作实用简易之文，兼课教授法。

第十二条　习字要旨在练习书写，具端正敏捷之能力，并解悟高等小学校及国民学校习字教授法。

习字宜授以端正姿势及执笔运笔之法，习楷书、行书及草书，并练习记录与黑板写法，兼课教授法。

第十三条　外国语要旨在习得普通外国语文，以增进智识，并解悟高等小学校外国语教授法。

外国语首宜授以发音、拼字，渐及简易文章之读法、书法、译解、默写，进授普通文章及文法要略、会话、作文，兼课教授法。

第十四条　历史要旨在知历史上重要事迹，明于人群之进化，社会之变迁，邦国之盛衰，尤宜注意于政治之因革与国家建立之本，并解悟高等小学校历史教授法。历史分本国历史，外国历史，本国历史宜授以历代政治、文化递演之现象与其重要事迹；外国历史宜授以世界大势之变迁、著名诸国之兴亡、人文之发展及与本国有关系之事迹，兼课教授法。

第十五条　地理要旨在知地球之形状、运动，及地球表面与人类生活之状态，本国外国之国势，并解悟高等小学校地理教授法。地理宜授以世界地理之概要，本国地理及有重要关系之外国地理，并略授地文学、人文地理，兼课教授法。

第十六条　数学要旨在明数量之关系，熟习计算，兼使思虑精确，并解悟高等小学校及国民学校算术教授法。

数学宜授以算术、代数、几何、簿记要略及教授法。

第十七条　博物要旨在习得天然物之知识，领会其中相互关系及对于人生之关系，并解悟高等小学校理科教授法。博物宜授以重要植、动、矿物，及标本之采集、制作法，人身生理卫生之大要，并教授法与教授时必需之实验。

第十八条　物理化学要旨在习得自然现象之知识，领会其中法则及对于人生之关系，并解悟高等小学校理科教授法。

物理化学宜授以重要现象及定律，并器械之购造作用，元素化合物之性质，并教授法与教授时必需之实验。

第十九条　法制经济要旨在养成公民观念及生活上必需之知识。

法制经济宜授以现行法规及经济之大要。

第二十条　图画要旨在详审物体能自由绘画、练习意匠、涵养美感，并解悟高等小学校及国民学校图画教授法。图画以写生画为主，兼授临画、想像画、图案用器画及美术史之大要，并练习黑板画，兼课教授法。前项美术史得暂缺之。

第二十一条　手工要旨在具物体正确之观念，制作简易物品，以养成工作之趣味，勤劳之习惯，并解悟高等小学校及国民学校手工教授法。

手工宜授以天然物之模造及日用器具各种细工，并示以材料之性质工具之保存法，兼课教授法。

女子师范学校手工应兼授编物、刺绣、摘绵、造花等。

第二十二条　农业要旨在习得农业之知识技能，以养成农作之趣味，勤劳之习惯，并解悟高等小学校农业教授法。农业宜授以土壤、水利、肥料、农具、耕耘、栽培及蚕桑、畜牧、森林、农产制造、农业经济等事，并教授法。

视地方情形可加授水产。

第二十三条　家事园艺要旨在习得理家及治圃之智识，养成勤俭整洁之习惯。

家事园艺宜授以衣食住及侍病育儿、经理家产、家计、簿记及栽培莳养等事，兼实习烹饪。

第二十四条　缝纫要旨在习得缝纫之知识技能，养成节俭利用之习惯，并解悟高等小学校缝纫教授法。

缝纫宜授以普通衣服之缝法、裁法、补缀法及教授法。

第二十五条　乐歌要旨在习得音乐之知识技能，以涵养德性及美感，并解悟高等小学校唱歌教授法。乐歌宜先授单音，次授复音及乐器用法，并教授法。

第二十六条　体操要旨在使身体各部平均发育，强健体质，活泼精神，兼养成守规律尚协同之习惯，并解悟高等小学校及国民学校体操教授法。

体操宜授以普通体操、游戏及兵式体操，并教授法。女子师范学校免课兵式体操。

第二十七条　商业要旨在习得商业之知识，并解悟高等小学校商业教授法。

商业宜授以商事要项、商业簿记、商业算术、商业地理及本地重要之商品，并教授法。

第二十八条　预科及本科第一部各学科目，每周教授时数，师范学校依第一表，女子师范学校依第二表，但遇不得已时，校长得通计各科历年教授时数，就各学年变通增减，每周至少须满三十小时，至多不得过三十六小时。

在本科第四学年，得于第三学期酌减他项科目，增加实习时数，并得将本学年功课提前于第一第二学期，匀配教授完毕，即以第三学期专为实习之用。

第一表

学科目＼学年	预科	本科第一部			
		第一学年	第二学年	第三学年	第四学年
修　身	2	1	1	1	1
读　经	2	2	2	2	
教　育				3	4　实习 $\left.{3 \atop 9}\right\} 12$
国　文	10	5	4	3	3
习　字	2	2	1		
外 国 语	3	3	3	3	2
历　史		3	2	2	
地　理		2	2	2	
数　学	6	4	3	2	2
博　物		3	2	2	
物理化学			3	3	2
法制经济					2
国　画 手　工	2	3	3	3	3
农　业				3	3
乐　歌	2	2	1	1	1
体　操	4	4	4	4	4
总　计	33	34	35	35	35

缺农业者，得酌增他科目时数。

视地方情形,得将手工、农业、商业之一科目增加二小时以内,但以不逾本条第一项规定之最多时数为限。

第二表

学科目 \ 学年	预科	本科第一部			
		第一学年	第二学年	第三学年	第四学年
修 身	2	1	1	1	1
读 经	2	2	1		
教 育				3	4	实习 $\left.{3 \atop 9}\right\}12$
国 文	10	6	4	2	2
习 字	2	2	1		
历 史			2	3	2
地 理			2	2	3
数 学	5	3	3	3	2
博 物		3	2	2	
物理化学				3	3	3
法制经济					2
国画手工	2	3	3	3	3
家事园艺				4	4
缝 纫	4	4	2	2	2
乐 歌	2	2	2	1	1
体 操	3	3	3	3	2
外 国 语	(3)	(3)	(3)	(3)	(2)
总 计	32(35)	33(36)	33(36)	33(36)	34(36)

第二十九条　本科第二部学科目为修身、读经、教育、国文、数学、博物、物理化学、图画、手工、农业、乐歌、体操。

第三十条　女子师范学校本科第二部学科目为修身、教育、国文、数学、博物、物理化学、图画、手工、缝纫、乐歌、体操。

第三十一条　修身依第八条，教以道德要领，并演习礼仪法及教授法。

第三十二条　讲经依第九条，以论语、孟子为主，兼课高等小学校及国民学校读经教授法。

第三十三条　教育依第十条，兼课历史、地理教授法。

第三十四条　国文依第十一条，以近世文为主，又令熟练语言作实用简易之文，兼课教授法。

第三十五条　数学依第十六条，授算术及簿记要略，兼课教授法。

第三十六条　博物依第十七条，就天然物补习已得之知识，并授标本采集制作法，及教授法与教授时必须之实验。

第三十七条　物理、化学依第十八条，就自然现象补习已得之知识，兼课教授法与教授时必需之实验。

第三十八条　图画依第二十条，补习已得之知识技能，并练习黑板画，兼课教授法。

第三十九条　缝纫依第二十四条，补习已得之知识技能，兼课教授法。

第四十条　手工、农业、乐歌、体操依第二十一、第二十二、第二十五、第二十六条，兼课教授法。

第四十一条　本科第二部各学科目，每周教授时数，师范学校依第一表，女子师范学校依第二表，但遇不得已时，得依第二十八条所规定变通增减其时数。

第一表

学科目 \ 学年	第一学年
修　身	1
读　经	2
教　育	实习 $\left.{7 \atop 8}\right\}$ 15
国　文	2
数　学	2
博　物	3
物理化学	
图　画	3
手　工	
农　业	3
乐　歌	2
体　操	3
合　计	36

第二表

学科目 \ 学年	第一学年
修　身	1
读　经	2
教　育	实习 $\left.{7 \atop 8}\right\}$ 15
国　文	3
数　学	2
博　物	3
物理化学	
图　画	3
手　工	
缝　纫	2
乐　歌	2
体　操	3
合　计	36

第四十二条　师范学校教科用图书，由校长就教育部审定图书内择用之。

第二节　学年学期休业日教授日数及典礼日

第四十三条　学年学期及休业日别以规程定之。

第四十四条　每学年教授日数须在二百二十日以上，但因第四十三条情事特别休业者不在此限。

试验及修学旅行不计入前项教授日数中。

第四十五条 遇有传染病、非常灾变及其他特别情事，得临时休业，但须详由省行政长官报告教育总长。

第四十六条 典礼日之仪式，依仪式规程行之。

第三节 编制

第四十七条 师范学校学生之定额，须在四百人以下。学级应以同学年之学生编制之。一学级之学生数，须在四十人以下。

第四十八条 修身、缝纫、乐歌、体操得合异学年或异学级之学生，同时教授。外国语、法制、经济、农业或商业，亦得合异学级学生同时教授，但其人数不得超过前条第三项之限制。

第四节 入学退学及警戒

第四十九条 预科及本科入学之资格须身体健全、品行端正，并具有左列各项学力之一者。

在高等小学校毕业或年在十四岁以上与有同等学力者，得入预科。在预科毕业或年在十五岁以上与有同等学力者，得入本科第一部。

在中学校毕业或年在十七岁以上与有同等学力者，得入本科第二部。

第五十条 凡志愿入学者，须由县行政长官保送，并由妥实之保证人，具保证书送校长试验收录；其在高等小学校毕业者，并呈验毕业证书。

前项试验科目，在高等小学校毕业生试国文、算术二科，非由高等小学校毕业者，试国文、算术、历史、地理、理科等，以高等小学校毕业程度为标准。入学后须试习四个月以内。

第五十一条 学生有缺额时，得以资格相当者补之，但须施行入学试验，并试习四个月以内。

前项规定，以预科及本科第一学年为限。

第五十二条 本科生修毕四学年课程，试验合格者应授以毕业证书。

第五十三条　学生犯左列各款之一，校长得命其退学。

一、身体羸弱难望成就者。

二、成绩过劣者。

三、性质不良不宜于教职者。

第五十四条　学生不得任意退学，但因特别事故经校长许可者，不在此限。

第五十五条　校长认为教育上不得已时，得儆戒学生。

第五节　学费

第五十六条　公费生免纳学费，并由本学校给膳宿费。

前项费额，由校长预算，详请省行政长官核定之。各地方得酌量情形减给前项费额之半数。

第五十七条　师范学校得收自费生，其人数、费额由省行政长官核定之。

第五十八条　学生因第五十三条及第五十四条事故、退学或自行告退，在公费者应令偿还学费及给予各费；在自费者应令偿还学费，但得酌量情形免其一部或全免之。

前项偿还学费之数，以中学校学费为标准。

第六节　服务

第五十九条　本科毕业生，应在本省高等小学校及国民学校服务，其期限自受毕业证书之日起算。

第一部，公费生七年，　　　　　半费生五年，

自费生三年；　　　　　　　　第二部生二年。

女子师范学校本科毕业生，应行服务之期限：

公费生五年，　　　　　　　　半费生四年，

自费生三年；　　　　　　　　第二部生二年。

第六十条　本科毕业生有因特别情事，经省行政长官认可者，亦得就职于他省或华侨所居地，但以教育事业为限。

第六十一条　在服务期限内，欲入高等师范学校更求深造者，省行政长官得允许之。

在前项学校修业时，得展缓其服务期限，如毕业时，该校有应尽义务，而其年限相当者，得免除本校之义务。

第六十二条　本科毕业生有特别情事不能服务者，省行政长官得酌量减免之。

第六十三条　本科毕业生在服务期限中，有左列各款之一，在公费者应令偿还学费及给予各费，在自费者应令偿还学费，但得酌量情形，免其一部或全免之。

一、无正当事由而不尽第五十九条、第六十条之义务者。

二、因惩戒免职者。

三、依高等小学校令及国民学校令之规定，其许可状已失效力或受褫夺者。

四、依前条情事免服务者。

前项偿还学费之数，依第五十八条第二项。

第三章　讲习科

第六十四条　讲习科为既得高等小学校或国民学校教员许可状，更求讲习者设之。

遇特别情形，亦可为欲任国民学校教员者设讲习科。

欲养成手工、农业等专科正教员时，亦得设讲习科。

第六十五条　前条第二项讲习科，分为副教员讲习科、正教员讲习科。副教员讲习科入学之资格，须身体健全，品行端正，在高等小学校毕业或与有同等学力者，讲习期一年以上。正教员讲习科入学之资格，须身体健全、品行端正，有国民学校。副教员许可状或与有同等学力者，讲习期二年以上。

第六十六条　蒙养园保姆讲习科，为欲任保姆者设之。

第六十七条　讲习科之规程，由省行政长官定之。

第四章　附属高等小学校与国民学校及附属蒙养园

第六十八条　师范学校应设附属高等小学校及国民学校。

女子师范学校并应设附属蒙养园。

地方长官遇有特别情形，得以公立高等小学校及国民学校代附属高等小学校及国民学校，或以公立、私立之蒙养园代附属蒙养园。

第六十九条　附属国民学校应并设单级编制之学级，二学年以上合编之复式学级，及一学年编制之单式学级。

附属高等小学校应编制相当之学级，不适用前项规定。

第七十条　附属高等小学校及国民学校，应行二部教授，但视地方情形暂缺之。

第七十一条　附属高等小学校及国民学校教员须有正教员许可状。

第七十二条　附属高等小学校及国民学校之学费，应以征收学费规程为标准，附属蒙养园之保育费由校长酌定。

第五章　设　　备

第七十三条　师范学校校地须具有相当之面积，并须于道德及卫生上均无妨害。

设农业科者须有农事实习场，女子师范学校须有艺圃。

第七十四条　师范学校应设学校园，但视地方情形得暂缺之。

第七十五条　校舍宜朴雅坚固，并与教授管理卫生适合。

第七十六条　师范学校应备各室如左：

一、普通教室。

二、博物、物理、化学、图画等特别教室。博物、物理、化学之特别教室，得便宜兼用。

三、礼堂。

四、图书室器械标本室。

五、事务室、教员预备室、学生休息所、自修室、寝室、学监室、浴室、疗养室及其他必要诸室。

第七十七条　体操场分屋内、屋外二处。屋内体操场，视地方情形得暂缺之。

第七十八条　校具须备图书、器械、标本、模型及其他用品。

第七十九条　师范学校应设左列各表簿：

一、关于师范教育之法令。

二、学校日记簿。

三、学则、课程表、教科用图书分配表、校医诊察表。

四、职员名簿、履历簿、考勤簿、担任学科及时间表。

五、学生学籍簿、出席簿、请假簿、身体检查表、操行考查簿。

六、试验问题簿、学业成绩表、实习教授批评案。

七、资产簿、器物簿、消耗品簿、银钱出纳簿、经费之预算决算簿、图书器械标本模型等簿。

八、往来文件簿。

第八十条　师范学校学则，应规定之事项如左：

一、学科课程、教授时数。

二、修业毕业事项。

三、学年学期及休业日。

四、学生入学退学及警戒事项。

五、学费及其他杂费事项。

六、管理学生事项。

七、寄宿舍事项。

八、讲习科事项。

九、附属高等小学校国民学校及附属蒙养园事项。

十、其他必要事项。

第八十一条　视地方情形，得设校长、教员、学监等住宅。

第八十二条　校地如须变迁，应由省行政长官核定报告教育总长。

第六章　职　员

第八十三条　省立师范学校校长由省行政长官任用，职教员由校长任用，但须详报省行政长官。

县立师范学校校长由县行政长官呈请省行政长官任用；职教员由校长任用，但须详由县行政长官转报省行政长官。

私立师范学校校长及职教员由设立人任用，但须详报省行政长官。

第八十四条　凡四学级之学校，应有教员十人以上，如学级增多则每增一学级，平均应加一人半以上。

第七章　设立变更及废止

第八十五条　设立师范学校，依师范教育令详请教育总长认可时，应开具事项如左：

一、名称。

二、位置。

三、学则。

四、学生定额，其有附属蒙养园者，并开具幼儿之定额。

五、学级之编制，其有附属蒙养园者，并开具幼儿之级数。

六、开校年月。

七、经费。

八、校长教员之姓名及履历。

前项第二款位置，应加具图说，列载校地面积、地质、校舍及各场所区域面积，并附近状况，饮用水之性质。

第八十六条　师范学校变更或废止，须经省行政长官认可，并转报教育总长。

第八十七条　师范学校报告教育总长时，在省立者由省行政长官报告，在县立或私立者由县行政长官详由省行政长官报告，在特别行政区域所立师范学校，详由本区域行政长官报告。

第八章 附 则

第八十八条 本规程自公布日施行。

〔北洋政府教育部档案〕

（4）师范教育概况

11. 教育部公布全国师范学校概况①

（1918年）②

全国师范学校概说

民国五年一月，奉申令筹议师范整理扩充计划，本部谨体斯旨，切实奉行。（甲）关于整理者：（一）于五年四月通咨各省，分饬各校按切本校教育现状，将前次采录核定师范校长会议各案，悉心体验，力图进行。并令于暑假时，以经历状况及继续规划撮述大要附列意见，用资考核，而广甄采。（二）于六年二月，酌定应行报告事项十三条，如沿革、如逐年进行计划、如训练管理、教授实施状况、体育卫生状况、课外学生自修各种办法、学生实习状况、毕业生服务状况、附属小学概况、本区域内教育状况、本校职教员对于教育之主张及改进之意见、并各项表式等，通令各校分别开列。现奉、吉、黑、豫、晋、赣、皖、鄂、湘、甘、新各省均经先后呈报到部，俟汇齐后，择其办理完善可为模范者，即由本部编印成帙，通行各省区，以供参考。（三）于六年十二月调查各省师范学区内属县若干，并令各校长随时视察该区教育，以专责成。又北京师范一校，向归部辖，嗣以师范与地方教育关系密切，京师小学亟待整理，应由该师校负指导之

---

① 此件系沿用原标题。
② 此件时间按封面上"民国七年"字样所加。

责。因于六年二月,将北京师校改归京师学务局管辖。以一事权。(乙)关于扩充者:(一)校数之扩充,五年四月通咨案内敦促各省广造师资,为小学发展时供求相应之准备。现查各省男女校数,浙江增其七,湖南增其六,奉天增其五,四川增其四,直隶、江西、福建、广西、甘肃诸省亦增一二校不等。至若新疆、察哈尔边陲省区,旧无一校,近亦次第创立。而各省校班数及学生人数之递增,大都称是。此校数扩充之大概也。(二)经费之扩充,近岁国家多故,地方物力多为他部分所消耗,教育经费亦颇蒙其影响,本部曾迭咨各省,对于师范须就财力所及,为适当之扩张。查近两三年统计,各省师范教育费尚幸增者多,而减者少,如皖、桂、川、浙四省,岁增四五万至六七万;鲁、赣、闽、豫、鄂、陕、甘诸省。岁增三万或一二万,直隶、江苏且增至十万以上。此经费扩充之大概也。兹分项列表如左:

全国师范学校一览表

省别	校数 男	校数 女	职员 男	职员 女	教员 男	教员 女	在校学生班数 男	在校学生班数 女	在校学生人数 男	在校学生人数 女	毕业学生 男	毕业学生 女	经费(元) 男	经费(元) 女
京师	1	2	13	20	18	39	5	8	214	2223	26	52	58258	71971
京兆	1		7		9		4		164		39		33160	
隶	5	2	30	18	76	42	35	10	1372	353	194	96	185244	72176
奉天	18	5	41	10	121	45	42	13	1777	504	228	161	129577	32072
吉林	4	2	19	4	51	16	15	6	613	185	113		84630	32184
黑龙江	2	1	7	4	22	17	9	3	400	134	40		71067	26784
山东	4	2	25	13	67	32	30	10	1012	357	258		133250	37374
山西	4	2	26	14	64	28	26	7	1179	187	165	27	98400	23592
河南	5	1	40	7	57	16	19	2	82	85	82	16	121404	25124
陕西	2	1	19	12	25	20	11	2	489	60	108	14	65076	23904
甘肃	4	1	18	2	30	6	8	1	401	27	219	8	42782	4677

续表

省别	校数 男	校数 女	职员 男	职员 女	教员 男	教员 女	在校学生班数 男	在校学生班数 女	在校学生人数 男	在校学生人数 女	毕业学生 男	毕业学生 女	经费(元) 男	经费(元) 女
江苏	10	5	122	42	193	71	54	17	2287	498	510	68	374452	83555
浙江	11	6	82	31	174	84	51	21	1865	432	183	43	217350	50422
安徽	5	2	50	16	71	22	25	6	1053	180	26	32	117088	27877
江西	5	2	25	9	71	28	20	3	885	85	167		81744	14083
湖北	3	1	22	3	85	22	17	3	820	111	127		94358	24780
湖南	6	10	39	60	157	135	25	31	1545	960	30	82	140612	91397
四川	10	3	53	18	95	77	31	9	1458	301	101		145820	47800
新疆	1		3		6		1		60		40		16549	
福建	4	1	33	10	64	21	15	5	495	184	31	14	73992	201484
广东	8	8	30	11	88	57	15	6	503	257	39	3	42968	15687
广西	3		14		38		14		507			41	75447	

续表

省别	校数 男	校数 女	职员 男	职员 女	教员 男	教员 女	在校学生班数 男	在校学生班数 女	在校学生人数 男	在校学生人数 女	毕业学生 男	毕业学生 女	经费(元) 男	经费(元) 女
云南	7	1	49	4	106	17	22	3	1177	141	233	39	130019	1023
贵州	1	1	7	2	26	7	5	1	227	38	36		25000	
热河	1		3		7		2		73				7380	
察哈尔	1		2		4		2		80				8971	
总计	126	54	779	310	1725	802	503	168	21475	5301	5036	659	2548098	726576

师范讲习所概说

师范讲习所之设，本为小学教员缺乏时一种救济方法。民国五年以来，各省师范虽较四年前有所增设，而毕业学生仍觉缺乏，重以推行义务教育，小学教员需人尤多，势不得不设此项讲习所，以应目前之急。惟讲习所办法，期在速成，科目虽简，关系仍重，亦应从严考核，以端小学师表。故责令本部视学视察所及，详为报告，如有办法不合者，即令切实整顿，以臻完善；其成绩优异者，由部传知褒奖以昭激劝。并于七年一月订定一览表式，由普通司函送各主管机关转发各所按表填报，以备查考。兹据其已报部者，分别列表如左：

全国师范讲习所一览表

省区别	处数	职教员数	现有学生数	毕业学生数	经费概数	备考
直　隶	104	286	2901	8180	104374	
广　东	8	40	364	59	4270	
广　西	6	41	356	92	20796	
云　南	10	41	238	224	4155	
奉　天	25	683	1215	1560	48917	
吉　林	5	27	202	576	14390	
黑龙江	2	14	193	193	500	
山　西	14	60	641	530	8748	
陕　西	7	47	273	339	4441	
河　南	22	99	823	800	17658	
甘　肃	1	9	117	45	6077	
四　川	2	4	18	68	1000	
山　东	66	179	2272	10731	75652	
江　苏	6	52	231	177	17019	
浙　江	1	5	36	43	2970	
福　建	6	47	301	155	8671	
湖　北	1	6	37	37		经费由高等小学校内开支，未曾划分
京　兆	18	31	585	783	21920	
江　西	6	33	72	178	3680	
安　徽	4	24	103	127	5500	

续表

省区别	处数	职教员数	现有学生数	毕业学生数	经费概数	备考
热河	2	11	41	22	2700	
总计	316	1739	11019	24919	373438	

〔北洋政府教育部档案〕

12. 教育部公布全国师范学校一览表

(1919年)

民国六年全国师范学校一览总表

省　别	校数	职员	教员	在校学生 班数	在校学生 人数	毕业学生	经　费（元）
京　师	3	32	67	13	385	97	122524
京　兆	2	8	16	7	287	70	40905
直　隶	7	45	109	46	1681	250	214868
奉　天	23	54	150	59	2323	461	167524
吉　林	7	29	74	23	921	106	116747
黑龙江	2	9	24	11	461	34	72129
山　东	6	37	93	45	1582	316	179936
山　西	8	53	104	47	1990	278	156279
河　南	6	42	71	25	981	260	160292
陕　西	3	23	31	18	434	104	40704
甘　肃	10	37	63	15	712	168	71640
江　苏	17	183	288	81	3071	486	494682
浙　江	18	123	278	76	2425	279	246994
安　徽	7	72	102	34	1241	231	159480
江　西	9	39	117	27	1204	148	116700
湖　北	4	29	98	20	891	83	105880

续表

省　别	校数	职员	教员	在校学生 班数	在校学生 人数	毕业学生	经　费（元）
湖　南	16	101	282	54	2432	58	227694
四　川	16	80	198	50	1851	195	206105
新　疆	1	3	5	1	45		16261
福　建	5	47	103	25	813	102	97519
广　东	11	41	145	21	760	42	58655
广　西	8	14	39	14	537	12	71850
云　南	8	52	123	29	1428	302	130879
贵　州	2	9	33	6	265	36	25000
热　河	1	4	8	3	110		8758
察哈尔	1	2	4	2	75		8972
总　计	196	1168	2625	752	28905	4118	3318977

民国七年与六年全国师范学校比较表

省别	校数增	校数减	职员增	职员减	教员增	教员减	班数增	班数减	在校学生人数增	在校学生人数减	毕业学生增	毕业学生减	经费(元)增	经费(元)减
京师				1	10					51	15			7705
京兆	1		1		7		3		123		31		7745	
直隶				3		9	1			44		40		15552
奉天			3			16	4		42		72		5920	
吉林	1		6		7		2		123			7		67
黑龙江		1		2		15		1		73		6		25922
山东				1		6	5		203		58		8812	
山西	2		13		12		14		624		86		34287	
河南				5		2	4		85		162		13764	
陕西				8		14	4			115		18		48276
甘肃	5		17		27		6		284			59	24181	

续表

省别	校数 增	校数 减	职员 增	职员 减	教员 增	教员 减	在校学生 班 增	在校学生 班 减	在校学生 人数 增	在校学生 人数 减	毕业学生 增	毕业学生 减	经费(元) 增	经费(元) 减
江苏	2		19		24		10		286			92	36675	
浙江	1		10		20		4		128		53			20778
安徽			6		9		3		8		173		14515	
江西	2		5		18		4		234			19	20918	
湖北			4			9				40		44		13258
湖南			2			10		2		73		54		4315
四川	3		9		26		10		92		94		12485	
新疆						1				15		40		288
福建			4		18		5		134		57		3343	
广东														
广西					1				30			29		3597

续表

省别	校数		职员		教员		在校学生				毕业学生		经费(元)	
							班数		人数					
	增	减	增	减	增	减	增	减	增	减	增	减	增	减
云南				1			4		112		30			163
贵州														
热河			1		1		1		37				1378	
察哈尔										5			1	
总计	16		79		98		81		239		423		44303	

民国七年全国师范学校一览表

区省别	校名	地点	职员	教员	职教员数在校学生班数	在校学生人数	毕业学生数	经费(元)每生平均数	经费(元)全校总数	区域	立案年月
京师	北京师范学校	祖家街	12	20	5	188	42	327.5	61574		元年七月
	北京女子师范学校	石附马大街	16	31	6	155	55	374	57982		元年六月
	私立尚义女子师范学校	下斜街四眼井	4	16	2	42		71	2968		三年六月
京兆	京兆师范学校	通县	3	8	4	147	43		23160		四年五月
	京兆女子师范学校	通县	5	8	3	140	27	87.82	17740		七年十二月
直	直隶省立第一师范学校	天津	6	21	11	428	27	144.14	61684		三年八月
	直隶省立第二师范学校	清苑县西关	7	23	9	279	35	114.56	31963		三年十一月
	直隶省立第三师范学校	滦县北关	7	13	6	222	38		20214		三年八月
	直隶省立第四师范学校	邢台县北关	5	13	7	285	42	12.49	32059		三年八月
	直隶省立第五师范学校	宣化县城内	5	6	2	85	66	95	14292		三年
	直隶第一女子师范学校	天津河北天纬路	10	24	7	232	42	166	38616		五年八月

续表

区省别	校名	地点	职员	教员	班数	在校学生人数	毕业学生数	经费(元) 每生平均数	经费(元) 全校总数	区域	立案年月
直隶	直隶第二女子师范学校	清苑县仓门口	5	9	4	150		106.67	16000		五年二月
奉天	奉天省立第一师范学校	凤城	4	12	6	245	75	67.96	16651	东边道属五县	五年八月
	奉天省立第二师范学校	盖平	4	10	6	282		59.046	16651	辽沈道属四县东边道属一县	四年九月
	奉天省立第三师范学校	锦西县高桥镇	3	12	6	245	49	67.963	16651	辽沈道属七县	四年十月
	奉天省立第四师范学校	东丰	4	7	6	241		59	14701	辽沈道属三县东边道属四县	四年五月
	辽阳县立师范学校	辽阳	2	4	2	87	33	523	4550		五年八月
	海城县立师范学校	海城	4	11	1	29		682	2500		五年五月
	新民县立师范学校	新民	3	4	2	78		111	8675		五年三月
	义县县立师范学校	义县	2	3	2	81		333	2697		六年十一月
	岫岩县立师范学校	岫岩	2	7	1	27			4745		五年十月
天	西丰县立师范学校	西丰	2	4	2	67	32		7084		六年五月

续表

区省别	校名	地点	职员	教员数	班数	在校学生人数	毕业学生数	经费(元)每生平均数	全校总数	区域	立案年月
奉	昌图县立师范学校	昌图	2	6	2	68	55		3480		六年六月
	开原县立师范学校*	开原	2	4	2	90		51.2	4610		四年九月
	法库县立师范学校*	法库	2	8	1	36			7864		六年十二月
	桓仁县立师范学校*	桓仁	1	4	2	84	37	88.41	7426		六年二月
	康平县立师范学校	康平	1	2	1	29			3053		七年二月
	盖平县立师范学校*	盖平	2	3	3	126	87		4120		五年十二月
	锦县县立师范学校	锦县	3	9	1	30			5000		五年三月
	奉天省立女子师范学校*	省城	4	23	7	270	29	83.9	22643		四年十一月
	海城县立女子师范学校	城内	2	3	1	22		147.5	3245		
天	铁岭县立女子师范学校	治城中区	2	2	1	50		69.6	3480		五年八月
	义县县立女子师范学校	治城东区	1	2		34		341	1160		五年八月

续表

区省别	校名	地点	职员	教员	班数	在校学生人数	毕业学生数	经费(元)每生平均数	经费(元)全校总数	区域	立案年月
奉天	辽阳县立女子师范学校	辽阳	1	4	2	81	45		4138		五年五月
奉天	昌图县立女子师范学校	昌图	1	6	1	21	19		2400		六年一月
吉林	吉林省立第一师范学校	省城	7	29	9	441	33	108.843	48000		三年十二月
吉林	滨江道立师范学校	双城	5	8	1	27		148.148	4000	滨江道属八县	六年一月
吉林	吉长道立师范学校	长春	3	8	4	160		74.625	23565	吉长道属十一县	五年一月
吉林	延吉道立师范学校	延吉	4	4	2	80		95.4	7632	延吉道属八县	六年十二月
吉林	吉林宁安县立师范学校	本科第二部宁安	4	7	1	24	24	113.531	2724		
吉林	吉林省立女子师范学校	省城	4	15	5	161	21	155.53	25040		四年一月
吉林	双城县立女子师范学校	双城	2	3	1	28	28	206.64	5786		
黑龙江	黑龙江省立第一师范学校	省城西关	4	18	8	335	34	137.35	46070		三年六月
黑龙江	黑龙江省立女子第一师范学校	省城	5	6	3	126		60.32	26059		三年六月

续表

区省别	校 名	地点	职员	教员	班数	在校学生人数	毕业学生数	经费(元) 每生平均数	经费(元) 全校总数	区 域	立案年月
山东	山东省立第一师范学校	省城	6	30	12	420	122	114	48000		四年一月
	山东省立第二师范学校	曲阜	5	16	8	268	29	123	33000		四年一月
	山东省立第三师范学校	聊城	6	16	8	316	54	104.43	33000		四年一月
	山东省立第四师范学校	益都	6	13	8	270	47	120	33000		四年一月
	山东省立女子师范学校	省城	13	16	8	269	53	72	30936		三年五月
	荷泽县立女子师范学校	荷泽	1	2	1	39	11	46.2	2000		四年四月
山西	山西省立第一师范学校	省城	11	23	9	487	51	93.8	45655	冀宁道属二十四县	三年五月
	山西省立第二师范学校	运城	8	14	6	289	27	72.178	20862	河东道属十七县	三年七月
	山西省立第三师范学校	大同	8	14	6	210	21	24	20494	冀宁道属十八县	三年五月
	山西省立第四师范学校	长治	5	17	9	372	65	54.155	20146	雁门道属十三县	三年五月
	山西省立第五师范学校	代县	4	6	2	80	31	55.9	7826		

续表

区省别	校名	地点	职教员数 职员	职教员数 教员	在校学生数 班数	在校学生数 人数	毕业学生数	经费(元) 每生平均数	经费(元) 全校总数	区域	立案年月
山西	山西省立第六师范学校	临汾	4	6	2	106	47	161.312	17099		
山西	山西省立第一女子师范学校	省城	7	14	5	155	20	107.846	16716		三年十月
山西	山西省立第二女子师范学校	运城	6	10	8	291	16	25.4927	7481		三年六月
河南	河南省立第一师范学校	省城	12	21	7	260	150	25.5737	65272		
河南	河南省立第二师范学校	淮阳	6	10	3	107	38	138.318	16000	开封道属三十八县	
河南	河南省立第三师范学校	信阳	7	8	4	166	72	100	19239	汝阳道属二十七县	
河南	河南省立第四师范学校	洛阳	5	8	4	160		109.98	17597	河洛道属十九县	
河南	河南省立第五师范学校	汲县	5	13	4	158		105.595	17184	河北道属二十四县	
河南	河南省立女子师范学校	省城	7	11	3	130		60	25000		二年十月
陕西	陕西省立第一师范学校	省城	7	14	5	246	36	44	12000	关中道属二十二县	三年四月
陕西	陕西省立第二师范学校	大荔	10	8	4	138	21		25704	关中道属二十一县	三年四月

续表

区省别	校名	地点	职员	教员	在校学生班数	在校学生人数	毕业学生数	经费(元)每生平均数	经费(元)全校总数	区域	立案年月
陕西	陕西省立第一女子师范学校	省城	6	9	3	50	4	60	3000		三年四月
甘肃	甘肃省立第一师范学校*	省城	7	17	4	189	72		30788	兰山道属四县甘凉道属一县	三年一月
甘肃	甘肃省立第二师范学校	武威	3	3	1	50	50	81.18	4310	甘凉道属七县	
甘肃	甘肃省立第三师范学校	狄道	3	4	1	54	38	78.95	3000		
甘肃	甘肃省立第四师范学校	西宁	3	5	1	52		92	4799	兰山道属七县西宁道属七县	
甘肃	甘肃省立第五师范学校	陇西县	6	6	1	75		47.8	4124		七年九月
甘肃	甘肃省立第六师范学校	天水县	3	5	2	79		56.962	4500		
甘肃	甘肃省立第七师范学校	平凉县	2	4	1	57		69.66	3970		
甘肃	甘肃省立第八师范学校	前宁夏府考院	3	10	2	69		70.8833	7472		
甘肃	甘肃省立第九师范学校	酒泉县	5	3	1	60		66.666	4000		
甘肃	甘肃省立女子师范学校*	省城	2	6	1	27	8		4677		三年二月

续表

区省别	校名	地点	职员	教员	在校学生班数	在校学生人数	毕业学生数	经费(元)每生平均数	经费(元)全校总数	区域	立案年月
江苏	江苏省立第一师范学校	吴县	11	30	8	321	26	170	54761	苏常道属五县	二年九月
	江苏省立第二师范学校	上海	17	28	6	277	75	176.253	48822	沪海道属十县	二年九月
	江苏省立第三师范学校	无锡	14	15	6	215	50		50968	苏常道属五县	二年九月
	江苏省立第四师范学校	南京	15	14	5	219	40	156.064	34178	金陵道属六县	二年九月
	江苏省立第五师范学校	江都	14	25	5	259	49	186.942	48418	淮扬道属七县	二年九月
	江苏省立第六师范学校	淮阴	13	19	5	200	35	151	37370	淮扬道属六县	二年九月
	江苏省立第七师范学校	铜山	13	12	5	208	34	139	35099	徐海道属七县	二年九月
	江苏省立第八师范学校	灌云	17	18	5	189	28	199.222	37653	徐海道属五县	二年九月
	江苏省代用师范学校	南通	11	23	7	293	30	130.74	38309	苏常道属四县及沪海道属一县	元年十二月
	武进县立师范学校	武进	6	9	3	108		55.63	7120		七年十一月
	如皋县立师范学校	如皋	9	14	5	180	39	76.6	13939		

续表

区省别	校　　名	地点	职员数	教员数	班数	在校学生人数	毕业学生数	经费(元) 全校总数	经费(元) 每生平均数	区　　域	立案年月
江苏	江苏省立第一女子师范学校	南京	11	15	5	195	32	35187			二年九月
江苏	江苏省立第二女子师范学校	吴县	10	25	5	198	39	37743	190		二年九月
江苏	无锡县立女子师范学校	无锡	3	7	1	32		3000	93.75		
江苏	武进县立女子师范学校	武进	5	10	4	104		4845	46.95		
江苏	南通县立女子师范学校*	南通	7	13	5	62		6270			
江苏	太仓县立镛娄学校*	太仓	7	11	1	2	9	1000			
浙江	浙江省立第一师范学校	省城	10	21	10	385	58	33242	86.34	旧杭州府属八县	七年七月
浙江	浙江省立第二师范学校	嘉兴	5	9	2	86		9932		旧嘉兴属六县	
浙江	浙江省立第三师范学校	吴兴	8	10	3	54		14474	112.064	旧湖州府属六县	七年五月
浙江	浙江省立第四师范学校*	鄞县	7	23	7	228	22	25553		旧宁波府属六县	
浙江	浙江省立第五师范学校	绍兴	9	23	6	232	26	19456	147.4	旧绍兴府属七县	

续表

区省别	校名	地点	职员	教员	班数	在校学生人数	毕业学生数	经费(元)每生平均数	经费(元)全校总数	区域	立案年月
浙	浙江省立第六师范学校	临海	6	8	2	73			15432	旧台州府属六县	七年九月
	浙江省立第七师范学校	金华	9	18	6	219	34	88.5	19369	旧金华府属八县	
	浙江省立第八师范学校	衢县	8	14	3	106		100	14514	旧衢州府属五县	
	浙江省立第九师范学校	建德	6	9	3	120		97.8	11736	旧岩州府属六县	七年十一月
	浙江省立第十师范学校	永嘉	11	22	6	201	28		19287	旧温州府属六县	
	浙江省立第十一师范学校	丽水	9	23	6	196	25	94.689	18559	旧处州府属十县	
	浙江省立女子师范学校	省城	9	29	6	193	52	109.275	21090		
江	绍兴县立女子师范学校	绍兴	4	16	3	26	6	173	4499		三年八月
	嘉兴县立女子师范学校	嘉兴	4	15	5	113	11	55.56	6278		三年三月
	吴兴县立女子师范学校	吴兴	4	7	1	29		107	3123		
	旧宁属县立女子师范学校	鄞县	5	15	3	84	9		5550		三年九月

续表

区省别	校名	地点	职员数	教员数	在校学生班数	在校学生人数	毕业学生数	经费(元) 每生平均数	经费(元) 全校总数	区域	立案年月
浙江	处属县立女子师范学校	丽水	4	7	2	32		38	1700		五年十一月
	台属县立女子师范学校	临海	5	9	2	14	8		2800		五年二月
安	安徽省立第一师范学校	省城	9	18	6	250	69	122	30530	安庆道属十四县	四年十一月
	安徽省立第二师范学校	休宁	21	11	5	154	27	158	24332	芜湖道属五县	三年九月
	安徽省立第三师范学校	阜阳	5	12	5	185		148.822	27532	淮泗道属六县	三年十一月
	安徽省立第四师范学校	宣城	14	19	6	255	86	95	24332	芜湖道属十二县	三年十二月
徽	安徽省立第五师范学校	凤阳	11	13	4	152		137.93	20964	安庆道属十三县 淮泗道属十三县	五年二月
	安徽省立第一女子师范学校	省城	5	20	5	150	22	127.78	19168		五年二月
	安徽省立第二女子师范学校	芜湖	7	9	3	95	27	132.863	12622		四年一月
江西	江西省立第一师范学校	省城	4	15	5	209	32	105	22000	豫章道属六县浔阳通道属六县	四年一月
	江西省立第二师范学校	赣县	6	15	5	250	28	72.5	18123	赣南道属十四县	四年二月

续表

区省别	校名	地点	职员	教员	班数	在校学生人数	毕业学生数	经费（元）每生平均数	经费（元）全校总数	区域	立案年月
江西	江西省立第三师范学校	临川	5	14	5	198	32	100.328	19865	豫章道属九县赣南道属二县	四年一月
江西	江西省立第四师范学校	铅山	5	14	4	187	30	81.84	15222	豫章道属八县浔阳道属二县	四年一月
江西	江西省立第五师范学校	清江	3	13	3	124		92.7828	11505	庐陵道属十一县	五年十一月
江西	江西省立第六师范学校	九江	3	4	1	50		132.18	6609	浔阳道属十一县	
江西	江西省立第七师范学校	吉安	4	6	1	50	26	120.18	6009	庐陵道属十县赣南道属一县	七年十二月
江西	江西省立女子师范学校	省城	5	32	3	120		117.74	15767		四年一月
江西	萍乡县立女子师范学校	萍乡	4	4	1	16			1600		六年七月
湖北	湖北省立第一师范学校	省城	7	40	8	398	41	94.43	37583	江汉道属二十四县	三年七月
湖北	湖北省立第二师范学校	襄阳	9	17	5	200		116.388	23277	襄阳道属二十县	三年七月
湖北	湖北省立第三师范学校	宜昌	10	19	4	157	23	118.5	18604	荆南道属二十县	三年七月
湖北	湖北省立女子师范学校	省城	3	22	3	136	19	107.4	26419	江汉道属二十四县	三年七月

续表

区省别	校　名	地点	职员	教员	班数	在校学生人数	毕业学生数	经费(元) 每生平均数	经费(元) 全校总数	区　域	立案年月
湖南	湖南省立第一师范学校*	省城	4	59	5	488	30		51298	湘江道属十六县武陵道属二十县	四年一月
	湖南省立第二师范学校*	常德	11	19	6	310			33760	武陵道四县辰沅道属九县辰沅道属二十县	四年一月
	湖南省立第三师范学校*	衡阳	13	29	7	450			36854	衡阳道属二十四县	四年一月
	长沙县立师范学校*	长沙	2	31	4	182			14640		四年一月
	郴县县立师范学校*	郴县	4	6	1	45			1440		五年十月
	武冈县立师范学校*	武冈	5	13	2	70			2620		六年五月
	湖南省立第一女子师范学校*	省城	9	19	5	28	110		24000	区同第一师校	四年一月
	湖南省立第二女子师范学校*	桃源	7	12	3	114			12651	区同第二师校	六年五月
	湖南省立第三女子师范学校*	衡阳	9	12	3	142		95.07	15353	区同第三师校	六年二月
	湘潭县立女子师范学校*	湘潭	6	10	2	50			2000		四年六月
	常德县立女子师范学校*	常德	2	15	3	53			6200		六年五月

续表

区省别	校名	地点	职员	教员	班数	在校学生人数	毕业学生数	经费(元) 每生平均数	经费(元) 全校总数	区域	立案年月
湖	私立进修女子师范学校*	衡阳	9	14	3	91			8850		四年十月
	湖南第二联合县立女子师范学校*	澧县	8	14	4	126			7500		四年三月
	私立廉溪女子师范学校*	廉溪	3	8	1	30			1392		四年四月
南	私立隐储女子师范学校	长沙	5	7	3	31		64	2000		六年五月
	私立周南女子师范学校*	长沙	4	14	2	40			7136		六年八月
四	四川省立第一师范学校*	省城	6	19	4	181			43320		
	四川省立第二师范学校	越嶲	4	6	2	110			15390		
	四川省立第三师范学校*	遂宁	7	10	5	245			22900		
	四川省立第四师范学校	万县	9	14	7	201	54	103.98	20900		
	龙绵联合县立师范学校	江油	5	5	2	64		102.53	6562		
川	川东联合县立师范学校	重庆	5	16	5	215	32	101	21734		

续表

区省别	校名	地点	职员	教员	班数	人数	毕业学生数	经费(元) 每生平均数	经费(元) 全校总数	区域	立案年月
四川	川南联合县立师范学校	泸县	4	12	5	142	52	42	9600		
	川北联合县立师范学校*	阆中	4	5	2	132			10200		
	夔州联合县立师范学校*	奉节	5	10	3	104	25		11389		
	资州联合县立师范学校	资中	5	4	2	70		60	4500		
	涪陵县立师范学校*	涪陵			1	10			850		
	四川省立第一女子师范学校*	省城	10	49	4	138			30000		
	四川省立第二女子师范学校	巴县	6	22	3	100	32	67.029	18500		
	岳池县立女子师范学校	岳池	4	9	2	34		30	1020		
	涪陵县立懿徽女子师范学校	涪陵	3	9	1	40		19	3300		
	资阳县屠商私立女子师范学校	资阳	3	8	2	72		80	6840		
新疆	新疆省立师范学校	省城	3	5	1	45		361	16261		五年六月

续表

省别	区别	校　名	地　点	职员数 职员	职教员数 教员	在校学生 班数	在校学生 人数	毕业学生数	经费（元） 每生平均数	经费（元） 全校总数	区　　域	立案年月
福		福建省立第一师范学校	省城	11	41	2	357	57	12.467	43135	闽海道属十五县	三年七月
		福建省立第二师范学校*	龙溪	8	17	4	94	9		15000	汀漳道属二十县	六年十一月
		福建省立第三师范学校	南平	11	11	3	98	22		9600	建安道属十六县	六年十一月
		福建省立第四师范学校	莆田	7	13	2	80		120	9600	厦门道属十二县	七年五月
建		福建省立女子师范学校*	省城	10	21	5	184	14		20184		三年五月
		番禺县立师范学校	省城	3	10	1	30			1826		三年六月
广		阳江县立师范学校*	阳江	2	8	1	41			3264		六年六月
		香山县立师范学校*	香山	4	12	2	44			3000		四年一月
		琼山县立师范学校*	琼山	4	10	2	70			4295		六年六月
东		惠潮梅师范学校	潮州	3	9	2	73			6261		三年七月
		台山县立师范学校	台山	5	2	3	87			5602		三年六月

续表

省别区	校名	地点	职员	教员	班数	在校学生人数	毕业学生数	每生平均数	全校总数	区域	立案年月
广东	琼崖师范学校	琼州	3	12	1	27			1500		三年七月
	私立教忠师范学校	广州	6	16	3	131	39		17220		三年六月
	广东省立女子师范学校	省城	5	23	3	121			5577		
	香山县立女子师范学校	香山	2	19	1	50			5410		三年十月
	私立坤维女子师范学校	省城	4	15	2	86	8		4700		
广西	广西省立第一师范学校	苍梧	4	11	5	170	12	126	21407	苍梧道属十五县	三年八月
	广西省立第二师范学校	桂林	5	14	5	189		137.3	28359	桂林江柳两道所属三十九县	三年十一月
	广西省立第三师范学校	南宁	5	14	4	178		120.8	22084	南宁田南镇南三道所属三十七县	六年一月
云南	云南省立第一师范学校	省城	9	29	7	326	156	29.012	38798		四年一月
	云南省立第二师范学校	大理	9	9	4	191		85.219	16276		三年五月
	云南省立第三师范学校	曲靖	7	15	4	190	57	91.3	17950		三年五月

续表

区省别	校名	地点	职教员数 职员	教员	在校学生 班数	人数	毕业学生数	经费(元) 每生平均数	全校总数	区域	立案年月
云南	云南省立第四师范学校	宁洱	5	13	4	187	50	89	16661		三年五月
	云南省立第五师范学校*	保山	7	2	2	140			8434		三年五月
	云南省立第六师范学校*	丽江	6	14	3	137			18000		三年五月
	昆明县立师范学校	昆明	5	15	2	116		118.4	13737		四年一月
	云南省立女子师范学校*	省城	4	17	3	141	39		1023		四年四月
贵州	贵州省立师范学校	省城	7	26	5	227	36		25000		二年七月
	遵义县立女子师范学校	遵义	2	7	1	38					七年一月
热河	热河师范学校	承德	4	8	3	110		7.962	8758		四年一月
察哈尔	察哈尔区立第二师范学校	张家口	2	4	2	75		119.6	8972		七年九月

京师私立上义师范学校	校舍设阜城门外栅栏，职员三，教员七，学生二班，计八十名，经费由文学会捐助。
奉天沈阳县立师范学校	校舍设奉天省城，职员二，教员三，学生一班，计五十名，经费五千六百七十元。
安徽省立第六师范学校	校舍设合肥城内，职员三，教员五，学生二班，计九十名，经费以省款支给之。
湖南平江县立师范学校	校舍设平江县城，职员二，教员八，学生二班，计一百名，经费七千八百八十元。
福建私立集美师范学校	校舍设同安县属之集美社，职员七，教员十六，学生五班，计二百一十七名，经费月需二千九百七十元。

以上五校系民国八年报部立案者.

说明　（例言）

一、本表所列员生及经费数目，均以民国七年间送教部一览表为准，其未送到的依旧表填注者，另用*符号以区别之。

二、凡未报部之学校或已报部业经归并停办者，概不列入。

三、表中所列各项，有送部一览表所未载者，均从缺略。

〔中央大学档案〕

（5）实业教育

13. 教育部公布实业学校令

(1913年8月4日)

教育部令第三十三号

实业学校令

第一条　实业学校以教授农、工、商业必需之知识技能为目的。

第二条　实业学校分甲种乙种。

甲种实业学校施完全之普通实业教育。

乙种实业学校施简易之普通实业教育，亦得应地方需要授以特殊之技术。

第三条　实业学校之种类，为农业学校、工业学校、商业学校、商船学校、实业补习学校等。

蚕业学校、森林学校、兽医学校、水产学校均视作农业学校。

艺徒学校视作乙种工业学校，亦得参照工业补习学校办理。

女子职业学校得就地方情形与其性质所宜，参照各项实业学校规程办理。

第四条　省行政长官视地方需要分别设立甲种实业学校。县及城镇乡或农工商会，得设立乙种实业学校，亦得酌量情形设立甲种实业学校。

省及县设校地点，由省行政长官及县行政长官定之。

第五条　实业学校以省经费设立者为省立实业学校，其以县经费或城镇乡经费设立者，为县立或城镇乡立实业学校。

农工商会设立之实业学校，视该会性质，系法律所认为公法人者，称公立实业学校，为私法人者，称私立实业学校。

第六条　实业学校以私人或私法人设立者，为私立实业学校。

第七条　省立实业学校之设立、变更或废止，应呈报教育总长。县立城镇乡立及其他公立私立之实业学校，其设立、变更或废止，均须呈请省行政长官认可转报教育总长。但在实业补习学校，只须呈报省行政长官。

第八条　实业学校之编制、设备及修业年限、学科程度等，别以规程定之。

第九条　农业工业等专门学校依本令规定，附设甲种程度之学科者，为甲种实业讲习科。

农业工业等专门学校或甲种实业学校，附设乙种程度之学科者，为乙种实业讲习科。

第十条　实业学校学生应纳学费，但得视地方情形酌量减免。

第十一条　本令自公布日施行。

中华民国二年八月四日　　　　　　　国务总理　段祺瑞

　　　　　　　　　　　　　　　　　　教育总长

〔北洋政府教育部档案〕

14. 教育部公布实业学校规程令

(1913年8月4日)

教育部令第三十五号

实业学校规程
第一章 通　则

第一条　设立实业学校，依实业学校令第七条呈报教育总长或省行政长官时，须开具事项如左：

一、名称；

二、位置；

三、学则；

四、学生定额；

五、地基房舍之平面图；

六、经费及维持之方法；

七、开校年月；

八、校长教员之姓名及履历。

前项第五款之平面图，应备载面积、地质及各场所之区域面积，并附近状况，饮用水之性质。

第二条　实业学校之学科、关于实习及实验时间，须占总授业时间五分之二以上，但在商业学校得酌量减少。

第三条　甲种实业学校教员之资格如左：

一、在国立专门学校毕业者。

二、在外国专门学校毕业者。

三、在高等师范学校毕业者。

四、在教育部认定之公立私立专门学校毕业者。

五、有中等学校教员之许可状者。

六、在甲种实业学校毕业积有研究者。

第四条　乙种实业学校教员之资格如左：

一、在甲种实业学校毕业者。

二、在师范学校毕业者。

三、有高等小学校正教员或副教员之许可状者。

四、在乙种实业学校毕业积有研究者。

具有前条第六款及本条第四款之资格者,非先任副教员至三年以上不得任为正教员。

第五条　实业学校于校地、校舍、校具及其余需要者,均须设备。

第六条　校地须具有相当之面积,并须于道德及卫生上均无妨害。

第七条　校舍宜朴实坚固,并与教授、管理、卫生适合。其应备各室如左:

一、普通教室及各种特别教室;

二、事务室、浴室、疗养室等;

三、其他必须具备之室,如实验室、实习室、图书室、器械标本室、药品室等。

第八条　校具须备图书、器械、标本模型、药物及其他用品。

第九条　实业学校应备各种表簿如左:

一、关于实业学校之法令。

二、学校日记簿。

三、学则、课程表、教科用图书分配表、校医诊察表。

四、职员名簿、履历簿、考勤簿、担任学科及时间表。

五、学生学籍簿、出席簿、请假簿、身体检查表、操行考查簿。

六、实习记载簿及评案、试验问题簿、学业成绩表。

七、资产簿、器物簿、消耗品簿、银钱出纳簿、经费之预算决算簿、图书器械标本模型等簿。

八、往来文件簿。

第十条　实业学校学则应规定之事项如左:

一、学科课程及教授时数;

二、实习事项;

三、学年学期及休业日；

四、学生学业成绩考查事项；

五、学生入学退学及儆戒事项；

六、学费及其他杂费事项；

七、管理学生事项；

八、其他必要事项。

第十一条　实业学校变更或废止，依实业学校令第七条呈报教育总长或省行政长官时，须详具理由及处置学生之方法。

第十二条　自第一条至第十一条事项，在实业补习学校得由校长酌量省略之。

第二章　农业学校

第十三条　农业学校分甲乙两种。

甲种农业学校之学科分为农学科、森林学科、兽医学科、蚕学科、水产学科等。

乙种农业学校之学科分为农学科、蚕学科、水产学科等。

前二项学科，或全设或酌设一二科以上，得因地方情形定之。

仅设一科之学校，其名称以科定之，如森林学校、蚕业学校、水产学校等。

第十四条　甲种农业学校修业期，预科一年，本科三年，但得延长一年以内。

乙种农业学校修业期三年。

第十五条　农业学校得视地方情形酌设别科，其修业期二年。

第十六条　甲种农业学校预科科目为修身、国文、数学、理科、图画、体操，并得酌加地理、历史、外国语、唱歌等科目。

甲种农业学校本科通习科目为修身、国文、数学、物理、化学、博物、经济、体操、实习，并得酌加地理、历史、外国语、法制大意、簿记、图画等科目。

农学科之科目为土壤学、肥料学、作物学、园艺学、农产制造学、畜产学、养蚕学、病虫害学、气象学、农业经济、农业法规、森林学大意、兽医学大意、水产学大意等。

森林学科之科目为造林学、森林保护学、森林利用学、森林测量学、森林工学、测树术及林价算法、林产制造学、林政学及森林法规、森林经理学、狩猎论、气象学、农学大意等。

兽医学科之科目为解剖及组织学、生理及病理学、药物及调剂法、蹄铁法及蹄病论、内科学、外科学、寄生动物学、外科手术、产科及眼科学、兽医警察法、卫生学、兽疫学、马学、畜产学、畜产法规、牧草论、农学大意等。

蚕学科之科目为养蚕学、蚕体生理学、蚕体病理学、蚕体解剖学、制种学、细菌学、制丝法、桑树栽培法、土壤及肥料学、气象学、蚕业经济、蚕业法规、农学大意等。

水产学科之科目为水产动物学、水产植物学、渔捞法、养殖法、制造法、细菌学、制造化学、船舶卫生及救急疗法、航海及渔船运用术、应用机械学、气象及海洋学、渔具制造大意、渔业经济、渔业法规等。

第十七条　乙种农业学校通习科目为修身、国文、数学、博物、理化大意、体操、实习，并得酌加地理、历史、经济、图画等科目。

农学科之科目为土壤学、肥料学、作物学、园艺学、病虫害学、养蚕学、家畜学、农产制造学、气象学、林学大意等。

蚕学科之科目为养蚕学、蚕体生理及解剖学、蚕体病理学、制丝法、桑树栽培法、土壤及肥料学、气象学、蚕业法规、农学大意等。

水产科之科目为水产生物学、渔捞法、养殖法、制造法、船舶卫生及救急疗法、渔船运用术、气象及海洋学、渔具制造大意等。

第十八条　甲种农业学校授业时数除实习外，每周不得过二十八小时。

乙种农业学校授业时数除实习外，每周不得过二十四小时。

各科实习时数以作业之繁简定之，但农学科每周须在十六小时以上，蚕学科在养蚕时期得停课三周以内。

第十九条　农业学校别科科目由校长酌定，呈报省行政长官。

第二十条　甲种农业学校预科入学资格须年在十四岁以上，高等小学校毕业或经试验有同等学力者。本科入学资格须预科毕业，或经试验有同等学力者。

乙种农业学校入学资格须年在十二岁以上，有初等小学校毕业之学力者。

第二十一条　农业学校除遵照第七条设置外，应分别具备作业场、农具室、种子贮藏室、实习林、养鱼场、畜牧场、养蚕缫丝室等。

第三章　工业学校

第二十二条　工业学校分甲乙两种。

甲种工业学校之学科分为金工科、木工科、土木工科、电气科、染织科、应用化学科、窑业科、矿业科、漆工科、图案绘画科等。

乙种工业学校之学科分为金工科、木工科、藤竹工科、染织科、窑业科、漆工科等。

前二项学科或全设，或酌设一二科以上，得依地方情形定之。

第二十三条　甲种工业学校修业期，预科一年，本科三年，但得延长一年以内。

乙种工业学校修业期三年。

第二十四条 工业学校得视地方情形酌设别科，其修业期二年。

第二十五条 甲种工业学校预科科目为修身、国文、数学、理科、图画、外国语、体操，并得酌加地理、历史等科目。

甲种工业学校本科通习科目为修身、国文、数学、物理、化学、图画、机械工学大意、工业卫生、工业经济、工业簿记、外国语、体操、实习，并得酌加历史、地理等科目。但在木工、漆工、图案绘画三科，得缺机械工学大意。

金工科之科目为应用力学、工场用具及制作法、制造用机械、发动机大意、制图等。

木工科之科目为应用力学、房屋构造学、建筑材料学、工场用具及制作法、建筑沿革、施工法、装饰法、制图及绘画等。

土木工科之科目为应用力学、测量学、铁道学、河海工学、道路学、土木材料学、桥梁计划、施工法、制图等。

电气科之科目为应用力学、工场用具及制作法、发动机大意、电磁学、电气工学、制图等。

染织科之科目为应用化学、应用机械学、化学分析、染色法、机织法、纺织法大意、织物整理、制图及绘画等。

应用化学科之科目为特别应用化学、电气化学大意、矿物学大意、化学分析等。

窑业科之科目为地质及矿物学大意、陶瓷品制造法、绘画法、燃料及筑炉法、化学分析、制图等。

矿业科之科目为地质学、矿物学、采矿学、冶金学、试金术、矿山机械学、化学分析、测量及制图、坑内实习等。

漆工科之科目为博物学、漆器制作法、颜料调制法、绘画法、雕刻术、应用化学大意等。

图案绘画科之科目为博物学、美术工艺史、图案法、绘画法、装饰法、美术解剖学大意、建筑沿革大意、制版化学等。

第二十六条　乙种工业学校通习科目为修身、国文、数学、理化大意、图画体操、实习，并得酌加历史、地理、外国语等科目。

金工科之科目为金工材料、工具使用法、金属细工等。

木工科之科目为木工材料、工具使用法、房屋构造法、家具制作法、制图等。但专授大工者，得缺家具制作法；专授细工者，得缺房屋构造法。

藤竹工科之科目为藤工材料、竹工材料、工具使用法、家具制造法、制图等。

染织科之科目为染色法、机织法、应用机械学大意、织物整理、制图及绘画等。

窑业科之科目为陶瓷品制造法、绘画及制图燃料及筑炉法等。

漆工科之科目为漆器制作法、颜料调制法、绘画法等。

第二十七条　甲种工业学校授业时数除实习外，每周不得过二十四小时。

乙种工业学校授业时数除实习外，每周不得过二十一小时。

各科实习时数以作业之繁简定之，但每周与授课时数合计不得过四十五小时。

第二十八条　工业学校别科科目由校长酌定，呈报省行政长官。

第二十九条　甲种工业学校预科入学资格须年在十四岁以上，高等小学校毕业或经试验有同等学力者；本科入学资格须预科毕业，或经试验有同等学力者。

乙种工业学校入学资格须年在十二岁以上，有初等小学校毕业之学力者。

第三十条　工业学校除遵照第七条设置外，应具备实习工场及各种应用器械，并宜就附近工场考察练习。

第四章　商业学校

第三十一条　商业学校分甲乙两种。

甲种商业学校修业期，预科一年，本科三年，但得延长一年以内。

乙种商业学校修业期三年以内。

第三十二条　商业学校得视地方情形酌设别科或专修科，其修业期别科二年，专修科一年以上。

第三十三条　甲种商业学校预科科目为修身、国文、数学、图画、外国语、体操，并得酌加地理、历史、理科等科目。

甲种商业学校本科科目为修身、国文、数学、外国语、地理、历史、理科、法制经济、簿记、商品、商事要项、商业实践、体操，并得酌加他科目。

第三十四条　乙种商业学校之科目为修身、国文、数学、地理、簿记、商事要项、体操，并得酌加他科目。

第三十五条　商业学校别科及专修科科目由校长酌定，呈报省行政长官。

第三十六条　甲种商业学校授业时数，每周不得过三十三小时。

乙种商业学校授业时数，每周不得过三十小时。

第三十七条　甲种商业学校预科入学资格，须年在十四岁以上，高等小学校毕业或经试验有同等学力者。本科入学资格须预科毕业，或经试验有同等学力者。

乙种商业学校入学资格，须年在十二岁以上，有初等小学校毕业之学力者。

第三十八条　商业学校除遵照第七条设置外，应具备商业实践室及商品样本等。

第五章　商船学校

第三十九条　商船学校分甲乙两种。

第四十条　商船学校之学科分为航海科、机关科。

第四十一条　甲种商船学校修业期，预科一年，本科三年。但得因实习延长期限。

乙种商船学校修业期三年以内。

第四十二条　商船学校得为曾业航海及曾习机械工学志愿航海者设专修科，其修业期在一年以上。

第四十三条　甲种商船学校预科科目为修身、国文、数学、理科、外国语、图画、体操，并得酌加历史、地理等科目。

甲种商船学校本科通习科目为修身、国文、外国语、数学、物理、地理、图画、体操、实习，并得酌加化学、法制等科目。

航海科之科目为航海术、商船运用术、机关术大意、海上气象学、造船学大意、船舶卫生及救急疗法、商事要项等。

机关科之科目为力学及应用力学、机关术、机械、制图、电气、工学大意、船舶卫生及救急疗法等。

第四十四条　乙种商船学校通习科目为修身、国文、数学、体操，并得酌加他科目。

航海科之科目为商船运用术大意、航海术大意、海上气象学大意等。

机关科之科目为机关术大意、机械、制图、物理、化学等。

第四十五条　商船学校专修科科目由校长酌定，呈报省行政长官。

第四十六条　甲种商船学校授业时数除实习外，每周不得过二十七小时。

乙种商船学校授业时数除实习外，每周不得过二十四小时。

各种实习时数依学科之种类定之。

第四十七条　甲种商船学校预科入学资格须年在十四岁以上，高等小学校毕业或经试验有同等学力者。本科入学资格须预科毕业，或经试验有同等学力者。

乙种商船学校入学资格须年在十二岁以上，有初等小学校毕业之学力者。

第四十八条　商船学校除遵照第七条设置外，须具备实习用船及船舶模型等，并宜就附近船坞考察练习。

第六章　实业补习学校

第四十九条　实业补习学校为已有职业，或志愿从事实业者授以应用之知识技能，并使补习普通学科。

第五十条　实业补习学校应标明种类，如农业称农业补习学校，工业称工业补习学校等。

第五十一条　实业补习学校得附设于小学校、实业学校或其他学校之内。

第五十二条　实业补习学校之科目为修身、国文、算术，及关于实业之各科目。

前项修身、国文得合并教授。

视学校情形得缺国文、算术，加授他项科目。

国文得分为读书、作文、习字三项；算术得分珠算、笔算二项，任学生志愿择一项或数项习之。

第五十三条　实业补习学校关于实业之各科目如左。

关于农业者为物理、化学、博物、土壤、肥料、作物、病虫害、园艺、水产、养蚕、家畜、丈量、种树等。

关于工业者为物理、化学、图画、模型、几何、制图、图案、力学、材料、工具，各种制造法等。

关于商业者为商业算术、商业书信、商事要项、商业地理、商品簿记、外国语、商业法规等。

第五十四条　实业补习学校教授时间**不拘寒暑昼夜**，择学生修业最便宜者定之；但系附设他校者，以不妨害该校之授课时间为限。

第五十五条　实业补习学校之入学资格须年在十二岁以上，

有初等小学校毕业之学力，或初等小学校虽未毕业而已过就学年龄者。

第五十六条　实业补习学校之教授科目、修业期限、授业时数及季节，在公立者由管理人订定，在私立者由设立人订定，均须呈报县行政长官转报省行政长官。

第五十七条　实业补习学校教员依乙种实业学校教员之资格，但其补习学科有甲种程度者，其教员资格亦依甲种实业学校定之。

第五十八条　实业补习学校如系附设他校者，其场室、器械皆得借用，但不得妨碍该校之使用时间。

第七章　附　则

第五十九条　本规程所列各学科及关于实业之科目，得由各校视地方情形选择设置，或分合之，并得因特别需要酌量添设。

第六十条　本规程自公布日施行。

中华民国二年八月四日　　　　　　　国务总理　段祺瑞
　　　　　　　　　　　　　　　　　教育总长

〔北洋政府教育部档案〕

15. 张謇要求派人留学纺织函

(1915年4月3日)

仲仁①先生总长大鉴：南翔睽隔，驰念为劳。下走归后，整理地方公益教育等事，亦殊栗六，未能笺候为歉。南通去岁大歉，益以风潮巨灾，冬春急振，支往良难。一昨见报载，北京清华学校招考专科学生赴美留学，其程度系以国内外法科、医科、矿科、农科或土木工程毕业者为合格。查该校为贵部及外交部所

---

① 此件中"仲仁"即张一麐之号，时为教育总长。

直辖，我国实业教育纺织科为现时之必要，尤为美校所擅长，此次资程未列纺织科者，殆以国内此项专科不多耶。下走于南通经营纺织事业十有余年，苦纺织人才之乏也，乃建纺织专科学校，而延在欧美纺科织科毕业者用英文直接教授。去岁甲班业巳毕业，拟令二生赴美留学，冀得道地之才，备为教育之母。无如校费限于预算，又受时局影响，营业大损，无从措费。校主任来商，拟请商请贵部转饬该校，将此纺织科列入资程之内，一同考派。若宣布已久未便更易，即请加派二人赴美，专习一纺一织，在贵部为同一作育之盛心，谅无彼此轩轾之成见。谨为代□。如何，乞赐复示，不胜翘企。敬颂

大安

张　謇　四月三日

〔北洋政府教育部档案〕

16. 黄炎培调查美国教育报告

（1916年1月15—17日）

鄙人于教育一事经验甚少，今岁上半年随同实业团赴美时，曾蒙前总长汤先生委托，调查美国教育状况。至调查之目的不外两种，一为职业教育之状况，一为职业教育与普通教育联络问题。夫在美国调查此种教育，实最为相宜。弟此次随同实业团前往，于调查教育一层，殊难十分详尽，今承总长之嘱，不得不勉为报告，诸君曾经留学美国者甚多，如有不到之处，仍希大家纠正。

此次游美凡经二十六省，又在旧金山居住一月，他人调查工厂。鄙人则独在教育馆调查教育。据鄙人意见，美国教育之发达，较之中国实不可以道里计，而其尤注重者为职业教育，此盖美国办教育者研究之结果也。职业教育之科目，不外四大端：即

工、农、商与家政是也。职业教育之施行，实在中等以下之学校。博览会中所列，近十年来中等以下学校受职业教育之学生数，一千九百零四年为十七万六千零八十八人，至一千九百十四年即为三十四万六千七百六十人。所谓中等以下学校受职业教育之学生，即农、工、商、家政之四种学生也。此四种学生十年之内已加一倍，可谓发达，然美国办教育者仍力谋扩充。至美政府补助此种学校之经费，据其国会议案，自一千九百十六年起至一千九百二十四年止，其经费分为三部分：一部分为养成教员之用，一部分为农业学校之用，一部分为工、商业学校之用。初年每部凡五十万元，以后逐渐增加；至末年，每种已增至三百万元，其扩充可谓速矣。该议案中尚有办法，其办法维何？即由教育界、行政界与社会连合设一机关，专司其事。其职务一为调查国内外教育状况，二为规划，三为视察。内中条目甚多，不及备录。今其成绩已甚可观，但美国人之心理，尤以此为未足也。依美国之地位，农业较工、商尤当注重，故又有一议案于一千九百十四年五月八日提出，名为斯密斯、立浮议案乃议员斯密斯与立浮两君所提出者，亦最有名之议案也。此案专在提倡农业，第一节添设农业学校，第二节办校外农业教育，皆由行政机关与教育界联合办理。第一年政府津贴每省一万元，美国全国四十八省，凡四十八万元；以后逐年加增，至一千九百二十二年，此项津贴为数至四百五十八万元。至校外农业教育之办法：一、为校外农业学校组织，一般职员在校外教导改良农业之法，凡改良种子、改良畜牧等事皆属焉；二、为临时流通学校，以农业教员至各村宣讲，并附设农业俱乐部，为一般农人研究之所；三、为改良农家会议，每至农家收成时，究其收成之结果及必须改良之处，并印刷许多书报杂志等类流行社会，以提倡改良之方法。又于各学校中特设通信处所，每学校以一人专司其事，为农家问讯之用；各校教师又须日往各村劝导。其设备可谓善矣。至一切经费则由中央担负之。每一省会设一总机关，以便连络；而各县所设者则为分机关，受总机关之支配；其组织则由地方行政与学校连合办理。此斯密斯、立浮议案之办法也。现在已办者，都一千一百县，凡此情形，足见美国对于职业教育特别注重矣。至于生计问题，则中美相差甚多。中国地未辟，而人苦多，故失业者甚众；美国地多开辟，而人尚稀少，故无业之人甚不多见也。美国最贵者为工价，平常之时一泥水匠之工资，每日可拿美金四五元；至特别时，如博览会期中，每日工资必须十元，合之中国凡二十五元，可谓贵矣！即常雇之工人，平常亦须二三元一日，较之中国殆不止一与十之比例矣。最可异者，工人之价值虽极昂贵，而文墨人之价值乃远不逮焉，如小学教员之薪资，普通不过四五十元一月，即中学教员每月亦不过八九十元，较之中国不过美金与华币之差而已。工价既贵，工人之生活遂与中国大不相同。每日农人赴田，工人入厂，皆乘摩托车往，从无徒行者，可谓豪矣。且不独工价与生活之高而已也，即社会上视此等人之身分亦甚高贵。设有教育家与工业家同在一聚会之中，则工业家必占教育家之上，足以见社会之趋向矣。我国向来贵士而贱工，学生毕业有为工者，人必以为降格。美国则不然，学生毕业后如为工人，则声价顿高数倍矣。习惯如此，故足以辅助职业教育之发达也。然美国从前贵工贱工之习，亦与中国无异，不过顺世界之潮流逐渐更变，故能有今日之结果耳。闻美国人云，从前大学之中，文科较理科为高尚，今则反是，其明征也。现在吾人欲将不适宜之习惯渐渐变更，殆非提倡职业教育不可也。职业教育于大学无甚关系，而以中学校为中心。故鄙人此次游美，于大学仅调查四处，而调查中学则有十九处之多焉。美国教育与中国最不同者莫若中学校，兹将其中学校之组织约略言之：（一）年限，美国学制变更甚多，从前小学系九年毕业，后改为小学八年、中学四年，合为十二年；现又变更为六六制，即小学六年，中学六年是也。然各省不同之处甚多，六六制为一种，八四制为一种，又有六二四制，即小学六年，中学与小学间之承接学校二年，中学四年是也。又有六三三制，即小学六年，中学与小学间之承接学校三年，中学三年是也。夫美国教育制度，所以不惮屡次更改者，亦不过为生计计耳。盖学生必须升入中学校，乃能受职业教育。而一般教育家，遂嫌小学之八年为太长，而又嫌中学四年所受之职业教育不能完备，不若自小学八年内腾出二年受职业教育，故有六六制之规定。然又有以中学六年为太长，乃于其间设承接学校，受一种预备职业教育，故有六二四及六三三之制度。（二）学科，美国中学与中国不同之处甚多，而其最不同者为分科之法。试举一中学以为例：其课程凡十二科，由学生之父兄自由选择，每一学生每年只认主要科目四种，以一科目读满一年为一点，每年四点，四年满十六点即为毕业。故其学校课程虽多，实则必修之科每学生每年只认四种科目而已。鄙人对于其制之善否，固不欲遽加评断，而反观我国学生，则大有所悟矣。现在我国学生最苦之事，即是功课太多，几乎无从下手，办学者或不尽知，知者又不肯说，据学生言，每一种科学，其难习者，自修之时间须二小时以上，如一日有数种难习之科学，则无法预备，不得不含糊了事矣。夫学生之父兄，谁不望其子弟学业成就，然每一学校之学生至多不过三分之一学成而已，可胜叹哉。方其入学之初，人人有上进之心，继而功课太多，脑力不足以副之，则自暴自弃而已，否则其体育必不能发达。而遍观中国学生，其学业佳者，体育必不能佳；体育佳者，学业必不能佳。办学者不知，学生又无处告诉，上下情意之隔阂岂独政界乎。

中学分科之大概既如上所述，兹再报告中学校所分之科目。盖无论何校，在男校必设农或工、或商，在女校必设家政、或商。其分科之法甚细，如工科之中功课分为机器、手工、金木工等之类，商农各科亦皆如是。其分科之法亦与中国大有不同，中国办学之法，大抵每种学校由政府规定出十种或十余种之功课，令学校于其中挑选若干种施行教授，绝不能于此外另设科目；美国则不然，学校之科目皆由各地方自由选择，其分科纯乎看各地需要之情形办理，殆无一不可设之科目也。至于乡村之中，则中小学课程多有相连的，谓之中小学连合学校。盖乡村人口太少，故制度亦特别也。在此等处，则中学之科目不能如他处之完备，惟皆特别注重农业，故乡间无甲种实业学校，其甲种实业学校即中学校也。鄙人曾有一种疑问，询问美国学界中人，谓彼等中学毕业后，如欲升入大学，则普通学太差，殆未免吃亏矣；彼等答谓，在中学校中普通科学虽不完全，然各科之基础普通科学，则固未尝缺乏也。鄙人又有一种疑问，以为美国学校凡学一种专门学者，其专门之技术虽甚可观，普通知识究嫌太少；然美人之意见，以为学生普通之知识并不在高，只要适用而已。某省中学校长某君，素有名望之职业教育家也，曾谓鄙人云：从前美国中学校，对于各种科学注重阐明原理原则，现以科学中之原理原则，非中等以下学生所能领悟，故只注重阐明用途，不问原理原则矣。即如学校中设置之理化仪器，亦只求其适用；非若中国学校不知所应用者，为何种仪器，但往商店购置其全部，以致许多仪器买来后多永远用不着也。此于经济上既不合算，于教育上亦非所宜，似非改良不可。纽育〔约〕有一小学，专教铁工做螺丝钉，吾曾问其教几何学否，其教员答云：可以算教，可以说不教，盖仅教其几何书中铁工应用之一部分也。至美国学校教授之内容，亦专讲实际，与吾国大不相同。其设备不类学校，大似工场，其学生亦绝似工人，而教员亦与工头无异；且不独工科之学生然也，即其余学科之学生，其精神亦复如是。夫美国素重自由者也，然其学生乃极活泼而又极驯良，殊可怪也。鄙人在旧金山见一卖报之童子，问其每日得钱几何，答谓一元；问交报馆几何，答一半；问自何时卖起，曰于今二年；问赢余几何，曰尚未计算也；问其钱是否用尽，曰存在银行；问是否父兄为之存储，抑自己存储，曰自己存储。以一童子而能如此独立，不亦大可嘉乎。又问将来之用途，曰吾现在小学不须学费，迨升入中学亦不须学费，吾将以此为将来中学毕业后，升入大学之学费，或作工商之资本耳。鄙人闻之，殊为满意，是非其教育之良结果乎？反观我国学生，有如是思想乎？不独小学生然也，即大学之学生，亦非常驯良。鄙人在旧金山所赁屋其旁有饭店，许多大学生居于此间为佣工，盖美国学生之半日读书，半日作工，固常事也。饭店佣工有长工短工之分，长工之地位较短工为高。此饭店之佣工领袖为一女子，是常雇之长工；而各大学学生，则仅暑假时在此佣工，皆短工也，故受此女子之指挥，且不独受普通之指挥，并须受特别之指挥。某日，鄙人食毕，无人收拾家具，久之此女工至，见家具未曾收拾也，即将在其侧之大学生大加申斥，曰：此尔应为之事，非我应为之事也。此大学生状有愧色，然竟俯首受教，毫无抵抗，其驯良可见一斑矣。我国学生之气势嚣张，几乎不可向迩，故一旦出学界而入社会，必多失败。彼美国之学生在学校时，能低首下心如此，故一旦毕业后，在社会任事自无往而不利也。我国办教育者尚其于此注意焉。至于职业学校之功效，鄙人亦曾询问美之教育家，谓其学生毕业后是否皆有相当职业，彼答以虽未必然，然大多数皆能有相当之职业。盖美国有一种介绍机关，学生毕业后可以由其介绍职业；不独此也，即学校之校长亦能为学生介绍职业，盖学校校长之介绍信，在社会上最有信用。每学生毕业后，由校长作一介绍信，将其在校时之学业、品行列入信内，毫无讳遇，某公司或某机关用人时，学生执此信以往，即可酌量录用。又如公司之总理等，亦可作介绍信，如学生先在甲公司供职后，欲去往乙公司，必要甲公司之总理出一保证书，持往乙公司，必蒙录用。夫其介绍信之所以有信用社会者，大概皆以诚实无欺之故，善者固为之扬，恶者亦不为之隐，故用人者无不凭此为取舍也。然我中国亦非无荐信,乃往往无甚价值,则不实在之故也。中国素以隐恶扬善为厚道,若以恶为善,而漫为扬之,则无信用无价值之弊遂此生矣。吾等欲矫此弊,此后必须直道而行方可。更有进者,美国学生毕业后有事与否,并非毕业后之关系,实毕业之前关系,当学生在学校时,其学业行为已为外人所注意矣。即如修理器具及汽车、自行车等事,学校与工厂之技术,盖不相上下,而价乃较廉,往往为社会所欢迎。其制造器具亦然,学校平日令学生造作器具,而择其最善者留为成绩品,余者悉数卖出。故学生之在校读书,实与在工厂工作无异,其技之优劣已为人所熟知,一旦毕业在即,必有许多之职业家前来问讯,而其技之优者各职业家已争先罗致矣。此种办法不独于学生毕业后有莫大之利益也,即在学校亦有许多之利益。曾见某女子中学校所作之帽子,鄙人问其能卖钱几何,答以少则三四元,多则五六元;问原料所值若干,答一元;问几日可以作好,答约须十日以外。今即以两星期作一项计算,每一女学生于课余之暇,每星期已能赚华币四、五元之谱矣。所赢余之款,为学生、教师等所分得。一面读书,一面可以赚钱,其乐境为何如乎。又如某学校之家政烹饪科,使学生作成许多食品放在瓶内卖钱,闻之某校女生云:去年一年,此种食品共卖美金四百八十余元,但其原料由学校之公款购买,故所获赢余不能学生自得,乃将此款设备一教室,极为完备;闻现又有余款若干,将来可分与学生矣。此种办法颇足以提起学生兴味。反观我国学生,除呆板读书外,无所事事,自觉索然无味,此皆其提倡职业教育之功也。现在我国教育上最可虑之事,莫如学生毕业后之失业。鄙人前曾调查江苏全省中学校,学生毕业后之状况,大抵一百分中有二十五分升学,三十分得有相当职业,而其余则皆失业之人。可叹之至。若再细细研究,则升学者不能作为有职业观也,即大学毕业生中亦何尝无失业者?故此等学生最后之结果,失业与否,仍属一问题。若再调查其有事者，所就者究是何等事业，大抵为教员者居多数，其次为各行政机关人员，而为生利之农工商者竟无一人，可见讲教育若干年仍是毫无效果。外国上下一心，提倡职业教育，而我国何如，可胜叹哉。美国之所谓家政者，不外烹饪、裁缝、练习家事等类。即练习家事一门而言，其设备亦非常完备，每一学校有一模范家庭，内有模范食堂、模范寝室、模范会客室等之设备。其模范食堂，以本校学生为主人，以教员等为客人，即侍者、仆役等亦皆学生充之，会食毕后，由教员等品评其菜味之优劣，侍者侍奉之如何，以便改良。至模范寝室、模范会客室之设备，皆择一班学生，各出其所学者悉心布置。习画图者则绘出图样，习屋内妆饰者则妆饰屋内，各出心裁，不加限制，由教员等评其优劣。每一礼拜，则更换一班学生，更出新法，从新布置。凡事无一不从实际上着想，故其学生毕业后，管理家政自能井井有条也。夫美国之教育注重实际，故无不适于实用。反观我国教育，乃纯乎为纸面上之教育。所学非所用，所用非所学，不谋改良，何能有良好之效果乎？惟鄙人有一言奉告者，则改良之道，不独须从方法上研究，更须在思想上研究也。何以言之？类如中国学校亦有手工，然一般学者之思想，以为学校之手工不能与工场相同，必须精致华美，方合学生身分。就缝纫科而言，所制之衣服必使之特别美丽，或特别式样。假使学校令学生做家常之衣服，其学生必不肯如此，以为如做家常衣服，又何必入学校也。故美国学生所做之手工皆普通的，而我国所做之手工皆特别的，究竟普通的适用乎，特别的适用乎？此思想上之差误也，万不可不加以研究。吾人当知教育之宗旨，所以使人人适于生存，乃社会上普通之事，非特别之事，惜乎此种思想，中国学者尚未领悟。故鄙人谓改良之方，须在思想上研究也。总之，欲推行职业教育，千头万绪，极宜研究，但切不可责备社会，何以不信任教育，只须实力进行，必不难达到圆满之目的。其未尽之意俟明日再行报告(以上十二月十五日报告)。

昨日所报告者,为中学校职业教育之状况;今日当报告职业教育与普通教育之联络办法。盖美国之教育,不独职业科新奇之事甚多,即普通科亦与我国有许多不同之点,盖二者关联之处甚多,有互相依赖、互相调济之功。如普通教育不改良,则职业教育亦不能改良也。即如图画一门,与我国学校所授者已大不相同。我国教授图画,最初用描摹法,继而临画法,后来提倡写生画与图案画。现在写生画尚不多见,即有之亦在中学以上之学校。有人谓写生画非中学以下之学生所能也。我国南省学校教授图画之情形如此。乃鄙人此次游美所见者,竟为从来所未见,盖以写生画与图案画联合所生出之新法也。鄙人曾询问其教师,究竟此种图画之名称为何?彼答以此种图画在美国亦甚新颖,盖三年前在德国某博览会所见,归而效法者。现在美国此种图画尚未能一律通行。鄙人遂访查美国向德国传习此种图画之人,并索得许多标本,现陈列在此,请诸君研究之(黄君手执图画一纸)。此画第一步为写生画,以一龟为模形,令学生先将此龟之形状画出。第二步,再照龟身上之花纹自由变化,不加限制,凡变化四次,即成一极美丽之图案画矣。第三步,然后用作各种美术上之装饰(黄君又手执图画一纸)。谓此画乃以一鱼为模型,先以写生画法,画一鱼之形状;然后再看鱼身上之花纹,令学生变化,凡变化六次,又成一极美丽之图画矣。以此类推,有用动物之骨骼为模型者,有用花草及各种之天然物为模型者,要皆以写生画与图案画相合,而成一适用之图画也。其目的为应用,其方法乃不用人造之模型,而以天然物为图案画之蓝本。又有以古时建筑为模型,参以心思以为美术之装饰品者。若细细研究,则此事并非若何奇特,盖吾人之所以能制造物品者,皆以能取法于天然物,为吾人之用也。特吾人之思想易于束缚,而不能发达耳。天然之物品,既足以活泼吾人之心机,古时之建筑常带一种浑噩之气象，皆可以利用之，为吾人之助力。德国发明此种方法，开图画界之新途径。昨日曾报告女学校所制之衣服，此次在博览会见有一种衣服上之装饰，至为美丽，盖以一天然之花为模型，第一步绘成五色之花，在第一格内；第二步，以五色粉笔，将花之五种颜色分晰明白，在第二格内画成五道；第三步，自小箱中衣服之原料内，选出与花之颜色相同者五种，照其颜色分为五条，贴在第三格内。第四步，在第四格内预先画一未着色之女子，而以花之五种颜色支配其全身：黑者为鞋、深绿者为裙、白者为上身、红者为帽、浅绿者为带。女子手中亦持一花，其花之模型与颜色，均与第一格之花相同，不过缩小而已。所奇者，以一女子全身之装饰，而取法于一花，凡所支配无不妥当，一画之中具有如此匠心，殊可佩也。鄙人在博览中，曾偕一女学生同观，所见种种图画，凡二十四种之多，类皆足以应用，非徒饰观而已。后知上述图画为美国南省某女学校校长所作，乃致函该校索其成绩品，已得其复函允为寄来，现在不知已否寄到。但渠之复函，意欲向鄙人索取我国女学校之图画或美术成绩，鄙人殊无以应命，诚可惭愧。总之美国学校中之科学，不外以应用为目的，与我国适成一反比例；美国教育之良在此，我国教育之不良亦在此。然吾人欲求教育改良，却不可徒在方法上着想，必须能从思想上研究，方能有济。思想要活泼，要切实，果能如此，未必不能媲美他人。至于美国小学校之图画，亦与我国大不相同，如广告画之类是也，大抵美国初等小学教写生画，高等小学则教应用画。所谓应用画者，凡分两种：一图案画，如物品之装饰等类；二广告画，如商业广告之类。现在美国盛行一种印花法，即于布或纸上印成方格，内绘种种花式是也。其作法，乃以铜板或木板或皮革刻成花样，其花样即由图案画变化者，吾人对于图案画，现在尚未能施之实用。至写生画，则以为不过描写形状而已，殊不知其能为若许之变化，有莫大之作用也：有人以写生画不能在小学校教授，今至美国，则岂但小学，即幼稚园亦教授写生画，盖几乎无画不写生，有画皆写生矣。鄙人在美最后一月，闻加尼福尼亚大学开游戏学校，乃往参观，亦增长无数见识。盖该校每于暑假时开游戏学校一次，其期限约两星期，其办法乃召集各小学校幼稚园之学生，教以种种科学上之游戏，以活泼其天机。其地址在屋外，如露天学校。然此校为临时的，故设备甚为奇特，盖皆利用天然物品或废物等，欲其惠而不费也。参观时，见有童子甚多，游戏物亦不胜枚举，其中如秋千架、升降板等，皆吾人所习见之物，不足为奇，所奇者即在能利用天然之物品也。如以一木板置于坡上，下临一无水之沟，令一童子坐木板上，一童子推之使溜下入于沟内。复取上，又推之使溜下，如是循环不已，谓之溜板。又以铁环六具，用绳系于树上，第一环最低，以次加高；一童子先执其最低者，使身体摇荡乘势执其较高之环，以次递升，迫升至最高之环，然后次第降至原处，谓之悬环。又有平行杆，踩软索等类游戏，皆不费一钱，又无危险，洵绝妙之游戏也。此外，则有所谓沙盘者，其作用尤非常之大。其法，以沙盛于盘内，令学生等随意撮弄，作种种之变幻，为教育上之作用，如教地理，则将沙或撮为山，或画为河，由教师一一指示，或更以纸剪成人、马、房屋等模型，置于其上。教历史亦然，即教授算学、国文等，亦皆可以利用之。此种游戏不独游戏学校有之，即各幼稚园亦无不有之，诚最善之教育品。盖幼童之脑力甚为薄弱，加以文字教授，则多所困难，惟用此法，既足引起彼等之兴味，且永远无遗忘之虑。教授幼童之法，莫善于此，较之我国只知以书本教授，相去诚不可以道里计矣。又有一种游戏之法，乃置一木箱于树林之内，箱中藏零星不规则之木料，有长者、有方者、有圆者、有三角形者，令学生作木工，就木料之形式随意做成器物。如方者置作桌，长者置作凳之类，以引起儿童工作之思想。或在沙盘内，以碎木积成塔形或各种建筑物之形，以教授之，区区一沙盘，乃可以作教授游戏、地理、历史之作用，可谓奇矣。树林之内，又有一教师，令童子作送茶敬客之游戏。盖所以教之礼节，使知送茶须自客之左手进，为他日应世之预备，盖于游戏之中寓有习礼之意焉。又有十余儿童，踞地围坐，中有教师手持草花一茎，令童子照之绘画。问诸童子之某童所画之花善否，诸童子乃批评之，批评毕，即将其画钉于树上，更以他童子之画，一一令诸童子批评之，然后一一钉于树上，任人观看。此等游戏之法，各游戏学校及各幼稚园盖皆有之。可见图画一事，自幼稚园起，即求其有裨实际矣，何至有不适用之患乎。此次游美，所得教育成绩甚多，不能一一报告，兹请撮其大要为诸君报告之。大抵小学校及幼稚园中最要之课程，莫如图画。盖图画与其他科学皆有关联，如教历史则历史为图画题目，谓之历史画，即绘画历史上之人物，或其人所作之事业，或其人出产地，类皆是也。教作文，则上面绘一图画，下面国文即述其所绘。教算术，则上面画若干物件，下面则加减或乘除之。故各种功课所命之题，皆根据于上列之图画。至于方格板之印花画，则图画手工更打成一片，谓之图画可，谓之手工亦可。盖所以使学生科学之实在用处也，其研究可谓无微不至矣。又有所谓贴纸画者，则先画成各种物件，然后施以手工，剪成其物之模型，而贴于他种图画之上。如先绘一房屋，然后度量某处应有桌子，某处应有椅子，则将贴纸画之桌子，粘贴某处，椅子粘贴某处。盖尤恐寻常图画失之呆板，不能启发儿童之心思，故绘出后复用剪剪下，随其意向贴置何处，使脑与手可同时练习其作用也。既收训练之功，更启灵明之性，其功效诚非浅鲜。鄙人此次游美，见其教授上有兴趣之事极多，一时难以列举，惟自惭科学根抵浅薄，不能全悉其作用。美国教育，于美术一门亦甚注重，但其所授者皆为应用之美术，而非徒饰美观之美术。其美术之分科：一、金类细工，二、陶器，三、屋内装饰画，四、衣样画，五、美术画，六、广告画。凡此各科，其成绩均能尽态极妍，各臻其妙，然无不合于实用者，无一非美术，无一非应用，此其所以可贵也。鄙人此次所得纽育〔约〕各小学之成绩照片，如木工、机器工之类甚多，不能一一报告。惟美国小学校教室中之设置，与我国迥乎不同，请为诸君报告之。中国小学教室之设备，除黑板一两块外，几于空无所有，以为教室为学生授课之所，不宜他物混乱学生之脑筋也；美国则不然，其小学教室之中，四周墙壁遍挂黑板，绝无隙地，因不独教师需用之，即学生亦需用之。中国小学校教授之法，大率教师在讲台之上讲解功课，半步不离；美国则不然，其小学教师并不呆立于讲台之上，每授课时先令学生将功课画于黑板之上，或讲解，或绘图，由教师巡视指正之，故需用之黑板多也。鄙人曾参观某学校教授历史，趣味横生，其法：由教师令某某学生讲解某课，于是学生中有二人同时起立，互相答辩，所说者无非历史上之话，每至得意处则手舞足蹈，非常高兴。其教授学生之法如此，故不独永无遗忘之理；且学生时时学古人之言，法古人之行，于古人之嘉言懿行自能领悟，较之呆板教授，不可以道里计矣。且教室之内不独四壁无隙地而已，即上面亦几无隙地。盖每一教室必安设许多壁架阁板之属，其上遍置学生之成绩品及模型等，且有盆花与笼鸟等物，每上课时，书声朗朗，呜呜喈喈，此在我国必为妨害学生之功课矣。殊不知其中实有莫大之益处，盖使学生常看天然之物品，既足以活泼其天机，又可以作图画或作文之题目；即模型成绩等，亦皆可作教授之题目，固非漫然设置也。其教室之布置大都如此。鄙人今日特因报告成绩品，而连类及之耳。鄙人曾参观加利福尼亚幼稚园之游戏手工，以为非常奇妙。盖一儿童自木箱内取出各种不规则之木料，将一椅子放倒，以类似马匹之木头，置于椅子之前，系之以绳，如马车驾马然；一童子坐于其上，作乘坐马车状，又于椅子之两旁安置木块，假作汽车上之坐位，二童子坐于其上，作乘坐汽车状。此虽游戏之事，不足深道，然美国经济素裕，幼稚园中何不可置买各种精巧之玩品，乃使学生以此种不规则之竹头、木屑为游戏之资料也，此何故乎？据鄙人之意见，以为此种游戏实含有两种意思：一教授科学须从物质上入手，一所以养成儿童之自动力，使于制造物品上得极大之兴味。鄙人在旧金山，曾见有一种布景画，为吾国向来所见，乃模型与图画混合而成者；盖以制成之纽约市模型一具，于其上安设种种之马路、电灯、楼房、树木等物，或为模型，或为纸剪之图画，观者非细看竟不辨其孰为模型，孰为图画也。美国图画教授之功效，于此可见一斑矣。

鄙人所欲报告于诸君者，本为中学，今特连类而及于小学耳。然而教育之事，千头万绪不胜枚举，兹请撮其大要，为诸君言之大概。美国教育自种种方面看来，可一言以蔽之曰，求其有益于实用生计而已。美国中学之于此道，久已惨淡经营不遗余力，小学为中学之预备，其目的亦不外辅助人民之生计耳。至于教授方法上，与吾国不同之点，则美国用个别制，吾国用划一制；吾国守旧，美国求新是也。譬如习字必用颜、柳、欧、苏之字帖，作文须读八大家之文章，在中国几乎全国一致，则划一而又守旧之明证。盖人人如此，是划一；事事只求企及古人，是守旧也。美国则不然，凡发明一种器物，固为人所崇拜，然人人有自出心裁发明新器之思想，则各别而又求新之明证也。鄙人曾调查美国一年内所发明之器物，经农商部批准者有四万种之多，其未经批准或未经呈请者，尚不计也。电学大家安地生君，一人发明之器物多至九百种，则美国发明新器物之多，可想见矣。谓非教育之功效而何故？鄙人此次调查美国教育，所得之结果有两大端：一为生活主义，一为个别主义。此大端又可一言以蔽之：则鄙人向所主持之实用主义是也。盖实用主义内可以包括此两种主义，而实用二字，又可以一实字包括之。鄙人向曾有实用主义之商榷书征求意见，吾人宜大家研究，以期其成功。方今世界竞争日益剧烈，一国之教育非注重生计，绝不适于生存。而人之资质各有不同，又非用各别教授之法，不能尽其所长。如学校用同一之教授书，命同一之题目，与削足适履何以异乎？此我国教育之亟宜改良者也。而改良之方法，仍须自提倡师范教育始。盖吾人自己既未受适宜之教育，焉能当改良教育之重任？必须设法造就师范人材，方能收良好之结果。然吾人却不可将此担负完全诿之他人，仍须大家竭力研究，以求一改良之善法。尤要者，此后办理教育，切不可不改从前之习气，工作宜求应用，不求美观；作文宜求通俗，不求深奥；而行政上尤须确定方针，竭力提倡，方能有济。盖美国教育之所以能发达者，行政界提倡之功，实居多数。更当因地制宜，不可拘泥。如宜农省分，宜注重农业；交通利便省分，宜注重商业；以及有特别之情形者，须有特别之规定。如美国规定某省之小学应如何办理，某省一部分之中小学校应如何办理之类是也。总之，改良教育千头万绪，欲求成绩千难万难，惟行政者主持于上，学校与社会通力合作于下，然后能收效果耳。现闻我政府已有命令，准学校领附近之荒山荒地，此诚至可喜之事。美国从前办教育者，亦以经费不敷为虑，幸其政府于某年下令国中，准学校之办有成绩者，请领荒地，于是学校争领荒地以为基本。其政府又规定，凡所领之荒地已垦熟者，准其出卖几分之几。于是学校将地垦熟，则售其若干为建筑费，而留其余者为基本金。故同时教育既兴，荒地又辟，诚最善之法也。中国能明此理，何患教育之不兴乎？抑美国教育之所以能发达者，尚有一绝大之原因：则政府与社会、学校合并组织机关，以谋教育之进行也。其职务：一为调查，二为规划，三为视察。其会议方法甚为简单，议决之后，由行政机关发布，由学校实行，由社会辅助，分任其职，各尽所长，故能蒸蒸日上也。不独此也，每一学校必设一会，聚各种职业家及教职各员，公同研究本学校宜设何科，本地所需者为何种物品，以谋改良之方法。故其学校所授者，即为其社会之所需，又何患无进步乎？闻美国此种良法，发明未久，当其未发明之先，其教育之状况亦与中国无异。如十数年前，美国之棉苦不甚佳，其政府乃注重农业，令各学校每日特授二小时之农业。然行之数年，仍无进步，方悟理想空谈无裨实际，最后由政府延聘一发明改良棉业之人，请其编辑实用之教科书，然后农业乃大发达，现在美国棉业已环球知名，可见教育非实用不为功矣。吾人现已效法美国前半截之法矣，尚须效法其后半截之法方好。更有一言，为我国教育家之所当注意者，即越去书本教育之阶级，而进入实用教育之阶级也。至于政府，既须与学校社会通力合作，更须多派有经验之教育家往外国考查，藉作他山之助，然后教育可期尽善尽美也。惟鄙人尚有最后之一言，则人生之目的，并不仅在生活而已，道德尤为人类所必不可少者，重生活而不重道德，则逸居无教，无所不为，其患有不可胜言者。故此后之教育，须一方面注重生活，一方面仍注重道德。道德非空谈学理之谓，必当有一标准，其标准为何，即良知是也。但人无恒产，则无恒心，故提倡道德，须有一种维持之法，其法为何，生活是也。盖人必先能生活，然后能讲道德。鄙人之所以再三注重生活教育者，正所以为维持道德计，并非舍道德而专重生计也。以上十六日报告。

鄙人今日承高司长之命，报告美国社会教育状况。鄙人对于美国社会教育调查之所得，曾有一报告书，报告江苏行政机关，不久即将发布，今请与诸君约略言之。美国社会教育之情形，与中国不甚相同，缘其学校教育已甚发达，且已收极大之效果。社会上未受教育之人甚少，社会教育似乎不甚需要，故其社会教育并不为灌输知识而设，其中实含有两种目的焉。其目的为何？一欲使国民受同一之教育，二欲使学校与社会有联合之功用也。盖学校教育虽甚发达，然仅能聚一部分之学生，受各别之教育，惟社会教育能使全国人民受同一之教育。社会教育之方法甚多，其最普遍者为电影。盖美国惟城市之中乃有戏馆，电影则乡村镇市无不有之，美人之嗜好电影亦非常之盛。据美人某君之报告：美国全国人民，每日必有四分之一在电影馆或戏馆（按美国人民凡一万万，四分之一当为二千五百万人）。电影之内容与中国之电影无甚区别，惟其中有两种特异之点须为诸君报告之。美国观电影者多系工人，电影馆所注重者亦在工人，盖美国工人工资甚优，难免流于奢靡之途，电影馆常编出许多影片以规劝之；且引起其储蓄之观念，故每年必有电影馆若干处，专为工人而设。电影馆演至中间，往往有音乐队奏国乐一阕，观者亦全体唱国歌以和之，或于电影内现出国旗，观者须脱帽鞠躬致敬。凡此特异之点，皆教育上之作用，盖一则所以教育工人，一则所以使国民不忘爱国也。美国办理社会教育，皆由学校兼办，向无特设之机关。此种学校中之社会教育，最初由英国发起，美国仿之，现在殆无一大学无社会教育矣。校中既出金钱，复出人力，可谓热心。学校办理校外教育最有名者，为维斯康新省之大学校，盖该校专设一学长，其下有教员若干人，专司校外教育之事，内分四部，一图书馆，二成绩展览会，三函授教育，四流通学校是也。其组织之法，大概每省以大学为总机关，所属之县各设一分机关，每县之下并划分学区，专办社会教育之事，盖所以使各地方受同一之影响也。至各县之分机关，则设于中小学之内，不独其教员常在校外为流通之演讲，且以该校之校舍供一村中开各种教育会议之公用。故村中之各种会议，如自治会、研究会、农家会议等，皆开在该学校之内，由教员邀集村人赴会研究，而自为其主体。此种学校，据鄙人之意见，不得不谓之为社会教育也。鄙人在博览会中，曾见某村小学校（其校名即称某村生活学校）之报告，内称该校一年间，凡开此等会议二十七次，可谓热心社会教育矣。美国学校大都兼办社会教育之事，故其学校与社会有联合之功用。除学校教育会议而外，则图书馆最为发达。全国之中，如国立之图书馆、学校立之图书馆、私人立之图书馆等，殆不可胜数。其制度，各省不同，加利福尼省有省图书馆，一方面供人阅览，一方面为一省图书馆之行政总机关。馆内书籍并不甚多，而有监督各县图书支分馆之权。省以下，每县额设一图书支馆，由省图书馆支配。县以下分为数区，每区额设一图书分馆，由县设之图书馆支配。在省之图书总馆内，有规定之图书馆书目、规则等，并有谙练图书馆事务之人员，如所属之某县内，有人欲立图书馆，而无相当馆员，可以函达总馆，总馆立即派人前往为之代办，并将一切章程、书目带往，以供采择。县之于，区亦然。至地方上额设之图书馆，其经费取之于地方税，大概各地方抽赋税充图书馆之经费，不得过百分之三。美国之图书馆章程极为完备，其图阅览人之便利，更无微不至。如有人在县立、或区立之图书馆，欲看某种书籍而不得，可致信于其上级图书馆，告以情节，该馆立即答复，告以此种书籍藏在某馆，绝不惮烦也。加利福尼省除普通之图书馆外，并有盲人图书馆，凡盲人欲读何种书籍，可致函该馆（盲人寄信邮局不收费）索取，该馆立即将书送上。美国盲人之幸福且如此，况不盲者乎。图书馆之书，不独可以在馆阅览，并可以借出。从前往图书馆借书者，尚须有人保证，近则已将保证之章程免去，盖因有人提议谓借书之所以须保证者，恐其不还耳。然吾人不可以小人之腹度君子之心，不过每人借书之数，须稍有限制耳。于是乃鼓吹自由取书之法，现已一律通行，然迄无人久假不归者，足见吾人以君子待人，则皆乐为君子也。加省除专设之图书馆外，尚有一种代办之图书馆，如邮局、商号人家等，皆可往图书馆领取书籍若干种，陈之一室，任人观看。其公共机关，如火车站、火车学校等，殆无不有图书室一间，供人阅览。而乡间之杂货店，且有特设图书室，以招徕生意者。此加省图书馆发达之情形也。他省虽不及加省，然相去亦不甚远。中国现在既讲社会教育，自当多设图书馆，万不可藉口于我国人不喜看书，遂谓图书馆不妨缓设。须知美国当未设图书馆以前，其国人之不喜看书，亦与我国相等，及至图书馆发达以后，已无人不喜看书矣。可知天下事只须有人提倡，万无不发达之理。美国当设立图书馆之初，曾设种种方法诱人观看，如每日用小车装载图书或送至农场，于农夫休息之时劝其观看；或送至火车站上，于火车未到之时，劝人观看之类。而所备之书籍，则皆文字通俗，而趣味浓厚，足以引起人看书之兴味者。吾人如能效法，则图书馆设立后，何患无人去看？万不可因无人看书，遂不设图书馆也。闻贵部在本京已设有图书馆多处，鄙人极端赞成，惜南省尚多未设。鄙人以时间太促，不能多谈，大概鄙人在江苏省之报告，不久即在省教育行政公报公布，尚望诸君加以教正也。以上十七日报告。

〔北洋政府内务部档案〕

17. 教育部公布全国实业学校概况①

(1918)②

全国实业学校事项

（一）概况

实业学校自民国五年后，各省设立日有增加，就六年统计与四年统计比较，甲种学校共增十三所，乙种学校共增一百三十一所。就中增加者，仍以农业学校为多；以省分论，则山西一省增加最占多数，浙江次之，河南又次之。实业教员养成所规程颁布后，各省遵办者尚少。民国五年，福建、湖南两省始各成立一所，福建专办土木科，湖南办机械及应用化学科，均附设于工业专门

---

① 此件沿用原标题。
② 此件时间按封面上"民国七年"字样所加。

学校。又美术学校为养成国民优美之精神，助导工艺之发达，各省尚无此种学校，本部于民国六年在北京设立一所，先办图画图案两科。并拟逐渐附设高等部及图画手工师范科，以期养成中等学校教员之用。此实业学校增加之大概情形也。至本部整理此项学校之办法，计有五项：（一）实业学校每有建设之初，毫无计划，地方情形漠不措意，所设科目未能适合需要，种种弊病均足以滋实业前途之障碍。故本部通咨各省，嗣后设立甲乙种实业学校报部备案时，应将调查该地方土宜或原料商品及社会需要情形，连同该校建设计划，备具说明书送部备核。（二）实业学校规程附则规定，各学科及关于实业之科目，得由各校长视地方情形选择或分合之，并得酌量添设。各省办学之人，每有误会，拘泥成章，致多窒碍。故本部通咨各省，嗣后教授课程及设置科目等事，须按照地方情形及时势需要切实改进，并得依照实业学校规程附则办理。（三）甲种学校招生，往往藉口同等学力一语，任意滥收，以致程度不齐，学业难以精进。故本部通咨各省，嗣后收受未经高等小学毕业学生，应将试卷呈由本省教育行政长官复阅。（四）甲乙两种学校分途造就，各有其用，各省学生往往乙种毕业之后复入甲种，殊失应用之旨。故本部通咨各省，甲种招生应以高等小学毕业者为原则，乙种实业学校毕业者为例外；平日训练尤宜以实业教育旨趣详告学生，俾知此种学校为谋生之途径，不为升学之阶梯。（五）实习一项，为实业学校要点，故本部通咨各省农业学校，有与各农事试验场附近者，应查照农商部所订每日轮流实习章程，派生到场实习。工业学校所有工场应完全设立，其组织布置照普通工厂办理。凡属学生能作之业，即以学生为职工，制成之品由学校售卖，所得余利可以一部分作为职员职工红利。又暑假修业实习尤虞间断，故通咨各省自八年暑假始，除教室功课照章办理外，实习事项在农工学校、农场工场，应将学生轮流练习，或减少时间，于午前或午后行之。其在商校假期之内，应令学生各就所在地方，调查附近商业状况及出产商品，定期报告，由教员考核。此实业学校整理之大概情形也。兹将实业各校分别列表如左：

全国甲种实业学校校数暨学生数一览表　民国六年

数别\类别\省别	校数					现有学生数					毕业学生数					备考
	农	工	商	美术实业	总	农	工	商	美术实业	总	农	工	商	美术实业	总	
京师	1				2	53			71	124						
直隶	2	2	3		7	160	196	133		479	59	46	94		199	
天津	1	1	2	1	4	123	166	296		585	11	23	59		93	
吉林	1	1	1		3	63	58	84		205						
黑龙江	1	1			2	225	227			452	57	21			78	
山东	3	2	1		6	511	317	91		919	31	74			105	
河南	3	1	2		15	954	109	222		1285	121	15	14		150	
山西	3	1	1		5	247	151	49		447	31				31	
江苏	5	2	4		11	786	52	482		1779	161	66			227	
安徽	2	1			3	300	115			415	19	11			30	
江西	3	2	1		6	321	396	41		758	33	19	28		80	
福建	2	1	2		5	267	185	245		697	64	24	16		104	

续表

省别\类别	校数						现有学生数						毕业学生数						备考
	农	工	商	美术	实业	总	农	工	商	美术	实业	总	农	工	商	美术	实业	总	
浙江	3	2	3			8	341	535	254			1130	94	76	26			196	
湖北	1	1	2			4	105	212	225			542	40	13	32			85	
湖南	4	6	2			12	360	727	468			1555	72	87	42			201	
陕西	1	1				2	176	130				306	19	12				31	
甘肃	1					1	60					60							
四川	1	2	2			5	19	55	324			398	29	45	15			60	
广东	3		1			4	188		152			340	16		32			61	
广西	1	1				2	60	120				180	40	28				44	
云南	1	1				2	429	164				493		19				59	
贵州	1				1	2	250				56	306							
绥远	1					1		78				78							
合计						112						135*	33					1834	(*应为11,8790)

全国甲种实业学校经费一览表 民国六年

省别 \ 类别	农	工	商	美术	实业	总	备 考
京师				42480		42480	京师甲农经费未详，美术学校经费以八年度为标准
直隶	54013	30823	8107			92943	
奉天	18538	39047	26001			83586	
吉林	24000					24000	农工两校系合办
黑龙江	17184	23456				40640	
山东	64808	62683	2240			129731	
河南	68339	15769	20157			104265	河北汲县新郑等农校经费原系以银钱等计算，今按市价折合银元以归一律
山西	12561	8500	5400			26461	
江苏	159296	109333	48092			316721	
安徽	37732	28758				66490	
江西	16883	12480				29363	南昌甲南经费未详
福建	27002	16000	18890			61892	

续表

省别\类别	农	工	商	美术	实业	总	备考
浙江	16827	72964	23358			23149	务训甲农经费原系租谷，今按每亩租息二元计算，以归一律
湖北	2488	36996	14400			53884	
湖南	60172	144386	1667			220845	
陕西	1800					1800	
甘肃	15600					15600	
四川	17000	22000	45442			74442	
广东	19355		9030			28385	
广西	11860	21046				32906	
云南	23918	19068			1800	43986	
贵州	16000					17800	
绥远		1440				1440	
合计	675376	664749	237404	42480	1800	162809	

全国乙种实业学校校数暨学生数一览表 民国六年

数别\类别\省别	校数 农	校数 工	校数 商	校数 实业	校数 总	现有学生数 农	现有学生数 工	现有学生数 商	现有学生数 实业	现有学生数 总	毕业学生数 农	毕业学生数 工	毕业学生数 商	毕业学生数 实业	毕业学生数 总	备考
京师	1	1			2		30			60						
京兆	2	弐	1		3	30		30		80						
直隶	4	1	2		7	47	33	137		329	3					锦县乙工学生数未详
奉天	5	1	3		9	159		205		411						
黑龙江	7	1	2		10	206		64		321					125	呼兰乙工学生数未详
山东	64	1	8		73	257	52	320		3167	125				379	
河南	47	10	1		58	2795 472		40		2566	379				123	
山西	26	4	20		50	2054 165		734		1888	107	16	75		106	
江苏	5	5	15	1	26	989 313481		1043	84	1921	31 49	11	103	43	206	
安徽	1	1	2		3	100		128		228			13		13	
江西	3				3	94				94						
福建			2		2			84		84			19		19	

续表

省别	校数					现有学生数				毕业学生数				备考
类别	农	工	商	实业	总	农	工	商	实业	总	农	工	商	总	
浙江	11		2		13	322		185		507	13		32	45	
湖北	19	2	5		26	1021	163	391		1575	129	15	29	173	
湖南	5	5	2	1	13	221	133	121	72	547	8		14	22	
四川	3				3	141				141	4			4	
广东		3	3		6		163	145		308			16	16	
云南	35				35	931				931	196			196	
贵州	2				2	107				107					
合计					344					15265				1430	

411

全国乙种实业学校经费一览表 民国六年

省别\类别	农	工	商	实业	总	备考
京师	2814				2814	乙工经费未详
京兆	1930		500		2430	
直隶	2798	1460	3007		7265	表舰乙工经费原列钱1800千按13折付洋1460元
奉天	5126		2165		7291	
黑龙江	4633	1400	4950		10983	乙工乙商原列之银数均按七钱折洋
山东	71688	2640	5522		79850	
河南	25145	19009	540		44694	该省乙农工商各校原列银钱田者均折改为洋,以归一律
山西	17929	3660	19083		40672	
江苏	16686	21800	19045		57531	乙实经费未详
安徽	1540		2220		3760	
江西	2089				2089	
福建			440		440	

续表

省别\类别	农	工	商	实业	总数	备考
浙江	10386		500		10886	该省乙农工商各校经费原列银钱者均折改为元
湖北	3967	3960	4170		12097	同上
湖南	8008	5743	3096	3700	20547	同上
四川	5080				5080	
广东		2895	5167		8062	该省乙农经费原列银合者均改为元
云南	11641				11641	同上
贵州	3957				3957	
合计	195426	62567	70405	3700	332098	

全国女子职业学校一览表 民国六年

省别\数别	校数	现有学生数	毕业学生数	经费数	备考
京师	1	153			

续表

省别＼数别	校数	现有学生数	毕业学生数	经费数	备考
山东	1	100	80	5000	
江苏	7	725	42	34778	
江西	1	74	19	10003	
福建	3	185	46	796	
湖北	2	179	43	9264	
湖南	4	277		4044	
陕西	1	26			
合计	20	1719	230	63885	

〔教育部档案〕

18. 教育部公布全国实业学校分省一览表
（1919年）

民国八年全国实业学校分省一览表

省别	种别	校数	职员	教员	现有学生 班数	现有学生 人数	毕业学生	经费
北京	甲种农业学校	1	3	11	1	35		3000
	甲种工业学校	3	25	25	4	162		28080
	甲种商业学校	2	12	30	3	120		3859
	乙种农业学校	1	1	2	1	30		2814
	甲种农业学校	1	4	8	2	62		5196
京兆	乙种农业学校	5	9	11	6	162	5	4129.8
	乙种工业学校	1	1	1	1	15	40	600
	乙种商业学校	1	1	1	2	25	9	760
直隶	甲种农业学校	2	16	29	8	169	44	69167.4
	甲种工业学校	2	18	25	14	280	84	46287.9

·415

续表

省别	种 别	校数	职员	教员	班数	人数	毕业学生	经费
直隶	甲种商业学校	3	3	12	6	155	20	8672.6
	乙种农业学校	5	10	12	8	243	49	7177
	乙种工业学校	3	9	10	6	139	4	12473
	乙种商业学校	3	31	13	6	242	29	5000
	教养所	1						4000
奉天	甲种农业学校	1	3	8	3	113		15000
	甲种工业学校	1	6	16	7	197	9	40195
	甲种商业学校	2	9	24	11	384	35	29357
	乙种农业学校	6	7	16	8	275	26	9285
	乙种工业学校	1	1	4				
	乙种商业学校	2	2	7	5	155	43	6855.6
	女子职业学校	1	1	2	1	26		1092

续表

省别	种别	校数	职员	教员	现有学生 班数	现有学生 人数	毕业学生	经费
奉天	乙种实业学校	1			2	85	52	
吉林	甲种农业学校	1	4	13	4	81	13	15800
	甲种工业学校	1		6	2	36	15	7900
	甲种商业学校	1	3	7	2	70		10000
黑龙江	甲种农业学校	1	9	13	5	129	19	23746.2
	甲种工业学校	1	4	9	4	132	30	21741
	乙种农业学校	8	10	17	9	306		11820
	乙种商业学校	2	2	6	4	170	23	5868
山东	甲种农业学校	3	25	32	11	431	132	61518
	甲种工业学校	2	25	34	9	244	99	59211
	甲种商业学校	1	10	22	3	100	23	5834
	乙种农业学校	67	110	179	124	3069	353	84342.5

续表

省别	种别	校数	职员	教员	现有学生 班数	现有学生 人数	毕业学生	经费
山东	乙种工业学校	3	12	12	7	167	28	6900
	乙种商业学校	14	22	56	34	913	130	19981.6
	女子职业学校	1	4	5	2	58	19	6600
	农业教员养成所	1	8	9	1	29		
河南	甲种农业学校	11	47	67	30	1188	172	61110.5
	甲种工业学校	1	7	13	4	135	18	15769
	甲种商业学校	2	15	28	8	274	45	23746.3
	乙种农业学校	51	95	145	81	2409	352	50180.8
	乙种工业学校	10	15	36	12	393	16	7548
	乙种商业学校	1	2	4	2	100		700
山西	甲种农业学校	4	17	30	13	535	70	32830
	甲种工业学校	2	17	55	13	483		54818

续表

省别	种别	校数	职员	教员	现有学生 班数	现有学生 人数	毕业学生	经费
山	甲种商业学校	1	11	16	4	79	13	8636.5
	乙种农业学校	25	42	67	38	1008		18140
西	乙种工业学校	4	4	12	7	183		3560
	乙种商业学校	20	27	69	38	1048	47	20710
	甲种农业学校	5	87	132	35	981	191	179302
	甲种工业学校	2	27	50	24	566	83	111214
江	甲种商业学校	3	33	47	13	545	297	56577
	乙种农业学校	10	19	56	24	518	75	20396
苏	乙种工业学校	7	21	58	24	369	71	52565
	乙种商业学校	18	54	115	47	1298	148	30169.1
	乙种实业学校	1	3	12	5	230	44	5200
	女子职业学校	5	24	45	31	691	104	35581

续表

省别	种别	校数	职员	教员	班数	现有学生人数	毕业学生	经费
安徽	甲种农业学校	3	37	37	16	411	33	63682
	甲种工业学校	1	16	25	8	173	42	30562
	甲种商业学校	2	12	14	4	108		14898
	乙种农业学校	3	3	10	4	137	16	1640
	乙种商业学校	4	11	21	9	252	35	5444
江西	甲种农业学校	4	20	36	9	264	46	44912
	甲种工业学校	2	10	32	15	371	72	30573
	甲种商业学校	2	10	23	5	170		8133
	乙种农业学校	3	5	13	6	149	22	2749.4
	乙种商业学校	1	1	6	1	40		492
	女子职业学校	1	4	18	4	104	13	10349
福建	甲种农业学校	3	34	67	14	291	40	32301

续表

省别	种别	校数	职员	教员	班数	现有学生 人数	毕业学生	经费
福建	甲种工业学校	1	3	30	7	155	17	31258.8
	甲种商业学校	2	13	34	9	262	46	19205
	乙种商业学校	3	11	23	9	349		5824
	女子职业学校	3	20	49	12	290	37	8993
	工业教员养成所	1						
浙江	甲种农业学校	4	53	83	29	560	102	109176
	甲种工业学校	2	47	79	26	648	119	82930
	甲种商业学校	5	34	66	16	389	66	108984
	乙种农业学校	16	26	42	35	598	26	12024
	乙种商业学校	7	17	34	17	424	28	15332
	女子职业学校	1	5	14	2	92		15200
湖北	甲种农业学校	1	5	34	6	173	45	18105.6

续表

省别	种别	校数	职员	教员	班数	人数	毕业学生	经费
湖北	甲种工业学校	1	18	31	11	260	30	36720
	甲种商业学校	2	7	36	8	179	17	16156
	乙种农业学校	19	42	64	26	839	107	23446
	乙种工业学校	4	9	12	6	181	39	7767
	乙种商业学校	6	14	24	11	358	74	7980
	女子职业学校	3	13	36	4	120		9263
湖南	甲种农业学校	4	34	49	11	260	20	42849
	甲种工业学校	5	46	76	22	727		144386
	甲种商业学校	2	18	45	9	468		16287
	乙种农业学校	5	13	33	9	178		9830
	乙种工业学校	7	19	43	12	288		15943
	乙种商业学校	2	6	11	4	129		2976

续表

省别	种别	校数	职员	教员	班数	人数	毕业学生	经费
湖南	乙种实业学校	1	4	5	2	72		3200
	女子职业学校	6	23	51	16	350		5968
	工业教员养成所	1	4	6	4	204		18000
陕西	甲种农业学校	1	15	11	4	176		
	甲种工业学校	1	10	13	4	130		18610
	乙种农业学校	19	29	42	25	570	57	
	乙种商业学校	1	3	5	1	50		
	女子职业学校	1	3	8	2	26		
甘肃	甲种农业学校	1	7	12	2	87		21100
	乙种工业学校	1	2	5	2	83		2083
	甲种农业学校	2	15	25	6	127	70	7596
	甲种工业学校	1	6	16	4	67		19720

续表

省别	种别	校数	职员	教员	现有学生 班数	现有学生 人数	毕业学生	经费
四川	甲种商业学校	2	9	37	8	226	22	41052
	乙种农业学校	3	11	20	6	110	27	5281
广东	甲种农业学校	3	16	25	6	188		19355
	甲种商业学校	1	6	9	5	152		9030
	乙种工业学校	3	7	13	8	163		2895
	乙种商业学校	3	7	16	6	145		5167
广西	甲种农业学校	1	5	8	4	64	12	13550
	甲种工业学校	1	4	18	5	128	27	25240
云南	甲种农业学校	1	10	27	4	122	33	23378
	甲种工业学校	1	7	17	4	114		19068
	乙种农业学校	34	43	83	34	776		10097
贵州	甲种农业学校	1	6	14	5	250		16000

续表

省别	种别	校数	职员	教员	职教员	班数	现有学生人数	毕业学生	经费
贵州	甲种实业学校	1	1	5		2	56		1800
	乙种农业学校	2	7	14		3	107		3533
绥远	甲种矿业学校	1	4	7		1	78		1440

〔北洋政府教育部档案〕

正误表

全国实业学校分省一览表	6	8		9	29047	39047
同上	7	7		9	237463	237462
同上	11	4		9	530	5230
同上	12	10		8	31	32
同上	13	10		9	1436	1441286
同上	14	10		9	19283	19383

〔北洋教育部档案〕

19. 教育部公布全国实业学校比较表（1919年）

民国八年与七年全国实业学校比较表

种别	校数增	校数减	职员增	职员减	教员增	教员减	班数增	班数减	学生人数增	学生人数减	毕业学生增	毕业学生减	经费增	经费减
甲种农业学校	3		19		49		25		337		113		112183.5	
甲种工业学校	2		57		48		13		545		178		82566.5	
甲种商业学校	2		5		42		7			45	269		97753.4	
甲种实业学校														
乙种农业学校	13		22		26		35		482			528	22710.5	
乙种工业学校	6		4		42		12		182		55		67259	
乙种商业学校	8		46		40		26		945		11		30073.3	
乙种实业学校	1		1				3		135		70		200	
女子职业学校	1		14		22			1	272			3	7748	
实业教员养成所	1			2		2				12				

〔北洋政府教育部档案〕

20. 教育部公布全国实业学校一览总表

民国八年全国实业学校一览总表（1919年）

种　　别	校数	职教员 职员	职教员 教员	现有学生 班数	现有学生 人数	毕业学生	经费
甲种农业学校	59	472	771	228	6697	1042	896674.7
甲种工业学校	32	309	577	188	5085	645	807113.7
甲种商业学校	33	205	450	114	3681	584	380427.4
甲种实业学校	1	1	5	2	56		1800
乙种农业学校	282	482	826	447	11484	1115	295495.5
乙种工业学校	44	100	206	85	1981	198	112354
乙种商业学校	88	211	411	196	5798	566	133259.3
乙种实业学校	3	7	17	9	387	96	8400
女子职业学校	22	97	228	74	1757	173	93046
实业教员养成所	4	12	15	5	233		

〔北洋政府教育部档案〕

21. 教育部公布全国甲种实业学校一览表

民国八年全国甲种实业学校一览表

（1919年）

省别区	校 别	科 别	地点	职员	教员	班数	现有学生人数	本年毕业学生人数	经费每生平均数	经费全校总数	立案年月
北京	京师私立甲种农业学校	农科	本京	3	5	1	55		40	2000	五年十月
	北京高等师范学校附设职工科	木工科 金工科 偏物科	本京	1	3	1	40				五年四月
	北京美术学校	绘画科 图案科	本京	13	14	2	71		120	28080	七年四月
	私立电气工业学校	电工科		11	8	1	50				八年十二月
	尚志甲种商业学校	商科	本京	8	9	1	64				七年九月
京兆	京兆甲种农业学校	农科 林科	黄村	4	8	2	55		94.47	5196	七年八月
直	公立农业专门学校附设甲种农业讲习科	农科 蚕科 林科	清苑	6	22	5	115	16	173	35904	元年八月
	省立甲种水产学校	渔捞科 制造科	天津	8	15	4	71	9	436.6	31000	三年四月
隶	公立工业专门学校附设染织学校	染织科	天津	9	13	7	94		187.9	17667.9	三年十二月

续表

省别区	校别	科别	地点	职员	教员	现有学生班数	现有学生人数	本年毕业学生数	经费每生平均数	经费全校总数	立案年月
直	省立甲种工业学校	金工科 染织科	清苑	9	14	5	161	14	169	29988	三年十二月
	天津县公立甲种商业学校	商科	天津	2	9	3	129	10		4437	元年六月
	高阳县私立甲种商业学校暨附设乙种商业讲习科	商科	县城	2	3	2	62	22	40	2500	四年六月
奉	政法学校附设甲种商业讲习科					1	32	10			四年七月
	省立甲种农业学校	农科 蚕科 林科	省城	3	8	3	113	18	132.7	15000	三年八月
	省立甲种工业学校	矿科 应化科 金工科 机械科	省城	6	13	6	153	14	255	39047	三年八月
天	省立甲种商业学校	商科	省城	5	16	6	200	15	104.7	20955	三年六月
	安东县县立乙种商业讲习科	商科	县城	2	4	3	133	17		5046	五年一月
吉	省立甲种农业学校	农科	省城	4	11	3	99	17	169.5	16785	三年十月
林	省立甲种工业学校	土木工科 应化科	省城		5	2	45		153.6	6915	三年十月
	省立甲种商业学校	商科	滨江	3	6	2	75		133.3	10000	四年四月
黑龙	省立甲种农业学校暨附设乙种农业讲习科	农科 林科	省城	15	12	5	151	39	86.7	23746.2	二年十二月

续表

省别区	校别	科别	地点	职员	教员	现有学生班数	现有学生人数	本年毕业学生数	经费每生平均数	经费全校总数	立案年月
江	省立第一甲种工业学校	土木工科 矿科	省城	3	10	4	123	29	171.9	21142	三年十二月
山	公立农业专门学校附设甲种农业讲习科	农科 蚕科	省城	17	22	6	202	53	167	42518	元年八月
	省立第一甲种农业学校	林科 蚕科	益都	4	9	4	176	21	54	9500	三年五月
	省立第二甲种农业学校	农科 蚕科	滋阳	4	8	4	114	22	85	9500	四年一月
	公立工业专门学校附设甲种工业讲习科	金工科 染织科	省城	14	21	8	200	14		50000	三年一月
东	济宁道立甲种工业学校	染织科 图绘科	济宁	7	10	4	122		103.3	12600	五年六月
	公立商业专门学校附设甲种商业讲习科暨专修科	簿记专修科 商科 交通专修科	省城	10	20	3	112	27	52	5834	三年四月
河	省立河北甲种农业学校	农科 蚕科	沁阳	6	7	3	85		93	7978	元年五月
	省立改南甲种农业学校	科	汝南	5	5	2	80		79.5	6360	元年九月
	省立洛阳甲种蚕业学校	蚕科	洛阳	3	6	2	99		69.1	6846	二年八月
南	省立长葛县甲种蚕业学校	蚕科	县城	4	5	2	57			1290	二年八月
	省立甲种农业学校	农科 林科 蚕科	省城	6	12	4	143	21	90.8	12983	二年五月

续表

省别区	校别	科别	地点	职员	教员	班数	现有学生人数	本年毕业学生数	经费每生平均数	经费全校总数	立案年月
河南	省立汲县甲种农业学校	农科蚕科	县城	5	6	3	81	10	51.5	4175	二年十二月
	新郑县县立甲种蚕业学校附设乙种蚕业讲习科	蚕科	县城	4	5	2	78			2700	三年三月
	新乡县县立甲种农业学校	农科	县城	2	4	2	76			504	四年一月
	杞县县立甲种农业学校暨附设乙种农业讲习科	农科林科蚕科	县城	3	8	3	94	36		5000	四年一月
	大康县县立甲种蚕业学校暨附设乙种蚕业讲习科	蚕科	县城	3	2	1	42		10	4300	四年十月
	商城山笔架山甲种蚕业讲习科	蚕科	笔架山	3	4	1	59			3940	七年十一月
	省立第一甲种工业学校	染织科	省城	8	13	4	137		115.1	15769	二年三月
	省立甲种商业学校	商科	省城	7	12	4	131	17	114.4	14990	二年三月
	省立豫北甲种商业学校	商科	武陟	7	8	4	169		51	8620	四年三月
山西	省立第二甲种农业学校	农科蚕科	运城	4	8	4	157	28	247.7	6934	三年一月
	省立第三甲种农业学校	农科	长冶	3	4	2	74		48.6	3600	四年五月
	公立农业专门学校附设甲种蚕业讲习科	蚕科	省城	1	12	3	124			5105	六年三月

续表

省别区	校别	科别	地点	职员	教员	现有学生班数	现有学生人数	本年毕业学生数	经费 每生平均数	经费 全校总数	立案年月
山西	省立第一甲种工业学校	电气科 应化科	太原	8	21	5	223		89.2	19883	六年十月
	公立商业专门学校附设甲种商业讲习科	商科	省城	10	29	4	116			5400	五年七月
江苏	省立甲种水产学校	渔捞科 制造科	宝山	18	11	7	82	15		35510	二年三月
	省立第一甲种农业学校	农科	南京	20	39	8	261	70	165.2	43124	三年六月
	省立第二甲种农业学校	农科 蚕科	吴县	14	32	8	317	118	136	43332	三年六月
	省立第三甲种农业学校	农科	淮阴	20	24	6	160	33	2103	33634	三年六月
	南通县私立甲种农业学校	农科	县城	21	12	4	132	22		18667	三年八月
	省立第一甲种工业学校	机械科 电气科 电机科	南京	16	21	8	184	23	224	41314	三年三月
	省立第二甲种工业学校	土木科 纺织科 应化科	吴县	13	31	12	278	61	196	54847	三年三月
	江都县立甲种商业学校	商科	县城	8	12	3	100		98	9800	三年八月
	省立第一甲种商业学校	商科	上海	16	21	5	255	47	116	29592	四年一月
	通海商业私立甲种商业学校	商科	县城	11	11	4	209			12000	五年一月

续表

省别区	校别	科别	地点	职员	教员	班数	人数	本年毕业学生数	每生平均数	全校总数	立案年月
安徽	省立第一甲种农业学校	农科	省城	15	18	6	197	38	112	22150	三年三月
	省立第二甲种农业学校	农科蚕科	芜湖	15	16	7	144	30	139	20070	四年十二月
	省立第四甲种农业学校		宿县	8	8				2.69		八年十二月
	省立第一甲种工业学校	土木科测绘科应化科	省城	14	21	5	162			28758	五年二月
	新安公立甲种商业学校	商科	休宁	5	6	1	31		110	3500	七年一月
	省立第一甲种商业学校			9	7	2	80				八年十一月
江西	公立农业专门学校附设农林讲习科	农林科	省城	11	23	4	97	20	118.3	11476	三年二月
	赣南道属公立甲种农业学校	农科	赣县	5	8	2	83	42	60	6000	四年十二月
	豫章道属公立昭武甲种农业学校	农科	临川	3	7	3	95		28.9	2744	五年十二月
	浔阳道属公立甲种农业学校	农林科	九江	9	9	2	96			5000	七年四月
	省立第一甲种工业学校	土木科机械科应化科	省城	5	20	6	203				三年九月
	省立第二甲种工业学校暨附设乙种工业讲习科	窑业科陶画科	上饶	甲4乙1	10 7	4 2	94 55	19	102.1 40.2	9602 2212	四年二月

续表

省别区	校　别	科　别	地点	职员	教员	班数	现有学生人数	本年毕业学生数	经费每生平均数	经费全校总数	立案年月
江西	南昌商会公立甲种商业学校	商科	省城	5	9	2	41				四年三月
	吉州公立阳明甲种商业学校	商科	吉安	4	7	1	40		87.8	3514	七年十二月
福建	省立甲种农业学校	农林科	省城	12	16	6	127	34	136.7	17367	三年十二月
	省立甲种蚕业学校暨附设女子蚕业学校	蚕科	省城	12	28	6	153	83	70	10783	四年三月
	建安道甲种森林学校										八年一月
	公立工业专门学校附设甲种讲习科暨乙工工班	土木工科金工科机械应化科	省城	12	33	12	171	24	160	31259	三年一月
	思明县私立禾山甲种商业学校	商科	禾山镇	7	8	4	49	5		4014	四年九月
	省立甲种商业学校暨乙种商业讲习科	商科	省城	7	23	8	271	35		14876	二年八月
浙江	省立甲种农业学校	农林科	杭县	17	30	7	141	26	249.8	35222	三年二月
	省立甲种蚕业学校	蚕科	西湖	9	13	5	86	35	52	18292	三年二月
	省立甲种水产学校	渔捞科制造科	临海	9	11	5	116			11712	六年四月
	省立甲种森林学校	林科	建德	15	18	4	152		88.5	17922	七年八月

续表

省别区	校别	科别	地点	职员	教员	现有学生班数	人数	本年毕业学生	经费每生平均数	全校总数	立案年月
浙	省立甲种工业学校	金工科 机械科 染色科	省城	15	60	23	498	100	139	66584	三年二月
	旧宁属县立甲种工业学校	金工科 木工科	鄞县	8	14	6	81	16	178	14028	三年四月
	省立甲种商业学校	商科	省城	9	22	4	161	42	9.7	15076	三年二月
	旧台属公县立甲种商业学校	商科	海门镇	5	5	1	22	9		3540	四年六月
江	温属县立甲种商业学校	商科	永嘉	7	12	3	58		107.6	6067	六年六月
	旧宁属县立甲种商业学校	商科	会稽	5	16	4	71	10		5970	七年三月
	吴兴县立甲种商业学校	商科	县城	9	8	1	21			9400	七年六月
湖	省立甲种农业学校	农科 林科 蚕科	省城	5	17	5	168			2488	三年七月
	省立甲种工业学校	电气科 织染科 金工科 图画科	省城	11	28	9	265	23		36696	三年四月
北	省立甲种商业学校	商科	省城	3	24	4	131	30	101.8	13344	四年七月
	荆南公立甲种商业学校	商科	沙市	3	13	4	75	6	40	3000	五年八月
湖南	省立甲种农业学校	农科 林科 蚕科 兽医科	省城	15	33	5	119	31		35000	三年十月

续表

省别区	校别	科别	地点	职员	教员	现有学生 班数	现有学生 人数	本年毕业学生人数	经费 每生平均数	经费 全校总数	立案年月
湖南	私立务实甲种蚕业学校	蚕科	芷江	5	8	2	89	12		1000	四年五月
	私立务训甲种农业学校	农科 蚕科	衡阳	5	10	1	39			3210	四年七月
	省立第二甲种农业学校	农科 林科	芷江	11	11	3	54	20		16399	六年十月
	省立甲种工业学校暨附设工业讲习科	染织科 机械科 金工科 应化科	省城	9	26	甲7 乙2	254 29	甲55 乙25		甲48148 乙11199	三年十一月
	私立蓬怡甲种工业学校暨附设乙种工业讲习科	金工科 应化科	省城	8	14	6	115	6		13239	四年四月
	第一联合县立甲种工业学校	矿科	衡阳	7	11	3	87			11800	四年十月
	省立第三甲种工业学校	矿业科 机械科	衡阳	11	17	3	134			30000	六年十月
	省立第二甲种工业学校	土木科 纺织科	常德	11	8	2	108			30000	六年十一月
	公立商业专门学校附设甲种商业讲习科	商科	省城	12	27	5	248	12		9687	三年九月
	常德县商会公立甲种商业学校暨附设乙种商业讲习科	商科	县城	6	18	甲1 乙3	80 140			6600	五年三月
陕西	省立甲种农业学校	农科 林科 蚕科	省城	15	11	4	176			18000	四年九月
	省立甲种工业学校暨附设艺徒班	染织科	三原	10	13	4	130				三年五月

续表

省别	校别	科别	地点	职员	教员	现有学生班数	现有学生人数	本年毕业学生数	经费每生平均数	经费全校总数	立案年月
甘肃	省立甲种农业学校	农科	省城	5	8	2	152			15600	六年十月
	公立农业专门学校附设甲种农业讲习科	农科	省城	7	13	1	19				四年十月
四川	江津县县立甲种农业学校	农科	县城	8	12	5	108		70	7596	五年二月
	省立第一甲种工业学校	染织科应化科	省城	6	16	4	67	14	291.3	19720	四年二月
	公立商业专门学校附设甲种商业讲习科	商科	成都	6	23	4	79			24052	三年十一月
	省立第一甲种商业学校	商科	重庆	3	14	4	147	22	115.66	17000	五年一月
广东	省立高州甲种农业学校	农科	茂名	9	10	3	130			6000	三年四月
	省立韶州甲种农业学校	农科	曲江	3	6	1				6956	三年四月
	省立广肇罗甲种农业学校暨附设艺徒班	农科藤工科	高要	4	9	2	58			6399	三年四月
	省立岭东甲种商业学校	商科	汕头	6	9	5	152			9030	二年五月
广西	省立第一甲种蚕业学校	蚕科	梧州	5	8	4	64	12	211.73	13550.8	三年十月
	省立第一甲种工业学校	土木工科染织科矿科	桂林	4	18	5	128	27	197.19	25240.9	三年七月

续表

省别区	校　别	科　别	地点	职教员职员	教员	现有学生班数	现有学生人数	本年毕业学生数	经费每生平均	经费全校总数	立案年月
云南	省立甲种农业学校	农科蚕科	省城	10	27	4	122	33	196.2	23378	三年十月
	省立第一甲种工业学校	矿科	省城	7	17	4	114		167.2	19068	三年七月
贵州	省立甲种农业学校	农科林科蚕织科	省城	6	14	5	250			16000	三年七月
	松桃县县立甲种实业学校	染织科	县城	1	5	2	56			1800	五年十一月
绥远	归绥公立甲种矿业学校	矿科	绥远	4	7	1	78			1440	四年十月

〔北洋政府教育部档案〕

正误表

全国甲种实业学校一览表	17	4	2	编物科	编物科
同　上	17	9	2	渔捞科	渔捞科
同　上	17	10	9	三年十二月	三年十二月
同　上	18	1	11	2283.3	22183.3
同　上	18	1，4，6	12	三年	三年
同　上	18	7	2	乙种商业讲习所	乙种商业讲习科
同　上	20	9	2	南城山	商城县
同　上	21	8	3	渔捞科	渔捞科
同　上	22	1	10	2103	210.2
同　上	25	8	3	图画科	图案科

〔北洋政府教育部〕

22. 教育部公布全国女子职业学校一览表（1919年）

民国八年全国女子职业学校一览表

省别	校别	科别	地点	职员	教员	班数	现有学生人数	本年毕业学生	每生平均	全校总数	立案年月
奉天	铁岭县立女子乙种蚕业学校	蚕科	县城	1	2	1	26		42	1092	七年二月
山东	省立女子职业学校	花边科 发网科	省城	4	5	2	58	19	92	6600	六年五月
江苏	省立女蚕业学校	蚕科	县城	15	15	6	188	49	165.8	31172	三年三月
	如皋县县立女子蚕业学校	刺绣科 染织科 裁缝科	县城	3	5	4	46				三年八月
	松江县立松筠女子职业学校	刺绣科 缝纫科	松江	3	9	7	172	15	11.6	2000	四年一月
	无锡县市立女子职业学校	刺绣科 缝纫科	县城	1	12	8	186	40	11	2209	四年五月
	武进县私立女子职业学校	刺绣科 缝纫科	县城	2	4	6	99			200	五年二月
江西	省立女子职业学校	蚕桑科 美术科	省城	4	18	4	104	13	99.5	10349	五年二月
福建	省立女子职业学校	刺绣科 造花科	省城	9	27	4	161	32	44	7173	二年七月
	私立泉山女子职业学校	刺绣科 编物科 造花科	省城	5	13	.5	95	20			四年三月
	私立闽南女子染织学校	染织科	省城	6	9	3	34	5	53.5	1820	六年一月

续表

省别	校别	科别	地点	职员	教员	班数	现有学生人数	本年毕业学生	每生平均数	全校总数	立案年月
湖北	省立女子蚕业讲习所	蚕科	省城	5	14	2	92			15200	七年六月
	省立女子职业学校	蚕丝科 缝纫科	省城	6	24	2	60	33	47	8693	三年十月
	私立和衷女子职业学校	刺绣科 缝纫科	省城	4	7	1	30			570	六年十二月
	湖北振坤女子职业学校		武昌	3	5	1	30				八年十一月
湖南	衡阳私立组能女子职业学校	刺绣科 缝纫科	县城	6	10	4	102			2400	六年一月
	平江县立启明女子职业学校	缝纫科 染织科	县城	5	8	4	32		57	1824	八年五月
	私立养能女子职业学校	刺绣科 缝纫科 编物科	长沙	5	11	3	75			1300	六年五月
	平江私立吴氏民务本女子职业学校	蚕科	长寿乡	2	6		26			444	六年十一月
陕西	省立女子师范学校附设女子职业学校	裁缝科 手工科	省城	3	8	2	26				五年一月

〔北洋政府教育部档案〕

（四）小 学 教 育

（1）小 学 教 育 法 令

1. 教育部公布小学校令
（1912年9月28日）

兹订定小学校令四十七条特公布之，此令。

右令本部直辖学校，京师学务局、各省教育司

小 学 校 令
第一章　总　　纲

第一条　小学校教育以留意儿童身心之发育，培养国民道德之基础，并授以生活所必需之知识技能为宗旨。

第二条　小学校分初等小学校与高等小学校。初等小学校与高等小学校并置于一处者，名初等高等小学校。由城镇乡担任经费者，名某城镇乡立初等小学校或高等小学校；由县担任经费者，名某县立高等小学校；由私人或私法人担任经费者，名私立初等小学校或高等小学校。

地方制未颁布以前，凡有直辖地方之府、直隶厅及州均以县论。

第三条　蒙养园、盲哑学校及其他类于小学校之各种学校，亦如前条第三项之规定。

第二章　设　　置

第四条　初等小学校由城镇乡设立之。前项设立初等小学校经费之负担，依法律所规定，乡之财力不能设立初等小学校者，

得以二乡以上之协议组织乡学校联合，以设立初等小学校。

城镇乡乡学校联合，得设学务委员办理教育事宜。

城镇乡乡学校联合，得划分若干区，以分设初等小学校。

前三项均依法律所规定，并别以部令订定施行规则。

第五条　县行政长官因特别情事，得指定私立初等小学校为该城镇乡代用初等小学校。

第六条　高等小学校由县设立之。

高等小学校之校数及位置，由县行政长官规划，并得咨询县议事会之意见以定之。

城镇乡除设立初等小学校，足容本区域学龄儿童外，财力有余，亦得设立高等小学校，但须经县行政长官之许可。

城镇乡得以协议组织学校联合，以设立高等小学校。

凡组织前项之学校联合及其解散时，须经县行政长官之许可。

依本条第三第四条所设立之高等小学校，遇有变更或废止时，亦须经县行政长官之许可。

第七条　凡私立小学校之设置，须经县行政长官许可，其废止及变更时亦同。

第八条　高等小学校之设立、变更、废止，应由县行政长官报告省行政长官。

第九条　蒙养园、盲哑学校并其他类于小学校之各种学校，得适用第四条之第一、第三项，第六条之第一、第三、第四项及第七条。

第三章　教科及编制

第十条　初等小学校修业期限为四年，高等小学校修业期限为三年。

第十一条　初等小学校之教科目为修身、国文、算术、手工、图画、唱歌、体操，女子加课缝纫。

遇不得已时，可暂缺手工、图画、唱歌之一科目或数科目。

第十二条　高等小学校之教科目为修身、国文、算术、本国历史、地理、理科、手工、图画、唱歌、体操，男子加课农业，女子加课缝纫。

视地方情形，农业可以从缺或改商业，并可加设英语；遇不得已时，手工、唱歌亦得暂缺。

视地方情形，可改英语为别种外国语。

第十三条　小学校得设补习科。

第十四条　小学校之某科目，遇有儿童身体所不能学习者，得免其学习。

第十五条　小学校之增减科目或加设第十二条第二项之科目时，在城镇乡立者，由城镇总董、乡董或学校联合长报经县行政长官许可；在私立者，由设立人报经县行政长官许可。

补习科之设置或废止时，亦应按照前项办理。

县立高等小学校，遇有前二项之情事，由县行政长官定之。

第十六条　小学校所用教科图书，由省图书审查会择定之。

补习科所用教科图书，亦适用前项之规定。

第十七条　小学校之休业日，除日曜日外，每年不能过九十日；补习科不在此限。

遇有特别情事，县行政长官受省行政长官许可后，得增加休业日数。

遇有传染病预防或非常灾变时，县行政长官得命临时闭校；其他有急迫情事时，校长临时闭校，惟须呈报县行政长官。

县行政长官遇有前项情事，须呈报省行政长官。

第四章　设　备

第十八条　小学校应设备校地、校舍、校具及体操场、学校园。

高等小学校加课农业者，应设农业实习场。

视学校情形可暂缺学校园。

第十九条　小学校之校地、校舍、校具、体操场等，除非常灾变外，不得作为他用。

第二十条　小学校校舍之设备，依部订规程之标准，由县行政长官定之。

第五章　就　　学

第二十一条　儿童达学龄后，应受初等小学校之教育。

儿童满六周岁之日起，至满十四岁止，凡八年，为学龄期。

第二十二条　儿童未届学龄时，不得令入初等小学校。

第二十三条　高等小学校之入学儿童，以初等小学校毕业及与相当程度者为合格。

第二十四条　小学校校长察知儿童中有患传染病及有可虞之情状者，或性行不良、妨碍他儿童之教育者，得停止其出席。

第六章　职　　员

第二十五条　凡教授小学校之教科者，为本科正教员；其专授手工、图画、唱歌、体操、农业、缝纫、英语、商业之一科目或数科目者，为专科正教员；辅助本科正教员者为副教员。

第二十六条　凡充小学校教员者，须受有许可状。

第二十七条　受许可状者，必须在师范学校或教育总长指定之学校毕业，或经小学教员检定委员会检定合格者。

第二十八条　遇有特别情事，小学校教员不敷时，得以未受许可状者代用为小学校副教员。

第二十九条　小学校校长，以本科正教员兼任之。

第三十条　城镇乡立小学校校长之任用，由城镇总董、乡董或学校联合长，呈由县行政长官定之；其教员之任用，由各该校校长定之，但须报由城镇总董、乡董或学校联合长呈报县行政长官。

第三十一条　小学校教员之俸额及其他给与诸费，并支给方法，别以规程定义。

第三十二条　小学校校长、教员，认为教育上不得已时，得加儆戒儿童，但不得用体罚。

第三十三条　城镇乡立小学校校长，有违背教育法令或怠废职务，及有不名誉行为者，城镇总董、乡董或学校联合长，应呈请县行政长官予以惩戒处分。

城镇乡立小学校教员有前项情事者，校长得报由城镇总董、乡董或学校联合长，呈请县行政长官予以惩戒处分。

县立高等小学校校长有本条第一项情事者，县行政长官应予以惩戒处分；其教员有本条第一项情事者，校长得呈请县行政长官予以惩戒处分。

县行政长官认为必要时，虽未据呈报，亦得施行惩戒处分。

本条所称惩戒处分，为训戒、减俸、免职三种。

第三十四条　私立小学校校长、教员，遇有前条第一项情事者，县行政长官得停止其业务。

前条惩戒处分之减俸、免职，及本条之停止业务，应呈报省行政长官。

第三十五条　受小学校教员许可状后，若犯下列各款之一，其许可状即为无效：

一、被处禁锢以上之刑者；

二、犯丧失信用或败坏风俗之罪，被处罚金或被褫夺公权者。

第三十六条　受小学校教员许可状后，若有不正行为或其他玷污师资之行为，察其情状较重者，县行政长官得呈请省行政长官核明，褫夺其许可状。

第三十七条　小学校教员有不服第三十三、第三十四、第三十六条之处分者，得呈诉省行政长官。

前项呈诉人对于省行政长官之处理尚有不服者，得呈诉教育总长。

第七章 经费及学费

第三十八条 城镇乡立小学校之经费，由城镇乡或学校联合担任之，其概目如下：

一、设备费及维持费。

二、职员俸及其他给与诸费。

三、校内杂费。

前项城镇乡担任初等小学校之经费，仍依第四条第二项办理。

关于委托儿童教育事务经费，亦照前二项办理。

县立高等小学校之经费，由县经费支给，其概目如本条第一项。

第三十九条 城镇乡立初等小学校不征收学费，其补习科及高等小学校不在此限。

城镇乡立初等小学校视地方情形，经县行政长官之认可，亦得征收学费。

第四十条 城镇乡立小学校之学费，作为城镇乡或学校联合或本区之收入。

第四十一条 征收学费额，别以规程定之。

第八章 掌管及监督

第四十二条 城镇总董、乡董及学校联合长，承县行政长官之指挥，掌管属于本城镇乡或学校联合之小学校。

以县经费设立之高等小学校，由县行政长官掌管之。

第四十三条 县行政长官得令城镇乡或学校联合之区长，承城镇总董、乡董或学校联合长之指挥，辅理本区教育事务。

第四十四条 城镇乡立小学校及县立高等小学校校长、教员所执行之教育事务，由县行政长官监督之。

第四十五条 私立小学校由县行政长官监督之。

第九章 附 则

第四十六条 本令第二十六条、第二十七条之施行期,得展延至三年以内。

城镇乡制未施行之地方,暂由本县之学务机关斟酌办理。在北京地方非县所管辖者,暂由京师学务局办理。

在未设行省地方,由该地方办事长官察度情形,酌定变通办法,报经教育总长认可办理。

第四十七条 本令自公布日施行。

〔三十三个机构及不明全宗之档案汇集〕

2. 教育部公布小学校教则及课程表
（1912年）

小学校教则及课程表

教 则

第一条 小学校应遵小学校令第一条之宗旨教育儿童。

凡与国民道德相关事项,无论何种科目,均应注意指示。

智识技能宜择生活上所必需者教授之,务令反复熟习应用自如。儿童身体,宜期其发达健全,凡所教授必适合儿童身心发达之程度。

对于男女诸生,应注意其特性及将来生活,施以适当之教育。

各科目教授之目的、方法,务使正确,并宜互相联络,以资补助。

第二条 修身要旨,在涵养儿童之德性,导以实践。

初等小学校宜就孝悌、亲爱、信实、义勇、恭敬、勤俭、清洁诸德,择其切近易行者授之,渐及于对社会、对国家之责任,以激发进取之志气,养成爱群、爱国之精神。

高等小学校宜就前项扩充之。

对于女生，尤须注意于贞淑之德，并使知自立之道。

教授修身，宜以嘉言懿行及谚辞等指导儿童，使知戒勉，兼演习礼仪，又宜授以民国法制大意，俾具有国家观念。

第三条　国文要旨，在使儿童学习普通语言文字，养成发表思想之能力，兼以启发其智德。

初等小学校首宜正其发音，使知简单文字之读法、书法、作法，渐授以日用文章，并使练习语言。

高等小学校首宜依前项教授，渐及普通文之读法、书法、作法，并使练习语言。

读本文章，宜取平易切用可为模范者，其材料就修身、历史、地理、理科及其他生活必需事项，择其富有趣味者用之。

女子所用读本，宜加入家事要项。

国文作法，宜就读本及他科目已授事项，或儿童日常闻见与处世所必需者，令记述之，其行文务求简易明瞭。

书法所用字体，为楷书及行书。

教授国文务求意义明瞭，并使默写短句、短文或就成句改作，俾读法、书法、作法联络一致，以资熟习。

凡语言、文字在教授他科目时，亦宜注意练习。

遇书写文字，务使端正，不宜潦草。

第四条　算术要旨，在使儿童熟习日常之计算，增长生活必需之知识，兼使思虑精确。

初等小学校首宜授十数以内之数法、书法及加减乘除，渐及于百数以内，更进至通常之加减乘除，并授小数之读法，书法及其简易之加减乘除，兼授本国度量衡币制之要略。

高等小学校首宜就前项扩充之，渐进授以整数、小数诸等数，分数、百分算、比例，并得酌授日用簿记之要略。

算术宜用笔算兼及珠算。

教授算术务令解释精审，运算纯熟，又宜说明运算之方法理由，在初等小学校尤宜令熟习心算。

算术问题宜择他科目已授事项，或参酌地方情形，切于实用者用之。

第五条　本国历史要旨，在使儿童知国体之大要，兼养成国民之志操。

本国历史宜略授黄帝开国之功绩，历代伟人之言行，亚东文化之渊源，民国之建设与近百年来中外之关系。

教授本国历史宜用图画、标本、地图等物，使儿童想见当时之实况，尤宜与修身所授事项联络。

第六条　地理要旨，在使儿童略知地球表面及人类生活之状态，本国国势之大要，以养成爱国之精神。

地理首宜授本国之地势、气候、区划、都会、物产、交通，以及地球之形状运动等，进授各洲地志之梗概，并重要各国之都会、物产等，兼授本国政治、经济上之状态，及对于外国所处之地位。

教授地理务须实地观察，示以地图、标本、影片、地球仪等物，使具有确实之知识，尤宜与历史、理科所授事项联络，并使儿童填注暗射地图及习绘地图。

第七条　理科要旨，在使儿童略知天然物及自然现象，领悟其中相互关系及对于人生之关系，兼使练习观察，养成爱自然之心。

理科宜授习见之植物、动物、矿物及自然现象，使知重要之名称、形状、效用、发育及其相互关系，与对于人生之关系，进授物理化学上之重要现象、元素与化合物之性质、简易器械之构造、作用、人身生理卫生之大要。

理科务授以适切于农工、水产、家计等事项；在教授动植物时，尤宜使知该物制造品之制法及其效用。

教授理科务须实地观察或示以标本、模型、图画等,并施简易实验。

第八条 手工要旨在使儿童制作简易物品,养成勤劳之习惯。

初等小学校宜授纸豆、纽结、粘土、麦杆等简易细工。

高等小学校首宜依前项教授,渐进授以竹木、金属等细工。

教授手工宜说明材料之品类、性质及工具之用法,其材料取适用于本地者。

第九条 图书要旨,在使儿童观察物体,具摹写之技能,兼以养其美感。

初等小学校首宜授以单形,渐及简单形体,并使临摹实物或范本。

高等小学校首宜依前项教授,渐及诸种形体,并得酌授简易几何画。

教授图画宜就他科目已授之物体及儿童所常见者,令摹写之,并养其清洁缜密之习惯。

第十条 唱歌要旨,在使儿童唱平易歌曲,以涵养美感,陶冶德性。初等小学校宜授平易之单音唱歌。

高等小学校首宜依前项教授,渐增其程度,并得酌授简易之复音唱歌。

歌词、乐谱宜平易雅正,使儿童心情活泼优美。

第十一条 农业要旨,在使儿童知农事之大要,养成勤勉利用之习惯。

视地方情形授以农事或水产,或二者并授。

农事宜就土壤、水利、肥料、农具、耕耘、栽培及蚕桑、畜牧等,择与本土相宜,而为儿童所易解者授之。

水产宜就渔捞、养殖、制造等,择与本土相宜者授之。

教授农业须与地理、理科所授事项联络,并就本土农业实地指示，使其知识确实。

第十二条　缝纫要旨，在使儿童熟习通常衣服之缝法、裁法，兼养成节俭利用之习惯。

初等小学校首宜授运针法，继授简易之缝法、补缀法。

高等小学校首宜依前项教授，继渐及通常衣服之缝法、裁法、补缀法。

视地方情形得兼授西式裁法、缝法及洗濯法。

缝纫材料宜取常用之物，在教授时宜说明工具之用法、材料之品质及衣服之保存法、洗濯法。

第十三条　体操要旨，在使儿童身体各部平均发育，强健体质、活泼精神，兼成守规律、尚协同之习惯。

初等小学校首宜授适宜之游戏，渐加普通体操。

高等小学校宜授普通体操，仍时令游戏，男生加授兵式体操。

视地方情形，得在体操教授时间或时间以外，授适宜之户外运动或游泳。

第十四条　商业要旨，在使儿童知商事之大要，养成勤勉、信实之习惯。

商业宜就贸易、金融、运输、保险及其他商业要项，择与本土有关系为儿童所易解者授之。

教授商业须与国文、算术、地理、理科所授事项联络，兼授简易之商用簿记。

第十五条　英语要旨，在使儿童略解浅易之语言文字，以供处世之用。

英语首宜授发音及单词、短句，进授浅近文章之读法、书法、作法、语法。

英语读本宜取纯正而有趣味者，其程度宜与儿童知识相称。

教授英语宜以实用为主，并注意于发音，以正确之国文译解之。

第十六条　教授各科时，常宜指示本国固有之特色，启发儿童之爱国心、自觉心，并引起其审美观念。

第十七条　初等小学校各学年教授程度及每周教授时数，依第一表。缺手工、图画、唱歌、缝纫之一科目或数科目者，其每周教授时数可分加于他科目，并可减少总计时数一小时或二小时。

前项分加于他科目时数，在国文、算术每科每周以一小时为限。

第十八条　高等小学校各学年教授程度及每周教授时数，依第二表。加授商业者，可减去农业一科。

加授英语或别种外国语者，每周得减少他科目三小时，为其教授时数。

缺手工、唱歌、农业之一科目或数科目者，每周教授时数可分加于他科目，并可减少总计时数一小时或二小时。

前项分加于他科目时数，在国文、算术、英语每科每周以二小时为限。

第一表

学年\教科目	第一学年	每周教授时数	第二学年	每周教授时数	第三学年	每周教授时数	第四学年	每周教授时数
修身	道德之要旨	2	道德之要旨	2	道德之要旨	2	道德之要旨	2
国文	(发音)简单文字之读法、书法及日用文章之读法、作法、语法	10	简单文字之读法、书法及日用文章之读法、作法、语法	12	简单文字及日用文章之读法、书法、作法、语法	14	简单文字及日用文章之读法、书法、作法、语法	14
算术	二十数以内之数法、书法及加减乘除	5	百数以内之数法、书法及加减乘除	6	通常之加减乘除	6	通常之加减乘除、小数之读法、书法及其简易加减乘除等（珠算加减）	5
手工	简易细工	1	简易细工	1	简易细工	1	简易细工	1
图画			单形简单形体	1	单形简单形体	1	简单形体	男2 女1
唱歌	平易之单音唱歌	4	平易之单音唱歌	1	平易之单音唱歌	1	平易之单音唱歌	1
体操	游戏	4	游戏普通体操	3	游戏普通体操	3	游戏普通体操	3

续表

科目＼学年	第一学年	每周教授时数	第二学年	每周教授时数	第三学年	每周教授时数	第四学年	每周教授时数
缝纫					运针法 通常衣服之缝法	1	通常衣服之缝法、补缀法	2
总计		22		26		男28 女29		男28 女29

第二表

教科目＼学年	第一学年	每周教授时数	第二学年	每周教授时数	第三学年	每周教授时数
修身	道德之要旨	2	道德之要旨 民国法制大意	2	道德之要旨 民国法制大意	2
国文	日用文字及普通文之读法、作法	10	日用文字及普通文之读法、作法	8	日用文字及普通文之读法、作法	8
算术	整数、小数诸等数（珠算加减）	4	分数、百分算加减乘除（珠算乘除）	4	分数、百分算比例（珠算乘除）	4
本国历史	本国历史要略	8	本国历史之要略	3	本国历史之补习	3

续表

教科目	每周教授时数	第一学年	每周教授时数	第二学年	每周教授时数	第三学年
地理	3	本国地理之要略	3	本国地理之要略	3	外国地理之要略
理科	2	植物、动物、矿物及自然现象	2	植物、动物、矿物及自然现象	2	通常物理化学上之现象、元素与化合物简易器械之构造、作用及人身生理卫生之大要
手工	男2 女1	简易手工	男2 女1	简易手工	男2 女1	简易手工
图画	男2 女1	简单形体	男2 女1	简单形体	男2 女1	诸种形体
唱歌	2	单音唱歌	2	单音唱歌	2	单音唱歌
体操	3	普通体操、游戏、男兵式体操	3	普通体操、游戏、男兵式体操	3	普通体操、游戏、男兵式体操
农业			2	农事 水产之大要	2	农事 水产之大要

续表

学年\教科目	每周教授时数	第一学年	每周教授时数	第二学年	每周教授时数	第三学年
缝纫	2	通常衣服之缝法、补缀法	4	通常衣服之缝法、裁法、补缀法	4	通常衣服之缝法、裁法、补缀法
英语					(3)	读法、书法、作法、语法
总计	30		男30 女32		男30 女32	

农业改为商业时，可授以商事之大要。英语视地方情形，亦得自第二学年始。

（ ）系随意科符号

〔北洋政府教育部档案〕

3. 教育部公布高等小学校令①
(1915年7月31日)

大总统申令
兹制定高等小学校令公布之，此令。

　　大总统印
中华民国四年七月三十一日

　　　　　　　　　　　国务卿　徐世昌

教令第三十号

　　　　　　高等小学校令

第一条　高等小学校以增进国民学校之学业，完成初等普通之教育为宗旨。

第二条　高等小学校定为县立，其校数及位置由县知事定之，但须经该管长官之认可。

县立高等小学校之经费由县经费支给之。

第三条　各自治区已设国民学校，于足容本区学龄儿童确有余款时，得设立高等小学校。

二自治区以上，依前项之规定，得联合设立高等小学校。前二项高等小学校之经费，由自治区或关系自治区之经费支给之。

第四条　凡以私人之经费依本令规定所设立之高等小学校，称为私立高等小学校。

第五条　前二条高等小学校之设立、变更、废止，须经县知事之认可。

第六条　类于高等小学校之各种学校，适用前三条之规定。

---

①　此件经五年十月九日部令修正。

第七条　高等小学校修业年限为三年。

第八条　高等小学校之教科目为修身、读经、国文、算术、本国历史、地理、理科、手工、图画、唱歌、体操，男子加课农业，女子加课家事。

视地方情形，农业可以从缺或改为商业，并可加设外国语。

遇不得已时，手工、唱歌亦得暂缺。

第九条　高等小学校之增减科目，在县立者由县知事定之，在区立或私立者由区董或设立人报经县知事之认可。

第十条　高等小学校得设补修科。

关于补修科之细则，由教育总长定之。

第十一条　高等小学校之教科图书，适用教育部所审定者。

前项图书，关于同一教科目而有数种者，应由县知事招集各校校长会议择定。

补习科所用教科图书，由各学校校长择定。

第十二条　高等小学校之休业日，适用国民学校令第十八条之规定。

第十三条　高等小学校之教则，由教育总长定之。

第十四条　高等小学校之设备，适用国民学校令第二十至第二十二条之规定，但加课农业者应设农业实习场。

第十五条　高等小学校之入学儿童，以曾经国民学校毕业考为合格。

依照国民学校令第二十六条之规定，修毕国民学校之教科者，亦得入高等小学校。

第十六条　凡教授高等小学校之教科者，为本科正教员；专任手工、图画、唱歌、体操、农业、家事、外国语、商业之一科目或数科目者，为专科正教员，辅助正教员者为助教员。

第十七条　高等小学校教员，须在师范学校或教育总长指定之学校毕业，或经高等小学校教员检定委员会检定合格，并受有许可状者。

关于高等小学校教员检定之细则，由教育总长定之。

遇有特别情事，高等小学校教员不敷时，得以未受许可状者代用为高等小学校助教员。

第十八条　高等小学校校长，以本科正教员兼任之。

第十九条　高等小学校校长之任用，由县知事定之，并详报该管长官。

其教员之任用由校长定之，但须报经县知事之认可。

第二十条　高等小学校教员之俸额，由县知事依照教育总长所规定之标准定之。

第二十一条　高等小学校校长、教员，认为教育上不得已时，得加儆戒于儿童，但不得用体罚。

第二十二条　高等小学校校长有违背教育法令或怠废职务及有不名誉行为者，县知事应予以惩戒处分。

高等小学校教员有前项情事者、校长应详请县知事予以惩戒处分。

县知事认为必要时，虽未据前项详报，亦得施行惩戒处分。

本条所称惩戒处分，为训戒、减俸、免职三种。

第二十三条　私立高等小学校校长、教员，遇有前条第一项情事者，县知事得停止其职务。前条惩戒处分之减俸、免职及本条之停止职务，应详报该管长官。

第二十四条　受高等小学校教员许可状后，若犯左列各款之一，其许可状即为无效：

一、被处徒刑以上之刑未复权者。

二、失财产上之信用，被人控实尚未清结者。

第二十五条　受高等小学校教员许可状后，若有不正行为或其他玷污师资之行为，察其情状较重者，县知事得褫夺其许可状，但须详报该管长官。

第二十六条　高等小学校校长或教员有不服县知事所施之免职或停止职务、褫夺许可状等项处分者，得陈诉于该管长官。

第二十七条　高等小学校得征收学费。

征收学费规程，由教育总长定之。

第二十八条　本令第十七条第一项之施行期，视地方情形得展缓二年。

第二十九条　民国元年教育部颁行小学校令，关于高等小学校各条，自本令施行之日起即行废止。

第三十条　本令自公布日施行。

〔北洋政府教育部档案〕

4. 教育部公布国民学校令

（1915年7月31日）

国民学校令

第一章　总　　纲

第一条　国民学校施行国家根本教育，以注意儿童身心之发育，施以适当之陶冶，并授以国民道德之基础及国民生活所必需之普通知识技能为本旨。

第二条　国民学校由自治区负担设立者，名区立国民学校；由私人之经费设立者，名私立国民学校。

第三条　蒙养园及类于国民学校之各种学校，适用前条之规定。

第二章　设　　置

第四条　自治区设立国民学校，其校数以足容本区学龄儿童为准。

第五条　自治区设立国民学校时，得于本区内划分学区。

第六条　区立国民学校之校数、位置，经自治会议及学务委员会之协议，由区董陈请县知事定之。在单独制自治区，由区董咨询学务委员之意见，陈请县知事定之。学务委员会之规程，别以教令定之。

第七条　自治区之一学区内，如有不能于通学适宜之地域成立一国民学校者，区董得令邻近学区处理其一部分就学儿童之教育事务。邻近学区遇有不能处理前项教育事务时，县知事得令该区与邻近自治区组织学校联合设立国民学校，或将一部分就学儿童之教育事务委托于邻近自治区。

前项学校联合及委托事项之解除或停止，须经县知事之认可。

第八条　地方自治试行条例第二条第六项缓设自治区地方，其就学儿童之教育事务，由县知事处理之。

第九条　自治区因特别情事，于应设国民学校之校数一时未能全设者，县知事得令该区暂以私立国民学校代用之，但须详经该管长官之认可。

代用国民学校规程，由教育总长定之。

第十条　私立国民学校之设置，须经县知事之认可，其废止及变更时亦同。

第十一条　蒙养园及类于国民学校之各种学校，适用前条之规定。国民学校得附设蒙养园及类于国民学校之各种学校。

第三章　教科及编制

第十二条　国民学校修业期限为四年。

第十三条　国民学校之教科目为修身、国文、算术、手工、图画、唱歌、体操，女子加课缝纫。遇不得已时，可暂阙手工、图画、唱歌之一科目或数科目。

第十四条　国民学校得设补修科。

关于补修科之细则，由教育总长定之。

第十五条　国民学校之教科目除修身、国文、算术外，其他科目有因儿童体质所不能学习者，得免其学习。

第十六条　国民学校之增减科目，在区立者由区董报经县知事之认可，在私立者由设立人报经县知事之认可。

补习科之设置与废止时，应照前项办理。

第十七条　国民学校之教科图书，须用教育部所编行或经教育部审定者。

前项图书，关于同一教科目而有数种者，应由县知事招集各校校长会议择定。

补修科所用教科图书，由各学校校长择定。

第十八条　国民学校之休业日，除日曜日外，每年不得过九十日。补修科不在此限。

遇传染病预防或非常灾变时，区董得命临时闭校，但须陈报县知事。除前项外，遇有急迫情事，校长得临时闭校，但须报由区董转陈县知事。

第十九条　关于国民学校教则及编制之细则，则由教育总长定之。

第四章　设　备

第二十条　国民学校应设备校地、校舍、校具及体操场、学校园。视地方情形，可暂阙学校园。

第二十一条　国民学校之校地、校舍、校具、体操场等，除非常灾变外，不得作为他用。

第二十二条　关于国民学校设备之细则，县知事依照教育总长所规定之程式定之。

第五章　就　学

第二十三条　儿童自满六周岁之翌日始，至满十三岁止，凡七年，为学龄。

儿童达学龄之日后，以最初学年之始，为就学始期，以国民学校毕业之时，为就学终期。

学龄儿童之父母或其监护人，自儿童就学之始期，至于终期，有使之就学之义务。

第二十四条　学龄儿童如以疯癫、白痴或残废不能就学者，区董报经县知事认可后，得免除其父母或监护人之义务。

学龄儿童如以病弱或发育不完及其他不得已之情事，达就学期而未能就学者，区董报经县知事认可后，得展缓其就学。

区董认学龄儿童之父母或其监护人，实以贫困不能使儿童就学时，得照前项办理。

第二十五条　学龄儿童未经国民学校毕业而为人佣役者，其主人不得因其为佣而妨其就学。

第二十六条　学龄儿童之父母或其监获（护）人，应令儿童就学于区立国民学校或代用国民学校；但经区董之认可，得令其在家庭或他处肄习国民学校之教科。

就学于国立或省、道、县立各学校之附属国民学校者，与就学于区立国民学校无异。

第二十七条　儿童年龄未达就学始期者，不得令入国民学校。

第二十八条　国民学校校长，察知儿童中有患传染病或有可虞之情状者，或性行不良有妨他儿童之教育者，得停止其出席。

第六章　职　员

第二十九条　凡担任国民学校全部教科之教授者，为正教员。

因特别情事，正教员亦得不担任手工、图画、唱歌、体操、缝纫之一科目，或数科目。

专任手工、图画、唱歌、体操、缝纫之一科目或数科目者，为专科教员。补助正教员者，为助教员。

第三十条　国民学校教员须在师范学校，或教育总长指定之学校毕业或经国民学校教员检定委员会检定合格，而受有许可状者。国民学校教员检定规程，由教育总长定之。

第三十一条　遇有特别情事时，得以未受许可状者代用，为国民学校助教员。

关于代用教员之细则，由教育总长定之。

第三十二条　国民学校校长以正教员兼任之，但在四级以上之学校，得变通之。

第三十三条　区立国民学校校长之任用，由区董陈由县知事定之，其教员之任用，由校长定之，但须报由区董转陈县知事。

第三十四条　区立国民学校教员之俸额及其他给与诸费并支给方法，别以教令定之。

第三十五条　国民学校校长、教员认为教育上不得已时，得加儆戒于儿童，但不得用体罚。

第三十六条　区立国民学校校长有违背教育法令或怠废职务，及有不名誉行为者，区董应陈请县知事，予以惩戒处分。

区立国民学校教员有前项情事者，校长得报由区董陈请县知事予以惩戒处分。

县知事认为必要时，虽未据陈报，亦得施行惩戒处分。

本条所称惩戒处分，为训戒、减俸、免职三种。

第三十七条　私立国民学校校长、教员遇有前条第一项情事者，县知事得停止其职务。

前条惩戒处分之减俸、免职及本条之停止职务，应详报该管长官。

第三十八条　受国民学校教员许可状后，若犯左列各款之一，其许可状即为无效：

一、被处徒刑以上之刑，未复权者。

二、失财产上之信用，被人控实尚未清结者。

第三十九条　受国民学校教员许可状后，若有不正行为或其他玷污师资之行为，察其情状较重者，县知事得褫夺其许可状，但须详报该管长官。

第四十条　国民学校校长或教员有不服县知事所施之免职或

停止职务,褫夺许可状等项处分者,得陈诉于该管长官。

第七章 经 费

第四十一条 区立国民学校之经费,由自治区负担之,其概目如左:

一、设备费及维持费;

二、职员薪俸及其他给与诸费;

三、校内杂费。

关于学校联合及委托儿童教育事务之经费,适用前项之规定。

第四十二条 县知事认为自治区财力于担任前条所列之经费有未足时,应由县予以补助。

第四十三条 缓设自治区地方,其就学儿童教育事务之经费有未足或不能负担时,应由县予以补助或以县经费支给之。

第四十四条 地方最高级行政长官认为县之财力不能担任第四十二第四十三条之经费时,应由省或特别区域予以补助。

第四十五条 区立国民学校不征收学费,但视地方特别情形,经县知事之认可得征收之。

征收学费之细则,由教育总长定之。

第四十六条 区立国民学校之学费作为自治区之收入。

第八章 管理及监督

第四十七条 区董承县知事之指挥,管理本区之教育事务。

第四十八条 学务委员辅佐区董管理本学区之教育事务。

第四十九条 区立国民学校校长、教员所执行之教育事务,由县知事监督之。

第五十条 私立国民学校由县知事监督之。

第九章 附 则

第五十一条 本令第三十条之施行期,视地方情形得展缓三年以内。

第五十二条　自治区未成立地方，本令第五条划分学区事项，第四十一条担任经费事项，由县知事处理之。

自治区未成立地方，本令第六、第七条及第十六、第十八、第二十四、第二十六、第三十三、第三十六、第四十七条所有属于区董之职务，由县知事遴委学务委员任之。

第五十三条　未设县治地方，关于就学儿童教育事务之处理，由地方长官咨陈教育总长定之。

第五十四条　京师地方就学儿童之教育事务，由教育部所属京师学务局处理之。

第五十五条　民国元年教育部颁行之小学校令，关于初等小学校各条，自本令施行之日起，即行废止。

从前设立之初等小学校，一律改称国民学校。

第五十六条　本令自公布日施行。

〔北洋政府教育部档案〕

5．教育部关于义务教育施行程序呈暨大总统批令
（1915年4月13日）

教育部呈准义务教育施行程序呈

呈为拟具义务教育施行程序缮折具呈，仰祈钧鉴事：本年一月一日，奉大总统申令：文明各邦皆历行义务教育制度，其学区分配即就各区内学龄儿童人数，分担其延师设学之资。吾国亦定初等小学四年为义务教育年限，但国民罕知义务，往往放弃其青年可贵之光阴。今将以教育普及为期，必使人人有自治之精神，而去其依赖之性质；即私家学塾能合乎教授管理之法，亦当与各学校受同一之制裁。而入手办法，则有二端：师范者，中小学所以出，宜极力整顿，以造就良师；课本者，各学校所通行，宜从速编订，以划一学制，着教育部切实筹办，并将义务教育原理分

投演说，俟物力稍有余裕，即将各级学校依次扩充，等因。复于一月二十二日承准国务卿函交大总统发下教育纲要折一件，伏查总统申令第一条内开：施行义务教育，宜规划分年筹备办法，务使克期成功，以谋教育普及等语。仰见大总统兴学治本之至意，钦服莫名。窃维筹备义务教育端绪纷繁，固须急起直追，尤宜循序渐进。当著手之初，要在督促地方兴学，至学龄儿童人人有就学之地，然后再行颁布强迫条例，庶收整齐划一之效，无扞格难行之虞。化龙率同部员详细讨论，体察本国情形，参酌列邦学制，拟定义务教育施行程序三十一条，内分两期办理。第一期拟办事项：为颁布各项规程暨调查各地教育现状，一以规定义务教育根本之要则，为办学之准绳，一以察核义务教育最近之状况，为整理之根据。第二期拟办事项：约分地方及中央为两部分，关于地方者，为师资之培养，经费之筹集，学校之推广；关于中央者，为核定各地陈报之办法，并通筹全国义务教育进行之程限要之，第一期主在筹备；第二期重在设施。循是以图，计日并进，庶几国民教育可以逐渐普及。所有拟具义务教育施行程序各事项是否有当，理合缮具清折呈请大总统鉴核训示施行。谨呈

中华民国四年四月三十日

五月三日奉

大总统批令 呈悉。准如所拟分别次第呈请办理，折存。此批。

义务教育施行程序

第一期应办事项

拟自本项程序颁行之日起，至本年十二月为第一期，所有本期内应办事项如左：

一、修正小学校令。

二、拟订地方学事通则。

三、拟订地方学务委员会及劝学所规程。

四、拟订小学基金及补助金规程。

五、拟订小学校职教员任用待遇及俸给等项规程。

六、拟订地方官吏及兴学人员考成法。

以上各项，拟由部拟具草案，分别呈请核定公布。

七、拟订第一项至第六项之施行细则。

八、修正师范学校规程。

九、拟订私立小学认许及代用小学规程。

十、拟订检定小学教员规程。

十一、修正审查教科图书规程。

以上各项，拟由部拟具草案，呈请核定交部施行。

十二、调查全国小学校数及已未入学之学童数。

十三、调查私塾及现有塾师及入塾儿童数。

十四、调查小学经费数。

十五、调查现有小学教员数。

十六、调查其他关于教育之各事项。

以上各项，拟由部规定各种表式，列具事项，规定程限，以次通咨各地行政长官按照调查。

十七、规定调查学龄儿童办法。

以上一项，拟由部咨商内务部及各地行政长官，妥订办法呈请核定施行。

第二期应办事项

拟自前项规程表册颁布之日始，至民国五年十二月为第二期，所有本期内应办事项如左：

一、学务委员会及劝学所之设置。

二、分划学区。

三、筹集经费。

四、调查第一期内部行事项，以次报告。

五、检定小学教员。

六、筹备各属应需小学教员。

七、整理私立小学及代用小学。

八、筹备各学区递年设学办法。

以上各项,拟由部咨行各地行政长官查照办理。

九、核定各省及各特别区域义务教育办法,并确定递年进行之程限。

十、通筹全国应需小学教员及其次第养成之方法。

十一、确定全国小学基金。

十二、颁布部编教科书。

十三、颁布学龄儿童登记簿式。

十四、拟订督促就学办法,呈请特申明令以次施行。

以上各项,拟由本部按照定期分别办理。

〔北洋政府教育部档案〕

6. 教育部公布高等小学校令施行细则令

(1916年1月8日)

高等小学校令施行细则

第一章 教科及编制

第一节 教 则

第一条 高等小学校应遵照高等小学校令第一条之宗旨教育儿童。

国民学校令施行细则第一条第二项至第七项,高等小学校均适用之。

第二条 修身、读经、国文、算术、手工、图画、唱歌、体操等各科目之要旨及教授上注意事项,适用国民学校令施行细则第二条至第九条之规定。

修身宜就国民学校令施行细则第二条第二项之要旨扩充之。读经宜遵照教育纲要讲授论语。

国文宜依国民学校令施行细则第四条第二项之规定，渐及普通文之读法、书法、作法，并使练习语言。

算术宜就国民学校令施行细则第五条第二项之要旨扩充之，渐进授以百分算、比例，并得酌授日用簿记之要略。

手工宜依国民学校令施行细则第六条第二项之规定，渐进授以竹木金属等制作及简易之制图。

图画宜依国民学校令施行细则第七条第二项之规定，渐及诸种形体，并得酌授简易几何画。

唱歌宜依国民学校令施行细则第八条第二项之规定，渐增其程度，并得酌授简易之复音唱歌。

体操宜授普通体操，仍兼课游戏，男生加授兵式体操。

第三条　本国历史要旨，在使儿童知国体之大要，兼养成国民之志操。

本国历史宜略授黄帝开国之功绩，历代伟人之言行，亚东文化治体之渊源，与近百年来中外之关系。

教授本国历史宜用图画，标本、地图等物，使儿童想见当时之实况，尤宜与修身所授事项联络。

第四条　地理要旨，在使儿童略知地球表面及人类生活之状态，本国国势之大要，以养成爱国之精神。

地理首宜授本国之地势、气候、区划、都会、物产、交通以及地球之形状运动等，进授各洲地志之梗概，并重要各国之都会物产等，兼授本国政治、经济上之状态，及对于外国所处之地位。

教授地理宜先注意于乡土之观察，以引起儿童之兴味及其爱乡思想，并示以地图、标本、影片、地球仪等物，使具有确定之知识，尤宜与历史、理科所授事项联络，并使儿童填注暗射地图及习绘地图。

第五条 理科要旨，在使儿童略知天然物及自然现象，领悟其中相互关系及对于人生之关系，兼使练习观察，养成爱自然之心。理科宜授习见之植物、动物、矿物及自然现象，使知重要之名称，形状、效用、发育及其相互关系，与对于人生之关系；进授物理、化学上之重要现象，元素与化合物之性质，简易器械之构造、作用，人身生理卫生之大要。

理科务授以适切于农事、水产、工业、家事等项，在教授动植物时，尤宜使知该物加工品之制法及其效用。

教授理科务须实地观察，或示以标本、模型、图画等，并施简易实验。

第六条 农业要旨，在使儿童知农业之大要，养成勤勉利用之习惯。视地方情形，授以农事、森林或水产。

农事宜就土壤、水利、肥料、农具、耕耘、栽培及蚕桑、畜牧等，择与本土相宜，而为儿童所易解者授之。

森林宜就森林之管理、保护、利用及林产之制造等，择与本土相宜，而为儿童所易解者授之。

水产宜就渔捕、养殖、制造等，择与本土相宜者授之。

教授农业须与地理、理科所授事项联络，并注重实地指示，使其知识确实。

第七条 商业要旨，在使儿童知商事之大要，养成勤勉信实之习惯。

商业宜就贸易、金融、运输、保险及其他商业要项，择与本土有关为儿童所易解者授之。

教授商业须与国文、算术、地理、理科所授事项联络，兼授简易之商用薄记。

第八条 外国语要旨，在使儿童略识外国语文，以供实用。

外国语首宜授发音，进授单词、短句之读法、书法、作法、语法。

外国语读本宜取纯正而有趣味者,其程度宜与儿童知识相称。

教授外国语宜以切用为主,并注意于发音,以正确之国文译解之。

第九条 家事要旨,在使儿童习得家事整理上之必要知识技能,并养成勤俭、周密、整洁之习惯。

家事宜授以缝纫及其他家事大要。

第十条 各学年教授程度及每周教授时数,依照左表:

教科目 \ 学年	每周教授时数	第一学年	每周教授时数	第二学年	每周教授时数	第三学年
修身	2	道德之要旨	2	道德之要旨	2	道德之要旨中国法制大意
读经	3	讲授论语	3	讲授论语	3	讲授论语
国文	10	日用文字及普通文之读法、作法	8	日用文字及普通书文之读法、作法	8	日用文字及普通书文之读法、作法
算术	4	整数、小数、诸等数（珠算加减）	4	分数、百分算（珠算加减乘除）	4	分数、百分数比例（珠算加减乘除）
本国历史	1	本国历史之要略	2	本国历史之要略	2	本国历史之补习
地理	1	本国地理之要略	2	本国地理之要略	2	外国地理之要略
理科	2	植物、动物、矿物及自然现象	2	植物、动物、矿物及自然现象	2	通常物理化学上之现象、元素化合物之构造之简易作用、器械人身生理卫生之大要

续表

教科目\学年	每周教授时数	第 一 学 年	每周教授时数	第 二 学 年	每周教授时数	第 三 学 年
手 工	男2 女1	简易手工	男2 女1	简易手工	男2 女1	简易手工
图 画	男2 女1	简单形体	男2 女1	简单形体	男2 女1	诸种形体
唱 歌	2	单音唱歌	2	单音唱歌	2	单音唱歌
体 操	3	普通体操、游戏、男兵式体操	3	普通体操、游戏、男兵式体操	3	普通体操、游戏、男兵式体操
农 业			2	农事、森林、水产之大要	2	农事之大要 森林之大要 水产之大要
家 事	2	缝纫	4	缝纫 家事大要	4	缝纫 家事大要
外 国 语			(2)	读法、书法、作法、语法	(2)	读法、书法、作法、语法
总 计	32		34		34	

474

农业改为商业时，可授以商事大要。外国语视地方情形，亦得自一学年始。

（ ）系随意科符号

加授商业者，可减去农业一科。

加授外国语者，每周得减少他科目二小时，为其教授时数。

手工、农业得视特别情形，酌加时间。

缺手工、唱歌、农业之一科目或数科目者，每周教授时数可分加于他科目，并可减少总计时数一小时或二小时。

前项分加于他科目时数，在国文、算术、外国语，每科每周以二小时为限。

第十一条　高等小学校编制数学年之儿童为一学级时，得依同一之程度教授全部或一部之儿童。

第十二条　高等小学校校长应详定各教科目之教授细目。

第十三条　高等小学校校长于修业年限之终，认为修毕各教科之生徒，应授以毕业证书。

第二节　编　制

第十四条　高等小学校之学级数，须在十学级以下。遇有特别情事，得不依前项之制限，但在县立者，须由县知事报经该管长官之认可；在区立或私立者，须由区董或设立人报经县知事之认可。

高等小学校得设分校，其学级数须在二学级以下。

第十五条　高等小学校一学级之儿童数，须在六十人以下；但依特别情事得增至七十人。

第十六条　高等小学校或其分校，应分别男女各编学级。

第十七条　修身、读经、手工、唱歌、家事、农业、商业，得合数学级全部或一部之儿童，同时教授之；但手工、家事、农业、商业在儿童数超过七十人时，仍应分级教授。

第十八条　高等小学校各学级，应置本科正教员一人。

依地方情形，得于每二学级置本科正教员一人，助教员一人，助教员承正教员之指挥教授儿童。

第十九条　凡三学级以上之高等小学校，得置本科正教员或助教员一人，补助校长所担任之教授。

第二十条　高等小学校得酌设专科正教员。

第二十一条　补修科之学级数，在第十四条规定制限之外，但其教授时数定入正教科教授时数之内者，不在此限。

第二十二条　全校儿童编为一学级者，为单级高等小学校，编为二学级以上者，为多级高等小学校。

第二十三条　高等小学校学级之编制或变更时，在县立者，应由县知事陈报该管长官；在区立或私立者，应由区董或设立人陈报县知事。

第三节　补修科

第二十四条　高等小学校补修科，以使高等小学校毕业生并有同等以上之学力者，补修或增进高等小学校之学业为目的。

前项关于补修科之教科目，修业年限及教授时日，每周教授时数，须由管理人或设立人报经该管长官之认可。

第二十五条　国民学校令施行细则第二十九至三十五条，高等小学校均适用之。

第二十六条　高等小学校补修科之学级，不得合男女生编制之。

第二章　设备程式

第二十七条　国民学校令施行细则第三十七第三十八条，高等小学校均适用之。

第二十八条　区立或私立高等小学校校舍之建筑，改造及校地之选定或变更时，管理人或设立人，应报经县知事之认可。

第三章　职　员

第二十九条　国民学校令施行细则第五十七至六十条及第六

十二条，高等小学校均适用之。

第三十条　高等小学校校长、教员，不得擅离职务及职务上应住之地。

第三十一条　高等小学校教员有不敷时，管理人经该管长官之认可，得采用代用教员。

私立高等小学校采用代用教员时，应由设立人陈报该管长官。

第三十二条　前条代用教员，须经地方最高级行政长官之考验，与助教员有相当之程度者。

第三十三条　本细则中关于助教员职务事项，代用教员准用之。

第四章　学　费

第三十四条　高等小学校征收学费，每月不得过银圆五角。有特别情事时，管理人经该管长官之认可，得酌定期限征收前项制限外之学费。

第三十五条　国民学校令施行细则第六十九条第一项之规定，高等小学校适用之。

第三十六条　本章之规定，私立高等小学校不适用之。

第五章　附　则

第三十七条　本细则自洪宪元年八月一日施行。

第三十八条　已设之高等小学校，对于现在第三学年儿童之教科，得仍照前例至修毕为止。

第三十九条　高等小学校有不能依照第十八条之规定办理者，自洪宪元年九月一日起，五年之内，得于每三学级置本科正教员一人，助教员二人。

已设之高等小学校，除第十八条关于设置教员之规定外，如有特别情事，其编制不符于第一章第二节之规定者，得由管理人酌定期限变通办理，但须经该管长官之认可。

第四十条　高等小学校已设之补修科，当第一章第三节施行之际，对于现在修业之儿童，得仍照前例至修毕为止。

第四十一条　民国元年部颁学校征收学费规程第二条，与小学校教则及课程表关于高等小学校各项之规定，由本细则施行之日起，即行废止。

〔北洋政府教育部档案〕

7. 教育部公布国民学校令施行细则令
（1916年1月8日）

国民学校令施行细则
第一章　教科及编制
第一节　教　则

第一条　国民学校应遵国民学校令第一条之本旨教育儿童。

儿童身心宜期其发达健全，凡所教育必适合儿童身心发达之程度。

体育、智育、情育、志育均宜并重，以锻炼儿童之能力。

凡与国民道德相关事项，无论何种科目，均应注意指示。智识技能宜择国民生活上所必需者教授之，务令反复熟习，应用自如。

对于男女诸生，应注意其特性及将来生活，施以适当之教育。

各科目教授之目的、方法，务使正确，并宜互相联络，以资辅助。

第二条　修身要旨，在遵照教育纲要，涵养儿童之德性，导以实践。

宜就孝悌、忠信、亲爱、义勇、恭敬、勤俭、清洁诸德，择其切近易行者授之，渐及于对社会、对国家之责任，以激发进取之志气，养成爱国爱群之精神。

对于女生尤须注意于贞淑之德，并使知自立之道。

教授修身宜以嘉言懿行及谚辞等指导儿童，使知戒勉，兼演习礼仪。

第三条　读经要旨，在遵照教育纲要，使儿童熏陶于圣贤之正理，兼以振发人民爱国之精神。

宜按照学年程度讲授孟子大义，务期平正明显，切于实用，勿令儿童苦其繁难。

第四条　国文要旨，在使儿童学习普通语言文字，养成发表思想之能力，兼以启发其智德。

首宜正其发音，使知简单文字之读法、书法、作法，渐授以日用文章，并使练习语言。

读本文章宜取平易切用可为模范者，其材料就各科内择其富有趣味及为生活所必需者用之。

女子所用读本宜加入家事要项。

国文作法宜就读本及他科目已授事项或儿童日常闻见与处世所必需者，令记述之，其行文务求简易明瞭。

书法所用字体为楷书及行书。

教授国文务求意义明瞭，并使默写短句、短文或就成句改作，俾读法、书法、作法联络一致，以资熟习。

凡语言文字在教授他科目时，亦宜注意练习。

遇书写文字务使端正敏捷，不宜潦草。

第五条　算术要旨，在使儿童熟习日常之计算，增长生活必需之知识，兼使思虑精确。

首宜授十数以内之数法、书法及加减乘除，渐及于百数以内，更进至通常之加减乘除，并授简易之小数、分数诸等数加减乘除。算术宜用笔算，兼及珠算。

教授算术务令解释精审，演算纯熟；又宜说明演算之方法、理由，尤宜令熟习心算。

算术问题宜择他科目已授事项或参酌地方情形，切于实用者用之。

第六条　手工要旨，在使儿童制作简易物品，养成勤劳之习惯，审美之趣味。

宜授纸、丝、粘土、麦秆、竹木等简易制作。

教授手工宜说明材料之品类、性质及工具之用法，其材料取适用于本地者。

第七条　图画要旨，在使儿童观察物体，具摹写之技能，兼以养其美感。

首宜授以单形，渐及简单形体，并使临摹实物或范本。

教授图画宜就他科目已授之物体及儿童所常见者，令摹写之，并养其清洁缜密之习惯。

第八条　唱歌要旨，在使儿童唱平易歌曲，以涵养美感，陶冶德性。宜授平易之单音唱歌。

歌词、乐谱宜平易雅正，使儿童心情活泼优美。

第九条　体操要旨，在使儿童身体各部平均发育、强健体质，活泼精神，兼养成守规律、尚协同之习惯。

首宜授适宜之游戏，渐加普通体操。

视地方情形，得在体操教授时间或时间以外，授适宜之户外运动或游泳。

体操时所习成之姿势，务宜恒久保持。

第十条　缝纫要旨，在使儿童熟习通常衣服之缝法、裁法，兼养成节俭利用之习惯。

首宜授运针法，继授简易之缝法、补缀法。缝纫材料宜取常用之物，在教授时宜说明工具之用法，材料之品质及衣服之保存法、洗濯法。

第十一条　教授各科时，常宜指示本国固有之特色，启发儿童爱国自觉之心，并引起其审美观念。

第十二条 国民学校各学年教授程度及每周教授时数，依第一号表。

缺手工、图画、唱歌、缝纫之一科目或数科目者，其每周教授时数可分加于他科目，并可减少总计时数一小时或二小时。

前项分加于他科目时数，在国文、算术每科每周以一小时为限。视地方情形，得酌加手工时间。

第十三条 国民学校施二部教授时，其教科目之每周教授时数，各部须在十八小时以上，但在第一、第二学年，得减至十二小时。前项每周教授时数，由管理人或设立人定之，但须经县知事之认可。

第十四条 国民学校编制数学年之儿童为一学级时，得依同一之程度教授全部或一部之儿童。

第十五条 国民学校校长应详定各教科目之教授细目。

第十六条 国民学校校长于修业年限之终，认为修毕各教科之生徒，应授以毕业证书。

第二节 编 制

第十七条 国民学校之学级数，须在十二学级以下。

有特别情事时，区立者由区董、私立者由设立人，经县知事认可后，得变通之。

依特别情事设分校时，其学级数以四学级为限，不在第一项制限之内。

第十八条 一学级之儿童数，须在六十人以下，但有特别情事，得增至七十人。

第十九条 国民学校或其分校，同学年之女生数足敷编制一学级时，应分别男女各编学级，但第一、第二学年不在此限。

第二十条 修身、读经、手工、唱歌、体操、缝纫得合数学级全部或一部之儿童，同时教授之，但手工缝纫之儿童数，至多不得逾六十人。

第二十一条　国民学校或分校遇有左列各款之一者，得将全部或一部之儿童，分前后二部教授。

一、每学级不能置一正教员者。

二、校舍不能同时收容儿童者。

三、儿童就学上，教授上有特别之必要者。

第二十二条　国民学校各学级应置正教员一人。

依地方情形，得于每二学级置正教员一人，助教员一人。助教员承正教员之指挥教授儿童。

有特别情事时，依前项规定外，得更置助教员，使之辅助教授。依前条规定分二部教授时，每前后二学级以置正教员一人为常例。

第二十三条　凡四学级以上之国民学校校长担任教授者，得置正教员或助教员一人，辅助其教授。

第二十四条　国民学校得酌置专科教员。

第二十五条　补修科之学级数在第十七条规定制限之外，惟其教授时数定入正教科教授时数之内者不在此限。

第二十六条　全校儿童编为一学级者，为单级国民学校；编为二学级以上者，为多级国民学校。

第二十七条　国民学校学级之编制或变更时，管理人或设立人应即陈报县知事。

第三节　补修科

第二十八条　补修科以使国民学校毕业或与之有同等以上之学力者补修或增进国民学校之学业为目的。

第二十九条　补修科之教科目，由管理人或设立人定之。

依前项规定所定之教科目，管理人或设立人得定为随意科目。

第三十条　授补修科之教科，应加课切于本地业务之事项。

第三十一条　补修科之修业年限为二年以下，由管理人或设立人酌定之。

第三十二条　补修科之教授，得选一定季节行之。

第三十三条　补修科之教授日，教授时间及每周教授时数，由管理人或设立人斟酌儿童之便宜定之。

第三十四条　补修科之教场，得设于正教科校舍之外。

第三十五条　补修科之教授，应令正教科之教员或代用教员任之。

补修科之教授时数定在正教科教授时数之内者，不适用前项之规定。

有特别情事时，得变通前二项之规定。

第三十六条　依第二十九条第一项、第三十一、第三十三条办理时，须经县知事之认可。

第二章　设备程式

第三十七条　校地、校舍、体操场、学校园及校具，均须与学校规模相符。

校地宜择无害于道德、卫生，且便儿童之通学。

校舍宜质朴坚固，适于教授管理卫生。

第三十八条　依地方情形，得设教员之住宅。

第三十九条　校舍之新筑、增筑、改筑或私立国民学校校地之选定、更变时，应由管理人或设立人报经县知事之认可。

第三章　就　　学

第四十条　区董每年调查该区儿童，遇有至本年八月达就学始期者，应照第二号表式于五月终编制学龄簿，但依学校学年、学期及修业日期规程第一条第二项以四月为学年开始者，应于上年十二月终编制学龄簿。

第四十一条　区董编制学龄簿后，至七月三十一日止，如有至本年八月达就学始期之儿童来住该区者，应即登载学龄簿内，其以四月为学年开始者，至三月三十一日止，有达就学始期之儿童来住该区者，赤应登载学龄簿。

区董遇有在就学期间之儿童来住该区者，应即将其就学始期登载于该区同一年之学龄簿。

登载学龄簿内之儿童，遇有左列各款之一者，区董应即注销；但因第二款之情事注销时，须将学龄簿之誊本通报移居地之区董。

一、儿童死亡者。

二、儿童移居该区之外者。

三、儿童之居所不明，逾一年以上者。

前二项外，学龄簿所载事项没有变动，应随时增删订正。

第四十二条　区董令儿童入学于区立国民学校，应预定日期通知儿童之父母，或其监护人。

前项通知时，区立国民学校有二所以上者，区董得指入某校；但儿童之父母或其监护人亦得择入他校声报区董。

第四十三条　依前条规定，业经通知之儿童姓名及入学日期，区董应通知该学校校长，通知后，就学有变动者亦同。

第四十四条　凡应就学之儿童及其父母或监护人，遇有国民学校令第二十四条所列事项，陈请免除义务或暂缓就学时，除贫困一项外，须附送医生之证明书。

第四十五条　暂缓就学之期，以一年以下为限。

第四十六条　依国民学校令第二十六条第一项但书之规定，区董有监督其教育之责；认为必要时，得就儿童试验之。

第四十七条　区董对于前条儿童教育认为不当时，应依国民学校令第二十六条第一项但书之规定，撤销所予之认可。

第四十八条　儿童之父母或其监护人，欲令儿童入学于他处区立国民学校、或省道具立之附属学校、预备学校、肄习国民学校之教科者，应将该校管理人或校长之承认书，陈报该管区董。

第四十九条　区立国民学校校长每届学年之始，应照第三号表式编制入学儿童学籍簿。

学籍簿内之入学儿童有变动时，应随时订正。

第五十条　区立国民学校校长应设在学儿童考勤簿，注明其出席缺席。

第五十一条　区立国民学校校长遇有依照第四十三条之规定业经通知之儿童，已过入学期七日而尚未入学者，应将儿童姓名报告该管区董。

第五十二条　校长遇有在学儿童并无正当理由连续缺席七日者，应即告知其父母或监护人督令出席，如仍连续缺席七日以上，应即报告该管区董。

第五十三条　区董依前二条之规定接受报告时，应即督促儿童之父母或其监护人，速令儿童就学出席，依前项之规定督促至二次以上，儿童仍不就学出席者，区董应陈报县知事。

第五十四条　县知事依前条第二项之规定接受报告时，应即督促儿童之父母或其监护人，速令儿童就学出席。

第五十五条　区立国民学校校长应于每学年终，将该年毕业儿童之姓名报告该管区董。

第五十六条　依第四十八条及国民学校令第二十六条第一项但书之规定，儿童于应入学校外肄习国民学校之教科者，无论其已经毕业或未毕业而退学、废学时，应由该校长或其父母及监护人陈报该管区董。

第四章　职　员

第五十七条　校长、教员应遵照法令规程，诚实服务。

第五十八条　校长整理校务，督率所属职员。

第五十九条　正教员担任儿童之教育，并掌教育所属事务。

第六十条　助教员辅理正教员之职务。

第六十一条　区立国民学校校长、教员，应在该校所在之区内居住；但经该管区董之认可者不在此限。

校长、教员不得擅离职务及职务上应住之地。

第六十二条　校长及教员不得任营利目的之业务。

第六十三条　区立国民学校教员有不敷时，区董经县知事之认可，得采用代用教员。

私立国民学校采用代用教员时，应由设立人陈报县知事。

第六十四条　前条代用教员须经县知事之考验，与助教员有相当之程度者。

第六十五条　本细则本章规定中，关于助教员者代用教员准用之。

第五章　学　费

第六十六条　国民学校征收学费者，每月以银圆二角以下为限，其定数须经县知事之认可。

第六十七条　有特别情事时，区董经县知事之认可，得酌定期限征收前条制限外之学费。

第六十八条　国民学校补修科之学费，由区董定之，但须报经县知事之认可。

第六十九条　国民学校学费，不得以学年不同之故分别多寡。

第七十条　对于他自治区来学之儿童，得于第六十六条制限内增收学费，惟依国民学校令第七条之规定，属于委托者不在此限。

第七十一条　对于贫困不能缴纳学费者，管理人应免除其学费之一部或全部。

家有儿童二人以上同时入国民学校者，管理人得酌减其学费。

第七十二条　本章之规定，私立国民学校不适用之。

第六章　蒙养园及类于国民学校之各种学校

第七十三条　蒙养园以保育满三周岁至入国民学校年龄之幼儿为目的。

第七十四条　保育幼儿务令其身心健全发达，得良善之习惯。以辅助家庭教育。

幼儿之保育，须与其身心发达之度相符，不得授以难解事项及令操过度之业务。

幼儿之心情容止宜常注意使之端正，并示以良善之事例，令其则效。

第七十五条　保育之项目，为游戏、唱歌、谈话、手艺。

第七十六条　保育之时数，由管理人或设立人定之，报经县知事之认可。

第七十七条　蒙养园得置园长。

第七十八条　蒙养园保育幼儿者，为保姆。

保姆须女子，有国民学校正教员或助教员之资格，或经检定合格者充之。

前项之检定，由国民学校教员检定委员会行之。

第七十九条　蒙养园长及保姆之任用惩戒，依国民学校教员之例。

区立蒙养园长及保姆之俸额及其他给与诸费，县知事依照国民学校教员之规定，参酌地方情形定之。

第八十条　蒙养园之幼儿数，须在百人以下；但有特别情事者得增至百六十人。

第八十一条　保姆一人所保育之幼儿数，须在三十人以下。

第八十二条　蒙养园应设备游戏园、保育室、游戏室及其他必要诸室，室以平屋为宜。

恩物、绘画、游戏用具、乐器、黑板、桌椅、钟表、寒暑表、暖房器及其他必要器具，均须齐备。

第八十三条　盲哑学校及其他类于国民学校之各种学校，得置校长。

第八十四条 盲哑学校及其他类于国民学校之各种学校教员，须有国民学校教员之资格，或经检定合格者充之。

第八十五条 盲哑学校及其他类于国民学校之各种学校，其校长教员之任用惩戒等项，依国民学校教员之例。

区立盲哑学校及其他类于国民学校之各种学校，其校长、教员之俸额及其他给与诸费，县知事依照国民学校教员之规定，参酌地方情形定之。

第七章 附 则

第八十六条 本细则自洪宪元年八月一日施行。

第八十七条 已设之国民学校，当第一章第一节施行之际，对于现在第四学年儿童之教科，得仍照前例至修毕为止。

第八十八条 国民学校有不能依照第二十二条之规定办理者，自洪宪元年九月一日起，五年之内，得于每三学级置正教员一人，助教员二人。

已设之国民学校，除第二十二条外，如有特别情事，其编制不符于第一章第二节之规定者，得由区董酌定期限变通办理，但须报经县知事转报该管长官之认可。

第八十九条 已设之补修科，当第一章第三节施行之际，对于现在修业之儿童，得仍照前例至修毕为止。

第九十条 第三章第四十至第四十五条、第四十八条、第五十一条至第五十四条之施行期，由教育部查照义务教育施行程序奏奉教令定之。

第九十一条 民国元年部颁学校征收学费规程第一条，与小学校教则及课程表关于初等小学校各项之规定，自本细则通行之日起，即行废止。附表于后。

第一号表

学年 教科目	第一学年	每周教授时数	第二学年	每周教授时数	第三学年	每周教授时数	第四学年	每周教授时数
修身	道德之要旨	2	道德之要旨	2	道德之要旨	2	道德之要旨	2
读经					讲授孟子	3	讲授孟子	3
国文	（发音）简单文字之读法、书法、作法、语法及日用文章之读法、作法、语法	10	简单文字之读法、书法、作法、语法及日用文章之读法、作法、语法	12	简单文字及日用文章之读法、书法、作法、语法	14	简单文字及日用文章之读法、书法、作法、语法	14
算术	百数以内之数、书法、计数法、百数以内之加减乘除	5	千数以内之数、书法、计数法、百数以内之加减乘除	6	通常之加减乘除（珠算加减）	6	通常之加减乘除及通常之小数诸等数加减乘除（珠算加减乘除）	5
手工	简易制作	1	简易制作	1	简易制作	1	简易制作	1
图画			单形、简单形体	1	单形、简单形体	1	简单形体	男2 女1

续表

学年\教科目	第一学年	每周教授时数	第二学年	每周教授时数	第三学年	每周教授时数	第四学年	每周教授时数
唱歌	平易之单音唱歌	4	平易之单音唱歌	1	平易之单音唱歌	1	平易之单音唱歌	1
体操	游戏		游戏 普通体操	3	游戏 普通体操	3	游戏 普通体操	3
缝纫					运针法 通常衣服之缝法	1	通常衣服之缝法 补缀法	2
总计		22		26		男32 女32		男33 女32

第二号表

姓名		住　　所			父母或监护人	姓　　名	
		生年月日				住　　所	
						职　　业	
		学龄期满之年月日				与儿童之关系	
就学	曾经入学之校名及教员姓名							
	就学之　年　月　日							
	修毕国民学校教科之年月							
不就学	暂　缓	年　月　日			免除	年月日	
		情　　由				情　由	
		期　　限					
备考								

第三号表

姓名		住所			姓名	
		入学年月日		父母或其监护人	住所	
		入学前之经历			职业	
		毕业年月日			与儿童之关系	
生年月日		退学年月日				
		退学之理由				

	学 业 成 绩									操行	修毕年月日	出席缺席			身 体 状 况				
学年	修身	读经	国文	算术	手工	图画	唱歌	体操	缝纫			出席日数	缺席日数	缺席事由疾病	身长体重	胸围	脊柱格体	眼疾格体	耳病	齿牙疾病
第一学年																				
第二学年																				
第三学年																				
第四学年																				
备考	附注 未置校医之学校得暂缺身体状况一项																		

〔北洋政府教育部档案〕

8. 教育部公布修正五年一月八日公布高等小学校施行细则令
(1916年10月9日)

教育部令第十七号

民国五年一月八日公布之高等小学校令施行细则兹经修正，特公布之此令。

第二条第一项删去"读经"二字，第三项全文删去，第六项金属等下加"及本地原有工艺品之"九字。

第二条之后加第二项读经要旨，在使儿童薰陶于圣贤之正理，兼以振发爱国之精神，宣讲授论语大义，务期平正明显，切于实用。

第三条第二项亚东文化治体之渊源，改为"亚东文化之渊源，民国之建设"。

第三十七条洪宪元年改为民国五年。

第三十九条洪宪元年九月改为民国五年八月

中华民国五年十月九日　部印

教育总长　范源廉

〔北洋政府教育部档案〕

9. 教育部公布小学教员俸给规程令
(1917年2月6日)

教育部令第七号

兹订定小学教员俸给规程特公布之。此令。

中华民国六年二月六日　部印

教育总长　范源廉

小学教员俸给规程

第一条　国民学校、高等小学校校长及教员之俸给，除别有规定外，依本规程行之。

第二条　国民学校、高等小学校校长、教员月俸，依左表所规定：

职别＼级别	1	2	3	4	5	6	7	8	9	10	11	12	13	14
校长及正教员	60	55	50	45	40	35	30	26	22	18	15	12	10	8
专科正教员及专科教员	40	35	30	26	22	18	15	12	10	8	6			
助教员	22	18	15	12	10	8	6	4						

第三条　依地方情形，得由主管行政长官就第二条附表之级数，定所属各地方校长、教员俸额之标准。

第四条　校长、教员尽力职务积有年资者，主管行政长官得依据第二条附表为计年增俸之规定，其标准由各省区自以规程定之。

第五条　校长及正教员受一级俸后确有劳绩者，得递增至八十元。专科正教员、专科教员受一级俸后确有劳绩者，得递增至六十元。助教员受一级俸后确有劳绩者，得递增至三十元。

第六条　各省区或其一部分地方，因特别情形不能照第二、第四、第五修办理者，得由地方最高级行政长官声叙理由，酌拟变通办法，陈报教育总长核定之。

第七条　本规程之施行细则，由各省区行政长官定之，并咨报教育总长。

第八条　本规程自公布日施行。

〔北洋政府教育部档案〕

10. 教育部公布小学教员褒奖规程令

(1917年2月6日)

教育部令第六号

兹订定小学教员褒奖规程，特公布之。此令。

中华民国六年二月六日

　　　　　　　　　教育总长　范源廉

小学教员褒奖规程

第一条　国民学校、高等小学校校长及教员，得依本规程之规定，领受各项褒奖。

第二条　褒奖之种类如左：

一、勋章　　　　　　　二、奖章

三、褒状

第三条　各地方主管行政长官，对于所属小学校校长、教员，认为在职日久、著有勤劳者，得给予褒状。

前项褒状形式、等级，由给予之长官定之。

第四条　各地方最高级行政长官，对于已得褒状之校长、教员，认为任职勤劳成绩昭著者，得依照地方兴学人员考成条例第三条第二项，给予奖章。除前项外，并得依照教育部奖章条例第六条，咨陈教育总长核给教育部奖章。

第五条　各地方最高级行政长官，对于所属小学校校长、教员，认为尽力教育著有特别成绩者，得咨陈教育总长呈请颁给勋章。

第六条　教育部视学，对于国立师范学校附属小学校长、教员，认为应受第四条第二项或第五条之褒奖者，得呈由教育总长核给奖章，或特请颁给勋章。教育部视学，对于各地方小学校校长教员，认为应受褒奖者，亦得依前项之规定行之。

第七条 各地方主管行政长官应将每年给予之褒奖种类、数目，汇案具报该管最高级行政长官，各地方最高级行政长官应将该管区域每年给予之褒奖种类、数目，汇案陈报教育总长。

第八条 第三条、第四条第二项及第五条、第七条第二项，京师学务局均适用之。

第九条 本规程自公布日施行。

〔北洋政府教育部档案〕

（2）小学教育概况

11. 教育部公布全国初等教育概况①

（1918年）②

初等教育事项

（一）小学校数、人数、经费增减概况

就上届刊布之行政纪要内所列小学校诸表与最近之教育统计相比较，以校数论，除湖南、江西、湖北、广西、热河五省区外，均系有增无减，减数最大者为湖南、江西二省，增数达一千校以上者有山东、山西、直隶、陕西、广东、河南六省，计全国共增一万九千四百五十校。学生数，合全国计算，虽已增有六十四万六千四百七十五人，惟湖南、湖北、广西、云南四省独有减无增。经费及资产数，全国国民学校均有增加，高等小学校之经费数虽见减少，而资产数则有增加，至其增减之内容，各省区情形不同。有公私立学校俱见增加者，有公立增加而私立减少者，有公私学校均有减少者，有私立增加而公立减少者。兹编列四表如左以供参考。

---

① 此件系沿用原标题。
② 此件时间按封面上"民国七年"字样所加。

全国国民学校高等小学校校数一览表 据中华民国四年八月至五年七月调查

省区别	立别	国民学校 男	国民学校 女	高等小学校 男	高等小学校 女	合计	比较 增	比较 减	备考
京兆	公	1125	25	82	9	1485	314	0	京师学务局所属国民高等二百三十二校并计在内又比较栏内所列在内增减之数系与前次编刊之行政纪要所列小学校数一览表内合计一栏相比较
京兆	私	201	19	16	8				
直隶	公	13105	391	348	39	14693	3009	0	
直隶	私	726	66	15	3				
奉天	公	4288	224	309	30	5840	625	0	
奉天	私	949	28	12	0				
吉林	公	465	36	69	11	846	336	0	
吉林	私	252	5	80	0				
黑龙江	公	350	22	69	9	452	90	0	
黑龙江	私	2	0	0	0				
山东	公	11796	258	310	18	14756	4796	0	
山东	私	2289	32	48	5				

续表

省区别	立别	国民学校 男	国民学校 女	高等小学校 男	高等小学校 女	合计	比较 增	比较 减	备考
河南	公	5305	83	199	11	7549	1496	0	
	私	1927	10	14	0				
山西	公	9262	141	194	19	11042	3317	0	
	私	1407	7	11	1				
江苏	公	4880	122	289	43	6303	902	0	
	私	747	96	85	41				
安徽	公	853	16	181	10	1388	405	0	
	私	255	8	61	1				
江西	公	920	37	202	8	3447	0	815	
	私	2057	12	208	3				
福建	公	850	10	357	5	1639	548	0	
	私	276	14	119	8				

续表

省区别	立别	国民学校 男	国民学校 女	高等小学校 男	高等小学校 女	合计	比较 增	比较 减	备考
浙江	公	3096	127	411	69	7341	745	0	
	私	3345	53	280	19				
湖北	公	1617	79	116	13	9300	0	257	
	私	7358	64	58	0				
湖南	公	2112	27	214	18	4202	0	1710	
	私	1720	2	105	4				
陕西	公	2369	104	124	6	5053	1958	0	
	私	2402	38	8	2				
甘肃	公	780	10	123	3	1553	399	0	
	私	624	0	13	0				
新疆	公	50	0	6	0	59	14	0	
	私	3	0	0	0				

续表

省区别	立别	国民学校 男	国民学校 女	高等小学校 男	高等小学校 女	合计	比较 增	比较 减	备考
四川	公	10324	332	711	69	14667	722	0	
四川	私	3145	31	52	3				
广东	公	910	25	443	12	5193	1878	0	
广东	私	3136	22	637	8				
广西	公	976	59	266	13	1836	0	156	
广西	私	469	2	51	0				
云南	公	4349	188	290	26	4996	331	0	
云南	私	137	4	2	0				
贵州	公	1070	83	185	14	1646	324	0	
贵州	私	224	34	26	10				
热河	公	386	81	15	2	485	0	6	
热河	私	59	1	4	0				

续表

省区别	立别	国民学校 男	国民学校 女	高等小学校 男	高等小学校 女	合计	比较 增	比较 减	备考
绥远	公	16	5	7	0	269	119	0	
	私	239	2	0	0				
察哈尔	公	87	2	11	1	194	65	0	
	私	89	3	1	0				
总计		115379	3040	7365	565	126234	22394	2944	
全国比较增减实数								19450	

全国国民学校高等小学校学生数一览表 据中华民国四年八月至五年七月中调查

省区别	立别	国民学校学生 男	国民学校学生 女	高等小学学生 男	高等小学学生 女	合计	比较 增	比较 减	备考
京兆	公	41297	2355	5214	221	57220	14360	0	京师学务局所属小学校高等小学生三〇三名并计在内 又比较内所列增减之数系与前次编刊之行政纪要一览表内合计一栏相比较
	私	6579	868	483	203				
直隶	公	294728	16861	24125	850	449345	173154	0	
	私	16778	1170	131	102				
奉天	公	161235	10459	18023	1169	216085	11858	0	
	私	23537	752	910	0				
吉林	公	20802	3014	3492	340	35546	11997	0	
	私	7551	155	192	0				
黑龙江	公	15590	3107	2359	363	31296	7808	0	
	私	9764	76	22	15				
山东	公	301709	6340	14388	308	375568	142117	0	
	私	50755	686	1301	81				

续表

省区别	立别	国民学校学生 男	国民学校学生 女	高等小学学生 男	高等小学学生 女	合计	比较 增	比较 减	备考
河南	公	144114	3225	11856	302	198243	41775	0	
	私	37863	447	436	0				
山西	公	267902	3008	12702	488	318071	8908	0	
	私	33204	169	491	107				
江苏	公	200698	24373	18973	2174	289360	61606	0	
	私	31179	6485	3916	1562				
安徽	公	31013	1582	8329	312	51163	19455	0	
	私	8303	241	1383	0				
江西	公	28854	2460	10218	160	116635	31930	0	
	私	59171	1276	9015	81				
福建	公	37730	987	11271	200	65720	8167	0	
	私	11604	863	2881	184				

续表

省区别	立别	国民学校学生 男	女	高等小学学生 男	女	合计	比较 增	减	备考
浙江	公	140874	7686	21441	1486	319787	32750	0	
	私	137213	2871	7860	356				
湖北	公	54639	4012	10572	658	229740	0	2227	
	私	155983	1948	1928	0				
湖南	公	62408	2419	14307	919	142390	0	57008	
	私	54845	1592	5553	347				
陕西	公	55426	2377	7263	271	129093	47361	0	
	私	62733	702	356	27				
甘肃	公	23272	343	4077	30	38721	10332	0	
	私	10879	0	120	0				
新疆	公	1897	0	147	0	2749	1198	0	
	私	705	0	0	0				

续表

省区别	立别	国民学校学生 男	国民学校学生 女	高等小学生 男	高等小学生 女	合计	比较 增	比较 减	备考
四川	公	355306	18977	40855	2247	480297	68584	0	
	私	60472	1262	1056	122				
广东	公	37490	854	24157	480	207001	18460	0	
	私	122056	603	21174	187				
广西	公	25076	2857	10986	366	61431	0	12701	
	私	10609	123	1414	0				
云南	公	155461	9151	20197	1189	189400	0	1677	
	私	3235	104	60	0				
贵州	公	41147	4275	8921	462	64931	14608	0	
	私	7228	1642	939	317				
热河	公	9025	442	732	35	11593	95	0	
	私	1195	24	140	0				

续表

省区别 \ 立别		国民学校学生		高等小学学生		合计	比较		备考
		男	女	男	女		增	减	
绥远	公	756	154	374	0	6299	2409	0	
	私	5006	9	0	0				
察哈尔	公	2143	49	63	8	4678	2474	0	
	私	2122	67	6	0				
总计		3551161	155502	367409	18729	4092362	701406	97113	
全国比较增减实数							646475		

全国国民学校经费及资产一览表 据中华民国四年八月至五年七月中调查

省区别 \ 立别		岁入	比较		岁出	比较		资产	比较		备考
			增	减		增	减		增	减	
京兆	公	245813	70061	0	243350	68909	0	927575	458222	0	京师学务局所属国
	私	26343	9191	0	27970	10292	0	50627	30154	0	

续表

									民立学校岁入出资产并计在内	又比较栏内所列附减之数系	与前次编刊之行政纪要所列小学经费及一览表相比较
直隶	公	1138151	408490	0	1348971	426838	0	6063676	1342374	0	
	私	67112	19109	0	69444	15911	0	296676	1518	0	
奉天	公	1272452	0	382531	1263740	0	365949	1513258	0	213931	
	私	108299	0	30170	108358	0	30349	63058	0	521100	
吉林	公	278811	0	952	273084	0	8654	365475	0	60531	
	私	66964	46985	0	66977	45829	0	74341	45748	0	
黑龙江	公	174974	74198	0	174766	73979	0	150440	73532	0	
	私	111749	78747	0	111749	98578	0	6933	4281	0	
山东	公	935571	182328	0	977637	223033	0	3418822	3068717	0	
	私	115273	0	30298	121653	0	188895	520412	267262	0	
河南	公	324797	42100	0	326992	44418	0	1250451	198842	0	
	私	68079	2832	0	68421	4524	0	141127	22519	0	
山西	公	646552	139215	0	655336	122280	0	983531	0	82058	
	私	62198	34043	0	82341	53126	0	64671	42041	0	

续表

	公/私										
江苏	公	1374792	103184	0	1496540	251932	0	2303405	1866767	0
	私	160747	0	125912	207589	0	79070	514003	0	1269039
安徽	公	173956	84864	0	187611	42599	0	679736	191682	0
	私	31832	3804	0	37523	6931	0	93676	19614	0
江西	公	1470909	0	34829	156573	0	40516	322502	0	40836
	私	214549	182018	0	250666	0	100535	758033	0	94619
福建	公	1137089	176813	0	274138	208329	0	247583	167066	0
	私	73781	6312	0	85555	374	0	88731	7171	0
浙江	公	602782	52921	0	810069	127403	0	1308469	493652	0
	私	488905	78858	0	638168	75034	0	1312837	416693	0
湖北	公	157409	0	66675	200997	0	34602	39663	0	142396
	私	257035	0	13030	255732	1	16075	226732	70269	0
湖南	公	267837	0	178329	271118	0	93086	776262	0	866874
	私	331976	0	83459	337902	0	56179	1199928	0	420996

续表

陕西	公	121665	14519	0	124389	16057	0	522543	0	29590
	私	123748	75279	0	123169	70992	0	290027	256893	0
甘肃	公	50628	17392	0	46738	13749	0	117244	27108	0
	私	6822	0	915	7720	0	185	60056	53354	0
新疆	公	39734	0	6047	40382	0	5449	148282	11206	0
	私	2147	0	900	2141	0	946	2520	2520	0
四川	公	921706	53865	0	928198	42971	0	2389899	4945	0
	私	131092	244074	0	132004	25289	0	150479	0	60832
广东	公	294387	59446	0	298705	0	5000	1561315	0	5883996
	私	863378	105459	0	804798	369046	0	2129315	47217	0
广西	公	317214	105775	0	339547	124636	0	609837	52487	0
	私	48189	0	25092	49706	0	4090	109342	17411	0
云南	公	459315	0	73608	490919	0	86554	2675630	110668	0
	私	9733	0	6609	9785	0	6698	20334	0	33044

贵州	公	153956	9736	0	168580	6731	0	292586	0	95452
	私	13188	0	2780	14815	0	2257	19410	3590	0
热河	公	41772	0	12839	43684	0	12156	42473	0	52198
	私	4351	795	0	4660	1104	0	7231	0	792
绥远	公	6460	786	0	5588	0	86	1829	0	2824
	私	16117	8869	0	16117	8869	0	14150	6510	0
察哈尔	公	14195	4351	0	12463	2627	0	1482	0	258
	私	494	0	1966	637	0	1814	265	0	0
总	计	1400355	2323425	1076941	1476573	2582391	1239148	3693212	9379435	9752366
全国比较增减实数		0	1200875	0	0	1305090	0	0	339437	0

510

全国高等小学校经费及资产一览表　据中华民国四年八月至五年七月中调查

省区别	立别	岁入	比增	较减	岁出	比增	较减	资产	比增	较减	备考
京兆	公	202421	0	9680	203558	0	6639	645569	185695	0	京师学务局所属高
	私	21111	3495	0	26535	2808	0	133853	0	24598	等小学校岁入岁出
直隶	公	636967	18122	0	646773	30575	0	4157833	483770	0	资产并计在内
	私	20782	0	3330	20241	0	1630	155971	0	13724	
奉天	公	523955	491606	0	523437	0	165635	999647	27537	0	又比较栏内所列增
	私	16640	0	3726	16640	0	1081	20764	0	13499	之数系与前次编刊
吉林	公	184285	15773	0	188487	31046	0	208432	39402	0	之行政纪要所列小
	私	10521	0	296	10685	3062	0	97700	65328	0	学经费资产一览表
黑龙江	公	158451	33799	0	158885	39219	0	262566	0	20585	相比较
	私	4262	4262	0	4586	4586	0	1350	1350	0	
山东	公	325839	14923	0	341737	11294	0	2073796	90205	0	
	私	26199	0	20183	28043	0	1798	165712	0	1143	

续表

省区别 \ 立别		岁入	比增	较减	岁出	比增	较减	资产	比增	较减	备考
河南	公	221650	10783	0	226690	12582	0	1338562	140795	0	
	私	9927	5961	0	10067	6084	0	35264	18113	0	
山西	公	220373	0	6967	221898	0	4748	909589	0	48838	
	私	17816	47110	0	19979	6709	0	49833	23906	0	
江苏	公	525039	70097	0	559256	10434	0	1586191	1474019	0	
	私	144737	36641	0	192112	64025	0	425552	0	2233778	
安徽	公	212127	41116	0	213873	38461	0	1239128	301196	0	
	私	28597	0	3470	32439	0	14568	95981	0	11216	
江西	公	221835	0	91246	227357	0	104176	1472586	0	317227	
	私	94486	0	72461	118248	0	59286	517990	0	51629	
福建	公	222185	0	36868	253834	0	29382	374217	0	113511	
	私	51380	0	76969	64983	0	89192	115028	0	161784	

续表

省区别	立别	岁入	比增	较减	岁出	比增	较减	资产	比增	较减	备考
浙江	公	451309	0	190111	495043	0	213430	1734357	0	187143	
	私	147683	0	62762	172518	0	1225	797506	208810	0	
湖北	公	205596	0	77236	218369	0	58300	763912	62253	0	
	私	34461	0	5853	34988	0	13143	83165	16946	0	
湖南	公	300691	0	266403	313467	0	307257	1242956	0	455716	
	私	63351	0	76301	35124	0	113847	337057	0	193385	
陕西	公	159280	0	13528	169070	225	0	896711	148999	0	
	私	4979	0	25	4810	0	845	37076	4480	0	
甘肃	公	822216	0	0	81478	32173	0	425441	85024	0	
	私	811	311	0	811	311	0	42661	29803	0	
新疆	公	8907	8907	0	14029	14029	0	12942	12942	0	
	私	0	0	0	0	0	0	0	0	0	

续表

省区别	立别	岁入	比增	较减	岁出	比增	较减	资产	比增	较减	备考
四川	公	718574	0	2519	718631	0	1296	2527610	0	105484	
	私	25529	6972	0	25850	5904	0	57656	0	9112	
广东	公	565469	21772	0	604216	0	52679	2771739	0	44766	
	私	361024	0	72498	386459	73391	0	1527005	230453	0	
广西	公	234236	11388	0	250973	13476	0	1025470	161517	0	
	私	18490	625	0	18065	0	1641	62856	14636	0	
云南	公	219668	53291	0	219524	50050	0	1405144	168624	0	
	私	220	0	730	0	0	690	3160	560	0	
贵州	公	125233	28707	0	124484	21166	0	500502	85324	0	
	私	17046	0	9367	23413	0	11448	40452	0	56046	
热河	公	25626	391	0	25872	137	0	100695	5939	0	
	私	3238	723	0	3265	760	0	7300	4050	0	

续表

省区别＼立别		岁入	比增	较减	岁出	比增	较减	资产	比增	较减	备考
绥远	公	6783	2183	0	7069	2469	0	11882	3366	0	
	私	0	0	0	0	0	0	0	0	0	
察哈尔	公	14983	0	1894	15415	0	1074	34239	0	14042	
	私	0	0	0	0	0	0	0	0	0	
总 计		7697097	928958	1104423	8273717	558856	1255010	3347246	4093042	4517226	
全国比较增减实数		0	0	170918	0	0	739727	0	17668	0	

(二) 筹备义务教育情形

本部规定义务教育施行程序，计分两期办理，前刊行政纪要业经述及，兹就此三年中进行之情况撮要言之。（一）续行颁布各项规程：如地方兴学人员考成条例，学务委员会规程施行细则，劝学所规程施行细则，检定小学教员规程，修正审查教科书规程，小学教员褒奖规程，小学教员俸给规程等均已次第公布施行。关于小学基金及补助金等规程，则以各省区学款之来源，设学之多寡，极不相同，非俟有明确之调查，详为区划，不能有所规定。（二）各省区之调查报告，本部以筹备义务教育，当先从事实上之考察，以为扩充整理之根据。曾于五年一月规定各项表式及事项，通行各省区详加调查，据实报告。同年三月复标定调查表内填写时期及详述调查情况，咨行各省区转饬所属遵办。旋准京兆、直隶、吉林、山东等省参酌定表式陆续咨报到部，湖北省亦已订定调查学龄儿童施行细则及各项表式，于五年五月六月间先后咨准备案。其余各省多未准咨复。本部以事关筹备义务教育，不容轻忽，乃于七年三月另订初等教育简明表一种，由普通教育司函请各省区饬属调查，此时已报告达一千四百余县，未报告者尚有四分之一。（三）各省区筹备义务教育情形，山东据报以十年为期，系按照学龄儿童数之多寡、酌定递年进行之程限、即学龄儿童数在二万人以上者，期以十年，一万人者八年，七千人以上者七年，五千人以上者六年，五千人以下者五年。山西省之施行义务教育程序，分全省为七期，自七年起限至十年二月止，一律办理完竣。先省城次县城，又次为各县乡镇及三百家以上之村庄，其余依次类推，至凡人家过少之村庄而附近又无村庄可联合者为止。该省教育厅，依此程限订定施行规程三十条，亦经本部核准备案。吉林省对于义务教育施行程序虽未规定办法，然核其所定之私塾考查规程及代用国民学校暂行规程，则以该省县款支绌，区立国民学校一时未能遍设，故为多数学龄儿童就学起见，不得不订有此种权宜办法，以谋救济。又江苏南通县所订之计划，据本部视学视察报告，该县于前清宣统元年官绅集议普及教育办法，决定每十六方里设一国民学校，全县面积应共设三百三十二校，迄民国六年止，已设二百七十有一校，其未设之六十有一校，拟尽七八两学年陆续办竣，然后再议逐渐推广之法。此系就设学地点渐谋普及之一种规划，堪资他县规仿者也。

〔北洋政府教育部档案〕

12. 国立京师大学校附设小学校沿革要略
（1927年11月）①

前北京高等师范学校校长陈宝泉为师范学生实习教授计，于民国元年九月五日创设本校，定名为北京高等师范附属小学校，聘郑朝熙为主任，校址在北京琉璃厂厂甸，即前清琉璃官窑旧址（现在兴华门外南新华街路东）。当时招收儿童七十余人，编为初等小学两学级，男女生同级教授，并规定征收学费数目，为每生每月征收铜元二十枚。

二年一月改编初等科为三学级，高等科为一学级，高等生每人每月征收学费铜元三十枚。同年八月，开始建筑楼房教室，计楼上楼下共八室。

三年五月，新筑教室落成。同年八月，改变初等科为四学级，高等科为三学级，移新教室内教授。同月改定学费数目，初等科学生每月征收大洋二角，高等科学生每月征收大洋五角。

四年八月，奉教育部令，将校名改为附属国民学校高等小学校。同月添设分校于大沟沿（租民房一所），招收国民科儿童，施行单级教授者一学级，施行二部教授者一学级，均暂不收学

---

① 此件时间按封面上"中华民国十六年十一月"字样所加。

费。同月新建礼堂落成，计宽四丈，长七丈。十一月，分校添招徒弟补习夜班一学级。

五年八月，改编全校为三部：国民科四学级为第一部，高等科三学级为第二部，分校各学级为第三部，各部设部长一人。同月高等师范分校教场校址移归本校，遂移分校各级于校内。

六年七月，改定各部教育宗旨：第一部施行普通教育，第二部兼施职业教育，第三部研究乡村教育。八月，改编第一部为七学级（即前年一二两部之各级），第二部为四学级（计国民科一二年、三四年之复式编制各一编，高等科一二年单式编制各一编），第三部为二学级（计四个学年单级编制一学级，半日补习班一学级）。同月移第三部于朝阳门外三佛寺。同月改定征收学费数目：第一部国民科每年征收大洋四元，高等科每年征收大洋八元；第二部国民科每年征收大洋二元，高等科每年征收大洋三元；第三部免费。同月第一二部加课，全体二十分课间体操。但初高各年级所用之口令相同，教材不同。

七年二月，图书馆内附设星期儿童图书馆，任校外儿童到馆内阅书。

八年八月，理化教室及儿童博物馆建筑落成。同月改定第一部学费数目，国民科每年征收大洋六元，高等科每年征收大洋十二元。十月，新建儿童图书馆落成。

九年八月，高师分设试验小学，招收初等小学儿童两学级，试验用国音字母教授。同月第一部与第二部合并，改编第一部为十二学级（计国民、高等各六级），改第三部为第二部。九年九年，〔月〕添设贩卖部，名曰新华市场，又设儿童银行，名曰平民储蓄银行。

十年八月，试验小学改属本校，称为试验班。同月高等科添收女生，施行合级教授。

十一年八月，改为六年小学制，无高级与初级之区分。同月改订第一部学费数目，一二年级每年征收大洋八元，三四年级每年征收大洋十元，五六年级每年征收大洋十二元。

十二年五月，工艺教室建筑落成。七月一日，前北京高等师范学校改为国立北京师范大学校，本校改为国立北京师范大学校附属小学校。八月，改用分数制时间表。同月，第二部改为分校，取消各部名称，并规定分校杂费全由工作部担任。

十五年八月，改订学费数目，一二年级每年征收大洋十二元，三四年级每年征收大洋十五元，五六年级每年征收大洋十八元。十月，郑主任因病辞职，由前北京师范大学校校长聘师范大学教授韩定生兼任本校主任。

十六年一月，添设教务处，以级任教员赵镛兼充教务主任，并添设阅览室，以备教员阅览书报之用。六月，停办平民储蓄银行。八月，改订学费数目，一二年级每学期征收大洋八元，三四年级每一学期征收大洋九元，五六年级每一学期征收大洋十元。同月裁撤分校。八月十日，九校改组。八月十八日，本校奉部令改为国立京师大学附设小学校。八月二十七日，由京师大学校校长委任韩定生为主任。

〔北洋政府教育部档案〕

（五）蒙回教育与侨民教育

1. 教育部公布全国蒙回教育概况①
（1918年）②

蒙回藏教育事项

民国四年，由部咨请蒙藏院转行各办事长官，调查所辖蒙藏族设学情形，再行筹备施教方法。历年以来，除西藏以地方多故尚无规划外，蒙回各族由各省区筹有局部办法，已略具端倪者约述如下：（一）内蒙各旗地方，已经完全划归东三省及特别三区兼辖，所有教育事务亦归各该区长官筹办，所定办法各有不同。其定具体的规划较为完密者为察哈尔区。察区于民国四年设立汉蒙教育事务所，专理蒙旗教育事务，就兼辖各旗，群详筹设学办法数端。历年以来蒙学成立报部备案者，五年八九两月间有察哈尔左右翼等八旗各一校，学生二百六十余人，六年二月有达哩岗崖一校，学生二十人，三月有三群（即左翼牧厂、右翼牧厂，商都牧厂牛羊群）四校，学生一百二十八人，并拟嗣后仍继续设法拓充。此外则黑龙江省对于蒙旗教育亦从事经营。该省以哲理木盟各旗介居三省之间，杂处已久，特于民国三年省城蒙旗事务所内附设蒙旗学校，招收各旗王公贝勒子弟入校肄业，校内办法除照部章外，加授汉语、蒙文两科。又兴安岭北滨江地方，有鄂伦春人，亦蒙族之一部，沿江捕猎，日见繁滋。民国三年该省为推广教育，巩固边防起见，特由省拨款设鄂伦春国民学校三校，第

---

① 此件系沿用原标题。
② 此件时间按封面上"民国七年"字样所加。

一校设于瑷珲，第二校设于瑷珲之奇克特（即拟设之车陆县），第三校设于嫩江县城，专劝该族子弟入学。（二）内蒙各旗本部有案可稽者：（1）喀喇沁左旗高等小学校于三年二月成立，兼收汉蒙子弟肄业。（2）喀喇沁右旗崇正高等小学校于四年成立。（3）鄂尔多斯旗学校于四年七月拟设，报由蒙藏院咨部备案。（4）克什克腾旗萃英学校，该旗于五年八月设立萃英初等小学一校，现经毕业，拟即以此项毕业生增设高等小学一校，更名萃英高等小学国民学校，已由部代聘教员前往教授。（5）东札鲁特旗原札萨克署设立小学，五年初拟定推广教育办法，与开鲁县知事合商设学教授汉蒙文字，其经费则由该旗垦务租项内筹拨。（三）外蒙远在边陲，人民胥以游牧为业，教育一事从前向未议及，民国以来屡拟筹划边疆教育，迄不果行。六年一月本部委托秦曾铖赴外蒙调查教育事项，嗣据该员调查报告，略称恰克图买卖城中有华商二千五六百人，大都不携家眷，殊无教育之可言；库伦科布多情形亦略同，蒙人仅于库伦有学校一所，他处皆未设学，其兼通汉语者更少，亦无关于实业教育之事项。至外国人设学一节，惟俄人在恰克图属境内设有实科中学校、女学校、小学校各一所；学生皆有定额，除俄人外，他国人入学极费周折，校中仅有华人一，蒙人二。（四）回民之杂居内地者，早已汉回同风，无复轸域，故无特设学校之举。惟各地清真礼拜寺，有按照高等小学校令、国民学校令设立清真学校，教授回民子弟者，然内容除少数学校于每周加授阿拉伯文一二小时外，大都与普通学校无甚特异之点。至新疆省，则缠回颇多，类皆不能通晓汉语，该省对此特设有汉语学校，以为缠生入国民学校之预备，由省订定简章通行各县遵办，于民国五年四月咨部备查。计全省有汉语学校三十三校，缠生八百五十余人，经费一万一千余元，其设立地点皆在天山南路及吐鲁番鄯善等处，至天山北路则无设立者。

〔北洋政府教育部档案〕

2. 教育部公布侨民子弟回国就学规程令

(1914年2月6日)

教育部部令第九号

侨民子弟回国就学规程

第一条 侨民子弟年十五岁以上，曾在各居留地侨民所设之学校毕业者，得于每年入校始期以前，呈由该管领事官保送回国就学。

第二条 领事遇前项请求视为必要时，得酌加试验。

第三条 国内各学校对于前项学生入学试验，得从宽取录，但以试验成绩所差在十分以内为限。

第四条 已经取录之学生，国语未甚熟练，有碍听讲者，各该校得为设国语补习科，但不得有碍正科。

第五条 侨民回国后，其入学就学事宜，应由所在教育官厅介绍之。

第六条 本规程未尽事宜，临时订定之。

第七条 本规程自公布日施行。

中华民国三年二月六日

教育总长 汪大燮

〔北洋政府教育部档案〕

3. 南洋各岛埠递年创办学校一览表① (1917年)

南洋各岛埠华侨递年创办学校教员学生人数暨常年经费一览表

辖属	岛名	埠名	校名	教员数	学生数	常年经费
属于民国纪元前十二年创办者							
荷属	爪哇	八打威	中华学校	26	561	50000
属于民国纪元前九年创办者							
荷属	爪哇	茂物	中华学校	6	109	6660
荷属	爪哇	绒望	中华学校	2	60	2040
荷属	爪哇	锦石	中华学校	2	35	2200
属于民国纪元前八年创办者							
荷属	爪哇	叭吗垄	中华学校	2	70	2400
荷属	爪哇	三宝垄	中华学校	15	464	22540
荷属	爪哇	岩望	中华学校	3	74	3219
荷属	爪哇	玛垄	中华学校	8	273	14000
属于民国纪元前七年创办者							
荷属	爪哇	文登	中华学校	3	79	3120
荷属	爪哇	万隆	中华学校	4	141	7000
荷属	爪哇	井里汶	中华学校	5	135	8400
荷属	爪哇	南安由	中华学校	2	49	2600
荷属	爪哇	北加浪	中华学校	4	137	10000
荷属	爪哇	梭罗	中华学校	6	200	9000

①此件系林鼎华游历南洋的工作报告。

续表

辖属	岛名	埠名	校名	教员数	学生数	常年经费
现已停办	荷属	爪哇	谏议里	中华学校	2	5	2600
	荷属	爪哇	峨岛	中华学校			
	荷属	爪哇	西都文罗	中华学校	2	60	2600
	荷属	爪哇	丹那望	中华学校	2	69	2640
属于民国纪元前六年创办者							
	荷属	爪哇	八打威	义成学校	5	120	10000
	荷属	爪哇	新巴煞	中华学校	6	104	6000
	荷属	爪哇	干冬圩	中华学校	2	60	2000
	荷属	爪哇	展玉	中华学校	2	44	1200
	荷属	爪哇	马当	中华学校	2	22	1600
	荷属	爪哇	笛格	中华学校	5	138	9000
	荷属	爪哇	马吉郎	中华学校	6	104	8000
	荷属	爪哇	西郎	中华学校	2	50	1900
	荷属	爪哇	都曼	中华学校	1	47	1774
	荷属	爪哇	麻里浑	中华学校	1	53	2106
	荷属	爪哇	欧怡	中华学校	1	32	1560
	荷属	爪哇	多隆亚公	中华学校	6	99	6600
	荷属	爪哇	墨里达	中华学校	4	73	4100
	荷属	爪哇	泗水	中华学校	19	350	22977
	荷属	爪哇	西峨舍里	半夜学校	1	37	700

续表

	辖属	岛名	埠名	校名	教员数	学生数	常年经费
	荷属	婆罗洲	马辰	中华学校	2	76	4030
	荷属	苏门答腊	把东	中华学校	4	88	8000
	英属	星加坡	星加坡	应新学校	4	90	2400
	英属	槟榔屿	槟榔屿	中华学校	11	393	6700
	英属	缅甸	仰光	中华学校	11	300	15000
	属于民国纪元前五年创办者						
	荷属	爪哇	牙鲁	中华学校	2	42	4000
	荷属	爪哇	士甲巫眉	中华学校	2	31	1810
	荷属	爪哇	双木丹	中华学校	1	29	1500
	荷属	爪哇	满由马士	中华学校	2	44	1800
	荷属	爪哇	普布利我	中华学校	3	88	5900
	荷属	爪哇	苏格腊雅	中华学校	6	95	8400
	荷属	爪哇	文地兰	中华学校	1	43	1776
	荷属	爪哇	丹墨	中华学校	2	50	2315
现已停办	荷属	爪哇	吉都士	中华学校			
	荷属	爪哇	爵雅	中华学校	4	120	4800
	荷属	爪哇	墨鲁腊	中华学校	1	42	3600
	荷属	爪哇	莫租格尔多	中华学校	3	101	3700
	荷属	爪哇	抱罗布连俄	中华学校	5	97	5722
	荷属	爪哇	加拉山	中华学校	4	57	3840

续表

辖属	岛 名	埠 名	校 名	教员数	学生数	常年经费
荷属	纲甲	勿里洋	中华学校	3	82	4720
荷属	美利洞	丹容斑兰	中华学校	2	36	1800
荷属	婆罗洲	高砥	中华学校	2	68	2885
荷属	婆罗洲	马辰新巴煞	中华学校	3	40	3600
荷属	婆罗洲	三马林达	中华学校	2	46	4500
荷属	婆罗洲	戈达马鲁	中华学校	1	26	2160
荷属	苏门答腊	实武牙	中华学校	1	35	2000
英属	星加坡		道南学校	8	220	7600
英属	星加坡		养正学校	9	350	7200
英属	星加坡		端蒙学校	7	180	11000
英属	星加坡		启发学校	5	120	1800
英属	星加坡		崇正学校	4	130	2200
英属	马来半岛	吉隆坡	尊孔学校	9	254	7680
英属	马来半岛	怡保	育才学校	6	143	4500
英属	槟榔屿		邱氏学校	6	117	4000
英属	槟榔屿		南华学校	3	70	1400
属于民国纪元前四年创办者						
荷属	爪哇	加拉望	中华学校	2	50	2400
荷属	爪哇	芝理干	中华学校	1	22	1400
荷属	爪哇	腊盘	中华学校	2	50	1200

续表

	辖属	岛名	埠名	校名	教员数	学生数	常年经费
	荷属	爪哇	版泥格郎	中华学校	1	20	1200
	荷属	爪哇	芝拉札	中华学校	3	95	7500
	荷属	爪哇	淡满光	中华学校	2	101	2360
	荷属	爪哇	巴六安	中华学校	4	113	3880
	荷属	爪哇	加田	中华学校	1	32	2432
	荷属	爪哇	昂绷	中华学校	2	60	1704
	荷属	爪哇	拉森	中华学校	1	41	1520
现已停办	荷属	爪哇	欧延	中华学校			
现已停办	荷属	爪哇	登牙利	中华学校			
	荷属	爪哇	葛打山	中华学校	2	66	2990
	荷属	爪哇	徐图利祖	中华学校	3	48	2400
	荷属	爪哇	门都窝梭	中华学校	3	64	4968
现已停办	荷属	爪哇	巴拿鲁干	中华学校			
	荷属	爪哇	东邦	中华学校	1	49	2760
	荷属	纲甲	文岛	中华学校	2	55	1700
	荷属	苏门答腊	棉兰	敦本学校	7	154	7200
	荷属	苏门答腊	棉兰	华商学校	11	166	10560
	荷属	苏门答腊	卑雅光务	中华学校	1	19	800
	英属	星加坡		宁阳半夜学校	4	114	1400
	英属	槟榔屿		时中学校	6	131	3000

续表

	辖属	岛 名	埠 名	校 名	教员数	学生数	常年经费
	英属	槟榔屿		商务学校	3	100	2000
	英属	缅甸	仰光	共和学校	5	88	6000
	英属	缅甸	仰光	育德学校	4	130	4500
	英属	缅甸	仰光	华英学校	6	120	
	属于民国纪元前三年创办者						
	荷属	爪哇	普我加多	中华学校	3	107	4600
	荷属	爪哇	双角拉罕	中华学校	2	29	1100
现已停办	荷属	爪哇	巴帝	中华学校			
	荷属	爪哇	博祖内俄罗	中华学校	1	70	1676
	荷属	爪哇	庞引	中华学校	4	78	4260
	荷属	马都拉	松美那	中华学校	3	60	8000
	荷属	纲甲	槟港	中华学校	3	70	3000
	荷属	纲甲	流石	中华学校	1	15	1000
	荷属	纲甲	沙横	中华学校	3	69	7580
	荷属	纲甲	昔兰	中华学校	1	30	1600
	荷属	婆罗洲	坤甸	中华学校	4	97	3500
	荷属	麻厘	峇厘陵	中华学校	2	73	4800
	荷属	龙目	安班澜	中华学校	4	97	8468
	荷属	苏门答腊	巨港	中华学校	4	45	3329
	荷属	苏门答腊	麻律士	中华学校	2	39	9000

续表

辖属	岛名	埠名	校名	教员数	学生数	常年经费
英属	马来半岛	吉隆坡	坤成女学校	8	204	8000
英属	缅甸	仰光	福建女学校	6	105	7000
属于民国纪元前二年创办者							
荷属	爪哇	老巴煞	中华学校	3	100	5160
荷属	爪哇	峇突	中华学校	3	70	3000
荷属	爪哇	二巴哪	中华学校	2	63	1920
荷属	爪哇	普我达里	中华学校	1	25	1900
荷属	爪哇	爪亚蓝	中华学校	2	28	2000
荷属	爪哇	加礁山	中华学校	1	28	1236
荷属	爪哇	麦苏岐	中华学校	1	23	1440
荷属	马都拉	双胶漯	中华学校	2	53	1422
荷属	纲甲	高木	中华学校	2	32	1000
荷属	波罗洲	坤甸	振强学校	4	110	8000
荷属	西里伯	望加锡	中华学校	8	167	9470
荷属	低莫	古邦	中华学校	4	112	4000
荷属	苏门答腊	明礼	中华学校	5	70	5280
荷属	苏门答腊	仙达	中华学校	2	57	2640
荷属	苏门答腊	火水山	中华学校	4	106	4200
英属	星加坡		育英学校	3	40	3000
英属	星加坡		培根女学校	1	32	1400

续表

辖属	岛名	埠名	校名	教员数	学生数	常年经费
英属	槟榔屿		蒙养学校	2	34	800
英属	缅甸	瓦城	礼义学校	1	30	2000
荷属	苏门答腊	亚齐士吉利	图南学校	2	68	2400
荷属	苏门答腊	司马委	养晦学校	2	60	2400
荷属	苏门答腊	吉打拉夜	中华学校	4	129	6000
荷属	廖岛	丹绒槟榔	端本学校	7	182	5000
属于民国纪元前一年创办者						
荷属	爪哇	占璧	中华学校	1	26	1570
荷属	爪哇	亚拉汉	中华学校	2	49	2100
荷属	爪哇	厨连	中华学校	2	33	1800
荷属	爪哇	外南梦	中华学校	1	20	1800
荷属	苏门答腊	棉兰	养中学校	5	117	4992
荷属	苏门答腊	直名丁宜	中和学校	3	108	2500
荷属	苏门答腊	胜武汉	中华学校	1	30	1296
荷属	苏门答腊	勿拉湾	中华学校	1	17	600
英属	星加坡		中华女学校	2	96	
英属	马来半岛	武来岸	中华学校	1	38	800
英属	马来半岛	南沙叨	大同学校	3	102	1200
英属	槟榔屿		谢氏学校	1	25	700
英属	槟榔屿		杨氏学校	1	25	600

续表

辖属	岛名	埠名	校名	教员数	学生数	常年经费
	英属	槟榔屿		林氏学校	1	40	650
	英属	槟榔屿		陈氏学校	1	50	
	英属	缅甸	秉黎贡	普育学校	2	34	2000
	英属	苏门答腊	怡里	中华学校	1	22	1680
	属于民国元年创办者							
	荷属	爪哇	大喜马来鸦	中华学校	2	65	4416
	荷属	爪哇	哇烈	中华学校	3	100	7500
	荷属	爪哇	三马望	中华学校	2	72	3600
	荷属	爪哇	喜簿棉	中华学校	2	56	2602
现已停办	荷属	爪哇	南旺	中华学校			
	荷属	爪哇	泗水	振文学校	4	58	4400
	荷属	爪哇	炽浦	中华学校	1	35	1983
	荷属	爪哇	南海漳	中华学校	5	65	4900
	荷属	爪哇	加里萨	中华学校	2	24	2300
	荷属	爪哇	任抹	中华学校	2	62	2280
	荷属	婆罗洲	坤甸	德音女学校	5	141	4328
	荷属	低莫	亚挞咘咘	中华学校	1	36	1500
	葡属	低莫	叻利	中华学校	2	48	2000
	荷属	苏门答腊	巴监	中华学校	1	50	1440
	荷属	苏门答腊	双沟南吧	中华学校	1	28	960

续表

辖属	岛名	埠名	校名	教员数	学生数	常年经费
荷属	苏门答腊	笼噶	中华学校	1	40	1296
荷属	苏门答腊	爪捞埠	中华学校	1	35	1400
荷属	苏门答腊	胡芦甘摆	中华学校	1	24	1300
荷属	苏门答腊	亚沙汉	培善学校	4	90	8537
英属	星加坡		三育学校	1	20	600
英属	星加坡		华侨女学校	2	22	1500
英属	星加坡		纯德女学校	1	34	960
英属	马来半岛	柔佛	宽柔学校	4	130	5000
英属	马来半岛	关丹	中华学校	2	52	1600
英属	马来半岛	劳勿	中华学校	1	40	960
英属	马来半岛	马六岬	培风学校	5	240	5000
英属	马来半岛	麻坡	中华学校	2	60	2000
英属	马来半岛	暗邦	安邦学校	2	60	800
英属	马来半岛	半山吧	辟智学校	3	70	1400
英属	马来半岛	新街场	光汉学校	1	30	2000
英属	马来半岛	架影	文华学校	2	38	1900
英属	马来半岛	吧双	中华学校	4	100	2400
英属	槟榔屿		同善学校	3	115	2000
荷属	苏门答腊	爪膀新邦	启文学校	3	75	4200
荷属	苏门答腊	大亚齐沙璜	南侨学校	2	50	2400

续表

辖属	岛名	埠名	校名	教员数	学生数	常年经费
属于民国二年创办者						
荷属	爪哇	巴礼	中华学校	2	72	2400
荷属	爪哇	茂草亚公	中华学校	2	56	2000
荷属	爪哇	什斑让	中华学校	2	56	2500
荷属	美利洞	武陵	中华学校	2	60	2000
荷属	婆罗洲	坤甸菩加罗	新民学校	3	33	2353
荷属	婆罗洲	双勾月	三育学校	2	27	1000
荷属	麻厘	华唐	光华学校	1	37	1900
荷属	苏门答腊	先达	中华学校	1	32	1100
荷属	苏门答腊	且落勿洞	中华学校	2	34	2552
荷属	苏门答腊	笠望	中华学校	1	29	1200
英属	马来半岛	芙蓉坡	中华学校	4	81	4500
英属	马来半岛	吉隆坡	循人学校	4	122	3000
英属	马来半岛	甲洞	开明学校	3	90	2400
英属	马来半岛	霹雳	明德学校	7	183	4890
英属	婆罗洲	纳闽坡	启文学校	2	67	3560
属于民国三年创办者						
荷属	爪哇	郎加士勿洞	中华学校	2	50	2000
荷属	爪哇	芝不浪	中华学校	1	20	1200
荷属	爪哇	涡惹宜加拉	中华学校	2	40	1800

续表

辖属	岛名	埠名	校名	教员数	学生数	常年经费
荷属	爪哇	普禾亚油	中华学校	2	40	1800
荷属	爪哇	安褥	中华学校	1	25	1400
荷属	爪哇	花那棱帽	中华学校	1	30	1792
荷属	龙目	纳务亚利	中华学校	1	21	3200
荷属	苏门答腊	新邦帝加	新华学校	1	52	9421
英属	马来半岛	坡德申	中华学校	2	47	1300
英属	马来半岛	古毛	竞明学校	4	60	2400
英属	马来半岛	架影	华侨学校	3	90	2850
英属	马来半岛	巴双港口	华英学校	1	25	
英属	马来半岛	怡保	勤业女学校	1	53	1200
属于民国四年创办者						
荷属	爪哇	芝加垄	中华学校	1	20	1200
荷属	爪哇	芝拉马也	中华学校	1	25	1500
荷属	爪哇	帝加拉萨	中华学校	1	20	1100
荷属	爪哇	美尾士	中华学校	1	30	1800
荷属	爪哇	芝日落	中华学校	2	68	2000
荷属	爪哇	亚如巴垄	中华学校	1	30	1200
荷属	爪哇	茂麻什里	中华学校	1	20	1000
荷属	马都拉	望加兰	中华学校	2	16	960
荷属	摩鹿根	干那低	新民学校	1	30	4000

续表

辖属	岛名	埠名	校名	教员数	学生数	常年经费
荷属	苏门答腊	颂牙	中华学校	1	38	1400
英属	马来半岛	思我月	明新学校	1	20	
英属	马来半岛	霹雳	怡保学校	4	131	3000
属于民国五年创办者						
荷属	爪哇	八打威	中华女学校	7	99	3600
荷属	爪哇	普格得惹	中华女学校	1	20	1000
荷属	苏门答腊	丹绒不胜湾店利	吉利育才学校	1	32	1620
英属	马来半岛	芙蓉坡	文华学校	3	60	
英属	马来半岛	芙蓉坡	坤华女学校	2	70	
英属	马来半岛	吉隆坡	国民学校	2	30	
英属	马来半岛	吉隆坡	香根女学校	6	102	
英属	马来半岛	霹雳	修齐学校	3	80	
属于民国六年创办者						
荷属	爪哇	八打威	广肇学校	2	46	2400
荷属	爪哇	万隆	民仪学校	1	40	
荷属	爪哇	八加连	中华学校	2	60	1920
荷属	爪哇	卫拉里	中华学校	2	60	2000
荷属	爪哇	牙冷	中华学校	1	54	1400
英属	马来半岛	马六岬	培德女学校	2	63	
英属	马来半岛	芙蓉坡	统华学校	2	40	

续表

辖属	岛 名	埠 名	校 名	教员数	学生数	常年经费
英属	马来半岛	吉隆坡	中国学校	6	28	3740
英属	马来半岛	吉隆坡	柏屏学校	1	49	
英属	马来半岛	万挠	三育学校	2	50	
英属	马来半岛	公蕉园	新民学校	2	56	1200
英属	槟榔屿		钟灵学校	4	81	2500
英属	槟榔屿		益华学校	6	75	2000
英属	槟榔屿		梁元藻义学校	4	131	3120
英属	苏门答腊	美勝务	竞权学校	1	15	720
荷属	马来半岛	霹雳	振华学校	5	42	1000
英属	马来半岛	霹雳	中华女学校	8	55	1200

（附记）上列各岛埠，译音杂出不一，兹以各校钤记上之字及信牍常用者为主，至教员学生及常费之数，系调查时所记，其有未详者，暂从阙略，尚待续查。按南洋侨校虽系教育机关，而各校之学董会，实含自治团体性质。凡已设之校，加意改良，未设之埠，力图扩充，联祖邦之声气，培侨地之人材，当以此为要焉。鼎华

〔北洋政府教育部档案〕

4. 教育部公布全国华侨教育概况

(1918年)①

华侨学务

(一) 考查及整理

(甲) 五、六、七三年增加之侨学数目：华侨校数曾于三年分调查一次，约有二百五十余校，然以散处各地未能详悉者尚多，兹就五、六、七三年间续行报部立案者，计南洋英属十一校、荷属七校，斐利滨两校，檀香山四校，美国三校，日本一校，朝鲜两校，而荷属爪哇岛新增十五校，亦经学务总会汇报，总计四十七校，列表如左：

属　　别	地　　名	校　　名	学生数	立案年月
英属马来半岛	麻六甲	培风学校	180	五年十月
英属南洋群岛	纳闽坡	启文学校	56	五年十月
英属马来半岛	九洲吡唠	中华学校	43	五年十二月
同　　前	槟榔屿	益华学校	162	六年六月
同　　前	新加坡	兴亚学校	78	六年十月
同　　前	九州挂罗庇朥埠	华侨公立国民学校		六年十一月
同　　前	九州芙蓉坡	中华学校	97	七年三月

① 此件时间按封面上"民国七年"字样所加。

续表

属别	地名	校名	学生数	立案年月
英属马来半岛	霹雳嗱吃埠	公立中华民国学校	34	七年四月
同前	霹雳端洛埠	民汇学校	34	七年四月
同前	雪兰峨巴双埠	中华女学校		七年九月
英属南洋群岛	波罗州波罗乃埠	育才学校	73	七年十二月
荷属南洋群岛	婆罗州坤甸埠	达三学校	10	五年一月
同前	苏门答拉丹绒峇咪	培善学校	149	五年四月
同前	苏门答拉占碑埠	育才学校	37	五年四月
同前	纲甲岛锡兰埠	中华学校	64	五年四月
同前	纲甲岛高本埠	中华学校	63	五年四月
同前	安本岛	培德学校		五年九月
同前	爪哇岛巴达维亚	中华女学校	60	六年九月
美属斐利滨	小吕宋	中西学校	460	六年四月
同前	宿务埠	中华学校	195	七年九月
美属檀香山	檀香山正埠	檀山华文学校	182	六年六月
同前	同前	圣彼得华文学校	45	六年六月
同前	茂宜岛剌轩拿埠	剌轩拿华文学校	32	六年六月
同前	茂宜岛姑剌	圣约翰学校	50	六年六月
美国	纽约埠	华侨公学校	19	六年七月
同前	波士顿埠	广教小学校	20	六年七月

续表

属别	地名	校名	学生数	立案年月
美国	企理连埠	华侨小学校	10	六年七月
日本	横滨	中华学校	95	五年十一月
朝鲜	京城	官立两等小学校	64	五年九月
同前	新义州	华侨小学校	16	五年三月

附注：爪哇新增十五校，系属汇报，未将学事等项分别注明，兹表从缺。

（乙）考察：侨学设于海外内容多未整齐，指导改良殊为急务。民国五年南洋荷属华侨学务总会请由该会根据会章自聘专员，考察侨学。本部揆之侨学现情，衡诸国际实况，准由该会自聘视学一人，考察侨民所设学校用资整顿。五年十月，该会聘定泗水中华学校校长熊理充任视学，任事以来考察侨学凡经三次，均将考察情形连同该员意见分别呈部备查，兹记其概略如次：（一）学校数及学生数：爪哇马都拉两岛，六年分调查统计有学校一百零三校，学生七千四百三十三人，七年分统计有学校一百一十八校，学生九千零三十五人，比较六年分学校增十五校，学生增一千六百零二人，就中女生居十分之二，回国就学者约三十人，赴外国留学者约百三十余人，荷属东部群岛华侨，七年分有学校十八校，学生九百四十三人，女生约占九分之一。（二）学校教授各项：爪哇学务总会于六年暑假时召集教育研究会，各校对于整饬校务、改良教授，始知注意，且事事渐趋实用，并有增加职业科目者，一时东中二部顿改旧观。荷属东部群岛侨学，教授少启发式，管理训练亦不甚注意，盖其地方僻远，见闻较狭，匡整校务当较西部为逊也。（三）教员：爪哇、马都拉两岛，教员六年分共三百零九人，七年分共三百六十人，自国内前往者十之六七，侨居者十之三四，各员颇能研究学术改良教法；荷属东部各岛，教员共四十三人，教授虽多缺点，然勤于职务。（四）经费：爪哇、马都拉两岛，六年分经费总额为四十三万零九百九十盾，而欧战方酣，商业凋落，学校经济因受影响，有停办者。七年分经各学董热心维持，鼓吹赞助，学校经费且骤增至五十万零六千一百五十八盾，仍以学生学费、董事月捐及出入口货捐为大宗入款。荷属东部群岛，经费来源比较充裕，以出入口货捐为大宗，以其半归原商，以其半归学款，出产多者，学校月可得数千盾，有存款者亦甚多。七年分经费总额为七万一千八百八十盾。

附南洋荷属华侨学校六七两年比较表

岛 名	学校数 六年	学校数 七年	比较 增	比较 减	学生数 六年	学生数 七年	比较 增	比较 减	经费数 六年	经费数 七年	比较 增	比较 减
爪 哇	101	115	14	0	7433	8889	1456	0	430990	506158	75168	0
马都拉	2	3	1	0	90	146	56	0				
峇 厘	2	3	1	0	120	147	27	0	11520			
龙 目	2	2	0	0	140	143	43	0	15200			
帝 问	3	3	0	0	320	145	0	185	7440			
摩鹿哥群岛	2	2	0	0	180	58	0	122	9500			
西利伯	2	3	1	0	420	308	0	112	18970			
苏门答剌	38				3000							
纲 甲	9				700							
万里洞	2				120							
廖 岛	1				120							
婆罗洲	8				600							
纽几内亚						30				1200		

（附记）峇厘以下各岛六年分学校经费，苏门答剌、纲甲、万里洞、廖岛、婆罗洲各岛七年分各校学事及纽几内亚六年分学校学事，均未填报，兹并从缺。

侨日长崎中学校，本部曾于七年八月派员赴东考察教育，便道视察该校，据称校中编制、教授，比之内地各校固不能谓为完善，但因其特别情形，曲为救济，种种设施不惮烦难，各教员均尽其能，管理方面亦尚完密。此外各属侨学则限于现势尚未能逐一考察，仅藉领事调查及各地华侨教育会之报告，稍得悉其梗概而已。又个人游历南洋，归国后亦往往有缮具报告呈部备查者，就中以民国五年林鼎华之报告最为详细，兹分别列表如左：

霹雳华侨教育会调查侨学一览表　民国六年份

埠　　名	学校数	学生数	经费总额
怡　保	4	418	14674
华都牙也	1	31	656
督亚冷	1	71	1344
务　边	1	72	1428
石　城	1	33	606
金　宝	3	245	9876
安　顺	2	142	3260
嘮　吃	1	51	1000
布　先	1	159	3440
古　楼	1	14	630
和　丰	1	68	1632
江　秀	1	46	750
太　平	1	114	3952
峇眼色海	1	31	711
巴里文打	1	30	1040
丹绒马林	1	20	800
总　计	22	1545	44799

林鼎华调查侨学一览表　民国五年份

岛　　名	学校数	学生数	经费总额
马来半岛	16	1075	27780
新加坡岛	13	1378	38000
槟榔屿	11	804	17850
英属北婆罗洲	1	67	3560
荷属婆罗州	6	395	28075
苏门答拉岛	21	1001	59249
纲甲岛	8	470	2678
万里洞岛	2	97	2700
爪哇岛	86	6943	285797
马都拉岛	2	144	9422
峇厘岛	1	44	4676
龙目岛	1	73	4700
低莫岛	1		
西利伯岛	1	186	9260
缅　甸	7	807	36500
总　计	177	13489	530877

（丙）召集华侨教育会及开成绩展览会：华侨散处各方，校自为风，难期统一，教育进步之迟滞亦以此为最大原因。华居人士，每拟设法联属，俾有观摩。六年暑假，乃有荷属华侨学务总

会，呈准本部召集爪哇华侨教育研究会及学校成绩展览会之举，开会时，到会会员七十有八人，议决案件最关重要者有九：（一）议定南洋荷属中华学校，适用课程标准。（二）组织南洋教材调查部。（三）设国语练习科。（四）改行二学期制。（五）禁止体罚。（六）通用国内书局出版英文课本。（七）规定表簿。（八）限制学生退学。（九）国民学校自一年级以上，裁去翻译，其第一第二两案，业由该会订定简章，呈部核准实行。又学校成绩展览会，计出品学校四十校，成绩二千二百八十七件，闭会后特聘专员审定，别为特甲乙三等，分别予以褒状，并拟于七年年假内赓续办理。又同时议决通函研究办法及发行教育报，以期观摩研究，借助他山，以故七年爪哇岛各埠学校顿改旧观。

（丁）筹设暨南学校：清季南京设有暨南学校，专为便于侨民子弟回国就学而设，民国初元以款绌停止，移于福州，改办华侨公学。但以地点偏处一隅，格于方言，归国侨生每感不便，而侨界人士又屡以恢复暨南学校为请。六年九月本部准予复设，即于是年十月成立，除招徕侨生回国就学外，并兼招国内学生有同等学力者随同授课，以期调剂感情，交换智识。校内计分师范及师范第二部，商业中学等四科。年需经费三万八千七百二十九元。此后侨生归国就学，当无不便之感矣。

（戊）筹设侨生留学专额：侨生回国就学者，已有优待规程及恢复暨南学校之举，而留学外国之办法，从前尚付阙如。五年春季，经本部与外交部商定，于清华学校内，每年中等科招收新生时，拨定侨生专额二名，计新加坡及英属南洋各地一名，爪哇及荷属南洋各地一名，入校肄业。其侨居美洲、日本之学生，并可随时考补留美、留日官费学生，以期深造而资奖劝。

（二）奖励

本部对于侨学奖励办法，分为对于回国就学学生之奖励，及对于侨学董事职员之奖励两种，兹将近年赓续办理大略情形分述如左: 第一对于回国就学生之奖励: 凡侨民子弟回国就学者, 均仍查照从前办法, 令行各校按照侨民子弟回国就学规程, 从宽取录, 其志愿归习陆海军者, 亦经本部咨商陆海军部查照前项规程录取, 以示优遇。第二对于侨学董事职员之奖励: 此项又可分为三种: (一) 奖章, 华侨学校多以董事年月捐为常款, 此项常捐款数目虽多寡不同。而维持教育之热忱则均足称许, 本部近年查照捐资兴学褒奖条例分别给奖。每年发出奖章, 尤以侨界人士为最多; 又办学成绩卓著之员, 亦分别给予本部奖章。(二) 匾额, 侨学办理完善者, 给予学校匾额, 办法现仍查照向例办理, 如荷属西利伯岛望加锡中华学校及日本长崎时中学校, 均由部呈请大总统给予匾额以昭激勤。(三) 褒勉, 华侨学校年来颇能力图改进, 据荷属华侨学务总会报告, 职教各员研究学术, 改良教法者颇不乏人。本部择尤令由各领事传知褒勉用资鼓励者, 计有各学校校长、教员共十八员。

(三) 侨学毕业人数

华侨学校学生毕业报部有案可稽者, 为日本神户同文、华强两校; 朝鲜京城官立两等小学校, 仁川华侨两等小学校, 斐利滨中西、宿务两学校; 坤甸达三学校等。兹分别表示如左:

地 名	校 名	毕业次数	毕 业 人 数	
			高等小学级	国民学级
日本神户	同文学校	3	43	77
日本神户	华强学校	3	58	77
朝鲜京城	官立两等小学校	2	6	16
朝鲜仁川	华侨公立两等小学校	3	3	20

地　　名	校　　名	毕业次数	毕业人数	
			高等小学级	国民学级
斐利滨	中西学校	4	14	84
斐利滨	宿务中华学校	2	0	48
婆罗洲坤甸	达三学校	1	0	10

（四）华侨学会

南洋英属华侨学务总会于民国四年正式成立，六年七月呈请本部核准改名南洋华侨教育总会，并由部发给钤记格式照刊启用，同时该会霹雳埠支会亦从新组织，更名霹雳华侨教育会，呈部核准。其余各地华侨学会，多仍旧贯无新设者，兹均从略。

〔北洋政府教育部档案〕

〔四〕社 会 教 育

（一）社会教育法令

教育部公布半日学校规程令①
（1914年2月19日）

教育部部令第十一号

半日学校规程

第一条 半日学校为幼年失学便于半日或夜间补学者设之。

第二条 专教女子之半日学校，称女子半日学校。

第三条 小学校得依本规程附设半日班，但男女同校之小学校不适用之。

第四条 半日学校学生之入学年龄，自十二岁至十五岁。

第五条 半日学校学生入学程度，为未入初等小学校者；但已入初等小学校而辍业者，亦得插入相当班次。

第六条 半日学校学科目及每周授课时数，依左表之规定：

修身	一
国文	一二
算术	三
体操	二
总计	一八（各学年同）

---

① 此原件无令文。

半日学校每周授课在十八时以上者，得将各科教授时数酌量增加，并得依初等小学校课程加授他项科目，惟至多不得过三十小时。

第七条　半日学校修业期限为三年。

半日学校每周授课至三十小时者，得酌量缩短年限为二年以上。

第八条　半日学校教科用书，由校长就教育部审定图书内择用之，在此项图书未审定以前，适用初等小学教科书。

第九条　半日学校除以上各条外，均适用部令关于初等小学校之规定。

第十条　本规程自公布日施行。

中华民国三年二月十九日

　　　　　　　　　　　　　　　　教育总长　汪大燮
　　　　　　　　　　　　　　　　〔北洋政府教育部档案〕

（二）社会教育概况

1. 教育部公布通俗教育研究会会员录

（1915年11月）

教育部通俗教育研究会会员录

职 任	姓 名	别号	籍 贯	职 务	住 所	电话
会 长	袁希涛	观澜	江苏宝山	本部次长	东太平街	
经理干事	高步瀛	阆仙	京兆霸县	本部司长	西单牌楼北大口袋胡同	
交际干事	陈任中	仙鹜	江西赣县	本部佥事	官菜园上街	南189
庶务干事	徐协贞	吉轩	湖北钟祥	本部佥事	顺治门内没水河	
会计干事	王丕谟	仲猷	京　兆	本部主事	西城炕眼井胡同	
小说股主任	周树人	豫才	浙江绍兴	本部佥事	南半截胡同山会邑馆	
戏曲股主任	黄中垲	芷涧	湖北江陵	本部佥事	顺治门外永光寺中街	南2227
讲演股主任	祝椿年	萌庭	京兆宛平	京师学务局通俗教育科长	玻璃厂西门路南祝家胡同	南1253
小说股调查干事	刘宗炎	勃安	安徽潜山	京师警察厅科员	琉璃厂西门外北极庵路西	东196
小说股调查干事	王家驹	维白	江苏丹徒	本部视学	邱祖胡同西头路北	南391

549

续表

职任	姓名	别号	籍贯	职务	住所	电话
小说股调查干事	孙壮	伯恒	京兆大兴	北京通俗教育会会员	北京商务印书馆	南302
小说股审核干事	陈宝泉	筱庄	直隶天津	北京高等师范学校校长	礼路胡同	南2110
小说股审核干事	陈懋治	颂平	江苏吴县	本部佥事	察院胡同东头路北	
小说股审核干事	张继煦	春霆	湖北枝江	本部视学	南半截胡同南头路西	南2254
小说股编译干事	许丹	季上	浙江杭县	本部视学	西单东铁匠胡同	
小说股编译干事	冯承钧	子衡	湖北夏口	本部佥事	西城兵马司	南1193
小说股编译干事	吴文洁	玉汝	江西宜黄	本部主事	东河沿门牌七十号	东1798
戏曲股调查干事	乐达义	印孙	京兆大兴	京师警察厅勤务督察长	前门外打磨厂新开路	3135 南227
戏曲股调查干事	梁咸熙	绩三	京兆大兴	京师警察厅科员	内务部街门牌十九号	东686
戏曲股调查干事	李廷瑛	雨生	京兆宛平	本部主事	北柳巷	
戏曲股审核干事	曾广源	浩然	湖北江陵	北京法政专门学校教务主任	太仆寺街法政专门学校	南1571
戏曲股审核干事	周庆修	国黼	浙江杭县	本部编审员	小麻线胡同浙江王宅	南1355
戏曲股审核干事	洪逵	菱舲	安徽怀宁	本部佥事	后王公厂中间路北	南2359
戏曲股编译干事	毛邦伟	子龙	贵州遵义	本部编审员	东斜街川堂门	南1523

续表

职任	姓名	别号	籍贯	职务	住所	电话
戏曲股编译干事	沈彭年	商耆	江苏青浦	本部佥事	宣武门内东太平街十一号	
戏曲股编译干事	宋迈	洁纯	浙江吴兴	本部办事员	北半截胡同湖州馆	
讲演股调查干事	闵持正	湜甫	江西奉新	京师警察厅科员	财政部街	东196
讲演股调查干事	常国宪	毅箴	湖南衡阳	本部主事	骡马市丞相胡同中间路东素园	
讲演股调查干事	佟永元	旭初	京兆大兴	京师学务局通俗教育科员	京师学务局	南1253
讲演股审核干事	吴震春	霄川	浙江杭县	本部佥事	东太平街	
讲演股审核干事	张孝曾	稼庭	浙江安吉	北京大学学监主任	东华门南池子缎库后胡同	东1780
讲演股审核干事	杨天骥	千里	江苏吴江	本部视学	宣武门外棉花九条	南1961
讲演股审核干事	陈恩荣	哲甫	直隶天津	北京高等师范学监	琉璃厂高等师范学校	南840
讲演股编译干事	张绂	耘叔	浙江永嘉	分部任用人员	上斜街路北浙江张寓	
讲演股编译干事	孙百璋	冠华	浙江杭县	本部主事	东安门内大街路南对子圈	
讲演股编译干事	包庸	润生	京兆宛平	京师学务局劝学员	五道庙第七学区事务所	南2325
讲演股编译干事	郭廷谟	令之	江苏丹徒	本部办事员	前孙公园东头路南	
小说股会员	李基鸿	子宽	湖北应城	本部办事员	北长街大石作	

续表

职任	姓名	别号	籍贯	职务	住所	电话
小说股会员	赵萝云	叔超	京旗	本部办事员	石驸马大街南后王公厂路北	
小说股会员	许霁厚	熙生	京兆	本部主事	西四礼路胡同中间路北	
小说股会员	张联魁	惺午	山西代县	北京农业专门学校教员	西四小绒线胡同	南1200
戏曲股会员	胡家凤	秀松	江西南昌	本部主事	顺治门大街南昌郡馆	南1959
戏曲股会员	李世英	骏声	直隶任邱	北京师范学校学监	祖家街北京师范学校	南1368
戏曲股会员	许绳祖	梓政	浙江绍兴	北京工业专门学校教员	祖家街北京工业专门学校	南740
戏曲股会员	葛成勋	竹书	江苏嘉定	北京医学专门学校教员	后孙公园北京医学专门学校	南46
讲演股会员	李实荣	苘县	湖北孝感	本部办事员	后门东首宽街西头皇城根太史第	南1695
讲演股会员	金庚绪	心余	京兆宛平	北京教育会会员	第五学区事务所	
讲演股会员	赵毅	贯一	京兆大兴	京师学务局劝学员	西安门内第一学区事务所	
讲演股会员	梁锡光	载之	京兆	北京教育会会员	正阳门内兵部洼中街路南	
讲演股会员	张廷霖	萍青	浙江杭县	北京女子师范学校教员	石驸马大街女子师范学校	南1325
聘员	唐碧	靖垓	湖南永明	本会聘员	西单石虎胡同利华公寓	
聘员	嵩筌	彦博	京旗	本会聘员	北新桥香儿胡同	

续表

职任	姓名	别号	籍贯	职务	住所	电话
聘员	魏易	冲叔	浙江仁和	本会聘员	宣武门内安儿胡同	南1345
翻译员	虞锡晋	叔昭	广东番禹	分部任用人员	北闹市小口袋胡同第一号	
翻译员	刘熊	荣甫	浙江镇海	分部任用人员	祖家街北京师范学校	
翻译员	张恺	端卿	湖北钟祥	分部任用人员	西安门内酒醋局胡同剪子巷九号	
名誉会长	梁善济	伯强	山西崞县	前本会会长	西河沿代郡馆	南1296
小说股名誉会员	刘抱愿	抱愿	江苏江宁	化石桥法政学校教员	化石桥法政学校	南1096
小说股名誉会员	陈兆琛	席儒	江苏丹徒	化石桥法政学校教员	化石桥法政学校	南1096
小说股名誉会员	陶铸	润生	江苏丹徒		东太平街天仙庵对过农商部陶万	
小说股名誉会员	毕惠康	斗山	湖北蕲水	前本部秘书	西华门内惜薪司胡同石版坊头条汤宅	南1433
小说股名誉会员	廖琇昆	旭人	福建闽侯	京汉铁路局总管理处考工科科员	霞公府西口洋楼三十四号	东194
戏曲股名誉会员	溥侗	后斋	京旗	总统府顾问	琉璃厂国华报馆	南295
戏曲股名誉会员	乌泽声	泽声	京旗	国华报经理	琉璃厂国华报馆	南295
戏曲股名誉会员	王劲闻	劲闻	安徽英山	大理院书记官	西河沿西头路北皖英王寓	南920
戏曲股名誉会员	恒钧	石峰	京旗	蒙藏院编纂员	后孙公园东夹道	南527

续表

职任	姓名	别号	籍贯	职务	住所	电话
戏曲股名誉会员	齐宗康	如山	直隶高阳		东单牌楼裱褙胡同	
戏曲股名誉会员	曾泽霖	志忞	江苏上海	中西音乐会会长	琉璃厂中西音乐会	南1728
戏曲股名誉会员	高寿田	砚耘	江苏上海	中西音乐会学监	琉璃厂中西音乐会	南1728
戏曲股名誉会员	王益保	君直	直隶天津	内务部	六合大院	
戏曲股名誉会员	周岐	支山	直隶天津	中华书局经理	琉璃厂中华书局	南85
戏曲股名誉会员	邓文瑗	云溪	广东香山	前本部秘书	大酱坊胡同广兴里	
戏曲股名誉会员	张毓书	展云	京兆宛平	内务部编纂会编纂员	宣武门外香炉营四条路北	
戏曲股名誉会员	袁祖光	瞿园	安徽太湖	大典筹备处会议员	米市胡同洞庭春后宅	南1610
戏曲股名誉会员	许鸿逵	豪士	江苏太仓		前青厂顺德馆夹道	南3243
讲演股名誉会员	林兆翰	墨卿	直隶天津	筹办京师模范通俗教育讲演所所长	北京劝学所办公处	
讲演股名誉会员	王金绶	紫珊	直隶丰润	军政宣讲处监督	西四帅府胡同西回子营路北	南2255
讲演股名誉会员	曹振勋	致尧	直隶安新	教科书编纂处员		
讲演股名誉会员	彭诒孙	翼仲	江苏吴县	京话日报主任兼塔尔巴哈台参赞公署驻京委员	德胜门积水潭	南766

〔北洋政府教育部档案〕

2.蔡鹤卿在通俗教育研究会上演说词
(1916年12月27日)

鄙人出游列邦日久，于祖国内情诸多隔阂。此次重履故土，辱承诸君子不弃，敦嘱演说。惟鄙人自顾学识谫陋，有负诸君子厚望，然又不敢自秘，兹将此次游历各国时于通俗教育上所见所闻，为诸君子缕陈之。

夫通俗教育研究会创立未久，聆诸君报告，各项成绩已属昭然，足征贵会诸君子热心毅力，始克臻此。鄙人良深钦仰，窃以通俗教育在二十世纪中实为当务之急，尝谓世界各事之进步，其动因皆由于有不平者而欲使之平。总观世界史乘，最初以不平而起潮流者，厥为宗教。彼时教皇之势力虽君主莫敌，不特此教与彼教争，即一教之中亦阶级悬殊，争斗蜂起，甚有因仇视异教而施之极刑者。说者谓教祸时代之教规，实较专制君主之刑法为厉，洵不虚也。其结果遂有信教自由之说，以救济其不平。乃宗教之潮流方息，而政治上不平之潮流即继之而起。盖一国之政治，操之少数人之手，权势偏重，最易生反动力。法兰西之大革命，美利坚之脱离羁束，各起极大之战争，其结果遂有立宪政治之产出，而剂其不平。乃政治之潮流方息，而社会不平之潮流又因之而起。如挽近因贫富之不平，而启劳动家与资本家之纠讼，盖因少数之资本家役使大多数之劳动家，以增殖其产业。而劳动家乃转不免于冻馁，其不平也日甚。于是有社会主义之发现。近日欧美各国此种主义日益发展。顾欲达到目的事亦非易。盖贫富阶级最不易消弭也。近日之富人，亦或赞成此种主义而试行之者，散其资财以与贫民，或划一区域以试验共产主义之实行。乃其结果转与初旨相反。追加以研究，始知彼劳动家之失败，由于未受平等之教育。近时欧西各国，义务教育虽已甚完备，然此制仅施之全国学龄之儿童，且所授者仅为初级之普通知识。若高深之学术，则仍为有力者所垄断。各国贤者已图力矫此弊。鄙人在德国时，尝见彼邦之大学生徒，每于校外出其所长，教授一般工人以实用知识或外国语言。至法国则有所谓平民大学，为大学教员所组织，专在夜间讲演，无论何人均得入校听讲，不因贫富年龄之故稍有歧异。凡此皆所以济教育之不平，而期于普及。今通俗教育研究会之设。所研究者即此使不平者渐跻于平之义也。顷聆诸君报告，各股成绩已甚优美。将来转移风化，实惟诸君是赖。惟以鄙见所及，三股虽均属重要，而以讲演之范围为较广，着手亦难。盖讲演者之心理，纯借口讲指画为表示，务须有得于心，尽人皆晓，庶得良好之结果。佛教中之讲演经典，耶教中之传播圣经，均用此法。在昔宋明儒者之讲学亦然。鄙人对于此事，亦未能多有所贡献，惟望诸君尽力以为之而已。

小说于教育上尤有密切之关系，往往有寝馈其中而得获知识者。昔时尚无人注意及此，近自西学输入，多译彼邦小说日渐繁多。国人始稍稍注意，小说家之名已见于《汉书艺文志》，自唐以后，小说渐盛。综观我国小说，强半多涉男女之情，其故由于我国男女之防素严，作小说者往往多借文字以发泄其怀抱，其他则不外乎鬼怪神仙之谈。如《水浒》、《红楼梦》等书，在昔人已有目为诲淫诲盗者，足证论者已认此种小说为有教育之价值，著《水浒传》者，实抱有一种革命思想，此种思想在今日视之，固已为过去之成迹，然在当时亦可谓有价值之书矣。又如《三国演义》一书，尽人皆知，其中结构以诸葛孔明为主要之人物，而曹孟德则为其对待者。其于曹孟德，固目为奸雄，然亦极写其智谋材力，为人所莫及。而其写诸葛也，亦适成为一机械变诈之人物，实与其写曹孟德不甚相远。要之此书之写上等人物，实不外乎权术用事，纯恃手段制胜而已。颇有人谓我国近时最著名之某公，其一生行事即取法乎《三国演义》所写之人物，其后卒因以致败。昔人之思想，其不适用于今日之世界也，审矣。又如《石头记》一书，世人多视为言情小说，其实为政治小说，书中述男女交际皆取放任主义。其后有《儿女英雄传》一书，则专持与《石头记》相反之主义，为旧思想之代表而已。总计中国小说，其著名者大略如此。欧洲各国小说在文学界中位置素高，近时则自然派盛行，如法国之弗罗贝尔及左拉，德国之许特曼等皆是。俄国之托尔斯泰，吾国人多知其名，彼亦即自然派中之一人，且尝著书反对英国之大戏剧家莎士比亚，谓其所著不合自然。所谓自然派者，其所述事实必皆为情理上所可有，而绝不容有虚无缥缈之谈，如我国小说之侈言神仙鬼怪。此亦因近世科学日臻发达，故小说亦因科学之潮流而转移也。就教育家之眼光审谛小说，固必取隐恶扬善之意。惟小说家之笔墨，写君子难而写小人易。试观各国之操新闻事业者，为动阅者之目起见，往往搜集各种新奇之侦探案，将案中细情曲意描摹，载诸报纸之上。为营业起见，计固良得，然阅者之脑筋，日日印入此非法行为，难保不因之而感染。尝闻有人日阅医家之治症告白，久而久之，其人果患与告相类之病症。以此例彼，其关系于人心也巨矣。世界万事，有阴必有阳，有暗必有明。作小说者讵能违乎此旨。顾西国所谓自然派之小说，笔底虽写黑暗之状，而目光常注光明之点。我国之作者则不然，如近时所传之《官场现形记》等书，其描写黑暗情形，可谓淋漓尽致，然不能觅得其趋向光明之径线，则几何不牵帅读者而使之沈溺于黑暗社会耶！

讲演能转移风气，而听者未必皆有兴会。小说之功，仅能收之于粗通文义之人。故二者所收效果，均不若戏剧之大，戏剧之有关风化，人所共认。盖剧中所装点之各种人物，其语言动作，无一不适合世人思想之程度。故舞台之描摹最易感人。且我国旧剧中之白话，均为普通语言，听之者绝无隔膜之弊，未受教育之人，因戏剧而受感触者恒较为锐敏。尝见北京旧日戏院有所谓池座者，大抵为不识字之人所占，而每次采声，必先发自池座。近人主张改良戏剧，莫不致力于新剧之编纂。窃谓新剧初起，其感化社会之力，或尚不及改良之旧剧。盖旧剧之体裁久已印入人心，而新剧则尚未习惯，又编演者程度幼稚，或不足以动人，故不能与旧剧相抗衡也。就中国往事观之，旧剧感人之魔力实为至巨，如清季拳匪之祸，肇于刚毅诸人，而此辈之见识纯由观剧而得。刚毅尝谓人曰："董福祥者，我之黄天霸也。"是即受施公案等戏剧之教育者。拳匪之不曰"神仙下界"，即曰"天将来助"，亦即本之于我国戏剧。更有一事与西人相反者，即西人重视悲剧，而我国则竟尚喜剧。如旧剧中述男女之情，大抵其先必受种种挫折，或男子远离，女子被难，一旦衣锦荣归，复相团聚。此等情节，千篇一律，例如《续西厢记》之必述张生及第归来，复与莺莺团圆之类。曾不知天下事，有成必有败，岂能尽如人愿而无丝毫之缺憾？即以历史人物而论，颜渊敏而好学，不幸短命。屈原，楚之贤大夫也，而自沉于汨罗，惟其如此，始足使千载下动无穷之凭吊。然我国人绝无演此类事于舞台之上者，盖我国人之思想，事事必求其圆满。专制时代之为皇帝者，已属无上之尊，而贪心犹未已。秦皇、汉武，至欲求长生不死之术亦其例也。西人之重视戏剧也，有将剧本采入学校中之教科书者，其价值可想。考其戏剧，约有数种，其第一种为歌舞剧，即所谓"阿泊拉"为戏剧中之最正式者，所演多为悲剧，此种专重歌舞，而无科白，佐以音乐。又有一种，专用科白者，则与中国近时所演之新剧相类，亦以悲剧为多。其所用语言，皆彼国最正国语，故外国之人在彼国者，多借听剧以练习彼国语言。又有小品歌舞剧，则参用歌舞与科白，而多为喜剧。又有一种杂剧院，以滑稽戏、跳舞及各种杂技相间演之。此西国戏剧之大概也。其演剧时间，大率自晚间八时至十二时。自杂剧院外，所演者大抵为完全之一剧。至若中国旧剧，往往截各种全剧之一节而演之，则甚类西洋之杂剧院也。歌舞剧中之音乐，感人至深。晚近欧洲各国，研究不遗余力，亦时有单纯之音乐会。若以我国之音乐与相比拟，则瞠乎后矣。

关于通俗教育，尚有一轻而易举之法，则电光影戏是也。影戏之成本较轻，而收效至易。近闻英国新流行一种影戏器，尤为省事，盖不必制玻片，即以邮片插入亦能影出者是也。通行之活动影戏为迎合观者之心理起见，亦有加入不正当之影片者。德国影戏院中，凡中学校以下生徒平时不得入览。而于每星期三、六或休假日，特择其较为纯正者演之，始许学生入观，大半为关于科学事理之片，间有滑稽之作，要皆无害于身心者。再如外国模范戏园，国家恒每年酌予巨款以补助之。我国现值财政困难之际，恐一时未克仿行。然如美术馆、博物院、展览会、科学器械陈列所等，均足以增进普通人之智德，而所费亦皆不甚巨。愿希望研究通俗教育者设法提倡此种有益之举，则获益尤非浅鲜也。以上皆第就个人所见及者，陈说于诸君之前。自愧学识有限，不能多所贡献，惟诸君谅之。

中华民国五年十二月二十七日

〔北洋政府教育部档案〕

8.教育部公布全国各种通俗讲演所概况
（1918年）

通俗教育讲演所

（一）京师模范通俗教育讲演所

模范通俗教育讲演所，租用正阳门外虎坊桥迄东越中先贤祠，于五年二月正式成立。其讲员分为二组：一组在本所按日讲演，一组在所外巡回讲演，并于夜间加演幻灯及电影。附设阅书报处一处，每日阅读者平均约六十人。公众补习学校一处，学生定额四十名。启盲所一处，定额十名。历年征集讲稿约五十余种，已经刊印成册分发各省者九种。本所讲演定于每日下午七时至九时；巡回讲员于每星期一至星期六下午，分赴京师公立各讲演所讲演一小时或二小时，听讲人数自民国五年至七年，每年平均约二十一万六千余人。

（二）京师通俗讲演所

民国七年以来，京师学务局添设四郊讲演所，连前所设各区讲演所，共十四所处，按日在所讲演。此外又有巡行讲演及巡回讲演各一组，巡行讲演每遇各处庙会，即往讲演。巡回讲演即在各讲演所加设讲演，周而复始。此京师通俗教育讲演所之大略情形，列表如左：

名 称	地 址	每日讲演时间	职员数	每月经费数	每日平均听众
京师公立第一通俗教育讲演所	正阳门外大街珠市口迤南路东	下午二小时	5	124	120
京师公立第二通俗教育讲演所	东四牌楼北十条胡同西口外	下午二小时	3	72	90
京师公立第三通俗教育讲演所	西直门外新街口迤西路北	下午二小时	3	63	130
京师公立第四通俗教育讲演所	东安门外丁字街路南	下午二小时	3	63	60
京师公立第五通俗教育讲演所	西单牌楼南路西	下午二小时	4	55	70
京师公立第六通俗教育讲演所	正阳门外兴隆街中间路北	下午二小时	3	75	60
京师公立第七通俗教育讲演所	正阳门外五道庙路东	二年二月暂停		62	
京师公立第八通俗教育讲演所	崇文门外花市火神庙	下午二小时	3	63	80
京师公立第九通俗教育讲演所	宣武门外果子巷路西	下午二小时	3	77	102
京师公立第十通俗教育讲演所	地安门外大街路西	下午二小时	3	70	100
京师公立东郊通俗教育讲演所	朝阳门外关庙路西	下午二小时	4	35	50
京师公立西郊通俗教育讲演所	京西海甸街路西	下午二小时	4	50	50
京师公立南郊通俗教育讲演所	广安门外关庙路北	下午二小时	4	35	20
京师公立北郊通俗教育讲演所	德胜门外关庙路西	下午三小时	4	35	40
京师内外城庙会讲演	隆福寺护国寺白塔寺南乐王庙土地庙花市集	下午三小时	8	105	200
京师内外巡回讲演	各公立讲演所遂日轮流	每次于各所讲演时间外加一小时	2	40	

续表

名称	地址	每日讲演时间	职员数	每月经费数	每日平均听众
四郊庙会讲演	东郊羊坊药王庙 高碑店娘娘庙 西郊京西万花山 蓝靛厂广仁宫西 直门外万寿寺静 宜园泛冷泉村 南郊阜城汛八里 庄广安门外造甲庙 北郊北顶娘娘庙 东直门外行宫庙 朝阳门外东岳庙	每次讲演时间临时酌定	由各郊讲演所职员担任	每年临时费合计一百八十元	各郊情形不同每次讲演听众均达二百人以上

(三) 各省通俗教育讲演所

民国四年本部呈准公布通俗教育讲演所规程，嗣后各省通俗教育讲演所亦陆续成立，列表如下：

地　　别	处　数	每星期讲演次数	每次平均听讲人数
京　兆	20	3	40
直　隶	100	3	40
奉　天	410	3	40
吉　林	39	2	20
黑龙江	13	2	20
山　东	51	3	30
河　南	51	3	30
山　西	113	3	30
江　苏	39	3	30
安　徽	21	3	30
江　西	60	3	30
福　建	61	3	30
浙　江	188	3	30
湖　北	239	省立5 县立3	省立50 县立30
湖　南	18	3	30
陕　西	18	2	20
甘　肃	88	2	20

续表

地　　别	处　数	每星期讲演次　　数	每次平均听讲人数
新　疆	36	1	20
四　川	37	3	30
广　东	41	3	30
广　西	177	2	30
云　南	47	2	20
贵　州	2	1	20
热　河	6	1	20
绥　远	1		

附各省巡行讲演团表

地　　别	处　数	每星期讲演次　　数	每次平均听讲人数
京　兆	4		
直　隶	90	3	80
奉　天	6	3	80
吉　林	4	2	60
黑龙江	4	1	50
山　东	45	3	80
河　南	22	3	70
山　西	49	3	70
江　苏	59	3	80

续表

地　　　别	处　数	每星期演讲次　　数	每次平均听讲人数
江　西	19	3	60
福　建	17	2	50
浙　江	53	3	60
湖　北	202	3	80
湖　南	24	2	60
陕　西	16	2	60
甘　肃	24	1	50
四　川	44	3	80
广　东	16	3	80
广　西	36	2	60
云　南	8	2	50
热　河	1	2	50

(四) 通俗教育会

通俗教育研究会

通俗教育研究会附设于教育部内，会长由本部次长兼任，并设经理、干事、交际干事、会计干事、庶务干事及各股干事，均由会推定，呈部核准。各股主任及会员均由部指派，其应由各机关选派者，则各机关呈部认定。其名誉会员，则由部随时函约到会。历年编译书籍，凡三十余种。此外小说股审核之小说及评语，戏曲股编辑之各种新旧剧本，讲演股审定之通俗教育讲演参考用书，均随时列表公布。议决事件，计属于小说股者十一件，属于戏曲股者八件，属于讲演股者十一件。六年附设石印室，凡**会内一切出版物**，均可自行印刷。

〔北洋政府教育部档案〕

4.教育部公布全国各省通俗教育会概况

（1918年）

各省通俗教育会

各省通俗教育会近年成立报部者颇多，兹参以调查所得，列表如左：

地　　　别	处　数	会 员 数	备　　　　考
京　　兆	1		
直　　隶	3	292	公立二处私立一处
奉　　天	16	356	公立三处余皆私立
吉　　林	3	90	皆系私立
黑　龙　江	2	158	皆系私立
山　　东	20	1571	公立八处余皆私立
河　　南	30	1956	公立四处余皆私立
山　　西	8	155	公立三处余皆私立
江　　苏	12	1012	皆系私立
安　　徽	2	30	皆系私立
江　　西	18	923	皆系私立
福　　建	6	433	皆系私立
浙　　江	9	373	皆系私立

续表

地　　别	处　数	会员数	备　　考
湖　北	19	1441	公立三处余皆私立
湖　南	4	230	公立一处私立三处
陕　西	12	299	公立三处余皆私立
甘　肃	9	166	公立一处余皆私立
新　疆	2	58	皆系私立
四　川	24	1022	公立四处余皆私立
广　东	4	510	皆系私立
广　西	2	50	皆系私立
云　南	24	1514	公立十处余皆私立
贵　州	2	283	皆系私立

〔北洋政府教育部档案〕

5. 教育部公布一九一六年至一九一八年全国通俗教育各项学校概况

(1918年)

通俗教育各项学校

(一) 京师通俗教育各项学校

京师通俗教育各项学校,有由模范通俗教育研究所设立者,有由京师学务局设立者,又民国五年京师警察厅所设各区贫儿半日学校,于六年二月由内务部咨行本部备案。兹分别列表如左:

第一表　公众补习学校

名　称	校　数	班　数	
公众补习学校	4	10	

第二表　商业补习学校

名　称	校　数	班　数	职员数	开办年月
商业补习学校	2	2	8	民国七年三月

第三表　露天学校

名　称	校　数	举办年月	教授事项	备　考
露天学校	23	五年四月至七年六月	修身、国文、算术、游戏、唱歌	京师学务局设立

第四表　贫儿半日学校

名　称	校　数	成立年月	教　科
贫儿半日学校		民国四年十二月至民国五年十月	修身、国文、习字、笔算、珠算、体操

注: 以上四表经编者简化。

(二)各省通俗教育各项学校

各省通俗教育各项学校,有公众补习学校,半日学校,简易识字学校各种。兹就调查所得,列表如左:

第一表(公众补习学校)

地　别	处　数	每校班数	每班学生平均人数
直　隶	1	2	30
奉　天	1	2	30
黑龙江	1	1	20
河　南	1	2	30
山　西	5	2	30
江　苏	9	3	40
江　西	2	2	30
浙　江	5	3	40
湖　北	2	3	40
四　川	2	2	40
广　东	1	3	30
广　西	45	1	20
云　南	1	1	30

第二表（半日学校）

地　别	处　数	每校班数	每班学生平均人数
京　兆	4	2	40
直　隶	420	2	40
奉　天	1	8	30
吉　林	13	2	30
山　东	29	3	30
河　南	17	3	30
山　西	314	2	20
江　苏	17	8	40
安　徽	10	2	20
江　西	42	2	30
福　建	21	3	30
浙　江	28	3	40
湖　北	58	3	40
湖　南	29	2	30
陕　西	6	2	30
甘　肃	33	1	20
新　疆	11	1	20
四　川	345	2	30
广　东	53	3	40
广　西	228	2	20

续表

地　别	处　数	每校班数	每班学生平均人数
云　南	7	3	30

第三表（简易识字学校）

地　别	处　数	每校班数	每班学生平均人数
京　兆	248	2	40
直　隶	1511	2	40
奉　天	257	3	30
吉　林	86	2	30
黑龙江	4	1	20
山　东	73	3	30
河　南	932	2	30
山　西	260	2	20
江　苏	33	3	40
安　徽	69	2	20
江　西	108	2	30
福　建	13	3	30
浙　江	84	3	40
湖　北	165	3	40
湖　南	8	2	30
陕　西	14	2	30
甘　肃	230	1	20

续表

地　别	处　数	每校班数	每班学生平均人数
新　疆	20	1	20
四　川	160	2	30
广　东	54	3	40
广　西	224	2	20
云　南	28	3	30
贵　州	6	2	20
热　河	264	1	20

〔北洋政府教育部档案〕

6.教育部公布通俗教育研究会会员录

(1924年1月)

通俗教育研究会会员录 十三年一月

职 任	姓 名	别号	籍贯	住 址	电话
会 长 教育部兼代次长	汤 中	爱理	江苏 武进	西长安街 六部口	西局 1747
经理干事 教育部司部	高步瀛	阆仙	京兆 霸县	西单北大 口袋胡同	西局 227
庶务干事 教育部佥事	徐协贞	吉轩	湖北 钟祥	顺治门内 嘎哩胡同	
编译干事兼庶务 教育部主事	孙百璋	冠华	浙江 杭县	东安门内 对子圈	借东局 214
会计干事 教育部主事	王丕谟	仲猷	京兆 通县	南长街百 代门四号	
文际干事 教育部 参事兼秘书处办事	陈任中	仲骞	江西 赣县	宣内温家 街甲二号	西局 139
编 译 员	潘志蓉	镜芙	江苏 吴县	西单牌楼 横二条	
编 译 员	唐 碧	靖垓	湖南 永明	大安公寓	西局 2347
编 译 员 教育部一等额外部员	刘 熊	荣甫	浙江 镇海	手帕胡同 宾华公寓	西局 1074
编 译 员 教育部一等额外部员	张 恺	端卿	湖北 钟祥	香炉营头条	
编 译 员 教育部一等额外部员	潘 渊	企莘	浙江 绍兴	太平湖 十四号	
编 译 员 教育部常任审定员	乔曾劬	大壮	四川 华阳	前王公厂	西局 1788
编 译 员 教育部一等额外部员	袠善元	子元	浙江 绍兴	报子街	
编 译 员 教育部一等额外部员	李明澈	匡甫	湖北 黄梅	宣外车子营 黄梅会馆	南局 854
编 译 员 教育部一等额外部员	陈庆麒	子良	浙江 象山	西安门大街 二十八号	西局 2850
编 译 员 教育部一等额外部员	秦赞禹	君猷	四川 鄸都	前百户庙	
书 记 员	崔福绥	履南	京旗	都城隍庙 街藤牌营	西局 2765
书 记 员	王志益	筠峰	直隶 完县	本 会	

续表

职　　任	姓　名	别号	籍贯	住　址	电　话
书记员	田同仁	辑五	京兆大兴	辟才胡同	
小说股					
主　任 教育部佥事	戴克让	芦龄	浙江杭县	头发胡同	
调查干事 教育部视学	王家驹	维白	江苏丹徒	邱祖胡同西头路北	西局 391
调查干事 北京通俗教育会会员	孙壮	伯恒	京兆大兴	北京商务印书馆	南局 302
审核干事 教育部佥事	周树人	豫才	浙江绍兴	砖塔胡同六十一号	
审核干事 教育部司长	陈宝泉	筱庄	直隶天津	香炉营头条二十号	南局 2593
审核干事 教育部佥事	陈懋治	颂平	江苏吴县	察院胡同东头路北	
编译干事 教育部佥事	冯承钧	子衡	湖北夏口	西城兵马司	西局 1193
会　员 教育部一等额外部员	赵梦云	叔超	京兆	护国寺街枪厂大坑	
会　员 教育部主事	许罢厚	禹生	京兆	西四礼路胡同中间路北	
会　员 教育部视学	齐宗颐	寿山	直隶高阳	东城裱褙胡同	东局 411
会　员 教育部常任审定员	朱文熊	造五	江苏昆山	西单北口袋胡同十号	
会　员 教育部主事	朱颐锐	孝荃	湖南衡阳	通俗图书馆	
会　员 北京大学事务员	胡春林	茂卿	安徽含山	景山东街北京大学	
会　员 教育部主事	李尊	源泉	四川江北	宣内什家户胡同	
戏曲股					
主　任 教育部佥事	黄中垲	芷润	湖北江陵	西城显灵宫五号	西局 440
调查干事 京师警察厅勤务督察长	乐达义	印孙	京兆大兴	前门外打磨厂新开路	南局 3135 局 227
调查干事 京师警察厅科员	梁咸熙	绩三	京兆大兴	内务部街十九号	东局 686

续表

职 任	姓 名	别号	籍贯	住 址	电话
审核干事 教育部名誉审定员	周庆修	国戢	浙江杭县	宣内西拴马桩惜阴胡同五号	西局2529
审核干事 教育部佥事兼任秘书	洪逵	芰舲	安徽怀宁	象来街	南局1870
编译干事 教育部常任审定员	毛邦伟	子龙	贵州遵义	西城屯绢胡同	西局1523
编译干事 教育部佥事	沈彭年	商耆	江苏青浦	安儿胡同一号	
编译干事 教育部一等额外部员	宋迈	洁纯	浙江吴兴	北半截胡同湖州会馆	
会 员 北京工业专门学校教员	许绳祖	梓政	浙江绍兴	祖家街工业专门学校	西局112
讲演股					
主 任 京师学务局副局长	祝椿年	荫庭	京兆宛平	宣外教场小六条	
调查干事 教育部主事	常国宪	毅箴	湖南衡阳	丞相胡同路东素园	
审核干事 教育部佥事	吴震春	雷川	浙江杭县	东四礼士胡同二十一号	东局423
会 员 京师劝学员长	万华	子实	京兆	京师劝学办公处	
会 员 教育部代理主事	李实荣	蒂荪	湖北孝感	小院胡同二十六号	
会 员 北京教育会会员	金庚绪	心余	京兆宛平	大沙果胡同	
会 员 教育部一等额外部员	王树屏	雅衡	直隶高阳	贴罚库五号	
会 员 教育部一等额外部员	祁锡蕃	柏冈	直隶永年	前百户庙二十一号	
会 员 京师学务局科员	松林	月樵	京旗	京师学务局	
会 员 京师东郊劝学员	赵毅	贯一	京兆	东四十条	
会 员 北京教育会会员	梁锡光	载之	京兆	正阳门内中街	
会 员 北京法政大学校学监	徐沐三	吉盦	湖北江陵	太仆寺街法政学校	
会员 北京女子高等师范附属小学校主任	孙世庆	惠卿	直隶行唐	女子高等师范附属小学	

续表

职任	姓名	别号	籍贯	住址	电话	
小说股名誉会员						
名誉会员 盐务署科员	寿玺	石工	浙江绍兴	香炉营头条二十六号		
名誉会员 交通部金事	毕惠康	斗山	湖北蕲水	香炉营六条		
名誉会员	邵瑞彭	次公	浙江			
戏曲股名誉会员						
名誉会员	王劲闻	劲闻	安徽英山	延寿寺街大耳胡同	南局	920
名誉会员 中华书局经理	周岐	支山	直隶天津	琉璃厂中华书局	南局	85
名誉会员	嵩堃	彦博	京旗	香饵胡同内扁担胡同	西局	709
交通部法规会会员						
名誉会员	罗纶	梓卿	四川			
名誉会员	姚憾	恨吾	安徽桐城	头发胡同		
名誉会员	陈家麟	绂卿	直隶静海	榆钱胡同南口路西		
讲演股名誉会员						
名誉会员	曹振勋	致尧	直隶安新			
名誉会员 京师公立第二中学校校长	黄德滋	自修	直隶任邱	史家胡同第二中学		
名誉会员	朱应昌	宇澄	江苏泰县	烂缦胡同九十号		
名誉会员	伊齐贤	见思	京兆	手帕胡同西口钱串胡同		
名誉会员	刘寿恒	星台	直隶宁河	东茶食胡同十三号		

本会 地址 西单牌楼南教育部内
电话 西局第一千九百六十号

〔北洋政府教育部档案〕

〔五〕国外教育

（一）派遣留学生法令

1. 教育部公布经理欧洲学生事务暂行规程令

（1913年8月20日）

教育部令第三十七号

经理欧洲留学生事务暂行规程

第一条 欧洲留学生监督裁撤后，由教育部特派留学生经理员一人经理留学各国学生学费事项，惟俄国学费由使署兼管，不归经理员发给。

第二条 经理员除经理学费事项外，教育总长得随时饬令调查左列各款：

一、关于学生成绩事项。

二、关于各处学校情形。

三、关于学术事项。

第三条 经理员设事务所于比利时国。

经理员应将事务所及住址，呈报教育部及通告各省、各机关之委托经理员代办者。

第四条 经理员得雇用书记一人，缮写文件，帮理庶务。

第五条 留学生于出发之前，均须觅具保证，填写愿书，并由教育部给予留学证书，该生抵留学国及离留学国时，应请经理员于证书上批明入国及出国年月日。其各省、各机关所派学生，如须委托经理员代办者，亦须照此办理。

第六条 留学生到留学国后，应将所入学校及住址等呈报经理员备查。

第七条 留学欧洲学生往返川资、治装费及每月学费，应照下开数目支给：

留学国别	每月学费	出国川资	回国川资	治装费
英国	英金十六镑	本国银五百元	英金五十镑	本国银二百元
法国	佛郎四百枚	同前	佛郎一千二百五十枚	同前
德国	马克三百二十枚	同前	马克一千枚	同前
比国	佛郎四百枚	同前	佛郎一千二百五十枚	同前

第八条 教育部所派留欧学生，先期由部将学费汇交经理员发给。各省及各机关所派学生，有愿委托经理员代发学费者，须按期自行如数汇去，如逾期未汇者，可由经理员催寄，不能代为筹垫。

第九条 留学学费应自抵留学国赴经理员处呈报之日起算，至留学毕业之日止。

第十条 学费每三个月发给一次，第一次与川资、治装费同时发给，由本人向教育部或原派省分机关具领，嗣后统由经理员按照各人住址发给，掣取收条，送交经理员转寄教育部或原派省分各机关备查。

第十一条 除学费、川资及治装费外，无论具何理由，不得另支他项费用。

第十二条 学生如有要求预支学费情事，经理员不得允许。

第十三条 留学生非毕业于原入学校或经教育总长特许，不得转学他国或他校。

欲转学者，须三个月前将愿书及转学理由呈由经理员转请教育总长核准后，方得转学。

第十四条　留学生如有病亡外国者，应由经理员设法就地殡葬，概不运回；惟其家属愿自费运回者听。

第十五条　留学生毕业回国，应于事前四个月报由经理员，转呈教育部或原派省分机关核准后，即将回国川资汇交经理员代发。

第十六条　经理员应于每学年开学一个月内，将官费学生人数，分别学校呈报教育部或通告原派省分机关备查。

第十七条　经理员于每学年终，将次年官费学生应行毕业人数详细调查，先行呈报教育部或通告各省及各机关备查。

第十八条　经理员每月薪俸定为四百五十元，书记薪俸一百五十元，事务所办公费一百元。此外不得另支公费，凡发电、汇款等费及因公前赴各国川资宿费，得核实报部呈请补给。

第十九条　本规程自留学外国学生规程颁布后，即行废止。

第二十条　本规程自公布日施行。

中华民国二年八月二十日　　　　　国务总理　段祺瑞

　　　　　　　　　　　　　　　　　教育总长

〔北洋政府教育部档案〕

2.教育部公布留欧官费学生规约令
（1913年12月27日）

教育部部令第六十六号

留欧官费生规约

第一条　留欧官费生关于学务事宜，应呈请本部核办，不得赴各使馆纷扰；但请领护照等事，可与其他侨民受同一待遇，得请使馆办理。

第二条　留欧官费生如有呈请本部事件,应署名盖章,不得借用学会等名义。

第三条　留欧官费生每月学费,统由本部汇寄英京华比银行,按月发给。

第四条　各部省及各机关所派学生之学费,暂照原定之数支给,如各省有函电减成核发者,即照所减之数发给。

第五条　留欧官费生不得预支学费,所有暑假后应缴校金,由部先行酌给,再由该生学费中按月分扣。

第六条　留欧官费生如有疾病时,应托同学照料,其医药费概不支给。

第七条　留欧官费生病故留学国时,同学各生应请所在国使馆派员照料,并饬该国丧仪店料理丧葬,一切费用先由使馆从俭垫给,俟细数报部,随即归还,如该故生家属情愿自费运柩回国者听。

第八条　留欧官费生应于民国三年三月末日以前,遵照调查表式分别填注寄送本部,违者停止官费。

第九条　留欧官费生应将每年升学证书或其他学业成绩之凭证,呈送本部。(俟验毕后仍行寄还)违者停止官费。

第十条　留欧官费生不得转学他校及改留他国,违者停止官费。

第十一条　留欧官费生遇有不能升级时,应证明其正当理由,如继续两次不能升级者,停止官费。

第十二条　留欧官费生未毕业以前,不得请假回国,如有私自回国者,停止官费。

第十三条　留欧官费生在留学期内,不得与西人结婚,违者停止官费。

第十四条　留欧官费生毕业后两月以内,应即回国,逾期即停发学费。如毕业后尚须实习者,须先期呈请教育总长许可。

第十五条　留欧官费生毕业后，应将文凭寄送本部查验，方予发给川资。

第十六条　留欧官费生如有更改住址等事，应随时报告专门司注册。

第十七条　留欧官费生如遇有本部委托调查事件，应如期呈报。

第十八条　本规约自公布日施行。

中华民国二年十二月二十七日

教育总长　汪大燮
〔北洋政府教育部档案〕

8．教育部公布管理留学日本自费生暂行规程令

（1914年1月17日）

教育部部令第三号

　　　管理留学日本自费生暂行规程

第一条　留日学生经理员应遵照本规程管理留学日本自费生。

第二条　自费留学日本学生，须具左列资格之一：

一、中学以上学校毕业者。

二、中学以上各校教员。

第三条　具前条资格之一、志愿自费留学日本者，应由本人之亲属或其他有关系者，具呈本籍知事察核，并声明该生留学期内担保学费，方法由县转呈本省行政公署，经核准后，应即给予公文赍投经理员存查。

保证人具呈县知事时，应填具左列之表式，一并呈请察核。自费生经行政公署核准出洋时，应由保证人亲赴公署填写保证书，存署备查，其方式规定于左：

自费生姓氏	籍贯	年岁	何校毕业或何校教员	愿往何地肄业何科	留学期内筹定经费	担保人与本生之关系	备考

　　　　　　　　　　　住址
中华民国　　　　年　月　日　　　　职业
　　　　　　　　保证人姓名盖章

　　自费生经行政公署核准出洋时，应由保证人亲赴公署填写保证书，存署备查，其方式规定于左：

　　具保证书○○○，今保证○○○赴日本自费留学，所有该生留学期内应需经费及其他行为，均由保证人负完全责任，立此保证书是实。

中华民国　　　　　年　月　日　具保证书人○○○盖章

　　学会或学校保送学生自费留学日本时，得在该学会等所在地之县知事署呈请核办，其程序与本条一、二、三项同，并即以该学会之代表人为保证人。

　　第四条　自费生抵留学国后，应将所持公文呈送本省经理员，并报明入国日期。

　　第五条　自费生应将留学国之住址、学校、学科并年级，呈报经理员备查。

　　第六条　自费生毕业回国时，应将毕业证书呈请经理员验明，如果年限成绩相符，应由经理员发给证明书。

　　第七条　自费生如不遵照本规程第三、四、五条办理者，经理员得拒绝其送学，并否认其留学资格；其不遵第六条办理者，回国呈验文凭时，教育部及各本省行政公署，得以无案拒绝之。

　　第八条　本规程公布以前，业经在留日本之自费生，应准免除本规程第三四条之程序，惟查照第五条之规定办理时，应由经理员印具下列之书式，发交各该生亲自填注，缴存备查。

自费生履历书

姓名	籍贯及本国住所	年岁	在本国或外国何校毕业	现在何校肄业习何科学系第几年级	现在寓所	留学期内筹定经费	最初留学日期	入国日期	备考

中华民国　　年　　月　　日　留学日本自费生〇〇〇盖章

第九条　自费生应于每年十月填具左列之表，呈由经理员汇呈教育部备案，其表式应由经理员先期印成分送各该生照填。

留学日本自费生调查表（民国　　年　　月　　日）

姓名及字

年　岁

籍贯及住址

男子或女子

三代存殁

保证人姓名及职业住址

到东年月及寓址

入学或转学年月

经过学校名称

现在学校名称及地址

曾否留级或转校

所习科目

预计毕业年限

毕业后应得学位名称

备考

第十条　凡经本部认为合格之自费生毕业回国后，得与官费毕业生受同等之待遇。

第十一条　自费生自入校至毕业，历次考列优等或得有勤课褒状者，由经理员呈报教育部及各本省行政公署察核备案。

第十二条　自费生如有不守规则或不名誉之行为，经理员应随时劝戒，如屡戒不悛，应呈请驻在国之公使饬令回国，并将事由呈报教育部及各本省行政公署备案。

第十三条　本规程自公布日施行。

中华民国三年一月十七日

教育总长　汪大燮
〔北洋政府教育部档案〕

4. 教育部公布经理留学日本学生事务暂行规程令
(1914年1月17日)

教育部部令第四号

经理留学日本学生事务暂行规程

第一条　留日学生事务，由教育部及各省行政公署分别派员经理之。

第二条　经理员除教育部委派一人外，其余各省或每省委派一人，或数省合派一人，由各省查核学生人数酌量办理。

第三条　部委经理员，经理属于中央之官费生留学事务，省委经理员，经理属于各本省之官费生留学事务。

自费生留学事务，经理员应查照留学日本自费生暂行规程办理。

第四条　各省委派经理员或更调经理员时，须将该员姓氏、履历咨报教育部暨驻日使署备查。

第五条　经理员抵日后，应将接事日期及住址，呈报教育部及各本省行政公署备案。

第六条　部委经理员薪俸公费，别以部令定之，省委经理员薪俸公费，由各省自行酌定支给。

第七条 经理员应办事务，规定如左：

一、关于官费、自费生送学事宜。

二、关于官费生发费事宜。

三、关于考核证明官费生出入留学国境日期，及收验官费生证书公文事宜。

四、关于考核官费、自费生之品行及学业各事宜。

五、关于留学事项应行报告各事宜。

六、关于教育总长或各本省行政长官或驻日公使，临时委任各事宜。

第八条 遇有与日本官厅交涉事宜，非经理员所能直接办理者，应呈请驻日公使酌量办理。

第九条 经理员于每学期开学一个月内，将官费、自费各生人数分别学校、学科及年级列表汇报教育部，并分报各本省行政公署，以备查核。

第十条 留学官费、自费生毕业回国时，经理员应将该生毕业学校及成绩呈报教育部及各本省行政公署备案。

第十一条 经理员应于每年十月内，将明年官费生毕业人数详细调查，先行呈报教育部及各本省行政公署查核，以备编制翌年度之预算。

第十二条 留日官费生月给官费分为甲乙两种，规定如左：

甲、月给日币四十二圆。

乙、月给日币三十六圆。

前项甲种官费限于留学日本帝国大学生支给之。

留学官费生毕业回国，川资定为日币七十圆；但边远省分各生得由经理员呈请各本省行政公署酌量增给之。

第十三条 凡官费生，除前条所开学费之外，不得别立名目要求费用。

第十四条 官费生如染时疫病症，非入院医治不可者，每日得给与病费日币二圆，以二星期为限；限内不足之费及限外不能出院，概由其学费内开支。

第十五条　官费生如被火灾、水灾确有损害者，经查明属实，得给予恤费日币四十圆。

第十六条　官费生如患肺病、脑病及耳目口鼻咽喉等症，轻者自行出资调治，重者准其退学回国，不得藉口患病要求医费。

凡因病退学休学回国者，得多给一个月学费作为川资。

第十七条　凡辍学回国之官费学生，以三个月为限，逾期不到者停止官费，其在辍学期内不得支领学费。

第十八条　经理员每月发给留学生学费，应将收条汇送教育部或本省行政公署备查。

第十九条　留学官费生如有要求预支学费情事，经理员不得允许。

第二十条　经理员于留学官费生呈送留学证书，请求批明入国或出国日期外，应即详加查核，并注明年月日盖章发还。经理员遇有留学自费生呈送公文时，应将其所报入国日期登记之。

第二十一条　留学生毕业后，应将文凭向经理员呈验，经理员按历次报告及调查表册分别查明，如果年限成绩相符，应由经理员发给证明书。

第二十二条　留学官费、自费生，自入学至毕业，历次考列优等或得有学校勤课褒状者，经理员应呈报教育部或各本省行政公署察核备案。

第二十三条　留学生如有不守规则或不名誉之行为，经理员得随时劝戒，如屡戒不悛，轻者应呈请原派官厅停止官费，重者应呈请公使饬令回国，并呈报教育部备案。其自费生应查照留学日本自费生暂行规程第十二条之规定办理。

第二十四条　留学官费生在高等专门以上各学校学年试验继续落第二回者，又因疾病或其他理由认为无毕业之望者，经理员应呈明教育部或各本省行政公署停止官费。

第二十五条　留学官费生于学校春秋两季始业后满一个月不到者，除有特别理由由原派官厅通知外，经理员应呈明教育部或各本省行政公署，停止其学费。

第二十六条　留学官费生无故缺席至一个月者，应由经理员呈报教育部或各本省行政公署停止其学费。

第二十七条　凡考入官立高等专门以上各学校之官费生，不准改入私立学校，违者停止官费。

第二十八条　官费留学生毕业后，如有向经理员请送各处实习者，应以留学医农工各科成绩最优之学生，并得各病院或场厂许可者为限。经理员应先行呈报教育部或各本省行政公署察核办理。

第二十九条　留学生如有因本规程第二十三条之规定，停止官费后或改为自费或改赴他国，将来呈验毕业证书时，本部概不准予备案。

前项毕业学生经理员不准发给证明书。

第三十条　留学官费生自民国三年起，一概不准再送选科。

第三十一条　留学官费生如有病亡海外者，给予棺殓埋葬费日币二百元，或就地埋葬或运送归国各听其便，但不得要求增费。

第三十二条　除海陆军学生外，各部所派遣之留日官费生，如委托部委经理员经理者，应咨明教育部，一切均按照本规程规〔办〕理。

第三十三条　经理员应办各事项，除遵照本规程外，并应查照留学日本自费生规程分别办理。

第三十四条　本规程自公布日施行。

中华民国三年一月十七日

　　　　　　　　　　　　教育总长　汪大燮
　　　　　　　　　　　　〔北洋政府教育部档案〕

5. 教育部公布改留日学生经理员为监督呈及大总统批令
(1914年12月24日)

教育部呈拟改留日学生经理员为监督并拟管理规程请核示呈。

呈为留东学务繁重，拟改中央经理员为部派监督，以资统率，并拟具管理规程，仰祈钧鉴事：窃惟留日学生人数众多，管理事宜素称丛杂。前清光绪三十二年，即在驻日使署设立管理游学日本学生监督处，分职办事。民国成立以后，因经费支绌，将监督处裁撤，另订经理规程，由部委经理员一人，常川驻日，经理部派留学生事务；并通咨各省各派经理员一人，经理各本省留学生事务。业已办理二年有余，本年六月准驻日全权公使陆宗舆咨称：留东学务繁重，各省经理员无论得力与否，不过为照料学生庶务之员，而重要之件及关系全局之事，仍非有人综理其事不可，应请改中央经理员为中央留学生监督。稍崇其职位而扩张其权限，除各省学费、庶务仍归各经理员自行处理外，所有对外之学务交涉，对内之管理监查，均由该员就近秉承公使，并统率各经理员办理，庶足规全局而资整理。等因。查驻日公使所称各节，尚系实在情形，惟本部官制本无留学监督之规定。该监督所管者，只属留学事宜，改定名称，原为增重职权筹划学务全局起见，对外系关仍须秉承公使办理，毋庸列入官制，以免纷更，当即咨复去后，旋准驻日公使来函表示同意。兹由本部悉心酌度，拟订管理留日学生事务规程四十条，中央留学生监督仍由本部遴选熟悉留东学务人员充任，不作为实官，其薪公等费，亦力求撙节，不敢过事扩充，要以不妨碍现行官制及中央预算为断。业与驻日公使往复函商，大致意见相同，所有拟改中央经理员为部派监督，暨酌拟规程各缘由是否有当，理合具陈，伏乞大总统鉴核

训示施行。谨呈

中华民国三年十二月二十四日奉

批令，准如所拟办理，交外交部查照，并转行驻日公使知照折并发。此批。

附件：

管理留日学生事务规程

第一条　留日学生事务由教育部及各省行政长官分别派员管理之。

第二条　教育部派监督一人，各省派经理员一人，或数省合派一人，由各省查核留学生人数，酌量办理。

前项部派监督，由教育总长呈报大总统备案，省派经理员，由各省巡按使咨报教育部及驻日使署备案。

第三条　各省经理员商承部派监督，办理本省留学生事务。

第四条　凡留学生事项有关于外交者，由部派监督禀请公使主持。

第五条　凡关于留学生送学事项，在日本文部省直辖之高等专门学校及帝国大学，统由部派监督办理，其他各校由部派监督或各省经理员分别办理。

第六条　凡关于各省官费生发费事项，由各该省经理员办理。

第七条　凡关于留学生调查等事项，部派监督得嘱各省经理员协同办理。

第八条　部派监督每周应招集各省经理员会议一次，如有特别事故，得临时招集。

第九条　各省经理员如有不能称职者，得由部派监督详请教育总长，咨行该省行政长官撤换之。

第十条　部派监督于每学期开学两个月内，应将中央及各省官费、自费生分别学校、学科及年级，列表汇报教育部，并作简表分报各本省行政公署。

第十一条　各省经理员于每学期开学一个月内，应将其本省官费、自费生分别学校、学科及年级列表汇送部派监督。

第十二条　部派监督应于每年十月内，将明年官费生毕业人数分别调查，详报教育部及各本省行政公署。

第十三条　留日学生毕业回国时，部派监督应将该生毕业学校及成绩汇报教育部，并分报各本省行政公署备案。

第十四条　部派监督及各省经理员对于留学生之成绩高下，功课勤惰，品行优劣，均应分别注意。

第十五条　部派监督或各省经理员，于官费学生赍送留学证书请求批明入国，或出国日期，应即详加查核，并注明年月日盖章发还。

各省经理员遇有自费学生赍送公文时，应将所报入国日期登记之。

第十六条　留日学生毕业后，应将文凭送请部派监督验明，如果年限、成绩查核相符，由部派监督发给证明书。

第十七条　留日学生自入学至毕业，历次考列优等或得有学校勤课褒状者，部派监督应详报教育部，或由各省经理员详报本省行政公署备案。

第十八条　官费学生如有不守规则或不名誉之行为，部派监督及各省经理员应随时劝戒，如屡戒不悛，应详请原派官厅停止官费。

第十九条　官自费生对于部派监督、各省经理员如有无理请求任意滋事等情，得详请各该生本省行政长官，饬其家属，勒令回国。

第二十条　官费学生在高等专门以上各学校学年试验继续落第二回者，又因疾病或其他事故认为无毕业之望者，部派监督应陈明教育部或各本省行政公署，停止官费。

第二十一条　凡考入官立高等专门以上各学校之官费学生，不准改入私立学校，违者停止官费。

第二十二条　官费学生于学校春秋两季始业后满一个月不到者，除有特别理由由原派官厅通知外，部派监督或各省经理员应陈明教育部或本省行政公署，停止其学费。

第二十三条　官费学生无故缺席至一个月者，部派监督或各省经理员应详报教育部，或本省行政公署，停止其学费。

第二十四条　官费学生毕业后，如有请部派监督送各处实习者。应以留学医、农、工各科成绩最优之学生，并得各病院或场厂许可者为限，部派监督应先详报教育部，或各本省行政公署察核办理。

前项实习期间至多不得过一年。

第二十五条　官费学生自民国三年起，不得再送选科。

第二十六条　部派监督每月薪俸三百元，办公费二百元，此外电报等费得核实报部，详请补给。

部派监督为佐理庶务、缮写、文牍得延用办事员及录事，其所有薪俸均由办公费项下开支。

第二十七条　各省经理员之薪、公费，由本省自行酌给。

第二十八条　官费学生其留学日本帝国大学本科者，每月支给日币四十二圆；其留学第一至第八高等学校及东京高等师范学校、东京高等工业学校、千叶医学专门学校者，每月支给日币三十三圆，其余官费生每月支给日币三十六圆。

凡津贴生、半费生支给费额，由各省行政官厅自行规定。

第二十九条　官费学生毕业回国川资定为日币七十圆，但边远省分得由经理员详请各本省行政公署酌量增给之。

第三十条　凡官费学生除应领学费之外，不得别立名目要求费用。

第三十一条 官费生如染时疫病症非入院医治不可者，每日得给与病费日币二圆，每年以二星期为限；限内不足之费及限外不能出院，概由其学费内开支。

前项入院学生须取具病院证明书，其所给之病费，应由部派监督或各省经理员直接交付病院。

第三十二条 官费学生如患肺病、脑病及耳目口鼻咽喉等症，轻者自行出资调治，重者准其退学回国，不得藉口患病要求医费。凡因病退学、休学回国者，得多给一个月学费，作为川资。

第三十三条 官费学生如遇灾变确有损害者，经部派监督或各省经理员查明属实，得给与恤费日币四十圆。

前项规定自费学生亦得适用之。

第三十四条 凡辍学回国之官费学生，以三个月为限，逾期不到者停止官费；其在辍学期内不得支领学费。

凡因丁忧回国者，准假百日，如逾期不到，亦应停止官费。

第三十五条 官费学生如有要求预支学费情事，不得允许。

第三十六条 官费学生如有病亡海外者，给与棺殓埋葬费日币二百圆，或就地埋葬，或运送归国，各听其便，但不得要求增费。

前项规定自费学生亦得适用之。

第三十七条 部派监督或省派经理员，发给留学生学费及其他费用，应将收条汇送教育部或本省行政公署。

第三十八条 各部所派遣之留日官费生，除海陆军学生外，如委托部派监督管理者，应咨明教育部，一切按照本规程办理。

第三十九条 经理留学日本学生事务暂行规程，自本规程公布日起即行废止。

第四十条 本规程自呈奉批准日公布施行。

〔北洋政府教育部档案〕

6. 教育部公布管理留欧学生事务规程

(1915年8月26日)

管理留欧学生事务规程

第一条　教育部及各省所派之留欧学生事务，由留欧学生监督管理之。

留俄学生事务，仍由驻俄使馆经理。

第二条　留欧学生监督由教育总长派员充任，并呈报大总统备案。

第三条　留欧学生监督应设事务所于欧洲适宜地方，并须详报教育部及各省行政公署。

前项事务所于移置时，留欧学生监督应随时报告教育部及各省行政公署。

第四条　留欧学生监督于官费生赍送留学证书请求批明入国或出国日期，应即详加查核，并注明年月日盖章发还。

前项留学证书由教育总长发给之。

第五条　留欧学生到留学国后，应将所入学校及住址等分别陈报监督。

第六条　留欧学生监督于每年终，应将官费生分别学校、学科、年级及次年度毕业人数，列表汇报教育部及分报各省行政公署。

第七条　留欧学生监督于每年终，应将全年度之留欧学务概况详报教育部备核。

第八条　留欧学生监督遇有留学生事务关系于外交者，应商请驻使主持。

第九条　留欧学生监督月支薪俸五百元，事务所办公费三百元，此外发电汇款等费及因公前赴各国旅费，得核实报部。留欧学生监督得延用书记，其应给薪俸由办公费项下开支。

第十条　各省官费生之学费，应由原派省分按季汇寄留欧学生监督。

前项每季学费汇往欧洲时，应先期计算汇到日期，最迟须在该季开始之首日。

第十一条　留欧学生监督于每年年终，应将收支清册连同收据详报教育部及各省行政公署。

第十二条　留欧学生监督于按月发给官费生学费外，不得借给他项费用。

第十三条　官费生毕业后，应将文凭送请监督验明，如果年限成绩查核相符，方许发给证明书。官费生毕业回国来部呈验文凭请求注册时，应将留欧监督所给之证明书一并呈验。

官费生毕业后之回国川资，由留欧监督调查名数，报请原派机关先期汇寄留欧监督，发给证明书时，应将回国川资一并发给之。

第十四条　官费生毕业后，除核准实习者外，应于两个月内起程回国。

第十五条　官费生毕业后，如尚须实习者，应陈明监督经核准后始准续留实习。

前项实习期限至多不得逾一年。

第十六条　官费生非有特别理由，经留欧学生监督许可者，不得转学他校。

本条及前条第一项之规定，留欧学生监督须将事实详报教育部或各本省行政公署备案。

第十七条　留欧官费生如有请求事项，应就近禀候监督核办，不得迳达教育部或各本省行政公署。

第十八条　官费学生如继续两次不能升级，或因疾病及其他事故认为无毕业之望者，留欧学生监督应详报原派机关停止官费。

第十九条 官费学生在留学期内，无论何项事故，不准请假回国，如有私自回国及托人代领学费情事，应即停止官费。

第二十条 官费生自入学至毕业，历次考列优等或得有学校勤课褒状者，留欧学生监督应详报教育部察核，由部加给褒状以示优异。

第二十一条 官费生对于留欧学生监督如有无理请求、任意滋事等情，得详请原派机关停止官费。

第二十二条 留欧官费学生如有病故外国者，由留欧学生监督设法就地殡葬，其家族愿自费运柩回国者听。

第二十三条 本规程第四条之第一项，第五条、第十三条之第一项、第二项，第二十条之规定，自费生均适用之。

第二十四条 留欧自费生如有不遵照本规程第四条之第一项及第五条办理者，于毕业时不得发给证明书。

第二十五条 本规程公布以前，凡业经在留欧洲各国之官、自费学生，得将第四条规定之程序省略之。

第二十六条 民国二年教育部颁行之经理欧洲留学生事务暂行规程，及留欧官费学生规约，自本规程公布日起即行废止。

第二十七条 本规程自呈奉批准日公布施行。

〔北洋政府教育部档案〕

7.教育部公布管理留美学生事务规程

(1916年3月8日) ①

管理留美学生事务规程

第一条 教育部及各省所派之留美学生事务，由留美学生监

---

① 此件时间编者根据《中国近七十年来教育记事》所加。

督管理之。

第二条　留美学生监督由教育总长派员充任，并奏请备案。

第三条　留美学生监督应设事务所于美国首都，并将详细地址详报教育部及各省行政公署。

前项事务所遇必需迁移时，留美学生监督应随时报告教育部及各省行政公署。

第四条　留美学生监督于官费生赍送留学证书，请求批明入国或出国日期，应即详加查核，并注明年月日盖章发还。

前项留学证书由教育总长发给之。

第五条　留美学生到美后，应将所入学校及住址等分别陈报监督。

第六条　留美学生监督于每年年终，应调查官、自费生现在学校学科、年级等项，按照部定表式分别列表汇报教育部，并分报各本省行政公署。

第七条　留美学生监督于每年年终，应将全年度之留美学务概况详报教育总长。

留美学生监督遇必要时，须亲赴各校调查，但须先报明所往地点。

第八条　留美学生监督遇有留学生事务关系于外交者，应商请驻使主持。

第九条　留美学生监督月支薪俸国币四百圆，事务所办公费国币三百圆，此外发电汇款等费及因公前赴各处旅费，得核实报部。

留美学生监督得延用书记，其应给薪俸由办公费项下开支。

第十条　留美官费生之学费及川资、治装费等，应照左列数目支给之：

一　每月学费美金八十元。

一　出国川资国币五百元。

一　回国川资美金二百五十元。

一　治装费国币二百元。

第十一条　各省官费生之学费，应由原派省分按季汇寄留美学生监督。

前项每季学费应先期汇到，至迟不得过该季开始之第一日。

第十二条　留美学生监督于每年年终，应将收支清册连同收据详报教育部及各省行政公署。

第十三条　留美学生监督于按月发给官费生学费外，不得借给他项费用。

第十四条　留美学生毕业后，须将文凭送请监督验明，如果年限成绩均属相符，应即给予证明书。

留美学生毕业回国，到部呈验文凭请求注册，应将监督所给之证明书一并呈验。

第十五条　官费生毕业后之回国川资，由留美学生监督于给予证明书时，一并发给之。

前项回国川资，应由留美学生监督调查名额，报请原派机关先期汇寄。

第十六条　官费生毕业后，如尚须实习者，应陈明监督，得其许可。

前项实习期限非经教育总长特准，不得逾一年。

第十七条　官费生毕业后，除核准实习者外，应于两个月内起程回国。

第十八条　官费生非有特别理由，经留美学生监督许可者，不得转学他校。

遇有本条第一项转学及第十六条第一项实习情事时，留美学生监督应详报教育部，并分报各本省行政公署备案。

第十九条　官费生如因疾病或其他事故认为无毕业之望者，留美学生监督应详报原派机关停止官费。

第二十条　官费生在留学期内，除丁忧准假外，无论何项事故不得请假回国，如有私自回国及托人代领学费情事，应即停止官费。

第二十一条　官费生自入学至毕业，历次考列优等或得有学校勤课褒状者，留美学生监督应详请教育总长加给褒状，以示优异。

第二十二条　留美学生监督遇官费生有无理请求任意滋事等事情，得详请原派机关停止官费。

第二十三条　留美学生如有病故外国者，由留美学生监督设法就地瘗葬，其家属愿自费运柩回国者听。

第二十四条　本规程第四条之第一项，第五条、第十四条之第一项、第二项，第二十一条、第二十三条之规定，自费生均适用之。

第二十五条　留美自费生如有不遵照本规程第四条之第一项及第五条办理者，于毕业时不得请求发给证明书。

第二十六条　本规程公布以前，凡业经在留美国之官、自费学生，得将第四条规定之程序省略之。

第二十七条　民国三年教育部颁行之经理美洲留学生事务暂行规程，自本规程公布日起即行废止。

第二十八条　本规程自奉批准日公布施行。

〔北洋政府教育部档案〕

8.教育部公布选派留学外国学生规程令
(1916年10月18日)

教育部令第二十二号
兹订定选派留学外国学生规程，特公布之。**此令。**
中华民国五年十月十八日　部印

教育总长　范源廉

选派留学外国学生规程

第一条　教育总长认为必要时，得就左列各项人员中选派留学外国学生，研究必须留学外国之学术技艺。

一、曾任本国大学教授或助教授继续至二年以上者。

二、曾任本国专门学校、高等师范学校教授继续至二年以上者。

三、曾经留学外国大学、高等专门学校、高等师范学校本科毕业者。

四、本国大学本科毕业生。

五、本国专门学校、高等师范学校本科毕业生。

前项留学生以检定试验选拔之；但有前项第一、第二、第三各款资格者，得免试验之全部或一部。

第二条　前条试验分第一试、第二试。

第一试由各省行政长官行之，其试验科目如左：

一、国文　　　　　　　二、外国文

第二试由教育部在京行之，其试验科目如左：

一、国文　　　　　　　二、外国文

三、调验成绩　　　　　四、口试

国文、外国文之试验，视其派赴留学地方及研究科目酌量命题。

成绩之调验，以历年研究之著述及一切学业状证为据。

口试就其所学及志愿发问。

第一试不及格者，不得与第二试，其第一试合格之试卷由省行政长官咨送教育部复核。

第三条　每届选派学生，先期由教育部议定应派名数、留学地方、留学年限、研究科目及各省应送备选学生名数，并第二试在京举行日期列表公布。

教育部议定前项应派名数,即以民国三年六月以后,各省咨报教育部有案之核定留学名额为范围。

每届选派学生,应就前项定额内所出缺额议定名数,但留学日本名数,应先尽每年考入特约学校各生充补缺额后,就所余缺额议定之。

每届议定名数时,应先期咨询各部院、各省需要人材,折衷配定。

第四条　留学生由教育部特派监督管理之。

留学生遇须实习等各种请求事项,应呈由监督核办。

监督遇有留学生事务关系外交者,应商承驻外公使办理。

第五条　留学生应支治装费、往返川资及每月学费,数目定如左表:

留学国	治装费	出国川资	每月学费	回国川资
英国	本国币二〇〇元	本国币五〇〇元	英国币一六磅	英国币五〇磅
法国	同	同	法国币四〇〇佛郎	法国币一二五〇佛郎
德国	同	同	德国币三二〇马克	德国币一〇〇〇马克
比国	同	同	比国币四〇〇佛郎	比国币一二五〇佛郎
奥国	同	同	奥国币四〇〇佛郎	奥国币一二五〇佛郎
义国	同	同	义国币四〇〇佛郎	义国币一二五〇佛郎
瑞士国	同	同	瑞士国币四〇〇佛郎	瑞士国币一二五〇佛郎
俄国	同	同	俄国币一二五罗布	俄国币四〇五罗布
美国	同	同	美国币八〇圆	美国币二五〇圆
日本国	本国币一〇〇元	本国币七〇元	日本国币四六圆	日本国币七〇圆

601

治装费及出国川资，由教育部在京发给。

每月学费由监督查明各该生行抵留学国之日起算，按月发给，不得预领。回国川资由监督于填发证明书时发给之。留学生因研究学术必须巡历地方或经指定转学他国等特别情形时，得另酌给旅费，但应先具预算书，呈由监督呈部核准。

留学中罹疾确有医证者，于学费之外得酌给医药费，但通留学期内不得过国币三百圆之数，并应将医药各收据呈送监督核验。

留学中罹疾至四个月尚未痊愈者，得免其留学，酌给回国川资；但不得超过表定数目。

留学中死亡者，得由监督设法就地殡葬，殡葬之费不得超过表定回国川资数之一倍，其家属愿自费运柩回国者听。

第六条　选拔合格之学生，须于揭晓后一个月内，连同最近半身象片三纸缴具留学愿书，呈部领凭出国。

留学生行抵留学国时，应将在部所领凭证缴由监督汇送教育部。

第七条　留学生自出国之日起至归抵本国之日止，每月应将留学日记呈部或转由监督送部考核，其有取得学位之论文或他项著述及考察报告，并应随时送部考核。

前项留学日记除特别名称外，应用本国文字按日记载，毋得间断，尤应特重所学事项。前项留学日记及著述报告等，应由部摘要编印成书，分送各部院各省参考。

留学生有成绩特优者，应由部给予褒状，并得酌奖书籍费。

第八条　留学生除亲丧外，不得请假回国，其请假期限不得逾一年。

前项请假回国得支表定川资十分之三。

第九条　留学生留学毕业后，应将学业凭证送请监督验明，如果年限成绩查核相符，方许发给留学毕业证明书。

留学生取得前项证明书后，应即依限回国，连同证明书送部验凭注册。

留学生归国后，有听从教育总长指派职务或各部院咨调任用之义务。

前项义务年限视其留学期间之久，暂酌定之。

第十条　留学生有违背教育总长命令，旷误学业或其他不端行为时，得免其留学。其情节过重者，应由部取消其已往资格之全部或一部，归国后不服指派职者同。

附　　则

本规程自公布日施行，其民国三年教育部颁行之各省留学官费生缺额选补规程即行废止。

本规程公布以前，所派留学生及日本特约学校按约录取各生，应准仍照管理留欧学生事务规程、管理留学日本学生事务规程暨其他部定办法分别办理。

前经教育部根据前项选补规程，准予存记有案各生，一律准与本规程第二条第二项之试验。其在本规程公布以前已入外国大学者，应由部调取各该生最近成绩择优准免试验，一并指派，但此项学生不给出国川资，其学费应自训令监督文到之日起算。

〔北洋政府教育部档案〕

9．教育部公布留学外国学生医药费发给规程令
（1917年6月30日）

教育部令第四十号

查本部第二十二号部令公布之选派留学外国学生规程，其第五条规定：留学中罹疾确有医证者，于学费之外得酌给医药费；但通留学期内不得过国币三百元之数等语。并经通咨各省长，凡旧生患病亦得援照此项规程办理。在本部原为体恤学生起见，嗣

后留美、留日官费学生请发医药费者纷至沓来，若不详定办法，势必有因癣疥小病，不及一二年已支满国币三百元之数者。设将来患有重病，转不得再领医药费，是与本部订定此项规程本意适相径庭。兹订定外国留学生医药费发给规则六条，特公布之。**此令。**

中华民国六年六月三十日　部印

教育次长暂行代理部务　袁希涛

外国留学生医药费发给规则

第一条　医药费之发给，应以官费生之患重病必需入医院诊治者为限。

学生之患牙痛、眼疾、伤风感冒及其他癣疥微疾之不须入医院者，不得请领医药费。

第二条　官费生因患重病须入医院，其医药及病室费，得由监督核明支给；至院中伙食暨其他杂用，悉由（学）生自备。

第三条　官费生因患重病须入医院时，必先呈明监督得其许可，但遇急症须即刻入院者，不在此限。

学生因患急症径行入院不及先行呈明者，入院之后须请医院函告监督或由学生将理由自行呈明，仍送验医院证断书。

第四条　学生入医院时，应居何等病室需由监督酌定。

（说明）医院中病室大小不一，价格互殊，学生所居病室应慎加选择，总以不碍病状，亦不虚耗公款为断。

第五条　医院中所需医药费及病室费，不得由学生请领，应由监督直接汇交医院，取具收据以凭核销。

第六条　本规则自公布日施行。

〔北洋政府教育部档案〕

10. 教育部公布修正管理留日学生事务规程令

(1920年11月2日)

教育部令第一二一号
兹修正管理留日学生事务规程，特公布之。此令。
中华民国九年十一月二日　部印

修正管理留日学生事务规程

第一条　留日学生事务由教育总长委派监督管理之。

第二条　留日学生监督由教育总长委派，并呈报大总统备案。

第三条　留日学生事务除应行禀承教育总长或驻日公使办理外，均由监督主持。

第四条　留日学生监督对于官、自费生赍送留学证书，请求批明入国或出国日期时，应详加查核，并注明年月日，盖章发还之。

第五条　留日学生监督应将官、自费学生切实调查，于每年九月，将姓名、籍贯、学校、学科、年级并在校成绩，分别列表呈报教育总长。

第六条　留日学生监督对于毕业学生请求发给证明书时，应将该生之毕业证书并在学年限切实查核，发给前项证明书后，应汇案呈报教育总长。

第七条　留日官、自费学生自入学至毕业，历次考列优等或得有学校勤课褒状者，应由监督呈报教育总长并各该生之本省行政长官。

第八条　留日官、自费学生如有不守规则或不名誉之行为，应由监督随时劝戒，如屡戒不悛，应呈请教育总长并该生之本省行政长官，停止其官费或转饬其家属加以惩戒。

第九条　留日学生监督遇有官、自费生无理请求或任意滋事等情，得呈时教育总长及各该生之本省行政长官，饬其家属勒令回国。

第十条　留日官费学生在高等专门以上各学校，学年试验继续落第二回者，又因疾病或其他事故认为无毕业之望者，应由监督呈请教育总长及该生之本省行政长官停止其官费。

第十一条　凡考入官立高等专门以上各学校之官费学生，不准改入私立学校，违者停止官费。

第十二条　留日官费学生于学校始业后，满一个月不到者，除有特别理由由原派官厅通知外，应由监督呈请教育总长及该生之本省行政长官，停止其官费。

第十三条　留日官费学生无故缺席至一个月者，应由监督呈请教育总长及该生之本省行政长官，停止其官费。

第十四条　留日官费学生毕业后，如有请送各处实习者，应以学习医、农、工各科成绩最优之学生，并得各病院及场厂许可者为限。

前项请求实习学生，应先期呈由监督转呈教育总长核定。

第十五条　留日官费学生除照选派留学外国学生规程选派者外，不得请送帝国大学选科。

第十六条　留日学生监督每月薪俸国币四百元，办公费国币四百元。此外邮电、杂费得核实开支。

监督为办理留学事务得延请事务员并雇用录事，所有月薪统由办公费项下开支。

第十七条　留日官费生学费，应暂照本规程施行以前办法分别支给，凡津贴生、半费生支给费额，由各省行政公署自行规定。

第十八条　留日官费学生之学费按月发给，不得预支。

第十九条　留日官费学生因病退学、休学回国时，得多给一个月学费作为川资；但边远省分得给两个月学费。

前项之休学期以一年为限，逾限者开除官费。

第二十条　留日官费学生因亲丧请假归国时，得多给一个月学费作为川资，但边远省分得给两个月学费。

前项之假期以一年为限，逾限者开除官费。

第二十一条　留日官费学生毕业回国，川资定为日币一百元；但边远省分得酌量增给之。

第二十二条　留日官费学生如罹有重症须入院疗治者，得查照选派留学外国学生规程第五条、第六项之规定发给医药费。医药费之发给，以左列各病症为限：

一、患急性传染病者。

二、患危急内外症应施大手术者。

三、受意外之损伤有生命之危险者。

第二十三条　留日官、自费学生如遇灾变确有损害者，经监督查明后，得酌给救恤费。

前项救恤费，至多以日币八十元为限。

第二十四条　留日官、自费学生如有在日本病亡者，得给棺殓埋葬费日币四百元。

前项病亡学生之棺柩或就地埋葬，或运送回国，悉听其家属之便，但不得请求增费。

第二十五条　留日学生监督发给留学生学费及其他各费时，均应取得收条，汇案呈送教育部核销之。

第二十六条　各省得派经理员管理各本省之留学事务，其薪俸由各本省行政公署自行酌定支给之。

经理员除经理本省留学事务外，应受监督之委托，协同办理留学事务。

经理员之职务应参照本规程第七、第八、第九、第十、第十

二、第十三及第二十五条之规定分别办理，并将本省留学事务报告各本省之行政公署。

未设经理员之省分，其留学事务均由监督兼理之。

第二十七条　各部所派遣之留日官费生，除海陆军学生外，如有咨请教育部委托留日学生监督管理者，亦应按照本规程办理。

附　则

第二十八条　民国七年九月二日，留日学生监督处呈准之留日官、自费生奖励暂行章程，及同年十一月呈准之留日官费生实习暂行规则，在未经废止修订以前，得暂行依照办理。

民国六年六月部令第四十号所定医药费发给办法，在未订专则以前，得暂行依照办理。

第二十九条　民国三年十二月呈准公布之管理留日学生事务规程，自本规程公布日起即行废止。

第三十条　本规程自公布日施行。

〔北洋政府教育部档案〕

(二) 全国留学生概况

1. 教育部公布1913年至1914年留学日本官费留学生统计表

留学日本官费学生统计表 (1914年7月)

科目\费别	教育部	直隶	奉天	吉林	山东	河南	山西	江苏	安徽	江西	福建	浙江	湖北	湖南	陕西	甘肃	四川	广东	广西	云南	贵州	总
文		1			1			1		1		6	1				5	3	1			19
理									1	4		2	2				4	2			4	22
法	7	10	3		8	5	6	4	3	7	21	13	15	123	4		17	48	1	4	1	300
商	8	13	2		7	1	1	1	4	10	4	11	14	19			7	22	2	2	1	129
医	1	16			10	3	3	20	3	13	7	42	20	9	2		9	25	3	1	1	188
农		4	1	1		5	4	2	1	4	2	6	3	9			15	21	2			80
工	10	26	1	2	7	5	9	15	11	27	14	32	31	39			21	57	7	6	10	330
师范		19	2				1	1	5	9	7	8		9			3	17		2	4	87
预备	8	1	5	28	16	2	29	7	7	19	19	4			155	6	5	53	8	15	3	669
总	34	90	14	31	54	16	53	52	35	94	74	124	86	503	161	6	86	248	24	15	24	1824

中央各部所派遣之留学生均未据咨报本部故未为列入

[北洋政府教育部档案]

2. 教育部公布1913年至1914年留欧各国官费学生统计表
（1914年7月）

留欧各国官费学生统计表

科目	留学国\费别	教育部	直隶	吉林	山东	河南	山西	江苏	安徽	江西	福建	浙江	湖北	湖南	四川	广东	广西	云南	总
文	英				1	1													10
	法	1			3											1			
	德	1																	
	瑞士						1												
理	英				1		3	5	4	1	1		1			2			27
	法	3	2				1			2						2			
	德																		
	瑞士						1												
法	英	2			1						2		6	3		5			33
	法	1			1			1		1	1	3	2			1			
	德				1								1	1					
	比	1						2											
商	英				1								4						9
	法									3	1								
	德																		
	比																		
医	英	1	1			1								3					8
	法																		
	德										1								
	比	1																	
农	英					1													6
	法	3																	
	德							1			1								
	比																		
工	英	4			3		12	4	5	1	1		3	8		4			112
	法	1	2				3	1	1	3	2	2		4	2				
	德	2	1		2			2	2			4		2	2				
	比						9			1	1	9	2	7				2	

续表

科目	留学国\费别	教育部	直隶	吉林	山东	河南	山西	江苏	安徽	江西	福建	浙江	湖北	湖南	四川	广东	广西	云南	总
陆军	英											2							4
	法																		
	德																		
	比											2							
预备	英	2			1								3						33
	法	4		3		2							1		1			5	
	德														2				
	比	6											1					2	
总		33	6	4	6	10	15	28	14	6	11	13	20	30	19	17	1	9	242

中央各部所派遣之留学生均未据咨报本部 故 未为列入

〔北洋政府教育部档案〕

3. 教育部公布1916年至1918年全国留学生概况①
（1918年）②

留学生事项

自民国三年七月颁定各省留学官费学生缺额选补规程后，国内具有资格各生，呈验学历证凭由部存记，及已入外国大学之自费生呈验学业成绩请予存记者，日益加多。且所学科目均任各生自由选择，不尽与国内需要情形相应。民国五年十月，本部乃颁布选派留学外国学生规程十条，以试验选拔合格学生派遣留学，一面停止存记，而于前经存记各生，虽核与新规程第一条所列资格不尽相合，仍认为有应试之资格。其已入外国大学者，由部调验成绩择优免试，一并指派。六年即分别咨询各省需要何种人材，并清查当时实在各国之各省官费留学人数与所缺学额，分咨各省，俾按照规程举行第一试，宽取数名，送部复试。复按规程调验已入外国大学各生之最近成绩，以凭照章派补。是年五月，于本部举行第二试，计考选合格学生三十四名。七年仍按六年成例，依规程举办考试，计考选合格学生九名。而六七两年陆续选补之已入外国大学学生，亦二十余名。兹以考选各生所习学科及留学国，分别列表如左：

---

① 此件系沿用原标题。
② 此件时间按封面上"民国七年"字样所加。

第一二两届选派留学外国学生学科别统计表

科别＼年分	六年	七年	备考
农科	0	1	
工科	13	3	
理科	2	2	
商科	6	1	
文科	1	1	
医科	2	1	
其他	10	1	六年十名皆系学习实业七年一名系学习教育而主在体育故列此项
总计	34	10	

第一二两届选派留学外国学生留学国别统计表

国别＼年分	六年	七年	备考
美	16	6	欧战道梗派赴欧洲者大都先赴美国故赴美独多
法	2	0	
英	1	1	
日	15	4	
总计	34	10	

留学官费生由本部直接给费者，原无定额，五年六月乃划定

留学日本学额三十名，留学欧美学额四十名。其中复经分配以留日十额，留欧美二十四额，为直辖各学校教员出洋研究之专额。复以留欧美四额，派遣美术音乐等科已经学有专长之学生，以为美术音乐等校预储师资之计。其余留日二十额，留欧美十二额，虽暂为旧派各生所占有，亦将次第更改，以为有功教育人员研究考察或其他临时需要专材时派生留学之额。现计依规定分类派遣者已十余人，而旧生尚有三十余人，皆须陆续改派者，也列表如左：

		定　　额	现有人数
日本	直辖学校教员	10	0
	其　　他	20	0　}6
	旧有学生	0	6
欧美	直辖学校教员	24	8
	美术音乐专科	4	2
	有功教育及其他人员	12	3　}41
	旧有学生	0	28

　　五年以来，中央学额与各省学额既渐就清厘，北京法政专门学校、北京农业学校、北京医学专门学校等。均遵照部章自行筹费划定学额派生留学。现计中央及各省官费留学生在日本者一千二百五十余名，在欧洲各国者一百七十三名，在美国者一百七十六名。其自费学生在日本者约二千五百余名，惟欧美尚无确数。六年九月，本部重申出国时领证办法，凡自费生出洋，由部征具保证发给证书，俾投各监督查验，为之送入相当学校。始惟限于留

日各生，继则留学欧美者亦须一律办理。现在来部请发证书者乃日见增多，八年以后当可统计数目，以资查考矣。

关于整理留学事务，如医药发给规则，限制兼校办法，限制研究学术巡历地方办法，校外生不准注册，各省官费生未经咨部者，毕业后不予备案，禁止官费生与外国人结婚，调取各留学国各学校校章及证书式样存部以凭核对等，均经部令分别规定。此外，在日本则有扩充监督职权改为简派之事，又有订定奖励官、自费生及实习巡历等规程之事，又有送考福冈私立明治工业专门学校给予官费之事；在欧洲则有监督处书记改由部派之事，又有因战事发生为留德、留比学生照料改国之事；在美国则有改经理员为监督之事。而频年国内多故，各省汇兑学款每多停滞，全赖监督处借垫维持，加以殴〔欧〕战影响，物价腾贵，各官费生纷纷请求增费，虽经本部与各省往复咨商，分别加给有差，然实际犹患不足，请益未已，故各监督处之事务日见纷繁，此亦其原因也。

英人在香港设立之大学曾于民国三年间，请求政府选派学生前往肄业，当经议定直隶省选派八名，湖北省选派八名，京兆选派二名。该大学附设师范班，又由部选派各高等师范学校肄业生二十名，于七年九月前往肄业，其经费均由选派官署支给。又日本在旅顺设立之工科学校，于七年来部声请每年考选合格学生送往肄业，当经通咨各省择送一二名，再由部考取十名送入该校，此项选送学生亦得支给本省官费。此二者皆为外人在租借地设立学校，请求派生前往肄业之事，其性质与留学为近，故附列焉。

〔北洋政府教育部档案〕

〔六〕捐资兴学

（一）捐资兴学法令

1. 教育部公布捐资兴学褒奖条例令
（1913年7月17日）

教育部令第三十二号

教育部制定捐资兴学褒奖条例经由国务会议议决，兹公布之。此令。

捐资兴学褒奖条例

第一条　人民以私财创立学校或捐入学校，准由地方长官开列事实呈请褒奖。

其以私财创办或捐助图书馆、博物馆、美术馆、宣讲所诸有关于教育事业者，准照前项办理。

第二条　褒奖之等差如左：

一、捐资至一百元者，奖给银质三等褒章。

二、捐资至三百元者，奖给银质二等褒章。

三、捐资至五百元者，奖给银质一等褒章。

四、捐资至一千元者，奖给金质三等褒章。

五、捐资至三千元者，奖给金质二等褒章。

六、捐资至五千元者，奖给金质一等褒章。

七、捐资至一万元者，奖给匾额并金质一等褒章。

第三条　以动产或不动产捐助者，准折合银元计算。

第四条　捐资逾一万元者，其应得褒奖随时由教育总长呈请大总统特定。

第五条　应给银质褒章者，由各省县行政长官呈请省行政长官授与；应给金质褒章者，由省行政长官呈请教育总长授与；应给匾额并金质褒章者，由教育总长呈请大总统授与。

前项匾额由捐资者自制之。

第六条　褒章之模型及其佩用仪式，另以图说定之。

第七条　授与褒章，均应填明执照，附同褒章一并授与。其执照式另定之。

第八条　本条例自公布日施行。

附则

第九条　捐资在本条例公布前三年内者，亦适用之。

捐资兴学褒章及执照图式说明

一、褒章中列篆文羊字，周环嘉禾，名曰嘉祥章，如左图：

褒章正面式　　　　　　　　　　褒章背面式

嘉　　祥

章

说明：兴学固国之祥也，故取羊；又羊为慈爱之动物，故凡善、义、美、养等字皆从羊，兹取之以喻兴学之士；周环嘉禾，标国徽也。

二、绶用红白二色如左图：

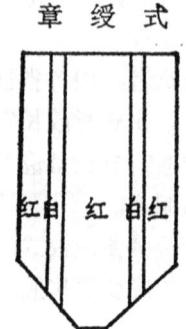

章绶式

三、一等章直径为营造尺一寸五分，二等章直径为一寸二分，三等章直径为一寸。

四、褒章应佩带于上衣左襟之上。

五、褒章执照式如左：

```
捐资兴学褒章执照
某人
除按照褒奖条例授与褒章外特给执照以资证明
                          授与者署名
中华民国    年    月    日
                     某字第      号
```

说明：执照内某人字样，系填写捐资者之姓名，其下空行，应详其捐资之事实。

中华民国二年七月十七日　　　　国务总理　段祺瑞

　　　　　　　　　　　　　　　教育总长

〔北洋政府教育部档案〕

2. 教育部公布重修捐资兴学褒奖条例呈
(1918年7月3日)

教育部呈送重修捐资兴学褒奖条例请鉴核呈

呈为重行修正捐资兴学褒奖条例，呈请鉴核事：查捐资兴学褒奖条例，民国二年曾由本部订定，经国务会议议决，并以部令公布在案。嗣于三年十月修正一次，呈奉批令：如拟办理等因。自公布以后，各省区援例请奖之案历有多起，足征人民捐助私财襄办公益之热诚，日有增益。惟此项条例施行已逾三载，所有应行修正之处约有数端：一、查内务部修正褒扬条例并施行细则之规定，凡因办理公益事业捐助财产满二千元以上者，内务部审核后，据其事实呈请题给匾额，并声明创办教育实业亦属于公益范围各等语，自宜修正捐资条例以归一律。二、私人团体及遗嘱捐资，按照原条例之规定，其数逾一千元者，始分别奖给褒状，其捐款在一千元以下者，未免向隅，似应量予给奖。三、捐资在二千元以上者，既呈请给予匾额，原条例第二条第七项之规定应即废止。所有上列各端，现经本部查核原条例及应行修正事项，酌拟条文，经国务会议议决照办。理合缮送清折并原条例印本，呈候鉴核训示施行。谨呈

大总统

教育总长　傅增湘

中华民国七年七月三日奉
指令：呈悉，应准如拟修正，此令。

教育部重修捐资兴学褒奖条例

第一条　人民以私财创立学校或捐入学校，准由地方长官开列事实表册，详请褒奖。

华侨在国外以私财创立学校或捐入学校，培育本国子弟，准由各驻在领事开列事实表册，详请褒奖。

其以私财创办或捐助图书馆、博物馆、美术馆、宣讲所诸有关于教育事业者，准照前项办理。

第二条　褒奖之等差如左：

一、捐资至一百元者，奖给银色三等褒章。

二、捐资至三百元者，奖给银色二等褒章。

三、捐资至五百元者，奖给银色一等褒章。

四、捐资至一千元者，奖给金色三等褒章。

五、捐资至三千元者，奖给金色二等褒章。

六、捐资至五千元者，奖给金色一等褒章。

第三条　私人结合之团体捐资在一百元以上者，得比照第二条之规定分别给予一等至六等褒状。

第四条　遗嘱捐资或捐资者未得褒奖而身故时，其款逾百元以上者，分别奖给一等至六等褒状。

第五条　按照第二、第三、第四各条捐资在二千元以上者，除应得各本条所定褒奖外，并汇案呈明，给予敬教劝学匾额。

凡给予金色三等以上褒章、三等以上褒状者，均汇案呈明备案。

第六条　捐资至一万元以上者，除分别奖给褒章、褒状、匾额外，由教育总长呈明加给褒辞。

捐资至二万元以上者，其应得褒奖由教育总长呈请大总统特定。

第七条　以动产或不动产捐助者，准折合银元计算。

第八条　应给银色褒章及四等以下褒状者，由县行政长官、教育厅长呈请省区行政长官授与；应给金色褒章及三等以上褒状者，由省区行政长官咨请教育总长授与。

华侨应得之褒奖，由各驻在领事报部核定授与。

第九条　授与褒章应填明执照，附同褒章一并授与，其执照式另定之。

第十条　授与褒状应填明状内所列各项授与，其状式另定之。

第十一条　褒章之模型及其佩用仪式，另以图说定之。

第十二条　捐资请奖，自民国元年起适用之。

第十三条　本条例自公布日施行。

附说

（一）捐资兴学褒章及执照图式：

甲、褒章中列篆文羊字，周环嘉禾，名曰嘉祥章，如左图：

褒章正面式　　　　　　　　褒章背面式

嘉　祥

章

说明：兴学固国之祥也，故取羊，又羊为慈爱之动物，故凡善、义、美、养等字皆从羊，兹取之以喻兴学之士；周环嘉禾，标国徽也。

乙、章绶用红白二色，如左图：

章　绶　式

（同P.618图）

丙、一等章直径为营造尺一寸五分，二等章直径为一寸二分，三等章直径为一寸。

丁、褒章应佩带于上衣左襟之上。

戊、褒章执照式如左：

```
捐资兴学褒章执照
某人
除按照褒奖条例授与褒章外特给执照以资证明
                          授与者署名
中华民国    年    月    日
                       某字第        号
```

（二）捐资兴学褒状式

```
褒状
某 人
  团体
照捐资兴学褒奖条例之规定特奖        等褒状此证
                        授与者署名
中华民国    年    月    日
```

说明：执照或褒状内某人字样，系填写捐资者之姓名，其下空行。应详记其捐资之事实，某团体字样'系填写捐资团体名称，其下空行所记同上。

〔北洋政府教育部档案〕

3. 教育部公布捐资学生旅行修学或津贴学费者均给奖令
（1919年8月6日）

部令凡捐资充学生旅行修学费或津贴成绩优良学生学费者，均准给奖。　　八年部令第二十三号

教育之道经纬万端，然欲求教育事业之发达，尤以教育经费之扩充为亟。自本部迭次呈准修订捐资兴学褒奖条例公布以来，人民捐资创设学校日有进步，均经依例分别给奖在案。惟查文明国家多有人民捐助私财存储公私立各学校，专备修学旅行及津贴学费之举，关于实修学业鼓励学生至著成效，尤宜声明定章一体优奖，以昭激劝。嗣后凡有捐助私财于各学校，指明专充假期内派遣学生旅行修学费用或捐储特款，以备津贴成绩优良学生所需学费者。无论个人、团体，并得准照重修捐资兴学褒奖条例之规定办法给予奖励，用期兴学育才益加精进，此令。
中华民国八年三月六日

〔北洋政府教育部档案〕

〔七〕教育会议暨教育团体

（一）教育会议

（1）临时教育会议

1. 教育总长蔡元培关于召开临时教育会议咨
（1912年6月12日）

教育部总长咨

为咨明事：承政厅文书科案呈：本部办临时教育会议，前经酌定章程规则，并定期于新历七月初十至八月初十日为会议时期，呈报通行在案。现距开会期近，所有第四条第四项议员应由内务、财政、农林、工商、陆、海军各部派出，亟应先期咨明内务部请派民治司司长一员，将职名咨送过部，以便排列席次，届时到会与议。除分咨外，相应咨行贵部，请烦查照办理可也。此咨（附会章规则一册）
右咨
内务部
中华民国元年六月十二日　　　　　　　　蔡元培

附会章规则

临时教育会议章程

第一条　教育部为谋教育改良进步，亟欲征集全国意见，讨论方法，特开临时教育会议。

第二条　临时教育会议由教育总长主持，开设于京师。

第三条　临时教育会议应议事纲如左：

学校系统。

学校规则。

学校由中央管辖与地方管辖之划分。

蒙回藏教育。

小学教员优待及检定法。

国歌。

高等教育会议组织法。

此外，如有应议事件，得由教育总长具案交议，或由议员具案提议。

第四条　临时教育会议议员员额，由教育总长酌定，分四项如左：

甲、由教育总长延请者。

乙、由各行省及蒙藏各推举二人，华侨一人。

丙、由教育总长于直辖学校职员中选派者。

丁、由教育部咨行内务、财政、农林、工商、海陆军各部派出者。

第五条　临时教育会议开会闭会日期，由教育总长酌定。

第六条　临时教育会议设干事长一人，干事四人，由教育总长派充；干事长听议长指挥，整理庶务。干事听干事长指挥，办理一切事务。

第七条　临时教育会议议事规则由教育部另行订定。

第八条　临时教育会议设非常机关，闭会后即行解散，俟颁布高等教育会议章程后，再行照章召集。

第九条　本章程于闭会日同时废止。

议事录及议决录

第四十二条　左列各项应载于议事录：

一、开会、闭会之年月日时。

二、会议中止、展会、散会时日。

三、会员姓名。

四、每日到会人数。

五、交议提议事件。

六、会议时各议员之言论。

七、议决事件。

八、表决可否之数目。

第四十三条　凡会场议决事件，应特具议决录，详载议决办法，汇同议事录呈报教育总长。

第四十四条　议决书所载之事件、办法，应由教育总长分别核定施行。

第四十五条　除本章程所定外，其有未尽事宜，得由议长临时酌办，但须得教育总长之认可。

〔北洋政府内务部档案〕

2. 蔡元培在全国临时教育会议上开会词
（1912年7月10日）①

今日之临时教育会议，即中华民国成立以后第一次之中央教育会议。此次会议关系甚为重大，因有此次会议，而将来之正式中央教育会议，即以此次会议为托始。且中国政体既然更新，即社会上一般思想，亦随之改革；此次教育会议，即是全国教育改革的起点。此次议决事件，如果能件件实行，固为重要关系；即

---

① 此件时间依《中国现代教育史》记载所加。

使间有不能实行者，然为本会已经议决之案，将来亦必有影响。诸君有远来者，即或在近处者，亦是拨冗而来，均以此次会议关系重大之故。

民国教育与君主时代之教育，其不同之点何在？君主时代之教育方针，不从受教育者本体上着想，用一个人主义或用一部分人主义，利用一种方法驱使受教育者迁就他之主义。民国教育方针，应从受教育者本体上着想，有如何能力方能尽如何责任，受如何教育始能具如何能力。从前瑞士教育家（沛斯泰洛齐）有言：昔之教育，儿童受教于成人，今之教育，乃使成人受教于儿童。何谓成人受教于儿童？谓成人不敢自存成见，立于儿童之地位而体验之，以定教育之方法。民国之教育亦然。君主时代之教育，不外利己主义。君主或少数人结合之政府，以其利己主义为目的物，乃揣摩国民之利己心，以一种方法投合之，引以迁就于君主或政府之主义。如前清时代承科举余习，奖励出身，为驱诱学生之计；而其目的，在使受教育者皆富于服从心、保守心，易受政府驾驭。现在此种主义已不合用，须立于国民之地位，而体验其在世界在社会有何等责任，应受何种教育。

社会逃不出世界，个人逃不出社会。世界尚未大同，社会与世界之利害未能完全一致。国家为社会之最大者，对于国家之责任与对于世界之责任，未必无互相冲突之时，犹之对于家庭之责任与对于国家之责任，不能无冲突也。国家、家庭两种责任，不得兼顾，常牺牲家庭以就国家，则对于国家之责任，自以与对世界之责任无冲突者为范围，可以例而知之。至于人之恒言，辄曰权利、义务。而鄙人所言责任，似偏于义务一方面。则以鄙人对于权利、义务之观念，并非相对的。盖人类上有究竟之义务，而以克尽义务者是谓权利，或受外界之阻力，而使不克尽其义务，是谓权利之丧失。是权利由义务而生，并非对待关系。而人类所最需要者，即在克尽其种种责任之能力，盖无可疑。由是教育家之任务，即在为受教育者养成此种能力，使能尽完全责任，亦无可疑也。

当民国成立之始，而教育家欲尽此任务，不外乎五种主义，即军国民教育、实利主义、公民道德、世界观、美育是也。五者以公民道德为中坚，盖世界观及美育皆所以完成道德，而军国民教育及实利主义，则必以道德为根本。我国人本以善营业闻于世界，侨寓海外，忍非常之困苦，以致富者常有之，是其一例。所以不免为贫国者，因人民无道德心，不能结合为大事业，以与外国相抗；又不求自立而务侥幸。故欲提倡实利主义必先养其道德。至于军国民主义之不可以离道德，则更易见。我国从前有勇于公战、怯于私斗之语。现在军队时生事端，何尝非尚武之人由无道德心以裁制之故耳。教育者非为现在，而专为将来。从前言人才教育者，尚有十年树木、百年树人之说，可见教育家必有百世不迁之主义，如公民道德是。其他因时势之需要而亦不能不采用，如实利主义及军国民主义是也。吾人会议之时，不可不注意。

又有一层，我中国人向有一弊，即是自大；及其反动则为自弃。自大者保守心太重，以为我中国有四千年之文化为外国所不及，外国之法制皆不足取；及屡经战败，则转而为崇拜外人，事事以外国为标准，有欲行之事，则曰是某某国所有也；遇不敢行之事，则曰某某等国尚未行者，我国又何能行？此等几为议事者之口头禅，是由自大而变为自弃也。普通教育废止读经，大学校废经科，而以经科分入文科之哲学、史学、文学三门，是破除自大旧习之一端。

至现在我等教育规程，取法日本者甚多，此并非我等苟且，我等知日本学制本取法欧洲各国。惟欧洲各国学制多从历史上渐演而成，不甚求其整齐划一，而又含有西洋人特别之习惯；日本则变法时所创设，取西洋各国之制而折衷之，取法于彼，尤为相宜，然日本国体与我不同，不可不兼采欧美相宜之法。即使日本及欧美各国尚未实行，而教育家正在鼓吹者，我等亦可采而行之。我等须从原理上观察，可行则行，不必有先我而为之者。例如十三个月之年历，十二音符之新乐谱，在欧美各国为习惯所限，明知其善而尚未施行，我国亦不妨先取而行之。学制之中，间亦有类此者。

此刻教育部预备之议案，大约有四十余种之多，第一类，是学校系统；第二类，是各学校令及规程；第三类，教育行政之关系；第四类，学校中详细规则；第五类，大概含有社会教育性质。

其中有一大问题是国语统一办法。现在有人提议，初等小学宜教国语，不宜教国文。既要教国语，非先统一国语不可。然而中国语言各处不同，若限定以一地方之语言为标准，则必招各地方之反对，故必有至公平之办法。国语既一乃可定音标，从前中央教育会虽提出此案，因关系重要，尚未解决。

此外，又有种种问题，不能单从教育界解决者。如前清学部主张中学以上由中央政府直辖，中学以下归地方政府管辖。日昨有几位谈及，谓废府以后中学校应归省立或县立，此等须俟地方官制颁布后始能规定。现在只能假定一划分之方法，即如中等以上教育取给于国家税，或以国家产业作基本金，中等以下取给于地方税，或用地方产业作基本金。亦只能为假定之方法。

诸君此次来京，想亦有许多议案提出。其间与本部及他议员提出之问题略同者，可以合并讨论。此次临时教育会议时期甚短，而议案至多。若讨论过于繁琐恐耽误时间，不能尽议。盖诸君多半担任教育事务者，即使延会恐亦不能过于延长。所以希望诸君于议案之排列，将重要者提前开议。又每案之中，先摘出重要诸点详细讨论；其他无关宏旨者，不妨姑略之。鄙人今日所欲言者止此。

〔北洋政府教育部档案〕

（2）地方教育会议

3. 教育部公布地方教育会议组织法草案
（1912年8月10日）①

地方教育会议组织法草案
第一章 总　则

第一条　地方教育会议以考察各该地方教育状况，为谋进步或改良藉以辅助地方教育行政为宗旨。

第二条　地方教育会议以研究各该地方教育为范围，不得涉及教育以外之事，亦不得涉及各该地方以外之教育之事。

第三条　地方教育会议当然研究事项如左：

甲、关于学校教育事项。

乙、关于家庭教育事项。

丙、关于社会教育事项。

第二章　设立及名称

第四条　地方教育会议，以各该地方教育界人员及自治团体与行政机关人员组织之。

第五条　此项会议设于北京及各省治会者，曰北京或某省教育会议；设于府、厅、州、县者，曰某府、厅、州、县教育会议。北京教育会议归北京学务局监督，各省教育会议归各省教育司监督，府、厅、州、县教育会议归府、厅、州、县知事监督。

第六条　府、厅、州、县会议机关，对于北京或省治会议机关不相隶属，但有答复咨询及担任托办事件之义务。

第七条　凡同一府、厅、州、县区域内，不得设二个以上之

---

①　此件时间编者根据《中国近七十年教育记事》记载所加。

教育会议，惟省治所在之府或县得于该省教育会议外，另设某府或某县教育会议。

第八条 会议组织成立时，在北京应具报学务局，在各省治及府、厅、州、县应具报该省教育司立案，并得请其刊发木质关防，以资信守。

第三章 议　　员

第九条 地方教育会议议员，北京及各省治至多不得过七十人，府、厅、州、县至多不得过五十人。

第十条 前项议员由教育界票选名额二十分之十六，由地方自治团体票选名额二十分之三，由最高行政机关派出二十分之一。因教育而设之行政机关，应属于教育界。

第十一条 教育界议员，以现任教育职务及曾任教育职务者为合格，自治团体及行政机关议员，以职守有关教育或于有经验者为合格。

第十二条 凡各地方选举此项议员，教育界以最高级学校校长为主体，自治团体以法定首领为主体，行政机关以直接行政最高长官为主体。

第十三条 此项会议每阅三年组织一次。距组织时期六个月以前，议员有缺额时，属于教育界及地方自治团体者，以得票次多数之员补充，属于行政机关者，由最高行政机关另派。

第十四条 此项会议得设议长、副议长各一人，由全体议员于本会议员中投票选举，以一年为任期，惟改选当选仍得连任。

第十五条 议长、副议长得指派议员担任会计、书记、速记及庶务，或于议员外雇用之，但须得议员多数之同意。

第十六条 议长、副议长、议员均不给予薪水及他项费用，惟会计、书记、速记、庶务系雇用者，得酌给薪水。

第四章 经　　费

第十七条 地方教育会议开办费及常年费，由地方行政官厅及自治团体分别担任，其款项充裕之学校，亦应酌量补助。

第十八条　前清时代教育会所有之存款或产业，仍归该地方教育会议接收。

第五章　开会闭会及解散

第十九条　地方教育会议每年春季、秋季开会一次，遇有特别事件，经议员过半数之要求，得开临时会议。

第二十条　开会地点及日数、时间由议长酌定，先期七日公布。

第廿一条　临闭会时，如尚有必须会议或会议未决事项，经议员过半数之要求，得延长会议日数。

第廿二条　提议事项及议决事项，应分别登记于议事录及议决录。

第廿三条　议员因意见互争，已届开会日期尚持不决及其他经议长认为不得已时，得宣告解散。

第廿四条　解散经三个月后，应照章从新组织，但与解散事由有最重关系者，不得再充议员。

第六章　具报之手续

第廿五条　地方教育会议于每届闭会后一个月内，应将后列各项在京具报学务局，在省及府、厅、州县具报该省教育司。

甲、议长、副议长、议员之姓名、履历。

乙、议事日程。

丙、议事录。

丁、议决录。

第廿六条　北京学务局、各省教育司收到上项报告时，择其有关于教育部行政事项者，另册录报教育部。

第七章　附　　则

第廿七条　本章程由所称府、厅、州、县遇有名称、区域之变更时，即以更定之名称区域为准。

第廿八条　本章程以教育总长指定之日实行，如有窒碍难行之处，经五省以上提出修正案，得由教育总长酌核修正之。

〔北洋政府教育部档案〕

（3）教育行政会议

4. 各省都督汇报教育情况函
（1915年11—12月）

（1）王揖唐陈述吉林教育情况函　（11月2日）①

仲仁②先生总长左右：顷奉环云，敬承尊悎。教育为立国之本，名言卓识，佩服无量。吉省地介东陲，学务幼稚，本无足观，加以经费骤减，困难情形，匪可言喻，前已派教育科主任彭清鹏赴京面陈，并于沁电内请赐接洽。兹承询及，请约略陈之：吉省普通教育如中学、师范，省立之外间有县立，因办理不合，现已改为道立。吉长道立中、师两校，业已据报开学，滨江道亦批限明年成立，其经费以各县粮捐抵充。其未收粮捐之县，另筹备解。小学则以推广公立，劝办私立，奖进私塾三项，责成县知事，并采用单级及两部教授法，为推行之标准。其经费则以饷捐营业附加税、学田租、公款生息等项抵充。并拟假定省垣警区为自治区试办义务教育，以为各县模范，即将省立法政、甲工、甲农、女师范等校，本年下半年添班经费六千元，拨作开办经费，所有常年经费，则明年法政归并奉省，可省一万二千元，拟即以之拨充，似已敷用。其各县将来自治区教育经费，则拟包括于县

---

① 此件时间是依信封上发出邮戳"四年十一月二日"字样所加。
② 仲仁即张一麐的字。于1915年10月—1916年4月，任教育总长。

教育费之内。此普通教育之大略也。此外社会教育，现仅有省立图书馆、通俗报及各县宣讲所数种，余则限于财力，未及设施。现饬各县，将宣讲员薪水规定列入社会教育费之内，以策进行。至于省教育费经切实核减，全年列支三十二万，本无可再少，但尚非财政部规定之数。即如本年下半年，原预算十七万四千零八十七元，部减去十万零五千零八十七元，仅准六万九千元，几去三分之二。当经勉为裁节，亦仅可减去一万五千一百六十五元，余实万难照减。已将理由咨陈财政部，务请转商缉之总长，迅予核准，由吉省自行支配，万勿以文法相绳，至多束缚，则造福于吉省教育前途，当无涯浃矣。肃复。
敬颂
勋绥

王揖唐
十二月初二
〔北洋政府教育部档案〕

（2）朱庆澜陈述黑龙江教育情况函　（11月29日）①
仲仁总长阁下：顷奉瑶翰，过辱藻饰。仰企谦光，无任铭感。承询此间教育整顿进行方法并经费增损情形，谨就管见所及，条陈如左，惟祈詧阅焉：

一　江省普通教育，就目前所应极力进行者约举有三：一、国民教育，本省今年四月曾取分年分区筹备办法，拟订义务教育施行章程，咨部备案。近复就原定章程详加说明，划清年度，通行各属，速就自治区域酌划学区若干，每区酌派学务委员，按定施行年度，调查各区学龄儿童。再视未就学之儿童及失学之儿童

---

①　此件时间是依信封上发出邮戳"四年十一月二十九日"字样所加。

人数，筹设应添校数及级数。务期三年以后，由城治而镇市，而乡屯依限办竣，以谋教育之普及。二、师范教育，原与扩充国民教育所应同时并重者。本省省立师范毕业生为数有限，而龙江、黑河两道师范又甫经成立，自应暂由各县设立师范讲习所，就各地方每年应添校数及级数所需教员，招选合格学生入所养成，权充过渡时代之教材。俟完全师范生陆续毕业以后，再行随时抽换。又本省每届年寒假内，学校休业时期恒有两月之久，复饬令各属，乘此余暇，就原有职教员酌办假期师范讲习所。应习科目只求实用，将各地方私立小学教员及私塾塾师，传集讲习，以备改良私塾及整顿私立小学之用。三、实业教育，就本省各地方所应推广者，即在乙种农业学校。盖江省地广而荒，农学知识既为多数人民所应具，故每县农校至少须设一所，并饬令各县办理。此项学校设备宜求完全，实习特加注重。其有繁盛城市并应酌设乙种工商各校，以资提倡。至于各属现任各校教员，资格是否相符，管教是否合法，以及奉职勤惰如何，均应饬令省道县视学，随时详加考核，分别奖惩，以为整顿学校之根本。又所有学生入学编级、学年、毕业等项试验，并经饬由监督官厅，派员监试，或调核试卷，以杜倖进，而免冒滥。其平日有习于旷课或任意放假者，亦须严饬设法限制，俾免有妨学业。此关于普通教育之所应整顿者也。

一 江省社会教育，惟通俗教育，尤宜提倡。现拟先就省城，组织完备。暂设固定讲演所数处，并置巡回讲演员，兼办巡回讲演。另由通俗图书馆附设公众体育场，妥订章程，切实进行。各属通俗讲演机关，每县至少亦须设立一所。其有已经开办者，业经饬令遴派妥员，勤慎讲演，按月将所有讲稿及讲演表汇报审核。并一面筹办通俗图书馆，以期输进一般人民之知识。惟改良社会，尤以注重家庭教育为根本。近已编列家庭教育白话讲本，饬发各属，散给地方绅民互相传诵。嗣后仍拟接续编订此项通俗书籍，以备各地方讲演之用。此关于社会教育之所应整顿者也。

一　江省教育经费，在前清宣统二年，合省县地方预算数折合银元数有五十六万四千余元。改建民国以后，因经费支绌，原有学款多被挪用，故元年概算数，只有三十六万三千余元，二年亦仅有四十二万七千余元，三年度复减至三十九万二千余元。其中属于省地方者约占十之四，属于县地方者实近十之六。属于省者，原系指定广信公司余利一成，岁约六万元，其余均由大租动拨；属于县者，率多就地征收之晌捐及他各项杂捐。近因大租动拨之数较前减少，故全省教育经费遂不免过形竭蹶。本年迭据省道县立各学校陆续详请添级，确属事无可缓，乃不得不酌增经费，以备扩充各校学级之用。计四年下半年预算，核定省地方十一万五千余元，县地方十八万二千余元，共二十九万八千余元。若以全年计算，较之前清旧额，实已略有增加。此关于教育经费增损之大概情形也。

以上各节不过粗陈大要，特是整顿地方教育，对于办学人员尤必严定考成，实行督察主义，一扫敷衍之积习，俾收指臂之实效，庶几功令所颁，不至等若具文。至维持教育经费，尤必速划国家地方税项，使开支用途界限分明，然后地方绅民，晓然于地方学款系办地方学务，即或随时筹集，亦自踊跃输助，不至再有乐捐于前，复恐侵夺于后之虞。凡兹二端，实为根本切要之图，庆澜廖领边疆，时虞绠短，尚蕲我公不惮指示，跂盼尤殷，专肃布复。顺颂
时祺不备

朱庆澜　鞠躬
十一月廿九日
〔北洋政府教育部档案〕

(3) 蔡儒楷陈述山东教育情况函（12月6日）①

仲仁先生总长道鉴：接奉手教，推爱逾恒，雅量谦光，弥增钦佩。儒楷服官东鲁，任重材轻。确信教育不兴，庶政无澄清之望，办法不善，教育亦无振起之时，是以督率僚佐积极进行。比年以来虽逐渐改观，然较我公北洋学绩，则愧未能逮也。大示于普通教育、社会教育，殷殷致意，卓识鸿筹，佩服无量。山东对于普通教育之计划，现正调查学龄儿童，除文登一县尚未详报外，计学龄儿童总数共二百五十九万七千七百六十九人，已入国民学校者共三十三万九千八百四十六人，已入私塾者共二十五万七千零八十一人，未入学之男女学龄儿童尚有二百万零八百四十二人，每百人中仅得入学识字者二十二人。不具体之教育，果何恃而不恐？惟有妥筹集款、储师办法，约自明年实行，需以十年，可期普及。至于社会教育，山东已举行者为通俗讲演所，各县均已成立。通俗图书馆亦有五十处。教育年画已发行一百余种。他如露天学校、巡回文库等，近始派定经理员，力图进行。果得地方官之倡导，绅耆之赞助，收效必宏。至于专门人才教育，不独无应用之校费，亦且乏合格之学生。山东专门学校四处，每次招生多以应考寥寥，不能成班，是以酌量附设甲种讲习科，以应社会之需要。又如省教育经费，山东年需六十五万余元，较清季宣三无甚缩减，惟向时专门、高等各校占经费之大宗，中级以下规模多属简陋。现在酌量挹注，改组师范、中学、整饬小学，成绩乃渐有可观。我公经划教育，为斫轮老手，是以缕述山东教育情形，以就正有道。尚希指针时赐，匡所不及，无任祷祝。敬颂

道安

　　　　　　　　　　　　　　　　　弟　蔡儒楷启

〔北洋政府教育部档案〕

---

① 此件时间是依信封上发出邮戳"四年十二月六日"字样所加。

(4) 段芝贵陈述奉天教育情况函（12月12日）①

边筛互动，正殷云树之思，塞雁迴翔，喜获琼瑶之报，只审仲仁先生，经纬彝宪，陶甄群伦。移枢府之丝纶，邕簧宫之弦诵。五教覃洽，振诸夏之文明，三育并兴，蒸群材于樸朴。春风普被，大雅扶轮。芝贵谬握戎符，兼权民治，奉讦谟而敦政本，厉学强兵，奋孤掌以障狂澜，心雄力绌。愿赐绳墨，俾行津梁。覆颂勋祺，诸希朗照不戬。

段芝贵　拜启

再启者：芝贵奉命抚辽，百政坌集，轻材重任，若履冰渊。深维制治之方，当以教民为本；教民之道，首贵因时制宜。现在财力未纾，唯有先其所急。首峰明谕，于高等教育主缓进，于普通、社会教育主急进，自是圣哲不易之言。今日教育方针，要在使大多数人民具普通知识，有生活技能。扩张普通教育，当先注重国民学校预备强迫就学制度之实施。惟值此财才两绌之时，须筹变通尽利之策。谓宜一面奖励私立小学，以济官力之不逮，一面推广速成师范，以应目前之急需。完全师范学校规模较大，学期较长，势难责求近功，只能循序渐进；实业学校关系青年职业，社会生计理当竭力扩充。默察各省已往之经营，殊少实效。此后似宜优其师资，简其科目，增其实验时间，辟其骛广蹈虚之旧习，庶有成绩可观。此外普通教育机关，如高等小学、中学校等，按之学理，固各有独立之精神，察诸恒情，多视为专门大学之阶梯。似当暂就旧有基础，勤加振刷，先求规制之精美，缓谋数量之增加，黜浮崇实，一洗迁就铺张之弊，以期贯彻人才教育之宗旨。至于社会教育之设施，则宜考察人民之习惯，斟酌功效之大小，体合地方之财力，以定进行之程序。此时亟待推广者，

---

① 此件时间是信封上发出邮戳"四年十二月十二日"字样所加。

莫若图书馆、讲演会、简易识字学校。其他种种机关,收效较难,但求保持旧观,不必竭蹶拓展。各项教育经费之支配,即当循此标的,而区其分量。芝贵渡辽以来对于此邦教育行政之主张,略如前述,已饬各属极力增设国民学校,筹办小学教员讲习所,以各县地方岁入百分之四十,划归教育经费。并令省辖各校,注重体育,精研国文,随时开会观摩,由署派员评判,第其甲乙,分别劝戒,藉培根本,而策进步。其余规制,率仍旧贯。辱承明问,辄布区区。尚冀锡我南针,匡其不逮。耑覆。再颂
勋祺

芝贵　又启

规划情详,佩甚。公所处地位,能多办一分教育,即多收一分人心。人心者,国权之元素也①。

〔北洋政府教育部档案〕

5.教育部公布教育行政讨论会规程令
(1916年)

教育部令第二〇号

兹制定教育行政讨论会规程公布之。此令。

教育行政讨论会规程

第一条　教育行政讨论会以讨论审查关于教育行政上之重要问题为目的。

第二条　教育行政讨论会设会员三十人至四十人,就具有次列各款资格之一者,由教育总长延聘或指派之:

一、曾任或现任高级教育行政职务,富有教育行政之经验者。

---

① 此段文字系教育总长张一麐的评语。

二、具有专门学识，并于教育行政夙有研究者。

第三条 教育行政讨论会设正副会长各一人，由会员互选之。

第四条 教育行政讨论会会员为名誉职。

第五条 教育行政讨论会议决事项，陈请教育总长采择施行。

第六条 教育行政讨论会设干事若干人，承会长之命处理庶务，由教育总长委派教育部部员兼充之。

第七条 教育行政讨论会设书记若干人，缮写文件及办理其他事务，以教育部录事兼充之。

第八条 本规程遇必要时，得由教育行政讨论会议决，陈请教育总长修改之。

第九条 本规程自公布日施行。

〔北洋政府教育部档案〕

6. 江苏省教育司在全国教育行政会议上关于近五年间教育概况汇报

（1916年11月1日）

省教育概况

一 行政机关

民国成立，省教育行政机关组织之变迁，迄今凡五期。辛亥十月苏都督府成立，教育设科，置科长一，隶民政司，司设助理员助理之，无科员，是为第一期。纪元三月，本省暂行省官制定，议设司未果，设科仍前制，增科员一人。六月都督府移宁，又增科员一，特指定助理员一人助理之，是为第二期。十二月军民分治，教育设司，隶省行政公署，简任司长，分置四科，科长四，科员八，助理员三，是为第三期。此期之末，机关几中断，盖宁垣难修。当二年七月间，民政长设行署于沪，教育行政由原任司长督同少数之旧时科长员处理之，无组织也。十月宁公署规复，司制仍旧，而科并为二，设科长二人，科员七人，助理员二人，是为第四期。三年六月司制废，复改科，设科长一人，属巡按使公署政务厅；科分二股，股各置股员三，别设办事员一，是为第五期。今巡按使改称省长，机关无变更。

机关之处务，在第一期内，初谋建设，事较简，科长一人总持之。第二期虽逐增科员二，事务未分掌，由科长临时支配之。第三期组织大备，而本省教育事宜亦扩张，乃制定教育司暂行办事细则十四条，分科任务，而受成于司长。关于普通教育、特殊教育等事项，第一科掌之。关于专门教育、留学、历象及各种学术会等事项，第二科掌之。关于通俗教育等事项，第三科掌之。其文牍、会计、庶务及其他不属于他科之事项，均综集于第四科。第四期科并而事未减，一科兼四科事，二科兼三科事。第五期机关缩小，事务不更，科当司，股当科，其制度乃前期所蜕化，即今之省公署政务厅教育科办事之制度也。

机关屡变迁，而省视学之设置未更易。纪元三月，本省暂行视学规程十五条公布，四月省视学六人就职，五月出发，阅七十日而分行全省一周。厥后学年制度定，订定一学年为一周，岁以为常，中间曾为一度之变更。则当三年二月，自治停止，以三阅月遍历六十县也。每届视察将出发必会议，终了亦如之。报告分表式、书式，视察细则颁行于二年四月中，规程则依政令之变更，已两加修正矣。四年七月省视学一员辞职，停未补。

二　经　费

费额，民国成立前，本省即有预算，所谓宣三预算也。是年省教育经费达二百九十七万而强，占额最巨，顾年度未终，无决算可言。九月光复，召集临时省议会，有辛亥冬季三个月之预算。民国改历，有十个半月之预算，既规定以七月为会计年度之始。更有二年一月至六月之预算，其决算也，辛亥冬季，不及预算三之一，事务简，故支出微，自此以后，事稍稍增集矣。而元年十个半月之支出，不及预算四之一，二年六个月之支出，不及预算二之一，时当规划之始，省地方之收入亦巨，有蒸蒸日上之象焉。二年七月至三年六月，实为二年度，此一年度中，教育计划渐完备，预算占额较多，卒以原列之地方特税划入国家范围，收入锐减，预算不克成立，而历年经费余额又以兵事取给无遗，致是年教育费支出尚不能超过此未成立之预算二分一。厥后三年度预算，四年下半年预算，以及本年度预算，国家地方名为混合支配，实则限制綦严，故虽逐年亦有增加，曾不能满当时教育行政之计划，质言之。二年七月以前，财余于事，二年七月以后，事浮于财也。兹检历年收支报册，断自辛亥冬季，迄于五年六月，草列决算表如左，江苏教育费额之消长，于此略见一斑。（表附后）

基金：教育事业与年俱进之事业也。本省怵于过去之艰险，益汲汲以基金为谋，会农商部饬准各学校承领附近官荒山地，育苗植树，而公有林又经规定于森林法中，爰议有省教育团公有林之组织。召集省教育各机关人士，议定组织大纲九条，就江浦县境官荒十数万亩，著手开办，地曰老山。五年一月成立，预计成林期为二十年，年费三万，以各教育机关撙节所得为经费，无筹款之劳，以各教育机关主任及其他热心实业教育人士为议董，有合力之效，选任总理，设立专局，事务技术析为二部，各设主任一，并置员助理之。今林场已成者三，移植之苗数十万，培养之苗且近千万云。

虽然本省教育事业，曷尝无固有基金，第二师范学校及第一、第六、第九各中学校，旧时款产固具在焉。然厥数綦微，不足以备缓急。此外则并寸金尺地而无之，瞻前路其方赊，惧裹粮之有缺，公有林外，将更有薋艾之图也。

三 学校教育

本省省立学校之设置，在二年七月以前者为多，后此所设皆补前缺也。总计先后成立之校，为数都三十有一：师范八，第一

类别		辛亥冬季 三个月	元　　年 十个半月	二年一月至六月	二年七月至三年六月	三年七月至四年六月	四年七月至五年六月	总　计
学校教育	师　范	7038	152181	164513	339051	197226	431972	1491981
	中　学		3646	5024	116115	170105	155467	450357
	实　业	14407	56273	122899	307345	305800	278702	1085426
	专　门	3152	12822	36179	83954	91489	92684	320280
社会教育			1200	2400	1636	7116	24043	36395
外国留学			69923	98554	83130	92290	113229	457126
各项补助		6636	·16722	38789	24070	25720	45814	157761
其　他		120	6929	14995	24136	15317	17679	79176
总　计		31353	319706	483353	979437	1105063	1159590	4078502

至第八，女子师范二，以省费补助而得代用师范一，由省先行开办之高等师范一；中学九，第一至第九，甲种实业为农业者三，第一至第三，水产一，女子蚕业一，为工业者二，第一及第二，为商业者一，专门有法政医学二校，其法政专门分校，原设淮阴，于三年七月并入专校云。

学级之编制：率按年设级而未有差，特于第二师范学校增设第二部。师范讲习科陆续亦有设置者，初以省款办，继以县款委托代办，嗣则议不续办矣。高等师范于国文、理化两科外，更设国文、体操等专修科，今且增设工艺专修科。农业第一校先设农科、林科，后改林科为农林科；第二校先设农科、蚕科，后改蚕科为农蚕科，现添设农产制造科；第三校先设农科，今更筹设畜科，中间曾一设别科，水产设渔捞、制造两科。工业第一校设机械、电机二科，第二校设机织、染色及土木三科，旋停土木科而添设水利工程科，继又改水利工程科为土木科，且停染色科而改设应用化学科。商业兼设别科，今专设本科。法政设政治经济科法律科。医学则暂设医科。今断自元月八年起，表其历年学生及毕业生数如左，而校址及设立年月亦具焉。　　表附后

南通师范一校设立栏内所载年月，系认为代用之年月。

（附注）师范各校附属小学未列本表，据报告近四学年间毕业生共得一二一八人，每年学生数不备载。

法政专门学校分校学生并入法政专门学校，五年七月毕业，故本表不列分校。

省立各校之设置，如上说，固荦荦可数矣。建设之始，多承旧址，以舍论，无一而可。同时建筑，费巨莫举，爰为分年建筑之，计划期以五年。校俱以其计划著为书。变故既起，财政收缩，旋中央有五年内不兴土木程之令。于时工事方作，欲罢不能，乃谋结束补苴之计，已建者决竟其功，待建者暂仍其旧，或

校别		项别 年别	设立年月	元年八月至二年七月		二年八月至三年七月		三年八月至四年七月		四年八月至五年七月	
种类	校名	校址		学生数	毕业生数	学生数	毕业生数	学生数	毕业生数	学生数	毕业生数
师范	南京高等	江宁	4年9月							110	
	第一	吴县	元年4月	279		254	80	230	33	269	60
	第二	上海	同上	173	20	220	37	243	52	293	56
	第三	无锡	同上	139	49	129	21	178	41	249	50
	第四	江宁	元年5月	154	22	175	37	176		258	33
	第五	江都	元年9月	104		89		181		226	
	第六	淮阴	同上	78		108	22	126		194	
	第七	铜山	2年1月	96		151	46	156		226	53
	第八	灌云	3年9月					67		133	23
	第一女子	江宁	元年5月	117		105		113	29	150	
	第二女子	吴县	元年9月	124		164	29	172	66	158	

续表

校别		项别		元年八月至二年七月		二年八月至三年七月		三年八月至四年七月		四年八月至五年七月	
种类	校名	校址	设立年月	学生数	毕业生数	学生数	毕业生数	学生数	毕业生数	学生数	毕业生数
师范	代用	南通	2年1月	157	29	193	23	217	28	240	40
中学	第一	江宁	2年7月			216	60	174		208	43
	第二	吴县	同上			90	10	115	11	138	18
	第三	松江	同上			183	25	210	20	217	15
	第四	太仓	同上			88	20	110	10	132	7
	第五	武进	同上			312	28	369	38	343	26
	第六	丹徒	3年1月			63		98	12	121	22
	第七	南通	2年8月			126	26	141		167	17
	第八	江都	3年1月			132		155		175	60
	第九	淮安	2年10月			101		156		156	
实业	第一农业	江宁	2年1月	61		56		114		187	18

续表

校别		校名	校址	设立年月	元年八月至二年七月		二年八月至三年七月		三年八月至四年七月		四年八月至五年七月	
种类	项别				学生数	毕业生数	学生数	毕业生数	学生数	毕业生数	学生数	毕业生数
实		第二农业	吴县	元年9月	102		147		182	25	154	44
		第三农业	淮阴	2年3月	100		83		121	13	149	
		水产	宝山	2年1月	56		79		95		102	
		女子蚕业	吴县	元年9月	96		141		187		179	28
		第一工业	江宁	2年1月	71		109		138		174	34
业		第二工业	吴县	元年5月	137		175	18	241	34	269	33
		第一商业	上海	3年10月					87		146	30
专		医学	吴县	2年1月	45		69		78		76	
门		法政	江宁	元年9月	188		150		321		211	122
总		计			2277	120	3908	482	4951	412	5810	931

修缮而增筑之。自建元伊始，以迄今，兹省预算固未尝一岁无建筑费也，或先或后，或全部，或一部，又未尝有一校无工程也。今得新建之校六，改建添建之校十有二，余校亦均次第修建而有差，综计前后支出之建筑费四十万元有奇。以较最初计划，犹不及半焉。水产学校规模最巨，而需要最急之冷藏室，尚付阙如。第三师范建筑较〔完〕备，且无大讲堂，其他更无论已。若夫设备一项，民国成立四年有半，共费十万余元，实业各校占全额三之二云。

省立学校以外，中等教育有公立之校一，南菁中学是也。而私立之为数亦伙，其程度在中等上者以上海为多，南通次之，江宁、吴县、无锡，亦有设置。本省为维持私人教育计，订补助私立学校规程五条，自代师范外，得补助之校七。关于中学者，则有南洋、民立、浦东、钟英四校。关于女子教育者，则有竞志、爱国两校。关于体育师资者，则有中国体操专修一校。其他私立学校之尤著者，若上海之中国公学，神州、法政、澄衷中学，民立女中学等。南通之纺织、医学、农业等。省款虽未补助之，而省教育实受其补助。交通部立工业专门一校，虽为国立，而校址在苏，本省首被其益，宁之金陵，苏之东吴，沪之约翰、同济诸校，友邦人士设立有年，其成就吾苏学子亦不在少数云。

四　社会教育

省教育事业中之有社会教育，自近二年始，其在二年七月以前，曾亦为一度之规划，曰改良省城图书馆，曰创设教育博物馆，曰组织模范讲演团，曰编辑通俗教育图书，曰购置幻灯影片，荦荦可数也。宁难一作而进行阻。地方收入一缩减而计划销，迁延复迁延，至近二年间，仅乃有此少数之社会教育事业。述如次：

图书馆：江宁城西清凉山之隈，曰龙蟠里，旧有图书馆在焉，名山孤帙，保守珍奇，备经生考订，不可供市民浏览也。于是改良省城图书馆之议起，辟新馆以谋通俗，启旧馆以饷学人，事未成而势变。三年六月，邦人士请设图书馆，乃定龙蟠里一馆为省立第一图书馆，增设省立第二图书馆于吴县之可园。可园为地四达而不嚣，群校环列焉，存古学堂之卷轴，官书坊之版刻，胥整理而搜集之，近世图籍亦续备，缥湘插架，视第一图书馆诚有弗如。然以之供学子考览。三吴文献，其亦有神，第一馆今仍派员保管，审慎开办，盖有待于方来。

通俗教育馆：馆设于江宁之韬园，即前议辟新馆之地也。筹办之初，赓前议，定名为通俗图书馆，附设博物、讲演、体育、音乐四部。事既竟以图书与其他各部设置，分量略相埒，遂改今名。馆长以教育科一员兼，充事举而费节也。五年二月六日开馆，音乐部以费绌缓设，他部俱成立，图书一部，自通俗书籍外，更取龙蟠里旧馆通行本中之重出者，移而列之，为设特别阅览。比距开馆才九月，游览者都十万二千九百八十有五人，莘莘学子，桓桓军人，以及村妪、牧竖、贩夫、走卒之流无不至。

巡回讲演团：巡回讲演团即本前者模范讲演团之意组织之。通俗教育馆固亦设有讲演部，限于一地，收效弗宏，为普及计，莫如是团。五年春，以此意商之省教育会，为设讲演练习所及制造辅佐讲演之器械，规定员额资格，饬各县保送，延中外讲演名家教练之。更使为器械演习，凡三周卒业，公费生得二十二人。既卒业，组织为团，设事务所于省署，置主任一人，以团员一佐之，留所办事，分组十，组各二员，七月出发，阅三月，历县六十，讲演三百有五处，听讲者十六万六千五百一十有九人。主任出视团员讲演状况，所历县亦二十有四。今且研究第二届出发事矣。组织之初，因省款绌，暂由各县摊费，明年费用拟由省给焉。

公共体育场：本省实施社会体育，自通俗教育馆之体育部始。近以四年八月第二次省教育行政会议之结果，各县多设置公共体育场者。金陵为东南一大都会，不可无以振之，现正编制预算勘定场所云。

五　留　学

本省办理留学事，初订暂行规程十九条，公布于二年之四月，旋按规程定续派计划，兵事起而议中辍。事既定，未及续前议，停补官费之部文一再至，且以将订规程告焉。三年七月，部定缺额选补规程出，本省办理留学，一本中央政令。二年冬，订专门学校派遣欧美留学规程一，先后选送教员四，系仿日本选派学校教官例，而非选派学生也。今以本省办理留学历年之状况，分目述如次：

名额：元年四月，议维持留学，调查官费名额一次，陆续给费，益以少数新派及新补各生，断至二年七月，得官费生欧美四十四，日本七十九，正议增额续派而宁难发，教育部亦旋有各省暂停补费之明文。嗣补费规程既颁布，依现有名数为名额。四年二月，更确定欧美为二十五，日本为六十。今欧美如额，而日本缺其二，盖准历次部咨，留待特约四校新生之补入云。

费额：部章未定以前，本省初发维持费，嗣从元年九月起，日本每生费以月给，分三等。文部省直辖各大学四十元，高等专门学校习实科者三十五元，习文科者三十元，皆日币也。欧美各生仍照旧额，以年给，英则百九十二镑，法则四千八百佛郎，德则三千五百四十马克，乃至三千八百四十马克，比则四千八百佛郎，俄则一千六百二十卢布，美则美金九百六十元，女生额较减为八百八十八元。嗣部章定，给额稍变，其在日本者，仍以月给，帝国大学本科日币四十二元，四校生三十三元，其他学生三十六元。欧美旋亦改为月给，英十六镑，德三百二十马克，法比俱四百佛郎，俄则一百三十五卢布，美则美金八十元；女生仍依年给之数，月匀支七十二元。瑞士留学，部未定费额，本省有以英法留学改赴瑞士者，暂依原派留学国之费额支给之，现已一律改为四百佛郎焉。

发费：日本学费，初寄请驻日代表转发，自本省设置经理员后，由经理员转发，经理员裁撤，由省迳发，既复设，省迳发如故。本年九月，方改由经理员转发，欧美学费亦多委托转发，时托使馆，时托监督，又时托留学经理员，在欧或托部派清理员。中央管理留学制度屡改，而本省委托发费机关，亦于是乎屡更。最近一年间留学经费，欧解之教育部，美汇之监督，仍转发也。惟本省派遣欧美留学之专门学校教员，费由省迳发，系特别规定。而留美一人之费，近已改由监督转发，此外则当留美管理机关中断时，费曾由省发，不久亦改为转发。留俄学生一人，向托使馆转发，至发费期日，日本每两月一次，欧美从前每半年一次，后改为三月一次云。

管理：欧美留学，省无专员管理之，关于诸生品学之考查，始托诸驻外代表及游学监督，继托诸公使及经理员。今自俄以外，悉惟部派监督是赖矣。日本自省派经理员定，管理之责有专属，初由吉林经理员兼任，继乃特派，旋又裁撤。裁撤后，省机关遥领管理事。盖阅一年，中间曾派员为二度之调查，至四年五月，省派经理员续设，管理留学事，留日监督所不及者，悉惟经理员掌之。自发费送学以外，凡编制学籍、报告成绩，及意外抚恤之事均属焉。

毕业：欧美日本留学毕业，就省牍可稽者计之，自二年一月，迄于本年九月，英得十，法得四，德得二，比得六，美得八，日本得五十，凡八十人。其学科，则毕业欧美者，文科四，理科六，法科、商科各二，医科一，农科三，工科十一，其一则美术也。日本文科理科各一，法科五，商科四，医科十八，农科二，工科十五，师范居其四焉。

在学：在学人数略多于毕业人数，英得五，法得七，德、比各得三，俄得一，瑞士得二，美得四，日本得五十八，凡八十三人。其学科则留学欧美者，文科二，理科七，法科三，医科四，工科八，其一则美术也。日本文科法科各一，医科十一，农科三，工科二十三，师范七，美术一，各高等学校十一。日本补费，近限于四校新生，冀补费者咸集于四校，留日五十八人中，四校得四十人云。

自费：欧美留学管理，省既无专员，故自费生之人数，亦无稽核焉。日本自费人数，四年九月由部派留日监督调查报告一次，得七十九人。据省派经理员之报告，则四年三月已得八十四人，近且九十余人，中间不乏肄业私立大学及专门法政之生，而入中学及预备学校者，尚居少数云。

存记：如上所述，留日自费生之名数，浮于公费生者，奚翅三之一，欧美可以类推。公家不能分财力以赡之，而处留学之境地，与抱留学之志愿者，不能无望于公家。国内、国外，有以补费请，分别存记咨部，披览省牍，欧得十一，美得十，日得四十有三，部之自行存记者，犹不与焉。

六 考　察

本省为谋教育上之改良，以省款为国外之考察者屡矣，或委派，或委托，或常任，或临时，每届考察之目的不同，而事项、地点亦因之而异。至国内考察，本省热心教育者常为之，不具述，兹略表国外考察如左：

考察团	事项	考察者人数	考察者姓名	考察时期	考察费	出发年月	报告	备注
英美荷比德俄欧	学校教育	3	陈容郭秉文前曾一	1年	七千二百元	民国二年十月	书一	陈容、郭秉文留美将成将返国，前曾一时充省立第一师范附属小学主事，特派一并委同考察。
美	女子教育	1	胡彬夏	3月	三百元（美金）	民国三年一月	未	胡彬夏留美甫毕业，由教育部派赴万国幼儿幸福研究会，本省特派兼任考察。
美	各项教育	1	吴竞	1年	五千三百元	民国三年十月	未	吴竞系郡办保管巴拿马赛会出品审查委员，特委派兼任考察。
美	社会教育	1	黄炎培	未规定	一千元	民国四年一月	书一	黄炎培系农商部特派赴美考察商业教育，特委托代为考察实业函员之一。
日	各项教育	1	袁希洛	常任	一百元（以月计）	民国二年一月	随时通函	袁希洛系留学经理员，照章兼任常任调查教育委员，不久即辞职。
日	教育行政	2	邹梼张树勖	40日	三百元	民国二年二月	书一	邹梼、张树勖系考视学员，特委派考察。
日	农业教育	5	孙观澜王犀成吴桓如章孔昭汪以敬	1月	八百四十元	民国三年十一月	未	时王犀成等组织赴东考察农业团，特委派兼任考察教育。
日	留学状况	1	袁希洛	2月	六百元	民国三年六月	书一	时留学经理员已久未续派，特委袁希洛为临时考察。
日	各项教育	1	陆规亮	常任	一百元（以月计）	民国四年四月	随时通函	陆规亮初为临时调查留学委员，旋充常任调查教育委员，今在职。

〔中央大学档案〕

7. 教育部公布全国教育行政会议记略
(1916年11月20日)

到会人数：综计与会会员，教育部特派部员二，京师学务局局员二，其他二十二行省、五特别行政区均派遣一二人有差，实到人数四十一。川边特别区路较远，闭会之日尚未至，闻已在途矣。概言之，本届会议各省区固无一未派员来也。

开会：十一月一日下午一时行开会式，先由总长指定胡家祺为正主席，卢殿虎为副主席。是日总次长出席致训词（训词另录），主席答词，并开预备会，商榷会事而罢，未议事。

议事：开会二十日，综计教育部交议案四，会员提案三十二，共开大会十三次，议决成立者十六案（议案另录）。教育部除提案交议外，复以咨询事项交会员分别笔答，共交出普通、专门、社会及师范教育四大纲，内含问题共十九则。

审查：初以九人组织审查会，乃临时之组织也。继因议案为数伙，乃组织两固定之审查会，第一审查会主审查普通教育，第二审查会主审查专门教育及社会教育，每审查会员数各十五人。嗣议至关于蒙民教育及新疆回民教育案，以其情形特别，复临时集合察哈尔、绥远、热河、新疆、奉天、黑龙江等省区会员，及对于蒙回民教育素有研究者，得七人，组织一特别审查会，先后共开会八次。

报告：本届会议各省区均以书表陈部，报告民国五年中教育状况，临时复按日指定二三省区会员出席为口头报告。斯举也，效益至溥，不啻于一堂晤对之中，短少时间以内，为全国之考察矣。（报告情形另录）

讲演：游园之日，晚间教育部特邀美国大学历史、政治教授麦顾黎君讲演教育，其讲演之要旨如下：（一）论中国教育最良之点在重儒。（二）言教育须有世界眼光。（三）教育政策宜注意于生计问题，不宜偏重文学。（四）生计教育宜注意于农工商。（五）生计教育之外，宜注意于军事教育，犹之有财产者，既整理，尤须保护。（六）军事教育有二：（甲）军队之军事教育；（乙）学校之军事教育。只就军队言军事教育，而不以学校军事教育为根本，必流为武人政治。（七）中国言生计教育，若取法外国，农宜法美，工商宜法德，而军事教育则宜取法瑞士。（八）美国办理学校军事教育，全国有董事九人，麦君自述即董事之一。（九）对于今后中国，抱普及教育之希望。望中国人人耳中闻学校之钟声，望中国纳税额以五分二为教育费，望中国政府定一处分侵蚀教育费者之特别刑律。末谓为婴儿摇篮之手，即造成国家之手。此语出自西谚，麦君特引伸之，吾辈从事教育者皆摇篮手也。闻麦君语傥有惧心乎。

闭会：二十日行闭会式，总次长出席致训词（训词另录），正主席致闭会词，副主席致答词。同日由总次长柬召聚餐于教育部之食堂，并于先二日合摄一影，以资纪念云。

会员恳话：闭会之次日，全体会员以本届会议集合非偶，声气相感，精神联络，不可不为一次之恳话，乃相约欢聚于中央公园之来今雨轩，并组合一通信机关，公推在部会员为干事。

（甲）　开会词　（会场记载）

总长①训词：今日为全国教育行政会议开幕之期，诸君远道来京，讨论教育行政事宜，鄙人特先将本届召集会议之宗旨，为诸君告：我国幅员广阔，各地情形又各不同，就教育行政言之，中央对于全国，自不能不求统一办法，使全国教育行政界，得所遵守。例如甲地中小学生，转至乙地升学，若各学校无统一办法，

---

① 教育总长是范源濂。

则颇不便利。此不独中小学生升学为然，专门学校亦须统筹全局，分别设立，不使某地某种学校付之缺如，尤不使某地某种学校格外增多，凡此皆谋统一办法所有事也。虽然我国土地之大，人口之众，文化通塞之差异，地方情形之各别，在在均须顾及，以言统一。在教育部订定办法，必须斟酌情形，因地制宜，应整齐者则整齐之，应变通者则变通之，盖行政作用贵在活动，以期与时势相应。教育部设在北京，对于因地制宜不能得适当之标准，故请诸君来京讨论一切。近年政体已经改革，全国思想变动颇大，新旧潮流咸趋极端，吾教育行政界不能不注意于此。惟从前历史上之沿革，何以使思想达到此点，吾人亦宜注意。至若交通上之状况，以及农工商实业与夫一般人民之生计，与前皆有殊异之点，吾教育行政亦当注意及之。再者上年各地曾有兵事，即无兵事发生，而因政治之关系，教育上不免感受影响，此亦须研究而考察者。要言之，一思想之变动，二生计之变动，三政治之变动，直接间接影响于教育者，实非平常文书往复可以明瞭。本届会议，尚请诸君将本省区近来情形，略为报告。此外教育部备有许多咨询事件，诸君详加讨论，如有意见，尽可陈述。且我国经几次事变，制度已非昔比，从前各省有教育行政机关，如提学使、教育司皆是，年来此等制度已废，改为一科。诸君在教育科办事，其责任等于从前提学使、教育司，此次会议人数虽不多，而关系全国教育，实为重大。在会期中，深盼在事实上讨论，不为空谈，凡本部所能实行者，必实行之。鄙人所宣布开会之宗旨如此。

次长[①]训词：此次本部召集教育行政会议，诸君远道来京，中央与各省区教育行政人员齐集一堂，讨论教育行政事宜，鄙人至为欣幸。请就鄙见所及，为诸君告焉。诸君主办各省区教育行

---

① 教育次长是袁希涛。

政，年来对于教育前途颇有困难情形，大概不外数端：（一）法令之拘束。中央订定法令，行之各省，对于某项事务，必有某项规定。就法令论，本含有统一性质。就各省论又多有特别情形，欲求事实与章程适合，势每有所不能；于是主管教育行政者，既欲敷衍中央政令，又复碍于本省特别情形，迁就从事，恒所不免。此困难者一。（二）经费之限制。我国兴办教育垂十余年，前清时代教育未发达，教育经费不觉其少；民国以来，锐意推广，遂有费绌之感；近三年间，且往往以学款移作他用，又或按照预算延不发给，此真吾教育界所万不及料者也。现在国事几经改革，默察社会之趋势，与夫世界之潮流，教育事业自当积极进行，然办理教育者，虽具此种眼光，定种种计划，无如库款无着，往往徒托空言。此困难者二。（三）权力之缩减。清季各省设提学使，与藩臬居同等地位，对于中央，既可与学部直接，而人民视之亦甚尊崇，权力既较大，则办事自较易为力。民国成立，提学使裁，改设教育司，继又改司为科，主办教育之科长，实隶于政务厅长之下，事事既须禀承，则事事必受拘束。此困难者三。以上三种困难情形，想各省区主管教育行政诸君俱不能免，所定教育上之计划，往往因之停顿。然吾国教育，兴办亦既有年，此后加一分整理，即可收一分效果，不过鄙人对于吾国现时教育方面，敢一言以蔽之曰：吾国办教育十余年，尚未能得社会上之信用。鄙人为此言，亦从经验得来。吾国学校，年来虽逐渐增加，而一般舆论，俱谓办理颇少成效。此种评论，不得谓非正确。试问今日学生，无论在学之年限长短，其人格举动，果能受社会欢迎，为社会标准否？大概现在学生毕业后，虽欲谋一人生计，尚不可得，其在专门学校毕业，因国家财政不充裕，国内实业未发达，而学非所用者，固无论已，即彼中小学毕业生，其不能谋一己之生活者，曾不知几何。此无他，勤劳习惯未能养成之故耳。长此以往，恐吾国教育终无与文明各国争胜之一日。此吾教育行政界人员不得辞其责也。夫教育事业，至复杂而极精细，非悉心研究不可，而要在以国家行政权提纲挈领，一方面考察而提倡之，一方面扶助而指导之，使原有缺憾日渐减少，将来信用日渐加增。此鄙人之所切望于吾教育行政界同人者也。虽然此尚就国内情形言之，至对于国外关系，则更日重一日。将来欧战停止，远东问题如何解决，吾中华民国居于世界上何等地位，俱不可知。此为以后之事，暂不具论。现在详察国际上最近之关系，不有某处地方，因外交关系而生危险，其影响及于教育权者乎。即如某地，吾国不自设学校而他国来争设之，亦其例也。此种景象，言之痛心。更有进者，试问我国一年中，其生活必需之品，果足敷国人之需求乎。即就衣食二项论，以外国进口货，与中国出口货两两比较，则外国输入有二万万两之多。换言之，中国一年输出之金钱，其额之巨可知。中国人民于衣食生活上能力尚不能自给，必赖外人帮助，断送金钱于外人，而不觉尚何能立国于世界乎。由是观之，彼外人之能立国者，不外于教育上学术上求效果，而中国人不知，外国莫不以教育学术为发展人民之生活力，且用以扩张外力，而中国人不知中国前途，尚何言哉。故论中国现在之教育，非亟亟谋整理进行之法不可。凡我担任教育职务者必相互联合，为种种研究，以补救现在之困难，而免将来之危险。此次本部开全国教育行政会议要旨，在联合各省区办理教育行政人员，将各省区教育情形报告于本部，而本部亦将现在所主张之办法与未悉各地方情形之处，咨询诸君。故此次会议，重在得实际之报告与切要之答复，以期得一种正确之见闻，为将来整顿教育之预备。至于本部咨询事件，亦不拘定议事方式，至必须特求详细者，则提出议案，希诸君以简单方法详密研究，则可于短少时间内，得丰富之成绩，岂不善欤。

　　（乙）　闭会词　（会场纪载）

　　总长训词：此次行政会议经过二十日，适闻主席报告，成绩丰富，良用忻慰。鄙人每次出席，静听各省区会员报告，细察各地方教育上所受影响，厥有四端：（一）国变后秩序至今未能恢复。（二）财政困难，教育行政受其限制。（三）人才缺乏，教育界人士，恒以绌于生计，改而他图。（四）受外界势力之压迫，合各种情形观之，知吾国教育不发达，已非一朝夕之故，但望今后逐渐减少此等困苦，教育事业乃可进行。至于进行方法，不外扩张国民教育，注重职业教育，整理固有学校三者，皆教育行政人之责也。或谓教育行政，无独立机关，故觉不便，斯语诚然，然机关组织，固极重要，亦在得人而理，否则徒设官而于事何益？故从事教育及教育行政人员，当先求其在己。求己者何？吾辈各抱定一诚字做去，不为则已，既为即是我之责任，如此一思，则精神振奋，无论何种困难皆可战胜。中国今日教育之不发达人人知之，因教育不发达而人民至此，国家至此，试一涉通衢，彼未受教育者触目皆是，此吾辈教育行政人之疚心也。虽然，凡治一事，对于将来无希望，则精神亦不易振奋。我国之有学堂章程，迄今不过十余年，因学校系统不明，而师资又无充分之预备，故成绩仅至于此。要之此实办教育者之不得法，非教育之无效，我辈不能就此失望也。中国社会之不信用学校，无可讳言。但现今风气，究与前殊，社会仇视教育之心渐已消除，安知后此不更骎骎进步。况世界所谓富强贫弱，乃一种比较的名词。彼欧洲自战事发生以来，死于疆场者何止数千万，皆是彼中优秀有能力之分子，即其消失财物亦复不可数计。试思，此局终了后，取偿于何途，岂非其人民分而负担。而我国并无此等剧变，乃自居于贫弱，返观内地可开放之富源，可发生之事业当不在少数，假使稍一整顿，已足与人并驾齐驱，特因未加以教育，故无尽藏之利益坐失而莫能享。如此着想，则我亦何不若人？此我非抱乐观主义也，使人人抱一悲观消极主义，则教育更何人去办？况如顷者所言，欧战损失，彼各取偿于其本国，亦颇不易，我不自行整顿，难保彼不垂涎。此吾辈所当提起精神，齐心努力，以奔赴此教育之一途也。今兹相聚，不过二十日，各回本省分途并进，无论地方程度如何，男女教育之进行，总须奋其心力，将来希望正无量耳，诸君其各勉旃。

次长训词：此次会议之结果，深足令人满意，今当闭会，略贡数言。鄙人于开会时，言各省于行政方面有三种困难，今则言有三种研究：（一）学制之研究。大凡行政所根据者在法令，前清办理教育行政有奏定章程，在民国即为学校令。当甫定规制时，本经再四讨论，行之数载，而国内情事与世界趋势，皆已变迁，所定规制诚有不尽适宜者。然奉行既久，而一旦更张，则或于事实上起特殊之变动，且有远省甫及奉行，而中央又忽改易，则必骇行政上之耳目，故修正不可不郑重。即在各省，亦必须彼此兼顾，乃可进行。近顷部中对于一切法令，颇欲细加研究，拟设一法令调查会，合各部分人为之，一方面由各省联络调查，一方面为国外调查，然后施以比较，着手修正，若者取统一，若者可参以各地方之活动要须，合力从事，既不可草率，亦不可耽迟。此宜研究者一也。（二）学校内容之研究。总长言欲求推广，须先整理，此正为鄙人所欲言。今试问整理当从何事入手？尝见有人欲办一良学校，而不知办法，此因其闻见，不克与理想相副，故欲求整理而不可得也。空言整理者，有目的无方法，终亦无从整理。从前遇教育界人，语以学校之办法，彼辈似不经意，非特外国状况罔有闻知，即他省情形亦多隔膜，是之教育直是聋瞽之教育，安望其改良进步乎。凡作一事，必先能知而后能行，整理教育，必经若干之研究而后可整理。以今之财政困难，人才消乏，骤求一设备完全，教师优美之学校，自非易言。然如训练若何实施，教授如何适当，用何教材，宜何教法，惟有比较有实证，自能知之。现各处已有研究及此者，或合一校中多人讨论，或关系社会，关系家庭，设为种种问题，施以讨论，此犹在本校为之也。至对于校外，或组织他校参观团，或外国参观团，要不外取法他人，既有所得，乃联合各校讨论之，或为讲演会公开之，此事为外国所常有，而中国行之尚不多，要之在教育行政人员之设法提倡辅导而已。此宜研究者二也。（三）社会情状之研究。前言教育之不进步由于不得社会之信用，此因教育与社会相隔阂之故。举一例言，如训育不得法，将来儿童入世，社会见其行动有不慊意之处，遂疑学校为不良。以智育言，如习算不能记帐，学文不能作函，皆社会不信用学校之主因也。且学生毕业后，往往偏于高尚之理想，而缺少耐苦之精神，普通学校毕业生无论已，甚至毕业于实业学校，亦不能习劳以从事生活，致世人不欲遣其子弟入学，反学于外人所设之校。凡此皆教育之障碍，不解除之，教育绝不能进行。至职业教育问题，美博士麦顾黎昨已演说及之，试问我国现办实业学校者，果否能与实业社会相联络？此宜研究者三也。项总长谓中国前途大有希望，吾辈即宜就此种种研究之点，研究办法，见诸实施。教育事业极繁琐且极细密，总须大家实心实力做去，即总长所云一诚字，将来不患无希望也。嗣后除公文书外，或有特别情事，尚可与诸君通信协商。

经过审查复经大会公决成立者九案（第二案略）

一、推广国民学校办法咨询案

此案由教育部交议，经第一审查会审查删易条文，修正字句，补充文义，复经大会通过，其结果如左：

（一）每县划若干学区，视本区学龄儿童之多寡，预计应设国民学校若干所，并规定设校地点。

（二）每区除已设之国民学校外，其应增设之校分年筹备，自民国六年起限于若干年内，所设学校足容本区学龄儿童。

（三）各县应调查合格之国民学校教员，是否足敷推广学校之用，有不足时，应由各省区设法筹培养补充之法。

以上三项办理情形,均应由各省区行政长官通令各县具报,并咨部备案。

(四)国民学校经费由各学区自行筹集,各区经费不足,得以县款补助之,县经费不足,得以省款补助之,省款不足,得以国库补助之。

(五)各区应提倡设立私立国民学校,并得以公款补助之。

(六)各区内有师范本科毕业生及检定合格之国民学校教员自行组织学校,应设法维持其成立或给予补助金。

(七)关于各项补助之标准,另以规程定之。

三、小学教员俸给咨询案

此案由教育部交议,系以部订小学教员俸给规程草案交议。原案共订规程七条,经第一审查会审查,删易条文,修正字句,补充文义,仍列为七条,并将广东会员提议之小学校长、教员计年增俸案并入审查,复经大会通过。其结果如左:

第一条 国民学校高等小学校校长及教员之俸给,除别有规定外,以本规程行之。

第二条 国民学校高等小学校校长、教员月俸依左表之规定:

职别＼级别	1	2	3	4	5	6	7	8	9	10	11	12	13	14
校长及正教员	60	55	50	45	40	35	30	26	22	18	15	12	10	8
专科教员	40	35	30	26	22	18	15	12	10	8	6			
助教员	22	18	13	12	10	8	6	4						

第三条 依地方情形,得由主管行政长官就第二条附表之级数,定所属各地方校长、教员俸额之标准。但一教员每周授课时

数须在二十小时以上，其不及二十小时者，得以实在担任时数，参照表订级数量为减给。

第四条 校长教员尽力职务积有年资者，主管行政长官得依据第二条附表为计年增俸之规定，其标准由各省区自以规程定之。

第五条 校长及正教员受一级俸后，确有劳绩者，得递增至八十元。

专科教员受一级俸后，确有劳绩者，得递增至六十元。

第六条 各省区或其一部分地方，因特别情形不能照第二第三第五条办理者，得由地方最高级长官声叙理由，酌拟变通办法，陈报教育总长核定之。

第七条 本规程自公布日施行。

四、各地方孔庙附设社会教育机关办法咨询案

此案由教育部交议，经第二审查会审查修正，复经大会通过。其结果如左：

（一）各地方孔子庙，本尊师明教之地，为邦人士观感所系，现时除春秋二祭外，长年封关，地方人民无由瞻仰，似于兴感之道有所未符，应参酌他国寺院神社之制，附设社会教育机关。

（二）除大成殿、崇祠、两庑照旧肃除严洁外，所有乡贤名宦祠及黉宇学舍等，得由地方长官酌量情形，就其中规设图书馆、通俗图书馆、博物馆、教育博物馆、教育成绩品陈列所、阅报社、讲演所等一项或数项。

（三）凡同城孔庙有两处以上，得并于一处致祭者，其余得改设社会教育机关。

（四）孔庙内原有古物古迹，均应加意保存，毋任毁损。

（五）遇圣诞日、丁祭日及令节，宜启殿廷及各祠宇，俾邦人士肃恭瞻仰。

（六）筹设社会教育机关经费，由地方长官就地筹定，呈报转咨本部备案。

（七）图书馆、通俗图书馆、博物馆、教育博物馆、教育成绩品陈列所、阅报社、讲演所等，其已经设立有固定基址者，毋庸迁入，以备推广之用。

（八）各地方孔庙内屋宇有已设各项教育机关，经地方官厅认可有案者，得照旧办理，其无关教育之机关不得借用。

（九）各社会教育机关办事人员，均不得沿袭旧例，携带眷属借住公屋。（其第八条所称之已设教育机关同此办理）

（十）北京、曲阜孔庙，不适用以上各项办法。

附意见书：

窃查此案宗旨在利用空闲之公屋，树社会教育之基础，意美法良，会员等咸无异议，惟原议题标明孔庙二字，似有研究之点：

一、招一般反对教育者之注意及尊孔者之误会。

二、原案所指适用之屋宇多不在孔庙范围之内，仅标明孔庙，不惟名实不符，即范围亦形狭隘。

会员等以为筹设社会教育机关既为必要，而利用孔庙亦属相宜，惟拟避以上可虑之点，兹经公同讨论，以为此案不如以筹设推广社会教育机关为主旨，而以利用各地方寺庙祠宇为方法，即以筹设社会教育机关为题，而以孔庙为利用地方公屋之一种，似于原案宗旨不背，而范围较为扩张云云。

五、关于劝学所之设置及其权限案

此案系就直隶、浙江、广东三省会员提议之三案，并案审查。直隶之案，以劝学所机关重要，应予维持；浙江之案，系请划清劝学所办事权限；广东之案，系请扩张劝学所权责。经第一审查会审查，附具意见，复经大会通过，其结果如左：

（一）劝学所机关重要应予维持案：

查此案按照劝学所规程第一条及第十条之规定，无论地方自治规复与否，劝学所当然成立。除已设之各省区维持进行外，其未设劝学所之各省区并应筹设，以符公令而重教育。

（二）请划清劝学所权限案：

查此案之要点有二：（一）按照劝学所规程第一条之规定，是以一机关而兼有行政与自治两种性质。本会以为劝学所既一方辅佐县知事办理教育行政事宜，一方综核全县自治区教育事务，当然认为含有行政与自治两种性质，无有疑义。（二）劝学所与县署主办教育职员其职掌之区别安在。本会以为劝学所之职掌，按照劝学所规程施行细则第一条所列举各项，系属对于全县学务综核整理、规划进行等事，县署主办教育职员，则司该署关于教育行政之文牍事宜，二者迥然不同，无虞牵混。

（三）拟扩张劝学所权责意见书：

查此案原列六条，经本会审议，以为后四条全文及第二条之刊发钤记一项，已包括于劝学所规程及施行细则所规定范围以内，其第一条及第二条之文牍直接道省一项，均与扩张权责上关系重要，兹为修正如左：

一、劝学所所长由县知事按照部章规定资格，遴选人员，呈请省区行政长官核委。

二、劝学所遇有特别事项，得直接省道公署。

以上两条拟请教育部于修正劝学所规程及细则时量予探择施行。

附意见书：

劝学所名目沿袭前清之旧，当时学校初创，故取劝导之义，现在义务教育规定实行，劝学二字顾名思义，实有不甚适宜之处，惟是此项规程颁布未久，各省区筹划规复未尽就绪，教育行政秩序暂时未便纷更，姑拟仍旧俟地方高级教育行政官厅制度厘定后，此项劝学所请改为县地方教育机关，删除补助行政一项，其名称应改为学务公所或教育公所，以求名实相副；至任用所长，应以本地人为原则云云。

六、厘定视学制度案

此案系由江苏会员提出，原列议题六则，其要旨在固定地位，增进效力，同时并以四川会员提出之县视学应由省委任，道视学不宜设置一案，浙江会员提出之请定各省区视学规程一案，并入审查。经第一审查会审查修正，定为意见六则，加附则一条，复经大会通过。其结果如左：

（一）省区县视学均应列入地方官制，省视学定为荐任职，县视学定为委任职。在地方官制未改订以前，省视学由省区行政长官委任，并咨报教育部备案；县视学由县知事荐请，省区行政长官核委，并由省区行政长官汇报教育部备案。

（二）省区县视学资格由教育部定之。

（三）道视学无设置之必要，但地方情形不一，其已经设置之省得暂仍其旧，或改为教育行政调查委员。

（四）各省区行政机关应设视学办公室，其办事细则由各省区自定之。

（五）省区视学应集合定期会议，并得由省区行政长官召集县视学开全省区视学会议，会议规则由各省区自定之。

（六）每学年终了时，省视学除随时报告省区行政长官外，应以其视察结果择要报由省区行政长官，转报教育部查核；县视学应将其视察全县状况，报由县知事转报省区行政长官查核。

附则

各省区行政长官，对于所属专门学校、实业学校及其他特别教育事项，遇必要时得特派专员查视考核。

七、承垦官荒以充教育基金案

此案系由江苏会员提出，原订办法六条，同时并以热河会员请拨官荒补助教育经费一案，并入审查。经第二审查会审查，除将热河提案作为一地方建议案外，江苏提案依审查结果，补充条文，并附述黑龙江学田概略，以备参考，复经大会通过。

其结果如左：

(一)由教育部呈请大总统，特准全国官荒由教育机辟[关]尽先承垦，以充教育基金。

查国有荒地承垦条例第二条称：凡国有荒地，除政府认为有特别使用之目的外，均准人民按照本条例承垦。窃以教育为立国大本，承垦官荒自应认为特别使用。

(二)教育机关承垦官荒，准免缴地价及保证金。

(三)此项承垦官荒，应遵照承垦官荒条例订定开垦及垦熟时期。

(四)凡官荒除附近学校独立承垦外，省区县为筹教育基金，各得承垦或联合教育机关共同承垦；但由省区或省区立各教育机关承垦者，其收入应提成为官荒所在县之教育补助金。

(五)凡官荒由中央教育行政机关，或中央设立各教育机关承垦者，应给本省区以补助金。

(六)边省各区之官荒及蒙荒，经垦务局开放时，照黑龙江办法（办法附后）先行划拨若干，归作教育基金。

(七)在蒙荒开放地方，除照章应津贴蒙人水草银额外，其余官价均得免缴。

以上承垦官荒特别条例，由教育部订定施行。

(附)黑龙江学田概略

前清光宣年间，通省开荒招垦之际，由提学使司呈请督抚奏准，每府划留学田四千响，每响十亩之谱，每厅州县划留三千响，并于省城附近甘井子地方划留数千响，讷河县境划留三十二井，每井一千六百二十响之谱。甘井子地方学田，当时即派员设局开垦，现已垦熟一千响。民国二年，由教育司主稿，咨请教育、农商、财政三部，拟将前提学司请准各府县学田一律改为每县划留四千晌，经农商部核复，准拨三千晌，现各县有荒地可拨者均已拨齐。其无闲荒之县，已多由附近县境拨给，惟甫在入手经营，均尚未能垦熟。至讷河县境三十二井学田，现已招户分垦，俟垦熟，一半均归学田收入，其余一半，即给垦户自垦自有。计民国八年可完全得有垦熟学田二万五千晌，每晌收入洋十元，可得二十五万元作为省教育经费之用。其划拨之际，免缴荒价起租之际，允纳国家正税，其余一切附加捐税概行免纳。此黑龙江省学田之概略也。

八、蒙民教育暂行办法案

此案系原就察哈尔会员提出之蒙民教育宜定特别规程案，塞北各区小学教科书应取模范制案，及新疆会员提出之新疆教育行政不便与内地一律施用普通部章案，合并审查。经特别审查会审查，新疆教育情形与蒙民教育情形有别，新疆一案应另案审查。即以察哈尔两案合并为一案，拟具办法六则，复经大会通过。其结果如左：

（一）凡管辖蒙民有权力之各长官，其施行教育时，宜派置〔员〕督责各该长官等商同筹画进行。

（二）喇嘛庙宇极众，财产丰富，信徒繁多，宜仿西洋教会例附设学校，费省效速。

（三）学校内容宜用多种多级一校制。前条所列学校不分何类，或国民，或高小，或各种科学专修，或师范、技艺传习，每立一校可酌设一科或数科以广造就。

（四）宗旨宜注重实利，本日常生活之习惯，引诱以科学知识，例如就游牧旧习而授畜产新理是。

（五）普通教科万不适用于蒙古，非特别编制难收实效，宜由教育部咨行该区域长官选派该区域内情形熟习人员，调查日常生活及过去历史与夫自然现象，汇类成册，为编纂标准，并参以普通重要之材料制定教科范本，送部审定；但与部订教育宗旨不背，即可通饬该区小学一律采用，待文化进步、国民教员有编纂程度，仍听其自由编纂，呈请审定。

（六）已开通之蒙古，不适用此种办法。

九、新疆教育暂行特别办法案

此案由特别审查会就新疆会员提出之新疆教育行政不便与内地一律施用普通部章案审查，拟订办法七则，复经大会通过。其结果如左：

（一）教育行政机关之组织，宜斟酌地方情形，参用酋长及教长连络进行。

（二）宜由部特订缠哈等人民师范学校规程，并特别编订此项教科书。

（三）各回部礼拜寺附近宜多设师范讲习科，但（师范学校）其校制及所用教科书，亦宜特定。

（四）缠哈等民子弟，国民学校义务年限，宜延长为五年。

（五）缠哈等民子弟所用高等国民小学教科书，宜参酌本地习惯，特别编订。

（六）各回部地方宜多设演讲所、演讲教育与宗教两不相背之原理，并现在社会上之一切妨害教育不良之习惯。

（七）新疆地方极宜多设甲乙种实业学校；然宜偏重实习，不宜苟求形式。

未付审查即经大会公决成立者七案

一、请根据地方习惯改一学年为两学期，并仍用春季始业案。

此案由安徽会员提出，一学年改两学期可决，春季始业否决。

二、请规定中等学校校长任用资格案。

此案由浙江会员提出，照原案可决，请教育部补定。

三、请限制中等学校招生资格案。

此案由广东会员提出，照原案可决。凡中等学校招收新生，未经高小毕业者不得逾十分之二。

四、对于中小学教科及教科书建议案。

此案由湖北会员提出，原案共列议题三则：（一）中学博物科宜变更教授程序。议决：此题意旨关于教科内容，不必由本会议深加讨论，即以本题之意建议于教育部，凡遇变更各教科教授顺序者，不必加以驳诘，以谋教授上之便利。（二）女子中学宜另编教科书。议决：作为建议案，并加入注重家政一层。（三）小学补习科宜特定教科书。议决：作为建议案。

五、学校事务宜分掌案。

此案由直隶会员提出。原案要旨在使教员对学校、对学生必须增进其责任心，不得仅以授课为尽责，并叙述该省校务分掌办法。议决：请教育部采择通行各省参照办理。

六、规定假期作业方法，以资利用而图补救案。

此案由直隶会员提出。原案要旨在珍惜学生日力，并引起社会对于学校之信仰心，并附办法数则。议决：请教育部通行各省参照办理。

七、整顿社会教育，首宜改良戏曲以收速效案。

此案由甘肃会员提出。议决化为建议案，并入部交咨询事项答案

毋庸讨论者三案：

一、中学同等毕业生升学，宜予限制案。

此案由湖北会员提出。公议：归入笔答部交专门教育咨询事项内，作为该省答案之一种。

二、中等以下程度变则学校请并筹待遇方法案。

此案由湖北会员提出，由提案者自请作为意见，附入部交专门教育咨询事项案内。

三、整顿师范讲习所计划案。

此案由江西会员提出，由提案者请作为意见，并入部交师范教育咨询事项答案内。

作为一地方建议者五案：

一、请拨官荒补助教育经费案。（热河会员提出）

二、拟定分设大学标准案。（察哈尔会员提出）

三、优待回民入学专章案。（甘肃会员提出）

四、请以省款补助教育经费案。（新疆会员提出）

五、地方公款宜划分，某项应妇〔归〕学校筹用案。（新疆会员提出）

留会备考者二案：

一、筹集教育经费，以为义务教育施行之准备案。（广东会员提出）

二、请定附加税额，以为增加教育经费案。（甘肃会员提出）

未成立者五案：

一、对于师范学校教科及师范生服务建议案。（湖北会员提出）

二、改订国民学校案。（察哈尔会员提出）

三、国民学校珠算自第三学年课起案。（察哈尔会员提出）

四、取消爱国宣讲令，俾注重通俗演讲，以节经费而端社会趋响案。（甘肃会员提出）

五、检定教员，宜俟现在师范讲习科生毕业后再举行，并不可泥拘各省施用普通章程，须变通办理案。（新疆会员提出）

各省区报告（以会场报告先后为序）

江　西

书表摘要　教育费：省得四十四万二千四百四十元，来年度预算，可增万余元。县得五十五万八千六百六十七元，各乡区未得确数。学校教育：专门共四校，公立农业一，法政三，公立一，私立二。师范共六校；均省立，中有女子师范一。其各县设立之讲习所，不下四十余处，办法多无成绩。中学共十三校，省立九，县立三，私立一。实业共五校，甲工二，女子职业一，均省立，道立甲农一，南昌商会设立甲商一。小学则高等四百三十七，国民三千二百六十六。社会教育：图书馆一，藏有古籍胡君思捐助居多。通俗教育讲演：据报开办者十余县，改良年画，共出九十五张。露天学校夜学校有举办者，设有通俗教育会，研究通俗教育事宜。各县教育机关：自自治停办后，设教育公所于县署内，以知事为所长，置学务委员助理之，今已改为劝学所，检定小学教员委员会已成立。

口头纪略　省教育费：清季只十七万余两，元年度预算则增至三十万余元。二年度原列八十余万，赣宁事起，预算无效，仍减至元年度数。本年度预算四十四万余元，较之元二两年似有增加，而在各县附加税内提取中学费一成，计七万余元，实际上究与元二年无异。且全数内留学费占四分之一而强，故省立各校经费均甚支绌，设备不能完全。县教育费：前清无特别规定，光复后，省议会议决改良田赋案内，漕米每石得征四百文以内之附加税，地丁每两得征三百文以内之附加税，当时规定教育费须占附加税全额十分之七。三年地方税制变更，此项附加税中央提取五成，省公署提扩充警备队费一成，省立中学费一成，留县者仅有三成。虽改收银圆，略有增加，而留充地方费者，实较前大减。且三成之数尚不能归教育使用，此为阻碍教育进行之一大原因。此外各县归教育费范围以内者，尚有宾兴采芹及杂物捐等项，为数亦不多。省立师范设置地点多偏于豫章一道，去年袁次长在赣，指示师范亟须分区，故本年高等师范停办后，即在庐陵道开办第五师范，明年尚拟增设第六师范于浔阳道。实业学校除第二工业设在景德镇尚有实习场所外，其他实习一项均多困难。女子职业一校系由女子蚕业讲习所改组。各实业学校学生颇不发达，其原因由于毕业后，无农工场所可以服务，社会群厌弃之。至乙种实业，各县设立无多，已办者多为农业，其内容与高小无异。

福 建

书表摘要 学校教育：专门有三〔五〕校：公立工业一，法政二，公私立各一。师范有四校：省立二（男女校各一），汀漳龙设立一，厦门并设女校一。中学十有七校：省立二，旧府州区域设立之校十，上杭县立一，闽清福州私立各一，福州为女校，此外尚有法政专校附设及华侨公学之两校。实业有六校：省立四（甲农甲商甲蚕各一，女子职业一），私立二（甲商女子职业各一），小学共千五百十有六校，中有四校为省立。社会教育：公立图书馆一，宣讲则各县皆举办焉。

口头纪略 省教育费：前清七十余万，光复后减至四十六万，除去学费等收入，实只四十四万。各校经费初未划一，近于包办性质，现已按级给费。师范每级每月约二百八十元，中学约二百五十元，此外省立小学约五十元（均以闽省通用台票计，每元比现洋约差五六分）。省立中学两所，均设于省会，其旧府州区域所设中学各一所，今仍存，即作为中学区，现即以原有经费维持。省立师范一所，亦设于省会，原系优级师范，在前清为陈师傅所办，设备颇完。外县设立有一所，系与中学并设一处，简陋殊甚。小学除外县外，闽侯全县公立小学，向归省署直辖，均以省款支给。至本年一月起，指定四校归为省立，其余改为县立。至外县设立之中学未归省立者，每校每月由省款补助一百元，每县小学亦每月由省款补助一百元，由县知事支配，盖闽侯一县，有特别情形，省公署为调和县界起见，故有此举。上年举行教育会议一次，尚有效果，但会员均系省会校员，今年拟召集全省教育会议，有他之原因，未能实行。运动会上年亦已举行一次，今秋拟举行第二次，亦以特别原因中止。全省学校成绩展览会，并于今年暑假期内举行，与会者甚踊跃，惟所送成绩有超过程度之处耳。

直　隶

书表摘要　学校教育：专门有四校，公立工业、医学各一，法政二，公私立各一。师范有六校，男四女二，均省立。县立师范讲习所七十。中学二十有四校，省立十七，其他为县立或私立。实业有六校，均省立，甲工甲商各二，甲农水产各一。乙种实业十有五，农业六，工业二，商业七。小学则高等三百九十八，国民一万四千八百一十九。此外尚有半日学校及夜学校四百二十。至进行办法，中等以上学校均有按年添班之计划，小学则依本年上半年增加学生数之速率，为普及教育之计划，爰定分年办法，以八年为普及时期，自民国六年一月起，至十三年十二月止。以逐年增设师范讲习所为广储师资之方，以征收国民学校学生学费为筹措经费之本。讲习所预期设至五百四十四所，学费预期征至三百五十七万七千三百八十元（不足由国库省库补助及地方设法筹措）。国民学校预期添设三万五千七百七十四处，国民学校学生预期招收一百七十八万八千六百九十名，并列有分年计划表二种，以备考览。社会教育：天津设有社会教育办事处，各县则由劝学所兼理。图书馆共三处，均省立，普通馆二，通俗馆一。巡回文库，只定县设立一处（定县现为直省之模范县）。讲演则自派员附学江苏讲演练习所毕业后，现正筹办传习所。又单级讲习，加讲演术一科。改良年画，出有九十种，改良新剧，改良词曲，现亦积极进行。其他如博物院、运动场并有设置者。至此后规划进行，则学界与警界共负责任云。

口头纪略　直隶对于各项教育各有主义，亦各有方法。专门学校主归并与整顿，如公立法政则裁汰学生，复将商业并入。工业则与北京工校参酌设科，免致重复。农业则改办甲种。师范主有限之扩充，现有六校，明年拟增一校。小学主无限之推广，学生去年增加九万六千余人，本年上半年增加六万九千余人，其发达之度如此。地方办学机关劝学所已规复，三年河南有停办小学之说，而直省则下令宣布不停，并饬各县计划学务进行方法，具报备核，分别奖惩而有差。中学则主整顿，凡考试必由教育科阅卷定分，复订校务分掌规程，通行照办。实业则主改良与奖进，凡农工商各校，俱注意联络社会，趋重实用。至社会教育，则以联络与提倡为方法，如戏界、艺界、报界之当时会晤奖励，其禁演淫戏及改良年画，皆其所有事也。

安徽

书众〔表〕摘要　教育费：省自三年度起，经部核定三十万元，至今不出此数。县则多者万余元，少或千数百元，统计六十县，不过三十万元。学校教育：专门则有公立法政一校，系由私立改设。师范七校，均省立，中有女校二，此外县立师范讲习所呈报有案者十一。中学十一校，省立五，县立二，公立三，私立一。实业三校，均省立，甲农二，甲工一。至属于各县者则有乙种农业三，乙种工商业各一，又工业补习学校及草帽辫讲习所各一。小学则高等二百余校，国民九百余校，中有省款补助者八校。省立各校，每年给费有标准，法政专门每级约占三千元，师范约占四千元，中学约占三千元，甲农约占三千元，甲工四千元。各县小学经费亦曾经省署订定标准：高等一级每年以四百元为中数，至多不得逾六百元。国民一级，每年以二百元为中数，至多不得逾三百元，其有增加一级者，得增加经费十之六或十之七。社会教育正在筹设中。至各县教育机关，则已通令各县设置劝学所，一律于年内成立。

口头略纪　省教育费：本年预算虽有三十万，而实际上只有二十八万。县教育费亦约有三十万，以六十县平均计之，每县不过五千。教育如何发达，各校招生不易，实业尤为困难，因毕业后无出路也。部章规定一学年为三学期，皖省颇以为不便，且暑假年假为期过长，尤不受社会之欢迎，故皖省并不完全遵照部章也。至对于省立各校之计划，则拟招足班次，增筹经费，并添设商校，多办师范。皖南地方办学尚易，皖北则难，年荒多匪，地方官率以维持治安为尽职，教育非所计矣。

黑龙江

书表摘要 教育费：省得二十一万六千二百四十九元，县得四十九万九千六百七元。学校教育：专门有法政本科一级，附设于省立中学校内。师范省立二（男女校各一），道立二。中学省立二（男女校各一），县立一。实业省立甲农甲工各一，甲农并附设乙种农科一。此外属于各县之乙种实业，农得十一，商得四。更有女子职业一。综计之，甲乙种实业都十九校。小学合公私计之，高等有五十七校，国民有三百十六校。社会教育：有通俗图书馆两处，公众补习学校一处，〔其〕他若巡回讲演，通俗教育报，亦已举办。至省立通俗教育社，设在省城，各县亦有设立者，均附设讲演所或通俗图书馆云。

口头纪略 黑省师范、中学，省立者均在省城。又以师范为各地方师资之所出，特规定由道各自设立。现龙江、黑河两道均早设立，绥兰一道亦将开校。其经费或由道自筹，或由县摊解，省库亦略给补助焉。法政学校旧有别科本科各一级，上年别科毕业，不另招生。遂将本科移设中学校内，原有校舍，已拨作军医院之用，将来能否添级、另占校舍，则此时尚难预定。中学已办者三校，拟就该三校整顿扩充，暂不另添新校，以节经费。高小现有五十七校，亦拟订整顿之法，限制招生，非国民学校毕业者不收。添设新校，亦视其地国民学校毕业生多寡为断，如其地已有一校，则暂准添级，不必添校。

河　南

书表摘要 学校教育：专门则公立农业、法政各一。省立留学预备学校一。师范则省立七，中有女校一。此外尚有公立高等师范一。至师范讲习所，省立一，道立一，县立二十四。中学省立十一，县立四。实业则省立甲农五，甲工一，甲商二，县立甲农五，属于县立之乙种农业四十一，工业八。此外有私立乙农一。小学则高等归省立者三，县立者百九十三，私立者十一。国民归省立者十，县立者四千三百四十六，私立者一千六百六十七。社会教育：高等图书馆及通俗图书馆各一，其他改良年画、改良戏曲以及讲演等事，亦已次第举办。

口头纪略　元年本省曾受白狼扰乱，学款均为军事挪用。二年又曾倡停办学校之议。有此二因，故当时各县知事对于教育均藉词推诿，学务非常停滞，财政尤为支绌，教育费经省议会及财政厅先后核减，只有五十余万。三年度预算，则减至五十万，除去留学费，其支配于学校者，不过四十一万而已。现有高等师范一校，来年将停办。中学招生因有同等学力之规定，故成绩不见良好。本省地方重农，故有农业专门一校，而甲乙种实业学校亦多办农科也。

奉　天

书表摘要　教育费：自民国二年以迄于今，省由百二十万元减至五十一万元，县由三百万元减至二百十万元。省则由财厅拨给，县则出自亩捐、车捐、杂捐等收入项下。学校教育：专门有二校，工业、法政各一。师范合男女计之得二十七校，讲习所二十六处。中学十八校。甲种实业四校，乙种实业十一校。小学则高等三百五十五校，国民五千六十三校。社会教育：全省计有图书馆三十五处，巡行文库二百二十九处，讲演会四百零一处，改良说书馆十七处，简易识字学校二百五十七处，改良戏曲馆一处。至教育行政机关，省道署设有教育科，各县有劝学所。惟奉省办理教育近有困难情形，年来教育经费叠次缩减，兼之水旱频仍，教育事业几有不可维持之势。又实业学校学生颇不发达，其原因由于毕业后无实业机关为之容纳，率皆成为游手。而高小及中学毕业生往往亦坐此弊。因是一般人民，对于学校教育颇抱悲观，故年来各校招生，来者颇不似从前之踊跃也。

口头纪略 奉省教育，发轫于清光绪三十一年，当时有学务处综其成。嗣设提学使，而张提学使就任，对于筹划经费最称热心，其经费概在盐厘项下支拨，洎乎宣统二三年间，学务发达称最。民国以来，经费一再核减，教育无自发展。小学教员已实行检定一次，现尚敷用。今论奉天教育，其特别情形有三：（一）外交之关系：某国近在南满铁道沿线上，非常扩张势力，所办实业补习学校不惜重资，锐意推广，学生毕业后即为之介绍职业，故近来就学者趋之若鹜。国民学校亦有设置者。又检定不合格之教员，竟托名外人，挂牌设校，行政方面力不及也。（二）盗匪之关系：各县匪患时来时去，迄无宁日。地方官以办匪为先务，恒置学务于不同，且学生有因匪势猖獗，致阻入学者。（三）地理之关系：乡僻之区，村落辽阔，人口稀少，支配学校，恒不易易。有此三因，故奉省教育，办理甚属为难也。

吉　林

书表摘要 教育费：省则向于七四九捐及烟酒木税项下支给。二年两税划分，前项捐税归入国家，办学遂无专款。四年两税混合，省教育费又列入国家预算之内而限制愈甚，故比照宣三预算四十三万之教育费，今则已递减至二十八万矣，来年拟略加至三十万元。道则有中学、师范各校，惟道教育费之筹集虽指定粮捐为专款，办法未能一致，暂由各县摊解，现在年需十万元，将来拟增至二十万元。县教育费向以响捐营业附加税为大宗，粮捐与学产租息及杂捐次之。区教育费向惟有庙会各产之一种，间有由县款补助者，合县区计之，现在每年得七十万元。学校教育：师范共六校，省立二，中有女校一，道立二，县立女校二。师范讲习所道立一，县立六。中学六校，省立一，道立五，延吉一道有二校焉。实业则省立甲种之校，有农、商各一（外有甲工一、甫开办，只有预科一班，暂附于甲农内）；乙种除省立甲校附设有农工两班外，其属于县者五，农三，工商各一，省城并有私立乙工一校。小学除省立有模范高等国民各一校外，其各县小学总计得六百四十三校，以吉林县为最发达，长春宾县次之，双城榆树又次之，若濛江、同江、虎林、饶河等县，则偏僻殊甚，校数极少，且有正在筹设而尚未成立者。社会教育：图书馆二，省立一，道立一。通俗图书馆二，省立一（附设省立讲演所内），县立一。讲演则省立通俗教育讲演所一，各县据最近调查，已设者有二十一县，共讲演所三十九处。此外如阅报社各县设立者亦多，至教育行政机关则各县均设有劝学所，年费十二万云。

口头纪略　省教育费：不过二十八万。法政学校本有一所，本年春间因节省经费，并入奉天办理，现经学生请愿省议会，提议规复，正在进行中。本省每届夏令，雨水甚多，各地村落相距遥远，学生通学至为不便，且居民多旗籍，恒视入学为当差，因之征收学费更难。中学校每月只收二角，尚不愿来，其在哈尔滨地方俄人设立学校，共有十四处，学生共有三千余名，多为俄人子弟，惟有商业一校，其中已有中国学生五十余名矣。俄人办此商校，岁费三十万卢布，以视我国支配学校经费，其多寡相去几何。

广　东

书表摘要　教育费：按表列普通教育、专门教育经费之支出，现由省库支给者，普通二十万有奇，专门一万有奇，合之约二十二万有奇。社会教育经费及留学大宗经费之支出不与焉。地方小学率由各属自筹自办，尚无统系之可言。学校教育：专门有四校，法政、医药各一，均公立，尚有私立法政、医学各一。师范自高师外，凡十校：高等师范，即前清两广优级师范所改设，规模成绩甲全省焉。其师范十校，省立四：一为惠潮梅师范学校，原名韩山师范，一为高师之附设，一为省立琼崖中学之附设，又其一则省立女子师范学校也。县立四：番禺、香山、台山各一，香山并设有女子师范，私立二，一为教忠师范，一为坤维女子师范。其未立案之私立女子师范不列焉。更有由省设立之师范讲习所五所，本年二月，同时开办，各县亦陆续筹设。中学数至伙，凡四十有四校，省立之校十五，县立之校二十三，由各属公款维持私立之校六。实业属省立者凡三校，甲农二，甲商一。省城有公立乙商一，外县间有设立乙种农工商之校，厥数不多。小学之以省款支给者，高师附设以外，尚有模范高小学校六，模范国民学校三十八，沿旧制也。据三年度统计，各县高小一千余校，国民三千余校，四年统计，以军事故尚未办齐。社会教育：兴办事业尚伙，概言之，一为通俗教育之设施，一为风教礼俗之厘正，一为科学美术之研究而已。

　　口头纪略　广东学款在前清时甚充裕，近已几经变动，更时受兵灾水灾，收入减少，且不稳固。元年因兵事停办教育，顾为期尚短。二年之役，提学款，占校舍，影响较前甚矣。三年四年无兵灾，而水灾频仍，学校多停辍。本年军兴以后，教育受影响更甚，现正通令各属，从速调查，据实报告，以凭整理。而对于今后进行计划，则拟从优待小学教员、扩张劝学所权责、筹增教育经费三项入手。第一项现就省城情形，酌拟办法，每三年增俸一次。第二项因前教育司有令，各县设立督学局之举，颇著成效。此制经省议会议决裁撤后，改设学务委员，大失提挈之力，此时似不得不寄其责于劝学所。第三项系为经费谋正确之规定。一征收田赋附加税，二酌增税契附加，三举办各属中资捐。且广东当扰之时，恩平一县独能完好，教育未停，即得力于固定之中资捐。顾有一事为他省所未有者，则匪害年年为扰，学生被掳，时有所闻。元年会员吴君自办学校，有十九学生被掳，其子侄与焉，后以一千零五十元赎回，未回而死者三人。去年许姓设立之校，被掳者二十人，许姓子以九千余元赎回，更有教员二，学生七，共以二万余元赎回，且有一教员死焉。其他尚有一校，被掳者十三人。本年七月，学生附火车返里，至新会，被掳者三分一，现调查其中死者五六人矣。故论广东教育，形式上若有进步，而精神则苦痛已极。

湖北

书表摘要 教育费依原表省区县三项数目计之，省三十六万余，区九万余，县属共八十余万，区支给者为区立中学校之经费。盖各该校仅由省署月给补助费二百元，余均取给于各县之五厘学捐，所谓区经费也。各校岁出，省区以一二法价洋为单位，县属以串数为单位。学校教育：高等师范、商业专门二校，认为国立。专门尚有省立之法政，外国语各一，私立法政二。师范自高师外，省立有四校，男三女一。中学有二十二校，省立三，男二女一；区立十一，县立五，私立三。实业属甲种者有八校，农工各一，均省立；商业二，一为省立，一为区立；女子职业二，一为省立，一为私立；美术男女各一，均私立。此外尚有乙农十六，乙工乙商各四，均县立。小学则高等有二百三十五校，省立者六，县立者一百四十五，其八十四则私立也。国民有三千九百八十七校，省立五，县立一千五百四十九，其二千四百三十三则私立也。社会教育：省办者有图书馆、通俗教育讲演所、通俗教育报等项，县办者未详。

口头纪略 湖北教育张文襄提倡最早，一时颇称发达，当时教育经费以盐款为大宗，年拨五十余万，自盐款提归中央后，学款遂有支绌之感。本年预算，经中央核减者数万，如省立通俗教育讲演所、教育公报、通俗教育报、省城私立各校补助、省视学各经费，均被裁去。省公署请予追加，准在核定政费内设法流用。中学除省立外，概就旧时中学继续办理，定为区立。经费由省酌给补助，并由县拨解。私立学校之最著者有中华大学一，其医学专门现已停办。县视学一职，关系地方教育重要，曾于上年考试一次，优者即予委任，次者派充高小校长及教员，其委任并不限于本地人云。

绥远

书表摘要 教育费：屡经中央核减，每年现仅二万元，归绥中学一万元，其他一万元则八县高等国民各校于是取给焉。学校教育：区设中学一，本年学生数顿减。高等小学每县各设一二处，东胜、武川、五原三县，现时且因匪乱停办。国民学校全区一百余处，以萨包为最多，归绥次之，托清和三县又次之，东武五原几无教育可言。然即以归绥一县论，县立国民学校原有十七处，今存其七，停办过半，而私塾多至一百余所。其他七县大率类此。至蒙民教育，则土默特旗蒙汉杂处，久已同化，现由总管衙门自设高等小学一，国民学校一，蒙文小学一，惟人数既少，汉人又居大半，极不发达。乌、伊两盟，居近汉人者，稍识汉语汉文，去汉人远者，一仍游牧故态，未可以言教育。回民教育自改革以来，民智稍开，县归包镇，各立俱进会，设高初等小学及回文学校数处，惟回文学校仍因旧习，人数亦不多。若言社会教育，则惟士默特设一图书馆于归化城，无人入阅也。

口头纪略 绥远自元年始改为特别政区，原有十二县，后分四县于察哈尔，只有八县。此外尚有二盟，境地寥阔，户口稀少。全区有中学一所，清光绪二十九年开办，三十年顷有胡观察者，提倡教育甚力，经费筹至一万六千元，学生二百余人，校舍百余间，校具值二三千金，偏远之地得校如此，亦不易矣。胡去后，只能按旧章维持。辛亥光复，是校受影响甚大，基金六千余两之存于商会者，悉为军事挪用，至今无法恢复。比年因中央谋财政之统一，教育费逐渐减少，至去年仅有一万元。费既减，学生数亦随之而减，三年三百余人，今存九十余人矣。现时更有一意外故障，则因民国三年附设之工业矿科一班，四年八月，部视学请改为中学，学生有不信任学校之意，影响及于全局。至各县小学，现亦退步甚速。第一因行政之关系，县只设一教育股，不过掌管文牍，教育情形甚为隔膜，实际上全未规划；第二因蒙匪之关系，元年遭匪患者四次，三四两年，猖獗更甚，大股五六千人，小股亦三四千人，类皆以河套为根据地，失守者二县，教育更不暇兼顾，学校绝对不能存在，学生有被掳者，无生可招；第三因经费之关系，地本瘠苦，又年遭丧乱，十室九空，赤土千里，教育经费，筹集益难。尚有一事为小学不进步之主因，则绥远兴学虽十年，而始终未办一□全师范学校也。

新　疆

书表摘要　教育费：当前清时，省立各校经费由省支给，各县学校就地筹款，不足则省补助之。军兴以后学校停办，学款提充军费。自杨省长就任后，饬属酌量情形，兴办小学及汉语学校，惟协饷停止，财政困难，所有开支悉向省库请领，并无所谓常年地方教育费也。依最近调查所得，全省共八万二千七百零六元，中有一万八千三百八十元为师范学校之经费，其余皆高小国民及汉语学校之经费。学校教育：中等只有师范一校，小学则高等七，国民四十六，更有汉语学校三十二，都为八十六校。社会教育：则各县各办宣讲所一处，以学校教员兼充讲员，于日曜日在宣讲所宣讲二小时。教育行政机关除省公署设科外，吐鲁番首先设立劝学所，成效颇著。爰由省公署饬属一体规复，据各属陆续呈报成立者已有七县，如迪化、孚远等县学生，因此较前增多。查新疆地苦民贫，文化闭塞，学校招生固属为难。私塾聚徒亦非易易，北路汉民虽多，不以读书为贵，南疆则为缠回渊薮，十室之邑、三家之村，必有一礼拜寺，每寺必有阿洪一人，教授回教经典，生徒多者四五十人，少亦十数人，羊胛骨数十具（初等以羊胛骨书字），短几数十张，设备极简单，精神颇团聚。统计此项学塾不下数千处，生徒不下数十万名，奉阿洪惟谨，若劝以改良教授，加课汉书，则以为违反宗教焉。

口头纪略　新疆施行教育其特别困难之点有四：全省人民有生产者，惟回缠两种，余如蒙古、哈萨、布鲁特、塔奇克四种，多事游牧，迁徙无常，而流寓客籍之汉人则大半无生产，今协饷停止，费由省给，难以为继。若就地筹款，则流寓汉人无款可筹，蒙哈等族又多避居深山，迁徙无定，无已惟有搜剔回缠两种。而回缠所恃，不过瘠田，其在南疆者或有宽裕，然非过依提（即回历年节）及穆罕默德忌日及游汉智（即游麦加），鲜有轻施者，一次展墓可以倾家，捐款兴学断乎不可。此关于筹款之困难一。人民笃信宗教，除经典外，凡非关系回教之书则概禁绝。彼等自有义务教育，凡男女初满学龄送之入校，习学三四年或五六年方准营业。女或因故豁免，男则豁免者少，此段送儿入校之年限，彼等呼为罕格，罕格译言义务也。惟在彼既自有义务教育，故视吾教育为非其义务。前清办学，缠民子弟逃学者多，富者雇人读书已成事实。此关于招生之困难二。回缠土著堪充小学教师者，全疆不过十余人。汉人流寓者，津人多业商，两湖人或游宦或充兵，至甘人间有堪充教员者，无论缠民子弟语言情谊互相隔阂，即普通之新疆儿童亦颇不易识辨，其语言宗教之捍格无论矣。清季有一学校，学生已有二百人之多，革命事起，逃走一空，以其教员皆为汉人故也。此关于用人之困难三。北疆各县学校学生为汉回两种，南疆则回缠子弟居多，所谓汉语学校者多为缠民而设。顾在新省谋国民教育，非就回缠人民固有之教育，悉心调查，采其所谓罕格教育之年限中一般子弟应习之事项，编入吾之修身或国文教科书中，以转移其父母罕格之心肠，而徒斤斤焉绳以定章，恐富人子弟，非觅贫儿到校充差，即改隶外籍以规避。此关于教科之困难四。综上四种情形，故新省教育之推行，不得不以特别方法处置之也。新省三面界俄，一面与国内通，出嘉峪关一片荒漠，七千余里。南疆连英，矿产甚富，菁英未出，外人常至其地经营之。唐时为高昌国，其地古物甚多，英人数数至，搜罗采集，每年必用数十骆驼捆载而去云。

山　西

书表摘要　教育费：全省年在一百万元以上，除省经费四十四万余元外，余皆县地方经费。学校经费：有山西大学校一所，光绪二十八年顷，由晋抚与英人李提摩太商订以庚子赔款五十万金设立，分中西两专斋。辛亥之夏开办满十年，咨议局议长梁君善济邀请李提摩太践前约，收回自办。民军事起，校事中辍。元年二月赓续开办，遵照部章，取消中西斋名称，事权遂统一。其专门之校，则农业、法政各一，均公立。尚有商业一校，于三年九月并入法校，作为商科。工业一校于三年八月，并入大学，作为专门部。此两校之归并，皆因费绌之故，惟以现状衡之，进行上不无困难，将来仍需次第分设。师范省立有六校，男四女二。师范讲习所全省共有三十二处。中学省立及省款补助与拟补助之校为十二，省立者六，省款补助者三，拟补助者三，补助者为阳兴、河汾、晋沁三中校，拟补助者为南部新绛、北部浑源两县立之中校，其省垣女子公学一校，亦在拟给补助中。此外尚有县立之中学七校，合之都为十九校。实业甲种五，农三，工商各一。惟第一甲农、第一甲商两校，均附设于专门学校中，农附农专，商附商专，节财力也。此外各县乙种实业不下六十校。小学则全省有高等二百余校，国民一万一千余校。社会教育：省办宣讲传习所已三期，毕业者二百三十余人，分派各县，巡行讲演，成效颇著。省垣设模范宣讲所，省外各县各设一所，省教育会亦设立三所。通俗书报馆及公众阅报所，省县皆有设置，通俗画报馆之出版物颇受社会欢迎，图书馆则报成立者五十余县，规模尚待扩充。此外关于社会教育之集会事项，办理亦甚伙云。

口头纪略　晋省分三道：（一）冀宁道：是道为商业社会之区域，商贾辐辏，筹款较易。（二）河东道：是道为农业社会之区域，科举时代，文化发达，教育易兴。（三）雁门道：是道为屯垦社会之区域，在昔罕见书肆，教育寥落可知。因时局之变迁，晋省教育，略可分三期：（一）提学使时期：此时期内，教育成官样事业，可谓机械时期。（二）教育司时期：此时期内，行政方面热心从事教育，而秩序未尽恢复，诸事不及实行，可谓理想时期。（三）教育科时期：此时期内，服务于教育行政者，其性质实为一种事务员，权力有限，事不易举，可谓恐慌时期。当第一时期：晋人甫经拳匪之丧乱，受外界之刺激，虽当时中央学制未颁，即有以五十万金之赔款，与英人李提摩太创办山西大学堂之举。痛定思痛，不惜牺牲金钱，而惟学是务。然急则治标，〔表〕不暇为根本之计划，其优点在是，而弱点亦在是也。自大学成立以后，于是而农业专门，而法政专门，而两级师范，而中学小学，自上及下，弊在躐等。当第二时期：民国成立伊始，订定本省单行规程，减少专门学校经费以扩充师范，逐渐归并中学，而增办小学凡所计划，较之第一时期为适宜，而措施未竟，教育官厅改组，因之生一顿挫。及第三时期：办理教育行政者须回避本籍，维时又有停办学校之谣，地方官吏多仰承上峰意旨，不办教育，教育科无力以救正之，全省教育事业，日即于危。至晋省今后对于初等教育之计划，则现有国民学校万余校，每年增加校数两千。至十年度可得二万余校，学龄儿童尽可容纳，盖全省入学儿童三十四万五千余人。而全省学龄儿童，前经调查为六十余万（以记者揣测或不止此数），入学数当全省学龄儿童全额之半，校数加倍，其入学数必加倍也。高小及乙种实业之设置，亦均有计划，高小连现有者拟至十年度，设至三百余校，平均每县设三校。乙种实业连现有者拟至十年度，设至一百余校。约计每县设一校（晋省一百二县）。而设置中学之标准则规定县立万〔高〕小达六校以上者，准设县立中学一校（晋省高小学生升学者想居多数，若在苏省则此标准嫌宽），不足六校者由数县联合，共设中学一校。每年以增加两校计，至十年度可增添县立中学十校，合之现经成立及省立与省款补助之各校，可得中学二十八校，足敷全省高小学生毕业升学之用。若夫增加教育经费，则晋省方在设筹，其最有希望者则就争回自办之矿产，征收教育捐也。

甘肃

书表摘要 学校教育：旧有法政一校，办理极不合法，自上年择地迁移，认真整顿，颇见进步。师范校数不详，惟已办之讲习所虽经毕业多次，而求过于供，仍有乏才之叹。中学原有十一校，悉由书院改设，其内容窳败，实与书院无异，自上年归并为四校后，稍有起色。实业学校至今尚付阙如，但地既宜农又富矿产，规划设置有待将来。各县小学亦以财政困难，师资缺乏，故现有校数无多。社会教育：有公立图书馆一处，上年曾设公民阅报所，以时局改易，率多停辍。又通俗日报由教育科承办，出版已逾三载，每月约销三千余份云。

口头纪略 甘肃在民国以前几于无教育可言，自马教育司长就任后，教育方有萌芽。师范曾办过选科两班，现在各地师资，即此项选科毕业生之分布也。今省城第一师范即以前之选科改设，近又在凉州添设第二师范。第一师范经费有二万二千余元，而第二师范只有四千余元，经费有多寡，故办法不统一。又迪道县有师范讲习所一，系私人募集款项所设立。中学原有十一处，有名无实，成绩毫无。经前马司长归并为四校，其经费亦多寡不一。女子师范讲习所省城设有一处，以为女学倡，风声所播，狄道天水西宁陇西循化隆德徽县等处，相继设有女子小学多处。至国民学校回民亦有设立者，回民宗教思想非常发达，欲期推行教育非利用宗教不可，又必须疏通汉回意见方无阻碍。至回部部内，彼此亦有意见，近且以兵力相角，势不相下，似此纠纷傲扰，亦未始非教育上之大阻碍也。故为振兴甘肃教育计，宜注意回民教育。

山东

书表摘要 教育费：按报告书所列，五年度省支经临总数实为六十三万九百二十七元，各县教育费合之得百数十万元。学校教育：专门有四校，农工商法各一，均省立。师范有六校，男四女二，均省立。师范讲习所各县大半设立。中学省立有十校，由县设立者为数尚不多。实业由省立者五校，甲农二，女子职业学校、女子蚕业讲习所各一，乙工一。其各县设立之乙种实业学校，率为农业、蚕业。此外尚有医学校一，亦由省立。小学则高等三百有奇，国民一万二千有奇。社会教育：由省办者，则有图书馆、通俗图书馆各一，四道巡行讲演团、模范通俗讲演会各一，教育词曲传习所、教育画编辑处各一，巡回文库三，此其荦荦大者也。由县办者，则以通俗讲演会、通俗图书馆为多，阅报所次之，图书馆又次之。半日学校、夜学校、露天学校，时见于各县，且间有办简字学校者。至其将来进行计划，则揭有宗旨四，曰定日的，曰谋统一，曰部分整顿，曰分期进行。且列举计划之分类，与计划之要项焉。

口头纪略 东省教育进步较迟，教育界自动力亦较弱，以省教育情形言之，专门教育，一因学生之来路不多，一因经费之限制太甚，举不能无迁就之处。普通教育中之实业教育，就招生言，在省会则尚易，在他处则较难。中学校之在省会者，招生亦易，然比之实业则较难。中学校学生毕业后除升学外，师范学校学生毕业后除充小学教员外，在地方能力甚薄弱。社会教育；亦受经济之限制，无自发展。以县教育情形言之，其困难之点有二：（一）师资缺乏，（二）招生困难。盖广储师资，自以整顿讲习所为要务。而各县讲习所经费，前就中学校经费内提取，费额极少，招生亦不易，以致师资常感缺乏。致招生困难，以实业学校为尤甚，其毕业生无致用之处，社会因之不甚信用。总之东省教育，无一定之目的，无确定之基础，教育界呈散漫之象。行政方面提倡之事往往不得社会助力，而地方生计艰窘，筹费为难，所有学款皆从前学田庙产居多。中等学校学生收费亦不易，社会对于学校现似稍有信仰，而地方攻击排挤之事时所不免，甚或利用社会之力，阻挠教育。县知事为最能得社会信用之人，亦或极端不办教育，筹费之难，可见一斑，此东省之特别情形也。近数年来时局阢陧（陧 wù），教育时受波动，青岛一役及最近兵事，均为教育障碍。胶东一带之学校，现尚停办不少，校舍既为军队占住，学款且为军事挪移，且东省多匪，往往有掳劫学生者，积此数因，教育受莫大之影响矣。

京　兆

书表摘要　教育费：师范之部四万一千七百五十元，中学之部二万七千九百二十元，实业之部四万四千六百八十六元，小学之部十八万二千六百九十一元，都为二十九万七千四十七元，社会教育不与焉。学校教育：京兆直辖之校无专门，师范由京兆公立者一，师范讲习所十九，中有一所为京兆公立，他皆县立。中学五校，京兆公立者四，其一为宝蓟两县公立。实业由京兆设立者，工艺传习所一，乙种农业教员养成所一。尚有乙农二，乙商一，为县立。小学则高小五十，国民一千三十有七，半日亦有四校。社会教育：关于讲演者，则有通俗讲演传习所之设立，学额二百，期限两月，毕业后分发各县办理通俗讲演。区各县为三级，依县治之大小，定员额之多寡，并令各员于城区设通俗教育讲演所以综理之。讲演汇编，由署编发者今已四期，此外尚有露天学校、通俗图书馆、阅报所以及各县注音字母半日学校等事，或已报成立，或正在筹备云。

口头纪略　京兆近在畿辅，共二十县，兴学十余年，而不能收发达之效，其原因有二：（一）京兆旧为顺天府，属直隶省。直督于顺天方面甚客气，顺天府尹，目光又仅及京城，此为京兆教育不发达之主因。宣统元年有学务总汇处之设立，未几取销，中间曾有数年，赖直隶提学使之督促焉。（二）京兆区域经济困难，中有七八县在永定河上游，数被水灾，无力从事教育。自前清至今，地方公产公款搜罗殆尽，而附加税一项，以各县多旗地，非某王府之管业，即某贝勒之私产，兴办为难，积此两因，教育安望发展。现在京兆已改为特别政区，管辖有专职。各县乡区小学经费，从前由各村青苗会分摊自收自用者，已于去冬为根本之整理。通饬各县仿照霸县按亩带征学款办法，随粮带征，交由地方会计经理处掌管，由劝学所酌量支配，摊捐旧制，渐已取消。至全区教育经费，有由国库支给者，有由区筹给者，有由县自筹者。小学师资颇感缺乏，去年曾颁布特别规程，甄别小学教员一次，塾师亦经检定一次。

陕西

书表摘要　教育费：依表列省办学校教育、社会教育各机关计之，月支二万六百五十八元，全年当在二十余万元，留学经费及其他经费不与焉。县联合设立中学校三所，年支一万四千九百二十元，其各县地方小学经费不详。学校教育：专门有公立法政一校，师范有三校，男二女一，均省立。此外有省立之单级师范讲习所一。中学有六校，省立暨联合县立各三。实业有二校，一为甲农，一为甲工。小学之由省立者则有女子模范高小学校一，单级模范国民学校一。各县设立之小学校未有确数。当本年兵事骚扰之际，除澄城、永寿、商县、镇安数县各校被匪抢劫、毁损最重外，其余各县不免暂时停课。社会教育：省办者有模范通俗教育讲演所一，颇有成效；图书馆一，多藏旧书；各县讲演分所报成立者仅西乡一县，其余多由劝学所办理，成效未著云。

口头纪略　辛亥以后，一切教育设施率勉强敷衍。省教育费当前清时，每年约四十余万两，至辛亥后，减至十八万元，不及旧额之半，所有计划均不能行。每年实支之数，较预算略有超过，去年实支为二十三万元，来年预算，拟增至五十余万元，能否核准，尚不可知。小学校常受军事影响，固足以阻碍发达，而师资缺乏，尤为困难，盖陕西省只有师范二所，师范毕业生不多也。

浙江

书表摘要　教育费：依表列三年度支出各费约计之，学校教育三百五十余万，社会教育五十余万，合之四百余万，此为全省合计之数也。四年度支出，以各属表册未送齐，确数未详。学校教育：专门公立二，医药、法政各一，此外尚有私立法政一。师范省立七，男六女一，此外尚有县立女师范五，又联合县立师范讲习所十一。中学省立十一，此外尚有县立私立十二（中有两校现改为甲商）。实业省立甲种五，农工商蚕业水产各一；县立甲种五，工一商四；此外尚有私立女子职业一。其属于各县之乙种实业，农业十，工业二，商业六。此外尚有实业补习学校十七，农工业各二，商业十三。小学则高小七百余所，国民六千余所。社会教育：省立图书馆一所，各县私立之图书馆十有余所，通俗图书馆亦有二所。各县宣讲所已一律改称为通俗教育讲演所。本年各道区各办一通俗教育讲演传习所，并拟由省设通俗巡回讲演，而各县现亦筹办义务讲演团。公众体育场已于省城设立一处。阅报社年来逐有增加。至教育行政机关，鉴于县署主办教育人员自改为椽属制后，但以合于委任资格者充之，且往往仅于政务股设助理一人，此为县教育行政上根本之弊，现已一律筹办劝学所矣。教育行政会议分三种：一为省教育行政会议，一为县教育行政会议，一为省公署教育行政会议。

口头纪略　浙江教育近三年来，不过维持现有事业而已。自省议会解散后，经费由财政部核定，虽年有增加而为数不大，所有事业逐年稍有扩充，然亦寥落殊甚。对于各县教育费不使挪作他用，今国民学校已达六千三百余矣。四年四月曾为施行义务教育之计划，规定表式，通饬各县；由区学务委员按照学龄儿童之多寡，就学距离之远近，酌定应设国民学校地点及校数。除已设外，应增若干校、应需若干费，各量当地财力，每年可增几校，几年可以设齐，分别拟报。嗣据各县送到表册，其设齐年限长短不一，而在十年以内者计五十二县。因规定以十年为本省国民学校设齐年限最长期，本年三月通饬各县照办。经费令各县学务委员及自治委员预先筹集，一年中若应设之校未设齐，则知事应受惩戒，次年仍应补设。计全省设齐，统需一万六千余校，现缺一万，经费统需四百余万元，现缺三百万，为数虽大，而匀摊各县，尚不为多，此法业经本届省议会通过。所定十年期限，将来容有变通，但此时不能不如此规定，以便督促各县进行。计自五年八月开始，至十五年七月为十年期满，此为施行义务教育之办法也。至高等小学，近年以取销归并之故逐渐减少，将来亦拟参照设立国民学校办法，分划学区，规定校数地点。中学取限制主义，各县师范讲习所原有四十余处，嗣因成绩不佳，改为县联合设立，以旧府治为区域，定为十一所，由道监督，由县摊费，行之颇有困难。本届省议会，因将此事归入筹办义务教育案内，议决办至毕业为止。自明年一月，改支省款。师范学校援照二年议决案，增设六所，并增女师范三所，此亦出自省议会之意。实业添办甲种森林，专门则尽医校办理完全，再事推广。私塾曾经调查一次，现已订定办法，分别督促改良，从严取缔矣。本年并拟举办通俗图书编查处，省议会未同意。

察哈尔

书表摘要 教育费：由国库补助者一万元，以充汉蒙教育事务所经常费。此外有由各县契税附加者，有由各县放荒升科附加之款，拨充教育费者，合之各县学田亩捐斗捐收入等项，总计得五万六千余元。学校教育：区立师范讲习所一，中学一，国民学校一，各县高等小学十二，国民学校九十四，又蒙旗国民学校八处。社会教育：正在计划中。至教育行政机关，民国四年设有筹办汉蒙教育事务所，各县劝学所未规复。

口头纪略 察哈尔于民国三年始成特别政区，区内状况有三别：（一）设县治之地，（二）蒙汉杂处之地，（三）蒙人之地。设县治之地凡七，三县由直隶分出，四县由山西分出。蒙旗地方右翼四旗，与汉人接近，即蒙旗杂处之地。左翼四旗，纯是蒙民习俗，即蒙人之地，本无教育。都统驻扎张家口，行政中枢不在境中，诸多困难。四年春设筹办汉蒙教育事务所，两年以来成效未著。本区师资，取给于区立师范讲习所，而该所毕业者为数甚少，大概以借才异地为多。教员俸月支三十六元，加给旅费四十元。师范讲习所毕业者有二人为蒙人，人地相宜，惟教科用汉字，颇不适。其县治之地系划自直晋两省，行政本不统一。从前各地方官就地筹款，兴办学校，亦不过虚应故事，成效卒鲜。国民学校现虽有九十余所，而悬一校牌，有名无实者实属不少。私塾颇充斥，约有一百五十余处之多，内容甚为腐败。外人设立之校三十余所。而丰镇县有素称繁盛之一乡，至今尚无一校。都统所在地只有师范讲习所一、中学一、国民学校一，学生多客籍云。

热　河

书表摘要　教育费：全年各校共需十一万九千余元，除省城中学、师范用省款外，余皆就地筹款。各县高等小学多有底款，若常年入款不敷，则由各县知事设法弥补。自司法部限制罚款不得挪移，而高小经费受一恐慌。国民学校经费各校筹措方法不同，有随科代征者，有按亩摊钱者，有抽收杂捐者。学校教育：区立师范一，中学二，各县小学则高等公私立者二十四所，国民公私立者五百十一所，私塾最为充斥，现拟厉行改良，以救济学校之不及。社会教育：有区立图书馆，各县亦有设立宣讲所者，现已改为通俗讲演所。

口头纪略　热河地居口外，进化独迟，辖县十五，人口五兆①。从前原有中学三所，中等农业一所，今则仅存中学二所，学生在津保求学者甚多，不得谓为不开通，惟热河自脱离直隶关系

---

① 此数有错。

后，校数、经费、学生均见退减，教育遂呈不发达之象。其原因有二：（一）经济困难。热河十五县中，蒙旗区域居多，蒙旗之地只有旗租而无钱粮，加以近来盗贼纵横，收入悉充警察费用，恐有四县小学经费仅敷半年之用，下半年则不能维持矣。又如朝阳中学基金，本有二万余元，近已动用，只余一万余元，恐不待一年即将用尽，此后尚须设法维持，否则停办。（二）无独立教育行政机关。前熊都统任内，曾设五厅，中有教育厅；姜都统到后，裁五厅，设两处，教育归并内务科办理。县治之中，大县本有教育科，今行政费取包办主义，亦一概裁去，以致地方教育无人专管，规划进行不无阻滞。就现在情势而论，甚盼设立教育专官，而扩充经费一层，尤盼将开鲁荒地，咨请财部给领百数十顷以充基金，盖开鲁荒地，每顷仅值十元，而领者亦寥寥无几云。

湖南

书表摘要　学校教育：专门三，一法政，二工业，三商业，工业招生甚踊跃，法政则否。从前湘中法政学校，办理流弊至多，此校经前校长整理后学风一振，而招生尚不易。至工业校舍及工场，颇不合用，现在筹划建筑。商业新由甲种改设，校长为留美毕业生，好美风，聘美国男女教习授课，诚虑程度太高。商校目的系欲经营域外之事业，粤汉铁路通后，当向南洋经营，注重外国语不为无见，惟以实事求是，毋长学生好高虚骄之气为宜。师范则省立者男女校各三所，男校第一及第三正在整理，第二办理既不得法，学生且与某中学校激成斗殴风潮。女校第二及第三恢复未久。此外尚有高等师范一校，拟续办不停。中学省立原有三校，今存其一。盖中有二校，系以第二第三两女师范改设，今女师范恢复，而两中学又停。其县立联合之中学有十三校之多，而一县设立之中学且有三十余。此外私立中学亦十余校。统计全境中学，不下六十校。好办中学，为湘省特点，现拟从严取缔，酌令合并经费，改办职业学校。实业除工商两专门外，省立者有甲种农工各一、艺徒一，乙种工业一（附设甲工内），乙种窑业一。乙种窑业学校即醴陵磁业学校也，并设公司，贩卖出品，昔年亏折，几于不支，近由省款维持，所出磁器虽不及昔年之多，而仿造舶来品已得其概似，近且改为窑业试验场矣。小学就现状言之，长沙一县最发达，城乡共有高等国民六百余校，其他各县，依省视学去年下半期之调查报告。边远之县，设国民学校两三所者，即有高小一校，并有遽设中学校者。有四乡建设国民学校各二三十所，而每校全年经费只有六十串文者，又或有只设高小一二校者。本年时局纷乱，湘省甚受影响，各县教育情形，遽难得其真相，要言之，无统系无程度而已矣。社会教育：尚无可言，已办者有图书馆一所，通俗书报编辑所一所，现已组织市政研究会谋改良市街，又拟就郊外开辟宽广马路，以兵队为之服役，如其有成，社会教育可望振兴，所谓治始于道路也。教育行政机关除省视学外，又派临时视察员，并聘教育顾问官数人，为整理全省教育入手办法，对于各县则通令从速设置劝学所焉。

口头纪略　湘省教育：民国初元由湘人自行组织，规模甚大。三四年间，归巡按使主持，已有不能维持之势。本年独立后，各地教育机关全行破坏，湘西成为战场，南路虽无兵事，而经费已为挪移；长沙又为护国军占领，于是全省教育停滞矣。省教育经费：元年得百二十万，二年预算有二百余万，未实行。三年以后逐渐减削，至本年则只存八十五万。从前教育行政无计划，目光仅及省城，各县则听其自生自灭。今后谋整理之法宜从调查入手，至办法则分述如次：（一）小学教育：长沙一县元年一千余所，今只六百余所，退化可知。各县喜办高小，有全县无一国民学校，而高小已设数校者，今拟通令各县，每县必设一国民学校，取模范制，以县费设之高小学生名额之不足者即令合并，腾出经费以办国民学校。师资不良，教员由师范出身者仅得十之一，从前师范多不注重教育一科，今则力矫其弊。又教员俸给太薄，致难招良才，现拟一方实行检定，一方酌量优待，此对于小学之计划也。（二）师范教育：本有省立师范学校三所，分中西南三路设置，女师范亦原有三所，刘前巡按使以第二第三无设置之必要，并予取销。近西南二路人士，坚持地方主义，要请恢复，故仍三所。此后对于女师范暂不推广，而男师范则拟以高等师范一部之经费，添设一校于省垣，可与高师联络研究，更筹设专科及第二部。此对于师范之计划也。（三）中学教育：前清府各一处，县联合设立之中学即其所改设也。每校有校董会，意见甚不齐，整理不能，打消不得。以后中学决以省费设立，除现有省会一校外，并拟于常德、沅陵、衡阳三处各设一校。其联合中学规模大者继续，小者停办。至三十余所之县立中学，则拟分别取销，以其经费改办小学及他项学校。此对于中学之计划也。至实业专门教育，除省城有甲农、甲工外，常德产棉花、桐油，宜于染织及应用化学等科，故亦有甲工。设置工业专门为中学广升学之路。商业专门，附设甲商中，办法甚不合，且湘省为交通中心，商学尤为需要，故谋改设。此外医学一校原系外人设立，现已由省政府协商，与之合办，校长订定用中国人云。

京师学务局

书表摘要　教育费：自四年八月至五年七月，实支三十二万二千七百四十六元，溯自民国三年起，京师地方教育经费即是此数，以后并未增加。而市政之发达与市民之增众，日趋繁盛，一切地方税项俱由国家直接征缴，不能移办教育。即以崇文门关税一项论，全年收入至巨，纯为市税性质，因历史的关系，不能拨作学校之用。学务局主管各项教育经费全由教育部发给，名为补助，实与国家设立学校无异也。学校教育：本局直辖无专门师范，自本局设立之夜班讲习所外，尚有私立尚义女子师范一校由局管辖，其北京公立师范一校不隶属焉。中学除北京高等师范附属中学及京兆公立第一中学两处不隶本局外,由局辖者公立中学五,第一至第四,更有第一女子中学一。此外尚有各私立中学,则求实、毓英、正志、畿辅、山东、安徽及中国公学大学部附属中学七校是也。实业则有私立甲种农业一校,本年八月甫由乙种改组;又本局于女子中学附设职业班,注重缝纫,两年毕业。乙种实业有二校,一为公立,一为私立,其他由局管辖者无有也。小学公立者高等四十一校,国民七十三校,内高等与国民合设者三十九校;私立者高等二十校,国民一百五十四校,内高等与国民合设者十五校。社会教育:则通俗讲演所及阅报处,公立各十一处,私立各一处;公众阅书处八处,公众补习学校三处,庙会讲演七处,皆公立。此外有郊外讲演,由巡行巡回讲员担任,均按各庙集日行之。至教育行政机关,则京师原有督学局及八旗学务处,元年五月裁撤,特设学务局;局分四科,一总务科,二中学教育科,三小学教育科,四通俗教育科,本局之内容组织略如此。若夫地方教育事业之劝道稽查,有劝学员长暨各区劝学员助理之,区各置劝学员一人,前分九区今改八区云。

口头纪略 京师无地方税,经费全由部给。学务局领款,月约二万七千元之谱。至支配各校经费,从前取包办主义,费用甚巨,近数年来改以级数计算。中学一级,月占费二百五十元,高小三十四元,国民二十四元。京师地方寥阔,户口繁多,凡关于地方教育事业之劝导稽查,端赖劝学人员助理之。于是有劝学办公处之设置,区域京内分内外城,如警厅之所管。四郊则东郊离城二十里,南二十里,西四十里,北二十里;从前分九区,内城五,外城四。四郊无专责,由城内各劝学员兼管。四年十二月,劝学所规程既颁布,学务局鉴于从前办法不足振兴四郊教育,改为八学区,以城内九区改为四区,内外城各设二区,四郊各设一区。自改组后,西郊、南郊两区各已成立小学一处,由私塾改良之小学,多至六十余处。盖四郊各区自本年春间,各聘巡回教授教员一人，择定适中地点分日教授，以示模范。各私塾教师因此改良者颇多。其城内劝学员均兼理通俗教育事项，劝学之力较四郊为省也。中学毕业生之人数较前为增，而毕业生之程度较前实杂，其原因由于试验全权操之学校，主管官厅仅负核夺责任，而命题阅卷之权不与焉。本局历年招考高等师范预科学生，所收中学毕业生成绩轩轾迥殊，毕业宽泛，无可讳言。因于每年举行观摩会二次，会考中学同年期学生，其与考者成绩之不侔，姑不具论，而私校或竟弗与考，或选手与考，临场规避者。若夫小学教育则有与外省不同之点，就公立论，则纯用库款设立者居大多数，余则由八旗捐立。而仍须库款补助者得十之一，用地方款设立者得百之一，故偶遇库款支绌，如不为之设法维持，全城子弟登时废学者为数至众，此等危险，时时隐伏于首都之中，滋可惧也。就私立论，前清时在任及退休各大员，设学者比比皆是，今则此种学校无一存者，亦无一继起。个人私立及团体私立之校，久已日见甚少，其由私塾改良之国民学校计有百余处，亦均赖本局补助。总之京师地方教育，不离乎困难二字而已。京师小学校舍率皆公署或民房改设，形式不甚整齐，校数少而学童多，每届招生恒有报名而不得入校者，而被摈之女学生为数尤伙云。

云　南

书表摘要　省教育费：初时并无专款，年约支六十余万元。嗣盐课正杂及附加各款悉数被提，教育费亦受影响。中等以上各校及留学费，悉减为八成支给，本年举义，则又拨充军饷矣。学校教育：专门则有公立法政一校，师范省立者七校，中有女校一，中学二校亦省立，实业则省立甲农甲工各一，女子职业一，乙种实业各县有举办者。小学省立四区，而各县校数不详。社会教育：则有图书博物馆一所。县教育行政机关自民国以来，劝学所照常设立，县视学一职仍清制，由劝学员长兼充，道视学一职已裁。

口头纪略　云南教育状况民国以来，可分四期：民国元年至三年九月为第一期，其时经费不甚困难，且政体初更，人心踊跃，教育较易发达。三年十月至四年底为第二期，其时财政十分困难，中学以上学校均减为八成给费，士民学校原有百二十五校，至此则裁去三分一，各县学校尚无大动摇，因有劝学所维持故也。本年一月至七月为第三期，其时本省出师境外，担负甚重，军费原额每月二十五万，增至四十余万，学校经费多被移挪，省垣中等以上各校均停闭，至八月方议开校。各县教育费亦移充团练之用，但小学未至停办。本年八月以至于今为第四期，八月后军事终了，乃议开学，此时军费仍不能收缩，教育费仍是无著，不得已由唐督军于四十万军费中月提二万元，按照各校原额分成发给，藉以维持，谓之无教育费可也。学生有从军者，故开学后学级数及学生数较前减少，现省公署议将箇旧锡课正杂收入之五十余万提充教育专款，如能办到，则教育费可稍资挹注，然此时尚无把握也。

广　西

书表摘要　教育费：就省教育计之，二年度二十四万一千二百十四元，三年度减至九万余元，四年度无增减，五年度约增二万余元。各县经费率由地方自行筹集，其收入大都取自学田学租、书院宾兴、庙产附加捐税及宗祠丞尝费居多。学校教育：专门则有桂林、南宁两公立法政；师范则有省立者三校；中学共有二十一校，皆属县立，或数县联合设立；实业二校均省立，甲蚕甲工各一；小学则属于省立者，有模范小学二。各县合公私立计之，高等约二百七十余校，国民约千二百余校。社会教育：以省款办者，只图书馆二所，一设桂林，一设南宁。其讲演等项，均由各属自行筹款举办。

口头纪略　桂省教育状况：元二年间较前清为发达，三四年间，则一落千丈，是由广西本受各省协饷独立后，协饷取消，加以盗匪蜂起，各县知事承某巡按使之意旨，佥以筹款办匪为要务，各县学款悉被挪移。省立各校当时几因经费无著，全行停闭。某巡按使当前清时代，本一热心兴办教育之人，至此忽大变其主张，是则可异已。法政学校因桂林、南宁互争省治之故，两处各设一校，惟南宁一校岁支省款不过千余元，现奉部电将停。中学数至伙，而以苍梧道属为最多，桂省菁华全在苍梧。道属中经费稍裕之县，无不设置中学，统计一道之中中学十有余处，只二三县无中学耳。甲工一校，原设土木机织两科，桂省锑矿发达，拟于明年停办土木科而改办矿科。小学校数较之二年统计不无减少，视三四年实已增加，惟三年度统计至今尚未办齐。一因其时各县学校停废太多；一因统计事宜，不归教育科办理。至通俗教育会所办之演说，颇有效力，当银行停止兑现时，讲员四出讲演，三五日风潮平息，比恢复兑现、来兑亦稀，此以见讲演之功用为不小云。

四　川

书表摘要　教育费：全省合计得三百二十一万二千三十三元，较之民国前一年实增二百万有奇。学校教育：专门九校，农工商各一，俱公立。法政四，公立一，私立三。公立国学学校、外国语学校各一，此外尚有高等学校一（拟改办大学故未废）。师范十二校，省立六、男四女二，联合县立者六。此外有高等师范一，至县立师范讲习所，共有五十七处。中学六十二校，省立者四，联合县立者十九，县立者三十五，私立者四。实业甲种四，省立工商各一；联合县立甲工一，县立甲农一，乙种二十六，均县立，农十五，工十，商一。小学省立有高等国民合设之校四；属于县之公私立者，合计高等八百五十四校，国民一万四千五十二校，更有半日学校百三十二校。全省校数总计之，都一万五千二百一十四，较之民国前一年实增七千五百五十。社会教育：惟讲演一事，有省立模范讲演所二处，巡回讲演所八处，各属讲演所亦次第成立，此外通俗图书馆亦有设立者。

口头纪略　四川教育民国以来，较前清确有进步。溯自兴学之初，实当清光绪二十九年，彼时从高等学校办起殊不合法。光复后，是校沿袭办理，而川中绅士近且主张改设大学，持之甚坚。查高等学校本为尊经书院改设，辛亥光复，兵匪大扰，独此书院房屋未破坏，田产亦如故。至各地小学经费，原取之于庙产附加税以及陋规之属，自经辛亥之变，损失殊巨。时主持政局者皆川人，且以留东毕业学生为多，极意扩张教育，而苦于旧有经费之变动，近年筹办中资捐，各地小学经费于是得所挹注焉。今岁护国军兴，股匪乘机蜂起，西南三道迭警烽烟，东北一隅同嗟涂炭。恶潮所及，各校教职员学生及襄佐教育行政之省县视学，多受影响，甚或不免于难。校舍及劝学所率为兵匪驻扎之场，图书仪器文卷簿据之属，散失至伙，而款项之被攫取者，更无论已。浩劫之来，全省一概，其得免种种危险暂维现状者除省城学校外，殆无几焉。教育事业因此一落千丈，此乃事实问题，无可讳饰者也。现正派遣省视学出发调查，以筹善后之策云。

贵州

按贵州会员到京之日，正本会议闭会之时，其送部之书表报告固未及油印分发，而口头报告亦未能出席说明，爰就寓所询问该省近年教育状况，以资参考，兹特记其大略于左。

贵州此次举议虽在军事倥偬之中，而教育始终维持，未尝稍挫，亦幸事也。省教育费年需十六万余元。学校教育：省立学校现有六所，法政专门一，师范一，甲种农业一，模范中小学各一，国学讲习所一。此外拟设男女师范数校，工业专门一校，然因经费支绌，尚待筹划。县立学校共有中学五所。至高等小学，统贵州八十一县计之，除新治之两三县外，余皆一县设有两校以上，约有二百余校，国民学校平均每县在二十校以上，约有二千余校。社会教育：如图书馆、宣讲所，均略具规模。省城中等以上学校，大都采用科任制，职员月俸三四十元或五六十元不等，教员则以钟点计，大致专门学校一点钟一元，中等学校则一点钟只七角。教员有因私事缺席时，则照扣薪资，从前教员缺席甚多，自订此法，缺席者遂少。至小学则概用级任制，其费额高等每校年约千余元，国民每校每年多者四五百元，少或一二百元。县立五中学，即遵义中学、安顺中学、镇远中学、天柱中学，都匀十县合立中学等是也。就中以遵义中学规模较为完备，余皆以经费支绌，因陋就简。各县小学办理善者，固亦有之，而有名无实、略如改良之私塾者，实属不少。大致省视学常至之处，自不难随时督饬改良，若僻壤穷乡视学罕至之区，则无甚进步。此贵州全省教育最近之概况也。

〔中央大学档案〕

（4）全国师范校长会议

8. 教育部采录全国师范校长会议案八条
（1916年3月21日）

采录会议案目次
师范教育注重人格教育与生活教育之要旨及办法
师范学校附属学校整理进行之方法
师范学校稽查毕业生已任教员者之成绩并增益其学力办法
关于女子师范特别注意之事项
师范学校招考学生及毕业生服务任用之方法
关于师范学校训练教授应行注意事项
师范学校开办讲习会研究会办法
资遣师范学校职教员游学游历办法
本部为图师范教育之统一，于民国四年八月特开师范学校校长会议，凡咨询建议各案已一律刊登会议录。查会议规程第十条载，凡会议决定之事件、办法具报教育总长，分别核定施行。此次预议，各校长本学识经验所得，陈述意见，其所论列多可见诸实行。惟经本部详加酌核，间有偏重理论而事实上未能邃行者，亦有关于一二省之特别情形，而不能概之于他省者，又有关于变更法令等项，本部于修正师范规程时已经采入者，均经删节。特就切合事理各条重加甄采，于一条之中或存甲项而去乙项，一项之中辞意未妥者，亦复稍加订正，厘为八篇，编次刊布，以谋师范教育之增进。其要旨在重理论事实之调和，期于推行，各省较少窒碍。各师范学校务从实际体验力图进行，勿视作寻常之文告。即教育行政人员亦得执此以为考察之标准焉。此则本部所殷殷企望者也。

师范教育注重人格教育与生活教育之要旨及办法
（采答复咨询第一案）

一、要旨

（甲）以人格教育维持生活，其主要之点：

（一）公共心　　　　　　（二）责任心

（乙）以生活教育维持人格，其主要之点：

（一）勤劳　　　　　　　（二）俭朴

二、办法

（一）以诚字为全国师范学校公同之校训。校训为训练之标准，除各省地方情形不同，当依民性特加注意，得酌加他字样外，诚字当定为全国师范学校共同之校训。

（二）考查学生成绩宜注意操行考查，操行成绩宜注意自动能力。成绩非仅指学业而言，近时各校有仅以学业表示成绩之习惯，此乃偏于教授一方面，而忽于训练管理者也。故考查学生成绩，宜兼注意于操行，但考查之法，一方面当视其能否遵守规律，一方面当视其遵守规律是否出于自动能力。盖学生必具有自动能力，而后可为自立于社会生活之准备，如此既可修养人格，而自立生活亦寓乎其中矣。

师范学校附属学校整理进行之方法
（采答复咨询第三案）

一、师范学校有未设附属学校者，应速遵师范学校规程第六十八条办理。

一、附属学校之学级编制，应遵师范学校规程第六十九条办理，有未完备者，应设法扩充并整理之。

一、附属学校教员，须以师范毕业生，或已经检定而确有小学教员资格，并经验丰富者充之。

一、附属学校教员，除教育儿童指导教生外，须兼负研究之责任，并将研究之结果用适宜方法以发表之。

一、教生实习教育，应遵民国二年教育部训令第十八号特为注意，如附属学校级数较少、不敷支配者，可将一学级教生分为两组，前后轮替实习。

一、师范学校校长须随时至附属学校视察各教员之服务状况，遇有缺点，可于适宜时机批评指导之。

师范学校稽查毕业生已任教员者之成绩并增益其学力办法
（采答复咨询第五案）

一、成绩稽查法：

（一）报告：师范生之成绩，在校重学业，毕业重服务，服务之优良与否，具见于日常经历及发动之事项。故欲稽其成绩，首需毕业生之报告。特订方法如左：

（甲）报告事项：

（一）经历事项：（1）服务学校之地址；（2）全校学级之编制；（3）担负之职务及教科；（4）服务之时期；（5）其他概况。

（二）发动事项：（1）研究之心得与疑义；（2）感受之

困难与兴味。

（乙）报告期限：

（一）定期报告：于每一学期或一学年一次。

（二）临时报告：遇有特别事项应随时具报。

（三）视察：师范校长视察毕业生办理之学校，本具有种种优良之点，但校长任务繁重，出外视察又当斟酌情形，总以不荒废校务为主。特订方法列下：

（甲）视察范围：

（一）区域：本学区与师校接近地点，有本校服务之毕业生，由校长就便巡视。

（二）时间：校长出外视察，于校务较闲时间行之。

（乙）视察补助：

（一）请托调查：师校所属学区之县公署、劝学所、教育会等。关于本校毕业生服务状况，得托其调查随时函知。

（二）参列会议：遇省、道、县视学出发及旋返时期之会议，师校校长得列席，但须详请行政长官之许可。

（三）相互参观：附属小学之职教员与充任教员之毕业生，相互参观，以资比较考镜。

（丙）视察项目：（1）志趣品格；（2）服务状况；（3）训育状况；（4）教授状况；（5）校风成绩。

（丁）视察结果：校长视察结果得利用相当时期，招集服务之毕业生评判研究之。

二、学力增益法：

（甲）研究会：以师范之毕业生并附属小学职教员组织之，其办法分二种：

（一）集会研究：关于教授、训育重要问题，共同开会研究。

（二）通信研究：遇有教授、训育随时发生事项，互相通信研究。

（乙）讲习会：延请本校专科教员与教育名家开之。

（一）分科讲习：视所缺乏或不优胜各科，延请专员讲授。

（二）临时讲演：遇有教育名家，延请讲演最新学说或哲理。

（三）巡回讲习：由本校职教员视相当之机会，讲授需要学科，并示以模范教授。

（丙）函授：仿国内外函授学校之办法，其答复任务列下：

（一）关于校务上之质问，由职员答复。

（二）关于学科上之质问，由教员答复。

（三）关于训育及教授方法之质问，由附属小学教员答复。

（丁）编译：

（一）编辑：凡校内外于教育有关事项，由本校编辑杂志宣布。

（二）译录：凡世界风行教育专书及研究杂志，有教育上之价值者，并译录印刷刊赠。

附记 右列增益学力方法，于毕业生未任教员者亦适应之。

关于女子师范特别注意之事项

（采侯鸿鉴等建议案）

一、关于宿舍之设备及管理者：

（一）宿舍仿家庭式组织之。

（二）烹饪教室及食堂并作法教室，须联络一气。

查原案说明称：女子师范宿舍，拟仿日本奈良女子高等师范学校宿舍办法，改为家庭编制法，分宿舍为寮，每寮若干人，由舍监长指定一人为寮长，司寮中一切事项，受成于舍监长。故寮中设备全仿家庭组织，凡烹饪、园艺、洗濯等事，关于家政者，均于舍内分寮实习之。凡购物之用费，出纳之如何，均由寮长主之，分配于同寮生，舍监长巡视稽查之。女师范宿舍，倘能如是改编，则养成学生家庭之勤劳，改革家庭之旧习惯，而得良好之模范家庭矣。又称既如第一项之办法，分寮建筑组成各寮之小家庭，经费必大有关系，故拟分寮编制后，总其一主脑于宿舍，须择与宿舍毗连处建筑烹饪教室、食堂及作法教室，俾各寮学生分寮至此公共教室及食堂实习之。本部查目前我国女校学业与家庭职业不相应，此等办法实足矫正其弊，惟查日本奈良女子高等师范学校，自建筑时即已规划一切，故能贯彻其所主张，将来我国女子师校有创办者，如校长确具此种主张，自可仿行。若已成立之师校纷纷改造，恐经济上发生种种困难，宜就已成之校舍设法支配，期宿舍与烹饪教室、食堂、作法教室相接近，勿庸另事建筑。如校舍实不能依法支配，亦宜注重烹饪、园艺、洗濯等，以期与家庭相接近，师其意暂不刻求其迹可也。

二、关于训练者：

训练须寓严切于和平之中，其方法重意思表示、语言表示，尤宜研究女子心理，利用个人谈话之机会，但个人谈话以女职教员为限。

三、关于毕业生服务者：

女子入学试验时，须考察其学习师范之志愿是否明确，然后收入。再于平时训练注重勤劳，使毕业后不以服务为苦，庶服务规则可实行矣。

师范学校招考学生及毕业生服务任用之方法

（采王树昌等建议案）

（甲）招考学生办法：

（一）招考时宜注重口试：教授者对于儿童多藉语言传达知识，若教师口才缺乏，无论用何等教式，必平板而无活气，不能诱起学生兴味。故师范生于语学方面甚应注重。然使遇天然障碍如口吃、语钝等弊，入校以后欲施矫正，殊感困难，故招考时宜注重学生口才，如左列二项：

（1）发声机关有无障碍，须加检查。
（2）语言是否清晰明瞭，须加评判。
（二）招生额数须顾及边远地方：按照教育纲要，师范学校宜分区设立，自应以各区师范学校造就该区各校教员之责，故招生时必视区内人数程度酌量分配边远地方，亦应酌定额数，而后各地教育方能平均发达，务使将来学生就学与毕业生服务，均免方域辽隔人地不宜之弊。办法如左：
（1）全县境内无师范生者，省立师范届招考时，当为比较程度酌量录取。
（2）省立师范招考时，当先通告本区内各县劝学所，劝令合格学生投考师范。
（3）边远地方学生如程度有不足者，学校当组织补习班使之补习。
（乙）毕业生服务任用办法：
（一）高等师范毕业者，由部按等第及学力所长列为一表，通告各省长官，如中等学校需用教员，应按序聘充。
（二）师范学校毕业者，由省行政长官按等第及学力所长列为一表，通饬各县，并登教育公报，如各县高等小学、国民学校需用教员，应就本县毕业生按序派充，如本县尚无此项毕业生，应就邻县毕业生按序遴充。
（三）师范毕业生服务时，如无过失，宜保障其职位，不得频率更易，其久任有成绩者，可详请行政长官分别奖励之。

关于师范学校训练教授应行注意事项
（采王树昌等建议案）

（一）关于训练者：
查以前各学校管理多取消极主义，对于学生活泼之动作概行遏抑，往往学生毕业后经营一校，毫无办事能力，致形竭蹶，安望其能自树立。且现在国家社会所需要者，在乎活泼进取之国

民,若一般教师驯谨有余,敏练不足,其何以养成多数有用之儿童耶?故考查学生操行宜兼重干才也。所应注意者如左:

(1)属于心意者,须使学生有向上之志趣。

(2)属于行为者,须使学生有自动之能力。

(3)课外举行有益集会,使学生得身体及精神之修养。

(4)体操器械设备完全,使学生为尚武的锻炼的运动。

(二)关于教授者

查师范学校课程标准载,本科第三学年,每学科均应授教授方法,意在使教员担任某科,即兼授某科之教授法,以杜各科教员专重教材不顾教法之弊。惟近来各校教授法仅于教育学科授之,而各科教员只授教材,殊于部章不合。此次师范校长会议会员提议,师范教员宜分任教授法,用意甚是,各校所宜切实施行也。今将各科教员分任教授法,应注意者列左:

(1)担任教育科教员讲普通教授法外,再由各科教员讲各科教授法精意以补充之。

(2)各科教员当调查各科中之小学教材,特别注意教授方法。

(3)讲教授法时,当为模范教授,使学生参观。

(4)各科教员当说明关于本科管理的注意(例如器械标本制造法保存法及教室设备等)。

(5)教生实地练习之际,遇大批评,其学科主任必出席批评。

(6)时时参观附属小学校教师之教授,而批评之。

师范学校开办讲习会研究会办法

(采王树昌建议案)

(甲)讲习会:

师范学校非止负养成小学教员之责,且当使毕业生为实验的研究,以谋学术之补充。近来教育思潮一日千里,内地教师于新知识之输入甚属困难,欲谋改良,师范学校不得不负其责,此讲习会急应开办也。其方法如左：

（一）讲习会于年假、暑假时间开之。

（二）会负〔员〕以本学区各县教员充之。

（三）讲师以师范教员或其他有专门学术者充之。

（四）讲习科目临时酌定。

（五）会场在师范学校或其他适宜之地。

（六）会员回至本籍，得以讲习所，邀集他教员演述之。

（七）每届会毕，应将讲习科目、时间、会员、人数报告行政长官。

（乙）研究会

东西各国无论何种学校，每于校内设研究会，并以研究结果印刷公布，一面为教育之参考，一面供识者之批评。现今小学校参考书籍无多，故师范学校必就此点十分注意。其方法如左：

（一）研究会以全校职教员组织之，定期开会讨论，校长为会长，教务主任为副会长。

（二）研究事项由校长指定之。

（三）研究方法校长指定后由会员分任。

（四）研究结果按期发刊出售，以诱起阅者之研究心。

资遣师范学校职教员游历办法

（采陈宝泉建议案）

资遣师范学校职教员游学、游历厥有数利：一、经验与学问相调和，可以免偏重之弊；二、教育者有所希冀，则热心从事之人日增；三、资遣职教员游学，教学相长，较之遣派学生，事半功倍；四、游学、游历之人日多，则内外知识可以互相交换；五、促师范教育之进行，则国民教育之根本自固。所有资遣办法列左：

一、高等师范及师范学校职教员尽职在三年以上，成绩优良，得资遣游学或游历。其资遣之名额，高等师范由教育部指定，师范学校由各省指定（学校随时遣派职教员调查事项者不在此限）。

二、游学、游历其范围如左：

（甲）高等师范职教员游学，以外国学校为限，游历分为内国与外国。

（乙）师范学校职教员游学、游历均分为内国、与外国。内国学校之入学试验，对于此项职员应从优待遇。

三、游学期限在三年以内，游历期限，由原校酌定。

四、游学、游历之公费，准由各校列入每年预算案内。其游学、游历期内，并得由原校支给薪俸原额十分之二以下。

五、游历时得组织游历团体，使各职教员互相补助。

六、游历团体得于游历所在地开设讲演会，以资研究。

七、凡职教员之游学或游历者，应将研究或调查之成绩，按期报告原校。

八、游学、游历于期满时，应回原校担任职务（其任职期限与游学游历之期限相当），如有于期限内改就他职者，应将原用各费偿还。

〔中央大学档案〕

9. 教育部关于组织全国高等师范学校联合会咨询案
(1918年6月) ①

谨案：各高等师范学校及附属学校管理、教授、训练各端，或以边腹异省，有学生程度之不同及地方情形之互异，以致教授、管理不能尽同，设非互相联合共同研究，恐无以副教育统一精神。惟是各校距离甚远，隔阂自多。校长等为联络各校管理、

---

① 本件时间是编者查照《中国近七十年来教育记事》所加。

教授、训练诸端起见，拟组织全国高等师范学校联合会，以为联络研究机关，所有议决简章列于后：

国立高等师范学校联合会简章

一、定名及组织：本会名国立高等师范学校联合会，以北京、武昌、南京、沈阳、广东、成都六校组织之。

二、会员：六校及其附属各校教职员，皆为本会会员。

三、职员：六校校长为干事长，其干事每校自推十人，分任会务。

四、会务：本会事务分甲、乙两项如左：

甲　通信

1. 每学年终，各校将现年经过及次年规划概要互相报告，以资参证。

2. 各校教授、管理疑难问题，随时互相咨询，以谋集思广益。

3. 各校特别重要事项，临时互相通告。

4. 各校交换印刷品及各种报告。

5. 各校所在地及附近地教育事项，他校有请该校调查时，该校应依能力所及为之查复。

乙、会议：

1. 每年四月中旬，各校长派本校代表一人，附属学校代表一人或二人集会。就北京、武昌、南京、沈阳、广东、成都六处，依序轮为会所，倘因事应停会，或更改地点，得以三校以上同意决定之。

2. 会议时，应先期请教育部派员莅会。

3. 每次会议应行筹备事项，由轮值之校担任之。

五、经费：本会公共费用，由各校分任之。

六、附则：本简章未尽事宜，随时由各校协议，多数取决修改。

〔中央大学档案〕

（5）全国教育联合会议

10. 第六次全国教育会联合会关于拟请教育经费独立等九提案
（1920年）①

（1）大会关于教育经费独立案呈
（10月20日—11月21日）

吾国兴学虽历有年，而教育终未若何成效者，其故不外二端：（一）教育行政不能独立；（二）教育经费不能独立，权其轻重，经费不能独立尤其主因。本会历年集议莫不有关于教育经费之陈请，诚以教育经费若不确定，则教育难谋发展，而国基即不能巩固。本年一月八日，虽有明令责成各省省长对于教育经费妥为筹措，然未有如何切实之规划。而八月八日之令，以华俄道胜银行股本作为教育基金，核其收入亦属有限。今者各处经费久久不发，学校机关名存实亡，现在状况既难维持，进行扩充更复何望？故欲解决教育种种问题，第一须先解决教育经费。谨拟办法如左：

一、关于教育经费者：

甲　教育经费应占全省区行政费百分之四十以上。吾国正在推行义务教育，非有确实之经费，徒托空言，终无实效。其他高等、中等教育亦应急图扩充，若长此停滞，岂能与文明各国竞进。教育费仅占行政费百分之四十，实为最低限度，以后费额应

---

① 此件时间依《中国近七十年来教育记事》所加。（1）、（2）、（3）、（5）、（7）、（8）、（9）提案是给教育部的呈。（4）、（6）提案是给各省教育会的函。

递年增加，期与世界文明各国最高额相等。

乙　实行裁减军费，将所余之款专充教育经费。前届本会曾有裁兵兴学之陈请，一年以来未见实行。查八年度预算，所有军费计占全国预算之半，实支之数尚不止。此年教育经费只占七十五分之一。比年以来，但闻人民罹兵之毒，未受其益。裁兵之议政府屡有宣言，迄未见诸事实，应从速催促施行，即将裁兵所余之款，专充教育经费。

丙　划清教育经费，使之独立，他项政费不得侵用。教育为立国根本，而经费为教育命脉，各省区主管财政者，对于该省、区学校经费往往任意推延，多不按期核放，稍有事故而藉口停发，致办理多年之学校无法维持，甚至停辍，良可叹。自应由中央先行划清教育经费，并令行各省区长官，督饬财政教育主管机关妥筹办法。统计每年该省区教育费共需若干，于最短期内妥为处理，专款存储，按时发放，无论遇何紧要事件发生，均不准挪用，以示限制。庶经费确定，教育可期进步。

二、关于教育基金者：

甲　筹拨专款作学校基金，并划拨官产作学校产业。教育经费虽已划清，若无专款以充基金，则教育基础仍难巩固。至各省官产，财政部几于每年变卖，以充岁入，然以有限之官产供无限之需用，终非善策。又况官产即为国民之一种公共产业，无变卖之理由，应请此后勿再变卖，并饬各省区财政教育主管机关，将各官产会同分配于省区立、县立各学校，以作校产。

乙　商请退还庚子赔款，专充教育基金。庚子赔款在去年欧战议和之时，各国已有退还之意，徒以政府未将专充教育经费之意确切声明，以致未成事实。现在万国财政会议业已开会，国际联盟亦将集合。吾国均派有全权代表出席，应由政府饬各代表向各国婉商，同时确切声明，此项退款专作全国教育基金之用，则目的易达矣。

丙 教育基金应组织省区教育基金委员会保管之。教育基金委员会组织条例由教育部订定施行。教育基金如有流用等事，为害尤大，自须特设委员会，并严定处分条件，而后基金之保护方为周密。

（2）大会关于任用校长注重相当资格案呈
（10月20日—11月21日）

校长为一校之中枢，与学务之兴废，植材之良窳，胥有密切之关系。不独学识与经验并重，且须专司其事，实力进行，不得稍涉浮滥，致有贻误。乃竟有视校长为无足轻重者，或以现任行政人员备数，或以候补官僚充当，极其弊，非兼顾不遑，难求整顿，即别思升迁，暂行托足，以致敷衍塞责，校务废弛。若斯而欲求教育进步不亦难乎。谨请大部通令各省区，此后任用校长，应注重相当资格，不得以官吏兼充，以杜流弊而期教育发展。

（3）大会关于设立体育学校案呈
（10月20日—11月21日）

欲学校举办完善之体育，宜先造就深明体育旨趣与方法之人材于体育学校尚焉。是种学校关系国家体育前途至深且巨，确有国立之必要。其理由有五：

一为提倡体育起见，不可不设国立体育学校。国家对于重要学术，莫不设国立学校以培植人材，农工商而外，如北京国立美术学校亦于七年设立之。今兹国际竞争时代，体育一项较美术尤为紧要，宜设国立者，以资提倡。前此本会议决推广体育计划案，曾经陈请大部设立体育研究所，以为体育之根本研究，曾蒙大部采择。惟至今未见施行，拟请改设学校以资提倡。

一为调和新旧各派之意见，不可不设国立体育学校。日本拟调和体育派别之冲突，而设立体育研究所。今中国关于体育事项，新旧思潮尤多冲突，同一体操运动也，而有方法之争执；同一武术也，而有门户之歧见，派别划然，势同水火。究之各有所长，未可厚非，融会贯通，调济适当，是所望于国立体育学校者也。

一为谋体育上之统一，不可不设国立体育学校。现在体育教材甚为复杂，无论瑞典式、德国式、美国式之不同，即同一操典而运用各异。取舍从违，折衷至当，非国立体育学校不能为之。

一当设国立体育学校，使负体育上审查评议之义务。思想动作各有不同，难免无是非之争执，又运动器械日新月异，其果适用与否，宜先加以审查。故审查评议之事，宜在最尊崇之国立体育学校。

一当设国立体育学校，使其学科设备完善，以为各校取法之资。上海体育专门学校、东亚体育学校、体育师范学校、南浔中国体操学校暨北京上海体育学校，均为私人团体所设立，绌于款项规模未宏，难为各校之楷模，且一切设备所费甚巨，尤非私立学校所能办到。故应设国立体育学校，以为体育界之模范。

总之欲谋体育发达，求得完全人材，非有国立体育学校不可。特申叙理由，谨请大部采择，规定办法公布施行。

（4）大会关于请定学生自治纲要案函
（10月20日—11月21日）

共和国之教育，以全国学生人人有共和国民之资格为基本，欲期全国学生人人有共和国民之资格，以各学校实施学生自治为基本。盖学生自治所以发展青年天赋之本能，养成其负责与互相之习惯。其方法在练习团体组织，其宗旨在发挥民治精神。共和先进国风行有年，如学校国、学校市等，其名不同，其旨则一。我中华国体既定共和，自不可无此基本教练，况近鉴于一般国民有爱国心乏自治力，尤非从青年时代为根本培养不可。特恐因解释未明，误用学生才力，爰拟学生自治纲要五则，通告各省区教育会，转致各学校，一体注意提倡。

一、学生自治系教育陶冶，与实施政治有别。

二、以公民教育之精神练习自治，得采分区制度。

三、学生自治权限，视学校之性质及学生之年龄与程度，由校长酌定之。

四、学校职教员应设自治指导员会，负指导学生之责。

五、除学校行政外，均得由学生根据校长所授与之权限，定相当之办法，由指导员会通过施行。

（5）大会关于速增国立大学案呈
（10月20日—11月21日）

查欧美各国大学如林，用能人才辈出，国势日强。返视我国最高学府，仅一北京大学以之研究高深学术，成材势必有限。以之作育各省学子，形势尤觉偏□。际兹学战时期，研究高深学术，实与推广义务教育同其重要。惟是推广义务教育各省区既已积极筹维，而增设国立大学责在大部。本会第三届议决案，曾有添设大学之请，本届开会迭由广东、吉林两省提出请设大学议案。查广州军政府，前曾决议设立西南大学，徒以费项纠葛因而停顿，至为可惜。东三省密迩强邻，培养高等人材尤为急用。特陈请大部迅赐增设国立大学，以宏教育，而顺舆情。

（6）大会关于提倡小图书馆案函
（10月20日—11月21日）

我国自"五四"运动以后，社会气象焕然一新，国民觉悟颇有端倪。惟乡僻各处未受教育者犹居绝大多数，欲图迅速普及，似当提倡小图书馆，以补学校教育之不足。盖小图书馆优点至多，创办维持，集事较易，一也，能普及于乡僻各处、劳工各界，二也；养成创办新事业之共同精神，三也；引起国民学术上之嗜好而戒除其旧时之不良习惯，四也；各馆图书可互相交换，轮流阅览，得以最经济之方法，求最有益之智识，五也；现时基础虽小，而随时改良扩充，不难渐臻美备，六也。凡兹所举，皆小图书馆最显著之优点。所以欧美、日本均竭力提倡，而日本每遇特种事业告成之际，尤莫不借创设小图书〔馆〕以留纪念。如日韩合并纪念图书馆、日露战役纪念图书馆、战胜纪念图书馆、大正即位纪念图书馆等等，县立者有之，府立者有之，村立、町立者有之，私人所创立者尤所在多有。今日全国小图书馆之众多，实受此提倡鼓舞之赐。我国近来发生事件，如文化运动、抵制劣货运动、地方自治运动等，可资纪念者亦复不少，苟借以鼓励国民，殆亦根本改革之一法也。兹拟办法如左：

一、此项图书馆规模务从简易，以期普及。一机关、一团体各附设一所，而一市一街之内倘能联合商店、工厂等组织之，俾一般人随时有阅览之所，尤为有益。

二、由各省区教育会、县教育会、劝学所组织图书馆委员会，以负指导推广之责。

三、每一小图书馆内必附设阅报所，选择各种日报杂志，俾资阅览。

四、每年各省区教育会、县教育会，调查本地所有图书馆总数、藏书卷数、阅览人数，详细公布，以资比较，而谋改进。

（7）大会关于请修正学校学年学期及休业日规程案呈
（10月20日—11月21日）

学校学年、学期及休业日，本以不定，规程由各校自行酌定。为便利我国当办学之初，恐各校漫无限制，不得不订立规程，俾有依据，行之有年，不无窒碍。查原定规程，一年分为三学期，摹仿日制，未合国情。谓为情事有变迁，将以就转学之便，则一年二期毫无扞格。谓为程度有异同，将以利分级之用，则一期三月，何事纷更，年假以后继以寒假，复继以春假，或七日，或十四日以内，或二十一日以内，最短时期内至有三假期，逐渐养成不遵新历沿用旧历之谬谈，殊乖教育本旨。况南北气候不同，寒暑假尤难一律，实际上各省区学校多已改为二学期，部章早成具文，不如按照现情修正，以副其实。兹拟将原定规程修正如左，谨请大部采择施行。

拟修正学校学年学期及休业日规程

第一条 原文。

第二条 一学年为二学期。八月一日起，至一月末日止，为一学期。二月一日起，至七月末日止，为一学期。

第三条 每年年假及寒假、暑假共定七十日以内，其起止日期，视地方情形及气候，由各校自定之。但高等专门及大学，得再延长二十日，乡立小学校得依地方便利酌放农假，缩短寒暑假期。

第四条 原文。

第五条 原文。

（8）大会关于促进男女同学以推广女子教育案呈
(10月20日—11月21日)

前届本会议决改革女学制度案，一年以来，各地高等专门以上学校男女同学，颇有遵照试办者，惟女子中等教育尚未普及，专门大学招考女生及格者自居少数。兹为增多女子求学机会，促进男女同学起见，拟请大部通令各省区，各级学校招收学生，或绝对的男女同学，或分部同学，或添设女子班，或附设女校，各就地方情形酌择办理，庶人才、经济两问题较易解决，习惯不同之障碍可以减少，男女共学之目的亦易达到矣。

（9）大会关于推广蒙养园案呈
(10月20日—11月21日)

查蒙养园之应广设，约有二故：吾国今日女学幼稚，母教莫兴，而为父兄者，教育知识亦多缺乏，故子女于学龄时期之前，即未受适宜保育。但儿童值此时期，身心之发育甚为敏速，其发展之不适宜，于将来品性之成就影响匪浅。故必于此时间施以相当之保育，以补救家庭教育之缺点，而养成善良之根本，则学校教育方克收美满之功效。此就事实言之，蒙养园之急宜推广者一也。家庭教育基于亲子之情爱，多失于放任；学校教育出乎教师之理想，易取严格。儿童由家庭入于学校，其境遇之变迁过于急遽，而身心之发育或不免受障碍。若蒙养园，其形式之组织同于学校，其保育之方法类于家庭，能调和家庭与学校境遇之变迁，使适于自然之发展。此就理论言之，蒙养园之急宜推广者二也。谨拟办法如左，请大部采择施行。

一、女子师范学校应附设保姆科。

二、除女子师范学校及女子师范讲习所应附设蒙养园外，每县至少须设蒙养园一所。

〔中央大学档案〕

11. 全国教育联合会拟改三学期为二学期案
（1922年）①

拟请改三学期为二学期案

民国肇始，纪元改用阳历，学校教育因有三学期制之颁布，遵行数载，殊觉不便。窃思阳历与三学期制绝然为二问题，并无必然连带之关系。学校之休假，以结束教务为前提，亦非因岁阑有必须之理由。阳历不可不遵，即改二学期亦无妨碍。元旦不可不庆，即在学校中亦可奉行，且学生全体在校，于祝贺之仪式尤

---

① 此件时间依《中国近七十年来教育记事》所加。

为庄严,阳历之观念得以巩固,似无须特定年假划为三学期。兹拟请改三学期为二学期,列举理由三条,办法五条于左:

理由

(一)原定三学期,第二学期得免试验,致办法不一,在举行试验之学校因学期过短,各科所授分量无多,徒费手续;免试验之学校,合第三学期举行一次试验,各科分量过多,与第一学期平均,皆不能为正确之成绩。

(二)吾国内地舟车不便,学生假后返校,恒因时间过促,不能如期报到。改为二学期,可少一次聚散,于教授实际大有裨益。

(三)原定年假不得过十四天,春假不得过七天,学生有不及往返,假中留校者,学费不济,恒藉口滞缴,办事上不无妨碍。

办法

(一)自阳历二月一日至翌年一月三十一日,为一学年,分二学期。

二月一日至七月三十一日为一学期。

八月一日至一月三十一日为一学期。

以二月为学年开始期,其原有秋季始业之班级,应仍其旧。以后各校如有特别情形,经教育官厅之许可,亦得于秋季始业。

(二)第一学期终了时,放学期假;第二学期终了时,放学年假。

(三)学期假与学年假,不得逾部令原定暑假、年假、春假之总日数,其起止视地方情形自定之。

(四)乡村小学得缩短前项之假期,酌放麦假、秋假等。

(五)庆祝元旦应放假三天,此外国庆日、孔子诞日、节日等,概仍其旧。

〔北洋政府教育部档案〕

（二）教 育 团 体

（1）中 央 学 会

1. 教育部公布中央学会法令
（1912年11月29日）①

中央学会法

第一条　中央学会直隶于教育总长，以研究学术、增进文化为目的。

第二条　中央学会会员无定额，由具左列资格之一者互选之：

一、在内国、外国大学或高等专门学校三年以上毕业者。

二、有专门著述，经中央学会评定者。

前项互选，以得票满五十票以上者为当选。

互选细则，以教育部令定之。

第三条　外国人对于民国学术之发达，有特别功绩者，得由中央学会推为名誉会员。

第四条　中央学会会员任期三年，任满改选，但得连举连任。

第五条　中央学会依学术之种类分为若干部，会员各依其专攻学科分属之。

分部方法，以中央学会会章定之。

第六条　中央学会设会长一人，副会长一人，由中央学会会

---

① 此件时间依《中国近七十年来教育记事》记载所加。

员互选之。

第七条　中央学会各部，各设部长一人，由各部会员互选之。

第八条　会长总理会务，会长有事故时，副会长代理之。

第九条　部长辅助会长分理部务。

第十条　中央学会随时开会讨论关于学术及文化各事项。

第十一条　中央学会得募集关于学术之论文及材料。

第十二条　中央学会经教育总长之认可，得与外国各学术团体联合研究。

第十三条　中央学会关于学术及文化事项，得陈述意见于教育总长。

第十四条　中央学会每年应将会内事项作成报告书，呈报教育总长并宣布之。

第十五条　中央学会会员，得随时就其专攻之学科提出论文，经中央学会认可宣布之。

第十六条　中央学会会长、副会长及各部长得酌给公费。

第十七条　中央学会会章，由中央学会定之。

第十八条　本法自公布日施行。

〔北洋政府教育部档案〕

2. 教育部公布中央学会互选细则令
（1913年）

教育部部令第十四号

中央学会互选细则

第一条　中央学会会员之互选，由中央及各省举行之。

第二条　互选日期由教育总长规定，于一个月以前布告之。

第三条　在内国、外国大学或高等专门学校三年以上毕业者，应于互选日期布告后二十日以内，呈验毕业证书。

具有前项资格住居北京者，可将毕业证书送教育部审查，住居各省者，送该省教育司审查；合格者得列入中央或各省互选人名册。

第四条　凡有高深著述，经中央学会评定者，由中央学会会长于互选日期布告后，十日以内汇送教育部，列入互选人名册。

前项规定，在第一届互选时不适用之。

第五条　互选用记名投票法。

第六条　投票纸，在京由教育部发给，在各省由教育司发给。

第七条　中央及各省均于互选之次日开票，并须通知该地之投票者二人以上莅场监察。

第八条　左列各款之投票，均作为无效。

一、选举人之姓名，不在互选人名册内者。二、不用发给之投票纸者。三、不依式填写者。四、污损投票纸者。五、字迹不明者。

第九条　各省选出之人，无论票数多寡，应由教育司于互选之次日，将姓名及得票之数，电告教育总长，并将投票级（纸）呈送教育部。

第十条　凡得票满五十票以上者，为当选。

前项票额，得汇集中央及各省投票之数计算之。

第十一条　凡当选者由教育总长给与当选证书。

第十二条　各省互选办事规则由教育司定之。

第十三条　本细则自公布日施行。

〔北洋政府教育部档案〕

3. 教育部关于中央学会法应停止施行呈
(1914年1月10日)

呈大总统中央学会法停止施行文 三年呈第五号

为呈报事：案中央学会之设，本于国会组织法第二条第五款之规定。中央学会法自发布以来，徒以会员资格未得正当解释，迭经本部函请国务院速将此项咨询案呈请大总统提出参议院议决在案，迄今未得答复，选举不能进行。二年十一月，复奉大总统发下国立北京大学法科大学长余棨昌等呈请，提出修正国会组织法，将第二条第五款废止，同时并将中央学会法废止，等情。查其所述理由凡三：各国上院议员或承封建贵族之遗制，或取人口主义，或取地方主义，无代表学问之阶级者。英之法务贵族，意大利、日本之学士会员，其用意盖别有在，非使之代表学问也。吾国参议员之选出，似采美国地方代表主义。独于中央学会一项，屡入代表学问主义，为各国之所无。其不合者一。文明诸国所谓学士会者，类皆学界泰斗，论学问程度不论学校资格，其制限甚严，非如中央学会以持有三年文凭者为选举资格，以五十人选举票为当选资格者所可比拟也。其不合者二。各国学会因人而立，今袭其名而遗其人，谓是所以劝学崇士，其结果适足使学界觳乱而有余。其不合者三。本部细按中央学会为全国学者荟萃之机关，其目的在研究学术增进文化，并非专为选举参议员而设。英国之王〔皇〕家学会、法国之阿喀兑美德国之皇立学士院、日本之帝国学士院，率皆筹备数年或数十年始见成立。我国学会虽难比例东西各国，亦当略具规模，断非可以草率从事。该法施行方始，流弊已彰，前曾将该项法律中止施行情形，函请国务院交付国务会议议决在案。查该法原本于参议院议员选举法，兹约法尚待修正，选举法已难实行，则该法当然无效。事关本部职权，理合陈明，为此呈请大总统鉴核。谨呈。

中华民国三年一月十日

〔北洋政府教育部档案〕

（2）教育会

4. 教育部公布教育会规程令

(1912年9月6日)

教育部部令第八号

兹订定教育会规程十三条特公布之。此令。

京师学务局

右令各省教育司

教育会规程

第一章 总 则

第一条 教育会以研究教育事项，力图教育发达为目的。

第二条 教育会分三种如左：

甲、省教育会。

乙、县教育会。

丙、城镇乡教育会。

以上各教育会得互为联络，不相统辖。

第二章 会 务

第三条 教育会研究事项如左：

甲、关于学校教育事项。

乙、关于社会教育事项。

丙、关于家庭教育事项。

第四条 教育会得以研究所得，建议于教育官厅。

第五条　教育会得处理教育官厅委任事务。

第六条　教育会为讲求各项学术及开通地方风气，得分设各项研究会或讲演、讲习等会。

第七条　教育会不得干涉教育行政，及教育以外之事。

第三章　会　员

第八条　教育会会员资格如左：

甲、现任教育职务者。

乙、于教育上富有经验者。

丙、有专门学识者。

第九条　教育会得设会长、副会长及其他职员。

第四章　经　费

第十条　教育会会员应纳入会金及会金。

除前项外，遇必要时得募集特别捐。

第十一条　教育会不得拨用地方公款，但经地方议会议决，由行政官厅给予之补助金，不在此限。

第五章　附　则

第十二条　组织教育会，应按照本规程拟具会章，在省教育会呈由省行政长官核准立案，并由省行政长官转报教育部备查。在县及城镇乡教育会呈由县行政长官核准立案，并由县行政长官转报省行政长官备查。

第十三条　本规程自公布日施行。

中华民国元年九月初六日部令第八号

〔北洋政府教育部档案〕

(3) 教授要目编纂会

5. 教育部公布教授要目编纂会规程令
(1914年5月25日)

教育部令第三十五号

教授要目编纂会规程

第一条　本会编纂各项教授要目，以资编订教科书者之参考，并示各学校以施教之正鹄。

第二条　教授要目以初等小学校、高等小学校、中学校、师范学校教科为限。

第三条　本会因编纂之类别，分设各科如左：

一、修身科　　　　　　　　二、国文科
三、物理化学科　　　　　　四、博物科（高等小学理科
　　　　　　　　　　　　　　　附设第三四科）
五、地理历史科　　　　　　六、外国语科
七、教育科　　　　　　　　八、数学科
九、法制经济科　　　　　　十、体操科
十一、手工科　　　　　　　十二、图画科
十三、农业科　　　　　　　十四、商业科
十五、乐歌科　　　　　　　十六、家事科
十七、缝纫科

凡每科兼有小学、中学、师范三部分或二部分者，得分股编纂。但人数较少不能分股者，亦得酌定先后递次编纂。

第四条　本会设编纂员若干人，由教育总长于具有左列资格之一者选充任之：

一、教育部职员。

二、曾经师范学校毕业者。

三、有中学校以上毕业之资格者。

四、现任或曾任各学校教员，素谙教育理法者。

第五条　各科编纂事宜，由教育总长于编纂员中选任正副主任各一人综理会务。

每科或每股编纂员在三人以上者，得由该员推举主任一人，接洽分配本科或本股编纂事宜。

第六条　本会会集讨论之时期，在各科或各股由各主任定之，在全体会议由会务主任定之。

第七条　各科要目均按预定期限分别编竣，其期限以各科会议定之。

第八条　本会应需各项参考书籍，各科或各股主任商由会务主任呈明教育总长，分别调取或购置应用。

第九条　本会存立期间，以各科要目编竣之日为度。

第十条　本会编纂员均为名誉职，但教育总长认为必要时得酌予酬金。

第十一条　本会会所附设于部内，编纂员均应按日到所办公。

第十二条　本会办事细则另定之。

第十三条　本规程自公布日施行。

中华民国三年五月二十五日

　　　　　　　　　　　　　　教育总长　汤化龙
　　　　　　　　　　　　　　〔北洋政府教育部档案〕

（4）学术审定会

6. 教育部公布学术审定会条例令
(1918年3月29日)

教育部令第三十三号

兹依据修正参议院议员选举法施行细则第十四条及第十七条，订定学术审定会条例，特公布之。此令。　部印
中华民国七年三月二十九日

　　　　　　　　　　　　教育总长　傅增湘

学术审定会条例

第一条　本会处理修正参议院议员选举法第二十条第一款及第四十四条第一款所规定之学术上著述及发明之审定事务。

第二条　本会设会员若干人，分掌审定事宜，由教育总长延聘或派充之。

第三条　本会设会长一人综理会务，由教育总长于会员中指定之。

第四条　本会审定之范围如左：
一　关于哲学及文学上之著述。
一　关于科学上之著述及发明。
一　关于艺术上之著述及发明。

第五条　凡属于前条所列之学术上著述及发明事项，均得按照本条例呈送本会审定。但关于发明事项，如经各主管部审定立案者不在此例。

第六条　属于左列各项之一者，不得认为学术上之著述事项：

一　翻译外国人之著作者。

一　编辑各家之著作者。

一　由三人以上纂辑成书者。

一　剿袭他人之著作者。

一　初等教育、中等教育及与其程度相当之教科书、教授书、讲义及学生用参考书类。

一　通俗教育用书及讲演集。

一　纪录表册及报告说明书类。

第七条　属于左列各项之一者，不得认为学术上之发明事项：

一　无正确之学术的根据及说明者。

一　在学术之原理或应用上无独特之价值者。

一　发明之程序不明或发明事项未底完成者。

一　偶然发见之事项。

一　为他人所已经发明者。

第八条　凡著作及发明事项呈送本会审定时，并须详细载明本人之姓名、年龄、籍贯、住址、履历及关于该著述或发明之经过情形。

第九条　凡著作及发明事项呈请本会审定者，应于选举投票前六十五日呈送到会，逾期无效。

第十条　本会开会期间，由教育总长定之，限期满时即行闭会。

第十一条　本会审定之结果，应于期限内提出报告于教育总长。

第十二条　本会会员对于原著作者或发明者之质问疑难不负答复之义务。

第十三条　本会会员得由教育总长酌给酬金或津贴。

第十四条　本会得酌设事务员及缮写员。

第十五条　本会会所附设于教育部。

第十六条　本条例施行细则由审定会定之,但须经教育总长认可。

第十七条　本条例自公布日施行。

〔北洋政府教育部档案〕

(5) 教育调查会

7. 教育部公布教育调查会规程令
(1918年12月30日)

部令公布教育调查会规程　七年部令第九十三号

兹订定教育调查会规程,特公布之。此令。

教育调查会规程

第一条　教育调查会隶属于教育总长,以调查、审议教育上之重要事项为目的。

第二条　教育调查会对于教育总长之咨询,应陈述意见。

第三条　教育调查会关于教育上之重要事项,得建议于教育总长。

第四条　教育调查会设会长一人,副会长一人,会员三十人以内。遇有特别调查事项,得设临时会员。

第五条　教育调查会会员,由教育总长就具有左列各款资格之一者,延聘或指派之:

一、曾任或现任高级教育行政职务,具有教育上之经验者。

二、有专门学识,并于教育夙有研究者。

临时会员由教育总长酌派。

第六条　会长及副会长由会员中公推四人陈请教育总长指定之。

第七条　会长总理会务，并将议决事项报告教育总长。会长有事故时，由副会长代行其职权。

第八条　会长及副会长于会议时，得加入可否之数。

第九条　教育调查会议事规则由会长定之，但须呈报教育总长。

第十条　教育调查会会员为名誉职。

第十一条　教育调查会设干事五人以内，由教育总长委派教育部荐任官充之。

干事承会长之命整〔办〕理庶务。

第十二条　教育调查会设书记若干人缮写文件及掌管其他庶务。

第十三条　学制调查会规程自本规程公布后即行废止。

第十四条　本规程自公布日施行。

中华民国七年十二月三十日

〔北洋政府教育部档案〕

（6）北京留法俭学会

8.京师警察厅呈报华林组织北京留法俭学会函
（1917年5月11日）

呈为华林组织北京留法俭学会，抄录简章具报鉴核备案事：据华林呈报组织北京留法俭学会，并设立预备学校于储库营民国大学内，附呈简章，请予备案，等情。查该留法俭学会之缘起，系由吴稚晖、汪精卫诸人鉴于留学泰西学费耗大，于民国元年发起留法俭学会，倡导尚俭乐学之风，藉谋广辟留欧学界。并设预备学校于北京，由教育部假以校舍。嗣于二年，该预备学校因事解散，兹由该具呈人重谋组织。查核该会性质系属一种关于公共事务之结社，核阅所呈简章，叙述该俭学会之历史、成绩，具见该具呈人提倡俭学之用心。除批准备案并饬遵照学务局规定，学校系统外各种学校备案办法，将设立该预备学校缘由，另赴该管学区呈报备案外，理合抄录原报简章呈报宪部鉴核备案。谨呈·
内务总长

附简章一份①

京师警察厅总监　吴炳湘

中华民国六年五月十一日

北京留法俭学会简章（略）

留法俭学会预备学校说明

欲知本校之内容，不可不先知留法俭学会之性质及历史、成绩与机关。兹先就此四端分述于左：

（一）俭学会之性质：俭学会乃一自由传达之机关，而非规章严密之组织，于义务能者为之，无会长等名目，经济由同志筹集，入会者无纳费之必须。凡欲自费留学，每年至少筹五六百元者，皆得为本会之同志。会之对于会员，既不助资亦不索偿，惟以言论或通信指导旅行，介绍学校之义务而已。以上之意，即节取于本会原定之会约。至设会之初旨，照录其缘起如下：

改良社会，首重教育，欲输世界文明于国内，必以留学泰西为要图，惟西国学费宿称耗大，其事至难普及。曾经同志筹思拟兴苦学之风。广辟留欧学界，今共和初立，欲造成新社会新国民，更非留学莫济，而尤以民气先进之国为最宜。兹由同志组织（留法俭学会），以兴尚俭乐学之风，而助其事之实行也。又如女学之进化，家庭之改良，与社会关系尤切，而尤非留学莫济，

---

① 原件缺简章。

故同时组织（女子俭学会）与（居家俭学会），时在民国元年。

（二）俭学会之历史：民国元年，吴稚晖、汪精卫、李石曾、张溥泉、张静江、褚民谊、斋竺山诸君发起留法俭学会，并设预备学校于北京。齐如山、吴山诸君担当校中之组织，法文学家铎尔孟君担任教授。其时蔡子民君为教育总长，力为提倡，并由部中假以校舍，在方家胡同旧师范学校。无何朱芾煌、吴玉章、沈兴白、黄复生、赵铁桥、刘天佐诸君发起四川俭学会，设预备学校于少城济川公学。吴雅〔稚〕晖、俞仲还、陈仲英、张静江诸君发起上海留英俭学会，并附留法俭学会招待所。民国二年，李石曾君与法校梅朋君组织留法预班至今，犹为当二次革命时，俭学会颇有〔受〕专制政府所嫉视，北京预备学校舍为教育部收回，遂移之于皮库营四川会馆，政府仍多方巡察，以致全体解散。民国六年，华林君自法归，抱扩充俭学会之志愿，适值马景融君创设民国大会〔学〕于京都，遂由华马二君与蔡公时、夏雷、白玉璘、江季子、时明荇、刘鼎生、罗伟章诸君重组北京留法俭学会预备学校。

（三）俭学会之成绩与经验：留法俭学会自民国元年至二年，一年之间，入会入校而赴法者不下八十余人，其他亦抱俭学会之宗旨或留学或居家自由汇集者，亦不下四十余人，是俭学会一年所得之人数，较十年公费之总数有过之无不及，此其成绩显然易见者也。以上之人数，固足表明俭学会之成绩，然于将来之希望犹沧海之一粟耳。是故俭学之成绩不仅在已往，而尤在将来，将来之成绩，究能与希望相符与否，无他，惟视赴法俭学之法果能实行与否，俭学之组织果能便利与否。此种问题前于发起俭学会时固已言及，然仍多出于理想，既经有俭学会百余人之经验，尤为确当，足以适用于将来之同志，此亦成绩之要端。撮述于后：（1）由西伯利亚火车赴法，发于京津，止于巴黎，途中换车共八九次，车行共二十日左右，至少每人百三十元，至多亦必在二百元以内。（2）至到法，先入客寓，次日即赴择定之校。已通法文者可独入一校，未通法文或法文太浅仍须预备者，则多人同入一校，以便特设专班，每日授一二钟法文。于专班之外并可随校中原有之法文，或科学各班，以资练习。此法已行于巴黎近乡之（蒙达尔）、（木兰）、（芳丹白露）三邑之中学。每人每年学费及一切费用六百元，尽可足用。（3）当欧战时，同学多避居西南各省，因得（三梅桑）邑之中学，与（望台）省之高等小学，其费尤廉，每人每月原定五十五佛郎，战时加至六十佛郎（计二十余元），一切在内。此等价廉之校，法国外省甚多，此诚极便于俭学同人者也。（4）农、工、商实习学校与高等小学，为法校之特色，极便于俭学同人。其所教授，皆学理与实习兼半，甚为切用。学期二三年，学费（食宿在内）每年不过五六百佛郎（计二百元左右暑假两月在外），此诸校毕业后，可操其职业，亦可考入高等之校。但法国之高等小学与中国之高等小学迥殊（中国之高等小学乃法国之小学高等班，而非高等小学也）。其中除设实业班外，并设师范班，毕业及格者，可充小学教员。此校实兼实业与师范之性质，学期不久，学费甚廉，极宜于俭学。（5）法国高等专门学校与大学之正科，学费皆较昂，合校外食宿各费，每年用款须在六百元以上。食宿之支配能否节俭，其伸缩自难预计，然每年所需由七百元至千元当可足用。此虽过于俭学之预算，预定之六百元不能敷用，因所入学校与食宿在寻常俭学范围之外故也。（6）法国高等专门学校与大学，亦有费廉者，如（柏第业）省大学中之农业、化学、电科等，又如各大学之文科及美术专校，与巴黎之社会学专校等，皆高等教育之适于俭学者，加以校外食宿各费，若支配得宜，每年六百元亦可足用。

　　以上数端，皆得之于数年来之实验与研究，战后有无更易固难预料，然亦当无大异。由以上数端之参考，可为结论曰：赴法俭学之法果能实行，俭学之组织果能便利，多数同学赴法之事，定可扩充无疑也。

（四）俭学会之辅助机关：由国内出发时，有须预备旅行不可少之事，国内各大邑有预备学校者，即由校中指导担任，其他处当另设招待员。既至法国，如招待与介绍入校等亦必不可少之事，由华法教育会指导担任，俭学会会员入校与入会之事，请径与该校该会接洽（北京预备学校与巴黎华法教育会接洽手续列后）。以免集中于俭学会，反生周折不灵之弊也。至学费汇寄，临行时指定法国银行接洽一切。

北京预备学校条件

一　宗旨：本校专为俭学会员赴法留学者而设。

二　学课：以法文为主科，附以留学须知之讲演，每日分上午下午两班（随时配定）。

三　地址：北京储库营民国大学。

四　职员：设干事一员，并教员与讲演者若干员。

五　资格：凡欲赴法留学者，不拘程度、年龄、男女皆可入校，惟必已通国文及普通知识，方能得留学之益，望学者自度之。

六　学额：无定额，至少必满二十方可开班。

七　学期：至少一年，多则二年，随学者自便。

八　学费：每月每班收现费二元。

九　出发：本校学生赴法出发时之指导，一切由本校担任，不另取资。校外之人有欲结伴同行托本校指导及代领护照等事，每人纳费二元。

十　学会：未出发之前，由学会诸君自行组织同学会，以期出发时或到法后，有互助共济之益。同学会之组织，由诸君自为，校中可允赞助而不加干预。

巴黎华法教育会条件

一　宗旨：赖中法两国之交通团，以法国之教育助中国之发展。

二　地址：在巴黎Société Franco-chinoise d'education 8.rue Bugeand.Paris (France)

三　组织人：中国方面为现在国内者为吴雅〔稚〕晖、汪精卫、吴玉章、李石曾、张溥泉、蔡子民等。

四　会中可助学会员之点：到法在车站客寓之接待，与觅居、觅校之介绍，以及在公府报名、社会交游之接洽等事。

五　俭学会员对于会中义务：赞成本会之宗旨，入名为会员，每年纳会费五佛郎。（计约二元）

六　新会员与会之接洽：出发前一个月，由同学会开列中西文对照名单三份、每人入会书，交组织人之一寄法。火车将到巴黎之前，由同学会发电告以到巴之日期，俾会中招待员届时至车站接洽一切。

〔北洋政府教育部档案〕

9. 向警予为解决留法勤工俭学学生经济困难给朱淑雅熊希龄中法协会的信

（1922年8月）

1. 向警予给淑雅的信①　（3月12日）

淑雅先生赐鉴，前者道路相传，谓执事及秉三先生联翩莅沪，警予凤钦德范，弥殷瞻仰，兼以在法勤工俭学女同学处境濒危，更不得不冒昧请谒以伸吁恳，蒙秉三先生赐以接见。因念文轩尚留京津，无缘拜晤，良用怅然。在法勤工俭学女生困难情

---

①　根据熊希龄档案考证，淑雅即朱其惠。

形，想已由秉三先生转达左右矣。男强女弱，自然关系，以至人为关系，莫不皆然。古今中外，不过稍具程度上之差别耳，偏颇发展--性文明，此不徒女子之私痛，抑亦社会之病状，在法勤工俭学女同学，均属此种环境与历史之产物，自无特点可言。惟区区警予向上之诚，则殊不敢自后于人人以故。当去年三月绝粮绝学大恐慌之际，于格儒夫人及郑毓秀先生挺身而出，拔诸旋涡之中，今者于夫人郑先生智尽力竭，苦学女生之已出旋涡者又将复入旋涡矣。西方托钵其势难再，故转而之东，以警予回国省亲之便，托带函件多封，呼吁国人，兹将致钧座者敬谨呈上。窃念先生特立独行，超绝群伦，卓识伟抱，中外同钦，年来救灾恤贫，兴学育才，善举难数，有口皆碑。对此苦学女生，宁不恻然动怀。倘能藉资鼎力与以援助，并纠合国内夫人名贵共襄盛举，则不特中西晖映成为佳话，而池中蛟龙乘雷上天，他日或于人类历史有所增益，则立德立功，先生高风，永垂不朽矣。专此奉渎。祗叩　道安

后学　向警予上　三月十二日

再者：勤工俭学女生号称四十，然其境地特苦，四面绝援者厥惟湖南之十二人，倘能藉资鼎力与以成全，则此盘根错节之问题，业已解决大半矣。（勤工俭学女生人数以湖南、广东、四川三省为最多，现闻四川、广东两省同学均得该省半官费津贴）

附呈湖南女生名单一纸，乞赐观览。警予再上。

姓　名	籍贯	履　　　　历	志　愿
范新顺	长沙	湖南省立第一女子师范学校本科毕业生曾任小学教员四年	研究理科
范新群	长沙	同　　　　　　　上	研究图书
李志新	宁乡	同　　　　　　　上	同上
萧珉	浏阳	同　　　　　　　上	同上
熊叔彬	浏阳	湖南私立周南女子学校师范本科毕业曾充小学教员四年	研究教育
熊季光	浏阳	湖南私立周南女子学校师范本科毕业曾充小学教员三年	研究小学教育
向警予	溆浦	湖南私立周南女子学校本科毕业曾充小学校长四年	研究教育
蔡畅	湘乡	湖南私立周南女校体操音乐专科毕业曾充音乐体操教员四年	研究音乐体操
葛健豪	湘乡	湖南女子教员养成所毕业曾充小学教员二年	研究图书
魏璧	长沙	湖南私立周南女校中学毕业南京高等师范肄业	研究数学
劳启荣	长沙	同　　　　　　　上	研究医学
舒之锐	长沙	北京女子高等师范学校预科卒业	研究史地

〔熊希龄档案〕

2. 向警予给熊希龄的信　（3月12日）

秉三前辈先生执事：警予日前以接在法女同学急报，仓卒请见，吁恳设法，幸蒙慨诺，并主张警予晋京陈述于中法协会，一切进行则全由长者主持指导。警予获此，若接福音，方图摒挡就道，旋恐火车颠簸，贱体难支，拟再谒左右，一权进止，乃两叩龙门，而均值执事外出，三叩龙门，而执事已搭早车北行矣，欲陈未尽，殊觉怅然。日昨蒋君华卿秉奉到，赐翰并惠钞廿五元，区区勤工俭学女生问题，犹劳万事丛脞之。

长者殷勤记注，盛德高风，曷胜铭感。惟警予京游既罢，所惠川资理应璧还，谨借华卿君复呈钧座，幸乞察收。至女生问题，决通信进行。警予致中法协会书，敢匄左右为之代达，窃维执事热忱夙著，实力有余，必能领袖群伦，主持至计，佳报赴法，期当不远。警予不仅为苦学女生巨跃三百抑，更为民国体面曲踊三百矣。专此奉渎。

敬叩　道安

后学　向警予谨肃
三月十三日

再，于夫人郑先生致钧座缄，存石老处，幸赐观览左右，慨允设法各请，警予已有详函告于郑矣。警予又上

〔熊希龄档案〕

3. 向警予给中法协会的信③　（3月14日）

中法协会执事诸公均鉴：敬启者，自贵会组织以来，而中法机关星罗棋布，中法事业蒸蒸日上。最近留法苦学青年尤无不叨贵会之鸿荫，沟通中法之文化，即不啻沟通人类社会之文化，卓识伟抱良堪敬佩。警予为留法勤工俭学女生之一，以受于格需夫人及郑毓秀先生托，为留法勤工俭学女生事请命贵会。兹谨借熊公秉三之介绍，将受托事件与经过情形以及最近传来法国方面之

紧急消息，觍陈于次，幸垂览焉。

（一）受托事件及经过情形：自去年三月，华法教育会与一切勤工俭学生断绝经济关系以来，勤工俭学生大起绝粮绝学之恐慌，法上议员于格儒先生夫人不忍苦学青年之沦于悲境，以女生人数不过四十，慨然出而维持。时吾国郑毓秀先生亦与夫人表热烈之同情，是二人者以其托钵乞施之所得，月给勤工俭学女生学膳费每人三百方，厥后以款项来源有限，乃自去年十月起，每人每月缩减至二百方（实际上只够食住），预计如此，才能勉强敷衍到今年一月。于夫人及郑先生用是焦头烂额，不知所措。因警予省亲之便，托带函件多封，属向国内有心有力诸父老请求救济，并妥筹根本解决之法。同时，法前内阁总理潘鲁卫先生，亦有信为苦学女生呼吁，情势急迫可以想见。警予比及于夫人郑先生而筹进行方法，约分国内、南洋两部，拟备捐簿实行募捐。警予过南洋时，便道进行，曾致书南洋父老备述在法勤工俭学女生困难情形，吁恳援助，登之各报，颇得南洋人士之同情，且有愿效奔走运动之劳者，满拟到沪备办捐簿实际进行。讵警予甫抵国门，即受病磨，兼为贫困，奄卧沪上，半筹莫展，每念在法诸友危迫情形，异常焦灼，旋从各方面调查，咸谓女生问题可从退款中根本解决，因此对募捐进行事颇怀犹夷。一则恐退款解决确实有望，无必要而且不可能。一则恐退款支付遥遥无期，有青黄不接之危，且女生问题可从退款中解决之说，尚属传闻之辞，左右思维，只好将大概情形及带回信件邮呈李石曾先生，以决进止。此警予受于夫人郑先生托进行经过之大概也。

（二）法国方面，最近传来之紧急消息，二月底警予接法国蒙台尼女校同学来信，报告紧急消息凡二：

（甲）蒙台尼女校之债务，此项债务系肄业蒙女校同学五人，警予亦其中之一人。从去年四月起至九月止，共同积欠之学膳费计八千七百余方之谱，吾辈因校长催索，专为此事在巴交涉月余，最后蒙于夫人出而设法，结果由中法青年监护委员会担任清偿，夫人比即知照蒙女校长，并尽先清偿五千方，此去年十一月间事也。乃校长又急急追索余数，蒙校同学缄告于夫人，夫人复函无力解决此问题，严辞谢绝。同学不得已，乃去信德国，要求章行严先生出而解纷，章先生通讯郑毓秀先生，主张于国内寄来办传习所之七十二万方内设法，郑先生始终无复报。传说此七十二万方现已存巴里华法教育会监护委员会，欲以此数维持勤工俭学生生命，教育会不肯，谓此款系指明办传习所者，必俟李石曾先生到，方能动用。同学生命问题尚且置而不问，何况蒙校积欠想从此中设法，盖夐夐乎难矣。蒙校同学受校长颜色僇焉，不能终日云。

（乙）于夫人维持费只能发到一月底或二月底，于夫人最近致书蒙台尼同学，如此宣言，在法女生因而又起绝粮绝学之恐慌。传闻除四川、广东两省同学得半官费外，余均路绝途穷，无法自救。女子以历史关系，环境关系，无在不感落后。故稍有觉悟者，求进向上之情实难遏抑。因此，殊不能堪物质过度之压迫，万一求援不至，恐有性命之虞，天津郭隆真断指血书，即其明证。此警予最近接法国紧急消息之大概也。窃念以贵会诸公沟通中法文化伟抱与拯救苦学青年之热忱，对此濒危女生，讵忍坐视不救，倘邀德春俯赐援手，将蒙女校积欠及二月以后之恐慌问题，讯迅电巴里，于办传习所之七十二方中从权开支，以救眉急。一面照熊公办法为女生另组团体，在国内及南洋方面实行募捐，则区区暂时问题，不难迎刃而决。至赔款退还能否将女生问题完全解决，其具体计划如何，亦望诸公明以教之。于夫人郑先生托带勤工俭学女生名单一纸合并呈上，以凭察核，临颖不胜迫切待命之至。专此奉恳。敬颂公安

外附勤工俭学女生名单一纸① 　　　向警予谨启　三月十四日午前
〔熊希龄档案〕

---

① 本馆档案中没有此表。

10. 蔡元培等关于要求补助留法俭学学生经济困难给熊希龄的信
（1923年）

1. 魏璧劳启荣给熊秉三的信 （1月16日）

秉三先生钧鉴：久仰高风，惜未亲聆教益。伏维兴居纳福，诸凡顺遂为颂。先生于教育既素具热诚，而于有志苦生尤力加提拔，裨益桑梓贫寒，良非浅也。后生等承保借川资（即填补最后一批男勤工俭学生之缺额者），获遂留欧夙志，至所感祷。客岁放洋，沿途一切诸承子民先生照顾，抵法已届一寒暑矣。生等窃以为学问之事，浩如渊海，日新月异，岁复不同，要之以切实应用者为第一要义。故生等拟专修一二学科，以尽力于教育事业，秉性虽钝，意志方强。所苦家本平素，犹复湘中天灾人祸，频年不休，至敷度未遑，何处年筹巨款？所幸生等到法数月后即获Madame Hugnes Le Roux之女生补助费，俾专心读书一年。但此款纯系捐资，加之女生人数加多，故日昨接该处通告，据云于下月实行截止。盖款项已罄故也。闻信之暇，不胜惶悚。以远涉重洋，自期精造，第根本之经济问题未解决，生活不敷，何问学业。生等曾接周南母校校长朱剑凡先生函云，先生已允为生等玉成，特重函上恳，乞先生设法解决根本问题，俾得安心就学，他日有成，咸出栽培之盛意，少历艰辛，亦必黾勉从事，期无负先生之厚望也。兹并陈近况于后：现补习于法南部底雄(Dijon)城国立女子高等学校 (Lycée de Jeunes gilles)。生等除继续补习法文外，并各选听愿修之学科于各班。该校规模宏大，组织完善，且课程纯系选习制，故颇便于补习。加之纯粹与法人相处，匪特于语言方面可期进步较速，而于法女子教育可获一番实际考查，诚一最好求学之良机也。预计一二年后或可考入大学，并附寄该校长一函，乞赐收为祷。肃此专恳。敬请

道安

魏　壁
乡晚女生　　同上
劳启荣　一月十六号

附呈女子高等学校证明书一纸①

〔熊希龄档案〕

2. 胡元倓给熊秉三的信　（4月1日）

秉三先生赐鉴：昨日探听台莅在京，今晨特来趋候，门者言驾已出门，至为惆怅。弟阴历正初回长沙一行，于省政府请得汉口湖南银行抵帐收入地皮一方，在刘家庙火车站后身，风景大似吴淞之江湾。此次赴南洋，即拟以筹建筑费为词。中南大股东多系华侨，已得史量才转托介绍胡笔江去岁见面，颇关切。闻彼崇拜我公，五体投地。此次赴沪，尚须赖彼相助。敬乞我公特为汉校向华侨筹款事致胡一函，交倓带交。托庇有获，汉校从此维持下去，皆公之赐也。又留法女生魏壁、劳启荣去岁曾由朱剑凡面托设法，此次回湘，魏生之父又托倓转恳，顷又来函，一并呈鉴。两生闻已有该校证明书，当是潜心向学。我公近来培植诸生，无不同声感谢也。专此敬请道安

元倓专启　四月一日

〔熊希龄档案〕

3. 蔡元培给熊希龄的信　（4月2日）

秉三先生大鉴：前日奉教为快。承允代拟"请以盐斤加价充教育费呈稿"为荷，绪就请早日赐下为幸。接贵省留法女生劳、魏二君函，欲请先生设法补助，前曾托石曾兄奉询。顷二君有一

---

① 此原件中缺附件。

函属转上，特送奉，请玉成并复二君。专此敬请道安

　　　　　　　　　　弟　蔡元培敬启
　　　　　　　　　　四月二日
　　　　　　　　　　〔熊希龄档案〕

4.蔡元培给熊秉三的信　（10月16日）

秉三先生大鉴：别来忽逾半年，匆匆赴欧，未克告别为歉。辰维兴居康胜。到此后，晤贵同乡宾鸿焘君，是实行勤工俭学之一人，且赴法时本已在中学毕业，现已进大学预科，诚可造之材。惟所求之学术愈进，则平时无作工余暇，即在假期作工，亦复所积有限。现各省均有补助勤工生之举，每年约四百元。如蒙鼎力为宾君向贵省政府筹得此款，则宾君可以专心求学矣。附奉宾君原函，敬为转求，并祝
道安不既

　　　　　　　　　　弟　蔡元培敬启
　　　　　　　　　　十月十六日
　　　　　　　　　　〔熊希龄档案〕

5.宾鸿焘给熊希龄的信　（12月）

希公尊前钧鉴：幼闻功德，常铭感戴，只以学陋年浅未曾躬聆高义，引为歉仄。敬维福祉亨寿，道履冲和，毋任遥祝。敬呈者：生现年二十一岁，湖南衡山县人，曾由国内中学毕业后入工校一年，以兵乱不休屡失求学之所。旋于民国八年正月，赴京肄业法文专修馆，未上两月，因运动被囚一周。各校纷纷罢课，仍又不得求学之所，遂于是年七月负籍至英。因英金昂贵，生活亦难，又不易谋工作，故复由英至法，承华法教育会介绍入校，专学法文数月，即于民国九年正月十号与法国克鲁左工厂（欧洲第二大机械工厂）交涉绘图学徒，迄过一载后，又转学锉工。一面

实习，借求工业实学，一面以技售赏，藉蓄俭学费用，如此困读二年，未尝稍懈。后因技艺颇精，考入法国飞机工厂及巴黎电厂，又作一年，合计前后在法共工读三年（各厂证书已呈明蔡公），仅余七千方上下，对于工业实习，可算完全告一段落。惟于学理则付缺如。且生年纪渐壮，血气方强，而法文亦颇善，若不尽早弃工就学，恐后来精力记力日衰，则难学矣。自于去年（民国十一年）调查，比京学制甚善，工业较法更形发达，比即由法辞工来比，考入大学矿业工程师科预习班第二年级，已阅一年，现已升入第一年级，直到明年七月即能升入大学矿业工程师科正式本班，共计尚有六年（三年预科，五年本科）才能毕业。每年书籍房租伙食等费，至少亦在四千方左右。生家境素寒，双亲俱迈，相隔又远，实爱莫能助。近年学膳诸费皆是从前工时余资开支，不久即将散尽，虽能于寒暑二假入厂作工，奈课余疲倦，心力不及，且假期有限，所获无几，无以济事。若于中途废业，则历年之成绩、光阴及目尽弃，誓不甘心被此辛苦，进退两难，孤独远适，举目无亲，不克朝苦。清夜自思，泪落如豆，忧能伤人，此中情形，并非虚饰其词，以冀我公之怜。以生实有此情景，甚有过如斯焉。请询蔡公，则更明矣。特此函恳我公俯察愚诚，格加培育，请速设法救济，限定每年至少四百元，祈速汇比。其不足之处，由生自己于寒暑二假作工弥补，俾生不至中途废业，得遂竟学之心，将来学业有成，能不饮水思源乎？窃公素志振学兴材，为国民造幸福，今此举手之劳，拯生于水火之中，想公不至推诿而乐为之。生在远毋任馨香切盼也。课中忙草，特此奉呈，敬请

勋安，俯候

钧命

        学生　宾鹏翥谨呈

十二年十月初七晚书于比京

比国学校地址如下

Bien Pan Echou etudiant Chinois
Cours Scientifiques Superieurs Preparatoire
L'école militaire et aux universites
24, BD St michel
　　　　　　　　Bruxelles
　　　　　　　　　Belgique

〔熊希龄档案〕

(7) 华法教育会与华法教育分会

11. 京师警察厅为报蔡元培等在京设立华法教育会呈
（1917年5月20日）

呈为蔡元培等设立华法教育会，抄录《记事》、《简章》具报鉴核备案事。

据蔡元培等呈报设立华法教育会，附呈《记事》、《简章》请予备案等情。查该华法教育会系由该具呈人等谋书报之传达、留学之推广、华工教育之组织，于民国五年在巴黎开始成立。兹拟扩充会务，先设机关于京师遂安伯胡同，并以次分设各处。当以该会事关教育，由厅函请教育部查核见复去后，兹准复称：查该会组织成立前，据该会会长蔡元培将《会事记要》并《简单》呈送本部察核，恳予立案，业经本部核准函复查照办理。等因到厅。除批示该具呈人准予备案外，理合抄录原报《记事》《简章》暨会员名单，呈报宪部鉴核备案。谨呈
内务总长

　　　　　　　　京师警察厅总监　吴炳湘

附：《记事》、《简章》、名单一份
中华民国六年五月二十日

华法教育会记事
（一）先　导

吾人旅居法国，凡有所组织进行，均不能不与周围之境界所有〔有所〕关系。以学理言，固有互助尚同之宜。以事实言，亦有问俗问禁之说。是故欲促旅法事业之进行，亦必有华法共同之团体。此团体者，言之已数年，如南逵氏筹商建设中法学校于中国，绍可侣氏计划"人地学社"及"法文协社"，在欧战前与法国自由教育会之接近以及中西印字局之合组，皆其先导也。

民国五年，国体颠危，更有联接同志国之需要，遂拟组织"华法联合会"，其功用有二：一、当革命之时，可利于当时之进行。二、如传达教育等事业，为永久之进行。后与法国同志相商，多主张划为二事：旅欧民党一部分，专力于政治之进行，其事详《欧美民党记事》；其他一部分，专力于教育与社会之进行，宜组织"教育会"。此易"联合会"为"教育会"之原因也。

于法国方面，为"教育会"之主动者，为法士乃、穆岱诸君，更由穆君介绍于自由教育会会长欧乐君与书记辈纳君遂共同组织"华法教育会"，至其方针，即取"世界社"之事项而损益之。此即教育会之演进，

其发起也，其成立也，以及进行之报告、组织之大纲，均分述于后。

（二）发　起

民国五年三月二十九日，开华法教育会发起会于巴黎自由教育会之会所，首由穆岱君发言，略谓："自吾与留法中国团体诸君交接以来，见其关于教育计划精深宏博，既有裨于中法两国精

神上之发展，亦有裨于人道，此事之希望与结果必极伟大，为吾人所极端赞同。"并宣其宗旨与作用，列为三部（宗旨与作用三部见后，兹不复载）。

次由蔡子民君演说此会之意趣如下：今日为华法教育会发起之日，鄙人既感无限之愉快，尤抱无限之希望。盖尝思人类事业最普遍、最悠久者，莫过于教育。人类之进化，虽其间有迟速之不同，而其进行之涂辙，常相符合。则人类之教育，宜若有共同之规范。顾考察各民族之教育，常若不能不互相区别者，其障碍有二：一曰"君主"，二曰"教会"。二者各以其本国、本教之人为奴隶，而以他国、他教之人为仇敌者也。其所主张之教育，乌得不互相歧异？现今世界各国之教育，能完全脱离君政及教会障碍者，以法国为最。法国自革命成功，共和确定，教育界已一洗君政之遗毒。自一八八六年、一九零一年、一九一二年三次定律，又一扫教会之霉菌，固吾侪所公认者。其在中国，虽共和成立不过四年有奇，然追溯共和成立以前二千余年间，教育界所讲授之学说，自孔子、孟子、以至黄梨洲氏，无不具有民政之精神。故君政之障碍，拔之甚易，而决不虑其复活。中国又素行信仰自由之风，道、佛、回、耶诸教，虽得自由流布，而教育界则自昔以儒家言为主。儒家言本非宗教，虽有祭祀之礼，然其所崇拜者，以有功德于民及以死勤事等条为准，与法国哲学家孔德所提议之人道教相类。至今日新式学校，则并此等儒家言而亦去之。是中国教育之不受君政、教会两障碍，固与法国为同志也。教育界之障碍既去，则所主张者必为纯粹人道主义。法国自革命时，既根本自由、平等、博爱三大主义以为道德教育之中心点。至于今，且益益扩张其势力之范围。近吾于弥罗君所著《强权嬗于权强论》中，读去年二月间法国诸校长恳亲会之宣言有曰："我等之提倡人权，既历一世纪矣，我等今又为各民族之自由而战。"又于本年三月十五日之日报，读欧乐君之《理想与意志竞争论》

有曰:"法人之理想,不问其为一人、为一民族,凡弱者亦有生存及发展之权利,与强者同。而且无论其为各人、为各民族,在生存期间,均有互助之义务。例如比利时、塞尔维亚、葡萄牙等,虽小在体魄,而大在灵魂,大在权利,不可不使占正当地位于世界,以独立而进行。"其为人道主义之代表,所不待言。其在中国,虽自昔有闭关之号,然教育界之所传诵,则无非人道主义,例如孔子作《春秋》、区人治之进化为三世,一曰"据乱世"(由乱而进于治),二曰"升平世"(小康),三曰"太平世"。据乱之世,内其国而外诸夏("内"者,"亲"也,"外"者,"疏"也)。升平之世,内诸夏而外夷狄。太平之世,夷狄进至爵(与诸夏同),天下远近大小若一。(以上见何休《公羊传解诂》)教化流行,德泽大洽,天下之人人有士君子之行,而少过矣。(以上见董仲舒《春秋繁露·俞序篇》)孔子又尝告子游曰:"大道之行也,天下为公。选贤与能("与"者,"举"也),讲信修睦。故人不独亲其亲,不独子其子,使老有所终,壮有所用,幼有所长,鳏、寡、孤、独、废疾者皆有所养,男有分,女有归。货恶其弃于地也,不必藏于己。力恶其不出身也,不必为己。是故谋闭而不兴,盗窃乱贼而不作,故外户而不闭,是谓大同。"又曰:"圣人以天下为一家,中国为一人"。其他如子夏言"四海之内皆兄弟",张横渠言"民吾同胞",尤与法人所唱之博爱主义相合。是中国以人道主义为教育,亦与法国为同志也。夫人道主义之教育,所以实现正当之意志也。而意志之进行,常与知识及情感相伴,于是所以行人道主义之教育者,必有资于科学及美术。法国科学之发达,不独在科学固有之领域,乃又夺哲学之席,而有所谓科学的哲学。法国美术之发达,即在巴黎一市,观其博物院之宏富,剧院与音乐会之昌盛,美术家之繁多,已足证明之而有余。至中国古代之教育,礼、乐并重,亦有兼用科学与美术之意义。书云:"天秩有礼"。礼之始,固以自然之法则为本也。惟是数千年来，纯以哲学之演绎法为事，而未能为精深之观察、繁复之实验，故不能组成有系统之科学。美术则自音乐以外，如图画、书法、饰文等，亦较为发达，然不得科学之助，故不能有精密之技术，与夫有系统之理论。此诚中国所深欲以法国教育为师资，而又多得法国教育家之助力，以促成其进化者也。今者承法国诸学问家、道德家之赞助而成立此教育会，此后之灌输法国学术于中国教育界，而为开一个新纪元者，实将有赖于斯会。此鄙人之所以感无限之愉快，而抱无限之希望者也。敬为中国教育界感谢诸君子赞助之盛意，并预祝华法教育会之发展。华法教育会万岁！

次由李石曾君发言，略谓：关于本会发起之意旨，与中法两国教育之学术，已有穆蔡二君详述，兹不复言。吾所欲言者，则本会之内容，非惟理想与计划而已，实已见诸实行。就第一部言之，业经由中华印字局刊行书报若干种。就第二部言之，已有远东生物学研究会与留法俭学会之组织。就第三部言之，已有工人团体之结合。惟任重事繁，必赖法国同志之赞助，方能大发展，此所望于本会者也。演说之时，并以中国团体刊布之书报与各种建设（印局、生物学研究会、俭学会等）之影片出视。到会者，咸极称道其成绩。

次由辈纳君与李石曾君宣布到会者、通信报名者及向尽力于旅欧教育者之姓名如下：

法国：皮乃欧（学务使）、皮凯纳（工部秘书长）、米沙（小学校长）、沙伯（中学教授）、沙娥女士（小学教授）、沙尔伯（著作家）、伯雷（文学博士）、伯雷女士、伯第业（中学校长）、宜士（共和工商会代表）、法露（农科实业学校教务长）、法乃士（社会学校教授）、南逵（大学教授）、亚和（都尔日报主人）、柏唐（巴黎大学教授）、柏尔葛（中学校长）、施亚宜（大学教授）、马珊（工部书记）、马莱亚（下议员）、高斯（正谊书局）、绍可侣（比京新大学教授）、葛乐（百科书局）、万桑（下议员）、达尼斯（医学博士）、爱友（上议员）、雷格（前教育总长）、裴纳（中学教授）、盖尔尼（人权会代表）、穆岱（下议员）、欧乐（大学教授）、欧思同（音乐家）、顾来（学务司长）。

中国：方君瑛、吴玉章、吴稚晖、汪精卫、李石曾、李汝哲、李晓生、李圣章、李广安、李骏、余顺乾、范淹、姚蕙、徐海帆、陈冰如、陈子英、张博（溥）泉、张静江、张惠民、张秀波、张竞生、陆悦琴、曾醒、彭济群、褚民谊、黄仲玉、齐致、谭仲逵、梁耀霭、蔡子民。

终则推举干事，拟定会章及组织进行各事。

会　长：欧乐　蔡子民

副会长：穆岱　汪精卫

书　记：裴纳　法露　李石曾　李圣章

会　计：宜士　吴玉章

（三）成　立

民国五年六月二十二日，开华法教育会成立会于巴黎自由教育之会所。首先由欧乐君发言，兹录其演说词于下：

诸君：今华法教育会开成立大会，吾为主席，不胜荣幸。因本会之计划实至伟大，本会宗旨在发展中法两国之交谊，尤重以法国科学与精神之教育，图中国智育、德育与经济之发展。其详已见本会大纲，少顷即将陈于诸君之前。今之时会，于吾人之进行，实持之有故，言之成理。中国政治之稳静，似无动机者数百年，今则骏雄才而成潮流矣。中国之风俗与哲理，浸渍于自由平等者久，因以成其民国。其始也，似有梗阻，今则似入于统一组织之途。中国之民将有大作为于世界，亦未可知。是故法人与之接近，益为密切，益为契合，斯诚其时矣。盖当此伟大变化（世界革命）之时，是二民族，诚不可不互知互介而互助也。顾于今日，其相识也尚浅。语言风俗之距离，历史之悬殊，皆所以界划其间者。"中国之长城，法国亦有之。"是实愚陋与成见所筑成者耳。华法教育会之所欲坚忍以破除者，即此梗也。其所欲者，则中国之古道德与法国之新道德相交换，而持以敬爱之诚焉耳。夫中法之道德，其相异也，本非常人之所想像。于本会发起时，蔡君之演说，已表明其近同之点。近世法国思想行动之精意，实与过去及现在之中国相同。同志法士乃君直接而知中国，吾则不过悬想其大略耳。法士乃君于所著《中国革命之经过》一书中，述及有中文之法国革命史，廉价售于沪市，以为传布。且谓其中插画有万岁邑之旧宫，千七百八十九年六月二十日之誓约，路易十六之断头台，若百必马、若拿破仑、罗兰夫人之小影，以至卢梭以皮围冠之像，皆不为作者所忽置。夫中国孔子与诸子，本为法国革命之先觉。今者其徒党又于法国革命史中，得其先哲之情意矣。今中华民国之成宪，本于平等之谊，保障人权，略与法国人之人权宣言相似。凡诸政治与社会之道义，固吾授中国以先例而触动之。然吾人当不忘中国知之、言之、公布之，皆远在吾前，且远在吾父罗马、吾祖希腊之前也。夫理为人道独一之根本，实为理学大家孔子之所彰著。孔子固非其最早出者，然最明显。其为教育也，以开明治人，而不以愚民之术治人。而其昌明博爱之义，不止行于国民与国民之间，具行于人与人之间，而尤远在西塞伦以前。至于以"爱人为仁"，则尤其最著之名言也。中国此等教育，法人于十八世纪知之。吾今以服尔德之言告于诸君，盖服氏恒以精美之词，宣扬孔子之意。服氏常云："孔子不欺"，又云："阐扬人类之美德，无能过于孔子。"又云："孔子以友爱与人道为当然。"服氏恒以孔子之哲理与中国之先例，攻宗教之专横与旧制之无道。是中国之哲理，固曾于法国革命先导之实行家，有所张明而感触之。华法教育会之成立，若服氏不死，必以为大快也。中国之同志乎，吾人之乐于征引古人，固亦与中国人之好古无异。孔德有言："先治治后治"，此语必为孔子所乐闻。吾人亦何独不然？吾爱吾祖，吾爱吾祖之遗风，而培养以滋长之。吾之大革命即历史之所遗，而吾人至勇之行为，亦即往事之表帜也。中华民国与法兰西民国相同，皆欲以教育为要务，诸君欲为真实之革命，非仅易其衣表，实更易其身心，非但求中国之益，实求人道之益也。诸君为此高谊之行为，而求助于法国，因其有改革之经验（然亦固未完竣）。

然华法教育会之助中国，亦即所以助法国也。此并力之工作，诚与二国以平等之益与平等之荣也。此会之完全发展，必在联军胜（同化于普之德）之后，彼欲奴隶全世界，且至消灭精理，如吾会之所主张者。然吾不欲待战事既终而后有所进行。吾已成立，吾已进行，吾已得有结果。华工学校已活动而兴盛矣；吾会之书记以不息之强，独立而从事于此。将以本会之缘起与首先之成绩报于诸君。吾今所欲语于诸君者，惟其大旨耳。吾仅以法国革命史家之名义，为本会临时之主席，凡欲以教育进其群于自由、平等、博爱之组织者，皆以革命之义，而爱法国也。

次由辈纳君报告，并宣布拟定之会纲，经全体认可。其报告与会纲分录于左：

华法教育会临时干事会报告

华法教育会成于千九百十六年三月二十九日。今六月二十二日，始集此大会，审定所拟之会章，为期似亦久矣。惟临时干事会之进行，非仅在拟定会纲，并致力于他事。今法国工艺须借重中国之人工。然中国工人之忽入他乡，各事皆异，不无流弊。故拟建设华工学校，以养译才。然非仅传达言语而已，且为立身之先导，以助其乡人也。本会得工部与教育部之赞助，立得校所。李煜瀛君集得二十余人，彼辈不惮牺牲其工业，自备资斧而肄业于校中。四月三日，蔡元培君考验新生。五日，欧乐君于东方语言学校行开校礼。米沙君担任组织教授，欧思同君每日到校，教练语言。校中课程逐渐就绪，如度量、权衡、普通知识以及工艺图画，皆以法文授之。更有尽义务之中国教员若干人，或以中国语言教授卫生、修身诸问题，或担任助教及传译。学生进步之猛，实足为教员之荣幸，而为吾人始愿之所不及。虽然，非谓其组织已达于完善，吾人希望其日进于改良，吾愿同人之有所助力。本校成立之始，仅有"共和工商会"之助款五百佛郎，中国诸同志之助款千佛郎而已。吾望会员之会费及公家与个人之助款（法政府允助华工学校年费万法郎）继至，以助其事之发展。所言之华工学校，不过本会各事业中一事而已。吾更欲继"留法俭学会"之事业而扩张之。该会创于千九百十二年秋，以传达法国教育，介绍多数人来法留学为宗旨。留法俭学已得良果。李煜瀛君进行甚力，法露君亦力助之。节录法露君之报告如下："留法俭学会"创于千九百十二年，是年来者六十余人，次年则达百人，分入蒙城、芳丹白露、墨兰、万森各地中校。及欧战起，少数者回国，其他则至杜鲁司、濮都、商德内、穆尔大、三梅桑诸校半工半学者，亦不乏人。学生中有数十人已入大学及专门学校，习化学、工程、建筑、矿学、商业、农科等。中国学生至为勤学，可与法国学生相竞。其幼者，二年后曾在小学毕业；其长者，如皇甫辉君在蒙城农科实习学校，卒业考试得第一，李麟玉君在杜鲁司大学化学院，卒业考试得第一，皆其例也。关于介绍留学，今华法教育会惟有随其先进之前例而力行之可也。本会之计划，即会纲之第二条所分之三部：曰"哲理与精神"，以书说为传达；曰"科学与教育"，以学会、学校为组织；曰"经济与社会"，为实业与华工问题。其范围至广，吾已有所为之。又欲组织华工俱乐部于华工所到之地，亦此意也。此种事业必不能免困难，吾人之所固知，然必可胜之而不畏也。欧战之前，德国已设大学于青岛，欲得结果，则牺牲亦巨。美国以六十兆之赔款，为助中国学生留学于美之经费，吾人纵不要求若大之牺牲，然亦深望法人之欲传达法国精神与物质者，有以助之也。

华法教育会大纲

宗旨与组织

第一条　兹由同志结合团体，名曰：华法教育会。年期无限。会所在巴黎。

第二条　本会宗旨在发展中法两国之交通，尤重以法国科学与精神之教育，图中国道德、智识、经济之发展，其作用分三部如下：

（一）哲学与精神之部分：以传达法国新教育为务，如编辑刊印中法文书籍与报章，亦其职任。

（二）科学与教育部分：

（甲）联络中法学者诸团体。

（乙）创设学问机关于中国。

（丙）介绍多数中国留学生来法。

（丁）助法人游学于中国。

（戊）组织留法之工人教育。

（己）在法国创设中文学校或讲习班。

（三）经济与社会之部分：其作用为发展中法两国经济之关系与助进华工教育之组织，以法兰西、民国之平等公道诸谊为标准。

第三条　本会之会员有三：曰名誉会员，由大会推举，不纳会费。曰公益会员（即实行会员，多纳会费者），每年付会费至少二十佛郎。曰实行会员，每年至少纳会费五佛郎。各项会费均可于一次总纳，以免按年零付。公益会员须交四百佛郎，实行会员须交百佛郎。

第四条　评议会有认可公益会员与实行会员入会之权。欲入会者，须有会员三人保荐。团体亦可入会，会费每年至少二十佛郎。凡入会者，须完全承认会章及所定之条件。

第五条　会员之失其资格者二端：

（一）自行辞退。

（二）由评议会决议除名。除名之理由：或因重大之问题，或因过期一年不付会费。被除名者除已向评议会申办外，尚可质诸大会。

会员之辞退或被除名者，不得有会中之权利，其巳付之会费完全为会中所有。

经　理

第六条　本会之经理，由评议会主之。评议会员共二十四，于大会时，由公益会员与实行会员中推举之。任期三年。如有缺额，由评议会推补之，惟须得最近之大会认可。评议会员任期满时，改选三分之一，评议会员任期满后可被重选。

第七条　由评议会中推举干事，以组织干事会。干事会设会长二人，副会长二人，书记二人，副书记二人，会计二人，皆中、法各一人。干事会员任期一年，期满可续任。中国会长代表本会于中国。

第八条　评议会每三月开会一次。每次开会由会长召集，或由三分之一会员请之。必有四分之一之会员到会，则所决议事件方作为有效。评议员若连不到会四次，且无正当之理由者，即视为辞职，照第六条更代之。开会时须作记事录，由会长与书记签名。

第九条　评议员与干事员皆纯尽义务。

第十条　评议会对于本会之财产事业，有完全经理之权。惟购换房产、押款、借款与定租约逾九年者，决议后皆须由大会认可，始为有效。会中一切费用，由会长主之。本会对于法国之词讼或常务，由法国会长代表之。本会代表须有民事权及政治权者。

第十一条　本会每年开大会一次。其居法国之会员皆与会。

开会之期由评议会决定，或由五分之一会员请之。开会之次序由评议会决定。大会之干事即评议会之干事。

第十二条　大会之职务有数端：听评议会关于物质与精神之报告，认可过去之结帐，决定将来之费用，准备评议员之改推。皆于本日大会中决定之。关于评议员之改推：不到会者，可用通信选举法。决议须从到会会员之多数。开会记事录，由会长与书记签名。

存款与常年经费

第十三条　本会契约由本会负责，会员及评议员皆不以个人负责。

第十四条　存款之集合：（一）提取常年经费百分之五。（二）一次总纳之会费。（三）捐款。其已另指用途者不在此例。存款由评议会经理，可用之购置本会所需之不动产。

第十五条　常年经费之集合：（一）会员之会费与捐募，（二）公款之补助，（三）捐款之指定用途者，（四）产业之生息。

章程之改变及会之解散

第十六条　改变会章必经评议会或全体会员五分之一之提议，由事会于一月期内开大会议决。如会员到会者不及三分之一，开会作为无效。当更集议，至少必相隔十五日。此次无论到会者足数与否，皆当决议。无论如何，必得在会者三分之二认可，方能改章。

第十七条　会之解散亦须具第十六条之条件。若已决定解散，由会中委任一人或数人，为之指定会中财产之用途。

内部办事章程

第十八条　内部办事章程由大会决定之。以便实行本会之大纲，并决定内部经理之条件。

又次，推举评议会员及名誉会员。惟有未到会者及不在法者，俟得本人之承诺再布。干事会员临时推举者同。

最后由法士乃君演说中国近状，即数年共和事业之经过。法氏顾中国人在会者云："此为诸君所共知，非为诸君而言，乃为法人之忽于远东近事者而言"。故法氏之演说文，未录于此。然法氏意有可记者，则其谓"中国之习惯，颇合于民国制度。"又谓："当民国制度尚在幼稚之时，纵有未当处，亦不足为病。当日法国革命后，又何不然？"法氏曾著书说多种，皆深望中国民政前途之发达，此亦吾人所得想〔相〕慰相勉者也。

右之所记，皆本会自发起以至成立时期之大略也。本会大纲所规定之作用三部，当努力进行，俟有成绩，再次第报告于教育界。民国五年九月十五日记。

〔北洋政府内务部档案〕

12. 京师警察厅呈报陈涛等在京设立陕西华法教育分会函
（1919年10月3日）

呈为陈涛等设立陕西省华法教育分会，抄录会章暨条款报请备案事：据陈涛等呈报设立陕西省华法教育分会，拟具会章并填列条款，请予备案等情。查华法教育会总会，曾于六年五月间由蔡元培等呈请设立，当经由厅核准呈报宪部在案。此次该具呈人呈请设立分会，系以集合群力、开通本省风气、筹画公益为宗旨，系属一种公共事务之结社，饬区查复，均属相符。核阅所报会章，于治安警察法结社、集会各条亦无不合。除批准备案外，理合抄录原报会章暨条款，呈请鉴核备案。谨呈
内务总长
附抄章程条款各一件
京师警察厅总监　吴炳湘　[官　章]
中华民国八年十月三日

简　章
华法教育会陕西省分会章程
第一章　总　则

第一条　本分会为陕西省赞成华法教育会宗旨诸同志所组织成，名曰："华法教育会陕西省分会"。

第二条　本分会暂行设立于北京，俟本省分会成立后即行合并，另照华法教育会简章，选派驻京代表。

第三条　本分会除遵照华法教育会章程及分会条件设立本部支部协赞总会担任义务外，并以敦睦情谊，砥砺学行，合群集力，为本省开通风气、筹划公益为目的。

第四条　本分会励行华法教育会宗旨及实达第三条所开目的起见，特定职务如左：

甲、绍介译著：搜罗新出书籍、杂志翻译国文，以传达法国教育精神。

乙、推广留学：研究俭学方法，劝导学生留法，以联络华法学者贯〔灌〕输科学智识。

丙、创设学校：设立学问机关，研究实用学理，以冀提倡学艺，发展国内经济。

丁、劝学法文：劝诱学问机关研习法文，以为留学之准备。

戊、扩充会务：联合会员募集款项，以扩充本分会及总会事务。

第二章　会员及职员

第五条　本分会会员资格有四：

甲、有学识经验者。

乙、为本分会劝募捐款者。

丙、在本分会担任事务者。

丁、在分会每年照纳会费者。

第六条　本分会会员失其资格者有二：

甲、自行辞退者。

乙、由评议会决议除名者（除名之理由，或因重大之问题或因一年不付会费）。

第七条　会员之辞退或被除名者，不得享会中之权利，其已付会费，完全为会中所有。

第八条　本分会会员之权利如左：

甲、有选举及被选举权。

乙、有提议及决议权。

丙、有要求开临时会议权。

丁、有监查职员权。

戊、有享受特别利益权。

已、有遵守本分会规则之义务。

庚、有服从本分会劝诫及处罚之义务。

辛、有担负本分会公益之义务。

壬、有捐助本分会经费之义务。

第九条　本分会职员由本分会会员中选举，分职如左：

甲、会长一人，乙、副会长一人，丙、书记二人，丁、评议四人，戊、驻京代表二（此系照华法教育会简章分设，但现在从缺）。

第十条　本分会职员之权义如左：

本分会职员均不支薪。

会长有总理一切事务之权，有招集开会之权，对于总会有代表本分会全体意见之权，对于全体会员有过失纠正之责，对于新会员有绍介劝勉之责，对于职员有协议赞助之责。副会长之权责与会长同。会长因事不能到会时，由副会长代表之。

书记一掌文牍，一掌会计。文牍书记经理来往信件及发信，通知开会日期，登记提议各事及会员姓氏。

会计书记经理会计、登记一切收支款项、造列预算决算等表册，用款在十元以内者随时开支，逾十元者非有会长字据不能支付。

评议有代表全体会员决议普通事务及规诫，处罚会员之责，但须由评议会公决。

第三章 经　　费

第十一条　入款

甲、基本捐：每员于新入会时，捐银币一元。

乙、常年捐：每年于开通常会时，捐银币二元。

丙、特别捐：由会员特别捐输。

丁、临时捐：举行要务需款浩大时，开临时会议由众募集。

第十二条　出款

甲、经常费：如房租、工资、伙食、簿籍、笔墨、纸张、邮票、茶水之类。

乙、临时费：创设学校、编译书籍需款过多者，另议会商。

第四章 会期及会规

第十三条　会期分三种：每年开通常会一次，临时会、评议会无定数，均由会长召集。

第十四条　开会日期，通常会于十日前、临时会及评议会于三日前通知，召集非有特别事故，不得缺席。

第十五条　会员各有议事之权利，但经到会者多数决定后，其余不得异议。

第十六条　凡议件，以每次开会所到会员多数之决议为准，其不到会者各自放弃权利，无批驳已决议案之权。

第五章 选举及任期

第十七条　凡会员均有选举权，因事处罚者不得参预。

第十八条　选举职员用记名投票法，选举几员投票几次，每举一员，每人得投一票，以最多数为当选。票数相同者，以年龄长者为定。

第十九条　职员每二年改选一次，但得连任。

第二十条　新旧职员交替之时，须将移交薄籍、款项等类查核清楚，公布接收。

第二十一条　本分会处理事务详细章程由会长拟订，交由评议会公决。

第六章　附　　则

第二十二条　本分会本部及各支部，应备华法教育会章程及留学规条等，以备会员参阅。

第二十三条　本分会章程如有应行更定时，由分会全体会员议决。

第二十四条　本分会章程，自议决之日实行。

填列条款

名　　　称	陕西省华法教育分会
规　　　约	另呈
事　务　所	教场头条三原西馆
设立之年月日	八年八月十号
主任人姓名履历住　　　址	陈涛陕西省三原县人，现充国务院咨议财政部秘书，住教场头条一号。
全体职员姓名	正会长　　陈　涛 副会长　　康宝忠 评议员　　郭毓璋、刘源森、李步云、张崇基。 书记员　　康宝恕、陈之硕。
社会员总数	三十七人

〔北洋政府内务部档案〕

13. 内务部转咨陈涛等关于设立陕西华法教育分会函
（1919年10月11日）

内务部为咨行事：据京师警察厅呈称：据陈涛等呈报设立陕西省华法教育分会，拟具会章条款，请备案等情。查华法教育会总会，曾于六年五月间由蔡元培等呈请设立，当经由厅核准呈报在案。此次该具呈人呈请设立分会，系以集合群力开通本省风气为宗旨，系属一种公共事务之结社。饬区查复，均属相符，核阅所报会章，于治安警察法结社集合各条亦无不合，除批准备案外，抄录原报会章暨条款，请鉴核备案到部。查该厅于六年五月间呈报蔡元培设立华法教育会一案，曾经该厅声称函准贵部核准在案。此次陈涛等呈报设立分会，既经该厅核与定例相符，批准备案。除由部备案外，相应照录原送抄件，咨请查照。此咨
教育总长

兼署内务总长
〔北洋政府内务部档案〕

14. 京师警察厅为陕西省在京所设华法教育分会自行取消呈
（1920年6月28日）

呈为陕西省华法教育分会，自行取消具报鉴核事：窃本厅前于八年九月间，据陈涛等呈报组织陕西省华法教育分会，当经批准备案，并抄录条款呈报宪部在案。兹据陈涛呈称：前因陕省多故，分会未能成立，故暂在京师设立分会。现陕省分会已正式成立，北京所设之分会应即日取销，以免纷歧等情除将原案注销并令区知照外，理合据情呈报宪部鉴核。谨呈
内务总长

京师警察厅总监 吴炳湘 [官　章]

中华民国九年六月二十八日

〔北洋政府内务部档案〕

（8）全国教育会联合会

15. 全国教育会联合会会章
（1916年）

第一章 名　称

第一条　联合会由各省省教育会及特别行政区域教育会组织而成，定名为全国教育会联合会。

第二章 宗旨

第二条　本会以体察国内教育状况，并应世界趋势讨论全国教育事宜，共同进行为宗旨。

第三章 会　员

第三条　本会会员以各省省教育会及特别行政区域教育会推选代表三人以内充之。

第四条　本会会员概为名誉职，所需旅费由各地方自行担任。

第四章 开会会期及闭会

第五条　本会非有赴会会员过半数到会，不得开会。

第六条　本会每年开会一次，于每次会毕时决定下次之会期会所。

第七条　会议期以二星期为度，如因议案过多不能完结时，得延长一星期以内。

第五章 主席及副主席

第八条　本会设主席、副主席各一人，由会场所在地之教育会代表中推定之。

第九条　主席有维持会场秩序之责。

第十条　主席有事故时，副主席代行其职务。

第六章　议事及提案

第十一条　本会会议非有到会会员过半数出席，不得开议。

第十二条　表决议案取决多数可否，同数时取决于主席。

第十三条　各种议案非经审查会审查不得议决，但因会员过半数之同意，得不交审查会直行议决。

第十四条　会员提案须以所代表之教育会名义行之。

第十五条　议案于开会两个月以前，分送联合之各教育会先行讨论。

第七章　审查会

第十六条　本会开会时应设审查会。

第十七条　审查会会员由主席临时指定。

第十八条　审查会设主任一人，由审员公推之。

第八章　经费

第十九条　本会开会期内经费，由所在地教育会筹措之。

第九章　附则

第二十条　本会章如有未尽事宜，每年开会时得提议修正之。

〔北洋政府内务部档案〕

（9）读音统一会

16. 教育部公布读音统一会章程令
（1912年12月2日）

教育部令第二十七号

读音统一会章程

第一条　教育部据官制第八条第七项筹议国语统一之进行方法，特开读音统一会。

第二条　读音统一会由教育部主持，于民国二年二月十五日开设于教育部，会期预计历两三月。

第三条　会员之组织如左：

一、教育部延聘员无定额。

二、各地代表员各省二人，由行政长官选派；蒙藏各一人，由在京蒙藏机关选派；华侨一人，由华侨联合会选派。

第四条　会员之资格如左：

一、精通音韵。

二、深通小学。

三、通一种或二种以上之外国文字。

四、谙多处方言。

合右列四种资格之一者，均得充本会会员。

第五条　本会职务如左：

一、审定一切字音为法定国音。

二、将所有国音均析为至单至纯之音素，核定所有音素总数。

三、采定字母。每一音素均以一字母表之。

第六条　行政长官选派代表，宜就本省之合格人员选派，亦得就本省人员之侨居京津等处者就近指派。

第七条　聘员川资、旅费由部酌量支给。代表员川资旅费各由原派机关酌量支给。

第八条　会议各项细则俟开会时订定。

中华民国元年十二月二日

教育总长　范源廉

〔北洋政府教育部档案〕

17. 全国教育会联合会第三届会议请定国语标准推行注音字母提案

(1917年10月17日) ①

我国言语不能统一，凡事每生障碍，欲谋教育普及，亟宜采取与文相近之语言，编制一种标准语，以蕲国语之改良，且助文化之进步。考之东西各国，其小学校不称国文科，而称国语科者盖有由也。至于读音统一，实为语言统一之初步，故大部于民国二年，特开读音统一会，公制注音字母三十九，专讲读音，作统一语言之基础。民国四年，在京试办注音字母传习所，分级教授，成绩颇良，更编电码旗语等，亦堪应用。若将此项字母推行各地，于语言之统一，不无裨益。拟请大部速定国语标准，并设法将注意字母推行各省区，以为将来小学国文科改国语科之预备，是否有当，谨祈鉴核施行。

各学校用国语教授办法

一、师范学校当教授注音字母及国语。

二、各学校教员，练习注意字母及国语。

三、小学校教授国文读法生字时，当授以国音。

四、小学校教授语法，以土语译成国语练习之。

附实施方法：

一、各学校职教员须开国语练习会，每星期至少一次，平时须多讲国语，凡开讲演会，行训话时，必汰去土音，而用国语，不可以谙国语而惮于应用。

二、每日令生徒练习国语数句，并随时以国语问答，日积月累，自成习惯。

---

① 本件时间据《中国近七十年来教育记事》一书记载而加。

三、小学校令儿童读书时，必用国音。

说明：本条所谓国音，即注音字母规定之音，所谓国语，即从前所谓官语，近今所谓普通话。其要点在根据国音矫正土音，并随时练习。

〔中央大学档案〕

18. 教育部公布注音字母令
（1918年11月23日）

部令公布注音字母　七年部令第七十五号

查统一国语问题，前清学部中央会议业经议决。民国以来，本部鉴于统一国语必先从统一读音入手，爰于元年特开读音统一会，讨论此事。经该会会员议定注音字母三十有九，以代反切之用，并由会员多数决定常用诸字之读音，呈请本部，设法推行在案。四年设立注音字母传习所，以资试办，迄今三载，流传浸广。本年全国高等师范校长会议议决，于各高等师范学校附设国语讲习科，以专教注音字母及国语，养成国语教员为宗旨。该议决案已呈由本部采录，令行各高等师范学校遵照办理。但此项字母，未经本部颁行，诚恐传习既广，或稍歧异，有乖统一之旨。为此特将注音字母三十九字正式公布，以便各省区传习推行，如实有须加修正之处，将来再行开会讨论，以期益臻完善。此令。

注音字母表
　　声母二十四

巜	(见一)古外切与浍同今读若格发音务促下同	丂	(溪一)苦浩切气欲舒出有所碍也读若克	兀	(疑)五忽切兀高而上平也读若愕
丩	(见二)居尤切延蔓也读若基	〈	(溪二)本姑泫切今苦泫切古甽字读若欺	广	(娘)鱼俭切因崖为屋也读若腻
刀	(端)都劳切即刀字读若德	去	(透)他骨切义同突读若特	乃	(泥)奴亥切即乃字读若讷
勹	(帮)布交切义同包读若薄	攵	(滂)普木切小击也读若泼	冖	(明)莫狄切覆也读若墨
匚	(敷)府良切受物之器读若弗	万	(微)无贩切同万读若物		
卩	(精)子结切古节字读若资	亍	(清)亲吉切即七字读若疵	乚	(心)相姿切古私字读私
屮	(照)真而切即之字读之	彳	(穿)丑亦切小步也读若痴	尸	(审)式之切读尸
厂	(晓)呼旰切山侧之可居者读若黑	丅	(晓)胡雅切古下字读若希		
力	(来)林直切即力字读若勒	曰	(日)人质切读若入		

介母 三

一	于悉切数之始也读若衣	Ⅹ	疑古切古五字读若鸟	凵	丘鱼切饭器也读若迁

韵母十二

丫	于加切物之歧头读若阿	古	呵本字读若痾	廿	羊者切即也字读若也
丶	余支切流也读若危	万	古亥字读若哀	幺	于尧切小也读若傲平声
又	于救切读若讴	乃	乎感切嘾也读若安	尢	乌光切跛曲胫也读若昂
乚	古隐字读若恩	乙	古肱字读若哼	儿	而邻切同人读若儿
浊音符号	于字母右上角作,				
四声点法	于字母四角作点如左图				

```
       去 ·   · 入       阴平无符号
          □
       上 ·   · 阳平
```

中华民国七年十一月二十三日　部印

〔北洋政府教育部档案〕

19. 教育部公布国语统一筹备会规程令
(1918年12月28日)

教育部令第九二号

兹订定国语统一筹备会规程，特公布之。此令。

　　　　国语统一筹备会规程

第一条　国语统一筹备会，以筹备国语统一事项及推行方法为宗旨。

第二条　国语统一筹备会，设立于教育部，受教育总长之监督。

第三条　国语统一筹备会，其筹备事项，分左之四类：

一、音韵；

二、辞典；

三、语法；

四、各种语体书报。

第四条　关于音韵类之事项如左：

一、国音字典之校核订正；

二、各种注音书报之审核；

三、方音之调查。

第五条　关于辞典类之事项如左：

一、国语辞典材料之搜辑调查；

二、国语辞典之编辑及审核。

第六条　关于语法类之事项如左：

一、语法材料之搜辑调查；

二、语法之编辑及审核。

第七条　关于语体书报之事项如左：

一、各种语体书报之调查及审核；

二、各种语体书报之编辑。

第八条　国语统一筹备会，以左列会员组织之：

一、教育部职员若干人，由教育总长指定；

二、教育部直辖学校教员若干人，由各该校推选。

三、其他于第三条所列事项，确有专长者若干人，由该会延聘。

第九条　国语统一筹备会设会长一人，副会长二人，综理该会事务。

前项会长、副会长，由教育总长指定之。

第十条　国语统一筹备会设常驻会员若干人，承会长之指挥，分任调查、编辑、审核事宜。

前项常驻会员由会长陈请教育总长指派之。

第十一条　国语统一筹备会得酌用书记掌理缮写、收发、保管文件及其他庶务。

第十二条　国语统一筹备会遇有应行会议事项，由会长定期招集之。

第十三条　国语统一筹备会会员为名誉职，除书记外，概不支薪。

第十四条　本规程如有未尽事宜，或应行增改之处，得由该会随时修正，呈请教育总长核定施行。

中华民国七年十二月二十八日　部印

教育总长　傅增湘

〔中央大学档案〕

20. 教育部公布注音字母次序令

（1919年4月16日）

部令公布注音字母次序　八年部令第三十二号

查注音字母业由本部于七年十一月二十三日以部令第七十五号公布在案，兹据国语研究会呈请案，照音类排定次序，并具案前来，经本部审查，认为适当合亟公布，以资称引。此令。

计开：

ㄅㄆㄇㄈㄪ　ㄉㄊㄋㄌ　ㄍㄎㄫㄏ　ㄐㄑㄬㄒ　ㄓㄔㄕㄖ ㄗㄘㄙ　ㄧㄨㄩ　ㄚㄛㄝ　ㄞㄟㄠㄡ　ㄢㄣㄤㄥㄦ

附说明：

（一）声母以收声于歌韵入声等者为甲团；以收声于支韵等者乙团，庶不使异声间杂而后读之顺利。

（二）甲团先叙唇音故之以ㄅㄆㄇㄈㄪ。

而后进而叙舌尖音，以舌尖之边音附焉，故次之以ㄉㄊㄋㄌ。

而后进而叙舌根音，以舌根后之浅喉音附焉，故终之以ㄍㄎㄫㄏ。

（三）乙团先叙与舌根音相关之舌前音，故始之以ㄐㄑㄬㄒ。

而后稍出而叙舌叶音，以舌叶之边音附焉，故次之以ㄓㄔㄕㄖ。

而后再出而叙齿头音，故终之以ㄗㄘㄙ。

每团之每类有五有四有三不能齐一者，乃按音理，而各国声音各有偏缺，亦出于物之大情，故旧等韵亦有四有五有二不能齐也。

（四）韵母先叙介母，介母之旧次极当，故始之以ㄧㄨㄩ。

而后续叙独母，旧次亦极当，故次之以ㄚㄛㄝ。

而后续叙复母，旧次ㄟ在ㄞ先则失ㄚㄛ相次之序，故当又次之以ㄞㄟㄠㄡ。

而后续叙附属声母之韵母，旧次ㄣ在ㄤ先则违ㄚㄛㄚㄨㄛㄨ之例。故当又次之以ㄢㄣㄤㄥ。

而后续叙东方特有之韵母，故终之以ㄦ。

中华民国八年四月十六日

〔北洋政府教育部档案〕

（10）中华职业教育社

21. 中华职业教育社宣言书与社章
（1917年）

（一）中华职业教育社宣言书

今之策国是者，莫不重教育。策教育，莫不谋普及。夫教育曷贵乎普及。岂不曰教育普及，则社会国家一切至重要至困难问题，根本上皆得缘以解决也。今吾中国至重要至困难问题，尚有过于生计者乎。兴学二十余年，全国学校亦既有十万八千余所，何以教育较盛之区，饿莩〔殍〕载涂〔途〕如故，匪盗充斥如故。更进言之，谓今之教育而能解决生计问题，则必受教育者之治生，较易于其未受教育者可知。而何以国中自小学以至大学，学生之毕业于学校而失业于社会者比比。此国人所谛观现象，默审方来，而不胜其殷忧大惧者也。

甲寅之秋，同人有考察京津教育者，某中学学生数百人，其校长见告，吾校毕业生升学者三之一，谋事而不得事者二之一。乙卯丙辰两岁，江苏省教育会以毕业生之无出路也，乃就江苏公私立各中学调查其实况。乙卯升学者得百分之二十三，丙辰得百分之三十九。此外大都无业，或虽有业而大都非正当者也。今岁全国教育联合会各省区代表报告，则升学者仅及十之一，或不及十之一。若夫高等小学，今岁调查江苏全省毕业者四千九百八十三人，而收容于各中等学校者不及四之一。此外大都营营逐逐，谋一业于社会，而苦所学之无可以为用者也。

或曰：此之所云，普通学校耳。则试观夫实业学校，专门学校，有以毕业于纺织专科，而为普通小学校图画教员者矣。有以毕业于农业专科，而为普通行政机关助理员者矣。甚有以留学欧美大学校专门毕业，归而应考试于书业机关，充普通编译员者矣。所用非其所学，滔滔皆是。虽然此犹足以糊其口也，其十之六七，乃并一噉饭地而不可得。实业学校毕业者且然，其他则又何说。然则教育幸而未发达，未普及耳。苟一旦普及，几何不尽驱国人为高等游民，以坐待淘汰于天演耶。曩岁同人鉴于教育之不切实用，相与奔走呼号，发为危言，希图教育当局之省悟。今则情见势绌，无可为讳。盖既不幸言而中矣。

简而言之，吾侪所深知确信而敢断言者，曰今吾中国至重要至困难问题，厥惟生计。曰求根本上解决生计问题，厥惟教育。曰吾中国现时之教育，决无能解决生计问题之希望。曰吾中国现时之教育，不惟不能解决生计问题，且将重予关于解决生计问题之莫大障碍。此而不思所以救济，前途其堪问耶。

救济之道奈何，或曰此社会事业不发达之故。夫人才而有待夫现成之事业耶，抑事业实待人才而兴也。或曰此用人而违其长者之咎。然吾闻农场尝用农学生矣，其知识、其技能，或不如老农也。商店尝用商学生矣，其能力未足应商业用，而其结习，转莫能一日安也。吾侪所深知确信而复敢断言者，曰方今受教育者之不能获职业，其害决非他方面贻之，而实现时教育有以自取之也。

且教育曷贵也，语小，个人之生活系焉；语大，世界国家之文化系焉。今吾国文明之进步何如乎？行于野，农所服者，先畴之畎亩也。游于市，工所用者，高曾之规矩也。夫使立国大地，仅我中华，则率其旧章，长此终古，亦复何害。独念今世界为何等世界，人绝尘而奔，我蛇行而伏。试观美利坚一国，发明新器物，年至四万种。安迭生一人发明新器物，多至九百种。我未有一焉，谁为为之，无新学识以应用于实际，无新人才以从事于改良。教育不与职业沟通，何怪百业之不进步。由是吾侪深知确信而复敢断言曰，吾国百业之不进步，亦实现时教育有以致之也。

同人于此，既不胜其殷忧大惧，研究复研究，藉立救济之主旨三端：曰推广职业教育，曰改良职业教育，曰改良普通教育。为适于职业之准备。

依教育统计，全国中学四百三所，而甲种实业学校仅九十四，高等小学七千三百十五所，而乙种实业学校仅二百三十。夫中学毕业力能升学者，或不及十分之一；高等小学毕业力能升学者，或不及二十分之一，数若是其少，谋生者数若是其多。乃为学生升学地之中学高等小学数若是其多，为学生谋生地之实业学校数若是其少，供求不相剂若此，职业教育之推广其可缓耶。又况甲乙种实业学校固未足以括职业教育，而尽给社会分业之所需也。虽然，属于普通性质之中学高等小学数既若是其多，则一时欲广设职业学校，俾适合乎十分之一二，十分之一中学高等小学毕业生升学者与谋生者之比，不惟财力有所不胜，即进行亦嫌太骤。故同人所主张，一方推广职业学校，职业补习学校，一方于高等小学中学分设职业科。谓惟此于事实较便，影响较广耳。

虽然，仅言推广职业教育，而谓足解此症结，则又何解于实业学校毕业生失业者之纷纷。盖吾国非绝无职业教育，其所以致此，亦有数因，一曰其设置拘统系而忽供求也。美瑟娄博士有言，苟与我六十万金办中国职业教育，我必以二十万金充调查费。夫职业教育之目的，一方为人计，曰以供青年谋生之所急也；一方又为事计，曰以供社会分业之所需也。然则今时之社会，所需者何业，某地之社会，所需者何业，必一一加以调查，然后立一校，无不当其位置，设一科，无不给其要求，而所养人才，自无见弃之患。今则不然，曰农、曰工、曰商不可不备也，农若干科，工商各若干科，苟为法令所无，匪所宜立也。其所汲汲者，在乎统系分明，表式完备，上以是督，下以是报，而所谓时也，地也，孰所需，孰非所需，均不暇计。二曰其功课重理论而轻实习也。自小学校令有加设农商科之规定，各地设者不少。

顾农无农场也，商无商品也，不过加读农商业教科书数册，其结果成为农业国文商业国文而已。所谓乙种农工商学校，亦复如是。即若甲种，其性质既上近专门，其功课更易偏理论。今之学生，有读书之惯习，无服劳之惯习。故授以理论，莫不欢迎。责以实习，莫不感苦。闻农学校最困难为延聘实习教师。夫实习既不易求之一般教师，则所养成之学生，其心理自更可想。而欲其与风蓑雨笠之徒，竞知识之短长，课功能于实际，不亦难乎。三曰其学生贫于能力而富于欲望也。实习非所注重，则能力无自养成。然而青年之志大言大，则既养之有素矣。上海某银行行长，录用学校毕业生有年，一日本其经验语人曰：今之学生，学力不足，而欲望有余，不适于指挥，徒艰于待遇耳。夫银行新式事业也，犹且如此，则凡大多数之旧式事业，学徒执役，则极其下贱，学成受俸，则极其轻微，其掉头不屑一顾。可知夫生活程度，必与其生活能力相准；办事酬报，必与其办事能力相当。若任重有所不胜，位卑又所不屑，奚可哉。此第三病根，实于受普通教育时代种之，故同人所主张改良职业教育，必同时改良普通教育。

救济之主旨如上述，其施行方法奈何？曰调查，曰研究，曰劝导，曰指示，曰讲演，曰出版，曰表扬，曰通信答问。其所注意之方面，为政府，为学校，为社会。而又须有直接之设施，曰择地创立都市式、乡村式男女子职业学校，日夜星期职业补习学校。而又须有改良普通教育之准备，曰创立教育博物院。追影响渐广，成效渐彰，又须设职业介绍部。其为事曰调查，曰通告，曰引导。今欧美之于职业教育，可谓盛矣。德国一职业学校，分科至三百多种。美国黑人实业学校，凡房屋及房屋之砖之瓦之钉，屋内一切家具，马车及车之轮之铁之褥之油幔，马之缰及马之豢养，御者之衣及履，食物如面包，及制面包之麦之粉，若牛肉、若牛油、若鸡蛋、若牲畜之豢养及屠宰，无一非出学生手。

凡归自欧美者，莫不艳称而极道，然试考其发达之源，英仅自一九〇八年苏格兰设教育职业局始，美仅自一九〇七年波士顿设少年职业顾问所始，其后经舆论之赞成，极一时之响应，以有今日。可知谋事无所为难，作始不嫌其间。同人不敏，所为投袂奋起，以从事于本社之组织。十年而后，倘获睹欧美今日之盛，学校无不用之成材，社会无不学之执业，国无不教之民，民无不乐之生，乃至野无旷土，肆无窳器，市无游氓，因之而社会国家秩序于以大宁，基础于以确立。斯皆有赖全国同志群策群力之赞助，以底于成，而非同人一手一足之所能为役矣。同人所敢言者，矢顾〔愿〕本其忠诚，竭其才力，终始其事。一切组织具有别订。盖诚目击现象之大危，心怵方来之隐患，以谓方今最重要最困难之问题，莫生计若。而求根本上解决此问题，舍沟通教育与职业，无所为计。惟我教育家实业家与夫热心谋所以福国家利社会诸君子有以教之。

（二）中华职业教育社章程

第一条　本社之立，同人鉴于方今吾国最重要最困难问题，无过于生计根本解决，惟有沟通教育与职业。同人认此为救国家救社会唯一方法。故于本社之立，矢愿相与始终之。

第二条　本社事业之目的如左列。

甲、推广职业教育；

乙、改良职业教育；

丙、改良普通教育，俾为适于生活之准备。

第三条　本社事业之种类及其项目如左：

第　一　类

甲、调查　调查现行教育之状况，调查职业界之状况，调查社会百业供求之状况，调查学校毕业生之状况，调查各地已办职业教育之状况。

乙、研究　会集研究或通信研究，此为关于各类各项事业，所以构成本社意思之总机关。

丙、劝导　劝政府使注意促办职业教育。劝导社会有力者，倡办职业学校，劝普通学校之堪以兼办职业教育者，务注意办理并指导之。劝职业学校之有须改良其教育方法者，务注意改良并指导之。劝导学生与学生父兄，凡青年力不能升学者，速受职业教育。劝导社会咸注意职业社会。劝导社会已经任事而有受补习职业教育之机会者，勿失机会。劝职业界录用学校毕业生，劝导学校毕业生，使就相当之职业。

丁、指示　甲项办理调查时，有以丙项各目方法来问，或有所质疑，则就所知指示之。

戊、讲演　定期讲演，临时讲演，出发讲演，就学校讲演，或就各业中心地讲演，社员讲演，或邀请名人讲演。

己、出版　杂志、书籍、图表、定期刊布，或临时刊布。此为关于各类各项事业，所以发表本社意思之总机关。

庚、表扬　职业学校与普通学校，分设职业科之办有成绩者，征取其方法；或以文字、或以影片发表于杂志。并随时随地表扬之，俾社会注意兼介绍，使他校参观。

辛、通讯答问　有关于职业教育之疑问不及面质者，得通讯质之，除就所知解答外，亦得通讯转问职业专家。

第 二 类

甲、设立职业学校　男子职业学校（都市式、乡村式），女子职业学校（都市式、乡村式）。男女子职业补习学校（日课、夜课、星期课、暑天课）。

乙、设立教育博物院　凡关于职业教育之教材与普通学校之教材，皆搜集陈列之。第一步使小学校之教授获此观感，渐近于实际，为多数学生将来受职业教育之准备。俟经费渐充，影响渐广，仿美圣路易教育博物院办法，多备教材，轮流借给各学校实地使用。

丙、酌设其他实施职业教育之机关，如农物、工场、商店之类。

第　三　类

组织职业介绍部。此俟职业教育成效渐见，影响渐广，然后设立。其事为调查、为通告、为引导。

以上各类各项事业，视财力能力所及，次第设立之。

第四条　本社员分两种如下：

甲、普通社员；

乙、特别社员。

第五条　凡合于下列各项资格之一，经社员二人以上之介绍，得以其志愿为本社普通社员或特别社员。

甲、办理职业教育者；

乙、有志研究职业教育者；

丙、热心提倡职业教育者。

第六条　普通社员岁纳社费两元，特别社员岁纳社费二十元。特别捐无定额，岁费于每年五月纳之。

第七条　凡一次纳特别捐二百元以上者，为永久特别社员，其一次纳二千元以上者，并赠以永久特别社员金质徽章。

第八条　凡社员皆有参与会集研究、通信研究，并领受定期出版物，或本社特别赠与临时出版物之权。凡纳特别捐费者，于杂志披露之；其一次纳至二百元以上者，并于举办第二条第二类事业时，题名于建筑物。

第九条　本社年会于每年五月行之。

第十条　本社职员分两部如下：

甲、议事部；

乙、办事部。

第十一条　议事部议事员由特别社员互举，至少以七人为限，多以三十五人为限（暂定十五人举一人）。议事员皆名誉职，任期三年。连举者连任。

第十二条　议事部之职权如左：

甲、公举本社主任；

乙、公举基金管理员；

丙、审核预算决算；

丁、议决本年度办事方针。

议事细则由议事部自订之。

第十三条　办事部设主任一人，总书记一人。其余书记、会计、干事，及其他各项办事员员额，视各项事业兴办后，依其繁简定之。

第十四条　主任由议事部于特别社员中选举之。总书记以下各办事员，由主任延聘之。主任负办事部完全责任，其任期及薪金额，议事部定之。总书记有协助主任办理本部事务之职，主任有事故时，总书记代理之。主任及总书记于议事部议事时，有出席报告或陈述意见之义务。凡办事部办事员，有以议事员兼任者，其议事员之资格，仍存在之。各项办事细则，由主任定之。

第十五条　基金管理员一人，由议事部于议事员内公举，其任期议事部定之，并得以议事部之公决，酌支公费。凡办事部会议时，基金管理员有出席之义务。关于基金之管理规则，议事部定之。

第十六条　本社经费以社员岁费、特别捐费充之。不足时，议事部负筹划之责。

第十七条　本社取交通之便利设于上海，徐图推广事业于各地。

第十八条　本章程由成立会议决。

〔中央大学档案〕

22. 中华职业教育社社务报告

(1920年4月30日)①

社务报告

八年五月一日至九年三月三十一日

(一)新社员：普通一千二百二十四人，连前共二千二百九十六人；特别社员五十二人，连前共三百二十八人，永久特别社员四十九人，连前共一百四十人，统计二千七百六十四人。

就各地分队征求社员一次，自二月一日起至四月十日止，共得八千零十六分(实征到普通社员九百九十四人，特别社员五十三人，永久特别社员十四人)。后续得八百三十分(实征到普通社员一百零六人，特别社员九人，永久特别社员三人)。

(二)议事员会：开过常会三次，临时会五次。

(三)调查：调查学校一次，调查工厂七次，又三月中主任黄君赴奉贤、当涂、芜湖调查地方状况，又职业指导部委员会主任陆君规亮，调查上海各学校各工厂状况。

(四)讲演：八次，地点为厦门、苏州、常熟、南翔、奉贤、青浦、当涂等处。

(五)出版：教育与职业第十三期至第十八期，共六册。教育与职业英文临时刊布一分(为聂君云台赴美分布之用)。

(六)通讯：收到函电共七百零八件，发出七百五十八件。增设广州、芜湖通讯处，连前共十处。

(七)办理议事员改选事：改选议事员，照第一届成例用通讯选举法，于四月六日发出选举票，其时永久特别社员一百三十

---

① 此件时间为社务会议时间。

五人，特别社员二百五十四人（以缴过岁费者为限），共三百八十九人。照社章第十一条，每十五人中举一人，定举出二十五人，预拟在五月年会时开揭。

（八）职业指导部：组织委员会公推陆君规亮为主任，先从上海方面入手，现在调查中。

（九）与他机关协办事项：（一）加入新教育共进社；（二）加入上海各公团会议；（三）加入国民教育促进团；（四）偕江苏省教育会发起征集小学自制玩具举行展览（假定在暑假期内）。

（十）受人或机关委托事件：（一）受聂君云台之委托，规划上海女子职业学校（尚未举办）、湖南旅沪职业学校；（二）受徐君静仁之委托，规划当涂职业学校；（三）受傅君步兰之委托，计划上海职业学校；（四）受华商纱厂联合会之委托，计划棉铁工业学校。

（十一）代聘校长教员：受南洋与国内各学校之委托，介绍校长、男女教员，计介绍至南洋者十三人，国内者六人。

（十二）经费：收入五千四百九十一元零八分。支出七千六百九十二元六角九分。结存一千二百二十四元二角七分。

特别捐基金项下收入五千五百三十四元，连前共七千九百十四元，又款元八百五十五。

募金团项下共收六万四千三百六十三元九角零八厘，支付各项费用共一千三百七十六元一角二分。

募金团共收捐款银六万四千三百六十三元九角另八厘。

募金团支付各费：

一　支交际费银二百六十一元五角五分。

一　支铜牌银三百十三元八角七分。

一　支银盾、银杯银二百八十三元九角二分。

一　支印刷费银三百八十元另五角六分。

一　支缮写信件等酬银五十八元。
一　支电报邮费银五十五元五角四分。
一　支杂费银二十二元六角八分。
　　　共支银一千三百七十六元一角二分。
　征求社员已缴费数（四月十六日止）：
共收普通社员岁费银二千二百六十四元。
共收特别社员岁费银一千九百四十元。
共收特别捐银二千六百三十元。
合计收银六千八百三十四元。

〔中央大学档案〕

23.中华职业教育社第四年度征求社员办法
（1920年2月）

一、本社章程第十一条，规定议事员三年一任；六年七月，议事员会议议决办事主任和基金管理员也是三年一任。差不多每隔三年就要改组一番，现在计算从本社成立到本年五月满三年了，所以同人公议要在第四年度征求社员一次。

二、这次征求的社员照章程分做三类：

（一）普通社员——每年缴纳岁费二元；

（二）特别社员——每年缴纳岁费二十元；

（三）永久特别社员——一次捐金二百元以上。

以上所定的金额都是拿国币作主；如缴纳非国币或者折扣的国币，均须照市价折合。

三、社员的权利照章程所规定，写在下面：

（一）凡社员皆有参与会集研究、通信研究并领受定期出版物，或本社特别赠与临时出版物之权；（社章第八条）

（二）议事部议事员由特别社员互举；（同第十九条）

（三）凡一次纳特别捐费二百元以上者，为永久特别社员；其一次纳二千元以上者，并赠以永久特别社员之金质徽章；（同第七条）

（四）凡纳特别捐费者，于杂志披露之；其一次纳至二百元以上者，并题名建筑物。（同第八条）

四、这次征求社员，希望得很好的成绩，所以用比较竞争的方法组织若干队，推定队长，每队一人，除队长自为一队员外，另设队员若干人，由队长自己去酌定。

五、所征得的社员，都以填到愿书和缴到岁费为凭。收到旧社员的岁费也可以一并计算。不论新旧社员的费，每收到银一元作为一分。（但旧社员不用再填愿书，如通讯处改变，应填明地址。）

旧社员岁费除第四年度外，倘有补缴第三年度岁费的，也可以并入计算，由本社将已缴第三年度岁费的社员名单寄去预备查考。

六、岁费捐金都由队长或队员代收，当场出给收据。由队长或队员拿收到的费汇交本社，本社另给他收据，就算手续完毕。将来本社比较分数，就拿这交到的费为凭。

这种收费的办法，本社另有详细说明，印在收据簿上。

七、各队员征求社员得到一百分以上的，赠珐琅制感谢书一幅，该队的队长也照样赠一分。

三百分以上的，除前项赠品外，加增精制焚土纪念信插一具，该队的队长也照样赠一分。

五百分以上的，除前二项赠品外，加增精制焚土纪念木匣一具，该队的队长也照样赠一分。

一千分以上的，除前三项赠品外，加赠精制焚土纪念西式书架一具，该队的队长也照样赠一分。

比较得分数最多的一人，赠精制焚土纪念新式书箱一架，珐琅画二幅；

次多的二人，各赠精制焚土纪念诗笺匣一具，珐琅画一幅。

又次多的三人，各赠珐琅画一幅。

以上各项赠品，都是本社附设职业学校自制的纪念品。

八、社员征求以后，即须接续改选议事员，举行年会，所以征求时期不能太长。现在拿预定的期限写在下面：

九年二月一日开始征求社员；

三月十五日征求社员截止；

三月二十五日各队报告截止；

二月二十六日起四月五日止造印社员名单；

四月六日发出改选议事员选举票；

五月二十日收受选举票截止；

收受选举票截止以后，就在五月三十一以前，酌定年会期，同时开揭选举票。

附录一

本社社员一览表

国	内	国	外
地 别	人 数	地 别	人 数
江 苏 省	852	荷属爪哇岛	62
甘 肃 省	119		
北 京	107	英属海峡殖民地	40
江 西 省	40		
福 建 省	36	荷属苏门答腊岛	38
安 徽 省	31		
吉 林 省	28	美利坚合众国	34
奉 天 省	27		
浙 江 省	25	美属菲律宾群岛	31
山 东 省	23		
直 隶 省	18	英属缅甸	15
湖 南 省	16		
黑 龙 江 省	12	马来半岛	11
河 南 省	10		
广 东 省	9	英吉利	8
四 川 省	6		

(一) 设立旨趣
　(１) 沟通教育与职业为实施职业教育之汎关
　(２) 适应现时需要提倡劳动培养国民生产能力

(二) 设施方针
　(１) 养成耐劳耐苦习惯俾将来适于自立生活
　(２) 培养自治自动精神俾将来足以发展事业
　(３) 养成服务社会美德俾将来成为善良公民

(三) 设科由来
　调查本地重要职业种类以铁工木工为主科
　适应现在社会需要附设钮扣珐琅二科
　应本县市小学校之需要附设中央木工教室
　应各省区教育机关之要求特设职业教员养成科
　应中等学校毕业生之要求特设留法勤工预备科

(四) 经费概况
　　开办费　建筑费……13242.65
　　　　　　工场设备费……18998.823　　34134.6921元
　　　　　　学校设备费……1893.219
　　经常费……七年八月至八年八月共支……14574.769元

　　分科　本科　木工科 一二年级
　　　　　　　　铁工科 一二年级
　　　　　　　　珐琅科 一二年级
　　　　　　　　钮扣科 二年级
　　　　　职业教员养成科
　　　　　留法勤工预备科

〔中央大学档案〕

中华职业学校
概况一览表

(五) 组织概况

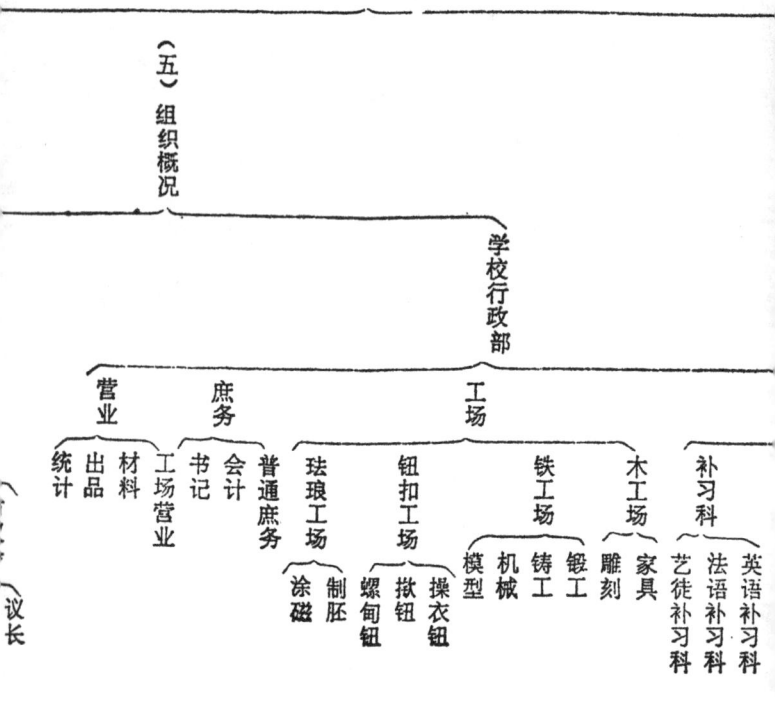

学校行政部

议长

营业
- 统计
- 出品
- 材料
- 工场营业

庶务
- 会计
- 书记
- 普通庶务

工场
- 珐琅工场
  - 涂磁
  - 制胚
- 钮扣工场
  - 螺甸钮
  - 揿钮
  - 操衣钮
- 铁工场
  - 模型
  - 机械
  - 铸工
  - 锻工
- 木工场
  - 雕刻
  - 家具
- 补习科
  - 英语补习科
  - 法语补习科
  - 艺徒补习科

附录二

学生自治团……职业市
- 市议会……议员
- 市政所……市长
  - 总务科
  - 卫生科
  - 实业科
  - 工程科
  - 社会教育科
  - 交际科
  - 交通科
  - 警务科
- 初级裁判部
  - 检察部
  - 审判部

（六）教育概况
- 教授概况……国文、算术、理化、公民须知、外国语普通教科
  - 技能教科……制图工作法
- 训育概况
  - 组织自治团体
  - 注重共同作业 { 无论何时须为公众尽力 / 无论何时须遵守规律 / 无论何事须自己解决 / 无论何事皆须自己去做 }
- 养护概况
  - 注意清洁卫生
  - 检查体格矫正姿势
  - 提倡课外运动

（七）实习概况
- 木工科……制作大形简单家具如茶几、桌椅、书架、书橱等件
- 铁工科……先从锻工、铸工、揿钮、钳床入手专制日用五金杂件及小件机械
- 钮扣科……制造操衣钮、揿钮、贝钮、骨钮、角钮
- 珐琅科……代涂汽油灯罩等并自制杯、锅、匙、盂等器皿

（八）学籍统计
- 各科人数……本科一年级（七〇人）本科二年级（七〇人）职业教员养成科（五四人）留法勤工预备科（四九人）艺徒补习科（三九人）合计（二八二人）
- 学生籍贯……直隶（二人）奉天（一人）吉林（二人）山东（三人）河南（三人）山西（二人）陕西（一人）甘肃（一人）浙江（一人）湖北（二人）湖南（二人）江西（八人）安徽（三人）江苏（一七一人）福建（一一人）四川（一一人）广东（一人）

注：此表照原件录

续表

国	内	国	外
地 别	人 数	地 别	人 数
湖 北 省	5	法兰西	3
山 西 省	4		
云 南 省	3	日本	2
京兆特别区	2		
广 西 省	2		
陕 西 省	1	荷属龙目岛	1
贵 州 省	1		
小 计	1377人	小 计	245
统 计			1622

24. 中华职业教育社创设职业指导部宣言
(1920年8月)

本社设立的主旨是要沟通教育和职业，所以自从成立以来，由提倡进到研究，由研究进到实施，将来的成效究竟怎样，我们还不敢自信。但是国内同志的响应，可算一天多一天，各处的职业学校，也是一天发达一天，这是我们很抱乐观的。但是调查国内职业界的现状，觉得很是可虑，为什么呢？一般股东经理中，有的是很好的，能量学徒的才能录用的，有的人当收学徒的时候，对于学徒的体力、学业品性、能力等等，未必尽经试验。还有那一般要谋职业的学徒，在选择职业的时候一点没有把握，一点没有预备，往往随便瞎撞，误入歧途，结果反弄得社会上各种职业需要的人才，和各人的体力、学业、品性、能力不相谋合，非但两方面都感不便、都受损失，就是于社会生计、国民经济也要受到很大的影响啊。这样看来，我们实施职业教育的人，应该想一个法子，预先去指导他。凡是关于社会的生活，职业的种类，职业界需用人材的标准，以及学徒自己的体力、学业、品性、能力各方面，都应该使他们注意，做他们将来选择职业时候的参考资料。那么，他们决不会误选了职业，以致常常要想改变，也不会用非所学，妄非精神了。因为这一层，职业指导一件事觉得十分重要，所以欧美各国专设这种机关，职业指导局、职业指导科、劳动局等，无非一面是调查各项的职业，可以做相当的预备；一面是就将要毕业的学生，用什么方法教导他们，养成职业界的种种资格，毕业以后更用什么方法，使得他们走一条相当的出路。仔细一想，这个职业指导简直是职业教育的先行问题了。

我们既然认职业指导是很重要的事业，现在要提倡他，当然不能够空谈空想,须要切切实实从根本上做去,下一番彻底研究工夫，实地的去试验，所以特地组织这个职业指导部，所办的事业：

第一，把各地重要的职业切实调查明白，以便给一般学徒有相当的准备。

第二，调查各学校将毕业生徒的年龄、体力、学业、品性、能力和志愿，考查他是不是和他所认的职业相应，倘使没有决定，更应该引导他选择最适宜的职业。

第三，征集各实业家对于毕业生服务上必要的条件，印送各校，以供教师学生的参考。

第四，各校生徒毕业以前，本部派员前往演讲择业的要点，顺便把调查的结果，和选择职业时候重要关系的地方，详详细细发表出来，使一般生徒得着许多的心得。

第五，介绍毕业生入相当学校，使他们得到充分的学力，以便将来的出路。

本部的事业，现在就这短时期内先从上列几项入手，将来有了结果，再要分别事情的缓急，渐渐儿推广出去。希望职业界中个个都愿需用学校的毕业生，完全用试验办法；一般的毕业生在服务上个个都得股东经理的满意。还有一层，一般普通社会里的人都希望我们介绍职业，我们很是愿意，但是几个人介绍许多人的职业，是办不了的，未必个个适当，个个称心的，所以根本解决，先从指导入手。一方面使学徒谅自己的才力，拣一条适当的大路；一方面使各实业家，以本业所需要雇几个适当的人才。雇人的时候，用招考的方法，使愿就业的学徒来应试，及格者取之。如此，那不至彼此不接头了，支配得妥妥当当，并且使个个人任事适宜，能发展他才能，使有益于职业界，那才不负本部组织的本旨。计自本年三月起，先从上海地方着手调查，以后逐渐推广。还要盼望同志、各位先生,大家帮忙，互相辅助，才能使学徒同实业界，实在得益咧。

〔中央大学档案〕

25.黄任之致中华职业教育社函

(1921年3月12日)①

摘抄黄君任之致本社办事部函　三月十二日自邅京发

兹想得一事，年会期必须早定。如此时尚未决定，弟意可定五月二十九日（星期日）、三十日两天如何？届时弟等必归，可报告（此层可先于通告内叙明）。至办法，拟请人讲演职业教育种种问题，如郭秉文、邹秉文等。须有题目或中外消息，或研究心得，须择重要有价值者，人必乐听。请人报告职业学校状况，如荫兄报告本校状况，请赵欲仁君报告杭州女职校状况，或王振之君报告苏州女职业中学状况。如汕头无人来，弟或志华可报告汕头职业学校状况以及其他种种，如芜湖职校等均须有文字备发表。一面并征集各职校出品陈列，并征集照片，汕头不久即寄沪，木卿已在准备，并可继续前年办法，征集社员报告、意见或问题，说明前有此举。时阅两年，必多新变化云云。以上节目可先期商定，使人早预备，并可于通告内发表。至社务报告、进行计划等，亦是题目，农教列会亦须有人报告，其办法可参观基督教教育会年会。使来者费一二日光阴，得种种新见闻、新知识，如受临时功课然。第一天如不及了，可分排两日，午后参观学校、工场陈列品种种。如诸君以为然，望依此预备，照通讯处章程应有报告，须通知，可列举事项或当地新制度、新建设，或新研究，或机关内动作等等。

〔国立中央大学档案〕

---

① 此件时间依职业教育社记载所加。

26. 黄炎培南游募捐情形的报告

(1921年6月16日)

南游报告

一、日期：自一月三十日启程至五月十八日返沪，共一百〇九日。

二、经过地方：马尼拉、香港、广州、汕头、潮安、樟林、暹罗之盘谷、佛丕、槟榔屿、吉隆坡、新加坡、棉兰，计十二处。

三、演讲次数：共四十三次。

四、旅费：二人支二千〇六十七元三角三分六厘。

五、募款情形：近一年来，南洋各埠土产价大跌，市况非常衰疲，经济困难为从来所未有，所经各地情形大抵相同。致募款事难于着手，且亦不愿在此时勉强进行，致碍将来发展。故只在斐立宾，商请将华侨六年春捐助本社及清心实业学校本金斐币二万元，充职业学校工场扩充经费，息金照常由学校工场担任，拨交本社及清心学校充经常费。暹罗以先有接洽，经华侨总商会发起，分潮、广、容、琼、闽五属捐募，除琼属已募得暹币五千铢尚未结束外，四属共募得暹币壹万伍千伍百肆十玖铢，实汇到国币壹万二千四百二十四元二角五分。所经各地除暹罗已经捐募外，其余均有接洽，各界领袖允俟市况恢复，协力进行。即斐立宾侨商对于职校扩充，亦愿续与助力。

六、征求社员：此行并未正式征求社员，但除捐款在二百元以上推为永久特别社员外，愿加入者亦不少，计得特别社员四人，普通社员四十人。各地热心赞助本社者，愿任征求之责，经约定于本社正式征求社员时进行。

〔中央大学档案〕

27．中华职业教育社第五年度征求社员通启稿

(1922年5月)

本社创设于民国六年，专事提倡研究职业教育，冀以教育之力，发展社会实业，救济国民生计。成立四年，幸得同志赞助，影响日以推广，宗旨日以昌明。今值第五年度开始，举行征求社员，合将四年以来社务状况撮要报告如左：

社员：三千一百一十一人，偏〔遍〕于本国各省及英、美、法、日诸国，南洋群岛。

出版：印行社务丛刊四册，关于职业教育之单行书籍十一册，英文刊布一册，图表若干种，教育与职业教育杂志二十六册。

调查：一百二十三次，七年赴东三省一带调查，八年、十年两赴南洋调查。

讲演：一百七十四次。

通讯：往来函电二万五千四百七十二次，国内外特约通讯处十所，申报本社通讯二百六十九次。

附设职业指导部，设有职业指导委员会，委员九人。曾就上海方面调查工商界状况，学徒服务条件，辑行《职业实验谈》一册。

附设农业教育研究会，设委员二十六人，曾调查江苏乙种农业学校一次，向教育行政当局条陈改革意见。受各处委托规划农校数起。

附设中华职业学校及机械工场、木工场、钮扣工场、珐琅工场。〔学〕校分机械工科、木工科、钮扣工科、珐琅工科、商科。职业教员养成科及留法勤工俭学预备科先已毕业。附属职工养成科、工徒科、灾孩班（招收北方灾儿课以工作、工商补习学校、

义务学校，学生工徒共四百四十五人。学生半日作工，半日读书。工徒日间作工，夜间读书。最近暹罗侨商云竹亭君等捐置免费学额几名，吴佩孚将军派送学生三十名。受托代办事业：湖南旅沪职业学校当涂静仁职业学校、上海市立小学、中央木工教场，此外代各地规划男女各种职业学校不列计。

今为扩充社务起见，分队征求社员，特将社章规定、社员种类与权利、义务各条节录如左：

第六条　普通社员岁纳社费两元，特别社员岁纳社费二十元，特别捐无定额……。

第七条　凡一次纳特别捐二百元以上者，为永久特别社员，其一次纳二千元以上者，并赠以永久特别社员金质徽章。

第八条　凡社员皆有参与集会研究、通信研究，并领受定期出版物或本社特别赠与临时出版物之权。凡纳特别捐费者，于杂志披露之；其一次纳至二百元以上者，并……题名于建筑物。

第十一条　义事部义事员，由特别社员互举。倘荷热心职业教育诸同志概允加入，请将左方愿书填明（旧社员无须写通信处、职业介绍人），连同特别捐或岁费，交由各队队长或队员转寄本社，无任企幸。

中华民国十年六月中华职业教育社谨启

名誉总队长　张　謇

总　队　长　王正廷

副总队长　许　源

聂其杰

穆湘玥

附：愿书

赞成中华职业教育社宗旨者	
姓　　名	号
通 信 处	（通信处适用某国文即以某国文填写）
职　　业	
介 绍 人	
	中华民国　年　　月　　日
	随缴特别捐　　　　　元
	普通社员岁费　　　元
	特别社员岁费　　　元
	永久特别社员费　　　元

〔中央大学档案〕

28.中华职业教育社第五年度征求社员办法草案
（1922年5月）

中华职业教育社第五年度征求社员办法草案

本社成立以来，曾于第四年度征求社员一次，幸赖同志诸君之扶助，得分数至八千余分，得社员至二千余名，以是本社影响益形广被。今者第五年度开始，为续图推广计，仍采分队比较方法，从事大征求，冀得更优美之成绩。用〔现〕拟办法九条，具如左方。尚祈热心赞助本社诸君慨赐提倡为幸。

（一）上届征求社员，〔遍〕于江浙与西北各省，本届除前地继续进行外，更注重南方诸省及南洋群岛、新大陆等处。

（二）本届征求除延请名誉总队长、正副总队长主持一切外，各地分置队长，每队队员至多以十人为限，由总队长延请担任，亦得由各队长自择相当人员商请担任。但请定后，应依另表填明寄交本社备查。

（三）征求社员以缴到岁费或特别捐为凭，比较各队分数以缴到岁费或特别捐之多少为准，每一元作为一分。其在本国缴费而所缴非上海通用之币，应就市价折算。至国外币制不同，酌定划一之汇率如下：

（甲）美国 以美币一元合国币二元。

（乙）小吕宋 以菲银二元合国币二元。

（丙）新加坡 以叻币二元合国币二元。

（丁）棉 兰 以二盾半合国币二元。

（四）本届征求社员，固期加入新同志，但如旧社员补缴岁费或先已缴纳而愿预缴后年度岁费，亦可作为分数。

（五）各队收费照收据簿面所开条件办理，由各队队长负全责，至截止时如挈用有余，即请退还本社。

（六）本届征求社员期限，分国内、国外两起如下：

（甲）国内：六月二十一日征求开始，七月十日征求截止；二十日报告及缴费截止；二十一日揭晓分数。

（乙）国外：七月十一日征求开始，三十一日征求截止；八月二十日报告及缴费截止；二十一日揭晓分数。

各队长报告及缴费，应注意使于截止期前到达。

（七）各队征到社员请随时用本社另制表格填明寄社。至缴费，或分起缴，或一次缴，悉听各队之便。

（八）名誉总队长、正副总队长、各队队长、队员台衔，除在本社出版物及各报披露藉志感谢外，并以比较得分之多寡，由本社附设中华职业学校分别制赠纪念品如下：

（甲）各队队员得一百分以上者，赠丙种纪念盾一座。

（乙）得五百分以上者赠乙种纪念盾一座。

(丙)得一千分以上者赠甲种纪念盾一座。

队员得以上三项赠品者,该队队长并照赠一分。

(丁)比较得分最多者一人,赠甲种纪念盾一座。

(戊)次多者二人,各赠乙种纪念盾一座。

(己)又次多者三人,各赠丙种纪念盾一座。

名誉总队长、正副总队长各特赠甲种纪念盾一座。

(九)各队为征求社员所需邮费、汇费,均请于结束时开单寄社。

以凭交还

兹将本队请定队员开列如下:

姓　名	号	通　讯　处	附　注

中华民国十年　　月　　日队长　　　报告

兹将本队截至　　月　　日止所募得社员数报告如下:

经募人	社　员　数			附　注
	普　通	特　别	永久特别	

中华民国十年　　月　　日队长　　　报告

〔中央大学档案〕

(11) 中华教育改进社

29. 中华教育改进社董事名誉董事名单
(1922年)

名誉董事:
严修　张謇　梁启超　孟禄　杜威　张一麐　李煜瀛

董事:
　　司库: 张伯苓　范源廉　汪兆铭
　　部长: 蔡元培　熊希龄　黄炎培
　　交际: 郭秉文　袁希涛　李建勋

主任干事:
　　陶行知
　　总事务所北京西四牌楼羊市大街。

〔中央大学档案〕

30. 中华教育改进社委员会规程
(1922年10月18日) ①

第一条　本社为共同研究学术或处理特别问题起见,得依社章第四章第十一条第十项之规定,由董事部组织委员会进行。

第二条　委员会委员由董事部聘任之。

第三条　委员设主任一人、副主任一人、书记若干人,由委员会推选任之。

---

① 此件时间为中华教育改进社发函时间。

第四条　委员会处理下列职务：

一、关于该门学术或该种问题之处理事项。

二、关于该门学术或该种问题议案之审查事项。

三、关于董事、部长、主任、干事交议或委托事项。

四、关于本委员会建议事项。

第五条　处理上列事宜之方法，由委员会自定之。

第六条　委员会进行事宜，应随时与主任干事接洽。

第七条　委员会所需经费，由委员会主任拟具计划预算，交由主任干事提出，董事会核定。所需数目超出本社预算时，得由董事会协同委员会另筹款项充之。

第八条　委员会会期由委员会自定之。

第九条　委员会为进行便利起见，得设分委员会。

第十条　本规程如有未尽事宜，得由董事部修改之。

〔中央大学档案〕

31.中华教育改进社平民教育委员会简章

(1923年12月23日)

第一条　本委员会定名为中华教育改进社平民教育委员会。

第二条　本委员会协助北京平民教育促进会，以推行本社及附近平民教育，使在一定时期之内，凡本区应识字之人民，无不识字为宗旨。

第三条　本委员会以本社全体热心平民教育人员组织之。

第四条　本委员会推行便利起见，应推五人为执行委员，并于热心委员中公推委员长一人，副委员长一人，书记一人，会计一人，庶务一人。

执行委员每学期改选五分之一。

第五条　本委员会会务如下：

（一）设立平民学校。（二）设立平民读书处。（三）劝告不识字人民入学。（四）充当或物色平民学校劝导员、教师、读书处长、助教。（五）筹划经费。（六）指导识字人员教不识字人员。（七）考核本区平民学生成绩。（八）流通本会委员之消息。（九）参与中华平民教育促进会之共同进行事项。

第六条 经费，本委员会经费以下列各项充之：

一、个人普通捐款。二、特别捐。三、补助费。

第七条 会议：全体大会每半年开一次，但经执行委员会半数之提议，得召集临时全体会议，执行委员会开会期间，地点由执行委员自定之。

第八条 本委员会设在本社总事务所内。

第九条 本简章有未尽事宜，经执行委员过半数以上或全体委员四分之一以上通过，得修改之。

〔中央大学档案〕

32. 熊希龄关于中华教育改进社两周岁的报告①
（1923年12月23日）

本社成立于民国十年十二月二十三日，直到十一年四月才在京设总事务所进行一切。所以虽说是两周岁，其实办事期间只有一年八月。在这个短少时期内，我们所办的事很有限，大家可以在举办事业一览表上略知大概。我现在要报告的就是这两年来本社所表现的精神。

本社成立以来，对于本国教育就抱一个分析研究的方针。我们主张是一个人、一个时代，担任一个问题。各人对于所担任的问题，必须充分征集事实，彻底了解，然后再提出建议。本社从

---

① 此文登在《中华教育改进社第二周年纪念会》会刊上。

事研究教育学术的人，都抱了一个虚心学习的态度。随时随地随人学习，是我们第一个精神。但是闭起门来研究，往往有蹈空之弊，所以我们不但要研究，并且要实地去干。干的时候，最要紧的是合力，是互助。我们总希望全国教育界和全社会，对于公共的问题能够同心合力的去干。换句话说，我们要大家一同干。不过遇了要紧的事，大家同干的志愿没有成熟，那么时不我待，我们很愿干没有人干的事。所以两句话可以概括本社的精神：一是愿意学，二是愿意干。两年以来，我们一面学，一面干；天天学，天天干；一年学到头，一年干到头。我们抱定的志愿是活一天学一天；学一天干一天。

〔中央大学档案〕

33. 中华教育改进社社务统计①

（1923年12月23日）

本社机关社员及个人社员数目

（至民国十二年十二月止）

	机 关 社 员	个 人 社 员
京师及京兆	21	190
直　　隶	18	60
奉　　天	1	65
吉　　林	1	13
黑 龙 江	—	5
山　　东	23	76
河　　南	7	42
山　　西	2	27
江　　苏	19	229
安　　徽	2	50
江　　西	—	9
福　　建	3	16
浙　　江	5	26
湖　　北	3	17
湖　　南	5	96
陕　　西	—	10

① 此件系薛鸿志的文章，刊登在《中华教育改进社两周年纪念刊》上。

续表

	机关社员	个人社员
甘　肃	—	1
新　疆	—	—
四　川	2	19
广　东	3	4
广　西	—	—
云　南	—	9
贵　州	—	—
热　河	—	1
绥　远	1	3
察哈尔	—	1
美　国	—	19
法　国	—	1
菲律宾	1	—
新加坡	1	—
未　详	—	01[①]
总　数	118	9.72[②]

[①][②]此件未详一栏中的"01"与总数中的"9.72"两数系原文如此。

前表中之个人社员,系就社员之所在地分列;所在地而非原籍者,亦以所在地为准。

(中央大学档案)

84.中华教育改进社民国十年至十二年社员历届增加数目表
(1923年12月23日)

民国十年至十二年本社社员历届增加数目

时 期	机 关 社 员		个 人 社 员	
	总 数	增加数	总 数	增加数
十年十二月	61	1	43	□
十一年六月	81	20	49	6
十一年十二月	117	36	394	345
十二年六月	118	1	865	471
十二年十二月	118	0	972	107

(中央大学档案)

35. 中华教育改进社社员性质表

(1923年12月23日)

性　　　质	数　　目
中　学　校	23
大　学　校	21
学术及其他团体	19
专　门　学　校	18
师　范　学　校	12
实业及职业学校	10
教　育　厅	8
省　教　育　会	4
学　务　局	2
小　学　校	1
总　　　数	118

〔中央大学档案〕

36. 中华教育改进社创办二年来举办事业一览表①

（1923年12月23日）

事业种类	主持人员	进行状况
中学课程改造之研究	张仲述	（甲）初步的调查 1. 现行课程之审查。 2. 各科教科书之分析。 3. 实际教学率之考察。 4. 中学毕业生出路之研究。 （乙）建设的计划 1. 据一中国社会现在情形，拟订标准。 2. 在课程里增设新活动。 3. 审察中等学生性质。 （丙）试验
心理教育测验之编造	麦柯	此项工作由本社研究员麦柯博士与北京大学、师范大学、东南大学、燕京大学各校心理学教授及学生编造。已编造（1）智慧测验十种，（2）教育测验二十三种，特别测验及有关系之材料九种。
科学教学之研究	推士 张子高 陈裕光	此项研究由推士博士至各处调查，在民国十一年十日开始。调查的有奉天、天津、北京、济南、保定、彰德、开封、南京、无锡、苏州、南通州、上海、杭州、芜湖、安庆、南昌、武昌、重庆等处。

① 此件系章洪熙在教育改进社第二周年纪念会北京羊市大街普及平民教育期成会上讲话。

续表

事业种类	主持人员	进行状况
英语教学之研究	张士一	此项研究由本社请东南大学教授张士一计创，先从研究教材之实用价值入手。
学校教育调查	德尔满 查良钊	此项调查由薛远举、杨继宗二先生协助进行。应用智力测验、教育测验两种，测验国民小学之三年以上各年级及初级中学一年级之学生。已测验的有北京、天津、济南、南京、上海、苏州、广州、南昌、武昌、开封、保定、长沙、太原等处，尚有奉天拟继续进行测验。
教育统计	陶知行 薛远举	本社所调查统计，由杨可大、尹彤垾二人襄助，兹将已经举行者列下： （一）各省区学务概况调查。 （二）各县学务概况调查。 （三）全国中等以上学校概况调查。 （四）京师学务概况调查。 （五）全国各学校调查。 （六）科学教员调查。 （七）京师公立小学教员生活状况调查。
丛书	陶知行	三种已出版。
中国教育英文丛刊	陶知行	共十六种，由本社敦请南北教育各家分撰，商务印书馆出版。
新教育	徐则陵	月出版一次。

续表

事业种类	主持人员	进行状况
中等教育	委员会	由本社中等教育委员会加入，中等教育协社发行。
初等教育	委员会	由本社初等教育委员会及旁的小学合办。
教育名词之审查	孟宪承 郑晓沧	已编三分之二
心理名词之审查	庄泽宣	已出版
统计名词之审查	朱斌魁	已出版
施行教育心理测验讲习会	麦柯 刘廷芳 查良钊	此会于十二年八月间在北京师范大学举行，由麦柯、刘廷芳、查良钊主持。计到会男学员二百六十九人，女学员二十六人。
科学讲习会	推士	此会于十二年七月间在南京东南大学举行。由推士及该校教授担任讲授。
中等课程研究班	张仲述	此班由本社与师范大学合办，于十二年十月二十四开学，由张仲述先生主持，计学生七十余人。
学术讲演	柯脱	美国生物学家柯脱博士，受本社及东南大学之聘来华，曾在南京、上海、杭州、济南讲演，现尚在北京讲演，以后拟赴天津讲演。
提倡平民教育	朱其慧 陶知行	赞助中华平民教育促进会进行一切。

续表

事业种类	主持人员	进行状况
提倡女子教育	朱其慧	朱其慧女士为本社女子教育委员会主任,曾至长江一带调查女子教育现状。
推行年会议决案	陈主素 张企文	本社十一、十二两年年会议决案,均积极进行。
出席万国教育会议	郭秉文	十二年六月间在美国旧金山举行之万国教育会议,本社曾推代表郭秉文、汤茂如出席,并带有英文印刷品十七种。郭代表至美甚受各国人士之欢迎,且被举为世界教育联合会副会长、亚洲部部长。

〔中央大学档案〕

37. 中华教育改进社与东南大学商订优待蒙古学生办法函
(1925年4月21日)①

敬商者：本社前为提倡蒙古教育起见，曾于去年年会时提议启请国内高等专门以上学校，订定优待蒙古学生办法，增设蒙古学额，收录蒙古程度相当之学生，俾受高等教育。为开发蒙古文化之准备，并请各校于图书馆内搜集关于蒙古及各国文字之蒙古书籍，以备蒙古学生及研究蒙事者之参考，当经蒙古教育组讨论通过。本社窃念蒙古民强地广，屏蔽北方，与我国国势前途至多关系。目前提倡蒙古教育，启迪蒙古人民知识，巩固五族共和基

---

① 此件收文时间为"1925年"。

础，实为国家百年久远之计，不容或缓。前项建议务请贵校厚加赞助，予以同情，允即订定优待蒙古学生办法，增设蒙古学额，招收蒙古程度相当之学生，以宏造就，用以培养边地人民文化之根荄，无任祷盼。搜集关于蒙古之书籍一事，亦请查照施行是幸。如何伫候示复。敬颂台安。

中华教育改进社启四月廿一日
〔中央大学档案〕

（12）中华平民教育促进会总会

38.中华平民教育促进会在京开成立大会函

（1923年8月）

敬启者：窃以共和国家之命脉，全在有能共能和之国民，方克奠定共和国基。其慧等筹办平民教育事宜，冀以最短时间、最少经济，以培养大多数平民公共道德、普通智识，俾循正轨，免入歧途，斯真社会与国家之至幸也。经已设立筹备处，通电各省教省厅、教育会选派代表来京，组设中华全国平民教育促进会。兹各代表均已翩然莅止，爰定于月之二十六日（即星期日）下午四时，开成立会大会。夙仰热心公益，乐育为怀，敬恳届时惠临，参与会议，俾资赞助，共策进行。惟此事为数千年来历史别开生面之创举，应于历史上留一具体纪念，谨备活动写真，俾全体同人共摄一影，以资倡导。想台端当亦乐于观成也。附上宣言书一纸，希赐察览指教，至为企幸。再，是日下午五点半钟，另备茶点，藉表欢迎，并希赏光，尤深翘盼。颛此祗颂

时绥　　附宣言书一纸

开会地点在西四牌楼羊市大　　是午如遇大雨开会地点即改

街帝王庙中华教育改进社内　　迁石驸马大街太平湖饭店内，微雨不改，附此声明。
中华平民教育促进会筹备处熊朱其慧谨启　八月廿三日

中华平民教育促进会的宣言
　建立普及教育的基础
　　花六十块钱可以使一百人受基本的平民教育
　　花六百块钱可以使一千人受基本的平民教育
　　解决生计，消弭乱机，奠定国本
　　爱国者所应注意即爱己者所应注意

古人说："民为邦本"。一个共和国的基础，稳固不稳〔固〕，全看国民有知识没有。国民如果受过相当的教育，能够和衷共济，努力为国家负责，国基一定稳固。如果国民全未受教育，空空挂了一块民国的招牌，是不中用的。请大家仔细想想，现在中华民国的国民到底有多少人是受过相当的教育，倘使大多数的人还一字不识，民国的基础能够稳固吗？现在国内乱机四伏，工商业不能发达，推其原因，皆缘多数国民未受相当的教育，无职业知识以维持生活，不幸者即流为盗匪。同属人类，苟非全无知识，谁肯轻易牺牲，倘使人人识字读书，有了做国民的常识，自然不至做那危及生命的事业。大家勤勤恳恳谋生做事，各种乱源也就消弭于无形了，所以我们如想挽救全国不安的景象，除了设法把平民教育推行全国之外，决无第二个好方法。照中华教育改进社估计，中国人有百分之八十不能识字，就是全国四万万人中间有三万万二千万个不识字的人。这些不识字的人里面，至少有一万万是十二岁至廿五岁的人。我们现在想设法使这一万万人在极短的时期内，受一点相当的教育。这些青年大半都靠作工吃饭的，每天很忙，没有许多时间可以读书，我们只能希望他们在百忙中每天能抽一点钟工夫来受四个月的平民教育。现在民穷财困，我们兴办这种平民教育，一切经费必须省之又省，用最少的钱使他们受最多的教育。照我们现在因陋就简的计划，每个学生身上只须花费六角钱，可以使他们受四个月的教育了。所以有六块钱可以十人受教育，花六十块钱可以使一百人受教育。只要有人愿担负教育二百人的经费（即一百廿元），本会即可负责为之开办学堂一所，实施四个月基本教育。这四个月的教育我们把他当作平民教育的第一期。所教的功课是一千个基础字，依着国语的文法，教育心理的原则，共和国民所需用的知识，编成九十六课，使学生每天学一课，于四个月中间，得着共和国民所必不可少的基本教育。中国青年会协会曾在长沙、烟台、嘉兴三等〔处〕做过小规模的实地试验，我们实地考查所得结果很觉满意，所以现组织中华平民教育促进会，预备把这种教育切实推行全国。这种教育所用工具有两种：（一）课本，（二）影片。影片是依据课本制造，共分三套。第一套是彩色画片，是用图画表现课文中所述的事体，叫学生把画中情节口述出来；然后再用第二套影片，就是把课文的本身写在玻璃片上，照出来，引导学生认识方才自己口述的文字。他们看了彩色画片，口里所说的话，现在用眼睛去认识他们。第三套课片是一个个的生字，每个字从幻灯里照出来射在墙上，比原底子放大了好几百倍，教学生同时看、同时听、同时念、同时写，精神专注，学习是很容易的。我们现在请了许多专门研究哲学、美术、国语、教育的人，合组编辑部，积极进行。等课本编成，影片制好之后，还要编辑教师指南，并用所收一千字作基础来编各种平民丛书、杂志、报章，使平民能利用既得之工具继续增进学识与技能。我们现在力量有限，想先在南京、北京试办，然后再逐渐推行各省。很希望国内同志大家出来帮助，使我们的试验能够收效，并且希望大家能够在各地方分头作同样的试验。

〔京畿卫戍司令部档案〕

39. 中华平民教育促进会总会执行董事一览表
（1923年12月23日）

熊朱其慧

陶知行

陈筱庄

孙学仕

周作民

蒋梦麟

张训钦

张伯苓

刘 芳

〔中央大学档案〕

40. 中华平民教育促进会总会各省区董事一览表
（1923年12月23日）

京兆	段茂森	王凤翰	河 南	袁世传	陶怀琳
江苏	袁观澜	王伯秋	奉 天	张恩明	方永蒸
陕西	于右任	李宜之	绥 远	赵允义	吴棣华
吉林	孙炜鄂	孙翰声	广 东	许崇清	金湘帆
直隶	张伯苓	张敬虞	云 南	董 泽	龚自知
山东	熊梦宾	鞠承颖	安 徽	王星拱	陶知行
湖南	方克刚	曾葆荪	广 西	谢起文	雷荣甲
江西	吴树楠	熊 恢	察哈尔	郑 钦	张 杰
湖北	王大祺	鄢从龙	福 建	郑翠英	李圣述

四川　晏阳初　张廷福　　黑龙江　姚翰卿　邓振元
〔中央大学档案〕

（13）中华教育文化基金董事会

41.中华教育基金委员会条例及教育基金案等呈函
（1923年）

（1）教育基金委员会条例　（2月6日）

第一条　教育基金委员会掌筹划全国教育基金事宜。

第二条　教育基金委员会设委员长一人，副委员长二人，委员三十人。

委员由教育总长遴选教育界有声望者，呈请大总统分别委派。委员长、副委员长由委员互选之。

第三条　教育基金委员会分总务、调查、计划三组。

由委员长指定委员分掌各组事务。

前项各组应公推主任一人，总理该组一切事务。

第四条　教育基金委员会设咨议员若干人，讨论本会重要事件，并备各组咨询。

第五条　教育基金委员会咨议员，由委员长商同教育总长分别延聘。

第六条　教育基金委员会，得设干事若干人，由委员长函商教育总长，酌调部员充任之。

前项干事，应商承委员长、副委员长及委员办理各项事务。

第七条　教育基金委员会遇有重要事件，应开会议决，全体会议由委员长招集；分组会议由各组主任招集，全体会议时，教育总长得出席会议。

第八条　教育基金委员会所有筹划进行事宜，及全体会议议决事项，应随时函报教育部备案。

第九条　教育基金委员〔会〕均为名誉职，但分组主任及干事，得由教育总长酌给津贴。

第十条　教育基金委员会得酌用雇员。

第十一条　教育基金委员会其经常及临时费用，应由教育部编入预算。

第十二条　教育基金委员会全部及各组办事细则，得由该会订定。

第十三条　本条例自公布日施行。

（2）教育基金委员会办事通则　（2月6日）①

第一章　总　　纲

第一条　本委员会办事范围，依照教育基金委员会第一条之规定，以筹划教育基金为限。

第二条　本委员会暂设事务所于教育部，由委员、咨议员、干事等分别掌理各项事务。

第三条　本委员会一切重要事项，由全体委员议决行之。

第四条　本委员会对外公文，以委员长名义行之；委员长有事故时，由副委员长代行之。

第五条　本委员会关于全体事务，应商承委员长办理，关于分组事务应商承本组主任办理。

第六条　本委员会各组得推副主任二人，襄助主任办理本组各项事务。

第七条　本委员会每组设干事十人以内，秉承本组主任处理各项事务。

---

① （1）、（2）及下文（3）之2月6日为教育基金委员会第四次会议通过时间。

第八条　本委员会各组办公时间，在分组办事细则中规定之。

第九条　本委员会依照教育基金委员会条例第十条之规定，得酌用雇员办理缮校及其他杂务，其名额由委员长定之。

第二章　职　掌

第十条　本委员会依照条例第三条，分设总务、调查、计划三组。

第十一条　总务组掌理文牍、会计、庶务、交际及其他不属于调查计划两组之事务。

第十二条　调查组掌理关于教育基金应行调查之事项，及其材料之搜集整理。

第十三条　计划组掌理关于教育基金之各种筹划方案。

第十四条　咨议员应本会各组之咨询、陈述意见，或提出关于调查之材料。

第三章　会　议

第十五条　本委员会会议依照教育基金委员会条例第七条之规定，分全体会议及分组会议。

第十六条　全体会议分常会及临时会。

常会于每月第一月曜日及第三月曜日行之；临时会遇有紧急事务由委员长临时招集。

第十七条　分组会议分常会及临时会。其常会日期在分组办事细则中规定之，临时会由分组主任临时招集。

第十八条　全体会议及各组会议须有委员总数三分一以上之出席，方得开议。其议事以列席委员过半数之同意议决之。

第十九条　全体会议由委员长主席，委员长缺席时由副委员长主席。

分组会议由各该组主任主席，其主任缺席时由副主任主席。

第二十条　全体会议开会前二日，应由总务组将议事日程及议案分送各委员。

第二十一条 全体会议或分组会议开会时，如须咨议员出席，应由总务组先期通知。

咨议员出席会议时得发表意见，但不加入表决。

第二十二条 各组如有交付全体会议讨论事件，应先期将意见书或议案交由总务组，商承委员长编入议事日程。

第二十三条 各委员对于全体会议如有提议事件，适用前条之规定，但临时动议不在此限。

第二十四条 分组会议遇有两组或三组共同关系事件，得开联席会议。

第四章 报　　告

第二十五条 本委员会应将每年办理事项制成报告书，函送教育部备案。

凡关于筹划进行事宜及全体会议议决事项，仍应依照教育基金委员会条例第八条办理。

第二十六条 各组应将每月办理事项制成报告书或表册，交委员长查核。

关于调查报告得随时提出。

第二十七条 各组报告书须经委员长审核后，方得刊印发布。

第五章 经　　费

第二十八条 本委员会每月预算，由全体会议议决，函请教育部发给。

第二十九条 各组需用经费，得随时提出预算书，送经委员长核定后，由总务组会计股发给。

第三十条 总务组应按期编制决算书，报告全体会议。

前项决算书编成时期，应在每月新预算开始十日之内。

第三十一条 前条决算书经全体会议通过后，函送教育部备案。

附　则

第三十二条　本通则如有应行修改之处，须经全体会议议决。

第三十三条　本通则自公布日施行。

（3）教育部提案一件　（2月6日）

教育基金宜即指定专款建议案

教育事业国命所寄，教育之与国家尤血液之与人身不可一时停滞，谋教育之安全，即所以奠国家之基础。近年以来，政潮迭起，兵乱频仍，教育机关常现摇动，时闻停辍，非政府之不重视，实外力有所牵制。本部关于教育经费独立，虽已另提专案，但惟猝遭事变，不可无救济之方，即在平时亦应预储专款，以备长期充实学校设备之用。在国家预算尚特设预备金，教育亦何可无基金以维永久。查筹划教育基金一案，虽迭经政府主持，但关于款项如何指拨，尚无明令规定。本部为此特将可作教育基金之专款及官产分别如左：

（一）各国退还之庚子赔款：各国对于庚子赔款有已经实行退还者（如俄美），有已经表示退还者（如英法日），教育界人士多有主张以此款供建设文化事业之用。但此款虽巨，究属有限，非可永久继续用诸消耗项下，数年或十数年已可告罄。且各国对于此款尤有美中不足者，即当其表示退还时，恒附有一种条件以作交换之具，殊失退还之美意。嗣后应请政府预先对退还赔款之国家声明，此款概充教育基金，以维现之根基，而免未来之竭蹶。

（二）所得税之收入：所得税为最良税法，条例早经公布，用途业已指定，徒以征收手续稍感繁难，迄未完全施行。查该项税法，曾于民国十年实行开征，京内外官俸所得一项，已陆续遵照交纳。但征收究竟已有若干，迄无报告。拟请政府一面通令全国依照条例切实推行；一面令行京内外，将十年度以来征收所得，按前此划归教育项下成数拨充教育基金，即此后所得税完全施行，亦应按照成数明白规定作为教育基金，以厚培植而宏实效。

（三）国有土地划充学田：查近畿一带官有林产地亩为数甚伙，即东北、西北各处，国有荒地亦广漠无垠，果由政府明定地界划为学田，设法清理经营，每年收入当有可观，以之充作教育基金，谅于教育经济之巩固不无关系。查学田办法，我国旧制及外邦先进各国早已实行，成效昭著，我国亦当急起直追，以期教育之蒸进。

教育基金一经确定，当组织基金监护机关以司监督保管之责。其监护办法将来自应详密规定，以期尽善。所有拟具筹作教育基金办法是否有当，即希公决。

〔北洋政府教育部档案〕

（4）傅岳棻呈　（5月8日）①

呈为请将华俄道胜银行股本作为教育基本金，恳予明令公布，仰祈钧鉴事：本年一月八日，奉大总统令：教育基本金，著该主管各部会商酌筹办理，以规久远，此令。等因。奉此，仰允大总统注重教育根本维持之至意，钦颂莫名。窃思全国教育基金之设，事至宏大，非旦夕所能程〔成〕功。亦非少数资金所能济事，惟筹集伊始，必有固定款项，乃克次第进行。查华俄道胜银行股息，原案系拨作北京大学经费之用，历经照拨有年，此项股

---

① 此件时间为发文时间。

息既系向来专作教育经费，则原有之股本五百万两，自与教育基本金无异。惟未经明定，尚虑名实未符，转生枝节。现在筹备教育基本金正苦拮据，自宜以此项教育专款先立基础，俾策进行。拟请明令公布，将此项股本定为教育基本金，庶几风声所树，薄海同钦。本部当再筹议进行方法，用观厥成。所有请将华俄道胜银行股本作为教育基金缘由，是否有当，理合呈请钧鉴。伏候训示祗遵。谨呈
大总统

　　　　　　　教育次长代理部务　傅岳棻

（5）教育基金案　（5月8日）
　　五月八日星期六临时提议各案
府交黄浚说帖
　　顾使报告比京召集财政会议，我国确当从速加入。拟请提交阁议，迅电顾使设法参加，或于奥约未批准前，先谋非正式之加入，奉批交院部筹议办法。
内务部密函
　　天津、汉口德、奥租界改设市政局，拟具办法大要八则，请公决。
教育部呈
　　请将华俄道胜银行股本五百万两作为教育基本金，当否，伏候示遵。

　　此事财政、交通均有争议，经多次疏解，仅允利息永作教育经费，决不变更。财政所持理由谓系前户部拨款，自属国家财产，当然属之国库；交通则谓与中东铁路有密切关系，不能以动用，利息即全归教育部。有此碍难，既不能提案，又不能密呈；提案则无结果，密呈则不能明令发布。故一面上呈、一面敬请元

821

首催院速办，并切托啸农秘书长。而靳揆竟坚执提交阁议，开议之初即首先发言，问财交有无意见，辩论历数百言。交通先改口，财政照无异议，遂得议决照办，本部从此乃有五百万之基金矣。交通最后要求，关于股权两部会同办理，不得已允之，否则此案即将完全无效。

五月八日　岳棻记①
〔北洋政府教育部档案〕

42. 全国教育联合会庚款事宜委员会关于庚款分配标准等事给东南大学函

(1925年1月19日)

敬启者：查民国十三年十月，全国教育会联合会在河南开封开第十届大会，对于各国退还庚子赔款特别注重，经大会讨论议决，先就中央政府所在地组织庚款事宜委员会，由全国教育会每省区举出一人，当于民国十三年十二月十日正式成立，设事务所于北京北长街二十六号北京教育会内。是后，凡关于美国退还赔款事件，务恳采纳教育会联合会大会所议决之标准及原则，俯予接洽，以期适合全国教育界之公意，不胜盼切之至。此致郭鸿声先生

全国教育会联合会庚款事宜委员会

附第十届全国教育会联合会议决案二件：全国教育会联合会庚款事宜委员会章程。庚款分配标准及董事会组织原则案。

附（一）

---

① 系教育部长傅岳棻批语。

全国教育会联合会庚款事宜委员会章程

一、名称：全国教育会联合会庚款事宜委员会。

二、地点：北京，设事务所于北京教育会内。

三、组织：各省区教育会推举代表一人（以开会能出席者为要）。但在未推出以前，暂由第十届教联会到会代表中，就省区各推定一人代理。

四、职权：执行第十届全国教育会联合会议决于庚款一切事宜。

五、任期：任期一年。

六、经费：各省区均等，但任会费以三十元为定额，如不足用时，得由本会通知各省区教育会再行分摊，委员会委员赴会费，由各省区教育会任之。

七、集会：关于集会之一切事务，由所在省区之本会委员担任之。

附（二）

庚款分配标准及董事会组织原则案

各国退还庚子赔款，以发展我国教育文化事业，允宜本开诚布公之旨，求集思广益之方便，使保管、分配、用途等项均得妥协公允之解决，庶几不负友邦之盛意，而有裨我国之文化。本会考虑再四，根据上述原则，特议决下列各条，以为庚款保管、分配之原则：

〔甲〕对于各国庚款，应设三种董事会，其名称、组织、职权分别罗列如下：

(一)全国庚款董事会：

（子）名称：定名为全国庚款董事会。

（丑）组织及选举：全国庚款董事会由各省区教育会各举一人，由全国各教育学术团体合举九人组织之，呈请政府备案。

（寅）任期：各董事任期为三年，每年改选三分之一，改选以抽签法定之。

（卯）职务：（1）选举各中（某）庚款董事会内中国董事。（2）向各国分别运动催促及接洽退款事宜。（3）与中（某）庚款董事会协定庚款之保管及分配。（4）与各省教育经费保管委员会协定各省所收庚款之保管及分配。

（辰）经费：由选举董事之各机关，按照所选人数均担。

（巳）地点：由董事自定。

（二）中（某）庚款董事会：

（子）名称：定名为中（某）庚款董事会。

（丑）组织及选举：董事名额中国应占三分之二，退款国占三分之一，主席以中国董事充任之。

我国董事须由全国庚款董事会选举，但该会未成立以前，须由我国教育界法团依法选出。

（寅）任期：各该董事会任期，至多不得过五年。

（卯）职权：中（某）庚款董事会应负接收（某）国退款之责，其保管及分配，应与全国庚款董事会协定。

（辰）经费：中（某）庚款董事会之经费，得由（某）国退款项下开支。

（三）各省区庚款董事会：

（子）各省区庚款董事会，即以第八届本联合会所议决之各省区教育经费保管委员会充之。

（丑）职权：（甲）接收各该省区应收得之庚款。（乙）与全国庚款董事会协定所收庚款之保管及分配。

〔乙〕各国退还庚款分配方法及用途：

（一）分配成数：

（甲）各省区教育得十分之九，分配标准如下：

（子）以总数之大部分，照人口比例分配于各省区。

（丑）以总数之小部分，照各该省原担负赔款比例，分配于各该省区。

（乙）国家教育得十分之一。

（二）各省区所收庚款之用途由各省区自行决定，但其中大部分应用作义务教育基金。其余部分应用作科学教育、平民教育等项基金。

中华民国十四年一月十九日

〔中央大学档案〕

43.中华教育文化基金董事会分配款项原则
（1925年6月6日）

本会所有事业，以中国驻美公使于民国十四年六月六日致文于美国政府所声明者为范围。（注一）现在会务方始，关于事业中之各项问题，尚待调查考虑。惟阅各方送到多数之请款意见书，属望甚奢，而收回赔款为数有限。（注二）且经议定以赔款之一部分留作永久基金，庶赔款期满后，仍得以其息金办理必须继续之事业。因此，目前可以支拨之金额更属不多。本会甚愿就此有限之资力，进谋最大最良之效果。兹先就分配款项一端，议定原则如下。

一、本会分配款项，概言之，与其用以补助专凭未来计划请款之新设机关，毋宁用以补助办理已有成绩及实效已著之现有机关。

二、有因本会补助可以格外努力前进，或可以多得他方之援助者，是种事业，本会更应重视之。

三、本会考虑应行提倡之事业时，对于官立私立各机关不为歧视。

四、本会分配款项对于地域观念应行顾及，其道在注重影响普遍之机关，如收录学生遍于全国或学术贡献有益全民者，皆在注重之列。

五、本会分配款项应规定期限，到期继续与否，由本会斟酌再定。

六、本会分配款项须先经干事长详慎审查，遇必要时，得征求专家意见或请其襄助审查。

民国十四年六月

（注一）节译中国驻美公使致美国政府照会

查中国庚子赔款余额全数退还中国一案，中国政府已于十三年九月十七日明令组织中华教育文化基金董事会，使专任保管此项退还赔款事宜在案。现该会集议于六月三日一致通过左列之决议案。

兹决议美国所退还之赔款，委托于中华教育文化基金董事会管理者。应用以（1）发展科学知识及此项知识适于中国情形之应用，其道在增进技术教育，科学之研究试验与表证，及科学教学法之训练，及（2）促进有永久性质之文化事业，如图书馆之类。

该会为欲贯彻贵国国会两院联合会之决议案起见，现已准备接收贵国政府退还之庚子赔款云云。

（注二）美国退还庚子赔款数目

据美国众议院外交股委员会庚款审查报告书所载，美国退还庚款，每岁应为美金五三九，五八八·七六元，即每月应为美金四四，九六五·七三元。但实际上每年十二月份及六月份数目，均较是为略小（因扣除预付款项利息），约计实收每岁不过五三二，〇〇〇金元左右。即如十四年七月十六日美政府拨还之款，包括二年零七月之数，仅美金一，三七七，二五五·〇二元，其余二十年总数当然不足一〇，七九一，七七五·二〇金元（即二

○乘五三九,五八八·七六冗之积),但在实数未能确定以前,当以二年零七月已收数(一,三七七,二五五·〇二金元)及二十年预定收数(一〇,七九一,七七五·二〇金元)之和,即一二,一六九,〇三〇·二二金元为第二次美国退还庚款之总数。

〔北洋政府教育部文化系统档案〕

44. 中华教育文化基金董事会分配款项之补充原则
(1926年2月)

一、本会教育事业,拟暂以左列各项为范围:

第一项　科学研究,包含:

(1)物理,(2)化学,(3)生物学,(4)地学,(5)天文气象学。

第二项　科学应用,包含:

(1)农,(2)工,(3)医。

第三项　科学教育,包含:

(1)科学教学,(2)教育之科学的研究。

二、文化事业,拟暂以图书馆为限。

三、其他属于教育文化之事业,影响及于全国者,亦在考虑之列。

四、对于某种机关加以补助时,除须有(1)过去成绩,及(2)维持现状之能力外,以(3)能自筹款项之一部分为重要条件。

五、除仅与一次补助者外,如无特别约定或计划,每事补助暂以三年为限。在补助期内如无相当成绩,本会得随时停付补助金。

六、凡请求拨款以作基金者,概不照允。

民国十五年二月

〔北洋政府教育部文化系统档案〕

45. 中华教育文化基金董事会发给补助费通则
（1926年2月）

一、凡本会补助金之给予，有由领受机关另筹一部分款项之条件时，领受机关应提出该出款人之证明书，本会方能付款。

二、教席研究席赠与之领受机关，应担允将该席每月腾出之薪金额数，作为教授或研究该门学术上添购仪器设备之用，方得领受补助金。

三、建筑补助金之领受机关，应另筹等于补助金额之款，并应俟实收该款已经证明时，方能领受本会补助金。

四、发款期订定如左：

甲、普通补助金于每年每一月四月七月十月之十五日支发。

乙、教席研究席薪金于每月十五日支发。

丙、建筑补助金应按工程契约所定之日期支发。

五、本会补助金应依照约定之用途开支，不得挪作他用。

六、领受本会补助金之机关，须依照本会所认为满意之格式造具报销帐目。是项帐目并得由本会随时稽查及审核之。

七、受本会补助金之机关，应于每年六月底将关于补助事业之进行及收支状况报告本会。此项报告应具中文英文两种，中文十二份，英文六份。

八、受补助金之机关，对于补助事业如不照约办理，或不能继续进行时，本会得取消或暂停其全部或一部分之补助金。

民国十五年二月

〔北洋政府教育部文化系统档案〕

46.中华教育文化基金董事会接受请款书通则
(1926年2月)

一、凡请款者须于本会法定会期两个月以前,将请款书交到本会。其逾期送达者,应归入下届开会时讨论。

二、缮具请款书时,应行注意之各点:

甲、请款目的须以本会分配款项原则为限。

乙、请款书中须开具左列之各要点:

（一）机关名称及地址

（二）用途及计划

（三）请求数目

  临时费   经常费

丙、须按照本会拟定之调查表逐款填明。

丁、须缮就中文请款书十二份,英文请款书六份。

三、其请款书业经本会接受之各机关,本会派员前往视察与否,得由干事长（注一）商同执行委员会（注二）斟酌情形,随时决定。

四、凡给予补助之机关,在规定付款年限内,不得向本会额外请求,或增加原额。

（注一）干事长系本会董事会投票选出（被选者不论是否董事,）为本会执行领袖,凡议案经董事会议决后,交由干事长负责执行。

（注二）执行委员会系由本会董事三人及董事长组织而成。三委员于六月中年会时,由董事会投票举出。在董事会不开会期内,执行董事会所随时指定或付托之职权。

本通则第一条于民国十五年十二月改订,文曰:"一凡请款者须尽于每年二月底以前将请款书交到本会,其逾期送达者,应归入次年六月常会时讨论。"此项条文,当经登报通告实行。
〔北洋政府教育部文化系统档案〕

47. 京师大学全体教职员声明俄款仍旧拨付各科部并无协助军费致全国教育界通电
（1928年2月19日）

教职员诸君公鉴：顷拟致上海各报馆转全国教育界电稿一件（原文列后），送请察阅，谅荷赞同。如有异议，务于三日内函复工科，到期即应照发，特此奉闻。顺颂教安。

同人公启

电稿列后

上海各报馆，转全国教育界公鉴：报载全国大学联合会致苏俄外交部暨北京使团、上海各领事电称：俄使假接济北京各大学之名，移用巨款协助私人军政各费，助长中国内乱等语，阅之至为骇异。查俄国庚款根据协定及大使宣言，北京国立各校有优先拨用之权利。前由俄方委员与我国代理委员余、查二君经手，每月拨付俄款十二万五千元，完全协助国立九校。去秋国立九校改组以来，名称虽属不同，科部仍各分立，教职员亦均如旧，所拨俄款皆归校用。自新任俄委员司君就职以来，与中委员朱、林二君会同商定继续前案，每月拨现洋十二万五千元，接济京师大学校之用，至民国十九年终为止。拨付办法：每月由中俄委员会同签发支票，请各科部学长签到证明，似此办理不惟与以前办法完全一致，且由海关直接拨付免去利息，各科部实得之数较前反多，此乃北京教职员、学生共知共闻不容饰说之事。果俄使以庚款协助此间军政各费，首都教育立将停顿，何能维持至今？同人等服务京师大学校，见闻较确，若再缄默不言，诚恐远道传说，误会滋多。特此电闻，敬乞公鉴。北京国立京师大学校文科、法科、理科、工科、医科、师范部、女子第一部、女子第二部、美术专门部、国学研究馆、各学长、馆长、附设中小学各主任，暨全体教职员等同叩。兹将京师大学校各科部，暨附设中小学校等，每月领到俄款数目列后：

  十六年八月　领到现洋二万五千元
    九月　领到现洋十万元
    十月　领到现洋十二万五千元
   十二月　领到现洋十一万五千元
  十七年一月　领到现洋十二万五千元

中华民国十七年二月十九日

〔国民党教育系统档案〕

（14）中华新教育共进社

48. 郭秉文等发起组织中华新教育共进社致南京高等师范函
（1919年10月21日）①

敬启者：同人前感于教育机关联合之必要，曾有新教育共进社之组织，意在发展文化，联络进行。惟合组者，尚限于三五团体。近秉文、日章归自欧美，见夫英、法、美诸国，类皆有全国教育联合会之组织。彼邦教育界深愿与吾国各重要教育机关交通联络，每以无纵〔从〕接洽为苦。同人愈信对内对外均不可无一种集合机关，即合各地重要教育团体，或学校，或学会，共同组织之机关也。兹定十月二十七日下午七时，在上海江苏省教育会集议共同组织方法。请贵校推定代表一人或二人，莅会商榷，同

---

①此件时间为发函时间。

人等当先拟具组织办法草案，届时提出付诸公论。敬候驾临。•此请

南京高等师范学校公鉴。

是晚由省教育会备有便膳

佘日章
蒋梦麟
郭秉文　同敬启
黄炎培

相约与会各团体如下：

北京大学、北京高等师范学校、南京高等师范学校、江苏省教育会、南京暨南学校、中华职业教育社、中国基督教青年会全国协会、上海交通工业专门学校、上海复旦大学、上海大同学院、天津南开大学、中国科学社、南京河海工程专门学校、吴淞同济医工学校。

〔中央大学档案〕

49. 中华新教育共进社成立记
（1919年10月）

一九一八年，江苏省教育会、北京大学、南京高等师范学校、暨南学校、中华职业教育社鉴于世界大势之倾向，冀合中外各教育机关及教育家共谋彻底的改造，因发起斯社，命名为"新教育共进社"。先组一编辑部出月刊一种，推蒋梦麟博士为主任，从事于灌输新知识曰：《新教育》，北京高等师范学校嗣亦加入编辑。未及数月，而此区区之出版物，已普及全国教育界。

翌年一九一九年十月，天津南开大学、南京河海工程专门学校、上海高等工业专门学校、同济医工专门学校、全国青年会协会，亦加入合组。前后共十一机关各出代表，借江苏省教育会会

议进行以上各项办法，成章程十条，决定进行方针。至本年一月，选举黄炎培君为本社主任，郭秉文、蒋梦麟两博士副之，沈恩孚君任会计，另聘陈鹤琴君为英文书记，沈肃文君为中文书记。并设交际部，推余日章君为主任，张伯苓君、陶履恭君、朱友渔君、阮尚介君为干事。设办事处于江苏省教育会内。此新教育共进社之发起组合于以告竣，而新教育共进社与中外各教育机关之共同进行，将于是日开始焉。

本社各团体名单

名　　　　称	地　　　址
江苏省教育会	上海西门外
国立北京大学	北京后门内
国立南京高等师院学校	南京北极阁
暨南学校	南京薛家巷
中华职业教育社	上海西门外江苏省教育会
国立北京高等师范学校	北京琉璃厂厂甸
中国全国青年会协会	上海博物院路
交通部立上海高等工业专门学校	上海徐家汇
同济医工专门学校	吴淞炮台湾
河海工程专门学校	南　京
南开大学	天　津

〔中央大学档案〕

50. 新教育共进社董事姓名录

(1920年10月2日)

十月二日选举

余日章	到	黄炎培	到
蔡元培		沈恩孚	到
郭秉文	到	张伯苓	到
蒋梦麟		刘伯明	
杨卫玉	到	顾树林	
李敏孚	到		

〔中央大学档案〕

51. 新教育共进社第二届常会议事录

(1920年10月2日)

九年十月二日上午九时开会

出席代表：江苏师范附属小学联合会代表吴研因、杨卫玉；江苏省教育会代表黄炎培、沈信卿、贾丰臻；暨南学校代表高践四、柯成楸；中华职业教育社代表王志莘、顾阴亭、朱叔源；南京高等师范学校代表郭秉文、郑晓沧；同济医工专门学校代表张伯初；全国青年会协会代表余日章、晏阳初；南开大学代表张伯苓；南通中等以上各学校联合会代表李敏孚；北京高等师范学校代表邓芝园。

主席：黄炎培

会议程序：

报告本社经过情形，报告出版部状况，报告本社经济状况，提议事件，选举职员谈话。

提议事件：

一件：修改本社简章案（修正条文另印附下）。

议决结果：第二条、第三条、第四条（原案第五条）、第五条（原案第六条）、第六条（原案第七条）、第七条（原案第八条）均逐条修正通过。原案第四条并入第三条。

一件：请新董事会于成立后十一月二十日以前，拟定本年度社务进行计划，通告各团体。

议决通过。

选举职员：依据简章第二条，选举董事十一人（当选董事姓名另印附后）。并决定下星期一，开董事会会议进行事宜。

附件一

新教育共进社简章
（九年十月二日第二届常会修正）

一、宗旨：本社集合国内教育团体或教育家，以联络国外教育团体或教育家，输入新教育，共同研究进行。并宣布国内教育状况于国外为宗旨。

二、组织：本社由各教育团体志愿组织之，每团体推定代表至多三人，每人有被选举权，每团体有一选举权。

他教育团体有志愿加入本社者，经与社各团体之多数同意，得随时加入。

三、会议：每年暑假期内开常会一次，遇必要时得开临时会。会议由各团体代表列席，每一团体得一议决权。

四、经费：每团体每年纳费一百元，以每年七月至次年六月为会计年度，于每年度开始时缴纳。力有不足者，得于入社时声明，由各团体多数同意酌减，遇必要时得募特别捐。

五、职员：本社组织董事会，设董事十一人，为名誉职，任期二年，于常会选举之。董事会细则由董事会自定之，设总书记一人，办事员若干人，均有俸给职。总书记由董事会聘任，办事员由总书记聘任。总书记秉承董事会，率同办事员办理社务。

六、本社出版之新教育杂志，由担任该杂志经费之各团体主持之。

七、本简章于常会时，议决施行。

附件二
　　　　新教育共进社董事姓名录（略）

附件三
　　　　　本社职员名录

职　名	姓　　　名	姓　　　名
	八年十月至九年十月	九年十月后
主　任	黄任之	郭秉文
副主任	郭秉文	佘日章
副主任	蒋梦麟	蒋梦麟
会　计	沈信卿	沈信卿
总书记		
书　记	沈肃文	沈肃文
书　记	陈鹤琴	

附件四

本社各团体名称

	团体名称	地址	入社年月	认费	附记
一、	江苏省教育会	上海西门外方斜路三四八	七年十月发起	100元	认社费从八年度起
二、	国立北京大学	北京后门内	同	100元	同
三、	南京高等师范学校	南京北极阁	同	100元	同
四、	暨南学校	南京鼓前薛家巷	同	100元	同
五、	中华职业教育社	上海西〔门〕外方斜路三四八	同	100元	
六、	北京高等师范学校	北京琉璃厂厂甸	八年一月	100元	同
七、	同济医工专门学校	吴淞炮台湾	八年十月	100元	纳费即从本年度起下同
八、	交通大学上海分校	上海徐家汇	同	100元	
九、	南开大学	天津	同	100元	
十、	全国青年会协会	上海博物院二十号	同	100元	
十一、	河海工程专门〔学〕校	南京	同	100元	
十二、	江苏省立师范附小联合会	苏州省立第二女师附属小学	九年六月	100元	
十三、	南通中等以上学校联合会	南通	九年十月	100元	
十四、	集美师范学校	厦门转同安	同	100元	
十五、	菲律滨华侨教育会	马尼拉	同	100元	
十六、	南洋华侨中学校	新加坡	九年十一月	100元	

附件五

新教育共进社内部组织表

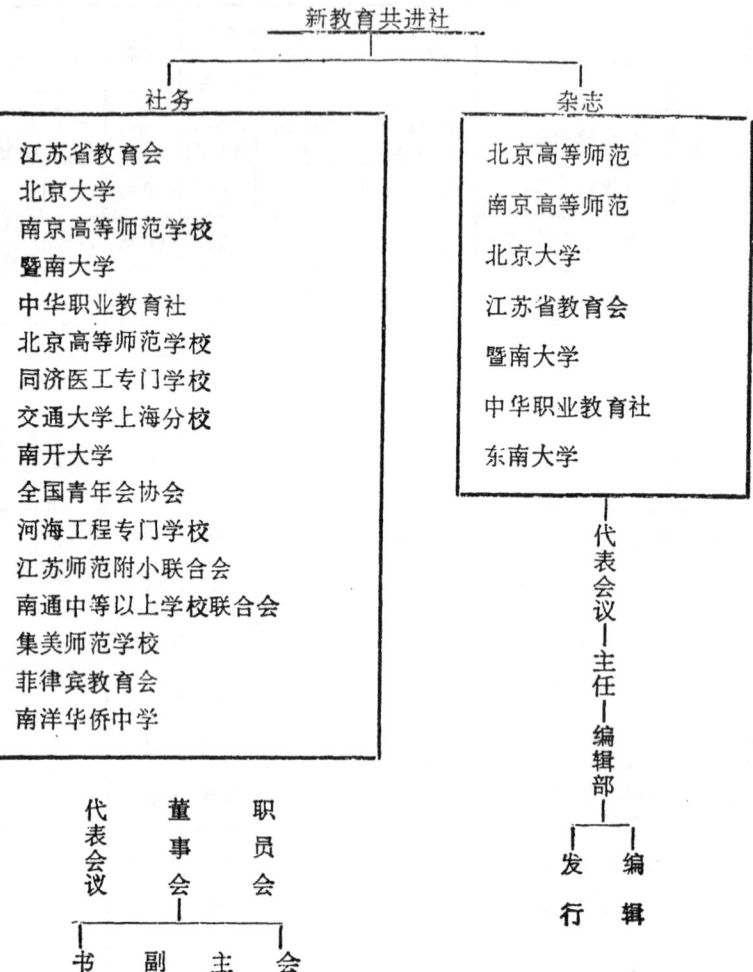

〔中央大学档案〕

52. 新教育共进社第二年度第一次董事会议录

(1920年10月4日)

九年十月四日，午后四时。

到会者：沈信卿、郭秉文、杨卫玉、李敏孚、黄炎培、张伯苓、余日章、顾树森，公推沈信卿君主席。

提议事件：

一件：通过董事会细则六条。

一件：议决董事会地点设在上海。

一件：公推郭秉文君为主任，余日章君、蒋梦麟君为副主任，沈信卿为会计。

一件：议决常会交议之社务进行计划，交执行部议定报告各董事及各团体。

一件：议决总书记由主任、副主任提出，报告本会聘任。

〔中央大学档案〕

53. 新教育共进社董事会细则

(1920年10月4日)

一、本会以全体董事组织之。

二、本会互选主任一人，副主任二人，会计一人。

三、本会设执行部，以主任、副主任、会计、总书记组织之。

四、本会每年度开常会二次，于寒暑假期内行之；遇必要时，得开临时会。

五、开会时须有董事过半数出席，方得开议。

六、本细则由董事会议决施行。

〔中央大学档案〕

（15）体育会及体育有关文件

54. 孟锡绶等为北京体育总会请立案呈
（1912年5月）

北京体育会提倡人孟锡绶、杨以剑、汪砚田、刘同、吴景祓、江绍樾、屠启奎、徐鸿钧、刘新桂、朱楠天、吴钰珑、张鹤年等为呈请立案事：窃我国专制时代，国民不担负军人义务，故置国家强弱安危毫不关于[10]。念今者共和成立，国民均跻于平等，即人人有国家之责任。若仍晏安偷惰，不思振作精神，固民国之邦基，谋自强之幸福，则弃平权之利益，失共和之民格矣。夫欲谋自强，巩共和，要非武力不为功；是共和之国民，非人人有军人之知识，有军人之能力不可。如谓国民知兵气或嚣张致生他故，此在专制时代，人民无国家之思想。今则共和国家，人人负国家之责任，即人人有国家之思想，彼与共和之国法稍有反抗者，便为社会之公敌，谅略具知识者断不敢怀此等悖谬之主意。惟兹内忧未已，外患时虞，国民讲武实为首先之急务。锡绶等不揣绵力，冀尽国民之天职，爰集热心公益者组织北京体育会。凡绅商各界，以及土著客籍均可入会研究武学。钟点每日不过两小时，以便养成军国民之资格。大旨所定，不耗政府之财力，不误会员之营业，将来公保治安，补助军队，在在皆政府之指臂。故孟氏有言，"乡田同井，守望相助"即此是也。已于上月中旬，张贴传单广告，现时入会已达二百余人，拟即分班授课，所有分会亦均成立，相应将创办大纲及简明章程呈请大部立案。并请贵部总次长为总会名誉监督，以便不时稽查本会情形，俾昭整饬而资表率。望即施行，实为公便。

附北京体育会立案简明章程

大中华民国元年五月

北京体育会立案简明章程

一 宗旨 本会提倡尚武精神，养成军国民之资格，联合五族之感情，故无论士商各界以及土著客籍，均可入会研究武学。

一 课程 本会专重操课，以简易精练为要。一、各种操。二、步兵操法。三、持枪教练。四、实行射击。五、防御摘要。六、各种杂技。七、夜间战斗。

一 时间 本会会员皆有职业之人，每日操课不过两小时间，使不误各会会员之营业。

一 会所 本会总事务所暂时附设廊房三条国民自强报馆。

一 操场 总会操场择前门内外适中地址，令各会员便于赴操。其各方面所设之分会，即于该分会择一适中地址，俾该处会员就近赴操，约五十人方可立分会。

一 选举 正会长一人，副会长六人，会务总理一人，参事长一人，参事员六人，调查长一人，调查员六人，审察长一人，审察员无定额（均系武备人），评议长一人，评议员均由发起推举。

一 职任 会长总领全会大纲，副会长协助正会长研究全会实力进行，及改良扩充办法会务，总理管理会中一切事宜，财政出入均归稽核。参事长员参考全会情形，有无改良事宜及征求各会会员意见书。调查长员调查各会会员，能否遵守会规及有无藉本会名义在外招摇，保全本会名誉为要。审察长专司考察各会操课成绩，以及划定操课操规。

一 权限 本会成立为总会，内外各城设立分会，均由总会给予章程，所有一切进行改良办法，由总会议决发表，以期划一而杜弊端。

一 立案 总会成立，呈请贵部立案。

一　监督　立案后请贵部总次长为本会名誉监督，以便不时调查本会情形，俾昭慎重而资表率。

一　分会　所有各城分会成立后，举分会长一人，副会长二人，参事员二人，以便不时与总会接议。

一　资格　本会会员均系有职业者，品行端方及无嗜好，入会后能遵守会规者为合格。

一　服装　本会操服以及徽章，不与军学各界相混，以期易于识别。

〔北洋政府内务部档案〕

55. 北京体育总会关于报送修正章程呈
（1912年12月4日）

北京体育总会谨呈为呈送事：窃本会前将简章及开课日期，并操衣、服饰、肩章先后呈明大部各在案。兹将本会详细章程修正印就，呈送贵部查照归入前案备存。为此谨呈

右呈　计章程一本

内务部

中华民国元年十二月初四日

卫身、卫家、卫国三者广狭不同，而防患则一。人不自卫家且不保，何有于国。是卫家、卫国必先自卫身始，中国古制寓兵于农，后世兵与农分，遂成积弱之起点，迨至秦政销兵，民无抗力，君权压制，怨抑莫伸，人民之弱达极点矣。故寓兵于农之古制不复，人民有养兵之责而无自卫之权，每当时局变迁，或流贼暴动，人民甘受惨杀，莫敢谁何。历史上杀人如麻，暗无天日者莫如巢献，当时之民引颈待刃，有类羊豕，甚至屠戮全城，不闻有结合团体力与抵抗者，此其故在民与兵分，各不相习耳。故

匪可以杀民，民不能敌匪，一旦有事，惟兵能自保，其余国民任意屠戮，惨毒不堪言状。今者共和成立，人民已跻于平等，自当力挽从前积弱之习，各征军国民之义务，以谋富强。顾千里之程起于跬步，百川之汇积于行潦，欲卫国、卫家未有不先自卫身始者。尝见文弱文士气可以盖世，而力不足以搏鸡猝，遇水火盗贼，举止失措，不能自保，虽有卫国之思想，其如身体之尪羸何。不佞等有鉴于此，爰集同志，组织北京体育会，研究武备，为卫家、卫国之基础，禀请政府立案。凡绅商学界均可入会研究，设将来猝遇变故，合团体以互相保卫，不使一人一家有意外之危险，能保一身一家，即能保国。兹凡入会之人，有军国民之程度，即嗣后国家因事征兵，会中诸人，平昔已尽军人之义务，有本会证书为凭，临时可以免征，惟愿诸君努力前途，共勷义举，提倡劝导，振起国民尚武之精神，于家于国实有莫大之幸福焉。

教育部批：据呈已悉，应准备案。仍由该会呈候内务部核准，并报明京师学务局查照可也。此批。

陆军部批：据禀已悉，所呈改订简章应准试办。此批。

内务部批：据呈已悉，该会前经陆军部咨称准其试办在案，兹据呈同前因，本部自应准予立案，除传饬内外两厅外，仰即遵照。此批。

北京体育总会章程
第一章　总　纲

第一条　本会为保卫地方，维持治安及个人之生命财产起见，故定名曰：北京体育总会，以期各会员养成强壮之身体，振起尚武之精神。

第二条　本会事务所及操场、讲堂均附设前门内愿学堂。

第三条　凡有同志组织分会者，应将所定章程知照本会，查其宗旨相符本会，即认为分会。

第四条　本会成立时呈明内务、陆军、教育各部批准立案。

第二章　会　员

第五条　本京及侨居之政学工商各界人及其子弟，均可报名入会。但须有人介绍，填给入会证券，得为本会会员。

第六条　会员年龄须在十六岁以上，四十岁以下，有正当职业及身无暗疾嗜好、家道清白、品行端正者为合格，其有年在四十岁以上者，自认能充会员亦可肄习。

第七条　各分会成立其所举会长，均为本总会评议员。

第八条　非会员而捐资于本会者，为本会名誉评议员，如助资在百元以上，并赠特别徽章。

第三章　职　员

第九条　本会各员凡担任职务者为职员，专肄习体操者为会员。

第十条　本会应置职员如左：

会长一人，副会长六人。　　　教员　人①

审查长一人，审查员六人。　　评议长一人，评议员人②。

参事长一人，参事员六人。　　调查长一人，调查员四人。

第十一条　除前项职员均尽义务外，设书记一人，专司缮写，常川住所，酌给津贴。

第十二条　会长、副会长于开会时投票公举，其他各职员均以公推定之。

第十三条　前条职员自会长、副会长外，各职员之额数得视其事之繁简增减之，并于各职员中公推正理事一人，理事二人，兼理庶务。

第十四条　以上各职员统以一年为任期，任满时由全体人员

---

①②　原文如此。

开会另行公举，倘被公举续充者是否承认，应听自便。惟初次被选人，不得辞谢。

第四章 职　权

第十五条　正副会长代表本会全体总理会中一切事宜，凡例行各事可自由处理，遇有紧要事件须开会公决。

第十六条　正会长遇有事故，由副会长主持代行。

第十七条　教员专司教练，并厘订课程，如会员中有不守操规者告知审查员，会同审查长办理，无须当场申饬。倘有小过随时婉言劝诫。

第十八条　审查员专司操场一切事宜，兼收发保存枪械，如会员不守操规，经教员告知或自行查出者，即会同审查长，商明正副会长酌核办理。

第十九条　评议员专任讨论本会一切事务得失利弊，以期进行，并有排难解纷之责。

第二十条　参事员对于会中应兴应革事宜有建议之权，对于会外有鼓吹劝导之责，有来宾参观悉心招待。

第二十一条　调查员专任调查各会员有无妨害本会名誉之事，并分会办法是否与章程相符。

第二十二条　理事员襄办会中一切事宜，应行公文函件交书记员抄录登簿，经正副会长签押，然后发行。遇有动用公款数在五十元以上者，经会长认可，百元以上由职员会议决之。

第二十三条　各职员轮流到会值日，遇有来往公文，均须署名签押。

第五章 课　程

第二十四条　本会专重体操以简易精练为要，现定课程如左：

一、柔软体操　　　　二、游戏体操
三、器械体操　　　　四、兵式体操

五、各种杂技　　　　　　六、操典摘要

第二十五条　会员上课时间每日不过两点钟，或早或晚随时由教员酌定，以不误各学员本身职业为主。

第二十六条　会员课程以六个月为一学期，一年为毕业。由本会发给毕业证书，仍将毕业名册呈送各部存案。

第二十七条　会员于毕业后，仍须在会尽会员之义务，免纳月费，有自愿肄习课程者，亦听其便，仍遵第五十条之规定。

第六章　规　　则

第二十八条　本会全体人员如有不遵本会宗旨，干预地方行政各事，违犯法律者，本会不为袒护，以杜流弊而重名誉。

第二十九条　本会会员有不守会规情事，轻则记过，重则公议除名，惟原介绍人应行回避，不得与议。

第三十条　本会操衣，夏用白色，冬用蓝色，不与军警相混。

第三十一条　本会会员所需操衣，均照本会定式自行制备，不得随意更换颜色。

第三十二条　本会全体人员在会授课及办公，并开议时，均穿定式操衣，以昭整齐。

第三十三条　本会会员均不得身著操衣在外闲游及酬应等事。

第三十四条　本会枪械除上课出操外，不准擅自动用及携带外出，并借与友人及看家防贼等事。

第三十五条　本会所有枪枝及他项物件，均须公同保存，倘任意损伤须照价赔偿。

第三十六条　会员如有勤奋肄习，分数最优者，除分别记功及拔充队长排长外，并赠以名誉徽章。

第三十七条　会员误课，如不请假自由七日不到者记过，十四日者除名。

第三十八条　事假不得过二十五天，多则除名；有特别事故者，不在此限。

第三十九条　会员对于教员问话时必须肃立以对，如疏慢无礼者记过。

第四十条　藐视教员抗违训令者记过。

第四十一条　身著操衣在外冶游酗酒滋事者除名。

第四十二条　不顾名誉借会招摇者除名。

第四十三条　造谣生事或玩视规章者，均记过。

第四十四条　同会人员必须和气，互相敬重，倘有因事误会致起冲突或恣意戏弄者，轻则议罚，重则除名。

第四十五条　本会职员有愿随同操练者，亦可一体上课，惟到操时刻与会员相同，所有操场一切规则，均须一律遵守。

第七章　会　期

第四十六条　本会会期于每月一号及十五号各开例会一次，全体职员均须到会，研究一切应行事宜，遇有紧要事件得开临时大会。

第四十七条　自开课日起，每六个月开大会一次。

第四十八条　会员于毕业后，无论例会、大会一体知照，倘不能常川到所，遇有临时紧急召集仍须到会。

第八章　经　费

第四十九条　本会开办经费由职员认筹。

第五十条　凡报名入会者纳入会费一元，自上课日起，每两月纳会费一元。

第五十一条　职员每月各纳会费一元。

第五十二条　本会收支各款按月结算，经理事员核定造册宣布。

第五十三条　本会收支各款经手人倘有侵吞情事，一经查明即将该员公议除名，仍追缴所吞各款。

第五十四条　本会全体会员应佩带徽章，均由本会制办不收费金，倘遇有退会及出会等情，仍将此徽章交还本会，所服、帽章、肩章亦同。

第九章　附　　则

第五十五条　本会章程于议决公布时实行，倘有未尽事宜，得于大会时公议修正之。

〔北洋政府内务部档案〕

56. 教育部关于各学校应于体操正科外兼作有益运动训令
(1912年12月18日)

元年训令第十二号

本部公布宗旨，以军国民教育为道德教育之辅，原期各学校学生重视体育，养成强壮果毅之风。惟学校教课势难于体操一科，独增教授时数，凡办理学校人员宜体此事，引导学生于体操正科外，为种种有益之运动。专门以上学校体操不列正科，尤宜组织运动部，随时练习，以免偏用脑力。每年春秋两季应酌开学校运动会，互相淬励，以惰弱为耻，以勇健为荣。庶学生体躯日强，智德亦因以增进。兹外患交迫，非大多数国民具有尚武精神，决不足以争存而图强也。此令。

〔北洋政府教育部档案〕

57. 江苏省巡按使公署关于各校应于体操正课外兼作课外运动饬
(1915年10月17日)①

江苏巡按使公署饬第五九八号

---

①　此件时间为江苏巡按使齐耀琳的发文时间。

为饬知事：接准教育部咨开：案查本部民国元年训令第十二号，通令各学校应于体操正科外兼作有益运动，等因。乃近阅京外各学校所报周年概况及历届本部视学报告，各校主管教员对于体育一门，能知注意、极力提倡者固属不少，而随便敷衍，视为具文，所在皆有。查体育一端，为智识道德之根本，锐敏之脑力，活泼之精神，兴事立功之资，捍国卫家之先皆于是乎，在言念前途艰巨方多，仍是文弱宁其有济。欧美各国学校教育，于体操正科外皆力行课外运动。教师之指导，医士之护视，既周且挚。其运动之法几于无美不备，而社会之中，体育会运动场等亦复林立错置。运动之优劣，分数之比较，报纸之端日日有所登载。士女之口，人人以为美谈，用是风气流行，凡在少年无不踊跃趋赴，或标名于国内，或竞胜于国外。故其国民体格魁硕，精神充足，以之构思则多所发明，以之应事则易于奏效。我国识时之士，多亦见及。故本年全国省教育会及全国师范校长会议，均有注重体育之建议，亟宜应时势之需求，筹划切实办法，以为进行之准。京外各学校，自国民学校以上迄于大学，并各专门学校学生，年龄程度虽各有不同，而莫不有相当之练习，应即特筹课外运动之法，由各校长体察情形，明定运动章程，多备运动器械，务使全校学生分组练习。每人必习一种以上之运动，将来全国或有一省举行运动会时，本部于中学以上各校，即以其选于得奖之多寡，为其成绩优劣之标准。以上办法，应请转饬各学校切实筹办。限于二月以内，将其运动章程、器械名色、习练人数缮详赍公署，汇咨本部以便查核。至公众运动场所，足以养成多数国民之体力，关系极重，亦当设法组织，应于省城内先行筹设，以为模范，再行饬属渐次仿行。以上励行体育各端，除通咨外，相应咨行查照，分别饬遵可也，等因。准此，除将本省先今筹划体育办法咨复外，合行饬仰省立各学校校长遵照。此饬。

江苏巡按使　齐耀琳

右饬南京高等师范学校校长准此

〔中央大学档案〕

58. 基督教中华女青年会关于在沪试办女子体育师范学校报告
（1916年）①

总次长钧鉴：敬启者：欧美各国对于女子体育非常注重，诚以体育不讲求，则德育、智育亦无由发达，难冀其受完全教育。近年以来，我国女子教育已渐渐发达。体育一门，在上海等处文明先进之区固已力事提倡，至开通较迟之地则尚未尽注意及之。此虽由于千百年来女界之积弱既深，破除未易，而师资缺乏，实其主因。敝会有鉴于此，特于民国四年间，在上海试办女子体育师范速成科。当时因校舍狭窄，只收学生六人。民国五年毕业后，任职各女学颇承学界许可，而各省女学之愿保送学生来校肄业者亦络绎不绝，遂决议扩充校舍，增设学额。阅时半载，幸告成功。素仰我总次长注意女子教育，谨将敝校办理状况，缮摺陈请钧鉴，倘蒙加意提倡，女子前途裨益匪浅。专肃敬请崇安

陈英梅　谨启

附陈请

谨将女子体育师范学校办理状况缮摺陈请

钧鉴：

设立之原因：本会注重三育，竭力提倡，本属天职。迩者国内女学日渐发达，需用体育人材亦孔殷。时函本会介绍体育教员，本会无以应求，抱憾良多。默观社会之进化，不得不亟设体育师范速成科，以应女学界之要求。发斯议时，适逢本会总干事

---

① 此件时间为封面上时间。

顾女士归国之便，即托女士以本会议决开办体育师范学校事，要求美国女青年会赞助创设，并敦请体育专家来华主持设施一切。即得美总会之同意，聘请威斯康生体育部部长梅爱培女士来华，担任体育事宜。后以英梅毕业回国，辅助斯校，公推任校长之职，并教授体育学科焉。

试办速成科：本会于民国四年秋季，在上海北四川路威四林路试办师范速成科，该处校舍狭窄，只收学生六人。于民国五年六月毕业，现均就职于各女学。

体育师范学校正式成立：自速成科开办之后，成绩可观，颇得学界奖誉。各省女学欲保送学生来校肄业实繁，本校限于校舍不敷展布，均以额满却之。后于本会聚会时提议，不能多收肄业生之困难情形，是届毕业之后宜如何推广，当即议决筹款、租地、建筑会所校舍，踊跃进行。庀材鸠工阅时半载，今日之新校舍落成于昆山路矣。订章招生额设十六名，限以二年毕业。新章一出，学额即满，刻下欲来插班肄业者仍络绎不绝。拟于今秋始业，再行第二次之推广，以慰热心体育者之志愿。

本校之性质：本校系基督教中华妇女青年会华人组织，属于私立性质，校中职教员中西参半，均由体育部聘任。

开办时之经费：

美国妇女青年会　捐助金洋五百元（合华币一千元）。

中华妇女青年会　捐助洋一千元。

置办校具等款，均由美国女青年会捐助。

常年经费：

美国妇女青年会　每年捐助金洋五百元（合华币一千元）。

中华妇女青年会　每年捐助洋一千元。

西女教员三人之束修，常年由美国妇女青年会捐付。

常年收支：

收入：

学费　十六人，每人每年四十元，六百四十元。
膳宿费　九百六十元。
支出：
房租　每月一百四十四元，　一千七百二十八元。
华职教员薪水　四人，　一千九百二十元。
校役工资　三人，　一百四十元。
火食　八百元。
杂费：

教授法：本校教授最新式之体育科目；详章程。第一学年内，令学生实地练习，在本校操场内辅助一切，每星期轮派学生四人为一班。第二学年，令学生赴各女学校操场辅助一切。

提倡公众体育：本会建设公共操场一所，接待邻近儿童，以及社会服务社所设之四义学学生，每日四时后进内运动，练习体育。即派本校师范生教授或任督察辅助之责，是亦社会服务之一道也。

〔北洋政府教育部档案〕

59. 教育部关于各省区办运动会咨
（1919年4月14日）

咨各省区请办省区运动会　八年咨第六百六十四号

为咨行事：据全国教育会联合会呈送该会议决，请速办全国联合运动会及省区运动会议案，请予采择施行，等因。到部。查联合运动会以各学校运动会为基础，各区对于学校运动会及学校联合运动会亟应积极举行。并可仿照华北运动会联合办法，先联合若干省区开联合运动会，再由本部通筹全局，察酌情形，筹办联合运动会。至运动要项及经费自可照该案所拟办理。除将原案印刷附送外，相应咨请查照饬遵。此咨。

中华民国八年四月十四日

附：速办全国联合运动会及省区运动会案

运动会足以促进体育，振作民气。我国值此世界潮流，既知体育之当注重，则运动会实为发达体育之方，亟应积极举办。现查各省区尚有未举办运动会者，至全国运动会更未之及。拟请大部速办全国联合运动会，并严令各省区速办省区运动会，以策体育进步。谨拟办法三则，陈请大部采择施行。

一、全国联合运动会　请部定每二年春季举行全国联合运动会一次，每次由部派员直接组织，或令联合会所在地之教育行政机关代组织之。所需经费除由国库补助外，余由各省区分担，开会地点并先由部指定，但须在交通便利区域。

二、省区运动会　请通令各省区每年举办运动会一次，所需经费应准按年列入预算。至会期及办法由各省区自定之。

三、运动要项　宜将远东运动会所规定之运动事项，定为前两会之运动必要事项。其余运动项目，全国联合运动会即由该会拟定于开会期前六个月通知，省区运动会即由各省区自定之。

〔北洋政府教育部档案〕

60．教育部关于国立高等师范学校均设体育专修科与体育讲习会训令

(1919年4月14日)

训令各高等师范学校教育会联合会所拟体育上之设施事项仰遵照
　　办理　八年训令第一百五十七号

案查全国教育会联合会议决推广体育计划一案，其对于体育上之设施事项条内甲乙两项：甲、设立国立体育研究所，以为体育之根本研究，力谋体操之改善及体操以外各种体育法之进步；

并年派适当之人材就学海外，调查各国研究之状况，以为体育改善之参考。乙、国立高等师范学校均设体育专修科，以应各省之需要等语。查体育研究所暨派员就学海外事项，应由本部体察情形，随时酌办。高等师范学校设体育专修科一项，查北京、南京两校业已先后举办，此外各校均宜察酌情形量为筹设。并为增进体育学术起见，得于设立研究科时特置体育研究科，力求深造，以备他日体育上根本改良之用。至目前各校体育教员亦应设法增进其知能，应由各高等师范参照国语讲习科办法，酌设体育讲习会，施行各项有关于体育上之讲演。似此双方并进，裨益体育前途当非浅鲜。合行令仰该校遵照办理可也。此令。
中华民国八年四月十四日

〔北洋政府教育部档案〕

61. 教育部关于采录推广体育计划案咨
（1919年4月14日）

咨各省区采录全国教育联合会所送推广体育计划案　八年咨第六百七十一号

为咨行事：据全国教育联合会呈送该会议决推广体育计划议案，请予采择施行等情。到部。查原案所拟对于体育上之设施甲乙两项，应由本部酌核，另订办法。其各省城镇组织体育会一节及社会体育项下所拟施行各方法，应由各处斟酌地方情形逐渐推行。至学校体育项下第一、第二、第三、第四各款均属切要可行，第五款俟本部规定优待教员条例后再行核议，第六款应由本部另定办法。至提倡武术一节，应先从学校方面提倡。各项讲演及他方法，以谋体育之普及一节，应由各地方斟酌办理。除将原案印刷送备参考外，相应咨请查照伤遵。此咨。
中华民国八年四月十四日

附：推广体育计划案

欧战以来，世界各国鉴于国际民族之生存竞争日趋险恶，无不汲汲于国民教育之增进，以充实其国力，盖时势使然也。吾国体育问题素为人所轻视，全国之人口既无明确之统计，其生存、死亡率自无切实之比较，然考证事实，体察情形，国民体育未能与他国抗衡，盖无可讳。近年各地学校虽渐知提倡体育，而社会心理积重难返，不免事倍而功半。试观日本数十年来之体育，何等注重，较之欧美各国社会体育之能普及者，尚觉瞠乎其后。近今鉴于时局之影响，朝野上下尤为研究、提倡不遗余力。吾国非积极进行，断无幸存于国际竞争之理。兹拟推广体育计划，谨请大部采择施行。

一、对于体育上之设施事项

甲、设立国立体育研究所，以为体育之根本研究，力谋体操之改善及体操以外各种体育法之进步；并年派适当之人材就学海外，调查各国研究之状况，以为体育改善之参考。

乙、国立高等师范学校均设体育专修科，以应各省之需要。

丙、各省城镇组织体育会。

二、对于体育上改进事项

甲、社会体育 社会体育者指学校军队以外一般社会之运动而言，期以锻炼心身，养成坚实之国民也。若社会体育之机关不备，学校体育无论如何讲求，终难收完善之效果。今拟由各地教育机关组织社会体育事项如左：

（子）设备：（一）特设公共体育场（各省治、道治地方，可先组织模范体育场，逐渐推行于县治及镇集）。（二）利用公园。（三）开放学校运动场。（四）利用庙宇、教练场等隙地。

（丑）指导奖励：（一）设指导员，并巡回各地实地教授。（二）发起运动会，并联合各地方体育机关每年举行数次，施以相当之奖励。（三）利用学校教师为指导之补助。

乙、学校体育 （一）加授武术。（二）关于体育上设备及器械力求完备。（三）奖励自由研究，理论上、实际上认为适当者，得设法实施之，以力求教授之改良。（四）注重课外运动。（五）设法优待体育教员。（六）规定体操及教练之成绩考查法，体操及成绩之考查法由身体、精神、智识三方面行之。身体方面，则考查其强健、姿势及技术三点；精神方面，则考查其诚意、元气及规律协同诸点；智识方面，则考查其关于体操及教练之知识，师范学校并考查其关于小学校教材及教练方法。

三、提倡武术以发展国人特殊之运动。

四、施行各项讲演及他方法以力谋体育之普及。

〔北洋政府教育部档案〕

62. 教育部关于采录体育咨询案办法咨
（1919年4月16日）

咨各省区采录中学校长会议议决体育咨询案办法 八年咨第六百八十七号

为咨行事：查上年全国中学校校长会议，议决本部咨询之中学校学生体育应如何从生理卫生上体察，施行规律的训练，并应如何订定运动标准，以收实行锻炼之效一案。其中颇多切要可行之处，经本部审核修正。除原案养成教师一项，另训令各高师校遵办外，相应抄录，咨请查照，转饬各中学校遵照办理。此咨。中华民国八年四月十六日

附抄件

甲 要旨所在

一、学校体育须注重心身各部之平均发育。吾人身体各部互有应用，互相关连，若仅注重一部，则不但有偏重之弊，且于此

注重之一部亦无善果。在学生时代之锻炼，实冀其心身各部得完全之健康，庶能致力于事业。今运动种类甚多，不仅皆合此旨，若跳高、跳远之于足，掷球之于手，皆一部分者也。故于运动之选择不可不加注意，或务取与全部相关之运动，或以各部之运动错综而练习之。

二、运动须以团体普及为主，选手竞技次之。吾人提倡体育之主旨，在使一般国民健强，非养成少数之运动家，故务取团体的及普及的，以谋全体之健康。然课外运动若无兴会，则不足以振起精神，故有时宜利用选手互相竞技，藉以鼓舞兴趣，并引起一般之注意。

三、竞技运动须依学生年龄体力分组练习。竞技运动每以好胜之心，偏于剧烈，若竞争者年龄相同，体力相若，方为适当，如幼稚或身体过弱者，决不可强行剧烈之竞技，否则弊害甚多也。

四、运动种类须取多变化饶兴味者。我国社会文弱积习过深，学生之家庭及社会教育都偏于文弱，运动趣味本不丰富，加之少年心理每厌故常，非取变化多而饶兴味之运动，则厌倦心生，时作时辍，欲求进步盖亦难矣。

五、厉行锻炼主义，注意清洁卫生。坚忍果敢诸美德均出于锻炼之中，故凡冰、雪、风、雨及夫酷暑、严寒之时，皆当为适宜之锻炼。旅行也、野操也，在在均可施行，务期学者有勇敢耐苦之习惯，方称完备。至于勤劳，为吾人自然之体育，而清洁卫生，又为体育上最要之点，以此淬励学生，于体育方面固受其益，即异日之立身处事，要有莫大之效果。

六、注重国技。言体育者，每以欧美日本法则为本位，而不知我国固有之武术。近数年来虽有知其重要而于学校教育加授此科者，然不能普及也。夫一国之体育，必须具一国之精神。我国武术，实中华民族精神所寄，且种类颇富。其与生理原理相合者，务须选择加入，以为体育之基本。

七、注意规律的及节制的教材。学校体育之目的，既为养成健全国民之预备，一面宜注意于规律运动，以养成遵守秩序之习惯；一面又当规定进程，注意节制，以免运动过度之害。故选取教材，必须注意以上之二点。

乙　施行方法

一、晨起行深呼吸及简易运动。吾人身体上各种营养机能，其新陈代谢之时间，在晨起后为最盛。故于此时举行深呼吸及简易之体操，最为有益，每日继续行之，亦健强身体之一法。

二、休息时间行五分至二十分间体操。利用休息或择一相当时间，作五分至二十分间体操，实为锻炼心身恢复疲劳之要点。然其教材务取合乎生理顺序及学生年龄体力，否则徒事纷扰，仍复无益。

三、入学时体格之检查。检查体格行之于入学之始，既可以为日后之比较，更可验新生之体格。其有传染症及其他疾病者，宜严行淘汰。检查主要之点为体重、臂力、腿力、体长、肺量、目力、耳力、胸围等项。

四、每学期体格之检查，学期体格之检查，所以验学生心身之发育有无进步者也。其检查部分可本前条所列各项酌量增减。

丙　指导与监护

一、体育教员须明生理卫生学，或与校医协同监理。运动要旨在于发育心身，其中关于生理卫生要领，任体育者不可不知，并当于授课时为相当之指导及监护。至于检查体格、提倡清洁卫生等事，则可与校监协同处理之。

二、教职员之提倡监护。一校之校风，端赖教职员之意志以为转移，果教员实意注重体育，则全校之体育精神必有可观。至监护之责，教职员理应担负。

丁　完善体育教师之养成

现今体育之门类烦多，学校之经费缺乏，而体育人材每专长一部，不克完全担任施行体育，不能不多延教师。一面为人才所限，一面又为经济所限，故提倡体育虽言之甚详，而难于实行。且国技一面愈觉困难，知新教法者每不长国技，长国技者又每不明新教育，此养成体育师资之不容少缓也。今日各高等师范学校多设有体育专修科者，正以此故。然现今高等师范学校之体育专修科修业时间仅有二年，科目亦多不备，非延长时间、增加科目不可。当与高等师范学校商酌，改专修科修业期间与各本科目为三年。而除现有科目外，加军事教练、国技要术等，庶乎有济。

〔北洋政府教育部档案〕

63. 教育部关于提倡中学校练习武术咨
（1919年4月17日）

咨各省区提倡中学校练习武术　八年咨第七百十六号

为咨行事：查上年全国中学校校长会议议决，全国中学校添习武术案，经该会呈请核办前来。查吾国固有武术，于锻炼身体裨益甚多，自应提倡，以存国粹。惟现在师资、课本均属缺乏，此项练习尚难一律实施。嗣后各中学校如能聘有相当教员，自可列为体操课程之一项，以时练习，其试验成绩，应并入体操及各种运动分数内计算，藉以唤起学生之注意。相应摘录原案办法，咨请转饬各中学校遵照办理。此咨。

中华民国八年四月十七日

附：摘录原案办法
一　培养师资
各国立高等师范学校体育专修科添设武术门。
一　预备教本

请部征集各省关于武术教材，研究教授方法，并编辑适用教科书。

一　提倡方法

甲、各校酌定时间，令学生正式练习。

乙、试验成绩并入体操及各项运动分数内计算，藉以唤起学生之注意。

〔北洋政府教育部档案〕

64. 国务院关于捐助远东运动会经费函
（1921年8月11日）

国务院公函第五百二十八号

径启者：前准远东会会长王正廷等电称：第五届远东运动会，准于五月三十日至六月四日在沪举行，该会为国际协作之一，各国当道无不实力赞助，中国谊属东道，招待主持。需款至少六万左右，请政府拨助半数，以襄盛举，并祈速汇等语。当经函达财政部，酌核办理，见复。兹准复称：查远东运动会，前于民国四年在沪举行，准贵院钞交该会会长节略内称：共用银币三万元。大总统慨捐三千元，各部总长均有捐款。当时售入场券费纳收二万元，出入相抵等语。应请仍照民国四年成案办理，以襄盛举，咨呈核办等因。查四年远东运动会在沪举行，大总统暨本院与各部总长，均有捐助，本届该会在沪举行，自可援照前案办理，除由院呈请大总统捐助并分行外，相应函请贵总长酌量捐助，见复。以凭办理。此致

内务总长

中华民国十年三月十一日

〔中央大学档案〕

65. 江苏省体育会关于推选参加远东运动会筹备委员名单及会议记录等有关文件

(1921年2—5月)

(1) 江苏省参加远东运动会筹备会名单　(2月28日)

敬启者：本会前以远东运动会本年在沪开会，本省各教育机关当有选手加入，特函询教育厅定何办法。得复，谓应如何布置及预备之处，拟即委托本会办理。等因。即经干事员会公同讨论，议决组织参加远东运动会筹备委员会，以便详细规划，并公推先生为委员会会员。除函复教育厅外，合即函达。此后如委员会有集会等事，至希拨冗到会，并请随时发表高见为盼。委员会会员名单附录奉览。专颂台安

江苏省教育会谨启
二月二十八日

附名单一纸
中华民国十年三月一日到

参加远东运动会筹备委员会会员名单
郝伯阳君主任　　郭秉文君　章伯寅君　王小峰君　顾拯来君
吴志青君　杨聘渔君　陆佩萱君　张天培君　张叔良君
张小崖君　王壮飞君　朱了洲君　庞醒跃君　沈信卿君

(2) 参加远东运动会委员会开会通知及会议记录　(3月17—23日)

敬启者：敝会承江苏教育厅委托，组织参加远东运动会委员会，公推先生为委员会会员。先经函达计邀台察。兹定本月二十三日（星期三）上午十时，在敝会会所开会讨论进行方法，届时务请莅会，为盼。专颂台安

江苏省教育会谨启
三月十七日

中华民国十年三月十九日到

参加远东运动会委员会开会记录

十年三月二十三日第一次会

到会者　郝伯阳　沈信卿　顾拯来　朱了洲　吴志青
　　　　庞醒跃　王壮飞　章伯寅　杨聘渔

议决案

一件　顾君拯来报告，关于童子军参加远东运动会事，已向总干事接洽。据云：开会时须有每日三百名童子军维持会场秩序，就支配言，大概已可分配。

一件　吴志青君报告，上海高小校参加远东运动会接洽事件（表演中国式新体操，印有办法三纸附），报到人数现在尚未满三百人。规定表演三种运动，时间须时三十分钟。第一种中国式新体操，第二种叠罗汉，第三种中英文欢呼。

议决第一种"中国式新体操"名目，改为"新式徒手操"，说明书应中英文并编。

一件　郝君提议开远东运动会时，应由江苏省教育会、江苏教育厅两团体，对于运动选手开欢迎会，用西文东文致欢迎词。

议决公推郝君伯阳、顾君拯来、王君壮飞为筹备欢迎会委员。又公推杨君聘渔、吴君志青为筹备欢迎会委员。

一件　公推姚君麟书、徐君卓岩为本会委员。

议决照办。

一件　提议关于中等学校参加远东运动会事。

议决函致教育厅，请于省校联合运动会时，酌量挑取选手参加，与会须于省校运动会完毕后，报告到会。

（3）参加远东运动会委员会关于欢迎运动会选手等事会议通知及会议记录　（5月5日—7日）

敬启者本月七日（星期六）上午九时，本会开会讨论欢迎远东运动会选手事；十时继续讨论上海全城联合游戏运动大会进行办法，除分函已加入各校之体育教员外，合即函达，届期务请准时到会为盼。专颂台安

参加远东运动会委员会启　五月五日

十年五月七日，欢迎远东运动会选手筹备委员会
　　到会者　郝伯阳　徐卓岩　顾拯来　沈信卿　吴志青
　　　　　　王壮飞　张天培　郭秉文
　　一件　欢迎地点，定大东酒楼三层楼。
　　一件　欢迎日期，由郝伯阳先生面商青年会，如能合开，再择期开一联合筹备会。
　　一件　武术表演，吴志青先生提议，拟请马子贞先生武术团加入，届时如不能来，再由会函约精武会、武术会、体育场三团体（每团体选二人）加入表演。

十年五月七日参加远东运动会委员会开会记录
　　到会者　郝伯阳　徐卓岩　顾拯来　沈信卿　杨肖轩
　　　　　　王壮飞　陆树琛　张天培　程任安　孙和宾
　　　　　　蔡掘哉　张保初　陈昕　李颂唐　戴企留
　　　　　　陈庭桢　张志良　姚荣陞
　　一件　各校各组在会场上如何排列：
决定　卜号数先后定之。
　　一件　指挥运动方法及呼唱：
决定　呼唱用一至八，再八至一（二次）。腹部运动改三十二动作，伏下二次指挥用㴷。
　　一件　会操日期：
决定五月十四日下午二时，在体育场会操。
　　一件　排队入场次序：

（一）基督公学　　　　　（二）第二师范
（三）民立中学　　　　　（四）澄衷中学
（五）水产学校　　　　　（六）湖州公学
（七）上海公学　　　　　（八）第二师范附属小学
（九）职业学校　　　　　（十）青年会中学
（十一）尚公小学　　　　（十二）第一商业学校
（十三）上海体育专门学校　（十四）东亚体育学校
（十五）上海县立第二高等小学校

　　一件　会操时由各校唱国歌：

决定　由会印发各校练习。

　　一件　提议远东运动会时，拟参加"上海全城联合游戏运动大会"，简则由郝君交到。

　　议决本月三十号午前十时，开筹备会，由省教育会及上海县劝学所，邀集上海境内中等学校、高等小学各校长及体育职员，到省教育会集议一切。

主席　郝伯阳

　　敬启者：阳历六月九日下午五时，各团体假座复成桥南京地方公会。公宴远东运动会斐政府代表斐立宾教育会长、教育局副长兼职业教育科长奥西亚氏，届期务请惠临为幸。专此，顺颂公安

江　苏　省　议　会
教　　育　　　厅
实　　业　　　厅
省　教　育　会
东　南　大　学　　　公　启
暨　南　学　校
新　教　育　社
中华职业教育社

〔中央大学档案〕

66. 中华全国武术运动大会呈报组织及开会情形函
(1923年3月20日)

谨肃者：武术一道关击〔系〕国民强弱实匪浅鲜，我国国技由来尚矣，当此竞争时代，不尚武无以图强。同人等有鉴于此，爰组织全国武术运动大会于上海，集合各界武术分子到会表演，思有以唤起社会注意，发挥而光大之。乃荷各界人士赞助，具见同情，曷胜欣幸。筹备以来一切进行手续粗有头绪，并经第二次发起人大会议决，于阳历四月十四、五、六日为开会之期，凡各界人士，届期无论到会表演、参观均所欢迎。除分别邀请外，凤仰钧座经纶国事，宏济艰难，既文德之聿修，亦武功之并尚。若蒙加以提倡，则具瞻所击〔系〕，自收风行慕偃之功，用特不揣冒昧敬请莅临赐教，或派代表到会，武术前途曷胜厚幸。附呈规程细则及发起人名单各一份，并乞钧鉴。专肃敬颂钧祺

中华全国武术运动大会筹备处谨肃

附呈规程细则发起人名单各一份

民国十一年三月二十日

中华全国武术运动大会细则
第一　总　则
第一条　本会依规程第八条之规定，设事务、技术两部，推定职员分部办事。

第二条　各部应办事项以本规则定之，本会职员均应一律依照进行。

第二　事务部
第三条　事务部分庶务、会计、文牍、交际、纠察五股，每股职员无定额。其职务如左：

甲、庶务：（1）开会前布置运动会场。（2）预备会员膳宿处所。（3）购置会中应用器物。（4）除会场运动器械外，各种物品均归照料。（5）不属于会计、文牍、交际、纠察者，均归担任。

乙、会计：（1）司会中经费之出入。（2）编造本会经费概算及收支清册。（3）规定售票券式样、种类及价目。

丙、文牍：（1）拟订本会各项规则。（2）草拟关于会事之文牍。（3）整理及保存关于会事之各项函牍。（4）收发武术家介绍书。（5）宣传稿件。（6）记载会场事件。（7）编辑会场新闻。（8）编辑会务报告。（9）编辑中华全国创举第一次武术运动大会经过纪事。

丁、交际：（1）联络全国武术团体。（2）招待各处武术专家。（3）支配会员与来宾席次注意整肃。（4）检验入场券。

戊、纠察：（1）维持会场一切秩序。（2）纠正运动员违犯规则行为。（3）检查无票入席之观客。

第三 技术部

第四条 技术部分指导、评判、编配、陈设、报告、卫护六股，每股职员无定额，其职务如左：

甲、指导：（1）按照编配次序指导各项运动之先后。（2）严防运动员临时发生误会，并解释之。

乙、评判：（1）关于单人运动之评定。（2）关于团体运动之评定另有评判规则。

丙、编配：（1）运动种类次序及时间之编定。（2）本部一切表类之编制。（3）编定节目与团体人数。

丁、陈设：（1）会场图之规划。（2）运动圈内外之布置。（3）分别座位次序。

戊、报告：（1）报告运动员姓名门类，并技术名称节目。

（2）报告会场内临时发生事项。

己、卫护：（1）运动员有危险之救治。（2）卫生药品之管理与施放。

第五条　各部各职员除纠察、指导、评判、编配、报告五股外，其余各股在开会前及开会后，均应按照推定职务办理，以会务终了为度。

第四　职员办事及会议

第六条　各部职员除开会期间竟日在会办事外，平日办事时间规定如左：

甲、开会前：（1）三月二十日以前，每周土曜日之下午八时至十时。（2）三月二十日以后，每日下午八时至九时。

乙、闭会后：闭会之后每日下午一时至五时，以会务结东〔束〕为止。前项规定第三条甲乙丙丁四股，与第五条丁己两股职员均适用之。

第七条　各部职员所办事务，遇有不能限以规定时间者，得变通办理。

第八条　各部职员办事，每日会议一次，临时会议不在此限。

第九条　各部各股遇有关联事项，应协议办理。

第十条　各股职员因办事上之便利，可兼任他股职员。

第十一条　各股职员宜各就应办事务分别认定，以专责成。

第五　进行日期

第十二条　本会筹备进行须依左列日期之规定。

甲、宣布本会规程细则及商定会员膳宿方法，须尽三月二十日以前。

乙、分送入场券、编印运动顺序时间表、绘成会场图，须尽三月三十日以前。

丙、布置会场、搬运器械、分发职员徽章，须尽四月一日以前。

第六 徽 章

甲、事务部：（1）庶务蓝色。（2）会计黑色。（3）文牍深黄色。（4）交际白色。（5）纠察深红色。

乙、技术部：（1）指导青色。（2）评判紫色。（3）编配棕色。（4）陈设灰色。（5）报告绿色。（6）卫护月白色。

第十三条　运动员由本会给以磁章悬佩运动衣上。

第七 会外增加

第十四条　本会得利用时间于会事终了时，为各种有益教育之集会或演讲。

第八 附 则

第十五条　本细则于第一次发起人会经众通过以后，如有修改之处，有到会会员半数以上之同意得修正之。

中华全国武术运动大会缘起

古曰：民为邦本。今曰：民国故吾民之强弱，实国家存亡之所系也。当此竞争时代。无自卫之能力，无自立之精神，必无发展之事业，渡此纷纭之世，宁不为人踩躏乎。自强之道甚多，究以我祖传之武术教育为最尚。我国武术不惟强健身体，且动则有方，有自卫之能力，倘遇意外之变，兼能救济他人，救济家庭，保卫国家。数千年来我国赖之以立，人民赖之以安，此种教育，实我国民自动之普通体育也。奇异精妙之绝技甚多，武艺绝伦之高士甚伙，历代以来能斯技者，隐居荒野，镇慑地方，以相安而不闻他事，尚隐秘而不尚显露，负社会治安之义务不贪权利，无求于人，如黑暗而不见真光，如真宝而藏于鄙陋。故世界各国好学之士，虽有所闻而不能见其奥义者亦由此也。是以我祖传之国技，至无以显其光耀，实吾人之恨事。此所以在上海举行全国武术运动大会，征求武术之显耀，以表扬我祖传之体育尚武之精神，自立之基础，动作之慷慨，运用之兴趣，正当之态度，在我国可以精益求精，在各国可以见我光明，以壮我国家声威，藉以振起我自强之精神而发展我自强之事业，于我同胞有无限之厚望焉。凡我同志务希光临，共襄盛举，本会同人无任欢迎盼祷之至，非一人一派一团体之荣誉，实我同胞之荣誉，国家之荣誉，祖宗之荣誉也。谨摊〔拟〕规程附后。

中华全国武术运动大会规程

一、本会以发扬武术教育，征求武术名家，并各种绝技，增进我同胞尚武，发展我同胞体育为主旨，定名中华全国武术运动大会。

二、本会由各界并武术团体、武术专家共同组织，专事表演各种武术，毫无比赛性质。

三、全国各界人士，凡娴擅我国武术者，无论各门各派均可加入本会表演其技能。

四、凡欲加入本会运动者，应于阳历三月三十日以前，向筹备处接洽，个人加入必须有二人以上之介绍。

五、凡逾三月三十日加入本会运动者为来宾，运动应依本会支配。

六、本会运动种类以我国所有武术为限，其成绩优良者，分别赠给纪念品。

七、本会举行时期，以阳历四月上旬至开幕日期，届时另有宣布。

八、本会职员办事细则及运动员表演规则，均另有规定。

九、本会会务以会期终了为限。

十、会场及筹备处设上海西门公共体育场。

中华全国武术运动大会发起人（列名以加入先后为次）

黄任之	袁观澜	沈信卿	赵厚生	邵作辉	狄楚青	许剑屏
沈卓吾	谢强公	王壮飞	戈公振	吴应图	严独鹤	王钝根
张冥飞	朱赓石	谢介子	鲁道人	唐范生	哈少雨	吴 山
胡敦复	孙东吴	汪北平	金星伯	徐秋澄	马一棠	伍泳霞
卢炳田	马湘伯	朱葆三	聂云台	汪汉溪	马树周	吴志青
沈能毅	樊发源	俞鸿钧	吴瑞书	徐笃初	马骏卿	高践四
张滇叔	张静庐	谈善吾	严谔声	范敬五	李嵩生	苏一乐
朱卓人	胡政之	吴天倪	马长庚	马蛰庵	赵钦汉	马 良
王一亭	李登辉	吴应培	郝伯阳	汪幼农	李英石	许又铭
曹慕管	姚慕莲	许禹生	孙禄堂	庐炜昌	王韫章	顾馨一
张孝若	宁竹亭	钮铁生	马骥良	陈公哲	陈铁生	汪禹丞
朱鸿寿	贾蕴高	罗啸璈	郑灼辰	陈 善	赵振群	傅莲舫
黄警顽	汪季英	胡道南	陈勇三	陈维新	李颂唐	朱伯华
钱绅斋	俞元爵	刘德生	陶雪生	孙燕翼	马 贵	李文彪
金承培	葛亚民	白喜麟	舒恩泰	王 筠	罗述祖	许元龙
徐永福	徐子庄	申楚汉	张凤岩	马蔚然	杨奉真	何玉山
米剑华	佘斐棠	孙瑞符	曲希福	李竹玄	王工甫	韦沚澂
韩牖民	主子平	于振声	李义民	王峻峰	于海亭	马西民
刘子健	王渭泉					

〔北洋政府内务部〕

67. 张伯苓关于组织中华全国体育协进会请立案呈

(1925年10月)

呈为呈请注册立案事：窃本会同人鉴于吾国士大夫缺乏尚武精神，爰集合同志创设中华全国体育协进会，冀资提倡。所有会中一切组织悉皆依法办理。兹谨检呈本会简章、成立大会纪录二纸。伏乞鉴核，准予注册备案，实为公便。谨呈
内务部总长龚
　　　　中华全国体育协进会简章一件
　　　计附呈中华全国体育协进会成立大会纪录一件
　　　　中华全国体育协进会董事名单一件
　　　具呈人　中华全国体育协进会董事长　张伯苓　私章
　　　事务所设在上海汉口路廿四号
中华民国十四年十月

中华全国体育协进会简章

第一条　定名：本会定名为中华全国体育协进会(China National Amuteur Athtetic Federation)。

第二条　宗旨：（一）联合全国体育团体，促进体育之进步。（二）主持全国业余运动，暨制定运动统一规则及运动标准，并增进运动员仁侠之精神。（三）关于国际运动比赛时，由本会联合各区负责进行。

第三条　组织：（一）本会组织，以区为本位。每区推选代表五人，年纳合组费二百五十元。（二）本会组织分董事、评议二部，董事由各区代表选举九人，任期三年，每年改选三分之一。评议由各区所选出之代表五人组织之，任期三年，设主任干事一人，由董事部聘任之。凡热心赞助体育事业，声望夙著者，

得推为名誉董事。

第四条 职员：董事部负维持、计划本会会务之责，评议部负议定第二条所规定各种标准及其方法之责。主任干事负办理第二条所规定之事项，及执行董事、评议两部所议决之案件。

第五条 会期：（一）董事、评议二部每年各开常会一次，其时期及地点由董事长及主任干事酌定之；临时会，必须得各部三分之一人请求方得开会；开会通告须在一月前寄出。（二）两部开会时，以到过半数为足额；会中一切问题，由到会者多数赞成表决之。

第六条 本章程之修改：本章程于评议部开常会时，经到会评议员三分之二以上认可者，得以修改之，一月后发生效力。

中华全国体育协进会成立大会纪录

召集机关：中华业余运动会联合会及中华体育协会筹备处。
筹备委员：中华业余运动会联合会会长张伯苓博士。

第一次会议

开会地点：东南大学化学教室。开会日期：十三年七月四日。与会代表：有江苏、浙江、直隶、山东、河南、陕西、湖南、湖北、江西、安徽、四川、香港等十余省代表六十六人。临时主席：张伯苓博士；临时书记：沈嗣良。首由主席报告。略谓上次在武昌开全国体育会时，因未能正式成立，遂由各省代表推举鄙人及卢炜昌先生为筹备员，负责进行。筹备员等即请聂云台、郝伯阳、王壮飞、柳伯英、沈嗣良五君为章程起草委员。现本会草章已印就分发各位，请细加察阅，发表意见，俾本会得在此次中华教育改进社年会时期正式成立。吴蕴瑞提议将章程逐条讨论，多数赞成。起草委员沈嗣良宣读章程第一条（定名），并加解释，继付讨论。当时有主张用原名（中华体育联合会）者，有主张用中华全国体育联合会者，有主张用中华体育促进会者，有主张用中华体育协进会者，讨论良久，未有结果。后由麦克乐提议将（定名）移后讨论，以省时间，胡宣明附议，表决通过。起草委员沈嗣良宣读章程第二条（宗旨），继付表决，通过。起草委员沈嗣良宣读章程第三条（组织），因本条共分三项，多数主张逐项讨论，结果第一项改为（本会组织以区为本位，每区推选代表五人，年纳合组费二百五十元）。后以时间不敷，第二第三两项及以下各条，均不及讨论，遂由主席宣告于七月五日下午四时至六时在原处续开会议。散会。

第二次会议

开会地点：东南大学化学教室。开会日期：十三年七月五日。临时主席：张伯苓博士。临时书记：沈嗣良。主席报告：谓会章不过一表面文字，最重要者为将来实际上之进行，故诸位发言，务求精要，勿作空论，以费时间，章程如有不妥之处，日后尚可增删修改，继续讨论第三条第二项。华中代表方克刚、陈时等提议设董事评议两部，评议由全国五区各选代表五人组织之。董事由评议部选出，再由董事部聘任常年驻会主任干事一人，主持会务。蒋湘青因聘请驻会主任干事一层，在现在情形之下恐难办到，提议评议部下采委员制，就随时之需要，组织各项委员会分头办事。各委员均为名誉职，如是于经费困难一层可不发生问题。张煦光提议将章程第三条第二项之原文，及华中代表与蒋君之提议三案，均付表决，卢颂思附议。蒋湘青自愿抛弃提议，附议华中代表之提议。主席谓本条第二项关系最大，为慎重起见，不能立付表决，仍请诸位继续讨论。讨论良久，多数主张每区各选代表五人，组织评议部。由评议部选出董事组织董事部，再由董事部聘请主任干事一人，并指派各项委员。付表决，通过。蒋湘青谓为谋本会之发展及筹划经费起见，董事之资格，不必限于体育家及每区人数，凡当代名流、著有声誉之教育家，与夫热心赞助体育事业之资本家，均得被选为董事，各省长官，得酌量推为名誉董事。一致赞成。继讨论设董事之人数，陆礼华女士提议设董事五人，蒋湘青附议。宋如海提议设董事九人，每年改选三分之一，名誉董事不限人数，吴志青附议。付表决，多数赞成设董事九人。麦克乐提议在评议部未成立前，由与会代表选出临时董事九人，负责进行，沈嗣良附议。通过。麦克乐主张由本日与会代表推出临时董事提名委员五人，提出被选董事九人以上，然后用表决法或票选法产生临时董事九人，多数赞成。当推卢颂恩（华东）、章辑五(华北)、黄公诚(华中)、黄代国（华西）、侯可久五人为临时董事提名委员，提出被选董事二十一人，在此二十一人中，由与会代表用记名选举法选出九人。结果张伯苓（三十三票）、郭秉文（三十一票）、陈时（二十九票）、卢炜昌（二十三票）、聂云台（二十二票）、郝伯阳（二十二票）、沈嗣良（十八票）、方克刚（十四票）、穆藕初（十二票）九人当选为临时董事。麦克乐提议推举三人，修正已议决各条条文。多数赞成。公推陈时、方克刚、沈嗣良三人修正条文。主席谓本会董事既已产出，则本会之定名及未议各条可付董事部商议，无须讨论。中华民国全国合法之体育总机关，即于今日正式成立，全体赞成。散会。

董事	沈嗣良
	郭秉文
	穆藕初
	方克刚
	陈时
	卢炜昌
	郝伯阳
	聂云台
	张伯苓

〔北洋政府内务部档案〕

〔八〕教 科 书

1. 教育部公布各省图书审查会规程令
(1912年9月18日)

教育部部令

兹订定各省图书审查会规程十八条，特公布之。此令。

各省图书审查会规程

第一条 图书审查会直隶于省行政长官。审查适合于各该省小学校、高等小学校、中学校、师范学校教科用图书。

第二条 图书审查会每省设立一处，以左列各员组织之：

甲、省视学。

乙、师范学校校长及教员。

丙、中学校校长及教员。

丁、高等小学校校长。

戊、小学校校长。

前项甲款会员由省行政长官委任；乙款至戊款会员由各学校互选，其名额及互选规则由各省行政长官定之。

第三条 图书审查会设会长一人，由会员中互选，会长、会员之任期，各以二年为限。

第四条 图书审查会每年开会一次，其日期及会所由各省行政长官定之。

第五条 图书审查会征集图书，由会长将应付审查者分配各会员审查，至开会时由公众议决，方作为择定。

第六条 图书审查会审查教科用图书，以经教育部审定者为限。

依前项规定外，图书审查会认为必要时，亦得审查；但须报由省行政长官呈请教育部核定后，方生择定之效力。

第七条　图书审查会经全体会员决议，得为风土特殊地方，择定适用之图书。

择定前项图书仍须遵照第六条第二项之规定。

第八条　图书审查会对于教育部审定之教科用图书，有意见发表者，得报由省行政长官呈请教育部酌定办理。

第九条　图书审查会遇必要时，得由审查会延请专门学者加入审查。

第十条　图书审查会会长于闭会后，应将择定之图书呈报省行政长官宣布之。

前项呈报之期，应在学年开始四个月之前，但有特别情事，经省行政长官许可，得酌量展期。

第十一条　省行政长官对于审查会择定之图书有异议时，得声明理由，令其复加审查，但经图书审查会复查后，仍主张择定者，省行政长官应即宣布。

第十二条　图书审查会会员，于其本身及与有密切关系者之著作，不得参预审查。

第十三条　图书审查会会员如有受贿赂请托情事者，应予以行政上之处分。

第十四条　图书审查会会长、会员应予以相当之津贴，其津贴额由省行政长官定之。

第十五条　凡经择定之图书，如有修正、改版或变更定价，即失择定效力。

第十六条　图书审查会之施行细则，由各省行政长官定之。

第十七条　图书审查会审查细则由审查会定之，但须呈报省行政长官。

第十八条 本规程自公布日施行。

中华民国元年九月十八日部令第十号

〔北洋政府教育部档案〕

2. 教育部关于教科书由校长就部定图书内选用令
(1914年1月23日)

教育部部令第七号

本部现经修正审定教科用图书规程，各省图书审查会亦经通令停止。所有前经公布之小学校令第十六条、中学校令施行规则第十八条、师范学校规程第四十条，关于各该校教科用图书下有"由各省图书审查会选定之"一句，均应改为"由校长就教育部审定图书内择用之"。此令。

中华民国三年一月二十三日

教育总长　汪大燮

〔北洋政府教育部档案〕

3. 教育部公布修正审定教科用图书规程令
(1914年1月28日)

教育部部令第八号

修正审定教科用图书规程

第一条　小学校、中学校、师范学校教科用图书，须经教育部审定。

第二条　审定图书系认为合于部定学科程度及教则之旨趣，堪供教科之用者。

第三条　图书发行人应于图书出版前，将样本呈请教育部审定。

第四条 凡呈请审定之图书，须同时呈出样本二部。

前项图书应将拟用印刷之纸张、款式及定价等〔项〕预先呈明。

第五条 凡呈请审定之图书，教育部认为应行修改者，签示于该图书上，发行人应遵照修改，印成后再行呈验核定，方作为审定图书。

第六条 教科用图书为小学校用者，得以教员用、学生用二种呈请审定；为中学校、师范学校用者，专以学生用一种呈请审定。

第七条 已经审定之图书，由教育部送登政府公报，宣布其书名、册数、定价及某种学校所用，并发行之年月日、编辑人、发行人之姓名等。

第八条 凡图书于前条宣布之事项如有更改，发行人须于三个月内呈请教育部复核，再登政府公报宣布，逾期即失审定效力。

第九条 凡图书已经审定后，若变更其内容，发行人须于六个月内重呈审定，逾期即失审定效力。

前项变更内容，如增减页数、字句、图画、注释及换用纸张之类。

第十条 已经审定之图书，每册书面准载明某年月日经教育部审定字样，于小学校教科用图书，宜标明教员用、学生用字样。

第十一条 已经审定之图书，其有效限期为五年，自该图书审定后次学年始期起算。

第十二条 图书发行人自〔得〕于该图书未满有效限期五个月前，呈请教育部重行审定。

第十三条 审定图书满五年者，由教育部于三个月前送登政府公报宣布，即失审定效力。

但教育部认为仍适教科之用者，得作为重行审定，依照本规程第七条送登政府公报公布之。

第十四条　依第八条、第九条、第十三条第一项，已失审定效力及未经审定者，不得记载教育部审定字样，违者科以法律上相当之处罚。

第十五条　已经审定之图书，凡有二〔种〕以上相同之种类者，得由各校长自行择用，但须先期呈报省行政长官。

依第十三条第一项已失审定效力之图书，各校长于最下学年学生不得择用，其择用在该图书未失审定效力以前者，得沿用至该班学生毕业为止。

第十六条　省行政长官对于某种审定图书认为未能适合者，得具述意见，呈请教育部复审。

第十七条　教育部对于省行政长官呈请复审之图书，认为确有未能适合者，得令该发行人于再版时遵照修改。

第十八条　本规程自公布日施行。

中华民国三年一月二十八日

教育总长　汪大燮

〔北洋政府教育部档案〕

4. 教育部公布教科书编纂纲要审查会规程令
（1914年5月25日）

教育部令第三十四号

教科书编纂纲要审查规程

第一条　本会审查教科书编纂纲要之适法与否，于一定之期间内呈报审查结果于教育总长。

第二条　本会设审查员若干人，由教育总长派充之。

第三条　审查员须具有左列资格之一：

一、教育部职员。

二、曾经师范学校毕业者。

三、有中学校以上毕业之资格者。

四、现任或曾任各学校教员素谙教育理法者。

第四条　本会设审查会长一人，由教育总长选任之，综理会内事宜。

第五条　本会应依部定各科教则及教育总长提出某科应采之方针，为审查之标准。

第六条　本会得依便宜先期印刷教科书编纂纲要草案，征求各地办学人员之意见。

但各地办学人员欲投意见书者，须在该草案发布三个月以内。

第七条　本会审查之顺序，依教科书编纂纲要脱稿之先后定之。

第八条　本会会集讨论之时期，由审查会长定之。

第九条　本会审查纲要有疑义时，得请原编纂员到会陈述意见。

第十条　本会审查纲要多数认为应修改者，或得各地办学人员意见书多数认为可采取者，应由本会分别增删修订，呈候教育总长核定。

第十一条　本会审查员概为名誉职。

第十二条　本会存立期间，以审查事件告竣之日为度。

第十三条　本会应需缮写人员，由教育总长委任部中录事兼充。

第十四条　本规程自公布日施行。

中华民国三年五月二十五日

教育总长　汤化龙

〔北洋政府教育部档案〕

5. 教育部公布修正审定教科书规程草案

(1916年4月28日)

第一条 国民学校、高等小学校、预备学校、中学校、师范学校教科用图书，须经教育部审定。

第二条 审定图书系认为合于部定学科程度及教则之旨趣，堪供教科之用者。

第三条 图书发行人应于图书出版前，呈出样本二部，禀请教育部审查。如用稿本赍送审查时，应将拟用印刷之纸张、款式及定价等预先禀明，经本部批准后，仍应赍送样本二部备核。

第四条 前条禀请审查时，应将图书每种十部之定价作为审定费，连同样本呈纳；但挂图类以每种两部之定价作为审定费，审定后定价有加增时，应照前项之例补纳差额。

已经审定之图书，如有变更内容复请审查者，应纳第一项之审定费；但受第六第十条之饬示加以修正者，不在此限。

第五条 教科用图书为国民学校、高等小学校、预备学校用者，得以教员用、学生用二种禀请审查；为中学校、师范学校用者，专以学生用一种禀请审查。

第六条 凡禀请审查之图书，教育部认为应行修改者，签示要点于该图书上，发行人应遵照修正；印成后再行呈验核定，方作为审定图书。

第七条 已经审定之图书，由教育部送登政府公报宣布其书名册数、定价及某种学校所用，并发行之年月日，编辑人、发行人之姓名等。

第八条 已经审定之图书，每册书面准载明某年月日经教育部审定字样，于国民学校、高等小学校、预备学校教科用图书，得标明教员用、学生用字样。

第九条　凡图书于第七条宣布之事项如有更改，发行人须于三个月内禀请教育部复核，再登政府公报宣布，逾期即失审定效力。

第十条　凡图书已经审定后，遇有事实变更其内容有不适宜之处，教育部饬令修改者应于三个月内改正，赍部备核，逾期即失审定效力。

第十一条　凡图书已经审定后，若变更其内容，发行人须于六个月内禀请审查，逾期即失审定效力。

前项变更内容，如增减页数、字句、图画、注释及换用纸张之类。

第十二条　已经审定之图书其有效限期为六年，自该图书审定后，次学年始期起算。

第十三条　图书发行人须于该图书届满有效限期六个月前，禀请教育部重行审定。

前项图书未经禀请重行审定，教育部认为继续有效者，得展长其有效限期。

第十四条　审定图书满六年者，由教育部于三个月前送登政府公报宣布，届满日期，即失审定效力。合于前条第二项之规定者，亦于三个月前，送登政府公报宣布之。

第十五条　依第九至第十一条、第十四条第一项，已失审定效力及未经审定者，不得记载教育部审定字样，违者科以法律上相当之处罚。

第十六条　本规程自公布日施行。

〔北洋政府教育部档案〕

6. 教育部公布修正审查教科书规程令
(1916年12月21日)

教育部令第三十四号

民国五年四月二十八日公布之修正审查教科书规程草案，兹经本部重行修正，特公布之。此令。

修正审查教科书规程

第一条　删去"预备学校"四字。

第四条　"审定费"均改为"审查费"。

第五条　删去"预备学校"四字。

第八条　删去"预备学校"四字。

中华民国五年十二月二十一日

〔北洋政府教育部档案〕

〔九〕教育统计

1. 教育部公布全国各省学务统计表
(1915年12月)

中华民国第二次学务统计图表凡例直省各表

一　本编年度系民国二年八月始至三年七月止。

一　本编凡称省者包括各特别行政区域在内。

一　各省、道、县名称次序，系按照内务部全国行政区划表填写，惟边远各县，间有未设学校者，即不列入。

一　表列国公私等字系指学校之为国立或公立或私立而言，凡学校由中央行政机关设立者，为国立；由各地方行政机关或地方公共团体设立者，为公立；由私人或私法人设立者，为私立。

一　国立学校为数至少，与公、私立无可比例，故公、私立学校比较图，系将国立并入公立之内。

一　公立学校在各省有省立、道立、县立、城镇乡立或区立之分，本编直省各县比较表内于公立之中等以下各校，均依其学校所在地归入各该县计算，但该县原表未列省道立之学校者，比较表内亦不为补列。

一　京师学务局所属各学校，既未便分隶大兴、宛平两县，故本编直省各县比较表于京兆表内，专列京师学务局一栏以示区别。

一　私立学校之未经立案者，各省表、县表原未列入，故本编总表及图于是类学校均不在计数之列。

一　凡不在学校系统内之各校，均按照初等、中等、高等教育分别填入表中其他栏内。至前时各省高等学校则填入大学预科栏内。

一　凡表列其他栏内之各校，比较图内概未绘入。

一　表列各项数目均以一学年共有之数计算，惟教职员数系按本学年最后学期现有之数填入。

一　表列款项均以银圆一圆为单位，圆以下四舍五入，惟平均表截至三位小数为止，厘以下四舍五入。

一　表列资产一项，包括建筑物、购置物、基本金三种，建筑物以营造费计算之，购置物以原价计算之。

一　凡一学校内附设他种学校者，其岁入岁出各款，各省造送之表多未经划分，本编概仍其旧，平均表亦无从分别计算。

一　初等教育各校之教职员，类多互相兼任，各省造送之表，有均填入教员栏内者，有分别填入教员职员两栏内者，本编概仍其旧。

一　各省造报各表，有分计之数与总计之数，未能符合者，本编概据分计之数核改总计之数；惟省表之数有与县表之数不符者则不臆为订正。

一　本年各省造报县表，有将单级教授养成所师范传习所，误填在师范栏内及初等教育其他栏内者，本编概为订正，填入中等教育其他栏内，以明统系。惟原表未经注明者均仍其旧。

一　官费留学生，本年度只列留日留欧二表，其各省所派留美官费生及清华学校派遣留美各生，尚未据咨报本部存案，故暂从阙。

各省学务统计总表

学校类别			国			公	
			男	女	总	男	女
小学	初等					67353	2004
	高等					5125	334
乙种实业	农业					233	1
	工业					52	24
	商业					37	
其他						710	3
中学						353	7
师范			1	1	2	183	85
甲种实业	农业					36	1
	工业					16	1
	商业					16	
其他			1		1	200	9
高等师范			2		2	9	1
专门学校	法政		1		1	27	
	医学		1		1	4	
	农业		1		1	6	
	工业		3		3	7	
	商业					6	
	商船						
	外国语					3	
大学校	预科		1		1	5	
	本科	文理					
		法				2	
		商					
		医					
		农				1	
		工					
其他			3		3	2	
总			14	1	15	74386	2470

	校			数		
	私			总		
总	男	女	总	男	女	总
69357	28947	478	29425	96300	2482	98782
5459	1792	112	1904	6917	446	7363
234	9	1	10	242	2	244
76	3	26	29	55	50	105
37	13		13	50		50
713	22	8	30	732	11	743
360	42	4	46	395	11	406
268	29	15	44	213	101	314
37	5		5	41	1	42
17	1	2	3	17	3	20
16	4		4	20		20
209	21	6	27	222	15	237
10				11	1	12
27	28		28	56		56
4				5		5
6				7		7
7				10		10
6				6		6
3	2		2	5		5
5	4		4	10		10
2				2		2
1				1		1
2	3		3	8		8
76856	30925	652	31577	105325	3123	108448

学校类别		学事类别	国			公	
			男	女	总	男	女
小学		初等				2068774	107345
		高等				310650	14121
乙种实业		农业				10379	70
		工业				2884	1190
		商业				2292	
		其他				19639	468
中学						51381	286
师范			110	158	268	22540	8433
甲种实业		农业				4146	141
		工业				2763	75
		商业				1740	
		其他	160		160	11099	560
高等师范			378		378	1738	182
专门学校		法政	630		630	15060	
		医学	72		72	281	
		农业	42		42	1512	
		工业	864		864	1530	
		商业				1034	
		商船					
		外国语				559	
大学校	预科		497		497	895	
	本科	文	30		30		
		理	22		22		
		法	139		139	143	
		商					
		医					
		农	52		52		
		工	41		41	134	
	其他		333		333	201	
总			3370	158	3528	2531374	132871

续表

生数						
私				总		
总	男	女	总	男	女	总
2176119	838495	26164	864659	2907269	133509	3040778
324771	74949	3707	78656	385599	17828	403457
10449	431	72	503	10810	142	10952
4074	69	1312	1381	2953	2502	5455
2292	835		835	3127		3127
20107	1246	715	1961	20885	1183	22068
51667	6129	184	6313	57510	470	57980
30973	2341	1244	3585	24991	9835	34826
4287	411		411	4557	141	4698
2838	365	239	604	3128	314	3442
1740	348	28	376	2088	28	2116
11659	2162	270	2432	13421	850	14251
1920				2116	182	2298
15060	12158		12158	27848		27848
281				353		353
1512				1554		1554
1530				2394		2394
1034				1034		1034
559	82		82	641		641
895	321		321	1713		1713
				30		30
				22		22
143	777		777	1059		1059
	33		33	33		33
				52		52
134				175		175
201	346		346	880		880
2664245	941498	33935	975433	3476242	166964	3643206

学校类别			毕业				
			国			公	
			男	女	总	男	女
小学	初等					102474	4613
	高等					45255	892
乙种实业	农业					817	
	工业					368	125
	商业					260	
其他						2778	30
中学						4442	
师范				32	32	7328	1159
甲种实业	农业					470	33
	工业					416	18
	商业					298	
其他						6566	137
高等师范			118		118	668	
专门学校	法政		298		298	3127	
	医学					39	
	农业					348	
	工业		155		155	178	
	商业					51	
	商船						
	外国语					22	
大学校	预科		71		71	176	
	本科	文					
		理					
		法				24	
		商					
		医					
		农					
		工					
其他						284	
总			642	32	674	176389	7007

续表

生				数		
	私				总	
总	男	女	总	男	女	总
107087	32557	1277	33834	135031	5890	140921
46147	7597	316	7913	52852	1208	54060
817				817		817
493		124	124	368	249	617
260	10		10	270		270
2808	212	89	301	2990	119	3109
4442	487	40	527	4929	40	4969
8487•	1590	418	2008	8918	1609	10527
503	18		18	388	33	521
434	44	31	75	460	49	509
298	6		6	304		304
6703	1170	53	1223	7736	190	7926
668				786		786
3127	1901		1901	5326		5326
39				39		39
348				348		348
178				333		333
51				51		51
22	9		9	31		31
176				247		247
24				24		24
284	202		202	486		486
183396	45803	2348	48151	222834	9387	232221

学校类别			辖学			公	
			国				
			男	女	总	男	女
小学	初 等					124516	8118
	高 等					26933	1298
乙种实业	农 业					1201	
	工 业					258	126
	商 业					183	
	其 他					1473	10
中 学						6163	59
师 范			20	9	35〔29〕	1745	1441
甲种实业	农 业					643	10
	工 业					437	12
	商 业					255	
	其 他					555	147
高 等 师 范			20		20	112	2
专门学校	法 政		55		55	2273	
	医 学		5		5	27	
	农 业		3		3	322	
	工 业		124		124	214	
	商 业					160	
	商 船						
	外 国 语					62	
大学校	预 科		58		58	108	
	本科	文	7		7		
		理	1		1		
		法	6		6	33	
		商					
		医					
		农	10		10		
		工	7		7	18	
其 他			37		37	19	
总			359	9	368	167710	11223

续表

生数						
	私			总		
总	男	女	总	男	女	总
132634	44552	2419	46971	169068	10537	179605
28231	6956	457	7413	33889	1755	35644
1201	78	3	81	1279	3	1282
384	10	133	143	268	259	527
183	95		95	278		278
1483	79	50	129	1552	60	1612
6222	691	60	751	6854	119	6973
3186	245	145	390	2016	1595	3611
653	47		47	690	10	700
449	29	48	77	466	60	526
255	28		28	283		283
702	84	19	103	639	166	805
114				132	2	134
2273	991		991	3319		3319
27				32		32
322				325		325
214				338		338
160				160		160
62	7		7	69		69
108	73		73	239		239
				7		7
				1		1
33	133		133	172		172
	3		3	3		3
				10		10
18				25		25
19	15		15	71		71
178933	54116	3334	57450	222185	14566	236751

学校类别			死亡				
			国			公	
			男	女	总	男	女
小学	初等					18097	636
	高等					1498	81
乙种实业	农业					37	
	工业					10	4
	商业					6	
其他						53	3
中学						249	1
师范						191	40
甲种实业	农业					8	
	工业					13	1
	商业					11	
其他						36	1
高等师范			3		3	10	1
专门学校	法政		4		4	34	
	医学					3	
	农业					7	
	工业		2		2	8	
	商业					8	
	商船						
	外国语					1	
大学校	预科		2		2	5	
	本科	文					
		理					
		法					
		商					
		医					
		农					
		工					1
其他			3		3	2	
总			14		14	20283	768

续表

生				数		
	私			总		
总	男	女	总	男	女	总
18733	3497	219	3716	21594	855	22449
1579	597	13	607	2092	94	2186
37	1	2	3	38	2	40
14		9	9	10	13	23
6	6		6	12		12
56	5		5	58	3	61
250	23		23	272	1	273
231	5	8	13	196	48	244
8	3		3	11		11
14	1	1	2	14	2	16
11	1		1	12		12
37	2		2	38	1	39
11	5		5	18	1	19
34	45		45	83		83
3				3		3
7				7		7
8				10		10
3				3		8
1	1		1	2		2
5	1		1	8		8
		2	2	2		2
1				1		1
2	5		5	10		10
21051	4197	252	4449	24494	1020	25514

学校类别			教 国 男	女	总	教 公 男	女
小学	初 等					79683	2979
	高 等					19501	1153
乙种实业	农 业					743	10
	工 业					199	102
	商 业					130	
其 他						749	16
中 学						3344	46
师 范			19	18	37	1645	781
甲种实业	农 业					358	
	工 业					225	
	商 业					152	
其 他			6		6	763	53
高等师范			49		49	188	16
专门学校	法 政		40		40	604	
	医 学		13		13	37	
	农 业		8		8	134	
	工 业		.82		82	166	
	商 业					113	
	商 船						
	外 国 语					51	
大学校	预 科		28		28	117	
	本科	文	8		8		
		理	4		4		
		法	14		14	18	
		商					
		医					
	科	农	5		5		
		工	3		3		
其 他			32		32	16	
总			311	18	329	108936	5156

续表

员				数		
	私			总		
总	男	女	总	男	女	总
82662	39793	801	40594	119476	3780	123256
20654	7094	518	7612	26595	1671	28266
753	37	6	43	780	16	796
301	20	111	131	219	213	432
130	64		64	194		194
765	56	39	95	805	55	860
3390	488	22	510	3832	68	3900
2426	119	109	228	1783	908	2691
358	36		36	394		394
225	13	14	45	256	14	270
152	25		25	177		177
816	75	7	82	844	60	904
204				237	16	253
604	566		566	1210		1210
37				50		50
134				142		142
166				248		248
113				113		113
51	12		12	63		63
117	54		54	199		199
				8		8
				4		4
18	58		58	90		90
	10		10	10		10
				5		5
				3		3
16	21		21	69		69
114090	48559	1627	50186	157806	6801	164607

学校类别			职				
			国			公	
			男	女	总	男	女
小学	初等					70092	1934
	高等					10762	573
乙种实业	农业					347	3
	工业					127	47
	商业					52	
其他						407	28
中学						1668	22
师范			14	11	25	891	280
甲种实业	农业					232	14
	工业					132	
	商业					71	
其他			8		3	364	14
高等师范			42		42	103	10
专门学校	法政		11		11	219	
	医学		9		9	34	
	农业		11		11	76	
	工业		47		47	90	
	商业					38	
	商船						
	外国语					20	
大学校	预科		49		49	51	
	本科	文					
		理					
		法				9	
		商					
		医					
		农					
		工					
其他			22		22	7	
总			208	11	219	85792	2925

续表

员				数		
		私			总	
总	男	女	总	男	女	总
72026	26867	544	27411	96959	2478	99437
11335	4412	286	4698	15174	859	16033
350	23	4	27	370	7	377
174	14	51	65	141	98	239
52	50		50	102		102
435	52	65	117	459	93	552
1690	238	10	248	1906	32	1938
1171	30	54	84	935	345	1280
246	26		26	258	14	272
132	10	6	16	142	6	148
71	21		21	92		92
378	170	15	185	537	29	566
113				145	10	155
219	233		233	463		463
34				43		43
76				87		87
90				137		137
38				38		38
20	4		4	24		24
51	38		38	138		138
9				9		9
7	15		15	44		44
88717	32203	1035	33238	118203	3971	122174

学校类别			岁国			公	
			男	女	总	男	女
小学	初等					9248795	510103
	高等					6913430	330073
乙种实业	农业					254384	480
	工业					91646	24835
	商业					55227	
其他						145465	5100
中学						3032192	36309
师范			43229	50007	93236	1821202	585926
甲种实业	农业					487563	28512
	工业					323526	
	商业					149568	
其他			14000		14000	294137	22214
高等师范			216991		216991	383642	28684
专门学校	法政		98329		98329	819444	
	医学		42043		42043	114397	
	农业		2143		2143	272302	
	工业		312632		312632	473402	
	商业					150597	
	商船						
	外国语					59257	
大学校	预科		290036		290036	216920	
	本科	文					
		理					
		法				178493	
		商					
		医					
		农					
		工					
其他			73366		73366	13440	
总			1092769	50007	1142776	25519089	1572236

续表

入数						
	私			总		
总	男	女	总	男	女	总
9758898	3298544	81829	3380373	12547339	591932	13139271
7243503	1426548	61201	1487749	8339978	391274	8731252
254864	10780	9340	20120	265164	9820	274984
116481	2649	24498	27147	94295	49333	143628
55227	19594		19594	74821		74821
150565	36676	12777	49453	182141	17877	200081
3088501	322833	38320	361153	3375025	74629	3449654
2407128	33945	38045	71990	1898376	673978	2572354
516075	34487		34487	522050	28512	550562
323526	19786	6162	25948	343312	6162	349474
149568	3300		3300	152868		152868
316351	101948	4239	106187	410085	26453	436548
412320				600633	28684	629317
819444	269716		269716	1187489		1187489
114397				156440		156440
272302				274445		274445
473462				786094		786094
150597				150597		150597
59257	770		770	60027		60027
216920	70585		70585	577541		577541
178493				178493		178493
13440	7409		7409	94215		94215
27091325	5659570	276411	5935981	32271428	1898654	34170082

学校类别	事类别		国			公	
			男	女	总	男	女
小学	初	等				9552990	520250
	高	等				7197991	362362
乙种实业	农	业				266770	880
	工	业				96562	27631
	商	业				55455	
	其	他				142711	9210
中	学					3003294	33490
师	范		42134	47274	89408	1764155	596910
甲种实业	农	业				188575	28512
	工	业				328751	
	商	业				152833	
	其	他	14000		14000	296074	18777
高等师范			189592		189592	435876	28278
专门学校	法	政	96394		96394	774203	
	医	学	45300		45300	128948	
	农	业	20031		20031	260692	
	工	业	313405		313405	505707	
	商	业				135013	
	商	船					
	外 国 语					55571	
大学校	预	科	259995		259995	225789	
	本科	文	52774		52774		
		理					
		法				174993	
		商					
		医					
		农					
		工					
其	他		70242		70242	7734	
总			1103867	47274	1151141	26050687	1626300

续表

出				数		
	私				总	
总	男	女	总	男	女	总
10073240	3558416	86686	3645102	13111406	606936	13718342
7560353	1463704	72898	1536602	8661695	435260	9096955
267650	11715	1800	13515	278485	2680	281165
124193	3108	26950	30058	99670	54581	154251
55455	20539		20539	75994		75994
151921	37477	15019	52496	180188	24229	204417
3036784	339227	39559	378786	3342521	73049	3415570
2361065	36009	46628	82637	1842298	690812	2533110
517087	36235		36235	524810	28512	553322
328751	19786	7864	27650	348537	7864	356401
152833	3300		3300	156133		156133
314851	100903	4569	105472	410977	23346	434323
464154				625468	28278	653746
774203	272796		272796	1143393		1143393
128948				174248		174248
260692				280723		280723
505707				819112		819112
135013				135013		135013
55571	770		770	56341		56341
225789	109314		109314	595098		595098
				52774		52774
174993				174993		174993
7734	7961		7961	85937		85937
27676987	6021260	301973	6323233	33175814	1975547	35151361

学校类别		事类	资 国 男	女	总	公 男	女
小学	初	等				28585439	791134
	高	等				28150009	767126
乙种实业	农	业				644308	980
	工	业				162764	14332
	商	业				96217	
	其	他				170923	14548
中		学				9714656	38079
师		范	24500	26416	50916	3441337	752225
甲种实业	农	业				1208212	48303
	工	业				608434	
	商	业				216801	
	其	他				230206	7047
	高等师范		52181		52181	1841787	73234
专门学校	法	政	272000		272000	1274759	
	医	学	38179		38179	100624	
	农	业	90000		90000	355844	
	工	业	406639		406639	992368	
	商	业				272708	
	商	船					
	外国语					69025	
大学校	预	科	477702		477702	761207	
	本科	文					
		理					
		法				42162	
		商					
		医					
		农					
		工					
其		他	5301		5301	22963	
总			1366502	26416	1392918	78963371	2507008

续表

产				数		
	私			总		
总	男	女	总	男	女	总
29376573	7415202	103292	7518494	30000641	894426	30895007
28917735	4572701	124511	4697212	32723310	891637	33614947
645288	30252	14600	44852	674560	15580	690140
177096	2083	22624	24707	164847	36956	201803
96217	11004	80	11084	107221	80	107301
185471	35514	3112	38656	206467	17660	224127
9752735	1552719	18525	1571244	11267375	56604	11323979
4193562	49621	59752	109373	3515458	838393	4353851
1250515	33597		33597	1241809	48303	1290112
608434	203303	5758	209061	811737	5758	817495
216801				216801		216801
237253	27925	400	28325	258131	7447	265578
1915021				1893908	73234	1967202
1274759	427833		427833	1974592		1974592
100642				138821		138821
355844				445844		445844
992368				1399007		1399007
272708				272708		272708
69025	1350		1350	70375		70375
761207	507100		507100	1740009		1740009
42162				42162		42162
22963	973		973	29237		29237
81470379	14871207	352654	15223861	95201080	2886078	98087158

〔北洋政府教育部档案〕

2.外国人在江苏省设立学校调查总表

(1916年)

江苏省五年度外人设立学校调查总表				
学校数	学生数	教员数		说　　明
		本国人	外国人	
186	7562	421	170	查各县外人设立学校调查表填报未齐仅据已报到者编入总表合并声明

〔北洋政府教育部档案〕

3. 外国人在吉林省吉林等县设立学校调查表
（1917年）

吉林省吉林县外人设立学校调查表　民国六年度

名称	所在地	创办人团体或个人	学科程度	学生班次	学生人数	教员人数 中国人 外国人	备 考
文化女学堂	吉林省城东莱门外	耶稣教会	高等二年级 初等(一、二、三、四)年级	高等各一班 初	高等六名 初等二十名	中国人二 英国人一	该校全系中国人人那稣教会之学生
吉林小学堂	吉林省城东关商埠日本领署	日领事署	初等(一、二、三)年级	初等一班	三十名	日本人一	该校全系日本学生
天主教学堂	吉林省城南江沿天主堂院内	天主教会	初等(一、二、三)年级	初等一班	十三名	中国人一	该校全系中国人天主教学生

续表

吉林省长春县外人设立学校调查表　民国六年度

名称	所在地	创办人团体或个人	学科程度	学生班次	学生人数	教员数中国/外	备	考
天主堂私立高等附国民学校	县城东三道街	法国教会团体	高等修身、国文、算术、历史、地理、理科经学、农业、手工、图画、唱歌、体操、英文、第三学年一级，第一学年一级。	高等一	高等二五	中国人二		
			国民修身、国文、算术、唱歌、体操、手工、等四学年一级；第二学年一级；第一学年一级。	国民二	国民四六			
仁慈堂私立女子高等国民学校	县城西三道街	法国教会团体	高小修身、国文、算术、历史、地理、理科图画、体操、唱歌、缝纫、英文，第三学年一级。	高小一	高小七	中国人二		

续表

名称	所在地	创办人团体或个人	学科程度	学生班次	学生人数	教员人数 中国人	教员人数 外国人	备考
			国民修身、国文、算术、图画、唱歌、手工、体操。第四学年一级；第三学年一级；第二学年一级。	国民一	国民二八		外国人一	

吉林省伊通县外人设立学校调查表

名称	所在地	创办人团体或个人	学科程度	学生班次	学生人数	教员人数 中国人	教员人数 外国人	备考
毓秀学校 国民	伊通县城	基督教会团	国文、修身、算术、体操、音乐、手工、图画。	第一班分甲乙丙丁四级	五〇	中一		
毓才学校 国民	伊通县赫尔镇	同上	同上	同上	二五	中一		

(北洋政府教育部档案)

4. 外国人在浙江省设立学校调查表

（1917年）

浙江省外人设立学校调查总表 民国六年度

事项 县别	学校数	学生数	教员数 中国人	教员数 外国人	备考
杭县	53	2109	259	21	大学一所，医学专科四所，高师一所，女子师范二所，中学一所，女子中学二所，中学高小合设一所，女子中学高小合设四所，女子高小四所，高小四所，国民学校十四所，国民女国民合设国民五所，女工乙工学校一所，幼稚园五所，女国文夜馆二所，简易国文珠算夜校一所，英文夜校一所。
海宁	2	55	2		均系国民学校
富阳	2	50	3	1	均系女子国民学校
临安	1	26	1		系国民学校
於潜	1	29	1		系国民学校
嘉兴	11	647	44	12	中学高小合校一所，国民高小合校五所，国民学校五所。
嘉善	2	29	2		均系国民学校
海盐	4	105	5		均系国民学校

续表

县别	学校数	学生数	教员数 中国人	教员数 外国人	备考
崇德	1	40	3		系国民学校
桐乡	1	19	1		系国民学校
吴兴	26	975	82	22	中学一所，女中学附设高小国民一所，高小一所，女高小国民合设五所，高小国民合设七所，女国民校六所，进德妇女学校一所。
武康	3	67	3		均系国民学校
孝丰	1	34	2		系国民学校
鄞县	13	966	52	15	中学高小合设四所，中学一所，高小国民合设一所，女高小国民合设一所，高小一所，国民四所。
慈溪	3	128	5		均系国民学校
奉化	1	30	3		系国民学校
定海	2	66	4		高小附设国民一所，女子国民一所。
象山	1	34	2		系国民学校
绍兴	13	483	37	4	中学附设高小一所，高小一所，高小国民合设二所，国民九所。

续表

事项\县别	学校数	学生数	教员数 中国人	教员数 外国人	备考
诸暨	12	374	21		国民十一所，女子高小国民合设一所。
余姚	4	159	8	3	均系国民学校
上虞	4	163	6		均系国民学校
嵊县	2	42	3		均系国民学校
新昌	1	46	2	2	系国民高小合设
临海	10	303	21	2	高小一所，高小国民合设一所，国民学校八所。
黄岩	2	40	3		均系国民学校
天台	9	263	9	6	高小国民合设二所，国民学校七所。
仙居	1	62	4	2	系国民高小合设
宁海	2	80	3	2	均系高小国民合设
金华	2	205	18	4	均系中学高小合设

续表

事项\县别	学校数	学生数	教员数 中国人	教员数 外国人	备考
兰溪	2	59	3		均系国民学校
东阳	3	47	6		高小一所，国民二所。
江山	1	40	2		系国民学校
建德	2	79	4		均系国民学校
淳安	1	54	2		系国民学校
桐庐	3	58	3		均系国民学校
分水	2	54	3		均系国民学校
永嘉	3	280	24	3	中学一所，国民高小合设一所，女子国民高小合设一所。
丽水	1	156	5	1	系国民小合设
松阳	1	40	3	1	系国民小高合设
龙泉	1	101	7	2	系国民高小合设

续表

事项\县别	学校数	学生数	教员数 中国人	教员数 外国人	备考
云和	1	121	5	1	系商小附设国民
合计	22	8718	676	104	

注：此件中余杭、新登、昌化、平湖、长兴、德清、安吉、南田、萧山、温岭、义乌、永康、武义、浦江、汤溪、衢县、龙游、开化、常山、遂安、寿昌、瑞安、乐清、平阳、泰顺、玉环、青田、缙云、遂昌、庆元、宣平、景宁诸县，因无外人设立的学校，所以未列表中。

〔北洋政府教育部档案〕

5. 教育部公布第三四次全国学务及五六次部分学务统计总表
(1917年4月—1918年7月)

教育统计

自民国四年十二月制成第一次、第二次教育统计图表后，其第三次统计系于六年四月制成，各项图表较之第一、二次略有增加。是年五月修正教育统计暂行规则，并改订表式，各省报告较详，至七年七月编制第四次统计，乃益增制图表略称完备。兹将第三、四次制成之统计总表分别列后，至第五六次统计，因各省造送未齐，尚未能编成付印，仅就已送到之各省汇集成表，一并附列。又汇集第一次至第四次统计事项列成一表，用资比较。

第三次教育统计总表　三年八月至四年七月

事项省区	学校	学生	毕业生	教员	职员	岁入	岁出	资产
京兆	1327	5661	4981	2834	2216	2244546	2376248	3895314
直隶	13314	384454	24511	15202	16664	3168359	3019223	12835636
奉天	5716	226590	26994	7958	1884	2470731	2459975	3537553
吉林	678	31091	2426	1246	404	803589	807768	1122800
黑龙江	966	29827	1314	1266	167	546966	547040	726143
山东	13491	328877	10042	15604	17357	2117423	2075482	7123549
河南	6334	166168	8501	8183	6180	1013411	1015757	4548606
山西	9296	287624	13950	11420	7943	14236632	1316247	3170026
江苏	5982	270496	19524	14044	4993	4172288	4451343	8948005
安徽	1135	41743	2399	2741	1080	570933	588433	2656317
江西	3969	137352	8096	8070	8072	1146415	1598395	3928317

续表

省区 \ 事项	学校	学生	毕业生	教员	职员	岁入	岁出	资产
福建	1552	63258	7982	4717	2248	966995	1050848	1580110
浙江	6986	307440	19274	15603	6011	2316128	2682953	5530774
湖北	9045	238298	12319	12517	4622	1313673	1240577	1925866
湖南	7130	288116	14979	14101	10365	3005145	3088544	10775651
陕西	4561	117708	4428	5217	6566	590229	587361	2323276
甘肃	1294	34452	1414	1506	894	179143	175673	771851
新疆	80	2477	38	126	2	62510	62501	149765
四川	14951	474600	18942	21067	11554	4200400	4183421	8495747
广东	5051	219209	22143	11574	7258	2752745	2855866	8969975
广西	1989	77995	9463	3466	1993	711062	1106760	2918808
云南	5258	215868	18123	7298	5195	1504298	1521298	5144112
贵州	1579	61344	5542	3438	2105	414663	556913	1298382

续表

省\事项区	学校	学生	毕业生	教员	职员	岁入	岁出	资产
热河	474	11506	461	513	272	96639	99161	253591
齐哈尔	129	2184	46	142	71	29181	28785	50021

第四次教育统计总表　四年八月至五年七月

省\事项区	学校	学生	毕业生	教员	职员	岁入	岁出	资产
国立	14	4640	1036	481	260	1499604	1556567	2697812
京师学务局	268	27442	3278	983	458	405730	408189	525216
京兆	1238	36690	3966	1759	1468	837424	897907	3275949
直隶	15626	479470	33384	17993	19121	3336549	3308781	13841226
奉天	5925	224346	43894	7914	1994	2466062	2434709	3412905

续表

事项省区	学校	学生	毕业生	教员	职员	岁入	岁出	资产
吉 林	878	38148	2012	1516	570	755309	758025	1071642
黑龙江	1067	33179	1110	1391	202	646647	645626	747786
山 东	14955	390690	18209	18813	23111	2045425	2113015	7377145
河 南	7675	208112	13107	9653	7593	1149978	1164706	-5213019
山 西	11149	326988	13184	13352	9231	1414082	1448712	3063467
江 苏	6491	306263	23901	14884	5561	4117405	4370840	8884137
安 徽	1437	55354	3682	3237	1400	707496	740372	3092106
江 西	3493	116795	9518	7031	3486	979403	1053165	3502811
福 建	1703	71002	8027	5904	2929	910308	1014632	1474023
浙 江	7499	332240	23847	16973	6594	2471097	2932523	6078630
湖 北	9392	237951	13821	11018	4393	1069088	1200152	2206540

续表

事项\省区	学校	学生	毕业生	教员	职员	岁入	岁出	资产
湖南	4312	155909	16066	9082	4399	1715918	1735331	5988959
陕西	5090	132759	6093	6280	7445	662966	672513	2015410
甘肃	1563	39902	1571	1829	799	239097	230500	813953
新疆	99	3835	368	156	8	68636	7400	171436
四川	14992	503389	27810	21623	12193	300200	2986171	7414192
广东	5278	217(2)	27428	12105	8335	2688805	2764247	-1145587
广西	1876	65655	9024	3320	1716	825087	862458	2506042
云南	5066	195414	24233	6926	4764	972634	962834	4987371
贵州	1667	67475	5971	3651	2348	493263	891065	1203842
热河	488	11868	674	545	320	92715	95718	190602
绥远	270	6491	109	295	26	39360	28774	38221
察哈尔	198	4916	49	226	80	41118	43280	36078

第五次教育统计表 五年八月至六年七月

省区＼事项	学 校	学 生	毕业生	教 员	职 员	岁 入	岁 出	资 产
京 兆	1683	48984	5591	1990	1948	424657	211255	2235975
直 隶	17464	537268	37506	20153	21526	3290556	3369917	13975390
奉 天	6497	260431	52019	8597	1373	2661515	2567433	3979736
吉 林	1081	51712	4509	1836	821	885783	883504	1119897
黑龙江	2109	38966	1591	1610	190	691374	688656	785191
山 东	17166	461299	20903	19821	23600	2323288	2331246	7630753
河 南	9143	250023	15312	1759	9639	1464612	1469334	5257769
山 西	11659	315771	16531	14197	11506	1355668	1364011	2893072
江 苏	6790	333598	27410	15467	6064	3997818	4309594	6315864
安 徽	1555	79513	4559	3519	1952	727997	791690	622338
江 西	4006	132683	12664	7969	4342	113491	1167524	2826333

续表

事项省区	学校	学生	毕业生	教员	职员	岁入	岁出	资产
福建	1830	80661	7406	6475	3475	928120	1042577	1530170
浙江	8296	339305	27200	18666	8156	2622438	2982401	7405893
湖北	9305	226036	14621	11226	5081	1320612	1396404	2342207
湖南	4836	152210	15683	8652	5101	3351334	3046751	8588220
陕西	5275	135711	6556	6316	7830	730305	739171	2234243
甘肃	1761	50907	2583	2172	1066	270830	272687	493674
新疆	114	4004	761	149	36	87191	94627	185180
广东	4932	218413	26575	11996	9018	2722264	2822284	12457296
云南	5132	191723	27713	6958	4958	979402	972332	5742473
热河	516	14260	707	582	378	12589	122289	203847
绥远	263	5970	124	276	32	39583	40342	31311
察哈尔	224	5848	236	267	216	63701	65719	74338

附注 本届统计因有四川、广西、贵州三省未到，故尚未制成付印。

第六次教育统计表 六年八月至七年七月

事项省别	学校	学生	毕业生	教员	职员	岁入	岁出	资产
京兆	1903	51725	5297	2179	2298	393886	398675	4127603
直隶	17418	516724	34433	20102	21194	3465488	3462854	14649407
奉天	6674	257838	43071	8888	2062	2645393	2636626	3826268
吉林	1264	57803	4414	2094	878	971882	964678	1242388
黑龙江	1403	45264	2436	1856	242	843172	840069	822741
山西	12193	336274	14609	15066	12678	1506360	1505194	3715173
安徽	1711	70333	5650	4034	2253	932516	928473	2911704
江西	4425	135362	11473	8126	4672	124982	1323011	4014549
浙江	8998	402630	27856	19640	8793	2802268	3320551	6987797

续表

省区 \ 事项	学校	学生	毕业生	教员	职员	岁入	岁出	资产
陕西	5479	146034	7045	6542	8244	760254	7162979	2215121
新疆	142	4344	240	185	35	95325	98772	206388
云南	5038	184535	29829	6882	4882	1038461	1031309	5194631
绥远	251	6133	19	263	34	36105	37044	31319
察哈尔	247	6353	189	292	224	68860	71586	75497

附注 本届统计有山东、河南、江苏、福建、湖南、湖北、甘肃、四川、广东、广西、贵州、热河十二省未到，故尚未编制。

〔北洋政府教育部档案〕

6. 外国人在陕西省设校调查表

(1918年)

陕西省外人设校调查表

事项 \ 县别	长安	大荔	蒲城	郃阳	陇县	安康	肤施	靖边	栒邑	蓝田	邠县	乾县	鄠县	总计
学校数	14	1	2	6	1	1	2	1	1	3	1	1	1	35
学生数	407	15	48	178	21	23	25	26	12	70	25	16	13	879
教员数 中国人	17	2	3	32	1	1	2	1	1	3	1	1	1	66
教员数 外国人	5			5	1		1							12
备考														

〔北洋政府教育部档案〕

7. 中华教育改进社公布中国教育统计[①]
(1923年12月23日)

我国教育统计由教育部调查者只到民国七年为止。去年本社得知万国教育会议开幕消息，即从事征集材料，一年竣事。先用英文印成单行本《中国教育统计》(Statistical Summaries of Chinese Education。商务印书馆出版)，由本社代表带赴万国教育会议。此项材料皆由本社直接向各县及中等以上学校征集，较为可靠。以下各表仅由该书摘录几项总数，作要略的记载，藉以示我国教育赅括的情况，供极简单的参考而已。

民国十一年至十二年全国各级学校之学生数
(基督教会学校学生数在内)

小　　学　　校	6,601,802
中　　学　　校	182,804
专门及大学校	34,880
总　　　数	6,819,486

就前表言，民国十一年至十二年全国学生最低限度之数目，约为六百八十万。各级学校之校数及学生数如下表：

各级学校之校数及学生数
(民国十一年至十二年)
(除专门学校外其他教会学校未列入)

[①] 此件系中华教育改进社社员薛鸿志为纪念中华教育改进社第二周年写的文章，发表在《中华教育改进社第二周年纪念会羊市大街普及平民教育期成会会刊》上。

学校种类	学校数	学生数	学生百分数	等级
大学及专门	125	34,880	0.50	5
师范学校	275	38,277	0.58	4
师范讲习所	110	5,569	0.08	8
中学校	547	103,385	1.74	3
甲种实业学校	164	20,360	0.29	7
乙种实业学校	439	20,467	0.30	6
高等小学校	10,236	582,479	9.02	2
国民学校	167,076	5,814,375	87.48	1
总数	178,981①	6,619,792	100.00	

前表中之学生数，以国民小学为最多，其次高小，次中学，次师范，又次大学及专门；而职业及实业等校之学生数甚少，位于师范、大学及专门学校之后，此诚可注意之一点也。

各级学校之男女学生数如下表：

各级学校男女学生数

（民国十一年至十二年）

学校种类	男生数	女生数	总数	女生数百分比	等级
大学及专门	34,033	847	34,880	2.42	8
师范学校	31,553	6,724	38,277	7.56	1
师范讲习所	5,170	399	5,569	7.16	3
中学校	100,136	3,249	103,385	3.14	7

① 各类学校数相加应得178,972，与原总数178,981有出入。

续表

学校种类	男生数	女生数	总数	女生数百分比	等级
甲种实业学校	18,908	1,452	20,360	7.13	4
乙种实业学校	18,710	1,757	20,467	8.52	2
高等小学	547,297	35,182	582,479	6.04	6
国民小学	5,445,815	368,560	5,814,375	6.33	5
总数	6,201,622	418,170	6,619,729	6.31	

上表中可注意之点有二：（1）男女生之比例数以师范学校为最大，职业及实业学校次之；以中学及大学之比例数为最小。（2）全国女生数仅占学生总数百分六有奇。

光绪三十二年至民国十二年，逐年学生数目增减之大概如下表：

光绪三十二年至民国十二年之逐年学生数

（教会学校学生数未列入）

年度	学生总数	女生数	女生百分数
光绪三十二年至三十三年	468,220	306	0.07
三十三年至宣统元年	883,218	1,853	0.21
宣统元年至二年	1,144,299	2,679	0.23
二年至三年	1,536,909	12,164	0.79
民国元年至二年	2,933,387	141,130	4.81
二年至三年	3,643,206	166,964	4.58
三年至四年	4,075,338	177,273	4.34

续表

年　　　度	学生总数	女 生 数	女生百分数
四年至五年	4,294,251	180,949	4.21
五年至六年	3,974,454	172,724	4.35
十年至十一年	4,987,647	417,820	8.37
十一年至十二年	6,615,772	417,820	6.32

京 师 教 育 统 计

关于京师教育统计的出版物，本社已刊行二种：（1）民国十一年之《京师教育概况》。（2）民国十二年之《京师教育概况》。以下各表系民国十二年之材料。

民国十二年京师各级学校之学校数

大学及专门学校	38
中 等 学 校	59
小 学 校	236
补 习 学 校	51
总 数	384

民国十二年京师各级学校之教职员数及男女学生数

	教 职 员 数	学 生 数
男	4,635	44,454
女	639	11,168
总数	5,274	55,622
女百分数	12.11	20.08

京师为全国之首都，而女生数仅居学生总数百分之二十，女子教育之宜特别注意自不待言；然较诸全国女生数之百分之六，尚差强人意也。

〔中央大学档案〕

8. 教育部公布统计事项历年比较表

（1916年7月）

事项 \ 年次	第一次民国元年八月至六〔二〕年七月	第二次民国二年八月至三年七月	第三次民国三年八月至四年七月	第四次民国四年八月至五年七月
学 校	87,272	108,448	122,286	119,739
学 生	2,933,387	3,643,206	4,075,338	4,294,251
毕业生	173,207	232,221	257,889	335,471
教 员	129,297	164,607	189,853	198,976
职 员	98,926	122,174	122,116	130,799
岁 入	29,647,098	34,170,082	37,824,104	35,653,156
岁 出	29,667,803	3,515,136	39,092,045	37,406,212
资 产	83,041,199	98,087,158	102,680,195	103,274,807

〔北洋政府教育部档案〕

9. 中华平民教育促进会公布中等以上学校学生等数目表

(1924年—1926年)

(1) 全国中等以上学校各种校数之百分数表

(1924年—1926年)

学校种类	国立	省区立	公立	县立	私立	教会及外人立	总数
大学及专门学校	78.57	9.11			18.48	13.39	11.68
师范学校		29.5	11.76	10.88	5.76	1.78	15.08
师范讲习所及专修科	2.38	6.51		18.03	2.73	2.68	8.20
中学校	19.05	40.35	52.94	60.72	58.48	80.36	53.13
实业及职业学校		14.53	35.30	9.37	14.55	1.79	11.91
总数	100	100	100	100	100	100	100

(2) 全国中等以上学校各设立者之校数表

(1925年—1926年)

学校种类	国立	省区立	公立	县立	私立	教会及外人立	总数
大学及专门学校	33	42			61(1)	15(1)	151(2)
师范学校		136(18)	2	36(7)	19(8)	2	195(33)
师范讲习所及专修科	1(1)	30(29)		63(32)	9(5)	3(3)	106(70)
中学校	8(6)	186(19)	9(1)	201(12)	193(26)	90(6)	687(70)
实业及职业学校		67(11)	6	31(4)	48(15)	2(1)	154(31)
总数	42(7)	461(77)	17(1)	331(55)	330(55)	112(11)	1293(206)

〔注〕括弧内之数目为在他校内附设之校数。

(3) 全国中等以上学校各设立之校数百分数表

(1925年—1926年)

学校种类	国立	省区立	公立	县立	私立	教会及外人立	总数
大学及专门学校	21.86	27.81			40.40	9.93	100
师范学校		69.74	1.0	18.46	9.74	1.03	100
师范讲习所及专修科	0.94	28.30		59.44	8.49	2.83	100
中学校	1.16	27.08	1.31	29.26	28.90	13.10	101
实业及职业学校		43.05	3.90	20.13	31.17	1.30	100
总数	3.25	35.65	1.32	25.60	25.52	8.66	100

〔中华平民教育促进会〕

（4）全国中等以上学校之校数教职员数学生数及经费数表
（1925年—1926年）

学校种类	学校数	教职员数 男	教职员数 女	教职员数 总	学生数 男	学生数 女	学生数 总	全年支出经费数（按银元合算）
大学及专门学校	151(2)	7,514	304	7,818	41,026	2,135	43,161	19,211,461
师范学校	195(3)	3,255	316	3,571	25,267	7,068	32,335	4,157,153
师范讲习所及修科	106(70)	356	24	380	5,022	635	5,567	211,109
中学数	687(70)	12,177	648	12,825	122,022	7,956	129,978	9,540,228
实业及职业学校	154(31)	2,218	242	2,460	14,633	3,378	18,011	1,760,493
总数	1,295(206)	25,520	1,534	27,054	207,970	21,172	299,142	34,880,444

〔注〕学校数栏中括弧内之数目为在他校内附设之校数。

(5)全国中等以上学校之教职员及学生之男女百分数表

（1925年—1926年）

学校种类	教职员			学生		
	男	女	总	男	女	总
大学及专门学校	96.11	3.89	100	95.05	4.95	100
师范学校	91.15	8.85	100	78.14	21.86	100
师范讲习所及专修科	93.68	6.32	100	88.77	11.23	100
中学校	94.95	5.05	100	93.88	6.12	100
实业及职业学校	90.16	9.84	100	81.24	18.76	100
总数	94.33	5.67	100	90.76	9.24	100

(6)全国中等以上学校之校数教职员数学生数及经费数之百分数表（1925年—1926年）

学校种类	学校	教职员	学生	全年支出经费
大学及专门学校	11.68	28.90	18.84	55.08
师范学校	15.08	13.20	14.11	11.92
师范讲习所及专修科	8.20	1.40	2.47	0.60
中学校	53.13	47.41	56.72	27.35
实业及职业学校	11.91	9.09	7.86	5.05
总数	100	100	100	100

〔中华平民教育促进会档案〕